就需要在某点上触碰两次。这个结构以及那一切部分之非常亲密的彼此相关，是不容许因为章节的划分而割裂的，虽然我对这个划分通常极为珍视，不过话说回来，它区分为四个主要部分，像是一个思想的四个面，这倒是应该的。在这四部中每一部分，其中必须予以讨论的细节中，我们尤其当心别看走眼，遗漏掉它们所归属的主要思想，以及整个展开的过程。这就是对读者头一个绝对必需的要求（就像那些跟着来的一样），读者们对哲学家的态度是友善的，正因为他自己就是一个哲学家。

第二个要求是，在阅读本书以前，请先研读导论《论充足理由原理四重根：一篇哲学的论文》，这是我五年前的作品，当然，它不是本书的一部分。若是不熟悉这个导论、这个入门，那么要来正确地了解现在这部作品，就相当不可能，在此地，该论文的主题总是先被假设着，好像它被包含在了书里头一样。另外，要不是若干年以前我写过它，那么我这里是会把它当作本书的导论写下来和第一部配合，大家要知道，第一部所缺少的东西，正是那个导论所讲过的，就因为少了这个，它显得不够完整，只有参考那篇论文，才成为美备。无论如何，对于引用自己的话，或许吃力地把已经恰当说过一遍的，换汤不换药地再讲一趟，这我是非常之不情愿的，我宁可照老样子，当然，我现在可以把那篇论文的主题表达得更好，特别是从我以前因为尤其爱好康德哲学，澄清许多诸如范畴、内外官能此类引起的概念的构思。但是甚至在那里，那些概念的构思之所以发生，是因为我当时还从没真正深入它们，所以就像次要的东西，它与主题相当无关。因此，对那篇论文中一些段落句子，读者们熟读本书后思想上会自动校正过来。但只有通过那篇论文，我们才能完全体认到充足理由原理是什么，象征的意义何在，它何处有效何处无效，它并不先验于一切事物，弄得整个世界非得配合它而

且只有跟从它才存在，变成好像是它的必然结果；就是说，其实它不过是形式，在这个形式中，无论哪种可能的对象被主体限制了的，只要主体是一认知的个体，它就无处不被认知；只有那样，这个原理才可能成为与众不同前无古人的哲学思考方法。

但我不喜欢一字一句引用自己说过的，或在我已经更完美地讲过后，拿其他也许还不那么恰当的话，再次描述同样的事——这也就是为什么，在本书第一部里，要再来个省略的缘故了。各位，我省略了在我的《论视觉与色彩》第一章中已经说过的东西，否则这里我会逐字逐句来讲它。所以读者也必须先熟悉那一部简短的作品。

最后，对读者的第三个要求甚至比前两个更重要，这就是，要熟悉两千年来哲学中顶重要的一个事物，这个事物尤为接近于我们，我指的就是康德的主要作品。的确，像在别的地方也已提过，我发觉那些作品在它们倾诉的对象心灵中所引发的影响，非常像那种除去一个盲人眼睛里头白内障的手术的结果。要是诸位不嫌我这个明显直截的比喻啰唆，我还要说，至于我的目的，可以比拟为想把一副给予白内障患者的眼镜，放到成功地动过手术的人手中；要运用这副眼镜，当然最必要的条件，就是要有那个手术刀本身，所以，固然我大体上是从伟大的康德所成就的来着手和开始，然而对他作品的勤读却使我发现了其中重要的错误。我不得不把这些挑剔出来，证明它们是该反对的，这样我才能把纯净的，康德理论中真实、优秀的部分拿来运用和作为前提。但为了不致让不时对康德的辩驳打扰混淆我自己的说明，我把它们都归入一特别的附录中。照我说的，正像是因为我的作品先要假定对康德哲学的熟悉，所以照样地，这就先假定了要对本书的附录有一番了解。所以在这方面，我建议大家先读附录，由于它的主题尤其关系到本书第一部，它更须被勤读。另一方面，由这情况的性质来看，不能免的，甚至附录也应该不时

参考主文。结论当然很简单,就是附录及康德作品的主要部分,必须读两遍。

所以在此所要讨论的东西,康德哲学是唯一需要假定为大家确实有详尽认识的。不过此外,要是读者暂时留意于高贵的柏拉图学派,则对于我这本书的立论,他更会听得进去,对于我说的更能接纳。假如他从《吠陀》里得到了好处,若是有机会接近它——借着《奥义书》我们进入它敞开的门,在我看来,这是咱们这仍然年轻的时代所得到的超过前人的最大好处,据我推测,梵文学深入的影响将不比希腊文学在15世纪复兴所造成的要小;我说,要是读者也已经接纳并吸收了古印度智者这高贵的精神启示,那么他是准备得再充分不过地,可以来接受我所要说的了。这本书不会像把其他人弄得摸不着头脑的那样,用陌生敌对的语言对他宣讲;因为,这不是妄自尊大,我敢说,任何《奥义书》中个别的、不相干的言论,都可以从我预备授受的思想导出结果,虽然相反地,我的思想可不是在《奥义书》中找得到的。

*   *   *

不过,已经有不少读者开始不耐烦、冒火啦,斥责着,把憋了老久的一口气吐了出来,说我怎敢贸然这样提要求和条件——其前两个又是相当地妄自尊大,在这种情况下,把一本书呈现给大众。再说,不看看这是什么时代?一般说来,有那么个性鲜明的思想盛极一时,光在德国,这样的观念,就通过年复一年的出版,从为数三千的、内容充实、根本、绝对少不了的作品以及不胜枚举的期刊甚至每天的报纸中,演变成公众知识;这是什么时代——尤其几曾缺过完全有启发且深刻的哲学家?只当今德国一地,他们的人数就

超过几个世代以来的总和。愤慨的读者们问：要是需要花偌大的功夫，这么麻烦地研究一本书，我们怎样来达到目的？

对这样的指责我没有丝毫的理由可讲，我只盼望部分读者能感谢我及时提醒他们，他们才不致浪费时间来看一本像这样除非照我要求、否则读之无益的书，照这么说，这本书应该丢下来，特别是基于其他的立场，你可以有把握地打赌说大家看不懂，相反地，它是一本 paucorum hominum [非人的语言]，要静静且谦虚地等待，极少数思想模式不寻常的人或许能读通它。因为，除了它的错综、困难及需要读者劳神以外，一个现代的文明人，他的知识以及矛盾与错误，对他而言几乎到了不可分的地步，他怎能忍受几乎每一页中都有的，直接跟他以为真实的、天经地义的东西相矛盾和冲突的思想？！当他——他的思维方式与那位现还健在的大哲学家[1]协同一致，当他自以为应该在这本书里头碰到一些他所要的，而结果不幸地，一点都没有……多少人要因此觉得何其苦涩地失了意。那位大哲学家真正是写作着充满慈悲的作品，他唯一的小毛病就是把他十五岁以前学到的、证实的每一件东西，都当成人类心灵基本的天赋的观点。不能忍受！所以，我建议干脆把它丢到一边。

然而，恐怕我还是少不了的角色。读者们阅读这篇序文到了此地，并且被它搞得沮丧——你们是付了钱来买这本书的，你们盼望有所斩获。我最后的借口是，读者们要知道，大家晓得除了真正阅读外，有各种不同的使用书本的方式。这本书，像许多别的书一样，可以填充你藏书的架子，在那儿，它包装精美，的确看上去不会太差。不然，你可以拿来致赠妻子，或是有学问的女友。再不然，你可以重新看一遍；这的确是最好的法子，我特别建议你这么做。

1　雅各比（F. H. Jacobi）。

*　　*　　*

这当然是开玩笑——在这么一般说来善恶相克、叫人哭笑不得的人生中,我敢说,容许这样的莞尔一笑绝不是有损尊严的事,那么现在,我要以严肃的心情来推介我的书,我深信,迟早它会打动那些有识之士。至于其他人,我只有耐心让此书听任命运摆布,这是每一门知识及一切知识里最重要的分支中真理的命运。真理只能在两个长时期的夹缝中,争取而庆祝它有限的胜利,在那漫长的时间中,它被指责为异端,被视为微不足道而受到糟蹋。真理的作者也经常碰到前面那种下场。不过生命是短促的,真理的感动深刻且留存久长:让我们说出真理吧。

德雷斯顿,1818年8月

第二版序言

我把我现在完成的著作托付给整个人类——不是给这代人，或我的同胞——我相信它们对人类不至于没有价值，虽然也有可能这价值只迟缓地被评定，正如其他形态的优秀之物不可避免的命运那样。只有为了整个人类，而不为了这来去匆匆的一代，跟着片刻的虚幻在那儿鬼混的，我的心才几乎违反意志地透过漫长的一生持续地追求它的工作。随着时间的流逝，就算人家多么冷漠，也不能动摇我对它的价值坚定的信念。我一再目击错误、不良的东西，最后还看到荒谬、没有意义的玩意儿[1]受普遍尊崇；我对自己说，要是那能够体认真正正确东西的知音之士不是那么稀少，弄得我们居然花了二十年的光阴，徒然地苦寻伯乐，则能够创作这类东西的人，或许不至于少得让他们的作品以后成了俗事之无常当中一个稀罕珍贵的例外。这样一来，后代将无乐观的远景可言，这样的远景正是每一个有高尚目标的人为了确保立场所不可或缺的。任何人从事并严肃地追求一件并不导致物质上有好处的事，便不该奢望博取同时代人的同情。倒是说，他多半会看到，同时代肤浅的一面却风行于世，像是理所当然。因为事情本身也必须是为了它自己的缘故而被追求，不然就不可能成功，要知道，每一个企图，每一个目的，要

1　指黑格尔哲学。

把它看透的话，都是很危险的啊。因此，就像是文学史已经完全地证实过的一样，每一个有价值的东西，要有长时间才能掌握得住威信，尤其是那属于指导性质而非享受性质的；同时，错误常如百花怒放。因为要把事情跟它肤浅的表面结合，即使并非不可能，也是极困难的。的确，这正是这贪得无厌的世界的不幸，每一件东西都要来满足它的渴想、它的需求，并受它的支配。所以，世界并不准备让每一项高贵且庄严像是跟着光明与真理走那样的努力，蓬勃生长、毫不受阻挠，并为着自己而存在。但甚至当这么一个努力一旦能够确立自身，它的观念就这样被介绍进来的时候，物质利益和私人目的，马上就把握住了它，把它当作工具和掩饰。所以，当康德再度把哲学导向批评的境地后，它就注定要立刻变成高高在上的一些人政治的工具，和底下一些人私人的目的了——当然，正确地说，被这样利用的，不是哲学而是它的替身。这情形我们早已司空见惯，因为，简直让你难以相信地，有那么多数不清的大众，天性上根本就无法容纳除了物质目的以外任何的东西；他们甚至连体会那些其他的东西都谈不上。所以，真理的追求对我们来讲总只是一个高不可攀、异于常规的事物，无法盼望所有人或大部分人，甚至保守的极少数几个，能严肃地参与它。但要是我们看到了，就像目前在德国的情形，看到了一阵出奇的忙乱，普遍汲汲营营着、写着跟讲着哲学的东西，那么，我们可以有自信地假定说，尽管看上去再怎么严肃、确定，那真正称得上是这个运动 *primum mobile* [最初的动机]、背后的动机的，其实还得算那实际的目的，而不是理想的目的；这就是说，在这里，注重的是私人的、官样文章的、世俗的、政治性的，简而言之物质的利益，造成的结果是，在这些动机中，派系的目的为自己安插了许多伪哲学家之笔进去。这样，企图取代了智慧，变成这些自寻烦恼者的指标；的确在这种关系当中，真理是他

们最后才考虑到的。真理找不到同伴；相反地，它只能沉默而孤单地，穿过这些哲学的纠纷与喧嚣，就像是穿过黑暗世纪的冬夜，而追求自己的路，这个黑暗世纪，埋首于教会严厉无比的信仰当中，而这种信仰，又是只能当作少数人享有甚至唯有写在羊皮纸上才算数的高不可攀的理论来传授的。事实上，我敢说，再没有比一个时代，可耻地把哲学一方面当作一个政治工具，一方面作为生活的手段那样，更有损于哲学了。不然，是不是我们应该相信，以这种努力、喧嚣，真理，即使是违反了自己的意向，还是能够大放光明？真理可不是妓女，把手臂环抱在那些并不爱她的男人颈上；相反，她是娇贵的美人，就算那牺牲了一切想赢得她的人，也不见得能够获得垂青呢。

现在说，要是政府把哲学当作政治企图的手段，那么，学者就可以看到，在哲学教授的位子上，进行着一种养肥了不学无术之人的交易。于是，他们就蜂拥在那班人后头来拥护他们的思想方式，换句话说，拥护着巴结这些目的的做法或企图。他们说一是一；不是真理，不是迷惑的解除，不是柏拉图不是亚里士多德——他们被指定拿来做指南针的，乃是目的、目标；而这些马上成了真的、有价值的、值得思索的东西跟那丝毫谈不上价值什么的东西之间的一个判断标准。因此，任何并不符合这些目标的东西，就算包含了最重要最优秀的成分，也要被指责，或许，当它好像有不安全性时，便受到一致疏忽的无形压迫。只要看看对于泛神论他们众口一词的愤慨就够了：你难道笨到会去相信，这种反对是从内在的坚信产生的吗？像这样被降格成为一个糊口工具，哲学怎么能够振作而不至于普遍退化成诡辩？正因为这必然发生，而"吃谁的饭唱谁的歌"这条原则在哪个时代都通用，于是靠哲学赚钱，在古人当中就叫作诡辩学家的本色。我们还要说，既然在这个世界上，你无法预期任

何事，无法做任何要求，为了金钱的缘故得到的除了平庸以外再没有别的，我们这里便同样不得不忍受这些了。自然而然，在所有的德国大学当中，便看到了受到栽培的平庸在那儿使尽吃奶的气力想挤出一人头地，并且，的的确确按照的是一个配好的标准和目标，来成就一个还是根本无存在可言的哲学；一个叫人都不忍心嘲笑的"奇观"。

当哲学这么长久以来被迫在一方面用来达成公共目的，而另一方面则达成私人目的的时候，我叔本华却不受这个事实的骚扰而从事于我的思想三十年有多。我这么做，仅仅是因为受本能的冲动的推动，我别无选择，但这种冲动受着一个信念的支配，就是确信一个人所能构想的任何真理，他所解明的任何困惑，将总会在某个时间被另一个有思想的心灵掌握，并且喜欢上了它，被它感动和抚慰。我们对这种人娓娓倾诉，正如同那些会向我们叙述并且就这样变成在孤寂生命里我们的慰藉的那些人一样。同时，真理是基于本身的理由为了自己的缘故而被追求。现在说到了哲学的沉思，很奇怪的一个情形是，唯有一个人费尽脑汁想通了而且自己从事调查出来的东西，以后才能对别人有帮助，而不是那些一开始就为别人设计好了的。前者，很显然在性质上最接近完美的诚实的地步，因为，我们并不企图欺骗我们自己，或从空洞的外壳孤芳自赏。这样，就省略了任何的诡辩、没有意思的文字之玩弄，结果，写下来的每一句话，都马上值回票价地补偿了阅读的辛苦。自然而然我要说，我的作品是在它们自己的面目上就这么明显地印上了诚实与坦白的记号，以至于它们跟后康德时期那三位声名狼藉的诡辩家[1]的作品之间，真是有着一个惊人的对比，大家会发现我总是站在一个反省的立足点

---

1 指下文提及的费希特、谢林、黑格尔。——编者注

上，换句话说，合理地权衡、诚实地提供消息的立足点，而绝不是站在灵感上，所谓智性的直观或甚至绝对思想什么的立足点上；像那样的东西，真名其实就是吹牛、庸医。所以我，拿这样的精神从事着，同时不断地眼睁睁地看着谬误和不良的东西被大而化之地接受，看到吹牛的[1]和庸医[2]受到最高的赞美、尊敬，我是老早就对同时代人的赞美死心了。一个时代，二十年来这么大声地抬举着一个黑格尔——那聪明的凯立班（Caliban），把他当作最伟大的哲学家，大声到那回声响彻了整个欧洲，这样的时代，是不可能叫那在旁边看的人激起了争取它的赞美的热情的。它不再拥有任何可以颁发给人的皇冠；它的赞美是滥用的，它的批评不能代表任何东西。我这里是心里有什么嘴巴说什么，就像从一个事实上可以看出来的一样坦白，那就是：假如我无论怎样立志要博取当代人的赞美，我还是会一口气写出二十段跟他们所有的观点完全冲突的话，的确一定会多少冒犯了他们。但我认为即使为了那种赞美，牺牲掉一个字都是我的罪过。指导我的星宿是正确的。追随着它，我首先只能争取到自己的同意，我完全背离了一个没落的时代（这是跟一切更高等的智慧上的努力相比而显示出来的），背离了一个败坏的民族文学（仅有少数例外），这个文学当中，那夸张的字句和低级情操混合的艺术已到达了极点。当然，就像所有人一样，我不能免于一些本性上固有的谬误和弱点，但实事求是，我不会没有价值地做一个调人去徒然使那些缺点变得严重。

现在，讲到了目前的第二版，首先我很高兴，在二十五年后我没发现有什么话需要收回的；我基本的信念被证实了——起码对我

1　费希特和谢林。
2　黑格尔。

本人而言。因此，对第一部（就是第一版的内容）的修改并没有涉及基本的，只牵涉次要的东西。的确，它们多数是一些这里那里加进去的简短的解释性增补。只有康德哲学的批判经过重要的修正并作大段的补充，因为这些补充无法像第二部里那代表了我的教义的四部分的补编一样单独凑成一部。至于其他四部，我选择了用第二部把它增补的方式，因为自从第一部完成以来二十五年过去了，我的表达方式和说明的格调已产生了很惊人的改变，以至于要把第二部的内容跟第一部混杂为一，将是办不到的，因为这样的混乱不可避免地会给两方面带来损害。因此我分别地写下它们，并且，早期的解释，即使有很多地方我现在是会用不同的方式表达，我都没有更改它。我这么做是因为，不想让一种年纪大的人惯有的刻薄批评风格破坏了自己早期的著作。在这方面也许需要修正的地方，读者们在看过第二部以后心里会自动把它纠正过来。就广义来看，只要说，由于我的生命中某个阶段，从智慧上考虑，乃是另一个阶段的补充，那么这两部可以说互为补充。于是我们会发现，不但这一部包含了那一部所没有的，而且，这一部的价值刚好是在于，它在那一部当中是缺乏的。所以要是说本著作的第一部，拜青春之火和充满朝气蓬勃的第一度思想所赐，所以胜过第二部，那么，第二部便将在观念的成熟与彻底发挥上胜过第一部，这是一个漫长的生命跟它的运用以及辛勤操作的结果。因为，当我获得了自发地掌握住自己体系的基本观念的力量，能够马上追究到它的四个部分去，又从这些回复到统一的主干上来，跟着，把整个做一个清清楚楚的交代——这时候，我无论如何还不能说是已经可以透过我的体系所有的部分，以一种唯有经过许多年对它的沉思才可能得到的彻底性、详尽性和充分性，来从事我的叙述。为了在无数的事实中印证我的体系，并阐释它，用各种性质上不一样的证据支持它，从各个角度

对它投下了一道清澈洞鉴的光辉,跟着将不同的观点放置在大胆的对比下,清清楚楚地分割了那复杂的材料并以有系统的次序把它们表示了出来,为了这种缘故——像这种沉思是需要的。所以,虽然说我整部著作形式上是统一的,而不像现在这样由两个拼起来才能用的半面构成,的的确确那样对读者来讲一定看起来会更顺眼些,不过读者却要想一想,要是这样的话,就非得是我必须在生命里头一个阶段就来完成只可能由两个阶段达成的事不可,因为这一来,我非得在一个阶段拥有那自然分成两个阶段赋予的品质不行。因此,我的作品必须以互补的方式分成两面叙述的必然性,就好比一个接物透镜不能单单由一片镜片构成,它必须由一块光学玻璃所制的凸透镜以及一块平板玻璃所制的凹透镜来组成,它们相加的效果,就达到了意图完成的目标。另外,对于这种使用两部带来的不便利,读者将同时可以在同一个心灵、同一个精神,却是在非常不同的时候,对同一个主题所作处理带来的多彩多姿性与解脱上得到补偿。可对于还不熟悉我的哲学的读者,我一般建议是先把第一卷全部浏览一遍而不要涉及补编,只有读第二遍时才看它。否则,他要掌握住我一连贯的体系将不太容易;因为唯有在第一部中,我的体系才是一贯的,至于在第二部里,主要的理论却是被更详细地个别地建立,更彻底地展开。就算是不打算把第一部再看一遍的读者,也会发觉,只有接着第一部把第二部整个读一遍,才更恰当。他可以一般地照各章的顺序读它——这些篇章彼此的关系,的确是比较松散,而它们的空隙可以借着对第一部的回忆来填补,这是说,假如读者已经真正地掌握住第一卷的话。另外,读者会随时看到书中指出的第一卷里头和它有关的段落。因此,在第一部的第二版中,我给每一节加上编号,原来第一版没有编号,各节之间只用线段隔开。

在第一版序文中我已经解释过了,我的哲学从康德哲学开始,

所以，要了解我，就必须先对康德有彻底的认识；这里，我要重复这段话。因为康德的学说，在每一个掌握住它的心灵里头都产生了根本改变。这个改变如此巨大，以至于可以被视为智慧上的再生。唯有它，才能真正地除掉那个从我们知性原始的倾向中产生的先天的实在论。无论贝克莱或马勒布朗士都不够格，因为这些人都还太普遍，而康德却走入了特殊的。而且康德把这个工作做得真是前无古人后无来者，可以说，是在人心里头造成了相当特殊的一个影响，或不妨说直接的影响。结果，心灵就被它引发了一个根本上的恍然大悟，于是以另一种眼光来看万事万物了。但一个人唯有这样，他才能接受我要教给大家的更确定的解释。在另一方面，没有掌握住康德哲学的人，不管他研究过别的什么，他都好像处于一种无知状态；换句话说，他仍然停留在我们都浮沉其中的自然的、孩童式的实在论里，这样的东西，再怎么都不能使你有资格进入哲学的领域。结果呢，这样的人同那跟他不一样的人比起来，就好像毛头小伙子之于成熟的大人。这个事实在今天听起来好像是很矛盾，而的确在《纯粹理性批判》面世之后头三十年情形也是这样——其理由乃是，从那时候起就产生了一个并不真正了解康德的时代。除了操之过急一点没有耐心地背诵，或间接地听别人二手的叙述以外，就再没有别的成就了；至于这种情形，又是因为它受着不良的指导，把时间浪费在寻常的所以是非正式的、半路出家的甚至是一些大言不惭的哲学家的哲学理论上，而这些无益的东西却是被丝毫不负责地交给它的。所以跟着就是，在第一步思想上形成的混淆，和一般来说在虚伪和做作的外衣底下出现在那被这样带大的时代哲学的企图当中的，无法形容的粗劣与笨拙。谁要是想象他可以从别人的叙述里头熟悉康德哲学，那他就是在一个可怕的误会当中徒劳着。相反，我要严重地警告大家别依赖这种叙述，特别是最近的那些。事

实上，在最近黑格尔学派的著作里，我已经看到他们对康德哲学的描写——那真是叫人难以想象！一个青春的心灵在受到黑格尔主义之荒谬的歪曲与摧残之后，怎么可能还有能力再继续康德深刻的研究？他们很早就习惯于将浅薄之至的废话连篇当作是哲学的思想，把不忍卒读的诡辩看成智慧，和认定愚蠢的狂妄是雄辩；并且由于接受狂乱的文字组合，弄得心灵徒然地折磨和虚耗自己，构想一些不知所云的东西，而把头脑有条理的组织给破坏了。他们不需要纯粹理性批判或任何哲学；他们需要一种 *medicina mentis* [精神治疗药物]，先把它当作一服泻剂，*un petit cours de senscommunologie* [所谓的捷径]，用过以后，你就可以看看到底还能不能跟这班人讲哲学。所以，除了康德自己的著作外，到别的地方去找康德哲学都只是徒然；而康德哲学却是从头到尾完全有它的启发性的——即使在他错误和他失败的地方。由于他的原创性，对康德来讲，就像是所有真正的哲学家一样，的的确确唯有从他们自己的作品当中，一个人才能晓得他们，而不是由别人的叙述当中晓得。因为，那些卓越心灵的思想，是不能忍受一个平凡的头脑的过滤的。它们是从宽大、高广、有优美弧度的额头下面产生的，在那样的额头底下，锐利的眼睛射出了光芒，当它们被移到一个有限、畏缩、厚而硬的头骨那狭小且低矮的天地里头——从那儿泄露出来的是指向私人目的昏眊的眼神，这时候，原来卓绝的思想就完全丧失它的力量和生命了。事实上，我们不妨说，像这类的头脑就好比不平的镜子，在里头每一件东西都被扭曲、变形，丧失了它的匀称美，变成一幅滑稽漫画。只有从创造者自己那儿，我们才能得到哲学的思想。所以，被哲学吸引的人，必须亲自到那宁静的著作圣殿中找寻哲学不朽的导师。这些真正的哲学家中的任何一位，其主要的作品篇章，所能深入自己的理论，要胜过普通心灵对它们繁复而曲解的叙述千百倍

不止，像后者那种心灵，多数还深陷于当代时髦的哲学中，或在他们自己敝帚自珍的观点之中。但说到公众是那么坚决地宁可喜欢抓取那些二手的叙述，这真是叫人万分惊奇，怎么也想不透。的确，在这里好像有一种选择力运作着，由于它的结果，所有平凡的东西都被拉到一块，自然而然地就宁可听取跟他们臭味相投的东西的声音，而抛开了伟大心灵的教诲。也许这跟孩童们最容易从别的孩童身上学到东西，是同一种交互指导作用的道理。

*　　*　　*

对那些哲学教授，我还有一句话奉告。我真是经常忍不住羡慕他们那种聪敏的智慧，那种正确而优秀的才能，这样，仗着这些才华，当我的哲学出现的时候，他们马上看出来它是跟他们自己的企图相当不一样的东西，的确，看出来是对他们有害的东西，拿通俗的话来讲就是不能迎合他们目的的东西；而且，我佩服他们同时能采取有效和机灵的策略，仗着这个，他们立刻发现了对付它的唯一正确的手段，我佩服他们完全沉潜一气地运用这个手段，还那么有决心地贯彻它。这个手段，像大家都晓得的，就是完全忽视、隐藏——照歌德不怀好意的讲法，它真真正正意味的是，压制一切重要的和有意义的东西；附带说，它便利的地方是执行起来不费事。这种静默方法的效果，同时被一个狂欢的呼喊所强调所加大了，这个呼喊是那些同样浅薄的心灵在彼此庆祝他们精神上的后代诞生时发出的。这个呼喊，强迫着大众去观看并注意他们彼此标榜装着好像很重要似的表情。谁还看不出这种手段的目的何在？那么，难道说这句格言就没人能反对了："先过活，再来哲学思考"（*primum vivere, deinde philosophari*）？这些大人先生需要过活——的确要

靠着哲学过活。他们一家子老婆孩子全指望着哲学，不顾彼得拉克的那句话："哲学哲学，你贫无立锥之地！"（*povera e nuda vai filosofia*）他们靠它牟利。好啦，现在我的哲学可不是每一个人可以靠它过活的。它缺乏成为一个可以带来好收入的"教授哲学"的第一个不能少的要件——就是思辨神学，思辨神学应该而且必须成为所有哲学的主题——别去理会那个惹人讨厌的康德跟他的理性批判；虽然，这样的哲学，它的工作就是永远地讲着它根本不能了解一丁点儿的东西。事实上，我的哲学是不容许有像这种的小说家言，这种哲学教授很聪明地发明出来变成对他们来说不可或缺的东西的，也就是，关于一个能立即并且绝对地认知、知觉或体会的小说。一个人只要在刚开始时把这个小说推到读者头上，这样，好像是再舒服不过地驾着一辆马车开到一个经验所从来不可能有的区域里头去，就可以完完全全把我们关闭在了认识康德的门外。于是，在这样一个区域里，刚好就可以发现，那些马上暴露出来安排得花团锦簇一般的、现代的、犹太式的、乐观的基督教各种基本的教义。而我冥想的哲学，缺乏这些基本的要件，缺乏生计的手段和考虑，却是把真理——那赤裸裸的、没有报偿的、不友善的、经常是被迫害的真理，当作我唯一的北极星，我的哲学笔直地驶向它，既不左顾又不右盼。那么这样一种哲学，对那个 *alma mater*[母校、好妈妈]，那有好处的、可以谋生的大学哲学，那负担了成百成千的企图与顾虑，小心翼翼如履薄冰的东西，还有什么可以奈何的？因为，无论什么时候，它们眼前总是考虑到对神的畏惧，部长的意思，教会的训条，出版商的要求，学生的鼓励，同事的祝福，还有天晓得其他的什么。对于真理，我沉默的、连续的追求，又怎么能跟那些学院派为了鸡毛蒜皮大吼大叫而其最深刻的动机不过是私人的目标的那种辩论，混为一谈？相反地，这两种哲学根本不一样。所以，在我

来说，可没有什么妥协、折中，也跟交情扯不上关系，除了也许那些一心只追求真理的人，没人可以从我这里得到任何利益；所以，今天的哲学学派没有一个是够资格的，因为它们追求私人的目标。但是我能提供给大家的只有洞察和清清楚楚的辨识，而这是不适合那些目标的，因为它们根本就不是以那种精神创造的。要是我的哲学有一天居然可以登上教授席位，那一定会给整个时代带来彻底的改变。所以，这样一个没有人可以靠着过活的哲学，要是有一天能够获得光线呼吸到空气的话（别提普遍的尊重啦！），那该是一件多么好的事。但是要一个人跟争辩及反驳去打赌是很不容易的；再说，这又是很危险、很保不准的手段，正因为那样将把大众的注意力引向了它，而阅读我的著作又可能破坏了大众对于那些哲学教授作品的苦读。因为，尝过了严肃的滋味的人是不会再去欣赏滑稽的东西的，特别是当那些东西性质又是很乏味的时候。所以，大家那种一致的静默，倒是唯一正确的办法，我只能劝告大家这么做，并且，只要沉默在那儿起作用，就继续保持这个态度——换句话说，除非疏忽就暗示了无知的话；那么，你就还得等些时候才能清醒。同时，每个人都可以自由地这儿那儿拔它几根羽毛作为自己的装饰，因为，关闭在自己家里头的观念上的丰富、过剩，通常不会形成很大的威胁的。所以，疏忽和保持沉默，可以仍然维持一段时间，也许至少在我有生之年如此；只要这样的话，我以为已经收获不少了。要是同时间，这儿那儿可以容许你听到一个挑衅的声音，那么它马上会被哲学教授大声的说话掩盖过去，这班教授一副像是很要紧的样子，很晓得怎样用标新立异的东西去娱乐大众。不过，我建议大家稍微严肃地观察一个一致的现象，特别是年轻人的批评，他们有时真的很不容易被安抚。即使这样，我还是不能保证说，这种好现象可以永远继续下去，我无法告诉你最后的结果。这是一个伤脑筋的问题，

这是关于群众的领导——虽然整个来说它是好的，是易于处理的。虽然，我们看到像高尔吉亚和希庇阿士的人，几乎总是高高在上；虽然一般说荒谬的总是爬到极顶，而一个人的声音要想穿透愚人者与被愚者的合唱似乎根本不可能，但是，各个时代真真正正的作品，还是留下了一个相当特殊的、静默的、缓慢的并且有力的影响；于是，就像由于一个奇迹，我们终于看到它们从纷乱之中超拔，就像一个气球由尘世的混浊浮升到更纯净的区域。一旦到达那里，它安息了，再没有人可以把它拉下来了。

1844年2月，美因河畔法兰克福

第三版序言

真理和真实的东西早该获得立足之地——要不是那不能产生真实东西的家伙在搞鬼,不让它获取应得的地位。这情况老早就这么碍手碍脚(虽然说不上像是掐住脖子一样),使许多有益的作品如黄钟毁弃。至于我,结果就是这样,虽在 30 岁时就出版了本书第一版,可要到现在 72 岁偌大的年纪,才看到第三版的发行。不过无论怎样,我在彼得拉克这句话里找到了安慰:"要是一个人漂泊了一整天,到晚上他终于到达目的,朋友,那就够啦。"要是最后我也到达了,并在晚年满意地看到我影响力的萌芽,那么依照一个古老的原则,我盼望说,看它开始得那样迟缓,它将延续得更为久远。

在第三版里,读者不但可以发现第二版的全部内容,还相当不止于此,由于增补的缘故,虽然形式不变,它比前面那版要多 136 页。

第二版发行后七年,我出版了两卷《杂论与拾遗》(*Parerga und Paralipomena*)。意思是,它是我这系统的哲学之附注,它应该放在现在的第三版里。但是,由于当时我怀疑有生之年是否能目睹第三版的出版,为了以防万一,我把补充的安放到那儿去了。读者要找的话,从每章的标题上很容易可以看出来,那是在前书第二卷的地方。

1859 年 9 月,美因河畔法兰克福

第一部　作为表象的世界（一）

服从于充足理由原理的表象
经验的对象和科学的对象

放弃你不成熟的孩童期，朋友，醒觉吧！

——卢梭

1

"这世界乃是我的表象"：对于任何能认知的生物来说，这是确切的事实——虽然只有人类才能将这个事实带进抽象思维的意识。要是一个人觉察了这点，那么哲学的辨识就开始在他身上萌芽。于是对他来说，这便成了一件显然的事：他并不实在地认知太阳或是地球，而只是认知一只看到太阳的眼睛，一只触觉地球的手；这个包围着他的世界只是他的表象，换句话说，只是关联着另一事物。那表达出意义来的事物，就是他"自己"。假如说有什么可以称作是先天（$a\ priori$）的真实的话，那么"世界是我的表象"这个事实就是了；因为这个事实是各种可能发生的、可知觉的经验形式的记述；其普遍性超过任何其他形式，超过时空及因果，因为后者必须以它的存在为前提。至于每一个形式，我们把它们看作是属于充足理由原理的许多特殊模式，它们每一个，就只隶属于所有表象中特殊的某一类；另一方面，主体和客体的区分，又是所有这些分类的普遍形式，这是唯一的形式——只有在它以下任何表象，不管是哪一种，抽象的或直观的，纯粹的或经验的，一般说才是可能的或可

知觉的。那么，再也没有比下面这个事实更确定，更具独立性，更不需要证明了：任何事物乃至于整个世界，只有被认知的时候才存在，对于主体而言只是客体，是认知者的知觉，总之，是表象。不消说，这通用于现在、过去、未来，顶远乃至顶近的；因它适用于时空本身，而只有在时空中才有现在、过去、未来，才有远近的区分。无论在哪一方面，任何属于或可以归属这个宇宙的，难免都关联于带着主体这个先在条件，任何事物，只有为了主体才存在。世界就是表象。

这项事实可不是新发现的。它在笛卡尔起先的怀疑思想中已经可以找到。但贝克莱是头一个确定地把它讲出来的，所以贝克莱给了哲学一个不朽贡献——就算其理论别的部分不能持久。康德第一个错误就在于疏忽了这项原理（如附录中指出的）。另外，这基本的事实很早时印度的智者就体认出来了——因它出现在吠檀多派哲学广博仙人基本的教义之中，这是威廉·琼斯爵士在其最近一篇文章《论亚洲的哲学》（《亚洲研究》，第四卷，164页）中指出的："吠檀多派基本的教义并不在否认事物的存在，即坚实、不可穿透性及延展的形体等的存在（否认这将是愚蠢的）……而是在纠正一般对它的观念，并且辨明它的本质不独立于心灵知觉；就是说，存在和可知觉性是可互换的字眼儿。"这些话极为恰当地揭示了经验的实在与超越经验的理想之共存可能。

所以在本书第一部中，我们只就上述的角度来思考这个世界，就其为表象而言。每个人承认"世界仅仅是他的表象"所遭到的内在矛盾，警告我们这样的思考离开了事实，无论如何它只是片面的，尽管可能因某些独断的抽象思考而有例外。另一方面，我们又绝不能从这种承认中抽身。无论怎样，这思考的片面性，在后头就可以被一个真理填补圆满，在那里，不像这儿开始的这个一样直接确定。

只有经过深入研究、更为艰难抽象地思考,解析那有差异的,结合那相同的,这样我们才被引入真理之门。这真理对我们,即使不算那么叫人震惊,也得说是相当认真严肃,那就是——我们还可以,也得说:"这世界乃是我的意志。"

话说回来,在本书的第一部分,必须专门思考咱们开始讨论的这一面的世界,即可知的这一面,当然,要毫无保留地研究一切存在的客体(对象),甚至自己的身体(这以后还要再详加讨论)——把它们当作表象……这些,我们全都只称为表象。而我们从这一面当作抽象的所在,不可避免的就是意志,这点以后能给读者们了解。就是这个,将构成世界的另一面,因为这世界一方面乃是绝对的表象,另一面完全是意志。而一个不属于任何一方,本身就是个客体的实质(叫人难过地,康德把他那个物自体倒退到这上头去了),只不过是一梦之空无,容纳这个主张,在哲学里简直是 *ignis fatuus* [无稽之谈]。

2

那认知所有的事物却不被任何事物认知的,就是主体。所以自然得说,主体是这个世界的证实者,是所有出现之物、所有客体的普遍条件,而且被视为前提;因任何事物存在,都只为了主体。任何人发现自己是这主体,那是只有当他知觉的时候,并不在他为认识的对象的时候。不过,他的身体已经就是对象、客体,所以从这个观点说,我们称之为表象。因身体是客体中的客体,服从客体的法则——尽管它是直接的客体。[1] 如同所有知觉的对象,身体也在

---

1 《论充足理由原理》第二版,第22节。

所有认识的形式之中，在时空中，透过时空就有所谓的多元性。但是主体，这认知而绝非被认知者，不存在于这些形式内；相反，它经常是那些形式本身的前提，所以不是多元性，也不是它的反面一元性——尽管这可以视为属于主体。我们绝不能认知它，但就是它认知了是否有认识的存在。

因此表象的世界——我们现在光就这方面考虑它——它具有两个基本、必要和不可分的半面。一半是客体，它的形式是空间、时间，透过这些才有多元性。但另一半，主体，不在时空内，因它在每一具表象力的"本生物"当中，是整体且不可分的。于是这些本生物当中单单一个，和客体结合，就构成了表象的世界，正如同存在着的无数所构成的一样完全。而要是那单一消失了，表象世界就不再存在。所以这两个半面便是在思想上也不可分，因它们各个之具有意义而存在，只由于透过、只由于为了那另一个；各个和另一半共同存在，也共同消失。它们直接地彼此限制；客体开始的地方，主体就在那儿停顿。这个限制共同或相互的性质，是见证于这项事实的：每一客体基本而普遍的形式（即空间、时间、因果），从主体着手，都能被发现且被彻底认知——即使不具备对客体本身的认识，用康德的话来讲，它们先验地寓于我们意识中。发现这点是康德主要的贡献之一，并且是相当伟大的一个。还有，我断定，充足理由原理乃是一般表达出我们先验地意识到的客体的所有形式，于是所有我们纯粹先验地认知到的，不过是那个原理跟它衍生出来的东西的内涵；所以，它真正容纳了所有我们先验地确定的认识。在《论充足理由原理》中，我已详细指出，每一个可能存在的客体如何归属它，就是说，和其他的客体建立一种必需的关系：一方面是被限制了，一方面是去限制。这可以推广到所有客体——只要它们是客体、是表象，此外再不是任何事物，它们整体的存在可完全追

溯到这种客体相互间必需的关系为止，到它们只以这种关系组成，因此完全是相对的为止；但这些，留着以后再仔细讲吧。我进一步揭示出这种必需的关系，一般以充足理由原理表达，这个关系出现在其他关联着客体被按照客体可能存在情形所区分出的那个归类形式（就是充足理由的四根源）里；另外，那个归类正确的划分被这些形式所证实。我在书中经常预设了《论充足理由原理》一文中说的，假设读者是看过它的，要是那儿没有讲过的话，这里就得费些篇幅来叙述了。

3

我们所有表象根本上的区别，就在于直观和抽象。后者只构成一类表象，就是概念；在地球上它们是人类才拥有的。这种使得人类和动物有所差别的概念能力，历来都被唤作理性（Vernunft）[1]。我们将进一步就其本身讨论这些抽象的表象，但首先要专门来说说直观的表象。这包含了整个视觉可以见到的世界，或经验的世界，还有让它们可能存在的先决条件。我们已经说过，康德最重要的发现之一，就是这些先决条件，这些视觉世界的形式，换言之，视觉世界之察觉顶普遍的要素，它所有现象的一般特性、时空（甚至就其本身与内涵脱离）不仅能被抽象思考，而且可以被直接地知觉。这知觉或直观并不是那种幻象，经重复从经验得来，而是孑然独立于经验，以至于经验反而要被看作依靠它，因为空间、时间这些特性，从它们"由于先验的知觉或直观而被认知"这点来看，适用于

---

[1] 只有康德才搞混了理性这概念，关于这点，请参考本书附录及我的《伦理学之根本问题》中《论道德的基本原则》，第6节，一版第148—154页（二版第146—151页）。

所有可能存在的经验上,是被当作自然法则的。在任何地方,经验必须依照这些法则来显示。在我的《论充足理由原理》中,我把时空视为纯粹地被知觉的、没有内容的,视为表象里特殊的一类,为了自己而存在。好了,康德发现的这些直观的普遍形式的质性,确实非常重要,质性,就是说,它们是自己能被知觉,是独立于经验的,是因为它们彻底跟法则一致而得以认知,而那法则,则是数学之确定性所依赖的。再怎么说,时间、空间的质性都不可以忽略,所以充足理由原理把经验限制在因果和动机的法则内,看作是拿判断做基础的法则——就以一种很特殊的形式出现在它们里头,那形式我这么叫它:"存有"的根据。在时间中,就是它的片刻之延续。而在空间内,则是它的部分之安置,它们互为关系地决定彼此,直到永恒。

从《论充足理由原理》中清楚看出充足理由原理内涵的完全同一(不管所有那形式的种种)的任何人,将同样相信对它最简单形式的认识之重要,正如洞察它自身最内的本性之重要。我们认识到,这最简单的形式就是时间。在时间内任何的一刻乃是:只要它抹掉了它的"父亲"(前一刻),同样快地要再被抹掉。过去和将来(从它们内涵的结果分开来)不真实、空得像任何的梦幻;而"现在"只是它们二者的分界,既没有延展,也没有持续。同样,我们也认出充足理由原理其他形式一样空无,察觉到,如同时间,空间也一样,任何同时存在于时空中的,任何从原因与动机产生的,都一样——都只有相对的存在,只是经由另一个,为了另一个,如同经由自身和为了自身,只是一种持续。基本上这种看法是老生常谈了;抱着这种看法,赫拉克利特哀悼事物永恒的流动;柏拉图抱怨说世界中的客体简直不停变化,永远不曾被确定;斯宾诺莎认为它不过是那唯一确定、持存实体的偶发事件;康德,将之置于物自体——只有

那外烁的现象才给人认知；末了，还有古印度的智者声称："那是摩耶（Mâyâ），虚幻之幕，遮盖人的眼睛，叫你眼看着这个世界不晓得说它存在好，还是不存在好；因为，它看来就像个梦，像沙漠里的海市蜃楼，使远方的旅人误以为甘泉美饮，像地上一截绳索，而我们当作是蛇。"（这类观念经常可以在《吠陀》和《往世书》（*Puranas*）的无数章节中找到。）所有这些所意味的，他们所讲的这一切，就是咱们现在讨论的附属于充足理由原理的表象世界。

4

任何人，只要了解充足理由原理在这样纯粹的时间中显现的形式（而所有的计数均基于此），也就因此了解时间的整个本质。时间无非就是充足理由原理在这方面的形式，再没有别的品质和属性了。演替乃是充足理由原理在时间中的形式，演替是时间的整个本质、特性。此外，就统御着那单纯地被知觉着的空间的充足理由原理而言，任何人只要认出它，就已经从此贯彻了整个空间的特性。因为空间的特性也不过是，空间的各部分彼此间相互决定的可能情形——那些部分我们称为位置。对此所作的周详思考，以及为了运用方便，将空间流入抽象之概念形成的结果公式化，构成了整个几何学的主干。现在同样，任何人只要体会了充足理由原理——从它掌握这些形式（时空）的内涵，它们被知觉的可能情况（就是物质），故此掌握了因果律；体会了充足理由原理这方面的形式，也就因此了然这物质的全部本质；任何人只要加以思考，马上就可以看出，物质无非就是因果。因此，物质的存在就是它的行为；要把它想象成具备别种情形的存在，这是不可能的事儿。任何物质只有在行为时才填充空间和时间；它加诸直接客体（这也是物质）的行为决定

了知觉，而唯有在知觉中它才存在。任何物质的客体加诸其他客体的作用之结果，只有在后者以不同于以前的方式影响直接的客体时，才被认知；说起来，它的存在就变得只在于这种方式了。因此因果是整个物质的本质与特性；它的"存有"就在于它的行为（《论充足理由原理》§21，77页，对此有详细的描述）。因此，任何物态的实质，在德文中被适当地叫作 Wirklichkeit [现实性]——一个比 Realitaet [实在性] 更能表达出意思的字眼儿。物质的运动加诸的，又同样总是运动，所以它的整个"存有"和本质，只有内涵于物质某部分加诸其他部分所产生的那秩序规律的改变中。那么，内容的"有"与本质就完全是相对的，是决定于在内容的限度内才算有效的关系，所以，就正好比时空那样。

但是时间和空间，各自就其本身来说，就算没有了物质，也都能直观地表达出来；但是物质却不能脱离时空而表达。物质不可分割的形式必以空间为前提，而物质的运动——物质完满的存在之所寓，经常关系着所谓改变，也关系所谓时间之决定。可是时、空本身，不光是被各个物质假定为先，而且得说，二者的结合构成了物质的本质、特性，因此像前面讲过的，这种结合——就寓于行为，寓于因果。数不清的现象，事物之情状，一切想得到的，说它可以一个个安放在无限的空间，不致彼此限制，甚至在没有止境的时间之中，你跟着我，我跟着你，不致相扰。那么这些现象彼此间必要的一种关系，以及依关系限定它们的一个通则，根本上说就不是必要的，甚至不必派得上用场的了。这么说，要是比方一切空间之并列，时间之更易，只要两者各就其本身，脱离与另一方的关联，各有它的途径与持续性，那么，因果关系就根本不存在，又由于因果关系构成物质的实质，这么说物质也就不存在了。可是，只有从改变的本质不仅在于自身状态或情形的变异这个事实来看，因果律才

能说有意义、具有必然性。那么反过来倒是要说，因果乃在于这个事实；就是在空间中之同一地位，一会儿具有一种情形，一会儿又是另一种，而在一且同的那时间点，这边是这状态，那边又是那状态。只有时、空这样的彼此限制，才能说，这通则有了意义，并具必然性，按着这通则，变化因而发生。因此因果律决定的，并非光是时间中情形的演替，而是关系到一特殊空间的演替，不光是在一特殊空间中状态的存在，并且在这空间还牵连上了一特殊的时间。所以，改变就是依因果律发生的变异，总是同时而且一致地牵连一特殊部分的空间跟时间。那么，因果就结合了空、时。不过我们发现，物质整个的本质乃在于运动，所以就在于因果；因此，时空也必须在因果中结合；换言之，就算空间、时间的特性品质如何抵斥，物质必须同时兼具两者。它得把那个别为不可能的，在自身以内融汇，结合时间不稳定的飞逝驰走与空间执着的、不可变的固执性；从这两者，它具备了无限的可分性。因此通过物质我们发现，首先这带来了共存。这，不能光在时间内存在，或光在空间内存在——光是时间并不能认知并置，光是空间则不能认知过去、未来或现在。然而，多种情况的共存，实际上是构成实在的本质，因为经由共存，永恒或持续才首先成为可能。永恒只有在同时与永恒存在的事物改变之时，才成为可知的；不过同样，只有借着变异之中所具有的永恒，变异才具有改变的特性，就是具有不论实质（即物质[1]的持久品质跟形式更变的特性）。光是在空间内，宇宙变得执着且不可移动，没有演替、改变、行为；唯有把行为加上去，才跟着引起物质的表象。至于光在时间内，任何事物将为流动无常的，没有固定性、并置，故此没有共存，就没有永恒与持续，因此物质也就不存在。

---

[1] 附录里就有解释，物质和实体是同一个东西。

只有透过时空的结合才致有内容,就是说,有了共存的可能性,持续的可能性;进一步,透过持续,跟着情形或状态改变的实质之固执性,才可能[1]。由于物质的基本特质是空、时的结合,它就在各方面具有二者的特征。它证明自己从空间方面的起源,是部分透过与之为不可分的形式,而部分则特别透过空间的固执性(实质),(因变异只属于时间,但若只在时间之内,为了时间,就没有任何事物为永恒)因此对固执性或实质先验的肯定乃是完全从对空间之先验的肯定导出[2]。物质就品质(偶然性)方面透露了自时间的起源,没有那品质,那质性,物质绝不能出现,而那品质经常实际就是因果关系、对其他物质的行为,所以就是改变(一时间的概念)。不管怎样,要跟这种行为的法则相一致,就必须总是同时涉及时、空,并且只有这样才有意义。要合法地建立因果律,需要考虑的只有(而且全部)在于决定当同一时间、空间的状况下什么样的情形要出现。我们之先验认识内容确实而肯定的特性,便是基于从我们先验意识的认识形式中,导出内容基本的决定条件。这些决定条件就是,空间的占有、不可穿透性、实效,也可以说就是延展,是无限分割,是固执性、不可毁灭性,归根结底,是可动性(改变性)。至于所谓重力,不管它具备了怎样的一种普遍性,而康德在《自然科学之形而上学基本原理》一书中(71页,罗生克朗版371页)也断言它是先验的认识,事实上呢,只能说是一后验的($a\ posteriori$)认识。然而就像一般的客体只为了主体而存在、形成主体的表象,同样,表象每一特殊的归类,只为了在主体中有的、同样特殊的此种倾向而存在,那就叫认识的能力。时空本身主观的关系者,就其为空洞

---

[1] 这指出了康德如此解释物质("是空间中可移动的东西")的根据,因运动只寓于空间、时间的统一。
[2] 如本书附录解释的,并不像康德所持的看法,从对于时间的认识而来。

的形式，康德叫作纯粹的感性，康德是头一个用这样的称呼，虽然用得有点儿勉强，毕竟感性是以物质为先的；但这讲法不妨保留。物质或因果律（二者是同一的）的主观关系者，乃是知性，再没有其他。认知因果律，是知性唯一的功用，唯一的能力。那是个伟大的能力，可以运用到多方面、各个角度，而我们透过它的一切表示而体认的时候，可以丝毫没有差错。相反，凡是因果律，换言之物质、实在的整体，是只为知性，只透过它，只在于它。知性最原始、最简单、始终存在的表现，就是对实际世界的知觉。无论从哪一方面说，都是一种从结果推求原因的认识，所以一切的知觉都是用知性（慧根）推求的。不过要是某些结果不是被直接地认知和当作出发点，那么我们就根本不能达成一项知觉，其实，这就是在动物躯体上产生的行为或效应。在这限度内，躯体就成了主体直接的客体；透过它们，就产生了一切其他客体的知觉。一切动物躯体经验的改变，乃是直接被认知，直接被觉察；而由于这项产生的效果是立刻通过它的原因，那么对于原因（成为对象）的知觉就升腾了。这关系并非抽象概念的结论，它不是透过思考发生的，不是独断的，而是直接、必要、确然的。它是纯领悟的认识之法，没有了它，知觉就不可企及，对于直接客体发生的改变的认识，只留下一个模糊、植物性的意识：一个个改变以毫无意义的方式，一个跟着一个。例外的是，或许对意志而言得产生苦痛或欢乐的意义。然而如同视觉世界因太阳的出现而展开、显露，知性透过它单纯的功能，一举将无意义的感触转换为知觉。眼睛、耳朵或手所经验的并非知觉；那只是资料。只有透过知性由果到因的运行，这宇宙才成为延展于空间的知觉，形式方面是变更的，内容方面则透过时间而固定下来。因知性在物质（即实效）的表象中统一了时间、空间，这个表象的世界只有透过领悟才存在，并且只为了它才存在。在我

的《论视觉与色彩》第三章，我解释了知性是怎样从那被感觉修饰过的资料中产生知觉；一个孩童怎样借助对一件事物从不同角度的感觉吸收的印象，加以比较，因而学习到了知觉；知觉又如何阐明了感觉的许多现象，阐明了两只眼睛焦点集中时的单重视觉，斜视产生的双重映象，或许是同时注目于距离不同的重叠物体时的双重视景。不然就是突然的感官变更导致幻象。不过在《论充足理由原理》第二版（第21节），我把这个重要的主题详尽补充过了。凡在那儿说的，在此地无论如何都占着一个重要的地位，所以呢，我实在应该再说一遍。可是老实讲，对于引用自己的话，我就跟引用旁人的话一样不耐烦，加上再也不能写得比那儿解释的更精彩，因此我建议读者参考那本书，而且现在我假设读者已过目了。

孩童、动过手术的盲人等学用眼睛观察的程序；任何双眼视觉到的单重映象、双重映象，当感官错置时产生的双重触觉；物体的显现乃是直立的，至于物象对眼睛（的视网膜）而言却是倒置的；将色彩归给物体的外观——而它只是透过偏光的眼睛活动之内在功能、一个分部；末了，实体镜视物的道理也是这样；所有这一切，稳固和不可辩驳地证实和显示了，任何知觉不仅是属感觉的，而且是属智性的，换言之，是透过知性从结果上推原因的纯粹认识。所以，它以因果律为前提，任何的知觉均建立在因果律的认识上，进一步说，主要或完全靠着知觉之可能的一切经验，也是建立在这上头的。反过来，说由经验得到关于因果律的认识，可就不对了；这是休谟的怀疑主义，其实，首先就被这儿的讲法否定了。换一个角度说，因果的认识之独立于一切经验，换言之，它的先验性，只有从所有经验均基于因果律这点上求证出来。还有，这只有按照此地所叙述的方式及前面引述的解释，才能得证；就是说，因果律的认识一般已经蕴含在知觉里（在知觉的范围内才发掘所有的经验）来

关联经验，它整个是先验存在的，不以经验为前提，倒是被经验假定为前提条件。不过，要说按照康德的方式去证明，那是办不到的，康德的说法，我在《论充足理由原理》第23节中批评过了。

5

现在咱们得面对一个严重的错误观点：既然认为知觉之获得是从因果的体认而来，那么在客体与主体之间就存在一种因果关系（其实恰好相反，这种关系经常只发生在直接的与间接的客体之间，就是说经常只在客体之间发生）。基于上面那个错误假设，就有了怀疑外在世界真实性那类的愚蠢争辩，牵涉这个争辩，独断论跟怀疑论彼此敌对，前者一会儿像实在论，一会儿像观念论，像似捉迷藏。实在论假定客体为因，影响主体。而费希特的观念论，视客体为主体的结果。不管怎样，既然按照充足理由原理，主体和客体之间压根儿就没什么关系（这也是无法充分强调的），这两种假说没有一个可以被证明，而怀疑论是对两者作了一压倒性的攻击。好啦，就像前面那样讲的因果律，是在条件、知觉和经验之先，所以不能由后者得知（像休谟以为的那样），于是同样的，客体和主体先于任何的认识，是故，甚至先于一般的充足理由原理而为第一条件。因为充足理由原理不过是任何客体的形式，是客体显现的整个本性与样式；而客体总是以主体为前提，那么二者就不可能有理由和结论的关系。我的《论充足理由原理》只想表达这一点：将充足理由原理的内涵解释作任何客体基本的形式，换言之，解释为一切客观的存在的普遍模式与样态，好像是附着这样的客体的玩意儿。但这样的客体在任何地方均先设有主体作为它必要的关系者，那么主体就总是落在充足理由原理有效的范围以外。对于外在世界之是否真实

所作的争辩，正基于将充足理由原理的有效性加到主体这种错误的外延，而从这项错误开始，它就永远不能解明自己。一方面，偏向实在论的独断主义，把表象看作客体影响的结果，企图把二者分划为表象和客体，那本是二而一的东西，他们打算假定一不同于表象的原因，摆脱主体的"客体本身"、全然不可想象的东西；要看清楚，既然客体有主体为先，那么客体就总是主体的表象。与此相反的是怀疑主义，同样是错误的假设，即假设在表象中，我们总是只获得结果，绝非原因，这样就永远不能拥有真实的"存有"；我们只认知客体的活动。它假设，这客体的活动跟"存有"或是不同的，所以可能一般说是被相当错误地假定了，因为因果律首先从经验而来，那么经验的实在照样就被假定作依靠着它。这两个观点均有待于修正，第一，客体和表象是同一事物；知觉客体真实的"存有"即它们的活动；事物的实际性正在于此；要是希望有那么一种在主体表象以外的客体的存在，脱离了行为活动的实际之事确切的存在——这样的要求，乃是根本毫无意义，所以就是个矛盾。所以，对于一知觉的客体之实效本质的体认，就已经究穷客体（在它为客体的范围内，即表象的范围内）自身了，超出了这个，就再没有别的好认识了。在这范围内，被我们体认的空间与时间的宇宙，除了因果就再不是别的，这样真实，绝对是实在表现出来的那样子，它毫无保留地，是表象和因果律结合。这就是它经验的实在。另一方面，一切因果只在于领悟，且为了知性而存在。整个实际的（即行为的）宇宙因此就总是以知性为先，没有了知性就是团空无。理由还不止这个——从另一面看，一般而言，没有一个脱离主体的客体，在想象时不会牵涉什么矛盾，当独断论者声称外部世界独立于主体时，我们就必须绝对否认其真实性。整个客体的世界乃是并且一直是表象，同时因为这缘故，就完全、永远地被主体限制，换句话讲，具

备了超越的构想、超越的观念性。但不是说那么讲，它就是错乱的、是幻象；客体的世界呈示的，实在就是那样，是表象，老实说，是一系列的表象，它们共同的联系者，就是充足理由原理。因此对健全的知性说来，是可以了悟的，甚至按照它最内的一含义说，按知性说，它倾诉的绝对是叫人听得懂的一种语言。要说争辩到它的真实性，那只会在一个给过分精明的曲解带歪的头脑里产生。这种争议通常是在一种误用了充足理由原理的情况下发生。充足理由原理，结合了一切表象，任何一种的表象，把它们彼此联系住；可是，充足理由原理可绝不是把这些表象跟主体联系，也不是跟二者之外的什么客体的根据联系——荒谬！只有客体才能作为客体的根据，这是一定的。要是进一步考察对外在世界真实性困惑这个问题的本源，我们可就发现，除了误用充足理由原理，以至于超出它的领域这个因素以外，还有对充足理由原理形式的一种特殊混淆。所以如此这般地，充足理由原理只关系到概念、抽象的表象方面，被外延到知觉表象，实在客体表象上了，而客体，只是变化的根源，现在要求到它的认识根据来了。借着抽象的表象，概念联系上判断，充足理由原理的确是这么统御着：这些抽象表象的每一个，单纯地、唯一地透过判断和抽象表象以外的东西的关系，判断和每一个的认识根据（归根结底总要回到这上头）的关系，这样，个别而具有价值、真实性、整体的存在，导致所谓的真理。另外，通过实在的客体、知觉的表象，充足理由原理规律着变化和因果关系的根据，而不是规律认知的根据。任何实在的客体，要靠着"已经变成"的方式来"还债"，换句话说，靠着成为一原因的结果之方式。所以说起来，对于一认识根据的需求，这儿讲来是没有用和毫无意义的，那只配另外一类的客体。所以只要观察者只停留在跟它接触的情况，知觉的世界引不起什么问题或怀疑。这儿可没什么真假的说法，那说法

是在抽象或思维的领域。毋宁说，在这儿，世界开放给官能和知性；它以真纯的真理、本来面目表现，是因果律掌管下发展的知觉表象。

到这里为止，我们考虑的是外部世界真实性的问题，这个问题通常由于理性能力本身的混淆、甚至不了解所引起的，就这个范围来说，只能用解释理性的对象这个办法来解决问题了。经过对充足理由原理整个本质、主客体的关系、知觉的真正特质进行一番检视后，问题可以说就不存在了，因为再没什么意义。可这问题还有另一个起源，跟这里讲的纯冥想的起源全不一样。它是真实的经验起源。纵然问题常由冥想的观点引起，可是后一个起源，要比它更具有可以让人领会到的意义。我们会做梦，那么，难道整个生命不会是个梦？说仔细点：有什么判断标准可以划分梦境与现实，幻象与实体？有人说，梦到的远远不比真实的知觉生动、明确，这想法全不足恃，因为没人把这两者作过比较；拿来跟现实比较的，只是对于梦的碎片的回忆。对此问题，康德这么回答："实际的生命，按照因果律将表象彼此联系，因此和梦有所区分。"可是甚至在梦中，每一物事也都是按照充足理由原理的每一种形式联系起来的，这个联系打破的地方，只是在生命与梦、在梦与梦之间。也许康德要这样回答：长久的梦（生命）按照充足理由原理来讲，本身有完满的联系；可是呢，跟短暂的梦幻就没那层联系——虽然后者本身也有同样的联系；这样，两者间的桥梁就断了，因此就被区分出来了。要是说，照这个标准去探寻究竟是不是什么东西给咱们梦着了，什么东西又是真实发生，那将相当困难甚或不可能。我们的处境，绝不是处于一环环地追随一种关系——即经验事件与目前片刻的因果关系；如果我们不是这样，就说是在梦中。所以在现实生活上，我们通常并不采用那种研究方法，去区分梦与现实。区分二者唯一可靠的判断标准，事实上只是"醒觉之整体的经验统一"，靠那个，

梦着的事件与清醒的生活彼此间因果的联系，无论如何是确定地、明确地打断和分开了。在霍布斯《论公民》第二章里，有这么一段清清楚楚的话，倒把这点证明出来了。说是当我们无意间打起盹来，有时特别是当我们沉醉于工作的热忱，或被什么计划占据了思想，这时我们很容易把梦跟现实混淆，我们的注意力，在梦中给占据住了，正如在清醒之时一般。在这种情况下，清醒正如熟睡一样不易被觉察，梦与现实相互交流而混同。那么当然了，剩下只有用康德的标准判断了。要是接着（情形常常这样），与现在的因果之联系，或此种联系之缺乏——如果这个不能确定的话，那就再也搞不清什么是梦到的，什么是实际发生的了。的确，在这里生命与梦的密切关系如此清楚地呈现在我们面前。在那么多思想家确定地把它说出来以后，我们该不至于不好意思承认这点。在《吠陀》《往世书》中关于这整个实际的世界的认识，找了个不能再好的比喻：梦，他们叫作摩耶之网，他们一再用这字眼儿。柏拉图常说人只活在梦中，只有哲学家试图保持清醒。品达（《凯旋之歌》，德尔斐，VIII，135）说："人是朦胧之梦。"索福克勒斯说：

> 我明白咱们这些活着的，
> 不过是惑人的形体，
> 瞬间的虚空构图。
>
> 《埃阿斯》，125

接着，莎士比亚的话最一针见血：

> 我们是什么样的东西呢？
> 是梦的本质，渺小的我们的生命，

>   ……深陷在沉睡里头……
>
>   《暴风雨》，四幕一景

末了，卡尔德隆（Calderón）深受这种看法的影响：在一出形而上学的戏剧《生之梦》里，把这个观点深刻地表达出来了。

我已经引用了这么多诗句，现在我再拿一个比喻表达我的意见：生命与梦同属于一本书里的每一页。系统阅读就是真实的生命，可是当实际阅读的钟点（白天）结束了，接着就是味如嚼蜡啦，我们总是不断懒散地拿拇指沾着边边，没什么相关地从这页翻到那页。有时候跳到读过的一页，有时候碰到没念过的，可是总在同样这本书里。这么个别翻到的各页，当然跟协调的研究没什么关联，但要是注意到条理分明之读物也是基于片刻的刺激而开始和结束的，不妨当作篇幅较大的一页，那么前面那种浏览，也就不比它差到哪儿去了。

所以，纵然个人的梦寐，因为并不适应现实生活中无时无刻不流动过的经验之绵延（清醒正指示出了此种差异），因此与后者有所区分，可是那经验的绵延，不过属于现实生活的形式，而梦则同样能指向本身的绵延。现在如果我们假定一个共同的外在的判断标准，我们就发现二者在本质上并无多大的不同，不能不承认诗人所说的，生命是一长久的梦。

那么从困惑于外在世界真实性这完全独立的经验之起源，掉转头看，回到刚才纯粹思考的出发点，我们就发现，首先，这种思考是由于对充足理由原理错误的运用，就是弄错了主客体的关系，跟着，是其形式的混淆——充足理由原理当中讨论的认知的根据，外延到只关系变化的根据上了。话说回来，要是这个问题全无任何实在的内涵，它的核心全没什么真正的思想与意义作为本源，那它也

不会这样不断地吸引哲学家的注意。所以从这一点就得假设，原来它先是打入思维，然后企图表达。它牵涉到那些混淆了的、难解的形式等问题上。这就是我的看法，我认为，对这问题他们所不可能透彻的最内在意义、纯粹的意思表示乃是：这知觉世界除了是我的表象外还是什么呢？是我像意识到我身体那样唯有以表象形态意识的吗？换言之，说到我的身体，我双重地意识了，一方面它是表象，而一方面则是意志——是这样吗？对这问题更清晰的阐释，肯定的答复，就是后面第二部要讲的内容，从那儿来的结论，将延伸到以后的部分。

6

暂时，我们现在在第一部只是把任何事物当作表象来考虑，当作以主体为依归的客体、从属主体的客体。而我们自己的身体——每个人知觉这宇宙的起点——我们把它当作任何其他实存的客体一样，就它可知的一面来审视，自然对我们说就只是表象。现在，各人的意识既然已经否认其他客体之为仅仅表象，当然若承认它自己的身体只是表象，那就更属不可能了。所以对任何人来讲，只要事物本身出现为他自己的身体，他直接地就可以认知它，要是事物本身在其他的知觉客体之中被具体化起来，那么就成为光是间接的认知了。但是，就我们的研究之途来看，这种抽象、片面的思考方法，将本质上共存的两件事强制地分开，分别从表象和意志解释却是必要的。因此若有什么勉强，暂时地就得抑制一下，满足于以下的解释，安心等它编织成那统一的半面，而趋向于完满的世界本质的认识。

因此，在这儿，既然身体本身的转变乃是立刻地被知悉而超出因果律的运用范围，反过来成了给因果律以原始资料的供给者，躯

体对于我们就成了直接的客体，换句话说，是那形成主体之起点的表象。整个的内容的本质，我们已经说过，就是由它的活动构成。不过，有只为了知性的因果，而知性不是别的，不过是因果主观的相关者。不论怎么说，要是没有什么别的，让知性作为跳板，它不可能有实用。这个"别的"就是区区的感觉——对身体改变直接的意识，就由于感觉，身体才成为直接的客体，所以，认知知觉世界的可能情形，就只有以下两种：其一，假如客观地说，那是躯体彼此以行为相影响的能力，彼此带来了改变。要没这种普遍的特性，知觉（甚至靠着动物躯体的感性）总是不可能。反过来，要打算把这首要条件作主观的表达，那么我们就这样讲：首先，知性使得知觉成为可能，因为因果律、原因与结果的可能情形，只有从知性里边跳出来，只因为它才有效；所以知觉的世界只为了知性，只有透过它，才存在。但那第二个条件，就是动物躯体的感性，或者说，某些"是主体直接的对象"的躯体所具有的那种质性。感官从外在遭遇到的单纯改变，通过各自适合其五官之一的印象，只要那些印象并不刺激苦痛或欢愉——就是说对意志来讲没有直接意义，也就是说这些印象只为了认识才存在——那么改变自身就得以称之为表象。所以在这个范围内，身体是直接地被认知，是直接的客体、对象。无论如何，此地客体的概念，在意义上说并不完全，因为透过这直接的身体的认识——这种认识，在知性的运用之前，它只是感觉——身体自己并不真正像客体那样存在着，而变成只是其他客体先加于它。因为凡是客体确切的认识，换句话说，空间中知觉的表象的认识，只有透过且为了知性才存在，所以，毋宁说是在知性的运用内，并不是先于它。因此，躯体就其为客体而言，为空间中知觉的表象而言，跟其他的客体一样，透过躯体的部分以行为加诸其他部分，如眼之视觉身体、手之触觉身体，那样的因果关系的运用，

先是被间接地认知了。所以我们自己身体的形式不能光透过寻常的普泛感觉认知，乃只是透过认识成了表象，而被我们认知；换言之，只有透过脑筋的功能，我们的身体才成为一外延的、可知的有机生物。天生的盲人只有逐渐靠触觉给予的信息接纳这个表象。若这个盲人生来就没有手，可怜，他将永远不能晓得自己的形态，顶多呢，只有从别个物体加诸的印象，慢慢地推演出、建构出自个儿的形态。所以假如说躯体是直接的客体，那要包含前面讲的这个限制才对。

还有，按照前面的推论，一切动物的躯体是直接的客体，换句话说，是为了那认知一切，且为此不被一切认知，为了这样一个主体而存在的，是知觉世界的出发点。那么，对主体限制动机导致的运动的认识，恰好就成了动物性生命的特质——正如随刺激而来的运动是植物性生命的特质一般。但无机物无所谓运动——除非是让一最狭义的原因所产生的运动。在我的《论充足理由原理》（二版§20）、《伦理学》（论文第一篇，iii）、《论视觉与色彩》（§1）等论文中有详细介绍，请参考这些书。

所有动物，即使是最低等的，都具有知性，因它们都能认知客体，而这种认识就如同动机一般决定它们的运动，动物具备的知性和人类一样；总是单纯的形式，亦即因果律的认识，从因到果，果到因的转变，再没别的。可是讲精细的程度和认识范围的大小，那就有异常的差异，许多不同层次，从最低等只能认知直接与间接客体间的因果关系的，就是说只能透过身体经验的印象，联系到这个印象的产生原因，知觉空间中一客体状态的原因；到高等些的认识间接客体间因果关系的。这种认识，推演到对高度复杂的自然界之因果联系的体会；然而甚至这最高层的认识，还只能算是知性而非理性能力。理性之抽象概念，只用以掌握那已经直接的了解之事，确定它，安排它——可绝对不导致知性本身。任何的自然律、自然力，和它

们表现的情况，在成为理性能力的抽象思考意识以前，首先就得靠知性直接的认知，直观的了解，胡克之发现引力定律，把许许多多的重要现象运用上去，就是这种透过知性的直接体会。牛顿的微积分亦然。例子多着呢，比如拉瓦希在化学上发现了酸，与其在自然界中所佔的重要地位，歌德之发现物理原色，等等。所有这些伟大的发现，说穿了不过是一种从果到因的正确、直接的逆推，而这逆推，立刻就使人领悟到，躲在所有类似的原因后头一致的自然力量。这种彻底的透视，就是同样的那一种知性的运作（只有程度上的差异），动物将以此知觉那空间影响它身体的原因之为一客体。所以，所有那些伟大的发现，像知觉、像任何知性的表示一样，是直接的透视，因此是顷刻的成果，是 *appercu*[最初之观察]，一个突如其来的观念。它们并不是一连串抽象推理的产物；而是相反地，将知性直接的认识固定，把这样的认识安排在这样的理性之抽象概念当中，使大家都能明白它，从而让它来使役于理性能力。知性敏锐地体会非直系认知的客体之因果关系，不仅能够运用于自然科学（而所有自然科学的发现即基于这种敏锐之特性），并且，在实际生活上也运用到了，称为良知或审慎。但就其他应用来看，不妨叫作明辨、彻悟、聪慧。严格说，良知或审慎只表示使役于意志的知性。可这些概念的界限不能说分得很清楚，因为，在知觉空间中的对象时：总是同样的知性那唯一、同样的功能，在每一动物中作用。就其最深刻的敏锐性质，知性正确地从既成事实的结果，探究其自然现象未知的原因，因此提供给理性能力以构想一般通则（成为自然法）的原料。另外，知性运用已知的原因，加诸意图的效果而发明复杂、精巧的机械。不然就是，运用到驱使动机上，知性勘破了精巧的谲谋及计策，或许甚至恰当地安排动机，支配因此得利的人，如意地操作着，像用杠杆及轮子操作机械一样，将这个动机导向它的目的。知性的缺乏，

大家很适当地叫它作笨，其实就是指拙于因果律的运用，不能立即了解因果、动机跟行为的关联。一个愚蠢的人，对于自然现象的关系不能有深入看法，不管现象是自己出现，还是被有意控制（换言之，使役于机械）这都没有差别。为这缘故，他理所当然地相信魔术和奇迹，不同的人，彼此显然没有相干，事实上却协调地干着什么事——这，一个愚蠢的人发觉不出；所以很容易困惑。他观察不到提供的意见背后的动机，听不出话里有因。可他缺少的通常只是一个东西，即精明、敏捷、因果律灵活的运用，换言之，少了领悟的能力。这方面，我所碰到过最显著、最有启示性的"笨"的例子，是疯人院里面的呆痴男童。他确有理性能力，因他说话，也能听懂，但在知性方面他比很多动物还差。当我到他那儿去的时候，他留心到我的单片眼镜，在那镜片上，反映了窗子和窗外的树颠。每一次看到这个时候，他总是为之极度惊喜，总是充满了好奇地来看它。这是因为他不能理解反射作用绝对直接的因果关系[1]。

正如知性的敏锐程度在人类当中差别巨大，不同的动物中也很不一样。在所有动物中，包括最近于植物的，都有足够的知性，得以从直接客体的效果，推到间接客体的原因，故此得以知觉和体会一个对象。正是这个，使得它们成为"动物"，知性使它们能够接着动机运动，能觅食，起码能攫取营养。另一方面，植物，只有继刺激而来的运动，至于直接的感应，它们只能在那儿等待。若没有，它们便枯槁垂危；它们无法追随之，捕捉之。高等进化的动物，我们惊奇于它们的智慧，诸如狗、大象、猴子或狐狸，其灵慧之智，博物学家布丰已有绝佳的描写。从这些最聪慧的动物中，我们可以相当精确地决定，无需理性帮助——换言之，没有了抽象概念的认

---

1 如附录中解释的，并不像康德所持的看法，认为是从对于时间的认识来。

识的知性——就能怎样。我们从自己无法发现这点，因为在我们自己，知性和理性能力总是相互支持着的。所以，我们发现动物知性的显现，有时要超出我们的预期，有时则低于估计。一方面，我们惊奇于大象的敏慧，在横贯欧洲的旅程中，跨越了多少座桥梁，现在突然拒绝走上某一座——虽然它看到其他多少人、多少匹马那样经过；因为看起来，对它的体重而言，这座桥搭得不够坚固。另一方面，我们惊奇于智巧的猩猩，找到了一堆火，在一旁取暖，竟不知道添些柴火下去，使之继续燃烧；这是个必须借着抽象思想才能考虑得失的证明。很显然，因果的认识为知性的普遍形式，在动物中是先验地固有着，和我们没两样，对于动物，它是透过知觉而来的对外界一切认识的最初条件。要是还想找一个特别的证明，我们看，譬如说一头小狗，就算怎么尝试，它也还是不敢跳下一张桌子，因它预见自己的体重将造成的后果，可它并没有从经验先认知这特殊的情况。同时，在判断动物的知性之际，我们得提防着，不能把它算作本能表现，本能，是跟知性和理性能力截然不同的一种质性；然而它的作用常和二者的作用混同。但关于这点的讨论，并不在此部的范围，在第二部当我们考虑自然的均衡或所谓的目的论时，会提到它。《作为意志和表象的世界》第二部第27章，就专门研究这个。

知性的缺乏，叫作笨；理性能力运用得不灵活，以后我们实际上看得出来，就是愚昧；判断力之不足，是为鲁钝；而记忆的不完全或根本缺乏，就是疯狂。不过我们将在适当的地方分别讨论它们。正确地透过理性能力而认知的，是真理，换句话说是有充足的立场或理由的抽象判断（《论充足理由原理》第29节以下）；知性正确地认知的，是实在，换句话说，是从直接客体的效果透向它的原因。谬误相对于真理，是理性的不明；错觉相对于实在，为知性的蒙蔽。

所有关于这点详细的讨论，在我的论文《论视觉与色彩》第一章都有讲到。错觉来自同一的结果被透向两个完全有差别的原因之时，其中之一作用频繁，另一则稀疏。知性没什么资料来决定哪种情况来自哪种原因，因结果是相同的，所以总是假定寻常的原因为先，而因知性的行为不是反省及推论的，只是直接和立即的，如此的错误的原因，显现与我们就成了好像一知觉的对象，那正是错误的幻觉。在前面那篇论文中我已指出，当感官被带到一个不寻常的地位时，双重视觉和双重触觉如何这样地发生，我也这样提供了一个知觉只透过知性，只为了知性而存在的不可辩驳的证明。这种知性的蒙蔽，这种错觉，要举个例子的话，譬如一根棍子放到水里，看来会像折断一般，哈哈镜的镜面若是凸的，影像就像有点儿在后头，若是凹的，就好像有点儿在前头。这类例子还有：月亮刚升起来时看似比运行于天顶之际要来得大。这不是视觉的问题，因为从望远镜得证，眼睛看过去，月亮在天顶时候的视角，要比在地平线时来得大。是我们的知性假定了，天顶的月亮，加上四周那些陪衬的星星，亮度较弱，是它们较远的原因（所以看来较小），而把它们当作地上的物体那样，按照大气的远近布景来看。所以认为它在地平线时要大得多，当此之际，也认为天穹扩张得很大，而在地平线之处，它平缓了下来。同样由于这不正确的、按大气远近配景的估计，使我们假定很高的山，它的山顶只有在透明的空气中才看得见的，看来，要比实际的距离近，而减损其高度，比如从萨郎士看阿尔卑斯山的勃朗峰就是这样。所有这些虚浮的错觉，在立即的知觉中呈现给我们，任何理性的解释都无法清除。解说只能防止谬误，换言之，以提出反对的真实判断而避免没有充足理由、充足根据的判断；好比，抽象地晓得，前面讲的那种情形下，星月亮度之较微弱，并非由于距离更远，而是天顶的地方大气层更浓之故。然而无论什么

情况，随你什么样的抽象认识，错觉还是不可摇动的；知性跟理性能力完全不一样，理性是只有人类得天独厚享有的思虑能力；的确，知性本身是非理性的，就算在人类也一样。理性常只能认知；知觉总脱离它的影响，而纯属知性。

7

除了到此为止的整个讨论，我们还得注意下面的内容。我们既不是从客体起头，也不是从主体，毋宁说是从表象，它包容了这二者，并且以它们为前提、条件；因为对主体与客体的区分，乃是表象最初的、普通的基本形式。那么我们先讨论这种形式；然后（虽然这里只重点涉及《论充足理由原理》的导论），才讲附属着的一些别的形式，就是时、空、因果。这些形式只属于客体，但由于它们对这样的客体而言是基本的，又因为此客体对这样的主体而言又是基本的，它们就也只能从主体中寻找着，就是说，它们被先验地知悉，在这范围内是被视为两者共通的界限。不过它们都能归于一共同的表现方式，即充足理由原理，这都在导论中详述过。

从我们思考方法的程序看，这和历来哲学上做的努力都完全不同。以前任何体系，不是从客体，就是从主体起头探寻着，按照充足理由原理，就客体而解释主体，或就主体而解释客体；我们相反，否认主客体两者在充足理由原理范围内有什么关系，在其内，只有客体的关系。有人或许以为现在日趋时髦的同一哲学，摆开了主、客两者，打从第三方面即所谓绝对开头，那是透过理性直观而认知的，不是主客体而是二者的同一——这个哲学，不落入上面那个窠臼。由于在下对理性直观毫无所知，这儿我不打算妄自菲薄，去谈前面那个受大家看重的什么同一、绝对。不过既然我的眼光是落在

理性直观者公然的宣言上——那是给大家看的，甚至包括我这种小人物，那么我得说，前面说的那个哲学，不能逃于刚刚提的那两个谬误造成的反论。它并没有免除那两个冲突的谬误，可不是那不可臆想的主客之认同，毋宁，只是智性上可以直观的，或许得透过我们之浸淫于它而经验到的。相反，它把二者在本身结合，因为，它自己分成了两支：第一，超越的观念论，这是费希特自我本位的理论，接着，按照充足理由原理，客体得从主体产生或延展出来；第二，自然哲学，同样把主体表达成逐步自客体脱颖而出，运用所谓"建构"的方法，关于这个，我所知无多，但起码知道它是按照充足理由原理不同形式的一种方法。我拒绝承认包含在这种建构里头的东西有任何深刻智慧可言，由于我完全缺乏理性直观，任何假定理性直观的讲法，对我来说，根本就像一本用七印封严了的书。这情形到了这么一种程度，是相当难以比拟的，它那许多高深的理论——噫，看起来，我好像听的只是耸人听闻，或不如说是腻死人的鬼话。

以客体为起点的理论体系，总是以整个知觉的世界与其规矩准绳为问题，然而，被他们当作出发点的客体，经常并非此一世界或它的基本要素，即物质。相反，这些体系可以按照《论充足理由原理》制定的客体四种可能的范畴予以划分。所以不妨说，泰勒斯、伊奥尼亚人、德谟克利特、伊壁鸠鲁、布鲁诺及法国唯物论者，是从第一类，即从实在的世界出发。斯宾诺莎（这是因为他那实质的概念，只是抽象的，而只存在他下的定义里头），另外他之前，有埃利亚学派，是从第二类，即从抽象概念出发。毕达哥拉斯派及中国之易经哲学，是从第三类，即从时间、数出发。最后，经院主义传下的学说是，透过一超物质世界的人格主宰意志的行为，从无中生有的一种创造，这是从第四类，从意志的行为、认识的驱使出发的。

客观的方法，在唯物论中发展到顶峰，首尾一贯。物质，陪着

它的还有时空,被看作绝对的存在,而跳过了与主体的关系,其实呢,只有在主体当中所有这些才存在。另外,它掌握住因果律,作为准绳,打算基于此而进行,当作"本身生"的一种事物的规矩、安排,*veritas aeterna*[永恒的真理],当然是,它疏忽了知性——而因果关系,则只有在于它、为了它。这种方法,打算发现物质最简单的、原始的状态,然后从此发展出一切其他的,从机械,爬到了化学体、磁极归向、植物而到动物界。好吧,假定说它成功了,这个链的最后一环,就是动物之感性,就是说,是"认识";这当然像是区区物质变动的结果,因果关系产生的一种物质状态。要是我们头脑清晰地跟着唯物论走到这一步,那么,在到达顶点之际,我们将遭遇到一阵突如其来、止不住的奥林匹斯诸神之嘲笑。我们立刻地看透了,它那最后的结果——认识,这么辛辛苦苦产生下来的,已经是刚开始,就给一个不能免的条件,所谓物质的,假定为先了;我们像从一场梦中惊醒。这样,我们以为想到了物质,然实际上想的不过是表象了物质的主体,看到了它的眼睛,触觉它的手,认知它的知性!所以不期然地,那巨大的 *petitio principii*[循环论证],把自己暴露出来,突然,最后一环显出来,是一个定点,整个链是一圆周,唯物论者像吹牛大王,骑在马背上渡水,用腿把他的马带起来,用他向上翘的辫子把自己带起来。因此,唯物论根本上荒谬的地方,就在它从客观的方面出发;它把客观的东西,当作最终解释根据,毫不考虑究竟那是抽象的内容(就因为它是被思想的),或是,当它套进形式,而被经验地交付——成了实质,也许是什么化学元素,加上它们一种重要结合。像这么样的东西,它被当作绝对存在,有其"本身",目的在使有机之自然乃至最终之认知主体从它跃现,而完整地给它解答;事实上任何客观的事物倒是已经在多方面,这么被认知主体,以其认知的各个形式限制了,换句话说,它先假定

了这些形式；结果当主体去除，它将完完全全消弭无踪。所以，物质论是打算从并非直接给予我们的，来解说直接给予的，当它是牢靠的解释基础，以致还原到我们再不能对它进行还原的地步（特别当它最后成了作用力和反作用力）。所有这一切，只是非常不直接地、受限制地摆出来的东西，所以只是相对的、呈现出的东西，因为，它透过机械作用跟脑的组织，所以落入了时、空、因果关系的形式，靠这些，它首先表示出来为延展于空间、操作于时间之物。从这些不是直接给予的事物出发，物质论甚至打算解释那些直接给予的，解释表象（所有这些交付在表象中存在），末了，还有解释意志；实际上，毋宁说，它解释的只是一切那些按照着指导的原因，也就是依据着规律，自己跃现的基本之力。说认识是物质的变动，这个断定，总是对立于一个照样讲得通的相反的断定，即一切物质只是主体认知的变动，是主体的表象。然而归根结底，一切自然科学的目标、理想，就是朝向一完全贫效化的物质论。这里，我们认为这根本是显然的不可能，从等下进一步探讨求来的真理，可以印证出来这点。这个真理就是说，所有的科学从实际上来讲，我认为是充足理由原理指引下系统的知识，它绝没有办法达到最终目标，或给予令人满意的完满解释。它再怎么都没有指向世界最内的本质；它绝不能超越表象；相反，它告诉我们的不过是表象彼此的关系。

任何一门的科学不可避免地从获得的两种主要资料出发，其一总是以某种形式的"认识之法"的充足理由原理；其一是其问题所在的特殊对象。因此比方说，几何是空间问题，以空间中"有"的立场为认识之法。算术则为时间问题，以时间中"有"的根据为认识之法。逻辑乃如此的概念结合问题，认识立场的认识之法。历史是过去以来人类整体的行为问题、动机驱使律的认识之法。现在自然科学，是物质问题、因果律的认识之法。当然以因果关系为准绳，

它的目的和指向，乃是参考内容彼此可能的状态，最后是一个简单状态；并且从这些状态来推究彼此，最后从一简单状态去推究。所以自然科学里头，两种状态为极端之对立——一是主体最不直接对象的内容之状态，一是最直接的对象的状态，换言之，一端是最没有生气、死板的物质元素，一端是人类之有机体。自然科学如化学，寻求前者；如生理学，寻求后者。然由于这两极并没有达到，获得的只是二端之间的东西。说实在，情况完全不乐观。化学家假定，对物质的质性的分割，不像量性那样是一无限的过程，他们一再企图减缩这些元素的数目，但还是有六十种左右；甚至就算他们最后归结出两种，还是要把它减为一。因为照同性质律，趋向于物质最原始化学状态的假设，那样的东西，只属于这样的物质，先于任何其他事物，其他对这样的物质讲都不是根本的，只是偶然的形式与品质。另一方面，要没有一个第一状态影响它，就搞不懂这个状态到底怎样经验一化学改变。所以在化学的领域，就像伊壁鸠鲁在机械的领域，为了叙述第一原子如何从其原始的运动方向偏离，那就碰到了同样的进退维谷之境。的确，这个矛盾是完全自发的，逃不掉也解不开，也许不妨恰当地设它为化学的二律背反——正如在自然科学里头发现的两极之一找到了二律背反，同样，二律背反也出现在另外一个相对应的极端。要到达自然科学那另一个极端，也是没多大指望的，我们越来越清楚地发现，化学的东西，再怎么都无法联系机械的，有机的不能联系化学或电子的。今天那些再作冯妇、重蹈覆辙的人，无疑将和他们的前辈们一般，总要不好意思地把头缩回去。在下一部将详细讨论。这里提到的困难，只是随机发生的，在自然科学自己的领域内碰到的。如果从哲学方面看，那就是唯物论；不过，我们已经看出来，它生下来就是个死胎，因为，它越过了主体与认识的形式，这却是要先假定的——无论从它喜欢开始的

最死板之物质，到它盼望达到的有机体。因为"没有不需要主体的客体"是一条铁律，它使得极端的唯物论再也不可能。太阳与星曜，没有一只眼睛来看它们，没有任何知性去认知，当然在字面上是说得通的，但对于表象而言，这些字眼儿是一"铁木"（sideroxylon），是缘木求鱼。另一方面，因果律，和跟着来的对自然之探讨，必然把我们引向一个确定的假设，即每一更高组织的物质状态，在时间上接着一个较粗略状态。所以动物在人以前，鱼在陆地动物以前，植物在鱼以前，而无机的乃在一切有机的以前；所以，在始祖之眼打开前，原始的混沌之物必须透过一连串的改变。可是我说，整个这世界的存在再怎样，还是依靠这打开来的始祖之眼——就算是昆虫的眼睛。因这样的眼必然导致了认识，整个世界就为了它，只在于它，才存在，没有这个，它就甚至不可构想。世界全是表象，这样，便要认知主体来作它存在的证实者。绵长的时间过程，充满了无数改变，透过它，物质从形式升到形式，到头来，产生了第一个认知的动物，整个这时间本身，只有和一个意识的印证才是可想的。世界是这种意识之表象的继承，是它的认知形式，离开这个，便丧失全部意义，只是虚空。所以我们看到，一方面，整个世界的存在，必须依赖第一个认知的本生物——不管那本生物再怎么不完备；另一方面，这第一个认知的动物，也同样必然依赖一长串先于它的因果链，它自己就是其中的一小环。这两个矛盾冲突的看法，任何一个，我们都同样免不了必然地给它带领着，这的确可以说是我们认识能力的二律背反，可以拿来跟前面自然科学的第一极端里面发现的二律背反相比。另一方面，在本书附录中批判到康德哲学时，我们可以看到，他那四个二律背反是没有根据的诡谲之论。但那最后必然带到我们面前的矛盾，是从下面这事实找到了解决——用康德的话来讲，时间、空间、因果，不属于物自体，只属于它的现象，是它

表现出来的，它们只是事物的形式。拿我的话来讲，这是说客观的世界，表象的世界，不算是世界唯一的一面，好比仅仅是它外在的片面，世界还有一完全不同的面，那是它最内的本质，它的内核，它的物自体。我们要在下一部讨论，就其具体化之最直接者，称为"意志"。但这儿我们所唯一考虑的表象世界，的确只因为第一只眼的打开而开始，没有这个认识的中介，它就是空，所以在这以前，它不存在。毋宁说，没有那第一只眼，换言之，认识以外就没有什么过去，没有时间。因此，时间没有起点，但所有的起点在时间之中。可既然它是可知者的最普遍形式，所有现象靠因果律的约束适应它，那么时间，以及其整个向前向后两个方向的无限性，也就呈现在这始祖的、第一的认识之中。填充了这第一刻的现象，必须被同时认知为因果地牵连着、依赖着一系列的各种现象，无限地深入过去，而这过去自己，给那第一刻限制住，正如反过来，第一刻被它限制。因此过去——从其中第一刻跃现的，是像它一样的依赖认知主体，没有这，它只是空。必然地，这第一刻并不无中生"有"那样地来，换言之，像是没有过去以为母系，像时间的起点；毋宁说，是照着充足理由的一时间中的原理而为过去之结果，正如填充此第一刻的现象，是照因果律填充过去的前面各状态之结果。如果有人喜欢神话学的解释，不妨拿克洛诺斯（Χρονος）为例，他是泰坦巨人的幼子，他的诞生，作为此地形容的这一刻——时间出现，但它没有起点——的一种描述。克洛诺斯吞噬他的父亲，天地混沌的生产停顿，神人之种族出现在舞台上。

　　唯物论——从客体出发的最有力的哲学体系，照唯物论这种解释，同时可以使我们了解主体和客体不可分的相互之依赖，还有其间不能消除的冲突。这种认识，使我们不再从表象的那两个要素中去寻求世界内在的本质、物自体，反而朝一些完全跟表象不一样、

不那么触及始源的、根本的、不可解的矛盾的东西里头去寻找。

　　跟刚才讨论的从客体起头把主体当作它的结果的体系相对的，是从主体出发的体系，打算从其中推出客体。前者，到目前为止在所有的哲学体系中最为常见；后者，相反地，我们只找到一个例子，并且是最近有的，就是费希特那冒牌的哲学。所以这方面，无论如何，我们认为它的学说本身缺乏真正的价值与内容。整个来看，它只是鬼话连篇，不过它写得深奥严肃，蛮像那回事，态度中肯，热情洋溢，并以雄辩的论据反击那些脆弱的对手，所以才能发亮，看来像是有什么。然而费希特完全缺乏的，是真正的发愤之心（即不被任何外在影响侵蚀，稳稳握住它的目的和所拥有的真理），费希特正像那种向环境投降的哲学家。当然，他此外再不会唱别的戏。哲学家总好像是一种眩惑的结果，从其中，他试图摆脱出来。这就是柏拉图的 θαυμαζειν [惊奇]，他把它叫作 μαλα φιλοσοφικον παθος [一种非常有思考性的情绪]。然区分了冒牌跟真正的哲学家的，乃是这种眩惑之打动后者，是从观察世界本身来的，而在前者，那只是从书本上铺好了在他面前的哲学体系来的。费希特的情况也一样，他变成一个光是依赖康德式物自体的哲学家，要不这样的话，他如果用功在别的方面，或许将得到更大成就，因他颇不乏辩才。假如他只深入使他成为哲学家的《纯粹理性批判》的意义到某种程度，他将了解到，康德学说的主要精神如下：充足理由原理不是像所有经院哲学断定的什么永恒真理；换言之，它并不具备什么不受条件限制的有效性，超出了世界，外在于它，高高在上；它是相对的，有限的；只有在现象之中说得过去。也许，它好像空间必然的链环，时间必然的链环，好像因果律，认识根据的法则。所以在这个原理的准绳之下，不能找到世界的本质、物自体，它发展出来的，都总是不能自主的、相对的，总只是现象，不是物自体。另外，这个原

理并不牵涉主体，它只是客体的形式，因此它不是各个物自体。讲客体，主体马上存在，说主体，客体马上存在；所以客体不能加诸主体，主体不能加诸客体，弄得好像对方变成根据、理由，它成了结果。但费希特对此没摸到一点点边。在这上头他唯一感兴趣的是从主体起头，就此，康德为了证明前面那个从客体起头（那就变成了物自体）的不当，已经拿来举例过了。但费希特把这从主体起头，看作大大的了不得，像所有鹦鹉学舌的人一样，沾沾自喜地认为他在这方面胜过了康德，他将压倒康德。在这一方面，他重蹈以前独断论在相反方向犯的错，康德的批判所以写出来，就是为了后者的谬误之故。所以大体上根本没有变，原来那基本的错误，主客体之间存在着理由（根据）与结果这种关系的假设，跟以前一样，还留在那里。充足理由原理还是好像以前那样的，具有绝对的有效性，而物自体，从以前强调的客体跳到了认知主体。但主体和客体完全的相对性提示了我们，物自体、世界的本质，不是就主客二者，毋宁要从它们以外去找，而任何其他存在的东西，只是相对的——这个，还没有人知道。充足理由原理对于费希特，正如对所有的经院之学，是永恒的真理，全忘了康德为什么写他那本书，好像根本没康德这个人。正如命运之凌驾于古代神明，所以这些永恒的真理，换言之，形而上学、数学、形上逻辑的真理，甚至有时候道德律的有效性，凌驾了经院哲学的神。这些唯一的真理，不依靠任何东西，透过它的必然性，神和世界得以存在。所以在费希特，靠着这成了永恒之真理的充足理由原理，自我变成了世界，成了非自我、客体的根据，后者正是它的结果和产物。他小心翼翼地避免进一步检视，不去校对充足理由原理。然而假如由我来讲解这些原理的形式——费希特在其导引下，使非自我成为自我的结果如蜘蛛之网——我发觉，它存在于空间的充足理由原理。就因为这一点跟空间的牵连，

这冗长的演绎,从其中,自我从它自己产出、交织成了非自我的——它变成有史以来写过的顶没有意义、顶啰唆而叫人不耐烦的这本书的主题,就为了这么点牵连,它具有了一点意义。所以费希特哲学,只有当作陈旧的、原始的唯物论的真正对应者,当作一姗姗来迟的东西——这么去看,才能勾起我们一丝兴趣,此外不值一提。唯物论是从客体出发的最恰如其分的体系,这正像费希特的哲学是从主体出发的最恰如其分的体系。唯物论忽略了一个事实:就算最微不足道的客体,立刻就同样断定了主体;费希特同样忽略这个事实:说主体(随他高兴用什么称呼),他就断定了客体,因为不能想象不需要客体的主体。他也忽略了一切先验演绎,老实说任何一般的证明,是基于一必然性,而所有必然性仅仅且唯一地基于充足理由原理,因为,"必然"和"跟随一已知的根据及理由",这两组是可互换的[1]。但充足理由原理,不过是如此的客体之普遍形式;所以它假定客体为先,不是说超出它、在它以外还有效;它可以首先产生客体,使它按照它的立法之力出现。所以,一般说,从主体出发同样和从客体出发,有相同上述缺陷,就是,它先假定了自己本要来推演的,也就是说,毛病是其出发点已经是必要相关的。

现在我们的办法在种类上完全跟这两个矛盾的错误概念不一样,因为,我们不是从客体,不是从主体,而是从表象出发,表象,我们看作意识的最初事实。其原始的、本质的、基础的形式,乃是区分为主体与客体;再来呢,客体的形式,是充足理由原理的各方面。其原理的每一面,这样充分地统御了它自己那一类的表象,具备了那一面的认识或形式,整个这一类的本质也就已知,因为这(就其为表象)不过就是这一面或这一形式的自己。所以时间本身,不过

---

1 关于这个,看《论充足理由原理》第二版第49节。

是在时间中（即继承）的根据，空间不过是在空间中（即位置）的原理；内容不过是因果律；概念（等下就看得出来）不过是关系到认识的立场。表象世界按照着它最一般的形式（主、客体）及由此附属之形式（充足理由原理），它那完全的、普遍的相对性提醒了我们，这是前面已经讲到过的，就是我们实在是从一相当不同面的、完全跟表象不一样的世界，去追寻它的内在本质。本书的下一部，将从一个每个人都可以马上明白的事实，来证实这点。

不过，首先必须考虑只有人才有的那类表象。它的实质就是概念，而它们主观的相关者，乃理性的能力，正如以前思考的表象主观的相关者，乃是知性及感性，那是任何的动物都具有的[1]。

8

我们从直接知觉到的表象（它本身是根据牢靠、足以自明的），过渡到抽象、思维的理性的概念，而理性概念整个内涵只有从知觉的认识来，只在于和它的关系；这种情形正如太阳的直接照耀之于月亮的清辉反射。只要我们的感应是纯知觉的，一切都清楚、肯定而确然。既没有问题存在，也没有怀疑、错误；我们不希望再钻牛角尖，事实上也不能；我们止于知觉，满足于现状。知觉自身已经足够；所以任何从纯粹知觉跃现并且没有变质的东西，像真正的艺术作品，绝不致伪假，时间的淘汰不能把它刷掉或证明为谬见，因它并不代表观点，只提供物自体。但就抽象认识而言，就理性能力而言，在理论上就出现了怀疑与谬误，在实际上，就产生牵挂和悔恨。若说在知觉表象里头，错觉，或许片刻地扭曲了真实之物，那么在

---

[1] 本书第二卷第 1—4 章，就是补充这里的 1—7 章。

抽象的表象当中，谬见却能总百世而统千秋，以其铁轭加诸万国，阻遏了人心中那顶尊贵的火花的耀射；透过奴役与欺诈，它用锁链绾住那些甚至它不能欺骗的人。这仇敌，就是古今那些最有智慧的心灵，处于一种不公平的地位所对抗着的，只有那赢得它的，才变为人类宝贵的财产。现在既然我们的脚已踏上抽象表象的领域，那么最好马上把我们的注意力集中到它上头。常言道，真理必须追求，就算看不到它有什么好处，真理的功用只是间接的，有时不期然会显出来；但这儿我却要补充，同样，对于谬误的挑剔和扑灭，我们应该如恐不及，就算看不到它造成什么损伤，谬误的危害却是潜伏的，有一天不期然会爆发出来；任何的谬误本身就掺杂了毒药在内。要说是，把人抬举成地球的统制者的，是心灵、是知识，那么绝没有一项谬误可称为无害，更不可能说是值得尊敬、神圣的了。为了安慰那些个，以各种方式关切地把自己的生命、所有的力量，投到对抗谬误而做高贵、艰苦奋斗的人们，我忍不住还要说，只要真理不存在，那么谬误便好比夜之猫头鹰、乌漆里的蝙蝠，可以在那儿黑压压地玩它的把戏；但我敢说，即使猫头鹰和蝙蝠能把太阳赶回东方，然而任何真理只要被认知，经过明晰完全地表达，便不许再被压倒，让那些陈旧的谬误大摇大摆重新霸占它僭越的位置。这是真理的力量，真理的征服是艰难和使尽气力的；然而一旦掌握胜利，它便不可能再被攫夺。

除掉目前为止考虑到的这些表象之外，也就是说，要是客观看去，它们的建构可归分为时间、空间及物质，要是主观看去，则分为感性和知性（即因果关系的认识）；我说，除此而外，在地球的所有子民中，人类得天独厚地具备一种认识能力；一项全然新颖的意识升腾了，挺适当且有意义的，它被叫作内省。事实上它是一反省性质的东西，一个从这样的知觉认识导出，但又假设了一根本上

具有不同本质与属性的东西。它跟知觉的形式无缘，牵涉到它，甚至统御一切客体的充足理由原理也具备了一完全与众不同的形式。当然——这形式就是"抽象的表象"。赋予人以思想的是什么？正是这具备更高潜力的新颖的认识，任何直观的事物在非知觉的理性构想中的抽象、反思，如此完全地将他的和动物的意识区分出来，透过它，人类在地球上整体的行为，变得跟他那非理性的朋友们完全不同。它们只活在当下，人活在过去和未来之间。它们满足于现时的需要；人则以机敏的预谋为将来打算，啊不，甚至盘算到他自己没法子活着看到的时候。它们完全对现时的印象让步，凭知觉的动机产生的效果处置、摆布；人则取决于超脱现时的抽象概念。因此人执行蓄意的计划，依照规范行为，无所牵挂于周遭的环境、现时偶然的印象。所以例如说，他可以镇静地、机巧地算计自己的死亡，掩饰到深不可测，把他胸中秘密带进坟墓。末了，人在若干动机中可以有实际的选择，只有抽象地，这些动机才得以同时出现在意识之中，相互排斥的本身有其提供的认识，而衡量其加诸意志的影响力。当然，那占了优势的动机，便决定了事情，变成为意志蓄意的决定、权衡，我们看得出来，这就是确确实实的意志的特性。相反，动物则取决于现时的印象；只有现时的强迫，能使它畏惧而遏抑其欲望，到最后这畏惧就变成一种习惯，惯性地支配了它；这就是训练。动物感受并且知觉着；人，另外还思想着、认知着；动物跟人都意欲着。动物以姿势、声音传达其感觉及心境；人以语言传达其思想给他人，或隐瞒其思想。语言是他理性能力最初的产物及其必要工具。所以在希腊文跟意大利文中，"语言"和"理性"用同一个词表达："ο λογος""il discorso"。Vernunft[理性] 从 vernehmen[获悉] 来，和"听"字不一样，它是指示语言交通的观念之识觉。只有借着语言的帮助，理性才能够造就它最重要的成就，即若干个体

间协调一致的行为，成千人、整个文明乃至于国家的计划的合作；跟着，是科学，过去经验的积累，将共通的东西归纳到一个概念以下，真理的传达；还有错误、思想与诗律、教条及迷信等的传播，这些都靠着理性哪。动物在死亡时候才学习到认知死亡，然而人却意识到在每一秒钟都趋近死亡；有时候这让生命变成了一种冒险的勾当——即使一个人没意识到这整个生命本身不断灭绝的特性。主要就为了这缘故，人类有了哲学和宗教，话说回来，究竟我们正确地崇奉我们行为中顶尊贵的——也就是自发的公义和高贵的情感，那是不是哲学与宗教的结果？这就难说了。另一方面，这条路上还产生了纯粹属于理性创造的产物，比如那些不同学派哲学家们光怪离奇的意见，不同教派神职人员那些奇特、有时甚至是残忍的教规。

这是在任何时候、任何地方都一致的看法——所有以上这些显示出来的，这么样多端而且深远从一共同原理跃现的，从人类独具超越动物的、心灵特别的能力来的，它们被称为理性，Vernunft、reason、ο λογος、το λογιστικον、το λογικον、*ratio*。任何人也都知道，如何辨识这种能力表现的特性，晓得这是理性的、这是非理性的，理性表现出来与人类其他能力及品质差异的地方何在，最后，即使最聪明的动物，由于缺乏了这种能力，所不能为的又是什么。讲到这普遍的理性的认识，强调它一些特别重要的表现，比如对情绪、欲念的控制，结论的能力、制定一般原理（包括先于一切经验的）的能力。如此这般，古今任何的哲学家可以说众口一词。不过，他们关于理性本质的所有解释，可惜，都是不坚定的、模糊的、没有确然的定义、漫散扩张、没有整体性、没有中心点、强调这个那个特别的情形，因此它们本身是变迁不定的。此外，有许多以理性与神启（实体直观）的比照作为出发点，这对哲学说来，完全是莫名其妙两码事，这只增添了麻烦。很显然，到现在为止，还没有一

个哲学家会把理性多方面的这些表现严格地归结到一个简单的功能中，这个功能是在所有这些当中找得出来龙去脉的，基于这功能，所有的事物都可以有个解释，当然它构成了理性实在的本质（这个功能就是"抽象的表象"）。当然，伟大的洛克，在他的《人类理解论》里（第二部 11 章 10 及 11 节），比较正确地说，抽象、普遍的概念，区分了人与动物；莱布尼茨在《人类理解新论》中（第二部，11 章第 10 及 11 节），完全一致地也这么说。这是事实。但是当洛克真正地进行到对理性的解释时（第四部，17 章第 2 及 3 节），他根本落掉了这个简单的重要特性，而掉入一个不坚定、含义不确、不完全的零碎推论的描述里。莱布尼茨，在他的书中有关章节里也是如此，只是混淆与暧昧不明更甚。关于康德，我在附录中已详细讨论过，他怎样搞混了、弄错了对理性本质的构思。在这方面，要是有人不嫌麻烦，看一看康德以来汗牛充栋的哲学著作的话，就可以发觉，好比君王的过失常受举国的宽宥，同样，伟大心灵的谬误，它那不健全的影响，竟可以及于整一代，甚至多少世纪，茁长、蔓延……到头来畸形地发展成一头怪物。所有这些，均从贝克莱讲的这事实演变而来："没几个人用脑筋；但谁都有主张。"

知性只有一项功能，就是对因果关系直接的认识；而实际世界的知觉，以及一切机敏之智慧、良知、发明的天赋，任凭它们怎样运用多端，显然不过是那简单功能的表现。理性也只有一项功能，就是概念的形成，从这唯一的功能，可以轻易且自动地解释所有前面讲的那些使人与动物的生活有显著差异的现象。凡人们称为合理的与不合理的，总是并随时随处指向理性功能之得以运用与否。[1]

1　本节应参考比照《论充足理由原理》第二版第 26 和 27 节。

9

概念，自成其特殊的一类，只存在于人类的心灵中，跟前面所思考过的知觉表象完全不同。所以关于它们的本质，我们永远无法达到一知觉的、真正显著的认识，我们只能达成其抽象的、推论的认识。那么，只要我们靠经验体会真实的外在世界（那不过是知觉的表象），要盼望这些概念在经验当中证明，或许认为概念应该像知觉的客体那样，呈示给眼睛或意象作用，那将是荒谬的妄想。它们只能被构想，而不能被知觉，只有人类通过概念产出的那些效果，才恰好是经验的客体。这些结果是语言、审慎的计划的行为以及科学，还有从这些发展出来的一切。言辞，就其为外在经验的客体来说，显然只是一极为完全的电报机，以最快速度、对意义的细微差别最当之区分——拍发独家信号。然而这些个信号又意味着什么呢？它们如何被理解？当别人在说话时，是不是我们立刻将他的言辞转化为意象的图画，后者立即闪现于我们心头，依照惯例流出来的字眼儿，跟它们文法上的屈折变化，进行整编、联系、造型和着色——是这样的吗？那么在倾听讲话或阅读书籍时，呈现在我们头脑中的，是怎样一种混乱和骚动啊！事实上压根儿不是那么回事。言辞的意义，是立即被掌握，确实、清楚地被理解，通常不会跟任何幻想的概念混淆。在它的领域内，是理性跟理性对话，它所传达或收受的是抽象概念，非知觉的表象，而那些抽象概念，是一次就定型，在数量上相对稀少，而却拥有、包含且表达了现实世界一切数不清的客体。只有从这儿，可以解释动物为什么不能讲话及理解——纵使它们同样具有讲话的器官和知觉的表象。因为语言表示了这类相当特殊的表象——它主观的关系者是理性，那么，语言对动物来讲就没有意义。所以语言，如同任何我们归诸理性的其他现象一般，如

同任何区分人与动物的事物一般,要拿这单纯的东西作为它的本源而解释之,这就是概念、抽象而非知觉的表象、在时空中是具普遍性而非单一性个体性的表象。只有在单纯的例子中,我们才从概念跳到知觉,或从代表概念的幻象,跳到无论如何不适宜于它们的东西上头。这些在《论充足理由原理》(28节)里特别讨论过了,这里不再啰唆。在那儿讨论的,可以比得上休谟在他的《哲学论文》第十二篇(244页)所讲的,与赫尔德在《形而上学批判》第一部第274页讲的(该书其他部分则不值一顾)。而本书第三部的主题,就是经由想象与理性的结合而可能的柏拉图之理念。

　　好啦,纵然本质上概念和知觉的表象是不一样的,可是概念跟它有一种必需的关系,若没有了这关系,概念就什么都不是,就是空洞。这关系因此构成整个概念的本质和存在。思考,一定是对原始表现出来的知觉世界的副本或重复——虽然说,这是质料完全不同的一种相当特殊的复印。那么概念就可恰当地称为表象的表象。同样,充足理由原理在这儿也占有一类特殊形式。在这形式下,充足理由原理规律着表象中的一类,经常也构成并透彻了这一类的本质,就是说它们是表象;所以你看,还是那样,时间全然是演替,空间全然是位置,事物全然是因果关系,此外不是任何东西。同样,概念(或那类抽象的表象)的整个本质,只在于经由充足理由原理表达在它们之中的那关系。由于这牵涉到认识根据的关系,那么,抽象表象的整个本质就单纯和完全在于与另一表象的关系中,而后者则为抽象表象认识的根据。现在,这根据首先也可能还是一个概念或抽象表象,甚至它推下去,可能又仍然只有一抽象的认识根据。但它并不是 ad infinitum [永远地] 这样,这认识根据的系列,最终要在一个概念上停止,那概念,便是基于知觉的认识。因为整个思考的世界乃是靠着知觉世界,知觉世界是它认识的根据。所以这类

抽象的表象就跟其他类别的表象有所差异，因为在后者，充足理由原理经常只需要一种跟同类的其他表象的关系，而就抽象的表象而论，它终归是需要一种从它类（就是非抽象的）来的表象的关系。

刚刚提过的那些概念，只要并非直接关系知觉的认识，而是透过一个甚至好几个其他概念的中介，通常就被叫作抽象（abstracta）概念，反过来，直接基于知觉世界的就被称为具体（concreta）概念。但后头这个称呼，适合的只是这类概念，即以相当的一种具象比喻的方式把它形容出来；这些概念，说是说"具体"，经常也只是抽象的、非知觉的表象。这个称呼，只是起源于对它们所描述的差异间一点模糊的觉悟而来，不过就此地的解释来看，所谓"具体"这个字眼儿是可以保留的。第一种的例子，就其最完整意义所谓的抽象而言，就是好比"关系""德行""研寻""起源"等这类的概念。第二种，就是比喻得被称为具体的那些，是像"人""石头""马"等概念。若是举一个并不过分带图画性，而因此近乎滑稽的比喻——则后者恰好可以看作一思想大厦的底层、基础，而前者则为顶楼。[1]

概念基本的特性，并不像一般想象的那样，包含了许多东西在它以下，换言之，通常以为许多知觉的表象，甚至抽象的表象，和概念的关系是属于认识根据的关系，就是说，它们透过概念而被思想到。老实说，这只是一引申的、次要的特质，虽然有可能，然而事实上经常是不存在的。这个特性，是从"概念是表象中的表象"这个事实而来，换句话说，它的整个本质只基于对其他表象的关系。而由于它并非那个表象本身，后者的确属于相当不一样的另一类的表象，即知觉的本质，那么概念，就可能具有时间的、空间的跟其他限制，甚至一般来说，具有了许多根本不是经过概念思考的关系。

1　参考第二部第5、6章。

所以若干在次要方面有所不同的表象，变成透过同一概念予以思考，换言之，包摄在这同一概念之下。但我要说，这种包容若干事物的能力，只是概念一种偶然的特性，而绝非基本的。因此很可能有这样的概念——透过它，只思考一个简简单单的真实对象，但无论如何，它却是抽象的、一般的，而不是特殊的、知觉的表象。这就是，例如，一个人对于一确定的、只是从地理上得知的城镇的概念。虽然说，透过概念只是思考这一个城镇，然而这个概念却可以适合得上有可能的几个稍稍不同的城镇。所以不是说，一个概念之具有通性，是由于它从若干对象抽象而来，相反倒是要说，是因为这个通性、"非特殊的条件"——它对概念而言是基本的，它变成理性抽象的表象；不同事物可以通过同一概念思考。

那么顺理成章地，我们可以说任何概念，由于是抽象的表象、非知觉的表象，所以不是一完全被限定的表象。它就有所谓范围，有所谓外延、领域，甚至当它的存在只关系到简简单单的一个真实对象时，也得这么讲。我们常发现，任何概念领域和其他的概念领域有契合之处，也就是说，某一事物部分是透过此概念而思考，同样亦透过彼概念而思考，反过来，彼概念中同样有部分既透过那个"此"，而又透过这个"彼"思考的；当然，要是它们两个真是不同的概念，那么它们就都——或起码两者之一——包含了若干对方不包含的东西。任何主词对于它的述词，就是这种关系。辨识这个关系，称为判断。以空间中的图形来表示这些领域，的确是蛮讨人高兴的主意。首先，普洛克（Gottbried Plouquet）用方形表示它。兰柏尔特（Johann Heinrich Lambert）接着用一条条叠着排的直线表示。欧拉（Euler）则第一个完全用圆形表达这个观念。若要问，这些概念的关系和那空间图形的关系，两者之完全地契合，其究竟理由何在，我说不上来。幸运的是，无论如何就逻辑来讲，所有概

念的关系，甚至就其可能情形（也就是说先验地），都可以用如下的方式，透过这些图形来把它形象地阐明：

（1）两个概念的领域在各方面完全相等，例如，必然性的概念与遵循一已知根据或理由的概念；同样，反刍动物（*Ruminantia*）的概念和偶蹄动物（*Bisulca*）的概念；同样，脊椎动物与红血动物（不过，可能有人基于环节动物类而提出反对）：这些都是可互换的概念。那么这些概念就可以只拿一个圆形来表示，既指代了这一个，又指代了另一个。

（2）一个概念的领域完全包括了另一个的：

（3）一个领域包括两个或多个彼此互斥的部分，后者同时填充此一领域的全部：

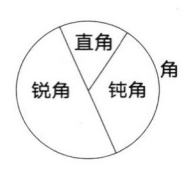

（4）两个领域彼此包含对方的部分：

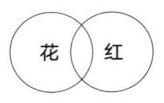

（5）两个领域在第三者之内，可是没有填满它：

047

```
        物质
       水  土
```

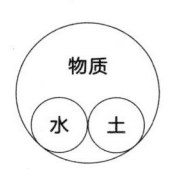

　　最后这个例子，可以运用到一切没有直接相同领域的概念上，因为一个第三者总是非常广泛，将包含了两者。

　　概念的一切结合都可以代入这些例子，从中可以导出整个判断理论，还有判断的换位、对偶、交互作用、离接关系（根据情况4）等各种理论，从中也可以导出判断的特性，康德那不对劲的知性范畴，就是建立在这上头的——例外的是假言形式，假言并非仅仅概念的结合，而是各判断的结合；另一例外的是模态（本书附录有详细的讨论），因为在范畴基础中一切判断的特性里头，它与众不同。有关这可能的"概念之结合"，我们还得补充说，它们能够以各种方式彼此再结合，例如，情况5和情况3的结合等。只有一领域完全或部分包含了另一领域，而又同样完全或部分被包含在第三领域内。这样，合起来就表示了上面情况2的三段论法，也就是说，表示了这种判断之结合。因此而知一概念完全或部分被包含于另一概念内，而又再度包含于一第三者内，这第三者顺理成章地包含了第一概念。相反的情形——否定，其图形的表示当然也只能以两个相关的领域不在第三领域内来表示了。要是许多领域都这么聚合，便形成三段论长串的连珠。这种概念的图解，在若干教科书内都会有合宜解释的，不妨把它当作判断理论的基础、三段论的基础，在这种方式下，判断和三段论都变得浅近易解了。因为这个理论所有的通则，都可以按照它们的起源，从这儿来了解、推理与阐释。让自己强记这些通则并不必要，因为逻辑，绝对没有实际的用途，只有理论上的趣味。有人说逻辑之于理性的思想，犹如数字低音之于音

乐，要别说得那样精细的话，那么像伦理学之于美德，或美学之于艺术；但请各位铭记在心，没有一个人可以说学了美学，就成为艺术家的，不——一个高贵的人格，难道说是学习伦理学造就的？老早在拉摩（Rameau）以前，人们就正确地创作美丽的曲子了；我们辨识出不和谐音——但我们有几个精通数字低音？同样，为免于错误结论的欺瞒，我们没有那么大的必要去晓得逻辑。但我们却不能不同意，数字低音，虽谈不上于音乐的批评有用，对作曲的练习却有极大帮助。美学和伦理学，虽然程度上差了许多，同样可能些少有益于实际，当然用处主要是消极方面的，但不能全盘否定它们也有实际价值；但说到逻辑——那么丁点儿都谈不上。逻辑不过抽象地认知了大家都具体认知的。所以我们不必靠什么逻辑通则的帮忙，来建立一个正确的论证，正如不须这样费劲去排斥错误的论证。甚至顶有学问的逻辑专家，在实际思考时，也会把这些通则完全丢到一边。这点不妨这么解释：任何的科学，都由关系到的某种对象，那一般性的所以是抽象的真理、定律及通则体系构成。在这些法则下，接着发生的特殊情况，因此每一趟都是按照这种普遍认识，一次且永久有效地所决定了的，因为如此的一种普遍运用，但要比每一个别的情况发生时辛苦从头研究起要容易得多。一旦获致普遍的抽象认识，它总比对于每一特殊事物作经验的研究，要来得容易掌握。但讲逻辑，正巧相反。它是理性程序的普遍认识，以通则的形式表达。如此的认识，是由于对理性能力的自己观察，由于对一切内涵的抽象而完成的。可是，那种程序对理性来说是必要且基本的；因此一旦单独把它抬出来，理性无论如何不和它须臾相离。所以在每一特殊的情况下，让理性按照它的性质进行，要比先掌握住这种情况的认识（这首先是以外在撷取的"外法则"形式，从这个过程抽象来的）要比这来得容易确定。为什么简易呢？因为，虽然在所

有其他的科学中，通则要比就特殊情况自身的研究更易掌握，但讲到理性的运用，情形正相反，在已知的情况下，理性必要的过程总是比从它抽象的普遍通则来得易于掌握。因为在我们以内思想的，正是这理性能力自身。它更为确定，因为一个错误在这样的抽象认识，或在这个认识的运用中发生，要比理性过程错误的发生，违反理性的和特性的本质，来得容易。所以就有了这样的怪事，在任何其他科学中，我们以通则检验特殊情况的真实性；相反，在逻辑中，通则总得被特殊情况试验。即便是受最严格训练的逻辑家，要是当他注意到一个从特殊情况得来的结论不与通则所述相符，他总是会到通则里头去找错误，而不在实际得来的结论上找。打算从逻辑编排出实际用途，将等于自寻烦恼地，从普遍通则中，来推出我们再确定不过的、在特殊情况中立即认知的。这如同一个人想运动要跟运动学商量，消化要跟生理学打招呼一样；若为了实际的目的学逻辑，势必如同一个人教导海狸造屋。所以，逻辑没有实践的用途；但它需要保留，因为有哲学上的好处，这就是关于理性能力的组织及行为特殊的知识。说它是孤立的、自己维生的、自己容纳的、完成的、美满的、可信赖的一门知识，只该用科学的眼光看待，独立于任何其他之事，同时是大学里头该读的，如此这般——这么说，是没有错的，但它真正的价值，首先是在作为一整体的哲学延续中，考虑到认识，老实说是考虑到理性或抽象认识的时候。因此，逻辑探究的形式不该像是以实用为目的的科学，也不该只包括赤裸裸地设下的通则，来作判断的和三段论的换位等之用，不如说，它指向认知理性能力、概念的认识，使我们详细考虑认识之充足理由原理。老实说，逻辑只是这个原理的释义，所以事实上，只有当提供真理作判断的根据，并非来自经验的或形而上的，而是逻辑的或形上逻辑时，逻辑才派得上用场。所以说到认知的充足理由原理，就要连

带提起密切相关的那另外三个基本思想法则、形上逻辑真理的判断，从中整个属理性能力的技术科学一步步成形。思想真正的性质，即判断跟三段论的性质，可以照上选方式的空间图式，从概念领域的结合得出。从这图式，一切判断和三段论的通则可以用建构的方法导出来。逻辑实际派得上用场的地方，是在辩论之中，这时我们不那么去证明对方实际上错误的结论，倒是通过技术上的名词去指出它意图上错误的结论，从而把实际的倾向推到根据上去，强调其逻辑和整个哲学的关联，逻辑，成了后者的又一章，大家对它的认识，起码不应该比现在要少。在目前，随便什么人，要是一般说不想被看作无知迟钝的，不想做没受过文化洗礼的人——他就得学习思辨哲学。因此19世纪是哲学的世纪；话说回来，这意思不是说它支配了哲学，或该哲学风行于它，那只表示19世纪成熟了，可以接纳哲学，因此绝对地需要它。这意味着高度的精致，的确是现代文化尺度上的一个固定点。

就算逻辑学再怎么没有实际用途，但不可否认，它是为实际的目的发明的。关于它的起源，我的解释如下：埃利亚学派、麦加拉学派和智者学派，一步步将辩论的时尚发展到白热化，而几乎每一个辩论终了时的一团混乱、青红皂白不分，使这班学者感到多么需要一种程序来作为共同的指导，因此就要找出一个科学的辩证法。首先，辩论的两造必须在某个命题上有所协同，而该命题就是辩论的各点所针对的。这种井井有条的程序的开始，就在于形式地讲述这些共同承认的命题，如此这般，并且把它放到问题的前头。这些命题首先只牵涉问题的素材。过不久他们就留意到，那就是在辩论者掉头到共同承认的真理，从中演绎出他们的判断，追求某些形式、某些法则。这当儿，说到这些形式和法则，虽然没事先同意，却是大家都没有异议的。从这儿看出来，这些要算是理性自身特殊

而基本的自然方法、正式的调查方式。现在，虽然这并不构成怀疑或是不同意，但无论如何，某些一板一眼到钻牛角尖的心灵，在这个观点上头喋喋不休，说要是这些一切争辩的正式部分，常与法则协和的理性过程本身，得拿抽象命题表示的话，就应该优雅、完美而具有条理的辩证。那么，这些就该放到问题的前面去——正如那些一致认可而牵涉问题素材的问题一样，成为固定的争辩利器，经常总是要顾虑它、参考它。这样，到现在为止被默认、被显然拿来运用的东西，就明白地成为法则，有正式的表示。一般地就找到了程度上有完整表示的逻辑原则，比如矛盾律、充足理由律、排中律、非有即无的二分法及三段论推理的特别通则，比如"从特殊或否定性的前提，将无所获"（*Ex meris particularibus aut neqativis nihil sequitur*）；"从结论推求立场之断定，无效"（*a rationato ad rationem non valet consequentia*），诸如此类。所有这些，是那么辛苦而缓慢，直到亚里士多德以前还没有多大的成就，从以下这些例子可以看出来：一方面是柏拉图的对话录，笨拙而且冗长地把逻辑真理求出来的方式；另一方面，最好从塞克斯都·恩披里克（Sextus Empiricus）告诉我们的，麦加拉学派怎样讲说早期的、简单的逻辑法则，以及费了偌大的气力，才把这些法则弄个明白易解（塞克斯都·恩披里克，《驳数学家》，I.8，121页以下）。亚里士多德把所有这些过去发现的例子，予以收集、整理及纠谬，使之达到更高一层，更为完美。假使我们动脑筋想一想，希腊化怎样为亚里士多德的作品铺路搭桥，我们便不至于去相信威廉·琼斯爵士所叙述的波斯作家说的那些话，琼斯本人相当倾向于这种看法，就是所谓卡利斯忒尼（Callisthenes）在印度人中发现了完备的逻辑体系，而把它带给他的叔叔亚里士多德（《亚洲研究》，第四卷，163页）。在枯燥的中世纪，亚里士多德的逻辑注定要大受经院学派好辩的精

神所欢迎，这是很容易明白的；很可怜，缺乏了真正知识，它们只能填塞一些程式和文字。所以显而易见，这种逻辑，甚至在支离不全的阿拉伯译文中，也被大家生吞活剥，马上变成一切知识的中心。虽然说它已经从如日中天的地位倦勤而退，但它对我们这时代不妨还算得上是一门自己维系的、实际的、极为必要的科学。甚至当前的康德哲学，它的确是拿逻辑作为基石——康德哲学也唤醒了大家对逻辑的崭新兴趣。在这方面，就是说，作为认知理性本质的一种工具来讲，它的确还是值得我们花点功夫的。

我们精确地观察概念领域的关系，我们承认，只有当一个领域被完全包含在另一个领域里，而另一个领域又完全包含于第三者之中，这样，头一个领域才完全含容于第三者，如此这般就达到了正确和精准的结论。另一方面，说服的技巧就在于将概念领域的关系纳入肤浅皮毛的考虑中，接着依照我们自己的意图，像下面这样，光从片面的观点来把它决定——要是列入考虑的概念领域，部分在另外一个领域里，同时也是部分在相当不同的一个领域里，照自己的意思，我们断然说它完全在第一个领域，或在第二个的领域以内。好比说，讲到了欲情，我们可以把它包摄在最大之力——世上最强有力的媒介这个概念之下，或许，可以涵摄进最没有理性的概念——无能的、软弱的概念下。我们可以不断拿这个法子，一再使用到争辩把我们带到的每一个概念上头。概念的领域几乎常常被若干其他的瓜分，那其他的各自又是头一个领域的部分，其本身又包含在此外别的内。在后头那些概念领域中，我们只容许盼望能涵摄其第一概念的领域被采纳，而忽略掉其他的，或掩盖掉它们。所有说服的技巧，所有更谲诈的诡辩，实实在在就靠着这种诡计；因为老实说，诸如"扯谎、隐瞒、逼入死角"（*mentiens, velatus, cornutus*），这类逻辑的诡辩在实际运用上说，实在是过于笨拙了！到现在为止，

"旅行"这概念连环繁衍示意图

恶(坏)

恶(坏)

恶(坏)

- 扰乱心神安静
- 煽动贪欲
- 增加欲望
- 增加享受的知识
- 贫穷的原因
- 蒙受损失
- 费钱
- 招损
- 引人憎恨
- 激起嫉妒
- 有害
- 获得名誉
- 危险
- 提高威望
- 搜集经验的充分机会
- 增加知识
- 取得普遍的信任
- 健康
- 旅行
- 使胜任公共职务
- 强身
- 铲除无聊
- 晋升至公共职务
- 使适宜作一切
- 使人愉快
- 扩大知识领域
- 促进事业
- 舒适
- 刺激文学爱好
- 致富
- 收益颇丰
- 消除无益的愿望
- 致富
- 导致心神安静
- 有益(有用)
- 有益(有用)

善(好)

善(好)

善(好)

054

我不晓得有任何人追究过一切诡辩及游说的本质到它们各种可能情形的这个最终根据上头，而就概念特殊的性质，即就理性的辩证之法，去证实此点——没有，我还没有看到过有什么人。既然我的讨论把自己带到这儿——我将以附带的图形说明此事，当然这是很容易明白的。这个图表示概念领域怎样在多方面，一个重叠一个，这使咱们能自由自在地从一个概念跳到另外一个，无论从什么方面。我并不盼望大家看了这个图，就认为这里这个简短附带的讨论，有什么特别了不得的地方。这里我选的是"旅行"的概念。它的领域和另外四个领域重叠，说者可以随心所欲漫游到任何之一去。四个又分别跟其他的重叠，有些同时和两个以上重叠；说者又可以随意选取其一，总好像那是唯一的路子，最后按照他所企图的，归结到善或恶。在一个领域过渡到另一个时，需要的总是维系着中心（被给予的主要概念）到四下里的方向，不掉转头就是。替这种游说加上言辞的外衣的方式，也许是不断地说话，或许，甚至是严格的三段论形式，反正视听者的弱点而定。多数的科学性辩论，特别是哲学的证明，其性质归根结底很少不是这样的。不然怎么可能说，在各个不同的时期中，有那么多被错误假设和证实了，以后却发现根本就是错的东西呢——诸如莱布尼茨、沃尔夫的哲学，托勒密的天文学，史塔的化学，牛顿的色彩理论等？[1]

10

这样看来，问题的中心越发集中到了：肯定怎样达成，判断要怎样建立，组成认识（知识）及科学的又是什么？因为这些，加上

---

[1] 参考第二部第 11 章。

语言与蓄意的行为，是我们视为理性能力赋予我们的第三种好处。

理性在本质上是母性的；它只有在接纳以后才能给予。光它自己，它只有操作的空洞之形式。除了归属于形上逻辑真理的认同律、矛盾律、排中律和认识的充足理由律四个原理以外，再没有其他完美的纯理性认识了。甚至逻辑的其他部分，也不是完美的纯理性的认识，因为，它先假设了概念领域结合的关系。但一般概念只有跟随知觉表象才存在，它们的所有本质就关系到这些知觉的表象；当然，它们以知觉表象假设为先。但由于这些假设不扩展到概念确切的内涵，只及于其一般的存在，所以整体上说，逻辑还得被视为一门纯粹的理性科学。在所有其他科学中，理性乃是从知觉表象致具内涵，比如在数学中，是从先于一切经验呈示在直观中的时空关系；在纯自然科学，就是我们所知的，先于一切经验的自然过程。科学的内涵来自纯粹的知性，即来自先验的因果律之认识，因果律与纯粹空时的直观、知觉之关系的认识。在所有其他科学，任何不假借自上述来源的东西，均属于经验。认知，一般意味着把一些具有自身以外的充足认识根据的判断，就是那些真实的判断，置于心灵所能及的力量以内，使之能够随意再生。因此只有抽象认识是合理、理性的认识（Wissen），被理性能力限制住，严格说，我们不能讲动物理性地认知任何东西，虽然说，它们有知觉的认识及知觉认识之重现，而就为这缘故也具有想象；另外，这点也从它们做的梦证实了。我们说动物有意识，虽然 Bewusstsein[意识] 是从 Wissen[理性知识] 引申出的。意识的概念，不管属于哪一种的意识，却是跟一般表象的概念契合。就此，我们认为植物也有生命，但没有意识（因植物不具备一般知觉的表象）。所以合理的认识乃是抽象的意识，把任何以其他方式认知的一切，固定于理性概念内。

11

现在从这方面说，理性认识（Wissen）真正的对应者乃是感觉（Gefuehl），那么我们得就此讨论感觉。感觉这词蕴含着的概念只具一否定的含义，即从意识中跃现出来的、并非概念、并非抽象的认识。不过，管它是什么东西，它是用感觉的概念表示。所以这是具有不可测之广袤的概念，它的范围包含了差异悬殊的物事，而只要我们还不理解它们都具备的这重不是抽象概念的通性，那么，事实上我们就搞不懂它们怎么就聚拢到一块儿去。因为那顶不一样，说实话，根本上背道而驰的各种要素，都并排在这个概念之内；例如，那些宗教感，官能的欢乐感，道德感，肉体的感觉诸如触觉、痛觉，对于色彩、音响与其协和的感受，仇恨、厌憎、自满、荣誉、丢面子、是非等感觉，真理的感受，美感、权威感、脆弱感、健康、友谊等等。在这些感觉之间绝没有什么相同点——除了那否定的质性，就是说，它们不是抽象的理性之认识。但更叫人吓一跳的，甚至空间关系先验的知觉认识，乃至于纯知性的认识，都统御在这个概念下，还有一般说到那些凡首先只直观的意识，但还没有公式化为抽象概念的——说是我们感觉它。为了明白起见，我将从最近出版的一些书中引用几个例证，因为，它们是那么惊人地证实了我的说法。记得我在《几何原本》德文译本的导论中读到，说是应该让所有初学几何的人，在证明之前先学习作图，这样，在证明带给他们完全的知识之前，他们将先感觉到几何之真理。施莱尔马赫（F. Schleimacher）的《伦理学批判》中，提起逻辑感和数学感（339页）时，讲法也一样。还有，泰能曼（Tennemann）在《哲学史》（卷一，361页）中说："会感觉到谬误的结论之不真，然而错在哪儿却没法发现。"我说，只要大家没从正确的观点去思考这感觉概念，

没能体会它那唯一的、基本否定的特性，那么这个概念，由于它那尤其广泛的领域，它那光是否定的、极受限制的、从一片面的方式决定的内涵，就总要惹起一些误解跟争论。由于在德文中有一个几乎一模一样的词——Empfindung（身体之"无定感觉"），那么我们不妨把这词当作次一类（"亚种"）那样来称呼身体的感觉。无疑，感觉的概念，跟其他的概念比起来全不相称，它的起源是这样的：所有的概念——而且只有概念，乃是由文字叙述；它们只为了理性能力而存在，从理性能力出发；所以具备了概念，我们已经就是在一片面的观点上。但从这么一个观点出发，接近我们的就变得清晰而肯定；离远点儿的就变成一个集团，马上会被看成只是否定的。所以各个国家把其他的国家都叫"外国"：希腊称所有外国人为野蛮人、化外民；英国人把任何不是英国、非英国的，唤作大陆（欧陆）、大陆的；有信仰者，认为其他均属异端，是异教徒；贵族，把别人看成庶民；对学者而言，万般皆下品，其他人一概是俗物……理性本身，听来尽管稀奇，却是不能辞其"片面"之咎的，的确，人家大可以说这种粗鲁的忽视态度是出之于傲慢，理性把凡是意识上有程度差别的东西，只要不直接属于理性本身表象方法的，换言之，只要不是抽象概念的，笼统地都归类给这一个概念——感觉。因此，理性就必须不断付出代价，这代价就是它本身领域内引起的误会跟混淆，因为，它自己的程序并没有透过一以贯之的自我认识，给它一个清楚的交代；甚至一个特别的感觉能力推陈出来时，都给建立一宗理论。

12

我说过，一切理性的认识，乃是合理的认识，我也刚解释过，

感觉的概念，正和这个相对立。然而，由于理性认识是把另一种方式接纳的东西再度表现给认识，所以，它并不真正拓展我们的认识，只是给予了它另外一种形式。所以它使一个人抽象并一般地认识那直观而具体认知的。不过这样讲，远比乍听时候来得重要。因为任何有把握的知识的保留、传播以及确实并深远的运用，都需要它成为合理的认识、抽象认识才行。直观认识总只有当在特殊情况下才有效，只及于最近的，停顿在那儿，因为——感性和知性在一个时间真正地，只好体会一个对象。因此任何连续、并行、计划的行为必须由基本原理开始，也就是从一抽象认识开始，而必须从那儿开始按部就班受抽象认识指引。所以比方说，知性对因果关系的认识，本身就比抽象思考到的来得完全、深奥、全面。知性直接并完全地，唯有从知觉来认知杠杆、辘轳和齿轮操作的模式，拱门的支荤，诸如此类。但由于刚才提到的那直观认识的特质，也就是说，它只扩展到直接地表示出来的，那么光是知性不足以建构出机器跟建筑。相反，这儿理性要介入进来；它必须拿抽象概念替换掉直观和知觉，把那些概念当作行为的指引，要是那些概念是对的，就会成功。同样，我们完全基于纯知觉，认知抛物线、双曲线及螺线法则的性质与其符合一致，但要使这种认识可靠地运用到实际生活上，那么，首先它就得成为抽象的认识。当然，这儿它丧失了直观或知觉的特质，转来需要抽象认识之肯定性以及确切性。所以微分并不真正拓展我们对于曲线的认识；它不过只包含了那些已经呈示在曲线之纯粹知觉中的东西。然而，它转换了知识的种类；它把直观的认识移转到抽象的认识，而抽象的认识对实际的运用来说，有多么重要啊。这里，我们又要讨论理性认识能力另外一种特殊的性质了，这是一个在前面看不出，要知觉跟抽象的认识间的区别，完全弄个一清二楚后才瞧得出来的。那就是：空间的关系无法直接地，也因此不能

这样地翻译过来，成为抽象的认识，只有时间的量性——"数"——才可能。只有数可能完全若合符节地表达于抽象概念之中；空间的量性，却不能。"一千"这个概念和"十"的概念完全不同，正好像这两个时间的量性在知觉中为不同。我们想到一千时，想它是十的有限倍数，我们可以随意在时间的知觉中将它分解，也就是，我们能数它。但关于一里或一尺的抽象概念，要没有任何从二者知觉来的表象，没有任何数字为助，对于这些量性本身，就根本没办法准确区分。提到这两个，我们想到的只是一般空间的量性，要说是适当地区别，我们就得自己利用空间之直观或知觉，脱离抽象认识的领域，不然，我们必须思考数的不同，所以要是打算具有空间关系的抽象认识：首先就必须把它翻译成时间关系，也就是翻译成数。因为这缘故，只有算术是普遍量性定理，而不是几何，几何要说是变成可以交流、精准、能运用到实际上头，就得翻译为算术。的确，像这样空间的关系或许也可以抽象思考，比如"角的度数增加则正弦增加"，但若把这种关系的量性记载下来，就需要数字了。要是盼望获得空间关系抽象的认识，就是合理而不光是直观或知觉的认识，就有必要将三维空间转译为一维之时间——这种必要性就是数学所以变得这样叫人头痛的原因。当我们比较一下，对曲线的知觉，和它们的解析运算时，或许只要比比三角函数对数表跟表示出来我们知觉到的三角之部分变动的关系，就可以一下子看出来了。知觉完满地、一览无余而绝对准确地体会到正弦如何增加，余弦如何减少，一个角的余弦怎样又是另一角的正弦，两角互为增减的相反关系，等等，那要用一连串的数字，花多少计算，把它抽象地表示出来啊！我们不妨说，一维的时间，为了再制出三维空间，要怎样折腾自己啊！但如果为了运用的目的，希望能以抽象表达的概念掌握空间概念，这就不可或缺。它们不会直接进入抽象概念，而只是纯

粹的时间量性、数之中介，只有那才是直接关联抽象认识的。不过值得注意的是，正如空间这样地适应着知觉，靠它那三维，甚至顶复杂的关系都可以一目了然，而它却排斥抽象认识；另一方面，时间可以轻松地打入抽象概念，但可以提供给知觉的却绝无仅有。我们对"数"特有的基本要素的知觉——就是，简单的时间的知觉，假如不靠空间辅助的话，很少超过"十"。此外，我们只具有抽象概念，不再有数字的知觉之认识。另一方面，任何数字的或代数的符号，的确一定牵连抽象概念。

这里附带要说，有许多心灵，只在透过知觉认知的东西上头才找到完全的满足。他们寻求的是知觉呈示出来存在于空间的理由，或根据和结果。欧几里得的证明，或空间问题算术的解决，对他们毫无吸引力。相反，另外有些人，需要的唯有为运用和交流之便的实用抽象概念。对于抽象原理、公式、一长串推理的证明，那表示最复杂的抽象运作的各种符号计算——对这些，他们有耐心，他们记性好。后者追求精准，前者追求直观的具体形象：他们的差异是特质上的。

理性的或抽象的认识最大的价值，在它的交流性，还有它那能够固定跟保留的可能性；就因为这个，实际上它变成了无价之宝。一个人对于自然物体各种改变及变动之因果的关系，只有在知性中才有直接、知觉的认识，在领悟当中完全得到满足，但那要等他将之固定于概念之中，那才能够交流。就算是知觉的认识可以有实用，即当一个人完全自己把它拿来运用，事实上，当他在实际行为中执行它的时候——知觉来的认识，还算有效。不过，当一个人需要别人帮助的话，或许，如果他需要自己执行一些不同时期出现的行为，因此，需要一蓄意计划的话，这样的知识就不够了。所以，比方一位有经验的撞球玩家，具备丰富的撞球弹性撞击法则的知识，他只

是领悟到这些,他直接地知觉,这样他也丝毫不错地打着。另一方面,只有一个机械学修养良好的人,才具备这些法则真正理性的知识,就是具备这些法则抽象的认识。甚至建构机器时,当发明它的人要自己动手来作,光是这样领悟的、直观的认识就已经足够,这个例子,大家可以看看那些没受过科学知识教育而有才干的工人。但另一方面,一旦必需若干人,需要他们不同时期协调一致的行为,来执行机械操作,来完成一个机器或一个建筑时,那么控制的人,管理的人,就必须抽象地勾画出一个计划,这种合作的行为,只有透过理性能力的帮助才有可能。值得注意的是,在第一种行为中——假设只有一个人来执行其不受打扰的行为程序什么的,那时候,合理的知识、理性跟反省的运用,也许反而阻挠了他。例如,在打弹子、斗剑、调音、歌唱之际,知觉认识须是直接指导行为;透过反省,就变得不确定了,因为,它分散了注意,打扰了在那儿做的人。所以不惯于思考的野蛮人,未受文明洗礼的人,操作着许多身体的运动、跟野兽搏斗、射箭等,他们的准确跟迅速是反省的欧洲人再怎么都办不到的,正因为欧洲人的审慎使自己迟疑了,逡巡而退,比如射箭,他打算在两个错误的极端之间找出正确的中点,或正确的中间点;至于野蛮人,却毫不考虑什么可能的错误而直接击中了那一点。同样,比方我不知道直观地去做——换言之,我不晓得怎样拿一把剃刀的话,只能可笑地抽象叙述使用剃刀该从多少斜率、哪一个精确的角度,那么根本只是徒然。就像这样,理性的运用,对于想要体会麻衣相法的人,的确反而是一种打扰;这在知性的领会上也一定会发生。我们说表情、容貌的意义只能靠感觉,也就是说,它无法进入抽象概念。每个人有他个别对面相及推原的直接直观之法,一个人自己辨认那 *signatura rerum*[自然的签名]要比其余人更清楚。但抽象的麻衣之学无法存在,无法教授及学习,因为

在这个园地中，差异的模糊之阴影如此之精细，使得概念无法达到。在这里，抽象的理性认识之于前者，便如同雕工之于凡·笛·韦夫特或丹纳的画。无论雕工怎么样的精细，石头的边缘还留着，这样，从一种色彩到另一种色彩光谱似的转移便不可能。同样，从概念那刚执性跟尖锐的轮廓来看，无论它们再怎么拿细密的定义条分缕析，总不可能达到知觉那样精致的细腻变化，这正是我从面相学上得来的好例子[1]。

概念也具有同样的这种特性，因此概念类似于雕塑之像，这种性质，总是跟知觉貌合神离，这就是为什么透过概念，在艺术上无法达成优良的建树。若是歌唱家或艺术大师希望以思维来引导他的独唱或是独奏，那总不免于死板。其他诸如作曲家、画家、诗人亦然。对于艺术而言，概念总是没有创造性的，概念在艺术之中只能指导技巧；概念的领域是在科学。在第三部我们会更详细地研究，为什么一切真正的艺术都从知觉的认识发展，绝非从概念发展来。甚至牵涉到行为、社交场合吸引人的个人风采等等，概念只在压抑自大狂、野蛮的不合宜的举动方面具备消极价值，它所能掌握的就是彬彬有礼之风。具有魅力、庄重、行为举止讨人喜欢、慈爱、友善等，无法从概念得来，不然——"我们觉得紧张、走了调"。任何的矫饰乃是思维造成的，但它无法永远保持且不被打断；"没有人能够一直戴着面具，矫饰总会露出马脚。"（*nemo potest personam diu ferre fictam*）——塞涅卡在《论仁慈》中这么说；一般说，矫

---

[1] 所以我的看法是，麻衣之学除了定下几许相当一般性的通则外，无法再精确地进一步了。比如一般说，智性之质在前额及眼睛；伦理之质，意志的显现，要从嘴跟脸的下半部读出来。前额跟眼睛彼此可以印证；若只看任何之一，可能就只一知半解。天才绝没有说没有高阔并形成优美弧度的额头，但额如日角却常常并不就是天才。脸孔越是丑陋，越是能从聪慧的样子确定推断出具有智性，脸孔越是漂亮，越是能从愚笨的样子确定推断出朽木不可雕。因为漂亮，既然适合人性，自己就该表达了心智之清晰才对；相反的是丑陋。诸如此类。

饰总是被看出来而丧失它的效用。理性的位置必然处于生命的重心，需要敏捷地决断、勇敢地行动、迅速而坚定地理解等等的所在，但若是理性占了上风，混淆和妨碍了那直观、立即的一种对于正确之事纯属于领悟的发现，且同时阻止我们的把握，造成了犹豫不决，那么理性就会轻易摧残一切。

末了，美德与圣洁也并不是思维的结果，而是从意志的根部、从意志和认识的关系来的。这点将在本书另一完全不同的部分来讨论。在这儿我只好说，关于伦理的教训，可能在整个国家，所有人的理性能力来说都是一样的，但对每个人的行为而言则不一，反过来也一样。我们说行为依凭感觉而发生，就是说，并不完全依据概念，而是依据伦理的价值跟品质。教训牵涉无着落的理性；行为则到头来也摆脱了理性去追求自己的路途，并且通常不按抽象的格律，而是按照无言的规范行事，这样表现出来的，正是我们整个人自己。是以，一切民族的宗教教训，再怎么不一样，它们都意味着，凡善良的行为都随继着言辞无法表达的满足；而邪恶的行为则跟从着无穷的恐惧。再怎样讪笑嘲弄也不能动摇前者；随你什么告解的神父，也不能以赦免开脱我们于后者。但不可否认，理性的运用必然是为了追求有美德的生活方式；但并不是它的源泉，理性的功用只是附属性的；理性为的是要来保存一旦形成的刚毅之决意，为了要耐得住片刻的动摇而提供教训，为了使行为能持之以恒等。最后，在艺术中它也达到了同样的效果：在艺术中，理性不能够在主要事情上有任何帮助，但对艺术的执行却大有裨益，正因为天才不是人类每一秒钟都掌握得住的，但天才的杰作是要一点一点地来完成，才能把它圆满造成一个整体[1]。

1　参考第二部第 7 章。

13

研究过运用理性的好处和坏处后，我们的确清楚地看到，虽然抽象的理性认识乃是知觉表象的反映，它的基础建立在那儿，但两者并不水乳交融且随时可以替代；相反，它绝不完完全全地和这种表象相关。所以正如我们已知的，许多人的行动是靠理性跟蓄意的谋划来执行的，但有许多用不着它们也能有更好的成就。由于这种知觉跟抽象认识的不协调，使得后者之于前者总好像雕工之于绘画，这是下面那个相当值得注意的现象的起源。这种现象跟理性一样，是人类独具的，到现在为止，所有对它的解释均不能令人满意。诸位，我指的是笑。说到这个现象的起源，我们不能不在这儿提它一下——虽然这不免又打断了我的话头。毫无例外，笑是由于突然得到一个概念，和以某些关系透过概念思考的真正对象间的不协调而来；笑本身正是这种不协调的表示。当两个或两个以上的真正对象透过一个概念来思考，及对象与被转移的概念被予以认同时，这就发生了笑。事实上是，这个对象在其他方面显露出来完全的不同样，再清楚不过地表示了，概念只是在片面的观点上适合它而已。然而，常常同样地发生的是，突然感觉到了这种不协调：一个单独的真实对象——在某些方面正确地涵摄对象的概念。从片面的立场，把实际的包含在概念之下——这种涵摄越正确，它们跟这概念和其他的不协调就越大越惊人，于是从此对比造成的可笑的效果便越大。所以一切的笑是由矛盾、预期不到的涵摄造成的，不管拿言词表示，拿行为表示，这都不关紧要。对于笑的解释大致这样。

我不想为了印证我的解释，在这儿停下来叙述一些相关趣事什么的；我想这根本太简单、太容易了，不必这样做，凡读者能想到的可笑之事，均足以为此提供一个证明。不过要是把可笑的划分成

两类，这两类又是正由于那个解释来的，那么我的解释马上就得到证实，马上变得清楚明白。或者是，我们先知道两个或许两个以上不同的真实对象，知觉或直观的表象，然后独断地透过一个包含二者的整个概念，把它们等同了——这种可笑叫作机智。要不，相反的，概念存在认识之中，我们从概念过渡到真实的，过渡到实在的运作和行为上。在其他方面根本不一样的对象，都在此概念中被思考，拿同样的方式看待，到最后，出乎行为的当事人意料，它们其他方面的巨大差别跳出；这种可笑叫作愚昧。所以，任何可笑之事不是机智的闪烁，就是愚昧的作为，视一个人是从对象的矛盾推演到概念的认同，还是情形相反而定；前者经常是独断地，后者经常是无意地、没来由地、不自主地。显然，把起点反转，以愚昧来掩饰机智，是滑稽家、小丑的技巧。像这样的人，很明白对象的异样性，以秘密的机智把它们在一个概念下头结合起来，然后，从这个概念着手，叫人跟着发现对象的异样性，而获得了他原先打算的那种惊奇效果。从这简短扼要的笑之理论往下推，我们发现，丢开最后这个滑稽的例子不谈，机智总必须以言辞来表达，而愚昧则须以行动表示，当然，只在言词中隐约地表示了实行的企图，或只是以判断或观点表示傻气时，此时愚昧便也可以用言词表达。

迂腐不通也是某种愚昧。这是来自人们缺乏对自己知性的信赖，所以不情愿让知性来衡量事情、直接去体认个别例子中哪个是正确的。所以就完全把知性藏于理性的保卫下，无论什么情况都利用理性；换言之，他总想从一般概念、通则、格律来开头，无论生活上、艺术上，甚至在伦理的善良行为上，都严格遵守。所以才有诸如形式化、样态化、表情化，还有注重那些学问卖弄上特殊的用字之流，拿这些东西去代替事情真正的本质。概念跟现实的不协调马上就自己透露出来了——前者，从来不会光临特殊之事，而其普遍性及刚

执的确切性，也绝无法正确地把握现实中那精细差异之阴影与其无数毫芒似的改变。所以不通世故的腐儒，拿他们那些一般的格律，结果在实际生活上总是说不出有多别扭，只显得自己笨拙愚昧、荒谬、不合时宜。说到艺术，概念对它无创作之激励可言，迂儒在这方面创造的是没有生气的、死板的、失败的守旧主义。甚至在伦理学方面，公正或高贵行为的意图也不是全部都按照抽象的格律执行的，在许多例子里头，各种环境下数不清的那细致差异的本质——这是必须对于正确的一方加以抉择，这是直接从性格来的。光运用抽象格律免不了造成错误的结果，因此它们只好说有部分用途；有时候则无法执行，因为对于个别的行为，这样的格律之于当事人是陌生的，这是永远没法隐瞒的；所以不协调跟着就来了。我们无法原谅康德导致了道德上的迂阔，因为他把行为的道德价值视为从纯粹理性的格律而来才得以实行，忽略了刹那的情绪倾向。席勒的《良知的斑驳》讽刺的就是这个。尤其当我们在政治上，说到理论家、原则家、学者诸公时，我们指的就是这种不通世故的君子，换言之，抽象方面很晓得一些事情，然具体而言乏善可陈的人。抽象作用在于剔除精密并详尽的定界而思考，然而实际方面却是大大地依靠着这种精密跟详尽。

最后我们谈到一种伪似的机智——玩弄文字，calembour[插科打诨]、俏皮话，另外还可以加上一种模拟之词，l'equivoque，主要用于暧昧（淫猥）方面的讲话。正如机智将两个不同的实际对象纳入一个概念下，同样，俏皮话则利用时机或场合，将两个不同的概念纳入一个词下。同样也产生了对比——但毋宁说是乏味的、肤浅的，因为那不是从事物的本质而来，充其量是命名上的巧合。在机智的例子中，在概念方面产生同一，在实际上产生差异；俏皮话的例子中，差异在概念方面，同一在语文所属的实际上头。

要说俏皮话之于机智如同双曲线上端逆转的锥之于下端逆转的锥，这个比方多少牵强了点。不过，对于语言的误解，或是 *quid pro quo*[把究竟当作的确]，乃是一类无意的插科打诨，比起来，就像是愚昧之于机智。所以，虽然说重听的人跟愚蠢的人都可以作为一取笑题材，但那些拙劣的喜剧作者，多半拿前者来达成他的目的。

这儿我只是从心灵方面研究笑；至于物质方面的讨论：我推荐《杂论与拾遗》（二卷，六章，§96，134页[第一版]）。[1]

14

经过这种种考虑，我相信，一方面，概念的、合理认识的、理性的认识之法；另一方面，纯官能的数学性的知觉之直接认识，以及靠着领悟而来体会之直接认识——两者的关系和不同，已经十分清楚。我们附带也讨论过了感觉和笑，这是在考虑到我们认知模式显著的关系后，几乎不可避免地会牵涉到的。现在我掉过头来，进一步讨论关于"存有"的科学，还研究语言及蓄意的行为，这是理性能力赐予人类的第三种好处。顺着我们手头的这个一般性思考方式，我打算先部分地讨论它的形式和判断基础，最后讨论它的内容。

我们看到，除纯粹逻辑的基础以外，理性的其他所有认识，其起源均不在理性本身，而是另外得自知觉的认识，知觉的认识寓于理性内，这样，它转移成为一种相当不一样的认识之法：抽象。一切理性的认识，即抽象地提示给意识的认识，乃如同部分之于整体一样与科学关联。每个人透过经验，透过对呈现在面前个别事物的思考，而导向对不同事物的理性认识；然而，唯有以抽象获得对某

---

[1] 参考第二部第8章。

种对象完完全全的认识为己任的,才倾心于科学。只有拿概念,他才能把这一种类简化出来;所以每一门科学都是拿概念来统一,透过它,才能从一切事物的全体中抽取出部分,科学保证它具有抽象完全的知识。比方说,像空间的关系、无机体加诸彼此的行为、动植物的性质、地表自古以来不断的变迁、人类种族整体的改变、语言之结构等。要是科学打算对透过概念的每一个个别事物加以研究,来获取某一主题的认识,直到这样一步步地明白了所有事物,说实话,任何一个人的记忆均不足以胜任,也根本不可能百分之百地掌握每一个别事物。所以,他利用概念领域彼此包容的特质,而主要目的是踏入主题概念内更广泛的领域。当决定了这些领域彼此的关系,那么大致上这个主题所包含的一切就都已决定,接着就能逐渐缩小范围(也就是概念领域),而越加详细地把它决定了。因此,一门科学之完全包含其主题乃是可能的,像这种追求知识的途径,也就是从一般到个别,这和寻常的理性认识不一样。所以,科学基本的、与众不同的特征,就是系统化的形式。要驾驭科学,不可或缺的先决条件就是得结合每一门科学最一般的概念领域,换言之,就是认识其主要原理。打算从这些原理怎样进一步迈向更特殊的各个命题,就看你的抉择了;这并不增加认识的深度,只扩大了研究的范围。这些涵盖其他的主要原理,数目不一,所以不同科学之间有大大的差异,因此某几门科学,所涵盖、所容纳的更多,而某些则并行的更多;从这方面看,前者可谓更具判断性,后者则具记忆性。甚至经院学者也晓得,由于三段论法需两个前提,因此任何科学不能光从一简单的、不能再予以推论的主要原理出发;不,正相反,起码它得有两个以上的原理。那些分类严格的科学,诸如动物学、植物学,乃至于物理学、化学(只要它们涉及的是对应于少数基本力的一切无机行为)所涵盖的最多。另一方面,历史压根儿就

没有涵盖什么，历史中那普遍之物，只在于对主要时期之鸟瞰。但是不能由此演绎出什么特殊事件；各事件只有依照时间，才从属于、被涵盖于历史的各主要时期，如果照概念来看，那么倒是与这些时期并行。所以严格讲，历史的确是理性的认识，但不是科学。数学中，照欧几里得的处理，公理要算是唯二个可证的第一原理，任何的证明，乃是一层层严密地从属于它们。不管怎样，这种处理方法对数学来说，不能算基本的，事实上，任何命题本身就再度成立了一个新的空间结构。就它本身来说，它独立于以前的结构，实际上，得以从其本身以纯空间的知觉认知它，相当脱离任何的公理，在空间的知觉中，甚至最复杂的结构也像公理自己一样那么直接显著。我们留待以后再仔细讨论这点。同时我们说，任何数学命题都总是一普遍的真理，对于数不清的那些例子，一概有效。从简单到复杂的命题，有步骤性的过程——这对数学而言也是基本的；所以，数学无论从哪一方面说都是一门科学。像这样，一门按照形式的科学，其完整性乃在于它本身之尽可能为涵盖的原理，而非并行的原理。所以一般科学性的才能，便是那种将概念领域按照它们不同的界限予以涵盖的能力，结果正如柏拉图一再讲述的：科学，不光是拿着普遍性质的什么，和各种类的东西，这样一个挨一个地直接排到它底下，科学毋宁说是这样一种知识：它可以一层层透过直接的概念及明显的区分，依照逐步缩小的范围，从最普遍的到最特殊的。照康德的讲法，这乃是指同时运用同性质律跟特征区分律（异性质律）。由于真正科学的完整性就是这么构成，那么理所当然，科学的目标就不在于更大的确定性，因为，甚至顶没有相干的简单的知识之碎片，也都具备同样分量的确定性；科学的目标毋宁是，透过它的形式并凭此来完成这样的认识的可能性，这样一种理性认识的能力就只为这缘故。现在流行着一种看法，即知识的科学特征，乃在于更

大的确定性，这是错误的。同样，因此断定只有数学跟逻辑乃是真真正正的科学，就因为它们整体先验的性质，只有它们才具有不可辩驳的知识之确定性——这也不对。当然，数学跟逻辑具备的确定性是不可否认的，然而，那并不就怎样特别地使之具有科学的性质。因为科学的性质，并不在于确定性，而在于知识的系统形式，从普遍到特殊，一层层降下来而建立。这从普遍到特殊的，这种方式的知识，乃是科学独具的，所以在科学中，必然有许多是建立在经过证明的前命题来的推论上。这就引起了一项古老的成见，以为经过证明的就一定真实，而任何真理都需要证明。不，正相反，任何证明都需要一不可证明之"真"，这不可证明之真最终支持着证明，或成为自己的证明。所以，一个天然成立的真理，要强于由证明建立起来的真理，正如同泉水之强过自来水。知觉——就其树立了数学而言——部分是纯粹的先验，就其树立了其他科学而言，部分是经验的后验，知觉是一切真理的来源、一切科学的基础（只有逻辑例外，逻辑并不基于知觉的认识，而是基于理性之直接认识自己的各项法则）。啊，不是证明过的判断，不是那些试验、证明——那直接从知觉汲取的，从而建立起来、替代了任何证明的判断，才是在科学中，如同太阳之于世界。所有的光明从它们发源，因此照耀着，其他的跟着才次第发亮。直接从知觉来建立像这样的主要判断的真理，从无数真实事物当中揭橥这么一个科学基础，这就是判断力的成就。这样的成就，在于能够将知觉认知的，正确地转途到抽象的意识中；所以，判断乃是知性与理性的中介。只有个人优越的特异的高强判断，才实际能够推进科学，而任何人，只要有健全的理性能力，就可以从命题中推演命题，就能够证明、下结论。另一方面，将透过知觉认知的，恰当地设下并成立于反复思维用的概念之中，这样，首先的，许多实在对象具备的相同之处，得以透过一个概念

被思考，其次，它们的不同点则透过同样多的概念被思考；这靠判断力完成。这样，不同的东西被认知为不同的，尽管它们有部分地类似；相同的东西被认知为相同的，尽管它们有部分差异，这一切均视每一事例中实际存在的目的与顾虑而定。这也是判断的成就。判断的缺乏，是为鲁钝。鲁钝之人无法作出区别，某方面相同的东西有时具部分或相对的差异，而部分或相对不同的东西有时则相同。另外，这样解释判断，也符合康德：依照知觉对象越向概念或从概念越向知觉对象，从而将判断区分为反省的跟涵摄的；这都是判断介入到透过知觉的知性认识和理性之反省认识之间的。没有任何真理是绝对只透过三段论法求出来的，光透过三段论法建立真理的必要性，总只是相对的，的确，甚至是主观的。由于一切证明都是三段论法，我们就先要来找一个新的真理，它不是证明，是直接显然的事物——是"凭据"，只要少不了它，暂时的，证明就得依附着它。没有任何科学可以从头到尾完完全全地证明，此正如空中楼阁之不可能。科学的一切证明必须牵连一些知觉的东西，所以不再是能证明的了——因为，整个反省的世界乃基于、根植于知觉的世界。这个世界已经显示给我们看了，所有的，归根结底，就是起源的凭据，属于直观的知觉。是以，它若非经验的，就是依赖先于可能经验之各种条件的知觉。所以，在这两种例子上，它只提供了在意识之内的内在之认识，而非超越的认识。任何的概念所以有价值，所以存在，就因为和知觉表象的关联，当然，这种关联可能非常不直接。凡概念说得过去的，同样在从概念架构起来的判断上也说得过去，在一切科学上也说得过去。所以以某些方式，甚至不需要证明和三段论法，而直接认知则透过三段论法建立，给证明传授的真理，这是可能的。的确，在许多我们仰仗三段论的连珠而达成的繁复之数学命题中，要这样做倒是不容易的；比如靠毕达哥拉斯定理的推

演而计算所有弧的弦和角。但甚至这样的真理不能说基本上全靠抽象的原理，那根本的空间关系必需已经足以显示出纯粹的先验直观，以至于这些原理的抽象表达已经直接建立。马上，我就要详细讨论数学的证明。

也许，大家会趾高气扬地谈什么，完全基于切实的前提之结论来的科学，便是不可辩驳之真。但透过纯粹逻辑的推理之链，尽管前提可能真到怎样的程度，我们之所获，不过是把已完全包含在前提内的加以表示、阐明而已；是故，我们只显明地解释了已经隐约地在前提中明白了的。像这些被人们尊崇的科学，尤其突出的，是数学方面的，特殊的，有天文学。然而天文学的确实性，是从它有先验的空间之直观或知觉作为基础，所以万无一失。一切空间的关系，无论如何，是一个挨一个，追随着必然性（"存有"的根据），提供了先验确定性，而且，它们可以稳妥地从彼此推演出来。在这些数学的条件外，还加上单纯的自然力，即重力，重力的运作正和质量及距离的平方成比例；最后，是先验确定的惯性定律，因为，它随着因果律，而连带着的是变动加诸质量，一字不改的经验之资料。这就是整个天文学的材料，简单、肯定而有确实的结果，从对象的庞大跟重要性来看，这是非常有趣的。比如：要是我知道行星的质量，跟它与卫星间的距离，我便能按开普勒第二条定律，肯定地推算出后者的运转周期。可是这条定律的基础乃是，在这个距离之下，只有这种速度，才同时既绁住了卫星使之朝向行星，而又不致坠向它。所以只有在这些几何基础下，就是说，靠先验的直观或知觉，另外运用自然律，我们才能用三段论深入，这儿三段论好比只是一沟通知觉体会与知觉体会的桥梁。但这并非断然就逻辑的路子来使用平直的三段论。天文学第一基本的真理，它的真正起源是归纳，换言之，将多种知觉得来的，综合为统一的正确、直接成立

的判断。从这些判断以后跟着形成了假说，当归纳趋于完备，则经验对它们的证实，就成了那第一判断的证明。比如，行星显著的变动是被经验认知的；经过不知道多少对此变动之空间关系（行星轨道）的错误假设——终于，正确的一个被发现了，然后找到它遵循的法则（开普勒定律），到最后，是这些法则的原因（普遍之万有引力）。经验认知的，一切观察到的情况与整个假说乃至它们的结论之协同一致，也就是归纳的配合，完全肯定了这些假说。发现一个假说，是判断力分内的事，判断力正确地理解既成事实，顺水推舟地把它表示出来；可是归纳，换言之，各色各样的知觉，却证实了它的真实。然而，这个真实，要是我们能自由地透过普遍之空间，具有了千里眼，甚至可以直接透过一简单的经验知觉建立起来。接着，甚至在这儿，三段论也不是认识唯一基本的源泉，事实上不过一时的权宜罢了。

末了，为了从一不同角度提供第三个例子，我要说，甚至所谓形而上学的真理，也就是康德在《自然科学的形而上学基础》中设下那样的，其显著性也不待于证明。我们立即认知已经先验肯定的，其为一切认识的形式，具备了被我们所认知的至高必要性。比如，我们立即认知下面这个"消极的真理"——物质之持存；换言之，物质既不能进入而为有，亦不得退逝归于无。我们纯粹对空间时间的知觉、直观，使得变动成为可能；在因果律中，知性使形式及质性的改变成为可能，然而，我们缺乏构想物质之起源或消逝的形式。因此这个真理无论何时何地都被大家看作显然的，从没被严格地疑惑过；要是它的认识根据是康德那难到极点、条分缕析至于秋毫之末的证明，情况便全不是这样了。另外我发现了，康德的证明是不对的（见附录），上面我也指出，物质的永恒，不是从时间的经验之可能当中推论出来的，却是从空间的经验之可能得来。一切此地

所谓形上的真理真正的基础，就是说，认识必要及普遍形式之抽象表达的真正基础，并不是在抽象原理中挖掘到，而是只有在透过不容置疑、不可辩驳的先验陈述中表现自己的那表象形式，其直接地在意识当中被发现。不过，如果我们还要为它们找一个证明，唯一的办法是指出，那需要证明的，已经包括在了一些不许怀疑的真理当中，这个真理变成它的部分，变成它的前提。所以举例说，我就指出过，一切经验的知觉暗示了因果律的运用。所以因果律的认识乃是一切经验的条件，故此，不能如休谟所断定的那样，透过经验而被交付、被限制。一般说，好辩的人比好学的人更看重证明。前者顽固地否认直接成立的贯通之认识。只有真理才能在各方面都协和一致；是以我们必须提醒那些人，他们在一个形式下间接接受了的东西，又被他们在另一个形式下直接否定了，也就是说，在他们的否定与接受之间有一种逻辑上的必要关联。

还有，这是科学形式的结果，也就是，把每一特殊的东西归属于一般的，然后再一股脑儿归属于更一般的东西，这样，使得许多命题之真，只有以逻辑的方式成立，也就是透过它们之倚赖其他命题，所以，透过三段论法，三段论法同时又变成了证明。可是我们不可以忘记，这整个形式只是活用知识的手段，而不是达成更大的确定性的工具。从动物的"种"族所从"属"的来认知一个动物的性质，接着由这个"属"上推，而科、而目、而纲，这要比从个别例子交付给我们的动物自身着手研究，来得轻松容易。可是从三段论导出的一切命题之真，经常只是被一个不基于三段论却基于知觉或直观的真理条件限制住，最后还得依赖它。要是这个知觉总是在我们伸手可及之处如透过三段论的演绎一般，则它再怎样都是可取的。任何概念的演绎，均可能招惹许多迷惑欺蒙，原因就是上面证明到的，许多不同的领域相联系住了、相交了，又因为它们的内涵

常常是定得不对的、不肯定的。诸如此类的例子，请看那不知道多少的，各种支持着错误理论、诡辩的证明。三段论的确在形式上是肯定得十全十美，但透过它们的内容，也就是在概念上，则十分不明确。因为，一方面，这些领域通常没有充分明确的定义；另一方面，它们以那么多方式彼此截切，使得一个领域常部分包含在了许多其他的里头，因此，我们可以随心所欲从一个过渡到任何其他，跟着又跳到另外的上头，这都是前面说过的。不然，换个方式讲，小名词与中词经常可以从属不同的概念，从此，可以随意选择大名词和中词，于是得到不同结论。所以，立即显然的凭据无论在哪里都远胜于证明过的真理；后者，只有当前者过于悠邈，才可以取代接受，当前者跟它一样接近我们，甚至还要接近时，那情况就不同了。所以从以上我们看出来，实际上说到逻辑，当在个别例子中体认到的认识比推论的科学知识更接近手头时，我们总是只按照对思想法则的立即的认识来指导自己的思想，逻辑反而没啥用。[1]

15

现在既然断定，知觉是一切显然凭据之第一来源，唯有直接或间接地关联到知觉上才是绝对的真理，并且，通到它的路越短，便越是确实，任何事物透过概念的中介，将使我们暴露于许多错误欺蒙；我说，要是现在咱们以这样的信念，转向数学方面看，即看欧几里得在科学形式中设下的，传下来到现在大体上没有变的东西，我们不免发现，它走的路子是奇怪的，甚至是歪曲的。我们要求的是，把任何逻辑的证明化为知觉的证明。相反，数学吃了很大的苦

---

1 参考第二部第 12 章。

头,有意排斥它独有的、随处可以掌握的知觉之显然凭据,为的是拿逻辑的凭据来替代它。我们没有办法不把这看作是,一个人为了靠拐杖走路而把自己的腿砍掉——削足适履!又好比在《伤感的凯旋》剧中的王子,逃离了美丽的真实自然,跑来享受模仿自然的剧场。我不由想起在《论充足理由原理》第六章中说过的,也假定读者对它必留有新鲜的记忆。那么,把此地说的跟那里所讲的结合起来,我不打算重新讨论以下两者的差异:单纯可以拿逻辑找出来的数学真理之认识根据,和那只有从知觉认知而算是时空的部分之无间联系的"存有"的根据。只有透入"存有"的根据去看,才有真正的满足及贯彻之认识。另一方面,光是认识的根据,总只是表面的,只能使我们有合乎理性认识的知其然,却不提供合乎理性认识的所以然。欧几里得选择后者方式的不恰当,显然伤害到科学。比如一开头他就要一劳永逸地证明,三角形的角和边怎样相互彼此决定,彼此是理由、根据,又是结果,配合着充足理由原理,光是在空间的形式,配合着凡对一事物本来面目提示了必要性的形式——因为,另外的事物,跟它相当不一样,又有它的本来面目。欧几里得没有如此给我们提供对三角形本质的详尽透视,不,他把一些不相干的、随意选取的有关三角的命题凑到一块儿,通过千辛万苦的逻辑证明,拿矛盾律装饰,来给这些命题做出一个逻辑的认识根据。这样,我们得到的并不是一详尽的关于这些空间关系的认识,只是从这些关系来的若干随意交换的结果,就好像一个人,人家指给他看一个机巧的机器不同的效果,至于机器的内部关系以及机械作用,他毫无所知。我们受矛盾律的强迫,不得不承认任何欧几里得证明的是如此如此,但我们不知其所以如此。所以,我们几乎要产生这样不舒服的感觉,感觉像是跟在一个哄人的把戏后头。的确,欧几里得的大部分证明很明显就像这样的把戏。真理几乎总是打从后门

溜进来，好比是 per accidens[碰巧的] 跟着一些小花样。经常地，反证法的证明，把一扇扇门关起来，只留下一道打开着，这扇门，为那个理由，于是乎就是我们要进去的。经常是，像在毕达哥拉斯的定理中，线段被画下来，我们不知道这是为什么。以后看出来，它们是陷阱，它们不期然地捕获、幽闭了学习者所能接受的，于是后者吃惊地不得不承认，他还是没有完全了解其内在关联。这到了某种程度，以至于他能读完欧几里得的整部书，却仍然掌握不了空间关系的法则；相反，他只记住一些关系的结果。这种真正经验的、非科学的知识，正好比一个医生知道病情与疗法，却不晓得把两者联系起来。但这正是当我们任性地拒绝一种知识特有的证明方法、显然凭据，而强制代以一个跟它性质不相干的方法时，所发生的后果呐。无论如何，在其他方面，欧几里得所使用的方法当得起多少个年代以来加诸它的赞美。他的方法被奉为圭臬，他处理数学的手法被称为一切科学之表达的模范。人们甚至打算将其他一切科学照这个模范处理，但就算以后放弃了这方面的努力，可他们还不晓得是怎么回事，为什么？不过在我看，欧几里得在数学上的这个方法，只能看作光辉灿烂的瑕疵。当一个关系到生命或科学的巨大错误被有意地、按部就班地追求着，被普遍同意时，那么我们经常能从流行的哲学来找到此事之所以如此的理由。埃利亚学派首先发现，知觉的 φαινομενον，跟构想的 voουμενον[1]，二者之不同，甚至说是对立，在哲学理论上，它们会在诡辩上被多方引用。跟着埃利亚学派的，有麦加拉学派、辩证学派、智者派、新柏拉图派及怀疑学派；他们的注意力转到幻觉上头，即对官能的蒙蔽，或许不如说，把那感官材料换成知觉的知性之蒙蔽，这使我们看到，理性有能力积极否认

---

1 这里我们不讨论康德对这两个希腊词的误用，我的驳斥见附录。

看似真实可信的东西，比如棍子在水中像折断一般，等等。人们知道不能无条件地信任透过官能的知觉，就有点操之过急地结论说，只有理性的逻辑思想才建立真理。尽管，柏拉图（在《巴门尼德》这篇对话中）、麦加拉、皮浪及新柏拉图学派都举例（就是以后塞克斯都采取的方式）、都证明了三段论跟概念也会引入歧途，它们怎样在事实上产生了谬论悖理及曲解，那可是比透过官能的知觉之幻，要来得更容易且不好解决。理性论与经验论对立，前者还占了上风，欧几里得的数学就是配合着它建构的。所以欧几里得只好把公理建在知觉（φαινομενον）的凭据上，而所有其他的则建立在三段论（voουμενον）上。欧几里得的方法经过若干世纪仍然盛极一时，而只要没有分清先验的纯粹直观或知觉，以及经验的知觉，它就注定要这样流行下去。的确，欧几里得的注疏者普洛克罗斯凑巧完全看清了这个分别，这在开普勒那本《宇宙之和谐》中翻成了拉丁文。不过普洛克罗斯没有就此事给予相当的强调；他的态度过分稀松，当然还是没有引起大家的注意，其成就也就等于零。所以，只有等到两千年以后，康德的教义——注定要给一切欧洲国家在知识、思想和活动上带来巨大的改变——同样在数学上导致了大大的改变。只有经过这个伟大的心灵，咱们学习到了，对空间和时间的直观或知觉，相当不同于经验的知觉，是完全独立于任何官能的印象，前者限制了后者，而非被它限制，是先验的，所以，无论打哪儿看都不许被置于官能的欺蒙——只有那样，我们才能看出，欧几里得处理数学的逻辑方法，是无用的预防，是健全之腿的拐杖。我们看到，这种方法就好比一个流浪者，在夜间把明亮踏实的道路看成积水，而畏于行走其上，转来匍匐于道旁的崎岖之地，满足于他在假想的积水边上的蚁步之行。只有现在我们才确切地肯定，在一图形的知觉中必然表达给我们的，并非来自纸上也许画得很不完全的图形，

并不是来自我们仗以思维的抽象概念,而是直接由一切认识的形式来,那形式是咱们先验意识到的。这是无所不有的充足理由原理;在这里,就其为知觉的形式,即空间而言,它是"有"的立场之原理;但它的有效性及显然明确正如认识根据的原理(即逻辑的肯定)之有效跟明确,它们是一样的重大而直接。所以,我们不必、不该为了光信赖逻辑的肯定而丢下了数学特有的领域,来就一个相当跟它不相干的另一领域去证明数学之真,那个领域就是概念的领域。要是我们坚持数学特有的立场,我们就得到极大的好处,就是在它以内,关于某些事物为如此这般的理性之认识,将与某些事物为何如此的理性认识,相吻合一致。另一方面,欧几里得的法子,却是完全把它两个拆开了,只让我们晓得第一种,却不知第二种。亚里士多德在《后分析篇》(I.27)中说得多么好:"说到知识,更精确更可取的是,它不只告诉我们某些事物怎样怎样,并且还道出它为什么这样,而不是那个别告诉人怎样跟为什么的知识。"在物理学中,只有当知晓某些事物是怎样的知识,配合上了关于它为什么这样的知识时候,我们才满意。要是我们不同时晓得托里拆利管里的水银柱高有三十英寸,以及其原因是大气当中均衡的压力,那么,我们光知道前者又有何用?这么说,难道我们该满足于数学当中关于圆的 *qualitas occulta*[隐奥的质性],即任何两条截切的弦的切线部分,构成同等的长方形吗?关于它之形成如此,当然在欧几里得第三部书的命题 35 已经证明了,可为什么这样就难讲了。同样,毕达哥拉斯的定理也告诉我们直角三角形的隐奥质性;欧几里得矫揉卖弄的——老实说是狡猾的证明,并不提供给我们为什么,下面这个简单的已知的图形,我们一眼就了解它的内容,我们内心深深坚信其必然性,以及该特性之依赖直角,总之它所能给予我们的,要胜过欧几里得的证明多多。

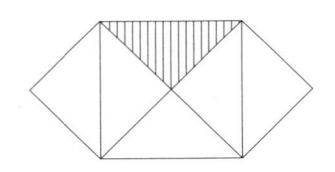

甚至在不等的边包容直角的情况——在一般可能的一切几何真理里头有的，要达到这样基于知觉的断然确信，应该一定可以，因为，它的发现，经常是以这样知觉到的必然性为出发点，只有跟着来才给它想出一个证明。所以，发现一个几何真理，第一步只需要分析思想的程序，这样，去直观或知觉地认知它的必然性。说到去阐明数学，通常我希望的是分析的方法，而非欧几里得所使用的综合方法。可是当然啦，讲到复杂的数学真理，这就留下太大的困难，虽然，这些困难不是没法子克服的。在德国，大家这儿那儿开始更改数学的解析，倾向于走这条分析的路子。这方面最显著的成就出自哥萨克先生，诺豪大学预科班的数理讲师，他在课程表上排上它，并且于1852年4月6日专门考试过，这是详详细细地有意按照我主要的原理来处理几何学的。

为改进数学的方法，特别要放弃任何诸如此类的偏见：所谓证明过的真理胜过经由透过直观认知的真理；基于矛盾律的逻辑真理胜过那直接显然、只有纯粹空间的直观才属于它的形而上学真理。

那顶确定，却又任何地方均不可说明的，就是充足理由原理的内涵，讲起来，这个原理，就它不同的方面，表示了一切我们表象和认识的普遍形式。所有的解释，只有归原于此原理，特殊情形下，一般地透过它来表示的，表象关系之证明。它是一切解释的原则，所以本身不能被解释；它也不需要解释，因任何解释都预先假定它，只有透过它才有任何的意义，它的形式没有一个胜过其他别个；就

其化身为有的根据、变化的根据、行为活动的根据、认知的根据——各个原理而言,它同样肯定而不能证明。在它那些形式中的任何一个,必然都有理由、根据之于结果的关系;的确,一般说,它是必然性概念的起源和唯一意义。当理由或根据已知,除了结果以外别无其他的必然情形;同样,没有任何理由或根据不限定有结果的必要性。那么,空间中有的根据限制了它在空间中的结果,正如结论中表达的结果从前提给予的认识立场流露出来,这是同样确定的。如果我通过知觉体认这两者的关系,则这种肯定,正和任何逻辑的肯定一样强烈。话说回来,任何几何命题之为良好的这样一种关系的表示,正如十二公理任何一个之为如是。它是形上的真理,并且由于这样,它正如矛盾律本身一样直接肯定。矛盾律是形上逻辑的真理;它是一切逻辑证明的一般基础。任何人若否认直观呈现而表达在任何命题中的空间关系的必要性,就等于同样有权否定公理、结论之继随前提,甚至,否定矛盾律本身,因为所有这些关系是同样不可证明、直接显著并先验地可知。所以,若任何人盼望从矛盾律透过一逻辑的证明,引导出可以在直观或知觉中认知的空间关系之必要性,这就好比一个陌生人盼望赐原来的直接所有人以采邑田封,可以说是多此一举。但这正是欧几里得干的勾当。只有他的公理是欧几里得自己不得不放过而以为直接的凭据、作为基础的;所有以后的几何之真均被逻辑地证明,换句话说,先假定了那些公理,而妥协了命题中设的假定,或者,妥协一更前的命题,从这么来的,甚至,从命题跟假说、公理、前命题,甚至本身,彼此间这个那个的对立矛盾而来的。可是公理本身就跟任何其他几何命题一样再没有更直接的证据,只是一内涵越小,越是简单的东西。

当侦讯一个被告时,他的证词被记录下来作证,为的是从它们的可采取性和协和方面来判断它们是否真实。但这只是权宜之计,

要是我们能直接调查他每一句证词的真实性，从其本身来看，我们该不会去信赖这片面之词，特别是被告可能从一开始就有计划地扯谎。可惜欧几里得就是照第一个方法来侦察空间。的确，他是从正确的假说开始，即自然必须到处和谐一贯，所以在它基本的形式——空间中，也须一贯。因此，既然空间各部分彼此以一种理由、根据之于结果的关系成立，再没有一个单独的空间限制会是跟其他一切的部分冲突。但这是一个非常麻烦、令人不满的迂回方法，宁可取其不直接的认识，舍下了同样肯定的直接认识；甚至，它把有关事物是怎样的知识，跟事物为什么这样的知识，弄出一个门户，这给科学大大地带来了不便；末了，它完全阻碍了初学者对空间法则的深入了解，使得他不习惯于事物之根据与内在关系的正当之勘察。继而，它导致初学者满足于事物之为然的区区历史性知识。这门方法受人不断赞美的精确锻炼之处，主要不过是学生之学习获取结论，特别是要他竭其记忆，以掌握一切原应该比较才知道可不可以采用、协不协和的资料。

另外值得注意的是，这个证明方法只运用到几何上，而没有用到算术上。在算术中，相反，真理真正地只允许透过知觉而明朗化，在这里，是在于纯粹的数计。由于数的知觉只有在时间中，所以不能如几何图形的官能之图式表示，因此怀疑说知觉只是经验的，屈服于幻觉——在算术中可没这一套。只有这种猜疑，才将逻辑的证明方法导入几何。既然时间只有一个维度，数计乃是唯一的算术运算，一切其他均可由此化为数计。不过，这个数计不过是先验的直观或知觉，我们毫不迟疑牵连到它，唯有靠它，一切其他东西，一切计算，一切方程式才可以被根本地证实。比如，除非牵连时间中的纯粹知觉牵连到算数，否则不能证明 $\frac{(7+9) \times 8 - 2}{3} = 42$；所以我们使每一独立的命题成为公理，整个算术跟代数的内涵，就这么单

纯地是一种简化数计的方法,而不是那充实了几何的证明。像前头说的,我们对时间中数的立即知觉,并不超出十的范围。十以外,就是一个抽象的概念,让一个字固定着,就替代了知觉;因此实际上不再是知觉的执行了,知觉只是被相当确定地暗示着。甚而至于这样,通过个、十、百、千……位数等的排序,这样重要方便的方法,使得大数得以由小数表示出来,这样对每一个总和、积分,就可能有直观的、知觉的凭据显示,这样抽象的手法如此有用,甚至不但数目,乃至不确定的量性,跟整个运算都只是抽象地被加以思维,而从这方面暗示出来,比如 $\sqrt{r-b}$,这样,它们不再被实践,而只是象征着什么。

同样确定的是,我们可以一样正当地光靠纯粹先验直观,把真理在几何学中建设起来,正好比在算术中一样。老实说,就是这种按照"有"的根据、"有"的理由原理而从知觉认知的必要性,给予了几何以最大的显著凭据,而几何命题的肯定性,就是基于它而存在于我们每个人的意识中。这确实不是那大言不惭的逻辑证明,后者是置身局外的,通常很快就会被忘记而又不会影响乃至于伤害我们深深的信仰,它可以完全省略而无损于几何之显然凭据,几何,是相当脱离这类证明的。它总只是证明我们通过另一种认识已经完全确信了的。就这范围说,它就像一个没种的士兵,对着已经被别人杀死的敌人再戳一刀,然后吹牛说是他自己干掉了敌人[1]。

---

[1] 斯宾诺莎总是夸口说他从事 *more geometrico* [笨拙的几何学](斯宾诺莎自谦之词),他实际上正是这么做,只不过自己不太晓得而已。任何对他而言是确定的,是从自然界无间的知觉之体会安排下来的,他打算逻辑地证明,而独立于这样的认识!当然,他是达到了给他预先决定好的企图的结果,他把自己独断地做成的概念(*substantia*, *causa sui* 诸如此类)当作出发点,允许自己在证明中,对那太广泛概念领域的性质所容许的各种有利机会,做一切自由之选择——他是这么做的。所以,他的理论当中凡有什么真实和优秀的东西,对他而言,就像在几何学里一样,不过是些相当不能证实的东西。参考第二部第 13 章。

所以从这一切出发，我们盼望关于数学的凭据——一切证据之式样、表征，它根本上并不基于证明，而是基于直接的直观、直接的知觉，这应该不再有任何怀疑。这儿像在一切其他地方，是一切真理最终的根据及来源。然而，构成数学基础的知觉，大大胜过了任何其他的知觉，因此也胜过了经验。所以，由于它是先验的，因此是脱离那通常只部分地连续地被给予的经验，任何事物均同样接近它，我们或是从理由、根据开始，或是从结果着手都行，随你高兴。由于这个缘故，它才有完全的确定性与可靠性，因为，在它之中，结果是从根据或理由而被认知，而只有这一种知识才有必然性可言。比如，像通过角的相等而认知了边的相等之为成立。另一方面，一切经验的知觉，还有一切经验的大部分，却只有相反地从结果逆推出根据，这种的认识可不是万无一失。照道理说，只要给予根据，必然性就只属于结果，而从结果推出根据，就不带有必然性。可不是嘛，同样的结果可以从不同的根据得出来呀。后面这种认识只能算是归纳的，即从许多结果指向一个立场，于是立即被假定为确定不移，可是，由于没办法收齐所有的情况，真理在此便不是无条件确定。然而一切透过官能知觉和大量经验的知识，都只具有这种的"真"。某一官能受到触动，导致知性从结果推原因，可是，既然从已成立的（结果）推导出的根据，其结论绝非确定，则幻觉——官能的欺蒙——就有可能，就实际存在，这是前面提过的。只有当若干或所有五官受触动，指向同一原因时，那幻觉的可能性才变得极小。甚至那样它还是存在，因为在某些的情况，就像碰到伪币那样——整个感觉的能力将被欺骗。一切经验的认识，跟着，整个自然科学，就处于同样这种地位，丢弃了它纯粹的（或许像康德说的，形而上学的）部分。同样，在这里，从效果之中看了原因；所以一切自然科学是基于经常错误的假说，然后一步步地让步给其

他那更正确的；只要在有意安排的经验的情形下，知识才从原因推展向结果，换言之，它才走正确、肯定的路子；可是这些经验自身，只有跟着假说才好下手。为这缘故，自然科学的分支，诸如物理学、天文学、生理学，没有说可以像数学或逻辑学那样马上被发现，它们从古到今都是需要着多少世纪以来收集的、比较的经验。只有许多种类的经验的肯定，使假说所根据的归纳如此接近完备，而在实际上，便取代了肯定确实性。关于假说及假说的来源，被认为再危险不过的，是直线曲线不能以同一单位计算而运用于几何，或对数的绝对精确——而那是不可能达到的——之于算术。正如同圆跟对数的平方，透过无限分割趋近于正确，所以，透过各种角度的经验的归纳，也就是从结果到根据的认识，带来了数学的凭据，也就是从根据之于结果的凭据，那的确不是无限的，可是如此之接近，至于欺蒙的可能性小可以忽略。然而还是有可能；比如，从无数的例子中找出涵盖一切例子的结论，即事实上是一切东西依赖的未知之根据这样的结论，这——是归纳的结论。现在，这样子的结论，比一个说一切人类心脏在左边的结论怎样？不至于比它更确定多少吧。可是，人类当中有一些极端稀少、相当孤立的例外——他们的心脏是在右边的。官能的知觉与经验科学因此有同样的这种凭据。数学、纯粹自然科学和逻辑就其为先验的知识，胜过它们的地方，只在于一切数学等先验知识所基于的认识之形式要素，乃是整体地、立刻被给予。所以，这儿我们总能从根据推向结果，但在另外别种知识中，经常只有从结果进行到根据。另一方面，因果律，或变化的充足理由原理，那是指导着经验的知识，它本身正如那些上头提到的先验科学所依靠的充足理由原理之其他形式一样确定。从概念或三段论来的逻辑证明，占的便宜就是从根据推到结果，正如通过先验知觉而获有的认识一般；所以就它们本身，就是说，照它们的

形式，它们是万无一失。这对于一般地把证明的声望带到高峰来讲，是大有帮助的。但它们的万无一失是相对的；它们只涵摄在主要的科学原理以下。但包含科学整个原本真理的就是这些，而它们无法再被单单地证明，而必须建立在知觉上。在提到过的少数先验科学中，这种知觉是纯粹的，可除此之外，那就总是经验的了，并且，只有通过归纳而被拔擢为普遍的。所以，在经验科学中，特殊的从一般之中得到证明，然而其一般性又只是从特殊中获得；它只是存货的谷仓，而非本身有生产力的土壤。

真理的建立，到这儿已经说得差不多了。关于谬误的来源和可能，自从柏拉图拿鸽舍的隐喻来解决，在其中，错误的那只鸽子被逮住了，如此这般（《泰阿泰德》[197ff]，167页以下），从此以来跟着有许许多多的说法。康德拿对角线的移动，对错误的起源做出含混而不明确的解释，可见《纯粹理性批判》（第1版294页，5版350页）。由于真理是判断与其认识根据的一种关系，那么问题显然就是，判断的人怎样才能真正地相信他拥有这样一个根据，而又掌握不住它？即错误、对理性能力的欺瞒，是如何可能。我发觉，这种可能性完全跟幻觉的可能性类似，所谓幻觉什么的，就是对知性的欺蒙——这是前面解释过的。我的看法是（同时那个解释也因此有必要在此地考虑），任何谬误是从结果到根据的推论，的确，当我们知道结果只能具有该根据而绝没有其他时，它是对的；不然就难讲喽。犯了错的人，把结果归给一个结果所不能有的根据，于是显示出他实际上缺乏知性，即直接认知原因及效果间关系的能力之不足——要么像更常见的，他把结果归给一个的确可能有的根据，但这儿，他在他由结果推到根据的结论之大命题上加了一道限制：前述的结果，总是只有从他自家提到的根据上弄出来。也许对？但那只有靠一完全美备的归纳——无论如何，他假定它，不去执行

它。所以这个"总是"是太广泛的一个概念,应该拿某某东西或一般说替代它。所以结论应该说是成问题的,这样,我们就不至于弄错了。谬误的人按照刚刚我讲的那种方法,或许是由于冒进,或许是对于或然情况太有限的认识,为此他不知道执行归纳的必然性。因此谬误大体上和幻觉类似。两者都是从结果上求根据的结论;幻觉,经常按照因果律由区区的知性造致,因此是直接的在知觉本身;谬误,则是按照充足理由原理的一切形式,由我们的理性能力导致,因此是适当地在思想当中,但通常也是按照因果律的,这点是从下面三个例子证明出的,可以看作是三种谬误的形态或代表:(1)官能的幻觉(知性之蒙蔽)产生谬误(理性之蒙蔽);比如,我误以为绘画是一浮雕,并且实际上把它当成这样;那是经过下面的大前提来的结论:"如果这儿那儿一块块的深灰,透过了朦胧的色调转成白色,其原因总是光线不均地打到凸起凹下的部分,所以——"(2)"要是我的保险柜里掉了钱,其原因总是我的用人有把万能钥匙,所以——"(3)"要是太阳的影像透过三棱镜被分割了,上上下下地移动,现在变长且有了颜色,而非原来的圆且白,那么其原因总是在于,光线中有不同颜色且折射不一的同性质光线,这样,它们被不同的折射率分开了,现在造成了一拉长的且同时着上了各种色彩的映象,所以——*bibamus*[让我们喝一杯吧]!"总之,任何谬误归根结底,一定可以追源到这样的结论,从一个经常只是假说性的、只是错误地被一般化的大前提得来,由于假定一个根据来推出结果造成的。只有某些计算的错误可称例外,那不是真正的谬错,只是误会。数的概念所记下来的运算,并不是在纯粹知觉或直观中,并没有在数计中执行,而是另外一种运算过程。

至于一般科学的内涵,它事实上总是世界的现象按照充足理由原理,在"为什么"(它只有透过充足理由原理才有效而有意义)

的准绳导引下的彼此关系,简言之,是世界现象彼此间的关系。所谓解释,就是把这个关系建立起来。所以,解释所能做到的,不超出指出两个表象按照彼此所属那一类的充足理由原理形式间的关系而彼此成立——这个范围。若它完成了这点,我们不能再问为什么,因为那被证明的关系乃是简简单单不许被另外表示的;换言之,它是一切认识的形式。所以我们不问,为什么二加二等于四,或为什么三角形角的相等决定了边的相等,或为什么任何已知的原因既随着它的后果,或为什么一个结论之真,乃是显然从前提之真而来。任何不指向这样一种关系的解释,就是再不能要求一个为什么的——这解释,便停顿为一被接纳的隐奥质性;但这也正是任何自然原始之力的性格。任何自然科学之解释,必须最终停在这样一个隐奥的质性上,所以是停顿在某些完全暧昧的东西上头。所以石头的内在本性就流为不得解释,正如人之本质;对于石头的重量、凝聚力、化学性质等,无法怎样描述,正如对人之认知与行为作用为然。所以比方,重量是一隐奥的质性,因为,可以设想出脱离重量的物体,所以它并不追从认识的形式,而成为必要的什么东西。可惯性律的情形就不是这样,它遵从因果律;所以只要牵涉它,就已经是完全适当的解释了。有两件事,是绝对不可解明的,就是说,并不追溯到充足理由原理所表白的关系上。第一,是在它自己四个形式当中的充足理由原理本身,因为,它是一切解释的原理,所有解释只有参考它才有意义。第二,是这个原理所够不到的东西,而一切现象的起源之物却是从它拔擢起来的;它就是事物本身,对它的认识可不是充足理由原理所能胜任的。这儿暂时地,我们得满足于不去了解这个物自体,因只有从下一篇才能弄一个明白出来,到时,我们还要再讨论科学的可能成就。但是有一个界限——到此,自然科学,老实说是任何的科学,都只有乖乖让事物在那儿保持它们的本来面

目，因为，不但是对它们的解释，还有甚而至于这个解释的原理——充足理由原理，都不能越过那个点。这就是那个点：哲学真正着手于事物之研究，而使用完全跟科学不同的方法。在《论充足理由原理》第51节中，我已指出在不同的科学中，那主要的准绳如何如何地，是这个原理或此或彼的形式；的确，科学最适切的归类也许可以按照这个来分。但又像我说过的，任何按照这个准绳所给的解释只是相对的。它参考这个那个来解释事物，但它总是掌握不到，它总没有解释某些假定在先的东西。比如数学中，这种东西就是时空；机械、物理及化学中，就是物质、质性、原始之力、自然律；在植物学及动物学当中，是种族的及生命本身的差异；在历史中，是人类及其一切思想、意志的特征。在所有这些当中，是出现在个别适用的形式中的充足理由原理。哲学有个特点，就是先绝对假定了没有任何事情是已知的；任何事物对哲学而言都同样陌生，同样是问题；不只是现象的关系，并且那些现象自己，还有充足理由原理本身——其他的科学满足于将一切事物只归属于充足理由原理。无论如何，在哲学中，做这样的归属，其所获将为零，因整个系列其中一环，正如其他的一样，对它为陌生而不能明。还有，那种关联本身，对哲学也成为问题，正如这个关联所连贯起来的事物一般，而经过了像解释以前一个那样解释了它的"结合"，又照样成了一个更大的问题。因为像我们说过的，科学预先假定并设下当作基础的，以为它们的解释之极限的，正是真正哲学的问题，于是哲学从科学放弃的地方开始。证明不可能是哲学的基础，因证明是从其他已知的推论出不知的原理；但对于哲学，任何事物同样是陌生而不被认知。找不到一个原理说，跟着它，世界以及其一切现象将首先存在；所以像斯宾诺莎期望的，演绎出一个证明 *ex firmis principiis* [居先肯定原则] 的哲学，那是不可能的。哲学也是最普遍的理性之认识，

所以它的主要原理不可能是其他更普遍原理的演绎。矛盾律只树立了概念的协和，它本身并不提供概念。充足理由原理解释了关系与结合，但不是现象本身。所以，哲学不能从这些开始来寻求整个世界的 *causa efficiens* [动力因] 或 *causa finalis* [目的因]。我的哲学，无论怎么说，绝非尝试解说世界在什么时候、为了什么目的存在，而只是说出了世界是什么。然而在这里，"为什么"从属于"是什么"，因为它已经属于这个世界，它只是从世界现象的形式——充足理由原理中跳出的，而只有在这个范围它才有意义和有效。的确，或许有人要说，每个人不靠其他帮助就已经能够认知世界究竟如何，他自己就是认知的主体，世界是这认知主体的表象，只要这是对的，这便是真的。但这个认识是一知觉的认识，是具体的。哲学的工作是把这个在抽象中再生出来，把连续的、变化多端的知觉，还有把一般所有的那广泛的感觉概念所包容的、只是消极地、否定地形容为不抽象、不确定的理性认识——拔擢到一永恒的理性认识。所以，哲学应该是抽象地对整个世界本质，部分全体兼容并蓄的叙述。但是，只要不想在无穷多的特殊判断中迷失，你就一定要利用抽象作用，普遍思考每一个别独立的东西，同样普遍思考个体的差异。所以为了把整个世界的层面照它的样子、本质，表征给理性认识，它就要部分地分割、融合，要凝缩、节缩出少数抽象的概念来。可是透过这些概念——在这些概念中它固定了世界的本质——需要去认知个体以及整个宇宙，对二者的认识需要紧密地缔结相连。所以哲学的领悟正像柏拉图讲的：在许多之中认知统一的，而在统一之中认知许多。接着，哲学将成为极其的普遍各种判断的总和，它的认识根据立刻就是整然的世界自己，不排斥任何事物，所以任何事物也要在我之意识内。它将是一完备的"反复"，一种在抽象概念中对世界之思维，只有把基本上同一的结合而为一个概念，把不一样

的、有差异的归给另一个概念，才得以可能。培根已经替哲学找到这样的工作了，培根如是说："只有哲学是真正忠实地把自然的技术再现，如同从自然的口授记载下来，这样，它不再是自然的翻版、反映，在原来上不加任何东西，只是一重述，一回声。"（《知识的演进》，L.2，C.13）。但我们采用的意义，比培根当时所能构想的要更深入。

世界的每一个角度、部分，彼此妥协，正由于它们属于一个统一的整体——这一点，必须也在这个世界抽象的翻版中被发现。跟着，在这总的判断中，某一个判断可以在限度以内由另一个导出来，的确，反过来也常一样。但它们必须首先存在，所以应该先被设下，当作透过对世界具体的认识而直接成立的——只要一切直接证明比那不直接的证明更肯定，便越是这样。它们彼此和谐，借此它们甚至一起流入统一的思想，还有那从知觉世界本身来的和谐统一，从它们共同的认识根据中跃现，将因此只被当作证实它们之"真"而附带加上去的东西，不能被用来建树它们的第一事物。只有把它解决，问题本身才能变得完全清楚，明明白白。[1]

16

在详细讨论过理性（它作为人类独具的特殊认识能力）和理性带来的使人成为人之特性的成就跟现象后，现在该说一说该它指引人类的行为（也许可以就此称之实际的）这一方面了。不过这儿谈的东西，大部分在别的地方可以找到——就是本书的附录；在附录中，我不得不考虑康德所谓的实践理性是否存在，康德把实践理性

---

[1] 参考第二部第 17 章。

说成是（当然是轻轻松松地）所有美德之直接源泉，一绝对的（就是天上掉下来的——天生的）律令，后来在《伦理学的基本问题》中，我详细并完全增补了一些对康德这个道德律的驳斥。那么，这里关于理性（就这个字真正的意思）对行为的实际影响，我没什么好多说的。在开始思考"理性"一词之际，我们已经先一般地指出，人类的行为举止如何不同于动物，而这项差异完全由于抽象概念在意识中出现导致的。它们之影响我们的整个存在是如此有决定性而意义重大，它们把我们对动物的距离拉开相当程度，有如动物中有眼睛的之于没眼睛的（蛴螬、虫类、植虫等）。没眼睛的动物，只能靠触觉去认知空间中直接表达给它的东西，去认知那与它接触的。相反，有眼睛的动物，就能认知远近广大的范围。同样，缺乏了理性，动物被限定于当时直接呈现给它的知觉表象，即限定于实在的客体。反过来，人类靠抽象的表象，不但理解了狭小的实际当下，并且体认了整个过去、未来，包括广大的可能性领域。我们自在地多方观测生活，远超过了现在与实际。因此，就某种程度上说，理性在时间内之于内在认识的重要性，就好比眼睛之于感觉的认识和在空间的重要性。不过，正如视觉事物只有在它启示我们事物的可接触性时，才变得有价值、有意义，同样地，抽象认识整个事物的价值，总是在于它对知觉认识的阐释。因此，普通人总把那经由知觉、直接认知到的事物，看作比抽象的概念、比单单的思想更有价值的；他宁可取其经验的认识而非推理的认识。而那些言过其行，认为从纸上、书上看到的胜过从实际世界观察来的人，则退化为腐儒、文字玩弄者——那些人，想的就刚好跟他们相反。只有从这里，才想得通为什么莱布尼茨、沃尔夫跟他们的后继者走岔了路，随着邓·司各脱这榜样，竟然宣称知觉的认识只是一种搞混了的抽象的认识！荣耀归于斯宾诺莎，我要说，以他那更为精准的感觉，他相反地声

称，所有的一般概念是从搞混了的知觉之认知而来（《伦理学》Ⅱ，命题40，注释1）。在数学里，由于只接受只承认逻辑的凭据，特殊的凭据就被废弃；一切非抽象的认识被笼统地包含在感觉这广义的名词下，被蔑视；还有，康德的伦理学——宣称那纯粹的善良的意志，而对环境之认识肯定本身同时导向正确善意之行为，则不过是感觉和动机，是没有价值的，无所取材的，这些也都是那歪曲的思维方式所产生的结果。这样一种康德伦理学，使得所谓的道德只囿于出自抽象箴言的行为。

能概观生命整体——人类经由理性的能力凌驾于动物之上的，就是如此一种优势，这就好比他生活中那几何的、公平不偏的、抽象的、浓缩的计划。那么，人比起动物来，就如同航海家之于未受教育的水手，前者仗着航海图、罗盘、四分仪，能够精确地在任何时候都晓得自己在海中的航道和位置，而后者只看到涛涛白浪与苍空。所以这真是值得注意，同时也是叫人看了惊叹的，即除了实际的生活，人类总是还过着一种抽象的第二个生活。在实际生活里，他被弃置在任何现实的风暴下，受现在的影响；他挣扎，忍受折磨，像动物一样死掉。但是那抽象的生活，在理性的意识跟前，乃是他具体生活之冷静的反省，反省自己生活着的世界；那正是前边提到的精简的海图、浓缩的计划。这儿，在冷静思考的范围内，那些以前完全地掌握住他、强烈地感动着他的，现在叫他觉得是那么的冷静、公平不偏而又——在这时刻，如此陌生，透着奇怪；他只是个观察者、目击者。关于此种退而自省，他就像个演员，在某幕某景当中演完自己那个角色后，退到观众席内——直到必须再度出场。在观众席内，他安详地注目于任何可能发生的，甚至包括（剧里边）安排他本人的死亡；然后他再度出现在台上，理所当然地表演、受苦。在这种双重生活中，人类内涵的稳静在那儿推进着，那和动物的无

思想是如此不同。按照前面的思考，下定的决心，被体认了的必然性，人们以此种泰山般的镇静去受折磨，无情地执行着那对他说是顶重大、经常也是顶骇人顶要紧的事儿，就像自杀、执行死刑、决斗、各种冒着生命危险的艰苦事业，还有一般人类内心反抗动物本性的事情。那么我们就明白，理性驾御动物本性的程度有多高，咱们高呼："你真是有一副铁石心肠！"（《伊利亚特》，XXIV，521）。这儿真可以说，理性的能力本身实际地跳出来了，故此实践理性出现了——不管行为是否由理性指引，只要动机是抽象的概念；不管决定它的因素是个人知觉的表象，或是那导引动物的刹那印象。不过，我在附录里详细地解释，并以实例阐释过了，这实践理性，乃是全然不同且独立于行为的伦理价值；理性的行为与道德的行为是截然不同的两码事儿；理性可以在大恶之中发现，正如可以在大善之中发现，靠它的臂助，任何一个都可以变得更具效力；要讲到有条理地、一贯地执行高尚或邪恶的决策，睿智或粗心的行为准则，它是不分彼此的有效、随时能用。这些不可避免的都是由于理性的本质来，而它是柔软的、具容纳力、极可记忆而非自发性的。附录里讲的本该摆在这儿，但是由于要对康德所谓的实践理性论战，它就得归属于附录，因此我安排在那边。

实践理性，就这词的真正意义上讲，它最完美的发展，我们人类运用理性能力所能到达的顶峰，它清楚显示出了人与动物的差异，就体现在斯多噶派理想的圣哲形象中。要知道，斯多噶的伦理学，起先并不是伦理学，而只是对理性生活的引导，它的目的与着眼点是透过心府平静而得来快乐。美德行为的出现于斯多噶学说只是偶然，是手段而非目的。故此，斯多噶伦理学的整个本质、观点，基本上跟直接坚持美德观的伦理学体系不一样，后者就是《吠陀》、柏拉图、基督教、康德的各种教义。斯多噶伦理学的目标是幸福：

τελος το ευδαιηονειν。那是斯托巴伊乌斯（Stobaeus）讲到斯多噶学派时说的（《文选》[*Eclogae*]，Ⅱ，C.7，114 页，又 138 页）。然而斯多噶伦理学的确教导说，幸福确实只有在内涵的宁静与心府之和平（αταραξια）中才能发现，而这个也只有通过美德而获得。"美德是至善"这句话，正是这意思。好啦，要是说理所当然地，这个目标逐渐地在手段中迷失，而美德被支配以某种完全背离了人自己幸福之兴好的志趣方式，以至于它太明显地跟这个目标相矛盾，这就成了那许多不协调中的一种，这样，在任何一种体系中，就要靠直接认知的真理，不然，照他们说是感觉到的真理，来导引我们回到正确的途径，打破一切三段论之雄辩。比方说，斯宾诺莎的伦理学，从利己的 *suum utile quaerere* [寻彼功利] 透过他显而易见的诡辩演绎出一套纯美德的理论，我们从中看出了这点。照这么看，拿我对斯多噶伦理精神的解释来讲，它的基础是这个思想：既然理性是人类最大的特权，透过计划过的行为与结果，间接大量减轻了生之重负，那么，是不是有可能立即、直接地，就是说光透过认识，不管全部还是或多或少，将他从生命中的各种忧苦与不幸里解脱出来？他们认为，正是由于不能保持那种人类天赋理性的特权——靠着它来理解并观察一切事物与状况——才让你暴露在如此强烈的痛苦、如此巨大的忧伤中，这是通过包括如此短促、流动而恍惚的人生里头的一些事件、目前的片刻，从暴烈的欲笺之挣扎，艰苦的逃避中引起的。理性的恰当运用，大家认为使人超越这各种忧苦，变成如金刚不坏，所以安提西尼（Antisthenes）说："不是获得顿悟，就是获取绳子（上吊用）"（普鲁塔克，《斯多噶之矛盾》C.14）；换言之，生命如此充满了烦恼、各种困苦，使我们不能作一选择，不是靠正确的观念超越它，就是离弃它。我们注意到，需求与痛苦，并不直接地、必然地从拥有而来，而只是从拥有的欲望——这欲望

又未被满足——而来；故此，此种拥有的欲望就成了必要的条件，以至于"未拥有"成为一种褫夺，引起痛苦。"招致痛苦的并非穷困，毋宁是强烈的欲望。"（爱比克泰德，《片简》，25）。还有，经验告诉我们，燃起欲望的，是希望、要求，所以扰乱我们心灵使我们烦恼的，既非那些不可避免而根植于本心的罪恶，也不是达不到的祈求，而是那多少有些微不足道的、躲得过的但我们力量能及的。的确，不但绝对避免不了而又能力达不到的东西，并没有骚扰我们，就是比较上属相对性质的那些，也没有说不放过我们的；因此一度附上我们个体的各种恶事，或那个体必然地排斥的善事，都被视为随意，由于这样的一种人类特征，要是说它没有希望来灌溉的话，任何的渴想均将湮没如蜉蝣之死亡，不再招致任何痛苦。跟着就晓得，所有的幸福均依赖于我们所祈求的和实际得到的比例而定。比例的两边量的大小到什么程度，是不要紧的；削减前者从而增加后者，这样比例也成立。同样我们知道了，一切苦恼真正来说，是从我们需求及期待的，跟真正到手的这二者间之不成比例而来。但这种比例的不足只有在认识中发现[1]，透过深入的彻悟，它将完全消弭无踪。所以克律西波斯（Chrysippus）说："我们必须按照所体验到自然通常发生的事而生活着。"（斯托巴伊乌斯，《文选》，Ⅱ，C.7，134页），换言之，我们应当这样去生活，即正确地认识事物在世界中的过程。因为，无论什么时候，一个人不晓得怎么搞地失去了自制，或是被一不幸所打倒了，或是怒从心头起恶向胆边生，或是丧失心智的时候，他就发觉事物不同于他所预期的，接着，他在一种错误下折腾，不知道世界跟生命，不知道独自个体的

---

[1] "他们说，所有郁郁寡欢的心情，均建立在个人的判断与观点上。"（西塞罗，《图斯库路姆论辩集》）"骚扰我们的并非事物，而是我们对事物的观点。"（爱比克泰德，《论说集》，第五章）

意志所走的每一步，是怎样被非动物性的自然机缘、被相反的目标与意图甚至被他人蕴藏的恶意所阻碍隔阂。所以当他不能从一般认知再度体验出特殊的，或当他因此惊诧讶异而失去自制的时候，他要不就是不会使用理性来达到对这生命特征的一般认识，要不就是缺乏判断力[1]。所以，任何激烈的欢乐是一项谬误，是一幻觉，因为，没有一个已经达成的愿望能够永久地满足，也因为，任何拥有及快乐只是投机地借出来的没准儿的一段时间，因此可能在下一个刹那收回。而任何痛苦都来自如此一种欢乐幻觉的消失；因此二者均从欺骗的认识发芽。所以聪明人总是避开了欢乐和忧伤，没什么可以打扰他的 αταραξια [心府之和平]。

配合着这个斯多噶精神与目标（爱比克泰德就是从它出发，而不断返本于它，这成了他的哲学核心），我们应该深铭在心，区分出那些仰赖于我和不仰赖于我的，因此压根儿不该指望后者。这样，我们确实应该能超越一切痛苦、折磨及忧虑。现在，仰仗于我的：只有意志，这里逐渐产生了一种趋向于美德理论观的转移，因为我说，如同外在脱离我的世界决定了好或坏的运道，同样，内在本身的匮足或不满则从意志而来。但以后我们更要问，究竟 *bonum et malum* [善和恶] 应该归给前两个，还是归给后两个。这真是独断和凭选择的问题，无关紧要。可斯多噶学派就是不断跟逍遥学派及伊壁鸠鲁学派争辩这个，在斯多噶学派看来，对胃口的是，两个完全不相称的量性叫人难以接受的比较，及由此而来相反的、矛盾的判断，他们就拿这个，彼此筹谋打算。站在斯多噶这方面的有趣的资料，见西塞罗的《矛盾集》（*Paradoxa*）。

1　"因为这是人类一切恶事的温床，也就是说，他们不能把普遍概念运用到特殊的例子当中。"（爱比克泰德，《论说集》，III，26）

芝诺这个创始人,好像本来要采取有点不同的途径。芝诺的出发点是,一个人为了达到至高之善,就是说透过心府之和平而来的幸福,就应该与自身和谐。"和谐地生活,就是,按照同一的原理,并且自己协调。"(斯托巴伊乌斯,《文选》,II,C. 7, 132 页)。又说:"美德在于灵魂与整个生命本身的协调。"(同上书,104 页)。各位,只有一个人完全合乎理性地按照概念决定自己,而不是按照朝三暮四的印象与心境,才可能做到这点。可就像只有我们行为的格律才在我们掌握之中,而不是那结果或环境,为了能够经常协和一致,我们必须只采取格律为目标,而不是那些结果和环境,这样,美德的理论再度上场。

但芝诺的道德律——自身和谐的生活——甚至在他的门人看来,也太形式太空洞。是故,他们加上了"与自然和谐一致"(ομολογουμενως τη φυσει ζην),给它在内容上添点材料,就是前述斯托巴伊乌斯所说的,首先被克里西恩加了上去,它通过概念广泛的领域及表达的暧昧,大大地扩张了内容。克里西恩指的是整个一般的自然,然而克律西波斯指的是特殊的人类性质(狄奥根尼·拉尔修,VII,89)。那么唯一适合后者的,只有美德,正如动物冲动之满足适应动物的本性;因此伦理学再度被迫和美德理论结合,而无论使用什么方法,都要通过物理学建树起来。因为斯多噶学者到处指向原则统一,正如在他们看来,神与世界并非截然不同。

整个来看,斯多噶伦理学事实上是对理性——人最大的特权——使用的一种很有价值的、可敬的尝试,为的是一个重要和有益的目的:让人们超脱一切生命中所遭受的苦痛折磨:

> 你会平静地过日子,
> 别让不断催逼的欲望折磨你,烦恼你的心,

> 不要让步给微不足道的、对事物的恐惧或希求。
>
> 贺拉西，《书信》，I, xviii, 97

这使他享有最高尊严，那是跟动物截然不同的理性人所独有的。我们确实可以在这一意义上来解释"尊严"，此外别无其他含义。既然谈到对斯多噶伦理学的看法，这里就要提出来，理性能力是什么，它又能办到什么。不过，不管透过理性的运用及单纯的理性之伦理学，这个目标能达成怎样的程度，虽然经验显示最幸福的人，的确就是那些纯粹合乎理性的，通常叫实践的哲学家——这是不错的，因为正如真正的、理论的哲学家将生命翻译为概念，同样，他们则将概念翻译为生命——但依这样的方式，我们还远谈不上有能力达致一些完美事物，远谈不上实际地除去一切生之负累及忧苦，从而经由理性正确运用导向幸福状态。相反——在我们盼望无苦痛折磨的日子的希求中，我们发现了一个完全的矛盾，一个被那常常用上的"受祝福的生活"一词所暗示的矛盾。大家要是完全掌握我下面讲的，就会清楚看出这点来了。该矛盾在这纯粹理性本身的伦理学中暴露出来，即斯多噶不得不把自杀当作幸福生活的导引而提倡（这正是其伦理学的一贯之道）。正像在东方暴君帝王那豪华的装饰中找到了昂贵的毒药瓶子。正是身体的苦楚，无法由任何哲学的原理、三段论法说明出来，所以是最不可救药的。它唯一的目的——幸福——受了挫折，除了死亡，没有东西可以逃于痛苦。但那时候，死亡之处置将被视为随意，正如服用任何药物一样淡然。此处，在斯多噶伦理学及一切前述其他伦理学体系之间，有了显著对比。其他伦理学体系直接把美德当成目标、对象，甚至不惜最惨伤的痛苦，也不允许一个人为了逃避痛苦而结束自己的生命。但他们没一个晓得如何表达反对自杀真正的理由，他们只是辛苦收集了各式各样想

当然的辩论。真正的理由，请看本书第四部。然而，上述对比正表明和证实了，斯多噶基本原理（真正来讲只是一种特殊形式的幸福论）和前述理论根本不同——虽然，两者通常在结果上一致而貌似彼此有牵连。但是，上述的内部矛盾，斯多噶伦理学甚至在它基本观念上也受此影响，进一步表现为，它的理想，即斯多噶伦理学体系吐露出的智慧——是绝不能赢得生活，赢得内在的诗性之真，而只是一木造的、僵死的傀儡，依靠它，我们毫不能有所作为。他自己不晓得仗着他的智慧往哪里去？他完美的宁静、满足及幸福直接和人类的本性矛盾，不能使我们从此达成任何知觉的表象。比起他来，那世界的克服者，自愿的修行者，就显得多么不同，后者是印度人的智慧向我们揭示且产生的；甚至还有基督教的救世主，那艰苦卓绝充满了生活的深刻性，充满了诗性之真，有最高意义的人物，以他美备的圣德、神性、庄严地站立在我们面前，而同时处于最深刻的受苦状态，两相比较，是多么不一样！[1]

1 　参考第二部第16章。

第二部　作为意志的世界（一）

意志的具体化

> 他就在我们自身中，不在地下，也不在星空。
> 我们那内在的精神创造了这一切。
>
> ——纳兹海姆，《书信》

17

在第一部里，我们就表象谈论表象，所以只依照了一般的形式。的确，至于牵涉抽象的表象，即概念，我们一定可以由它的内涵获得对它的一种认识——只要它的内涵与意义全数关联于知觉的表象，若没有了知觉的表象，它就无价值且空洞。因此，让我们把全副注意力转向知觉的表象，我们得下功夫寻求对它内涵的认识，还有它更精确的界限，表达给我们的形式等。对我们来讲，获得这些关系着它真实意义的知识，势必有特别的乐趣，那意义可不光是靠感觉得来——从而一些图样或形象便不至于陌生而无意义地通过我们，否则就免不了如此——而是说，那意义直接对我们发言，直接被理解，并赢得一种意趣，充满了我们整个性灵。

现在眼光转到数学、自然科学和哲学上，它们各个都可能有望提供部分我们所需的资料。首先，我们发现，哲学正像是一个多头的怪物，每个头讲一种不同的语言。话说回来，在此处提到的这点，

即关于知觉表象的意义,他们彼此间倒没有完全不一致。因为,除了怀疑学派与观念论者,其他人多半谦逊一致地同意,客体是形成表象的基础。这客体就它整个的自身与性质来讲,确实和表象有差别,可是在各方面仍然相似,如同一个蛋像另一个蛋。不过这并不能帮助我们什么,因我们根本就不晓得如何区别客体与表象。我们觉得两者是同一的,因为每一个客体总是且永远预先设定了一个主体,因此依然是表象。于是我们又辨识出"为客体的'有'"属于表象最普遍的形式,而表象正是客体与主体间的划分。更进一步,这儿提到的充足理由原理,对我们也是一种表象的形式,即表象之间规则的、次序的联合,而非整个表象内有定限或无定限的系列跟那完全不是表象之物的联合,后者因为不是表象,所以随你怎样,总没法把它表现。至于怀疑学派和观念论者的看法,前面讨论到外在世界的真实性时已有涉及。

现在要是我们想借助数学去获得那大家渴望的、对知觉表象更详尽的认识——而知觉表象,我们只不过相当普遍地依据形式而了解——那么,这门科学只能在表象占据着时间空间;换言之,就它们为数量时去进行说明。它将以完全的正确叙述"多少"跟"多大";但由于这经常只是相对的,即一个表象和另一个的比较,甚至那只是就数量片面地比较,所以,这也不是我们主要寻找的知识。

最后,要是我们观察自然科学广泛的领域(它被划分为许多门类),我们首先就能辨识出两个主要部分。它要么是关于形式和物状的描述,我称之形态学的;它要么是一种关于改变的阐释,我称之推原论的。前者思考不变的形式,后者则依据从一形式过渡到另一形式的法则,考察变化的质料。形态学从它整个范围说,就是我们所谓自然史——纵然这个词本来的意思不这样。特别在植物学和动物学方面,不管个体怎样反复改变,它教导我们关于那异态纷呈

的、永恒的、有机的因此是有限的形式。这些形式组成知觉表象的大部分内容。在自然史里，它们归类、分离、结合，按自然及人为的体系安排，约束在概念下，使得对它全体的观察与认识成为可能。另外我们更进一步证明了，在这些形式的整体跟部分中，有着一种无限纤妙而被掩藏起来的类同，贯通了 unité de plan [画面的整体]，有了这层关系，这些形式就好比一个没有特别指明的主题的各种变奏。质料进入形式的途径；换言之，个体的起源，并不是我们思考的重点，因各个体透过生殖、世代的演变而由父系茁长，随便演变到哪儿都是神秘难测，并且一直阻挠真知的阐明。我们已知的那么一点点东西，已经在生理学中有了自己的位置，而生理学则属于推原论的自然科学。矿物学，尤其在跟地质学交界的地方，也倾向这种推原的科学（虽然它主要还是属形态学）。推原论恰好包括了自然科学的一切分支，其主要关心的都是因果知识。这些科学教导我们的是，根据一不变的规则，某一物质状态是如何必然地随另一特定状态出现；某一特定状态是如何必然地决定且引发另一特定变化；此类的证明就是解释。机械、物理、化学和生理学，都是其中主要的一类。

不过要是深入研究一下它的精义，我们就可以看出来，我们所需的资料从推原论里找得到的，还不如形态学里得到的丰富。形态学展示给我们的，是数不清的、无限的、各式各样的形式，那无论如何是以不可能错误的一种"科"的类似相联系着。对于我们来说，它们在这里永远是一种陌生的表象，要是只从这个角度看，形态学就像象形文字（神秘符号）一样，对我们来讲是不可了解的。另一方面，推原论教导我们，按照因果律，这一特定的物质状态造成了其他状态，就这样进行解释，于是完成了它的工作。说到底，它不过是呈现了有次序的安排，情形和状态就照这种安排出现在时空中，

107

它也无非指出，在某个时间、地点必然出现的普遍现象是什么。所以，推原论根据法则决定了万事万物在时空中的地位；这个法则的有限内涵是由经验提供的，而其普遍形式与必然性则独立于经验地被我们认知。不过从这个方式，我们无法获得丝毫关于这些现象的本质的信息。这内在的本质就是所谓的自然力，它落于推原论所解释的领域外，当某一已知状态出现时，自然力所表现出的恒常状态，就被推原论称为自然法则。这自然法刻、这些状态、一定时间地点表现出来的东西，都是它认知的，或可以认知的。但是，表示出来的自然力本身，按现象的法则出现的现象之本质，还是永恒的神秘，完全陌生不可知的东西，无论是最简单或最复杂的现象都一样。虽然说，在动力学中，推原论发展到了高峰，在生理学方面成就最小，可不管怎样，那自然力——它导致石之下坠，躯体之排斥等——在内在本质上，和促成动物运动成长的力量一样神奇而不可理解。动力学将物质、重量、不可穿透性、透过撞击而来的移动的交通性、坚实等，预设为不可测度的，并把这些叫作自然力，它们在某种条件、某种状态下出现的必然性与规则性，则称为自然法则。只是这样，它的解释才成立、才开始，即真实地以数学之精准，讲述每一自然力是怎样的、在什么地方、哪个时候呈现自己，把任何出现在它面前的现象，归属于这些自然力当中的一种。物理、化学及生理学领域研讨的也是这些——只是它们的假定更多，成就更小而已。所以，即使关于整个自然最完全的推原论之释义，事实上也不过是一不可解明的"力"的记载，是这力的现象出现、继承、在时空间彼此显示——如此这般的通则之可靠记述。但如此显现的力的本质，在推原论总是无法解释，它停顿在现象、停顿在它有序的次序上，因为推原论的法则，并未越过此点。这方面，它可以比作有许多不同纹路的石板，我们不晓得它从内到外的纹理究竟是什么样子。或许容

许我做个滑稽的比较（因为这要生动些）：在一个哲学研究者看来，对整个自然进行完全的推原论，感觉上就像一个人没头没脑地被带到一个十分陌生的公司里，每一个职员轮流向他介绍别的人，好像大家都是朋友，都是表兄弟，每一个人他都熟悉了，然而在每个人向他表示幸会之际，他总是嘴皮子上咕哝着："到底我跟这整个公司有什么相干？"

所以，关于这些只作为我们表象而被我们认知的现象，推原论无法给予我们所需的超出现象的信息。在推原论费尽了气力地解说后，它们还是那些让人不甚了解地摆在眼前的现象。它的意义，我们不了解。因果关系只提供它们出现在空时中的通则与相对的次序，并不提供我们关于"所以出现"进一步的知识。还有，因果律本身只对表象有效，对某一特定的对象有效，当它们被假定时才具有意义。因此，如同对象本身，因果律只由于关联到主体才存在，所以是有条件的。所以如康德教导我们的，当我们从主体着手时，就是先天地（$a\ priori$）去认识因果律，也能从客体着手，即经验（$a\ posteriori$）地去研究。

不过现在促使我们进行研究的是，我们不满足于自己之具有表象：它们是如此这般，它们又按这个或那个法则相联系，其一般的表现总是充足理由原理——我们不满足于这些。我们要知道这些表象的意义；我们问究竟这世界是不是表象之外就什么都没有。那样，它将像梦幻一样，像不值得考虑的幻影般掠过我们。或许我们问，倘若不只这样，那它还有什么，那个"什么"到底是何物。十分确定，我们所研究的这个"什么"，其整个本质必须完全且根本不同于表象；所以表象的形式与法则须完全不同于它。那么我们实在无法在这些仅仅联结了客体、表象，也就是把充足理由原理各个形式串连的那些法则的指引下，从表象掌握到"它"。

109

从这儿已经看出，我们无法从外部知晓事物内在的本质。不管我们研究得多深入，除了意象与称呼外，一无所获。我们像无所依之人，徘徊于城堡外，徒然地找寻入口，有时候蛮像一回事地描绘起城堡的外廓。然而，这正是我以前所有哲学家所走的路子呐。

18

事实上，我所探究的"世界在我面前仅仅是我的表象"这个主题所具有的意义，或是说，从单纯的认知主体的表象过渡到任何此外的事物这种推演的意义，如果求知者本身是纯粹的认知主体（一个长翅膀而没有身子的天使），那根本就无法找到这意义。只有本身根植于世界，人类才发现存在其中的自身就是个体（individual）；换句话说，他的认识——那是这整个表象世界必要的证实者——无论如何完全是通过身体的中介而来，同时，对身体的种种触动，正如前面讲的，就是知性感知这个世界的起点。对这样纯粹的认知主体来说，身体正如任何其他东西一样，是表象，是诸客体中的一个客体。身体的行为和动作，一如所有其他感知客体的运动那样被知晓；要是身体行动的意义不以一种完全不同的方式予以解明，则它们将同样被认为是陌生和不可解的。否则，他将视自己的行为是根据某一自然法则而随之显现的动机，正如其他客体随着原因、刺激和动机而变动。但他再怎么去了解动机的影响，也不会超过对显现在当前任何其他结果之原因关系明了的程度。那么，对于身体的展现和行动，他也可以把这些东西内在的（对他来说是不可理解的）本质，叫作动力、品质或性格，随他高兴吧，可他不会有更深刻的洞见了。可是，情形完全不和上面讲的一样；相反，谜题的答案就在于表现为个体的认知主体身上，答案是这个词：意志。只有它，

让我们了然自身的现象，只有它，揭示了我们本质的、行为活动的意义及其内在机械作用。对于认知的主体——它只有在与身体认定为同一时才显示为个体，对它而言，这身体是以两种完全不同的方式被给予的。在智性的知觉上，它成为表象显现；成为诸客体中的一员，服从这些客体的法则。但它也以一种根本不同的方式显现，即直接地让每个人都知悉，那就叫作意志。任何真正个人的意志作用，不可避免的也同时就是他身体的活动；他不可能实际上以意志加诸作用而同时不致觉察那意志形成身体的一个活动。意志的作用和身体的行为，并不是两个不同的、被客观地认知且束缚于因果锁链的状态；它们不落于因果关系中，毋宁说两者是一回事，纵使以两种全然不同的方式显现——先是相当直接的，继之以知性体会的知觉。身体的行为不过是意志作用的具体化，即意志转换为知觉。以后我们会见到这能够适用于任何身体之活动，不光是随着动机的活动，而是包含了跟着刺激来的非自愿性活动；真的，我们发觉整个身体，不过是具体化了的意志，即变成表象的意志。这些都要随着我们现在讨论的途径进行下去，而且越发阐明。所以说，身体——从上一部和《论充足理由原理》中所小心翼翼提取出的片面观点（就是从表象那儿）——曾被我称为直接的客体，在这儿，就得从另一方面称它为意志的具体化。因此从某种意义上看，可以说，意志是身体之先验地认识，而身体是意志之后验地认识。关系到未来的意志决断，只不过是一种理性审慎思考，它关于以后某一时期意志将要"意欲"些什么，而不是真正的意志作用。只有意志的运行才代表了决断；除非意志被执行，否则就只是可以改变的倾向；它只存在理性之内，只是抽象的。只有经过反思，才区分了意志活动与作用；在实质上，二者是一样的东西。任何意志真实的直接的作用，是立即而直接地就成为身体行为的跃现；故此，从另一方面而言，

111

对身体加诸的压力，也立即地、直接地成了对意志的压抑。这样，当违反意志时，就称为痛苦，反之则称为满足、欢乐。二者的程度非常不一样。不过，我们把痛苦与欢乐称作表象，却是大大地错了，它们根本就不是，它们只是意志对它的现象——身体——的一种直接影响、触动；它们是躯体遭遇压迫时，强加上的、一瞬间的意志或非意志活动。只有某些少数的印象并不刺激意志，只有经由那些印象，身体才变为一直接的认识客体；因为如知觉之在知性以内那样，身体也像一切其他的客体那样，是间接的客体。这些个印象因此就被直接当作表象，和前面讲的压迫不一样的。此地所指的是那些纯粹客观的视觉、听觉、触觉等的影响，虽然，这只是指它们的器官受特别的自然方式影响而言，这方式就是它们的特征。像这种感觉，是那经过加强、修饰的各部分之感性原本特别细微的刺激，它并不影响意志，也不受意志的影响，它只提供知性以资料，知觉，就是从这么引发的。可是给感官任何强烈的、异类的影响，就要招致痛苦；换言之，就违反意志。因此这些感官也属于意志的客体性。神经衰弱就体现在这方面，就是强度上本该刚好提供感官质料给知性的印象，现在达到了更强烈的程度，从而骚扰了意志，也就是说，激起了痛苦或欢乐——常常是痛苦居多。无论如何，这个痛苦部分是麻木不仁的，所以它不只使我们痛苦地感受到特别的音调、刺眼的光线，而且引起一般意义上难以认清的病态、忧郁苍白的倾向。此外，身体和意志的同一性也这样进一步显示出来——意志任何激烈的、过分的运作，即任何情绪，它直接并立即挑拨身体及其内部工作的进行，打扰了它生命机能的运行。这在《论自然之意志》第二版第 27 页中特别讨论过了。

最后，说到我们对意志的认识，虽然是一种直接的认识，可这跟身体的认识不可分割。我并非整体地认知自己的意志，并非完全

按照意志的本质去认知，毋宁说，是就它个别的行为，也就是在"时间—身体"表现的形式内认知它。任何的身体都这样。那么身体就是我意志之认识的先决条件。所以，我不能脱离自己的身体去构想这个意志。在《论充足理由原理》中，意志，或者说意志活动的主体，就是被看作一类特殊的表象或客体。不过就算在那儿，我们也看到的这客体跟主体是同一的，换言之，不再成为客体了。然后，我们称此种同一为 νατ εξοχην[至高]的奇迹；就某个角度来讲，我这整部作品就是对于该奇迹的解释。只要我的确将我的意志认知为客体，我就将它认知为身体；因此我就再度处于本书下定义的第一类表象的范围——即在实在客体之内了。继续下去，我们就会渐渐发觉，这第一类的表象，只在本书指出的第四类表象中找到了对它的阐释、解答，它不再被适当地视为相对于主体的客体了；因此，我们应该致力于理解在第一类中有效的因果律的本质，并且从统御第四类的动机驱使律出发，去理解根据因果律所发生的事情，其本质是什么。

简略解释过的意志与身体之同一，只能用本书提供的方式来证明，这里是首次这么做，但在我们接下来的论述中，会有越来越多的讨论。换言之，这是从直接的意识升腾，也就是从具体的认识，升腾到理智的理性之认识，或传遍抽象的认识。另一方面，就本质而言，它是无法证明的，就是说，因为它本身就是最直接的认识，它无法像那些间接的认识一般，从某些其他直接认识演绎出来。要是不明白这点，不弄个清清楚楚，那么我们企图要像推论的认识一般，从非直接的方式完成它，就势必徒劳无功。它有着相当特殊性质的一种认识，它之为真，无法纳入我在《论充足理由原理》第 29 节以下对一切真理的四种分类中，即逻辑的、经验的、超验的和元逻辑的。它不像那四个，不是一抽象表象与其他表象的关联，也不是直观或抽象表征的必要形式，它是判断与一种关系的牵

连——即一个知觉的表象(即身体)——所必须具有的,与一个根本不是表象,毋宁是种类上完全跟它不一样的东西的关系。那是什么东西?——是意志。所以我愿意在此地把这个真理同其他的区别出来,我把它叫作最高的哲学真理。我们可以用不同方式表达这个真理,比如说,我的身体和意志系合一的;或者说,我把它唤作身体的这个知觉的表象,只要我以一全然不同、难以比拟的方式意识它——我就管它叫意志。或者说,身体是我意志的具体化;或者说,就算抛开身体是我的表象这个事实看,它还是我的意志,等等。[1]

19

虽然在第一部中,我们不得不说自己的身体只是认知主体的表象,正如知觉世界中所有其他的客体,但现在对我们来说都十分清楚了,就是每个人的意识中有些什么——这个什么,将自己身体的表象和在其他方面跟他类似的其他所有表象,加以区分。这就是身体在意识那面以完全不同的方法发芽出来的东西,类别上完全的不同,那是拿"意志"这个词来指称。正是我们对身体的这种双重认识,赋予我们关于身体本身的认识、身体行为与随动机之后动作的认识,和经外界压迫给予身体的痛苦的认识,总之,是关于身体实在的认识,并非成为表象,而是成为那超越它的,所以是身体在本身中的认识。对于任何其他实存客体的本质、行为与痛苦,我们可没有像这样直接的认识。

认知主体之所以是一个个体,理由在于它跟这一个身体的特殊关系,若脱离了这层关系,则身体就如所有其他的表象一般,对认

---

[1] 参考第二部第 18 章。

知主体而言也只是表象而已。但这层关系（认知之主体借此得以为个体）正因此而存在于认知主体与它的所有表象中那一种特殊关系。那么认知主体就不止这么意识到这种特殊的表象，而是同时以一完全不同的方法去意识它；换言之，即把它当作意志。不过要是认知主体从那特殊关系，从对于那同一事物完全不同的、两个角度看的认识中抽离出来，则那单一事物——身体——就跟所有别的一样成了表象。所以，为了了解在这问题中他在哪儿，认知主体就得假定，要不那个表象的显著特征必须从一个事实发掘出来，就是：他的认识只和这个表象有双重的联系，只有深入这个知觉的客体，那深刻的奥秘，才同时在两方面向他展开——这不是从此一客体和一切其他客体间的不同来解释，而只是从他的认识和这一客体的关系、和其他客体的关系其间的差异来说明的。要不然他得假设，这一客体基本上跟所有其他的不相同；在所有的当中，他是唯一的，同时是意志跟表象，其余的只是表象；换言之，是幻象。所以他得假定，他的身体是世界上唯一一真正的个体，即唯一的意志之现象、主体直接的客体。关于其他客体，光是从表象考虑到的，乃是跟他的身体相像，换句话说，像这填充了空间（其自身或许只为表象存在）的身体，行动于空间内的身体——要我说，这固然是能从因果律证明得出来的；因果律，对表象而言是先验确定而不容许有任何无因的结果的。但我们从结果只能推出一般原因，而不是类似原因——若我们抛开这个事实不谈，我们总是还在表象的领域内，因果律只为此而有效，此外，它再不能指引我们。但是，像前面一部中提到过的，个体只以表象认知的对象，究竟是不是意志的现象，这点，正是问到外在世界真实性那个问题适切的意义。对这点作的否认，就是所谓理论上的自我主义的定义了，它是这么的，把一切外在于它自己意志的现象当作幻影，这正像实践上的自我主义，在实际做出来的

那样；所以在自我主义中，一个人只认定他自己的形体是真实的，其他所有东西都是假象。当然，理论的自我主义，绝对没办法拿证明把它驳倒，但在哲学上来说，它就像怀疑的诡论一样，向来不会被人真正运用过——就是说"体面地"运用过。另一方面，要说严格地去信它，那只有在疯人院里才碰得着；像这样的东西，与其说要辩驳，不如说需要治疗。所以我们不必再费力气去研究它，倒是可以把它当作那老喜欢吵吵闹闹的怀疑论最后据点。所以说我们的认识，总是被个体性限制住，而正因为有这个事实在，才有它的极限，它必然意味着：任何人只能是一件事物，而他倒能认知一切其他事物，就是这个限制，实际地创造了哲学的需求。因此我们，为这理由努力地透过哲学扩展自己认识的界域，应当把这个跟咱们冲突的、怀疑性质的理论，自我主义的争辩，看作一个小小的前线要塞。显然，这个要塞是不易攻下的，但其中的守卫也绝不能冲出来反击，因此，我们可放过它，让它没什么威胁地留在后头。

  关于我们自己身体的本质与行为，我们对它的双重知识，以及它以两种完全不同的方式呈现出来，现在已经清楚地显露出来了。当然，我们会进一步把它当作一把钥匙，来打开自然界一切现象内在的本质。我们将判断任何不是我们自己身体，因此不是以双重方式交付给意识，而只是依照这个躯体的模样以表象交付的——判断这样的对象。因此我们该假设说，一方面像我们的身体那样，它们是表象，在这方面讲它们跟身体是同类的东西；那么在另一方面，若是我们把它们当成主体的表象的那种存在抛开，那留下来的，按照它内在的本性说，一定就跟我们把自己以内称为意志的是同样的东西。啊，除此以外，我们还能给这物质世界以外，安上别的什么一种存在、真实之名吗？我们能从什么样的源流取得基本要素，从中架构如此的世界？意志和表象以外，绝对再找不到什么我们能认

知或构想的东西啦。要是咱们打算在物质世界挑出什么认知得最清楚的实在，无中介地、直接地只存在我们表象中，那我们选这个：每个人对自己身体所具有的那种实在感；因为对我们每一个人，这是各种事物里最实在的。然而，要是我们现在分析这个身体、这个身体行为的实在，那么除了说它是我们的表象，我们发现，意志以外再不是别的；意志，甚至身体的实在感也还够不着。我们以外再不能找到怎样别一种的实在，来归给这物质世界。所以，如果说物质世界不仅仅是我们的表象，我们得说，除了是表象以外——因而是在自身中，属于意志最内的本质中——那就是我们直接在自己里面发现是意志的呐，说是说"属于意志最内的本性"，但首先我们要更亲密地晓得意志内在的本质，这样我们可以知道怎样去区别那不属于它的，只属于它的现象的——那有许多的层次。比方说，这就是认识伴随意志的环境，就是被这个认识限制的动机之决定。我们进一步就可以发现，这不属于意志最内的本性，只是它最显著的现象——动物、人类的。所以，要是我说吸引石头往下掉的力是意志的本性，意志本身，脱离了一切表象，好啦，那就不会有人荒谬地把这个命题的意义看作是：石头自己按照一个既有的动机去运动；因为，意志就是这样出现在人以内的[1]。但现在，我们要把以前准备性的、一般解释的，作一个详详细细清楚明白的考察，作一个体系之建立，充分把它展开。[2]

---

1   所以当培根以为，所有物体机械的、物理的运动，只跟随着这些物体之中，一个前道的知觉（《学问的演进》1.4，结论）。这当儿，我们再怎样都不能同意他，虽然在这个错误命题中也闪烁了一丝真理之光，开普勒在《火星运行纪》中说，为了准确地维持其精圆的轨造，校正它的变动速度，以便为了使行星运行的三角座经常维持时间的比例而通过基座——行星，须具有认识。对这说法我们也是不能首肯的。
2   参考第二部第 19 章。

20

　　既然意志作为我们自己身体的"自在存在";成了这么一种情况:这副身体除了是知觉客体,即表象,还像前面讲的那样,意志主张说,它首先掌握了身体自主的活动,而这些活动是意志可见的、个别的作用。这些活动直接并且同时跟那些意志作用出现;它们和意志的作用是同一的,只有经过活动,在其中它们变成表象的可知觉性之形式,它们才与意志作用区分。

　　可是这些意志的作用总有一个外在的根据或理由(存在于动机中),然而这些动机决定的,绝不超过我在此一时间、此一地点、这些环境下所意欲的,不是我的一般意志,或一般意志的什么东西;换言之,不是表示我整个意志作用的格言金律。所以,我意志作用整个的本质,不能从动机解释,那些动机所决定的,只是意志在既定点的时间所出现的;它们只是我意志表示自己的偶然情形。相反,这个意志自身,位于动机驱使律的领域外;只有意志在时间的任何一点的现象,才是被这个法则决定。只有先假定了我经验的性格,动机才变成解释我行为的充分立场。不过要是抽离出我的性格,并问为什么我的一般意志会意欲这个,而不是那个,这个问题不可能有什么解答,因为,只有意志的现象或呈现才服从充足理由原理,但意志本身并不是!从这方面我们可以说,意志是没有根据的。这儿我部分预设了康德关于经验性格与智慧性格的理论,也预设了我在《伦理学的基本问题》第一版第48至58页及178页以后(第二版46—57页及174页以下)讲到这点时所讨论的。在第四部我对此还要详细讨论。现在暂时地,我只是提醒大家注意:一个现象被另一个现象建立起来——此地的例子是举动被动机建立,这丝毫没有和这个被意欲的举动之本质本身矛盾。意志自身,没有根据;从这

个方面看，充足理由原理只不过是认识的形式，所以它的有效性只扩张到表象、现象和意志可见的属性上，而不到变成可见的意志自身。

现在如果我身体的行为，乃是意志作用的显现或现象，在当中，我的意志自己一般地、整体地——换言之，即我的性格——再度在既有的动机之下表示了自己，那么意志的现象也就必须是每一行为不可少的条件和预设。意志的显现，不能仰仗于那些并不直接在意志自身而只是假借它的，即对意志只是偶然的事物，而那么一来，意志之显现本身将只是偶然的，而像那样的情形正是整个身体自身。所以这个身体自己必须是意志的现象，必需牵涉我整体的意志，这是说，牵涉我的智慧之性格，而它在时间中的现象，就是我经验的性格，这正如特殊的身体行为之于特殊的意志作用一样。故此，整个身体不过是变成可以看见的我之意志，须是我意志自己，只要身体是知觉的对象，第一类的表象。拿来跟这点印证一下，就知道任何加诸身体的影响，原来也已经是立刻并且直接感动了我的意志，所以从这方面看，它被叫作痛苦或欢乐，或从较轻的程度说，叫作愉悦的感觉。相反，原来也已经知道，任何意志激烈的运动，因此任何情绪和欲念都震撼身体，扰动其机能的履行。的确，身体的起源，甚至不妨说身体的发展与维持，或多或少，都可以拿推原论来讲。当然这就变成生理学了；但这样地解释主题，和动机解释行为正是完全一样。所以说，透过动机建构起个体行为，及动机引发的一连串必然的行为，这并不和所谓"行为只是意志的现象"这事实相冲突——一般的行为，就其本质而言，只是本身无根据的意志现象或意志之出现。同样下面这说法也不见得矛盾：对于身体机能之生理学的解释，乃是从这个哲学真理采撷而来——这个身体的存在，及其总括之功能，只是那按照动机出现于身体外烁行为上的意志之具体化。然而，要是生理学打算把这些外烁行为、直接的自

119

主运动，比拟为有如有机论的原因，从那些谐趣横生的话（好像雷尔的："有如一根湿漉漉的绳索的收缩"——《生理学大成》）来解释肌肉运动；假如真打算拿这种理论作一个全盘解释，那么，再怎么样也不能忽略一个直接确定的事实，就是任何自主运动乃意志作用的现象。同样，就算再怎么用生理学去解释生命界（*functiones naturales vitales*），也不能忽视一个事实，即整个发展出来的动物生命，乃是意志之现象。就像前面已经说过的，一般来说，推原论的解释，不出特殊现象在时空中的必然决定之点这个范围，不出这个现象按照一固定的通则必然出现的范围。另一方面，任何像这样出现的东西，它们的内在性质，再怎么说都还是不可捉摸，需要被推原论的解释假设为先；它简单地以"力"这个名词来形容，或者说自然律，或者，当我们讲到行为时，就叫意志的性格。所以，虽然先假定确定的性格，每一个特殊的行为必然蕴含显现动机，虽然说，动物身体的成长、摄生过程，一切的改变必然随原因（刺激）发生，整个行为的系列，因此任何个别作用和它的条件；换言之，就是整个自己执行的身体，还有身体透过它、内蕴其中的过程——这些不过只是意志现象的出现，意志之变为可见，意志的具体性。人类及动物的躯体，之所以完全配合人类及动物一般的意志，道理就基于此，它好像近似乎适合一个造成者有意制造的工具，却又远超越了它，为这缘故，就像是合宜、近似的东西；换言之，是一个在目的论上说得通的身体。所以身体的各部必须完全配合意志自己表现出来的主要需求与欲望；身体的各部分必须是那些欲望看得出来的一种表示。牙齿、食道、肠，是具体化了的饥饿；生殖器是具体化了的性冲动；抓攫的手、善走的足，比较间接地关联着它们表示出的意志之挣扎。好比说，一般人类的形体关联一般人类意志，同样，个别的意志，也就是个体的性格，也对应了个别的身体结构，

因此在整体上，在它的各部分上，都具有特征的意义，充满了意志的表示。值得注意的是，甚至巴门尼德在下面的诗句中，也表示了这个意思（这是亚里士多德在《形而上学》第三卷所引用的）：

> 正如每个人都具有柔诹屈折的四肢，复杂多端，
> 那么同样，人心里头也潜伏了跟这配合的东西；
> 因为，每人的心灵和四肢的错综繁复，是一样的；
> 因为，智慧是判断的标准。[1]

21

从上述所有思考，读者如今已经从抽象上、因而也是明白晓畅地获得一些知识，这种知识是每个人具体直接掌握的，即通过感觉而来。这种知识就是：他自己现象内在的本质乃是他的意志；它是透过行为以及这个别身体永恒的"本质"，以表象的方式表现给他的。这个意志构成他意识中最直接的东西，但因为变成最直接的，意志就并不完全落入主体与客体互为表象的形式；相反，它以直接的方式出现——在其中，主客体不被那么明白地区分，而是，它并非整体地被个体自己认知，只是就它特殊的作用而被认知。读者若和我一样体会到这一层，便将发现，意志自身变成打开整个自然最内在的"存在"的知识之钥，因为，现在他把意志转移到一切被给予他的各种现象上，后者并不像他那直接跟间接知识的现象，后者只是间接的认识，所以只是以片面的方式，只作为表象。他将体会到，

---

[1] 参考第二卷第20章及我的《论自然之意志》中"论生理学"与"比较解剖学"的部分，那里把我这边只是点到为止的主题，作了一个周全彻底的讨论。

那同样的意志不只存在于与他自己现象类似的各现象中，在动物和人类之中，变成最内的本质，并且经过不断地思考，他也将领会到在植物中跃现跟发育生长的力，形成结晶的力，造成磁石指北的力，当碰触不同金属时候感觉到的力，吸引及排斥、分离与结合的力，末了，甚至是那在一切物质中如此有力运作，把石头扯向地球、地球扯向太阳的万有引力；所有这些，他会看出来，只不过在现象上不同而已，其内在本质是一样的。他会看出来，这一切，就是密切地直接给他认知的东西，其相关情形远胜过任何其他事物，表现出来最显著的，即称为意志。只有这样的运用思维，才使我们不再停顿在现象上，而指向了事物本身。现象所意味的纯粹是表象，所有的表象随它是什么，所有的客体——都只是现象，但只有意志是物自体，这样，意志根本不算表象，而是从种类上跟它完全不同的事物。一切现象、客体，都是意志的现象、可见性和具体性。意志是任何特殊事物的最内在的本质与内核，也是那整体的最内本质与内核。它出现在任何盲目的自然作用力中，在人类蓄意的行为中，二者（自然力与人的行为）貌似巨大的不同，只涉及表现的程度，而无关表现背后的内在本性。

22

好啦，要是这个物自体（我们将保留这一康德式术语，作为标准表达）——它永远不会是客体，因为，所有的客体只是这个物自体的现象或表现，而不是它自己——必须被客观地思考，那么我们就得从其他地方假借一个名字、一个概念，或许来自一个客体，来自以某些方式被客观给予的某些东西，也就是来自它的其中一个现象。不过，为了够得上作为一个解释的中心点，说起来，再没别的，

只有那一切现象里头最周全的,也就是一切现象之最显著、发展得最完全、给认识最直接的启发的——这,正是人的意志。但我们得说,当然在这里用的只是 *denominatio a posteriori* [后验之命名],由此意志的概念就具有较以前更大的外延。从不同现象认出同一,以及从类似的现象认出不同,如柏拉图常说的,乃是哲学的先决条件。然而,任何自然蓬勃及运作之力的内在本质,其与意志的同一,目前为止还没人体认出来,所以,各种不一样的现象,它们只是同一"属"(*genus*)类而不同"种"(*species*),却不被视为同一个"属";它们倒被看作是异质的东西。结果呢,找不到任何的文字来形容这个"属"类的概念。所以我把这"属"就它最重要的"种"来命名——这一"种"的直接知识跟我们顶密切,并且,这"种"还通往其他"种"的间接知识。谁要是不能将这概念的外延拓展到所需限度,就总是永远地不能彻悟。因为,他所了解的意志,总只是意志这个"属"类当中的一"种",只是到此为止,这字眼独具的意思,即这"种"意志,是被认识严格地依据动机所指引的,实际上只依据抽象的动机,所以是在理性能力的指示下展现的。我说过,这只是意志最显著的现象,我们得明明白白,把直接认知的这个现象的最内本质明白地分割出来,转移到该本质其他那些较不显著的、微弱的现象上,因此达到所企盼的意志概念之外延。从相反的观点,大家一定会误会,以为我说的这个一切现象的本质本身,到底叫意志,还是叫别的什么,还不是没啥两样?要是物自体的存在是我们光靠推论就能发现,因此只间接、抽象地认知——倘若这样的话,的确随我们高兴,爱怎么叫它就怎么叫它;名字只是一未知数的代号。可是意志这个词,像是个魔术般的词,它揭示所有自然事物最内在的本质,那就不是表示一个未知数,不是由什么推论、三段论法所成就的,而是绝对地、直接地认知的东西,而且是那么

样完美，我们晓得这"意志"，要比其他随便什么称呼的，都来得好。到目前为止，意志的概念被涵摄在力的概念之下；我叔本华，相反地，正好倒转过来，我说任何自然之力，应构想为意志，我们不能以为这无关紧要；不，这是有最大意义、最重要的。力这个概念的根基，像其他所有概念一样，有赖于透过知觉而获得的对客观世界的认识；换言之，经过现象、表象，力的概念从此而来。它从因果统御着的领域抽象而来，就是说，从知觉的表象来，代表了原因在某一点上的因果的性质，在这一点上，这个因果的性质从推原论上说根本无法解释，却是一切推原论之解释必需的预设。另一方面，意志的概念在所有可能的概念中，是唯一并不起源于现象的，并不起源于区区知觉之表象的，它是从内在的、从个人最直接的意识而来。在这个意识中，每个人抛开了形式，甚至那主、客体的形式，认知的和被认知的，结合到了一块儿——每个人都认识到自己，也认识到了自己的个体性（按照它直接的本性）。所以如果我们把力的概念附从于意志的概念，我们事实上就是拿不清楚的东西来附从于无限的、更为明白的东西，附从于真正直接、完全地被我们认知的东西；而我们就大大拓展了认识。要是相反，我们如往常那样把意志的概念涵摄在力的概念内，那我们就否定了我们所拥有的对世界内在本质那唯一直接的认识，因为，我们让它消失在从现象抽象出来的概念，因而也就绝对无法超越此现象。

23

意志，就其为物自体而言，便相当地和它的现象不同，并且完全摆脱所有这些现象的形式，尽管这些形式是意志出现时首先要经过的，因此它便只关系到意志的具体性，至于意志自己乃是陌生的。

甚至那一切表象最普遍的形式——"从属主体的客体"——也不涉及它，更别提那些附属在前者以下的，总括来说，就是以充足理由原理为其共同表示的事物。这个充足理由原理，我们知道，时空属于它们，多元性也一样（多元性只有透过时空才得以可能和存在）。打后头这话来看，我得把时空叫作 *principium individuationis* [个体化原则]，这是从老古板的经院主义借来的，我恳请读者们马上把这个牢记在心头。因为只有借着时空，某些东西才就其本质而成为一个且相同的事物，概念才成为不同的，成为一种共存继承的事物的多元性。接着，时、空就是个体原则，它是经院之学那许多数都数不完的争论、巧辩的主题，这些可在苏亚雷斯那里读到（《形上之辩论》[Disp.5]，辩论 5，sec.3）。照我们讲的来看，作为（自体的）意志，显然存在于充足理由原理所有形式的领域以外，所以是完全无根据的。尽管它的每个现象都完全是那个原理的主题。还有，意志也脱离了一切多元性，尽管它在时空中的现象有无穷多，它自身"定于一"，但不像一个客体那样成为一，因客体的多元性唯有和可能的多元性相比才被认知。再说，意志也不像一个概念那样的为一，因为一切概念只有从多元性中抽象而开始发生；它之为一，乃是超脱时空、超脱个体原则，就是说，超脱多元的可能性。只有当我们通过以下对现象与意志表现出的不同面向加以思考，清楚地明白了它们，我们才能完全了解康德理论说的时间、空间、因果不属于物自体，只属于我们认知的形式。

意志之无根据性，只有当它最清楚地表现出来——表现为人的意志时——才实际被体认；即自由的、独立的意志。然而说到意志自身的无根据，大家常常忽略了意志现象所一定要依赖的必然性，于是行为被说成是自由的（但并非如此）。每一个别的行为，严格地循序着必然性，该必然性来自动机加诸性格的影响。我们说过，

一切的必然性，是结果之于根据的关系，再没别的。充足理由原理是一切现象之普遍形式，行为的人，像一切其他现象，必须隶从于它。但因为意志在自我意识中，被直接并就其本身的认知，这个意识也就蕴含自由的意识。不过，大家疏忽掉的是，个体——人，并非作为物自体的意志，而是意志的现象，是如此被决定的，并进入现象的形式（即充足理由原理）。所以我们奇怪地看到，每个人把自己当作先验的自由，甚至在他个别的行为过程里也是自由的，每个人想象他能随时随地跳入一个不同的生活方式，等于说能变成一个不同的人。可是透过经验，即后验地，他惊讶地发现自己不自由，却是仰仗着必然性，随他怎么宏毅、深思远虑，他并没有改变他的行为，并且一辈子从头到尾必须背上那个注定的性格，既然这样，就得好好扮演这个他所担当的角色，死而后已。对此我不再啰唆下去，这是有关伦理方面的，属于本书其他部分。同时我只想在这里指出，（本身没有根据的）意志之现象，就其为现象，仍然隶从于必然性法则，也就是隶从于充足理由原理，所以在自然现象所遵循的必然性中，我们无可否认地辨认出，其中也有意志的呈现。

到此为止，我们只把那些除了动机以外再无其他根据的各种改变，即表象，视为意志的现象。所以意志在本质上只归属于人，或者起码归属给动物，因为我在别的地方已经说过，能认知或表象当然是动物界真正、独有的特征。从动物本能的、机械的技巧上，我们马上看出，当意志不受任何知识指导时也还是活动的[1]。这里并不注重动物具不具有表象和认识，因为，它们固执地当作既有的动机那样确切地努力着指向的目的，它们自己完全不清楚。所以，这儿，它们的行为是无动机地发生的，但并不被表象指引，这首先清

---

[1] 第二部第 22 章特别讨论了这点。

楚地就让我们晓得，意志是怎样的，不须任何认识而活动。一岁的鸟，对于它营营构巢所欲安排的蛋，根本毫无概念；幼小的蜘蛛对于它结网所欲收罗的猎物本毫无概念；食蚁兽第一次掘穴时，对于蚂蚁毫无概念。锹甲科大甲虫的幼虫在树木上啃洞，而在洞里面蜕变，要是它将变成雄甲虫，它所需的空间要比变成雌甲虫大一倍，为的是安置它那长而分支的上颚（角），事实上它事先对此毫无概念。在这些动物行为中，意志显然像在它们其他的活动中一般作用着，但这是盲目的活动，的确有认识伴随着的，但并不被认识指导。要是我们一旦洞见了，作为动机的表象并不是意志活动必要和基本条件，那么在意志的活动更不显著的情况下，我们就更能体会这点。比如，我们就不会把蜗牛背上的房子（蜗牛壳）当作不同于蜗牛自己的、被认识所导引的意志，正如我们不至于说自己造的房子是透过不同于我们自己意志而存在的。相反，我们认识到两种房子都是意志在两种现象上，本身具体化之后的成果。在我们，是以动机为基础而运作，在蜗牛则作为盲目的外延之发育冲动。甚至在我们身上，这同样的意志也在多方面盲目地行动着；比如身体中那些不被认识所指引的机能，在那些维持生命的、生长的过程中，在消化、循环、分泌、茁长、新陈代谢中。不只身体的行为，还有整个身体，像上面指出的——都是意志的现象，客观化的意志、具体的意志。一切发生在身体上的，必须通过意志来发生，当然，在这儿，该意志不是被认识指引着的了，不是照动机决定的了，而是盲目地按照原因行动着，在这种情况下，这些原因就叫冲动、叫刺激（*stimuli*）。

那些物质的状态、条件，它们必然地造致了另一状态，且自己像被造致出的事物一样经受同样大的改变的——就这个最狭义的范围，我称之为原因。它表示出来就是这条通则："作用力和反作用力相等。"进一步，讲到所谓真正的原因，效果（影响）的增长和

原因刚好成等比例，其反作用、反效果亦然。所以，一旦运作的模式已知，效果的程度就可以从原因的强度测量和计算出来，反之亦然。像这样的原因，在一切力学、化学等现象中运作；简言之，在所有无机体之变化中运作。另一方面，我把以下这种原因一概称为刺激：它们本身遭遇到与它的效果不成比例的反应，其强度无论怎样并不跟效果平行，从其中无法测出效果；相反，些少增加一点儿刺激可能导致效果的大幅提高。不然，反而完全泯灭前一效果，如此这般。任何加诸有机体的影响都属于这一类。是以动物躯体一切实际的有机、生长的改变，乃从刺激而发，不从原因。但刺激，如同所有一般意义上的原因跟动机，它所决定的，绝不超出时空中任何"力"的跃现范围，它不决定那呈示本身的力的内在本质。照前面的演绎，我们体认出了这个内在本质是意志，我们把身体有意识无意识的改变都归属于它。刺激，是动机（一种透过认识的因果关系）跟最狭义上的原因之间的中点，构成了这两者的转换。在特别情形中，它有时接近动机，有时则更近于原因，但总能跟二者有所区别。所以比方说，植物体内汁液的流升，是刺激的结果，不能依照水压或毛细管原理这些原因去解释；但的确它可以拿那些原则作为辅助解说，一般说它也非常近似于一纯粹的原因之改变。另一方面，毛毡苔跟含羞草的运动，虽然还是只跟着刺激，但已经非常近似于那追随动机的了，并且好像很可能转换成后者。眼睛瞳孔感受增强的光线而收缩，是基于刺激而发生，但它转换为基于动机的运动——由于过强的光芒将让视网膜痛苦，为了逃避这个痛苦我们收缩瞳孔，于是出现动机的运动。性勃起的诱因是一项动机，因为它是表象；但这必然由一个刺激而运作的；换言之，它无法抗拒，要使之无效，就必须把这个刺激诱因移除。消化食物的时候刺激呕吐的欲望，也是同样的情形。我们才考虑过动物的本能，认为它是在

刺激的运动和跟随某一动机的作用之间的一个实际环节。我们易于把呼吸作用当作这类环节。究竟它属于自主的抑或是不自主的运动，就是说，究竟它追随动机抑或刺激——这很引起一些争议；当然，不妨把它解释为介于二者之间。马歇尔·霍尔（《论神经系统的疾病》第293节之后）说它是一种混调的机能，因为它部分受大脑（自主的）神经影响，部分受脊髓（非自主的）神经影响。然而，我们最终必须把它归类于跟随动机的意志之展现，因为其他动机，即纯粹的表象：可以促使意志来抑止它或推促它，像每一其他自主的行动那样，仿佛人类可以完全遏抑它并自由地使自己窒息。事实上，一旦其他动机如此有力地影响意志，而超越了对空气的迫切之需求，这便能够办到。有人说，狄奥根尼据说就是拿这种方式，实际地结束了自己的生命（狄奥根尼·拉尔修，《言行录》，VI，76）。好像有些黑人也这么做（F. B. 欧齐安德，《论自杀》，170—180页）。关于抽象动机的影响，即真正的理性之力压过动物性的意志，我们这里有个惊人的例子。呼吸再怎么说，也是部分被大脑活动决定的——氢氰酸首先要麻痹头脑，然后才间接地阻遏呼吸作用，从这一现象就可以看出来。然而，要是呼吸能自己维持直到麻醉效果过去，则死亡便根本不发生。附带说，呼吸作用同时也惊人地显示了，动机正像刺激及狭义的原因那样，是大大必要地行动着的，只有反动机才褫夺了它的作用，这正如压力被反压力中和。在呼吸的例子中，能够阻遏呼吸的幻觉，较其他随意的肌肉运动远为微弱，因为，呼吸的动机极其强烈、迫切，而呼吸的满足，由于司呼吸的肌肉之永不疲劳，所以非常容易达成，一般说没有什么反抗呼吸的，这一贯的程序是被个人最根深蒂固部分的习性支配。其实所有的动机都是同样必然地在作用着。当我们体会到这种必然性对于随动机的运动、随刺激的活动而言，都是很普通的，我们就更能了解到，甚至那刺

激发生在有机体里头完全符合法则的东西，要是照它的内在本质看，还是意志。这个意志，当然只在它所有的现象中而非在本身中，它乃是服从充足理由原理，换言之，服从必然性[1]。当然我们这里不要让自己只局限在这个范围里，即只认清楚动物在它们的行为中，并且就其整体之存在、身体的结构、组织而言，乃是意志的现象；此外，我们也应该把这种人类自己独具的、对事物内在本质直接、无间的认识，拓展到植物。所有植物的运动继随刺激；导致植物和动物的根本区别就是植物之缺乏认识以及追随此认识下之动机的运作。所以我们应当把那以茁长、盲目挣扎之力、以植物形态出现的表象，照它的内在之本质视为意志，我们也要体会到，那就是同样构成了我们自己现象基础的东西，在我们的行为中，在整个我们自己身体的存在中，把它自己表示了出来的东西。

现在就差那么一步啦，就是把我们的思考方法拓展到一切自然力量，那些自然力遵循的是普遍、不变的法则，遵循这些法则，所有的物体运动发生了，这样的物体全无外部器官，对于刺激无感应，对于动机无知。故此，我们也应该为了解事物内在本质，运用对于自己本质的直接认识，而去体会离我们顶远的那无机世界的现象。现在我们来仔细考虑一下，观察那有力的、不可抑制的冲动——水流以此奔泻而下，那固执、决定的力——磁极以此拱北，那磁短引针之亲昵愿望，那电流的两极努力于再结合的密切之勾引，就像人类彼此欲望的吸引一样，被阻挠波折所撩拨起来了。看呐，结晶以如此规则的配成，迅速地形成；显然，这只是在不同的方向被凝结力所限制、所掌握住的一种完全确定并精密地决定的挣扎。让我们

---

[1] 这项知识在我的《论自然之意志》中已完备地创建起来，所以在那里（《伦理学的基本问题》第二版，第 30—44 页，第 29—41 页）就详细讨论过原因、刺激和动机的关系。

来看看那种"选择"——当物体解除了固态束缚而成为液态时,它们是如何由此而相互排斥、吸附、结合与离析。最后,我们所直接并无居间地感觉到的一个负累,以它那坠向地心的重力阻碍我们的躯体,它是怎样不断地压迫着、掌握着使身体不能放任于自己飞扬的倾向。若是我们观察到这一切,那么,甚至在这么遥远的一个距离,我们还是可以不费多大力气,以想象再度体会我们的内在本性。在我们以内的东西,靠认识之光追求它的目标,但这儿呢,是它的现象之最微弱者,只是——在那里盲目地以迟钝、片面、不可更易的方式挣扎着。然而,由于它无论怎么说都是统一的——正如破晓第一线的晨曦,跟亭午之炎炎,同样被称为阳光——无论在哪个情况下,它必须被赋予意志之名。因为这字眼儿意味着世上万物之"存有"的本身,是一切现象的唯一内核。

然而,那种距离,即实际上无机的自然现象与意志(该意志被我们知觉为自己之"有"的内部实在)之间一种完全不同的表现,它主要是由于一类现象完全限定住的一种对法则的吻合,与另一类现象显然不规则的随意性,这两者对比所引起的,因为在人类这里,个体性强有力地跃出了;任何个人有自己的性格,所以同样的动机并不能给予所有人同样的影响,而且无数细琐的状况——在某一个体广泛的认识领域中存在——却对另一个体而言相当不可知。这样,它的结果多彩多姿。因此一个行为,无法光从动机作预测,还需要另一个要素,就是要对该个性和伴随性格的认识有精确了解。另一方面,自然力显示了另一极端。它们依照普遍的法则操作,没有偏差,没有个体性,它们依据公开呈现的环境,服从最精准的"预定";而这同样的自然力,以同样这个方式,在成千百万的现象中,展现了自己。为了解释这点,为了证明统一不可分的意志在它极其不同的现象,从最微弱到最强烈的当中的同一,我们首先必须思考,作

为物自体的意志与其现象间的关系，也就是意志世界和表象世界间的关系。这将为我们打开了一条最好的道路，去更详尽和透彻地研究整个第二部所讨论的主题。[1]

24

承蒙伟大的康德的教诲，我们晓得时空因果是完全跟它们那些形式的规则一致，跟那些形式的可能情形一致——这样，才呈现在我们的意识中，它们相当脱离于出现在形式中并成为质料的那些客体；换句话讲，无论我们从主体着手，还是从客体着手，都能体会到它们。因此我们大可以说，时空因果是主体知觉的模式，并且不妨照样说，是知觉客体之质性的模式，只要那是客体、是对象（在康德说就是现象），换言之是表象。我们也可以把这些形式看成主客体之间看不见的界限。所以，任何的客体必须出现在它们之中，然而主体脱离了任何客体，照样掌握住时空因果且对它们作鸟瞰的观察。好啦，要是说，出现在这些形式中的客体，并不是虚无的幻象，应该具有它的意义，它们得指向什么才是，必须表现出什么，那当然不光是像它们自己那样，只是客体、表象，只是相对地为了主体而存在的什么。相反，它们应该指向某某事物，这个事物的存在并不依赖什么高高在上的根本条件，并不依赖那统驭者的形式，换句话说，它必须指向不是表象之物——指向事物本身！当然，一定有人要问：那些表象、客体，是脱离了主体之表象、主体之对象的什么东西，包含了以外的意思的喽？这么讲，它们又算什么玩意儿？

---

[1] 参考第二部第23章，还有我的《论自然之意志》中论植物生理学以及论物理天文学的篇章，这些都是我的形而上学最重要的精华。

它们和表象完全不一样的另一面又是什么？什么是物自体？我们的回答是：意志；但暂时我先把它撇在一边。

先别提物自体是什么样的，康德起码正确地说出了时空因果（等下我们会知道，这些都是充足理由原理的形式，充足理由原理是现象形式普遍之表示）不可能是物自体的特性，只有当物自体变成了表象——就是当它成了只属于现象或假象，而不是它自己——以后，时空因果才及于它。由于主体完全是自己建构起时空因果来，自己认知它们，摆脱了一切对象，那么时空因果必须附着于如此一种表象存在，而不附着在那些自己已经变成了表象的东西。它们须是如此表象的形式，而不是采纳了这些形式的属性。在主体和客体的对立中（不是概念上的，而是事实上的），它们已然被给予了；因此，它们应该只是一般认识形式更亲密的界限，从它们讲起来，最普遍的界限，就正是那主体客体的对比。现在，接着来说，现象、客体、时间、空间、因果等决定的——反正，诸位，事物只能被这些个来表示，就是透过共存和继承的多元性，透过因果律的改变及持续、只有假定了因果才能表现出来的内容，末了，任何只能以这种种意义表示的东西，整个来说，这一切并不真正属于那出现的东西，并不属于那已经进入表象形式的东西，只属于那形式自己。但相反，在现象中不被时空因果限制的东西，不归属于时空因果（就不能用它们来解释）的东西，没别的了，正是物自体，在它当中，事物出现，立即显现出来。照这么说，我们知道，包容着被认知之物的认知之物，能达到怎样一个最完善的地步；换言之，最透彻、判然分明、了解得殚精竭思的研究，必然属于这样认识中的特殊的一种，因此属于认识的形式，而不属于那本身并非表象、并非客体、只有以打入这个形式变成表象或客体才成为可知的，怎样才能无保留地提供给我们一个根本的、清楚的充分并毫无余韵的认识？只有靠着那被

认知的，靠着像这样地作为一般表象的，而不是依靠那变成被认知的、变成表象的东西。反正，笼统地属于所有那被认知的，为这缘故，当我们从主体起头就发觉了它，同样，当我们从客体起头也发觉了它。但这些东西所寓于的是什么？是我们先验意识的各种现象的各种形式，普通说就是充足理由原理。这个原理的形式，透过了知觉（此地我们只考虑知觉）而与认识相关，它们是空间、时间及因果。整个纯粹的数学，纯粹的先验的自然科学，就只是基于这些。所以只有在这些科学当中，认识毫无隐匿地流通无阻；在这些科学当中，认识并不遭逢那不可测者（即没有根据的意志），并不遭逢那不得再推演者。我们说过，康德要把这些知识的分支，加上逻辑，特别地、专门地称它为科学，道理就在这儿。另一方面，这些知识的分支，让我们看到的，只是表象和表象的各种牵连、裙关，没有内涵的形式。这些形式拥有的内涵，填充那些形式的现象——这些，就它们整体的性质而言，包含了一些不再是完全可知的东西，可以拿别的什么来根本解明的东西。它们是没有根据的，至于认识马上就丧失了它的显著地位与完备的可明白性。但这研究调查没法透彻的东西，正是事物本身，是本质而非表象、作为认识对象的东西；只有打入形式以后，它才变为可知的。一开头，就跟形式是两码子事，它绝不可能完全变成形式的一分子，绝不可能牵连区区的形式，并且由于这个形式是充足理由原理，它就因此绝不可能被彻底地予以测度，它是不可测的。总之，尽管说整个数学给予我们现象中的量性、位置、数字，简言之，空间与时间关系的详尽认识；尽管说，推原论完全告诉我们，现象及其界限出现在时空中有怎样的规则、条件，但不管这些究竟怎样，我们知道的，充其量只是——为什么无论打哪个例子说，任何确定的现象都必须在这时候出现在这儿，而在这个地方，现在会有它？我们绝不可能仗着这些，来穿透到事

物内在的本质。还有的地方是任何的解释所不能及的，它反而是解释所必需的前提，这实在就是那自然之力，事物运作确定的模式、质性、一切现象的特性、没有立场的、那既不依赖现象的形式又不依赖充足理由原理的、那形式本身对它是漠不相识但它又打入这个形式而照它的法出现的。这法则，无论如何只决定出现的过程，而非那出现者，只决定现象之如何如何，而非现象的究竟，只决定现象的形式，而非现象的内涵。机械学、物理学、化学教授的就是那些通则与定律，诸如不可穿透性、万有引力、刚执性、流态、凝聚力、弹性、光热电磁以及选择化力等，"力"的运作就依照着这些律则，换言之，这些力牵涉时间空间，就追随各自的通则与定律。但随便我们怎样，"力"本身仍属于隐奥的质性。因为它正是物自体，它以显现出来的形式展现了那些现象。它完全跟现象自己不相同，然而从它的表现来看，它完全附从充足理由原理以为表象的形式，但它自己绝不属于这形式，所以不能根本从推原论的方式来解释，推原论也不能完满地，刨根究底地，测寻它的宏深。只要它假设了这种形式，换言之只要它是现象，我们可以整个地理解它，但它内在的本性，一点也不因为这样可以理解就得以阐明。因此，任何的认识越是需要挟带它，它就越具备那不可以其他方式于知觉中思想并表象的性质——好比空间关系；所以，它越变得清楚、叫人满意，就越缺乏纯粹知觉的内涵，不如说，越不实在。而相反，它越具备必须纯粹地构想成偶然之事的性质，它就越给我们以经验交付的印象，则这种认识就越可以称为客观和真正实在的，同时就越不能解析，就是说，越不能从其他事推论出来。

当然，推原论无论何时总是忽视了它的目的，而强将一切有机生命推溯到电、化之细微，跟着又把化学（即质性）推溯到机械上来（透过其原子形态产生的效果），这又再推溯到两方面：动力学

的对象，就是时空的结合构成变动的可能情形；几何的对象，就是空间的位置（这正如我们以纯几何的方式，从事于由距离的平方及杠杆原理求出效用的减少）。末了，几何又解析为算术，由于它只有一度，所以是最易于明了、理解跟完完全全得以测寻的充足理由原理形式。关于证明此地一般指出的这些方法的，有德谟克利特的原子说，笛卡尔的原子涡动说，还有18世纪末勒撒吉的机械物理学，他走的路子是，从机械撞击与压力来解释化学之亲和力及万有引力，像这种详细的叙述，见《牛顿式的卢克莱修》（*Lucrèce Newtonien*）一书；雷尔以组织跟化合当作动物性生命的原因，也有这个倾向。末了，19世纪中叶死灰复燃的那不成熟的唯物主义，无知地以为自己是始源的——它其实完全也是这样的东西哪。先是愚蠢地否定了生机之力，它打算拿物理跟化学之力来讲述生命现象，接着又拿物质的机械操作来讲述这些个，拿位置、形式和假想的原子变动来讲。它情愿把自然之力裁减为推力及反推力，说这是它的物自体！照这么说，甚至光线也得为这目的，而被假设为一想象的以太之机械摆荡、波动。当以太到达视网膜，以太打击它，于是，譬如一秒钟打击四千八百三十亿次产生红色，七千二百七十亿次产生紫色，如此这般。我想，大概那些色盲的人就是不能计算打击的人喽。这样粗制滥造、机械学的、德谟克利特式的、迟钝又真正笨拙的理论，的确很合一些人的口味，当歌德发表色彩理论五十年后，他们还不害臊地相信牛顿所谓的同性质光。要晓得哪，孩童的错误（德谟克利特式的）出在大人身上是不能原谅的。有一天它们会落到一个可羞的下场，那时候我敢说谁都会脚底抹油，走得远远的，并且假装和它们陌不相识。等下我们会详细讲这个把始原的自然力彼此推求出来的错误；但暂时先歇会儿。假定这说得通的话，则任何事情将水落石出地作为数学问题来解决，并且最后凭借的也就是

这个了；那么，数学自然就成了智慧之圣殿上，最神圣的事物，充足理由原理到底指引着我们。但一切现象的内涵将因此消逝，剩下的只有形式。"什么东西出现？"将归属于"它怎样出现？"，而这个"怎样"，将是先验地可知的，完全依赖主体、只为了主体，所以到底只是表象的幻象、表象跟形式；你不好说它是一个"物自体"。假定这居然说得通的话，那么事实上，整个世界将实际上从主体导出，将达成那满脑子自欺欺人想法的费希特自以为达成了的。但不致于此；幻想、曲解、空中楼阁，就是这样建立起来，科学可不然。异彩纷呈的自然现象接连着归属于一始源之力，任何时候只要被这么做了，就真正迈进了一步。若干起先被认为是不同的力跟质性，后来发现是彼此相沟通的（如磁之通电），如是其数目减少。当推原论体认的、揭示了一切如此始源的自然之力，建立起它们的运作程序，也就是，由于因果律的引导，现象之出现于空间时间中，按照彼此而决定其位置的通则，这样，推原论达到了它的目标。但始源之力以外还有像不可分解的残渣那样的东西，还留下不能归属于它的形式，照充足理由原理不能从以外其他解释的现象之内涵。在任何自然物里，总有什么无根据可言的东西，任何解释对它均不可能，也看不到它的上一因。这就是事物行为的特殊模式，换言之，正是它真实本质的，它"存有"的，它存在的样态。当然，每一特别的事物效应，都可以证明出一个原因来，跟着自然得说，它是限制在那个特殊的时间地点而行为，但这原因并不是它一般行为的，真正那个既定方式的原因。若是它没有其他质性，若它是日光中之微尘，它还是显示了那不可测的什么，无论如何显示了是有重量、不可穿透的什么。但我说，这对于微尘而言，就如人之意志之于人；而像人的意志一样，就它内在的本质，它并不服从任何解释；的确它自己就和这个意志等同。当然，对任何意志的跃现，意志在某一

时间某一空间个别的行为，这可以找出一个动机来，按照这样，行为便必然限制在跟随人居先假定的性格上了。但没有任何理由可以解释他所以具备此种性格、解释他一般的意志活动，为什么，在这许多动机当中，别的都不是，只有这一个推运他的意志，为什么动机会推运他的意志？对于人来说，作为他不可测寻的性格，居于任何从动机解释他的行为之先的东西，对于无机体而言，就正是它的质性、它的行为的样态，它的跃现是从以外的印象遥致，至于它自己，相反地，不被任何以外所决定的，所以是不可解明的。它特别的、专门的显现，只因为如此它才成为可见的——乃是附从于充足理由原理；但它本身没有根据。经院学者本质上已经了解这点啦，经院学派把它形容为 *forma substantialis* [实质的形式]（参考苏亚雷斯，《形而上学的辩论》，XV，sect.1）。

一项顶寻常同时也是大大地被误解了的看法是，凡是最常见的、最普遍、最简单的现象，就是我们了解得最清楚的现象；不，不，正相反，它们只是我们最习惯看见、最易于疏忽的那些现象。石之落地正好像动物之自己移动一样，对我们都是不可解明的。像上头说的那样，假定从顶普遍的自然力量（比如万有引力、凝聚力、不可穿透性）开始，我们可以从它们解释那些运作更淡而无形，只由于环境之结合，诸如化学的质性、磁电等而运作的；最后再从这些，又能了解有机体及动物性生命，甚至了解人的认知之力、意志之力。人类默默地自己放弃从那些隐奥的质性来搜寻，完全放弃了对它的阐明，人类的意图，是从隐奥的质性建立什么，而不是去挖掘它们。我们说，像这样的玩意儿是讲不通的；但撇开这点，这样的结构总还是像过往云烟一般虚幻。去解释最终还是跟起初的问题一样叫人难明的东西，岂非徒然？是不是最后我们对这些自然力的内在性质更心里有数，我们的了解更甚于对动物的本质之明白？难道二者不

都是同样的掩饰不能察？不可测。因为它没有根据，它是现象的内涵、现象的什么，绝不能把它归给现象的形式，牵涉到如何，什么充足理由原理。我们在这儿并不着眼于推原论，我们的目的是哲学，就是说，不在于世界本质之相对的认识，而是无条件的认识，我们走相反的路子，从立即并且最完满地认知的，大家绝对熟悉的什么开始着手，从我们最亲密的根部起头，要来了解那片面而不直接的、隔了一段距离被我们认知的东西。我们打算从最有力、最有意义、显著的现象去探求微弱不明、不完整的。除了我的身体，任何事物都被我认知为片面的——换言之，是表象的一面。其内在之性质乃封闭于我，成了最深奥的秘密，噫——甚至就算我知悉它们改变所寓的一切原因。只有怎样呢，当我身体从一感动我的动机执行一项行为，将这时我以内的过程，跟外在根据或理由决定的我自己改变之内在的性质，予以比较，才能深深看透那些非动物性躯体在原因影响下改变的方式，这样才了解它们内在的性质是什么。对这内在性质跃现原因的认识，只使我明了其出现于时空中的通则，再没有别的。之所以能，是因为我不但片面地认知我的身体，即认知为表象的，还从另一面认知，就是所谓意志的——身体是这样唯一的对象。所以与其说，只要我透过电化机械，把自己的身体组织、认知之力及意志之力，随动机的运动，算作从原因来的运动，我"相信"自己就更明白地了解它们，倒不如讲，追求着哲学而不是推原论，我必须首先学习，从我自己动机的运动来了解我所观察到的继随原因的无机体最简单、最普通的运动。我必须把出现在自然的一切难测的力，体认为和我自身意志，种类上都一样，只有程度的不同。这意思是说，《论充足理由原理》所列的四种表象，在我看就变成必须是启开第一类表象的内在本质认识之钥，而从动机驱使律，我必须学习从其内在意义来了解因果律。

斯宾诺莎（《书信》，62）说，要是破空投掷的石头有知的话，它会想象自己凭自己的意志而飞。我说，这石头是没有错的。对于它，这个冲动正如动机之于我，而对石头来说，假设情形下出现的凝聚力、地心吸力跟刚执性，就其本质而言是完全跟我在自己以内体认为意志的一样，要是石头也有认识的话，也会把它体认为意志哪。斯宾诺莎着眼于石头飞掷的必然性，他要把这转移到人的个别意志行为的必然性上，他没有错。另一方面，我认为赋予一切必要性（就是从原因而来的效果）以意义和有效性的内在"存有"，乃是它居先的假定。说到人，这就是性格；说到石头，这就叫质性；然二者是同样的。它若直接地被认知，是为意志，在石头，它具有了最微弱稀薄程度的可见性、具体性，在人则最强烈。圣奥古斯丁，他点到了主题，他体会到了在一切事物中这种等同于意志的倾向，我忍不住要引用他关于此事的朴实的记述：

> 假如我们是动物，我们会喜爱兽欲的生活，及凡具兽性意义的，对动物的我们来说已经很足够，要是一切都挺不错，我们自然不再奢求其他。同样，假如我们是树木，我们并不以运动来感觉或热衷什么，可是我们看来好像渴求着，以此渴求，我们要长得更茂盛，要结更多的果子。假如我们是石头，是波流、风、火或任何此类之物，根本没有意识没有生命，我们还是不会匮乏，好像是某种对于我们的位置、安排之一种祈盼。它活像一种渴求，不管是朝下的沉重之性质，抑或是朝上的飞扬之性质，对于物体的重量都是有决定性的。物体随着它的重量而走，正如精神之被渴求推动。
>
> 《上帝之城》，XI, 28

值得注意的还有，欧拉看出来，万有引力的内在之本质必须最终还原为身体独具的"性好与欲清"（所以就是意志）（《致公主书》之68）。事实上，欧拉正因为这个缘故嫌弃牛顿发现的万有引力概念的构想，他颇有倾向于依靠笛卡尔理论作一修正，从以太加诸于物体的打击而得出万有引力，认为这"对于喜好清晰、易于明白的原理的人来讲，更为合理并适宜"。他所以要把物理学所谓的吸引力否定掉，认为是隐奥的质性，是为了配合那个死板的自然观——把它当作非物质的灵魂的一个相对应者来看；欧拉那时候盛行这种说法。不过再怎样，值得注意的是，讲到这个让我给发展开来的基本真理，甚至在那个时期，这位优秀的智者可以说已从远方捕捉到了一点真理的闪烁。他急于退守本垒，当他焦虑地看到了风雨垂危的那些流行的基本观点之时，他躲进那古老的已经给人打破了的荒谬的堡垒里头了。

25

我们知道一般的多元性必然以时、空为要件，只有在时空之中才能被设想，就此我们称之为个体原则。不过我们已经将时空体认为充足理由原理的形式，而所有我们先验的认识都在那原理里被表示了出来。但像前面说过的，不论如何，这先验的认识（好像这儿说的），只能运用到可认知的事物上，对于物自体是没有办法的，那就是说，这些先验的认识，不过是我们认识的形式，并非物自体的特性。这儿的物自体乃是脱离了所有认识形式，甚至最普遍的，就是说甚至脱离"为了个主体的客体"；换言之，它是一全然跟表象不同的东西。好啦，要是物自体——我自认为已充分地证明了、搞清楚了它就是意志，那么照这么去想，脱离它的现象……它乃是

超出了时空,而且照这么说可不相干什么多元性——而是一整体。不过我们早就说过,它不像一个个人或是一个概念那样成为整体,这整体,是对多元性可能的情形来讲,就是对个体而言,一个完全陌生的东西。因此,事物在时、空中的多元情形(两者之结合就是意志的具体化),可不关联什么意志——它不管什么多元性,仍然是不可分的。如果说意志结合万物,那么说什么小部分的意志在于石头,大部分的在于人——这就不对了,因部分与整体的关系绝对隶属于空时,要是把直观或知觉从这形式当中分割出来,那就变得完全失去意义。多多少少它只关系着现象,就是说,可见的状况,具体化。植物的具体化程度,比诸动物又高了一层,动物再高于植物;的确,意志至于可见之途,意志的具体化,像光谱或声谱,从最弱的朦胧之黄昏到酷烈的日正当中,从绝强的巨响到游丝之回声,那样地成为析之无穷的谱序。待会儿,我们就要研究这些隶属意志之具体化的可见状况的程度,省思它的内涵。但由于它并不直接关系意志本身,它就跟在此种程度下现象的多元性更扯不上关系;换言之,跟每一种形式的,各色人等(个体),或每一种"力"特别的表现,没什么相干。要知道,这二元性是直接地被空时限制住了,而意志绝不牵涉时空,比方说具体的意志,在一棵橡树内,正如在百万株内一样的完全。它们在空时中的数量之众,跟意志全无关系,那些个,只和个体的多元性有关,个体在空时之内,本身就被认知为许许多多,化身为千万。可是,那些个体同样的多元性,是不能施诸意志,只能及于它的现象的。所以我们可以肯定,要是,per impossible [很不可能的],单一的"存有",甚至顶不重要的,它,彻底地绝灭了,整个宇宙即不可免地随之毁灭。伟大的神秘主义者安格鲁斯·西利修斯(Angelus Silesius)把握到这一点,他说:

> 我觉得神是不能有片刻离我独尊,
> 假如我化为乌有,他也无存在可言。
>
> 《基路伯式的漫游者》,I,8

人类以不同方式试图把宇宙不可溯度之巨大压缩进每个人的理解范围内,自此牢牢抓住每一所谓正当的观察机会。他们或许提到在比较下地球相形的渺小,当然也讲到人的微不足道;接着作了个对比,他们说到这个渺小的个人之广袤的心灵,一个甚至能够解释、理解巨大宇宙的心灵。好啦,这确是不错的,可对我来说,每当思考到宇宙的庞大,最值得关心的是什么呢?顶重要的是宇宙本身的本质。——从本身展开的现象就是宇宙,不论表现出来的是什么形式、现象,绝对无法将它真实的本身以如此的方式延展辐散到无垠的究极。另一方面,宇宙本身的内涵,不可分的整体,表现在自然中任何一件事物中,任何生物之内。所以要是我们停顿在任何特殊的事物上,我们并没有损失什么,真正的智慧并非探测无限宇宙,恰当地说,并不在于各人在无穷的空间内的飘浮。相反,真知之获得在于贯彻无遗地研究任何个别的事物,在于我们这样彻底的认知、了解它真实特殊的本质。

因此,以下我所说的,就是第二部所要详细讨论的主题,那些当然是所有柏拉图信徒已经晓得了的。这些主题是什么呢?——意志之具体化不同的程度;表现在无数个体中,作为不可触及的个体之模型、范本,作为事物永恒的形式。它们本身并不进入空时(个体的中介),它们是固定的,不依赖任何改变,总是存在,没有变动。而特殊的个体呢,倏忽沦漫;它们永远在变动,永不确定。听我说——我以为这些意志具体化的各层次,无非就是柏拉图的理念。我在这儿先提一下,这样读者就晓得以后我用理念这个词是什么意

思。在我说来，应该照柏拉图真正、原始的意义来看；在使用它时，应该很肯定地不去杂七杂八想那些经院学派教条化的理性之抽象产物，不要引用康德错误的、没有合法根据的用意，其实柏拉图早就已经掌握住了，并且很适当地运用了。说到理念，我是指在事物本身而不是多元性，这范围内，任何确切固定的意志具体化的程度。这些各别的程度对于个别的事物来说，就好比它们永恒的形式、原型。狄奥根尼·拉尔修在他的《言行录》（III，12）里，把这有名的柏拉图教义做了一个概述："柏拉图说理念之存在于自然好比范本、原型，其他事物只是与之类似，是它的翻版。"现在暂时撇开康德对此词的误用，这一点留到附录讲。

26

那最普遍的自然力乃是意志之具体化最低的层次。在一切事物中它们多少要露个面，毫无例外，像地心引力、不可穿透性。它们一部分自己瓜分了一般本身遭遇到的东西。所以某些力量统御这片段的物质（内容），其他又统御那片段的，这就形成了它们个别的不同，像刚执性、液态、弹性、电、磁、化学性质及各种各种的质性。就它们自己说，它们是意志直接的现象，正如人的行为一般；因此它们没有根据，正如人的性格之没有根据。只有它们特殊的现象，像人的行为那样，服从于充足理由原理，另一方面，它们本身既不能叫作结果，也不好叫作原因，而是先于一切因果的前提条件，通过因果来揭示自己的内在"存有"。所以巴巴地要找一个重力的原因或电的原因，当然愚不可及；它们乃始原之力，其跃现一定按照因果发生，这样，它们每一个特殊的现象就有一个原因。这个原因自身又同样是一个特殊现象，这决定了这个"力"不得不自己跃

现于此地，出现在时空中。然而力本身绝非原因的结果，或结果的原因。所以说"重力是石头下坠的原因"就不对了；原因毋宁是地球之亲密接近，因地球吸引石头。拿掉地球，石头不会下落，但重力依然存在。力本身完全在因果链以外，因果链先假定时间，只有从时间说才有意义；可是力也在时间以外。个别的改变总是以另外一个个别改变为原因，它的原因不是它自己表示了的那个力。自然力总能使原因生效，不管它出现多少次。就这样，它是没有根据的，就是说它完全超出因果链，一般地说是超出充足理由原理的领域，哲学地说，它被认知为意志直接的具体性，这就是那整个自然的内蕴之本身。但在推原论中，在这里讲就是物理学中，它被视为原始之力、即隐奥的质性。

在高阶的意志具体性中——特别在人身上——我们看到了明显突出的个体性，随个别的性格（就是说随发展完备的人格）有极大差异，从强烈显著的个别形貌上外烁出来，所谓形相学就是包容了整个躯体的形式。任何动物在哪一方面均不可能有如此程度的个性；只有高等动物或许捕捉到一丝痕迹，但"种族"的性格却完全凌驾了个性，由于这个理由，很少说有所谓个体的形相学。我们越走得远，个体性格的痕迹越是完完全全消融在种族的一般性格上去，剩下的只有种族的形相学。我们知晓种族的心理特性，从这儿，精确地推测个别的性格。但另外一方面，在人类的种族之中，每一个人必须就他自己来衡量研究，由于异化的可能（首先就表示在理性能力的不同之上），要是我们打算以某种程度的正确，预先决定人的行为，这便尤其困难。可能是，人类与其他的物种之间的这种差异，和脑子的皱褶纹路盘旋相叠有关，在鸟类那里，这种曲折结构几乎完全缺乏，啮齿类有那么一点，在高等动物那里，其脑部两边的对

称，每个个体的彼此之相类似，甚至有过于人[1]。另外造成人跟动物不同的这种特殊个性的一个现象是，在动物那里，性冲动之寻求满足，并没有经过什么选择，人类的这种选择，以本能的不受任何思维影响的方式，达到如此高峰，以至于升腾为强烈的激情，所以每个人均被视为受意志特别决定了的、特征化的现象，甚至在范围内变成特殊的理念，然而在动物中，这种完整的个性并不存在，因为只有种族才有特征性的意义。离人越遥远，这一丝个性的痕迹便越淡然消退，消弭无踪。植物不再有任何个性特征，能解释它的，只是完全外在的有利或不利的土质、气候跟其他偶然之事的影响。最后，在无机的自然界，一切个性完全被抹除。只有结晶在某种限度上可以视为有个性的；它是一种有确定之指的倾向，凝结力所捕获的整体，凝结力使得这种倾向的留痕得以永存。同时，它是中心形式发展出来的"团结"、集合，由理念约束形成整体，正如树木是个别跃现的纤维之集合，在每一条叶脉、每一片叶子，每一根枝干中展露了自己。它自己重复，某种程度上使它们的每一个变成自己生长，寄生似的从较大的取得营养，这一来，虽然说只有整体是一不可分的理念，意志在一确定层次的具体化完整的表示，然而树木就跟结晶一般，是小植物的系统之集合。但是这同样种类结晶个体所具有的差异，不过是外在偶然情形产生的；老实说，甚至我们可以随意促使任何的种类结晶而为或大或小的结晶。不过在其他无机的自然中，像这样着了一丝个性痕迹的个体，确实是压根儿找不到的。它的所有现象，都是普遍自然力的跃现，换句话说，是意志具体化的那些个层次的跃现，这不是拿个性的差异，把整个理念透

---

[1] 温泽尔，《脑部结构》（1812年），3章；居维叶，《比较解剖学讲义》第9讲，4、5章；维克·违齐，《巴黎科学院史》（1783年）第470和483页。

露了一部分那样地,将本身具体化,不,它自己在种族之中暴露自己,根本不要任何变异的,在每一特殊现象中跃现了这点。由于时、空、多元性、以原因为先有之要件等,这些并不属于意志或理念(意志具体化的层次),只属于它们个别的现象,诸如重力跟电这类的自然力,必须像所有它那数不清的现象一样地跃现自己,而只有外在环境才能修正现象。这种它的一切现象中内在"有"的整体之结合,这种它的出现之不变的常性——只要条件在因果律的引导下表示,就叫作自然律、自然法则。若是这样的法则,一旦透过经验被认知,这种性格表示在现象中的自然律,它的现象就能精准地被决定、先被算计出来了。正由于这种低层次意志具体化现象对法则的吻合,使得它们与同样一个高层次具体化的意志现象完全不同,表现了不同面。高层次的,更为判然分明,我们在动物、人和人的行为中看到这点,看哪,或多或少的个性的表现,对于动机的感受性——经常因为它们隐匿在认识背后而不为观察者所见——是在两种现象内在本质上到目前为止被完全疏忽过去的同一上造成的。

当我们不提理念的认识,而从个别事物的认识着手之际,自然律之屡试不爽,会叫人多么地感到惊奇,老实说有时候这几乎变得是可怕的。我们是怎样的惊奇啊!自然没有一次遗漏过它的铁律,它绝不失手。比方,一旦比照自然律,要是某些物质在确定的条件下凑合,那么一种化学的结合便发生了,气体将产生,不然就会有燃烧等现象;于是,如果条件有了,不管是透过我们自己的实践,或许由于纯粹之机遇,不管是今天,或是一千年以前,同样的现象立刻发生,无有延迟(在纯粹机遇的例子中,因为是不期然之故,这种迅速与准确便更加使人惊奇)。在稀有的现象中,由于它只在非常复杂的情况下发生,但在这种情况下它的发生又已为我们所预知,对于这种奇事,我们尤其有生动新鲜的感受。例如某些金属分

别安排在酸性溶液中，予以通电；在两极间的银片势必突然在绿色的火花中解化；而某些情况下，坚硬的钻石会变形为碳酸。这就是幽灵一样无所不在叫我们惊讶的自然力哪，此地我们在日常不再让我们讶异的现象中，留意到一些事物，就是说，因果的牵连，是怎样地，实际上就跟我们想象一魔术公式和召唤之际必然出现的精灵，两者是一样的神秘幽玄啊。另一方面，要是我们深入到哲学的认识——一自然力则是意志具体化确定的一个层次；换言之，我们自己以内体认自己最内在"存有"的一个层次；要是我们掌握到这项认识，那么意志就它本身，脱离了现象及形式，处于时空以外——因此，给这些条件限制的多元性，就不属于它，不直接属于意志具体化的层次，就是理念，而只属于它们的现象；要是我们记得，因果律只有关系到时空才具有意义，因它在时空中决定各色各样的、在其中跃现了意志规律了理念出现次序的、不同理念地现象的位置；那么，康德伟大理论的内在意义，就在这个认识中敞开于我们，大放光明。这个理论是说时空因果，不属于物自体，只属于现象，它们只是我们认识的形式，并非物自体的质性。假如我们掌握了这个，我们将看出来，对于自然法则的严丝合缝与其运行之丝毫不爽、它百千万现象之完全类同、自然力出现的绝无错失性，我们表露的惊奇，事实上便好比一种孩童或野蛮人的讶异：这家伙——破题儿第一道，愣头愣脑地透过一个多面的镜子，看到某朵花，惊讶着他瞧到的镜中花无量数的化身，在那儿扳指头数它的叶子呢。

　　所以说，自然的任何普遍原始之力，就它内在的本质，不过是低层次的意志具体化，我们把每一个这样的层次，依照柏拉图的意思唤作永恒的理念。自然法，是理念和它现象之形式的关系。这形式是空间、时间、因果，彼此具有必不可分的牵连。透过时空，理念自己化身无数而为恒河沙数的现象，然而这些现象进入各种形式

的次序，乃是确定地被因果律决定。这个因果律好比不同理念、各个现象的极端规范，依照它，空时和内容就被分派给了现象。所以，这个规范，必然和存在的物质整体的同一有关，后者是一切这些不同现象的共同基础。要是这些，和那共同的内容无所牵连（而为了掌握内容它们必须被分割），若这样，就不需要这样的法则，来决定它们所要做的。也许，它们在一刹那，笼统地透过无限时间填充了无限空间。只有因为各个永恒理念，那些现象才归属于同一物质，它们的出现或消失才一定要一个通则来筹划，不然彼此就不能沟通。所以因果律基本上必须和实质持续律密切关系；彼此相互从对方获得意义。还有，时空也以同样方式与它们相关。因为，空间不过是同样物质相对于状态的可能情形，时间不过是同样物质在各种相对状态持续的可能情形。所以，在第一部我们宣称，物质是空间时间的结合，这个结合以偶然事件之波动连带着实质之坚持，而表示了自己，其普遍的可能情形正是因果性、正是变化。所以我们也说，物质不断透过因果，知性是因果主观的关系者，说物质（故此整个表象的世界）只为知性而存在；知性作为它必要的对应者，是它的条件，它的证实者。我们在这儿只是随便提提，读者要回味一下第一部中所说的。要根本了解这两部，我们还需要观察它们内在的协同；那原来不可分地在实际世界中融合的，世界成了两面——也就是意志的世界和表象的世界，在这两部里，为了能更清楚地各自体认它们，于是被分成两半。

　　因果律是如何只有牵连时空和关系到时空结合成的物质，若是拿一个例子把它说明得更清楚一点，也许并不多余。因果律定下了界限，按照这些界限，自然力的现象被分配来掌握物质。但原始自然力本身，就其为直接的意志具体化，而该意志就其为物自体而言，都不从属于充足理由原理，所以这些自然力本身超出了时空因果等

形式。推原论的解释只有在这些形式内有效和有意义,因此,推原论的解释不能引导我们进入自然内部的实在,窥其宗庙之美。我们不妨想象某种依照机械学定律建造的机械。铁制的秤砣借地心吸力开始它的运作;铜轮透过刚执性的斥拒而彼此推举着,杠杆则利用不可穿透性,等等。在此地,重力、刚执性跟不可穿透性是原始的、无所解释的力;机械学告诉我们的是,在什么条件下,以如何的方式,这些力自己跃现、显示而且统御一确定的物质、时、空。现在有一强有力的磁铁,影响了秤权之铁,压倒了重力;机器的运转中止,物质马上变到一个相当不同的自然力上来了,即磁力,关于磁力,推原论的解释告诉我们的,也不过是它出现的各种条件。不然就让机器的铜盘给摆到锌板上,二者导入酸性分解。这样,这个机器的内容,马上就从属于另一类原始之力——流电,它照自己的定律处理内容,透过它的现象在该内容中显示了自己。再一次,推原论充其量只能告诉我们这些表示自己的力的环境跟定律。现在我们加温,注入纯氧;整个机器开始燃烧,换句话说,这时又是另一种完全不一样的自然力,化学力对物质有无所抗拒的统御之权,在这个物质中它把自己表示出来——又是一种理念,意志具体化一个确定的层次。结果金属氧化物跟着酸出来了,产生了盐,结晶形成。这是另一个理念的现象,其本身又相当不能测寻,而这现象的出现所依赖的,则为推原论所能叙述的各种条件。结晶分解,跟其他物质混调从其中茁长出了植物,一个新的意志现象。所以,同样持存的物质得以无穷继承,我们可以看到,自然力为了跃现,要暴露它自己内在的性质,先这样然后那样地控制了物质,势所必然地掌握住了它,因果律叙述了这种控制之权的条件,叙述了那个时间之点,还有它变成有效的那个所在,然而,基于这种定律的解释,只能到此为止。自己形成意志现象的这个"力",因此不从属充足理由原理,也就

是说它没有根据，它在一切时间以外，它无所不在，似乎一直祈盼那些环境的出现，靠这些环境它可以表示自身，掌握住一段确定的内容，推翻了到现在为止控制着它的其他力量。所有的时间只为了力的现象而存在，对于力本身没有意义。几千年以来，化学一方躺在物质中，直到触媒引发使之自由；于是它们出现，然而时间只为了这个现象，为了这种出现而存在，不是为了力自己。几千年来，流电藏在铜跟锌中，锌铜又平静地安置在银的旁边，一旦所有这三种金属碰到了适当情况而相接触，便轰然化为火焰。甚至，在有机的自然界，我们看到干燥的种子，保存了酣睡之力达三千年之久，最后由于有利环境的出现，成长为亭亭之树[1]。

从这个讨论，现在我们明白了自然力跟它的一切现象的不同；假如我们清楚地看出来，前者是在一确定层次的具体化的意志自己，而多元性只有透过空时打入现象，因果律不过是在空时中对于个别现象位置的一种决定，那么我们也将体认出马勒布朗士的偶然因理论之完全真实而且含义深刻。马氏的理论，像他在真理之研究中解释过的，特别是第六部第二编的第三章，以及该章的附录：*eclair-cissements* [解释性叙述]，这很值得拿来跟我这里的叙述作比较，

---

1 1840年9月16日，派第格鲁先生在英国文科学院关于埃及古物的一次演说中，展示了一些麦类颗粒，这是G.卫京生爵士在提比斯一个墓中发现的，这些谷粒留在那儿达三千年之久，储存在一个熔封的瓶里头。派第格鲁先生把12粒谷子拿来种植，其中一粒长成五英尺高，其果实现已完全成熟（见1840年9月21日的《泰晤士报》）。同样，1830年，霍顿先生在伦敦医药植物学会展示一个在埃及木乃伊头上找到的球茎。它所以放到那儿，可能由于宗教原因，估计起码有两千年之久。他把它种在一个花盆里，很快地它抽芽生长并且枝叶蓬勃。下面引自1830年10月《大不列颠皇家学院月刊》（96页，转引自1830年《医学杂志》）："地点在伦敦，海格特，赫伯仑·格林史东先生的花园中，这儿有一株豌豆植物，生满了一茎的豌豆，原来的种子是派第格鲁先生及大英博物馆职员从一只花瓶中找出来的。花瓶是在古埃及人的石棺中发现的，起码留在那边已经有2844年之久。"（见1844年8月16日《泰晤士报》）的确，以前在石灰石里发现的蟾蜍，我假设，甚至动物的生命，要是开始于蛰伏期间透过特殊的环境来维持，也能延展到几千年之久。

151

其间完美的协同之处也是该指明的，当然说到我们之间思想的路子，那是有很大差别的。啊，马勒布朗士，我佩服他，就算同时代那压倒性的教条怎样不可避免地、从头到尾地硬填到他脑袋里，这都不管，在这样枷锁的重负底下，你看他那么欢欣快乐地、正确地命中了真理，他还知道拿那些教条来妥协，起码在用语上如此。

真理的力量，叫人难以置信地那般强大，并且说不出的久长。我们一再在许多事物中找到它的留痕，甚至在不同时代、不同国家那顶稀奇古怪、顶荒谬的教义中亦复如是，经常，那是奇怪的一种组合，混杂到一块儿，可还是认得出来。所以那就像一株植物从乱石嵯岈中长了出来，爬向光明，它爬得很努力，曲折盘绕，它的生长之途，横亘着变形、苍白、阻挠——但它朝向光明。

不管怎么说，马勒布朗士是对的；任何自然原因只是一偶然因。它只提供机遇、碰巧给那统一的不可分的意志，意志是一切事物本身，其逐层的具体化乃是这整个可见世界。只有那出现的，成为可见的，在这样一个所在，这样的时候，给原因引起了，在那个范围，依靠着它，但现象的整体，它内在的本性可不是这样。这是意志自己，充足理由原理不能运用到它，所以它是没有根据的。它绝对的、一般的存在，世界上找不出一个原因，有的只是一个正在此时此地的原因。一块石头的跃现，一忽儿是重力、一忽儿是刚执性、一忽儿是电气、一忽儿是化学性质，这有赖于原因、有赖于外在影响，得从这些来解释说明。然而其性质本身，然后组成那些特性，以上述各种方式表示自己，这样一般地，石头像它应该那样地是那样，它一般地存在。这整体之内在"存有"——所有这一切均没有根据，是没有根据的意志之可见状态。所以任何原因都是偶然因。在无认识的自然中我们发现了它，但它正是同样动机（不是原因或刺激）决定进入现象之点，所以在动物和人的行为中我们也发现了它。因

为在两者中出现的都是同一个意志，在意志具体化的层次中有极端不同，在现象方面繁复多端，牵涉到现象就附从于充足理由原理，可是它本身独立于所有这些。动机并不决定人的性格，动机只决定该性格的现象、表现出来的，就是说动作跟行为，生命过程外在的形式，而非其内在意义。这些是从性格发展而来，性格是意志直接的现象，所以是没有根据的。这个人善良，那个人邪恶——这并不决定于动机，并不看外在的影响，诸如教诲、道德感化；从这个意义看，事情真是不可思议。到底一个坏蛋，在他周遭狭窄的环境兴风作浪，从他所耍的不公平伎俩、没种的花样、卑下的劣迹上表现了他的邪恶，还是以征服者的姿态，奴役邻国、将世界投入悲惨刻苦的炼狱、一将功成万骨枯；这是他现象外烁的形式啊，对于他，那不是根本的，这要靠命运安置给他的环境来看，这是靠际遇、外在的影响和动机。但他对这些动机所作的决定，绝不是从动机能解释得了的；它从意志而来，人就是它的现象。我们在第四部就要讨论这个。性格表露其质性的方式，完全可以比为任何物体在无认识之自然显示其质性的方式。质性固着于水，它还是水。但究竟是反映岸边美景的平静之湖，是澎湃的怒潮，还是用人为的手段变成喷洒空中的飞泉，这一切就靠着外在原因；无论哪一个原因，对它而言都理所当然。它将总是根据环境显示了或此或彼；对于任何一种情况，它随时能应付，但在任何情形中，它的性格才是真的这样，它只透露了它。所以每个人的性格，也要在所有的环境下揭露开来，而从它来的现象将配合着环境。

27

从上述种种自然力与现象中，我们清楚地看出从原因来解释能

到怎样的地步,到哪儿它得停止,除非你笨到打算将一切现象的内涵还原到它们的形式上,到头来只剩下一个形式——我想,这还不至于——所以我们应该可以一般性地决定任何推原论的运用范围。推原论必须搜求一切自然现象的原因;换句话讲,找寻各种的环境,而在那个环境下,现象一定出现。那么,它必须将不同环境不同形式的不同现象,归属于每一现象以内运作的,以原因、以原始自然力为前提的东西。推原论必须正确地区分,究竟现象的差异是由于力的差异,抑或只由于力跃现自己的环境差异?同样要注意,推原论必须提防着将不同环境下,那统一的同样之力的跃现误以为是不同力的现象,反过来,也要防止将根本上属于不同力的东西,看成统一的力之不同表现。这直接就需要我们的判断力来辨别;所以,很少人能加深对物理学的见解,但人人都能增长经验。疏懒跟无知,导致我们操之过急地把什么都推给原始力。这从经院主义夸大到近于讽刺地步的 *entities*[实体] 和 *quidities*[本质] 上可看出来。恕在下不敏,要我把这玩艺在这里再介绍一遍,实在是再勉强不过。若是我们换掉物理的解释而诉诸意志的具体化,此正如诉诸上帝的创造力,有什么不可以的呢。物理学要的是原因,但意志绝不是一原因。意志和现象的关系的确并不按照充足理由原理;只有那在本身中的才是意志,另一方面,它作为表象而存在,换句话说,是现象。如此,它就遵循那组织成现象之形式的法则。比如,纵使一切运动总是意志的现象,它无论如何必须有一原因,从这个原因,牵连上一定的时间空间,才能得到一个交代;换句话说,这不是一般照它内在的性质解释,而是就一个特殊的现象来解释。比如说石头,原因是机械的;比如说人的运动,原因就是动机;原因是少不了的。换个角度说,任何某种某种确定的现象,其普遍共有的真实性,原因的解释若要有意义,就得先假定某一个东西——它就是自然普遍之

力，那在物理学中，必然还是 *qualitas occulta*[隐奥的质性]，正因为到此地，推原的解释结束，而开始了哲学的解释。然而，因果链条绝不被一万法归宗的原始之力所打搅。它并不是把力当作第一链似的归原于它，不，就算最近的环节和最遥远的环节也都先假定原始之力，否则什么也不能解释。因果序列可以是顶不同种类的力的现象；在因果序列的指引下，这些力连续地变成肉眼可见的，如我在上头以金属机器为例解释过的，可是这些原始力的杂多性不能由彼此求出，它再怎么样都无法干扰作为整体的原因链条，及其一切环节的关系。推原论及自然哲学绝不彼此干涉；相反，它们携手而行，从不同观点考虑同样对象。推原论给出的是原因，原因必然引出所要解释的特殊现象。作为一切解释的基础，它展示了作用于一切这些因果中的普遍之力。它精确地决定这些力，它们的数量、差异及所有的效果，每一个力就在这效果中按照环境的不同，总是配合它自己特殊的性格而有不同的表现。它遵循一条被称为自然法则的万无一失的通则，它展示这个特征。一旦物理学在各方面成功地实现了这一切，它就达到完美。于是在无机自然，不再有任何不被知晓的力，不再有任何效果不显示自己，在确定环境下按照自然律的那许多力中的一个现象。可是，一自然律只不过还是一被观察出来的通则，靠着它，只要有某些确定的环境，自然便无时无刻不运行着。所以我们可以肯定地把自然律定义成，一般地表达出来的事实——*un fait generalise* [一般化的事实]。因此，一完整的一切自然律之记述，将不过是完整的事实之编录。那么，对整个自然的考虑就该由形态学来补充使之圆满，形态学举出、比较、安排了一切有机自然之持久的形式。关于独立生物的出现原因，它没什么好谈的，这个再怎么都算是再创造——一个跟它完全两码子事的理论；在极少数例子中，那是 *generatis aequivoca*[偶然发生]。但严格说，

155

那一切意志具体性较低的层次（就是物理及化学现象）仔仔细细地出现的方式，就属于这一种偶然发生的，这正是推原论的工作，推原论叙述它们出现的条件。另一方面，哲学无论在哪里，包括在自然中，都只考虑普遍事物。在这里，原始之力本身就是它的对象，在这些力中，它体认出了意志具体化不同的层次，那意志，是世界内在的本质，是世界自己，当脱离意志考虑世界时，它主张自己只是主体的表象。但要是推原论不去为哲学铺路，拿例子的运用补充它的理论，而是想象自己的目标是来否定一切原始之力（也许有一个例外，即那最普遍的东西：不可穿透性。这是它以为一眼能看到底的，因此它打算把其他一切的力都归给这个不可穿透性），那么，它就从自己的基础上退了下来，只提供给我们谬误，而不是真理。自然的内容现在被形式替代了；任何事物归给了在外部运作的环境，再不是事物内在的本质。如果我们的确能成功，那么，就跟我已经说过的一样，算术的总和将最终解决世界之谜。但我们知道，所以追随这条途径，就因为我们强行把生理的效果视为形式及结合——接着来就可能是电的作用，是化学力，是牵连化学力的机械作用。比如，笛卡尔的偏差其实就是原子论者的偏差，这是刚才讲过的。他们把天体的运行视为一流质的冲撞。把质性视为原子形式的联系。他们努力于将一切自然现象解释为单纯的不可穿透性及凝聚力的现象。这虽然已经被放弃掉过，可是同样的事在我们今天又发生了，就是那些电学的、化学的、机械学的生理学家，顽固地要把整个生命及一切有机体之功能，从它们各别成分的部门之"形式与结合"来解释。在梅刻尔的《生理学之建树》（卷五，第185页），我们还可以发现它这么讲着，说是生理学解释的目的是将有机生命求出物理学着眼点的普遍之力。在《动物哲学》中（第二卷第三章），拉马克也宣称生命不过是电、热的效果；"热、电完全足称生命基

本的原因。"（第16页）那么，热、电将是真正的物自体，动植物的世界成了它的现象，这种观点的荒谬在该书第306页以下尤其突出。众所周知，所有这些观点，经常不断地被探讨，在最近则以更新的面目出现，叫人信它。要是我们仔细检查一通，我们会看出最后在这些观点的基础上的，是一个前提，即有机体只是一物理、化学、机械之力的集合，它们靠机遇组合到一块儿，造就了有机体，成为自然的畸形产物，再没有多少深刻的意义可言。那么，动物或人类的有机体，从哲学方面来着想，将不是一特殊理念的显露；易言之，本身不是直接的意志具体性确切的较高一层次，而是只出现了那在电、化、机械方面具体表达意志的理念。因此有机体将只不经意地由于这些力的随机而遇而结合起来，犹如云朵或钟乳石之幻成人形、物状；因此它本身再不值得重视。我们将立即看到，这种拿物理化学来解释有机体的方法能在什么样的限度内有效、说得过去，我就要来解释，生命之力如何运用并借助无机自然的力量，不过这些无机自然力无论如何不构成生命的力，这绝不比说黄金跟铁砧构成金匠更有可能。所以，非但最简单的植物生命不能从此解释，比如毛细管的现象、渗透现象等，动物的生命更不能。下面的说明将有助于我们进行以后多少有点困难的讨论。

上述一切的结论自然是，自然科学的错误的确就是试图把高层次意志的具体性归给低层次，不能认识而忽视了原始而自生的自然力，其不健全正如那没有根据的特征之力的假说，任何发生的，只是一种特殊的、某些已知物的跃现。所以康德是对的，康德说盼望牛顿去注意一草一叶，这是荒谬的；换言之，对一个将草叶归于物理之力及化学力的现象的人，不可能有所冀望，若像他们说的那样，一切就成了一机遇碰巧的具体结果，故此只是一造化的作弄。在这样的畸形产物中，谈不上特别的、有个性的思想、观念，就是说，

意志不会直接在它当中揭示出较高的特殊的层次,而只揭示像在无机的各自然现象中所有的,并且跟它们一样是靠着机遇。经院学派,的确是不赞成这样的物事,他们会说——挺正确地——那等于完全否定了 *forma substantialis* [实质的形式],它退化为区区的 *forma accidentalis* [偶有的形式]。亚里士多德的实质的形式,正是我所谓的意志在一件事物中的具体化。另一方面,我们不能忽略,在一切理念中,即在一切无机的力量、在一切有机自然的形式中,显示了自己的(就是进入表象的形式)而成为具体性的,乃是同样统一的意志。所以,它的整体性必使得它自己已经透过一重在现象之间彼此的内在关系而被认知了。现在,这个在意志具体性的高层次显露了自身,在高层次,整个现象更显著,透过普遍风行的一切形式的类同;换言之,重现在一切现象当中的基本形态,这样地表达在了动植物界中。因此这就变成了19世纪法国人首创的值得人钦佩的动物学体系之指导原则,在比较解剖学中达到最完美的建树,成了 *lunite de plan, luniformite de lelement anatomique* [统一的计划,解剖学元素的统一性]。发现这个基本形态,乃是谢林学派自然哲学家主要从事的,老实说,这是他们最值得尊敬的努力目标。在这方面他们贡献良多,虽然经常地,他们追求自然的类同不免于沦为不值的滑稽可笑。他们正确地指出,甚至在无机自然的理念中,那普通的关系以及"科"的类似,比如在电磁之间,它们的同一性是以后才建立起来的;比如在化学引力跟重力之间,等等。他们特别注意到极性,即一个力分裂成两个量性上不同并相对的活动力,努力再结合,这种分裂常常在空间上以一种相反方向的离散显示出来,它是几乎一切自然现象,从结晶之于人的基本形态。在中国,这种认识很早时候就已经流传广泛,就是那"阴""阳"对比的理论。的确,由于世上万物乃是同样的统一意志之具体性,结果内在本质

上是同一的，则在它们之间必有不许差池的类似性，在任何不够完美的事物中，也必然可以看出一丝留痕，以及更上一层较完美之物的草构。还有，既然这所有形式只属于表象世界，那么甚至可以假定，在表象之最普遍形式中，在显现的现象世界特殊构架中，所以在空、时中，已经可能发现、建立起所有填充形式的基本型态、轮廓及草构。对此我们似乎已经有了模糊的体认，因此建立起了犹太神秘哲学，建立起了一切毕达哥拉斯的数学哲学，以及中国易经的数学哲学。同样，在谢林学派中我们发现，在那许多不同的、企图阐明一切自然现象间之类同的努力中，有不少是打算从纯粹的空间与时间推论出自然的定律，可惜没有成功。然而，我们无法晓得天才的心灵有一天能把这两者体会到怎样的一种深刻地步。

现在，我们已经掌握现象和物自体间的差异，我们不致看走眼，所以在一切理念中具体化的意志的同一性（因为意志在具体性之中有确定层次），绝不致被曲解为意志出现其中的特殊理念的同一性；所以比如，电或化学的引力绝不会还原成透过重力的引力，虽然说，它们内在的类似性是我们晓得的，而前者可以说是比后者更强的一种力。正如我们不能把一切动物结构的内部之类似与其种族相混淆、等同，并声称更完美的乃是较不完美者的变异。最后，虽然生理的功能同样不能被还原成物理或化学的过程，但这种程序也有几分好处，我们可以在某种程度上假定以下说的有高度可能。

假如若干低层次具体化的意志现象，就是在无机自然中彼此相冲突，为的是在因果关系的指导下每一个要求占据生存质料，从这个冲突现象就引出更高等的理念，这个更高层的理念包含一切本来已存在的较不完美的现象，但是在这样的方式下——即它使那些低一层的理念基本的性质以附属于它的方式延续，因为它与它们有所类似。这个过程只有从这两方面才能被我们认识：从显现在一切理

念中的意志同一性，以及从意志朝向越来越高的具体化之冲力。所以譬如说，在骨骼的硬化中，我们正确地看出了一种类似结晶的东西，这种结晶力在根本上控制着石灰的作用，虽然说，石灰的硬化绝不能算结晶。说到肉类硬化，这种类似的显现就更微弱。动物身体内体液的结合和分泌，也是类似一种化学的结合与分解。的确，化学法则在此照常通用，但变成附属的性质，被大大地修正了，服从一更高的理念。所以，光是有机体以外的化学力量将绝不能提供这种体液，而是像：

> 化学把这唤作 *Encheiresin naturae* [自然的安排]
> 可不晓得自己怎样嘲弄作贱了自己！
>
> 歌德，《浮士德》，第一部

更完美的理念，乃是由压倒若干较低的理念或低层次意志具体化而来，它具备了全新的性格，从每一服从它的理念中，拥有了类似的更强大能力。意志以更显著的新方式被具体化了。刚开始，是透过 *generatis aequivoca* [偶然发生]，接着通过对存在的原生胚质的同化作用，而有了体液、植物、动物和人。所以从低层现象的冲突产生了更高级的现象，后者席卷了前者的所有，但在后者中也实现了前者的倾向。所以，*Serpens, nisi serpentem comederit, non fit draco* [蛇吞蛇，才能成龙] 这条定律已经在这里用上了。

我希望能拿清晰的解释来驱除附着在这些思想主题上的各种暧昧。但我很明白，要是不想让我自己被人误解或叫人搞不懂，这是大大地需要仰仗读者们自己的观察的。按照我推陈出来的观点，我们确实在有机体中找到物理、化学运行模式的痕迹，但我们绝对不能用这些来解释有机体，因为它再怎么说，不是一个被这些力量联

合起来操作所导致的现象，不是就这么如此的偶然，而是，一个更高级的理念，透过压倒性的同化作用克服了这些低层理念。因为那一个意志，在一切理念中具体化了本身的意志，挣扎着以求可能的最高之具体化，这样，经过一次冲突后放弃掉它低层次的现象，为的是在更高的层次表示那更强大有力。没有不经过奋斗挣扎的胜利；因更高的理念或意志之具体化只有仗着征服那些低层理念而出现，它忍受着那些理念的反抗。虽然这些低层的理念已趋于服从，它们还是不断挣扎以求达到一种它们本性之独立而完美的表达。磁铁将铁片吸住，它与地心引力保持着永久的抗争，地心引力就其为意志最低的具体化，对那些铁的质料更有原始的控制力。在这样不断的挣扎中，磁铁甚至变成更强有力，因为斥拒好像倒是刺激了它，让它发挥出更大力量。同样，任何意志的现象，甚至那本身跃现在人类有机体中的，跟各种物理、化学力维持着永恒的对抗，后者就其为更低的理念，对有机的内容更能使唤。因此一个人暂时举起的手臂，会由于压倒性的地心引力而落下。所以舒适的康健之感，表明了意识到自己的有机体理念之胜过原始控制着人体之体液的物理、化学原则。但这舒适之感经常被骚扰，事实上总是伴随着由于那些力的排斥引起的或多或少的不舒服；透过这样的不舒服，我们生命之中植物性的部分不断牵连一轻微的痛楚。所以消化压抑了一切动物的机能，因为消化大可称为生命力被自然化学力量的同化作用压倒。一般生理上的负累也是这样的，睡眠的必要，还有最后的必然之死，都毫无不同；因为到头来，由于占了环境之利，自然中那些被克服的力，重新赢回有机体所攫取的内容，啊，有机的组织，甚至不断的胜利也把你消耗，自然力终于将它们的"存有"无所遮拦地表现出来。所以不妨说，任何的有机体代表了理念，它是理念的意象、翻版，它是那延展着，克服了跟它争执内容的低层理念之力

的部分后来导出的。好像在雅各布·博梅（Jacob Boehme）头脑中已经有过这种想法，他在什么地方说过，人和动物的躯体，甚而至于一切的植物真正可以说是半死的。现在，按照有机体多少成功地克服了那些表现了低层次意志具体性的自然力，它就或多或少地成为它理念的完美之表示，换言之，它离那"种"美的理想就或近或远。

因此我们在自然中到处看到了争执、奋斗与盛衰兴亡，在当中我们更清楚地认识到，意志根本上自身的差异。意志具体化的每一个层次，彼此都在争执着物质、空间与时间。持存的物质必定不断改变形式，因为，在因果关系的指导下，机械的、物理的、化学的和有机的现象，都迫切地要出头，彼此夺取物质，因为每一个都渴想吐露自己的理念。整个的自然都遵循着这个斗争；老实说只有透过它，自然才存在："因为，恩培多克勒说得好，要是斗争不在事物之内运行，那么万物将成为一无分别的整体。"（亚里士多德，《形而上学》II.5[4]）可是这个斗争本身，只是那意志根本的本身差异的揭示。这个普遍的斗争在动物界中最为明显。动物界拿植物界作营养，而在动物界中，再度地，任何动物是某些其他动物的牺牲及食物。这意味着，一个动物的理念所显示在其中的内容，必须向别的理念的显现让步，因任何动物只有以不断限制别人的存在而维持自己的存在。所以生之意志一般是"自己填饱肚子"，它在不同的形式中，是自己的食粮，到最后是人类，征服了一切其他种族，把自然当作生为我用的私有物。但像在第四部大家会看到的，同样是这人类，在自身中再清楚不过地表露了冲突本身，在自身中的不同意志，于是我们得到这样的警告："当心，对人类自己来说，任何人都是一头狼。"（*homo tomini lupus*）然而，在低层次的意志具体性中，我们应该同样地辨认出相同的斗争和征服。许多昆虫（特别是姬蜂），把卵下在其他虫类幼虫的皮肤上乃至身体内，彼等逐

渐的毁坏就是孵育它们新生后代的第一步。小水螅从老的身上成长，像是枝丫一般，终于从老的脱离，当它还稳当地停在老的身上时候，它就要争食，从另一个口中将东西抢过来（钱伯里，《多足类动物》，Ⅱ，110页及Ⅲ，165页）。但最惊人的例子要数澳洲的斗蚁，当它被切成两半，头和尾就开始一场战争。头以齿矛攻击尾部，尾则勇敢地刺戳头部以自卫。斗争通常持续半个小时之久，直到它们死亡或被其他的斗蚁拖开为止。每一次都这样（见郝伊特在《西敏斯特》期刊上的信，重刊在1855年11月17日的《盖利南尼之信使》上）。在密苏里河岸有人曾经看到一株苍劲的橡树，它整个枝干都被一巨大的野藤所缠绕束缚，濒于窒息枯槁。在最低层也出现了这样的事，比如在这个层次，通过有机的同化作用，碳和水被转变成植物的汁液，植物或制成的粮食再转变成我们的血液；所以不论在什么地方，借着化学力的限制在一隶属体系下操作，动物的分泌发生了。在无机的自然也同样发生此事，比如当结晶形成的过程中彼此阻碍、交叉、横生枝节，这样，它们无法成为纯粹结晶的形式；因几乎任何晶体乃是这样一种意志具体化低层次的斗争的翻版。还有，为了在铁片中表现它的理念，磁体以磁力加诸铁片；或许当贾法尼电流（流电）压倒了选择化学力，分解了最亲密的化合，而使化学定律完全失效——盐中所含的酸在负极分解，不必与必经之途的碱化合而传到正极，或不能将接触到的石蕊试纸变为红色。至于宏观的，则见恒星与行星的关系；虽然行星是决定性地受影响，它总是抵抗着，正如有机体中的化学力。从这里看出来，向心力与离心力始终的牵制使得地球运转，它本身就是意志现象基本的、普遍性的斗争的体现，我们现在考虑的就是这个。因为，任何物体须视为意志的现象，意志必然把自身表现为一奋斗、斗争，任何形成球状的诸天之星体，其原始情形、原始状态不许是休止的，而是一无目标的无休的运动，

向无际的空洞发愤抗衡。惯性定律或因果律都不与此相抵。照惯性定律，这样的内容对于休止、运动是无所谓的，故此它原始的情形随便是运动是休止都行。所以要是我们先发现它在运动，我们不能假定一休止状态先于它，而追根诘底来问说运动出现的原因，正如相反地，若我们发现它是休止的，我们不应该假定一先于它的运动，来追问它低缓趋零的原因。所以我们不能从离心力求出第一的冲动，在行星这个例子中，照康德和拉普拉斯的假说，它成为恒星原始的旋转之残余，从其中，当恒星收缩，它被抛出。然而对恒星本身，运动是基本的；它总还是旋转，而同时掠过无穷之空间；或者，它可能环绕着我们目不能及的一更大的恒星。这种看法完全吻合天文学家关于一中心太阳的推测，以及吻合我们所观察到的整个太阳系的移动，还有我们的太阳所属整个星群的移动。由此我们最后被带到这条路上，来推论一切固定的星体连带着中心太阳的移动，自然这一切，在无限的空间，全失掉了意义（因为在绝对的空间运动，跟休止毫无区别），就其为直接透过挣扎的、无目标的飞行，它因此变成了那个空无的表示，成了那缺乏最终目的和对象的，到这本书的最后我们就可以把它归为意志在一切它的现象中的挣扎。所以再一次地，无穷的空间和时间必须是集合的意志现象之最普遍、最基本的形式，意志的现象是为了它整体的"存有"之表达而存在。最后我们可以再度认识到，意志一切现象彼此间这种冲突——甚至在这样考虑的内容之中，即只要意志现象基本的性质是被康德正确地表达为排斥力与吸附力。因此物质只有在相抗力量的争执中才存在。要是我们抽象出物质的所有化学差异，或者我们回溯因果链条足够远，以至于尚无化学差异的存在，因而只留下纯粹的物质，世界环成一球。现在，这样的生命，即这样的意志具体化，由吸附力与排斥力间的冲突构成。前者作为引力，从各方面压迫中点；后者

164

作为不可穿透性而排斥前者,或者作为刚执性,或作为弹性。这持续的压迫与抵抗可以被视为意志在极低层次的具体性,甚至在那儿,它也表达了特性。

在这最低的层次,我们看到意志作为盲目的冲动、作为暧昧和阴郁的驱力来表现自己,跟一切直接可认知的相距遥遥。它是意志具体化最简、最微弱的模式。但它出现而为一这样盲目的驱策,并且,为一挣扎奋斗,在整个无机自然界和一切原始力中,空洞无认识可言。物理化学的工作,就是寻求这些力而熟悉它们的定律。每一个力都在百千万完全类似跟规则的现象中,对我们跃现,并不显示一丝个性的留痕,而只是透过时间和空间、透过个体化原理繁衍,正如一张图画透过玻璃的各个平面繁衍。

意志一层又一层地让自己更明显地具体化,然而晦暗的驱力还是完全没有认识,它在植物界运作着。这儿,不是那个适切的原因,而是刺激——刺激是它现象的临界。末了,它也在动物的植物性部分运作着,即在所有动物的生产与成长中作用着,在它内部生态的维持中作用着,在那儿也仅仅是刺激决定了它的现象。意志具体性高等的层次,最后把自己推向了这么一点,即表达理念的个体,不能再只透过继随刺激的运动而获得它的食物进行同化作用。这样一个刺激只是属于期盼的性质;但是在这里,食物应该算是一种被更特别地决定的东西,现象的多样性不断涌现,大大的拥挤与混乱演变至彼此干扰的地步,个体,要是单靠刺激的感动以期待其食物的机遇之结果,将属处于太低劣的下风。因此食物必须被寻找和选择——从动物无认识地进行植物式的发育,由卵壳孵出、子宫产下的一刹那。所以在这里,继随有动机的运动以及继随认识的运动,就成为必要;因此认识像是一个 μηχανη [权宜之物] 一般打进来,在这个层次意志的具体化中,需要它来维持个体,维持种族的繁衍。

165

它的出现由脑或较大的神经腱代表，正如自己具体化的意志之任何其他努力或决定由器官代表，换言之，为了表示为器官而跃现[1]。但随着这个权宜，伴随着这个 μηχανη，表象的世界把它的一切形式，主客体、时空二元性及因果性，现在一鼓作气地表现了出来。于是世界显示了它的第二面；到此为止，纯粹的意志，现在同时也是表象，是认知主体的对象。意志，到此为止只是以绝对的必然性和确定性，盲目地追踪它的惯向的事物，现在在这一层次，它为自己点燃了光明。这变成摆脱它现象拥挤与复杂本性造成的不利结果的一种手段，将确切地创造出最完美的一种出来。意志，到现在为止运行在无机跟仅仅植物性自然以内的那种确定性、规律性，是基于这个事实——它的原始的内在"存有"，是唯一作为盲目的驱策，作为意志而活动的，不需要那第二个完全不一样的世界——表象世界的帮助，也不需要它的打扰。的确，这样一个表象世界只是意志内在存在的翻版，但它的性质也相当不一样，现在它介入到意志现象的次序中。所以，那种万无一失的确定性就此结束。动物，已经就遭受欺瞒与幻觉；然而，它们只有知觉的表象，没有概念，没有反省；所以它们约束在现在之中，无法把将来纳入考虑。这种无理性的认识似乎并不在所有情况下都足够应付，因此好像偶尔需要一些帮助。因为我们看到了一个非常突出的现象，就是意志盲目的运作，跟那认识所点明照亮了的东西，以惊人的方式，在两种现象中彼此侵入对方的领域。一个例子是，我们发觉，在那些被知觉认识和动机所指导着的动物行为中，有一种行为是不需要这些，因此是以盲目运作的意志之必然性来执行的。我指的是机械本能；它们不被任何动机或

---

[1] 参考第二部第 22 章以及我的《论自然之意志》，一版，54 页以下及 70—79 页，或二版 46 页以下及 63—72 页。

认识指导，好像是被抽象的理性动机推动。另一个与此相反的例子，是认识之光穿透到盲目运行的意志工作间，照亮了人类机体中植物性的机能，我指的是磁性透视。最后，当意志达到了最高程度的具体化，那么，那降临到动物身上的知性认识，由官能来提供质料——从这儿只引发现时之知觉或直观——连这种认识都不再足够。那复杂、多面、多变的生物——人，是顶不晓得满足的，忍受着无数的震撼与伤害，为了能够生存，他必须借着双方面认识的指引。不妨说，一更有力的知觉认识，是加到了这个上头，它是一种对知觉认识的反省；换言之，就是理性、形成抽象概念的能力。这一来便有了思维，观察将来与过去，随之而来的结果是蓄意之谋断、顾虑、脱离了现在预先构想行为的能力等，最后是充分明白地意识到自己意志所作如此的决定。现在我们知道，光是知觉的认识，就有碰上幻觉与蒙蔽的可能，那么前面那种不需要认识而作用的意志之无谬性就被淘汰了。所以要靠机械的和其他本能，作为"无认识的意志"那样跃现的东西来辅助，在认识的跃现中变成指引者。所以随理性的出现，意志跃现的确定性与无谬性（在另一个极端，这种确定性、无谬性，是完全符合法则地出现在无机自然当中）便几乎全部丧失了。本能全面退却；蓄谋，它取代了一切事物，像第一部中解释的那样，同时招来了犹豫与不肯定。于是可能有谬误，在许多情况中，阻挠了透过行为的意志适当地具体化。因为，虽然意志已在性格中掌握了它确定且不可更改的过程，意志自己按照这个，不可变更地发生在动机的事件中，谬误还是能歪曲意志的表现，因为欺蒙的动机跟真的似的，溜进来赶走了它们[1]。比方说，就像迷信把想象的

---

[1] 所以经院学者说得好："目的因并不根据它的真实'存有'而操作，只按照它被认知的'存有'。"见苏亚雷斯，《形而上学论辩》，23，第7、8节。

动机摆到了一个人的脑袋里头，怂恿他做出一种行为，该行为直接与它的意志本来要在现有的这种环境下所出现的相反。阿伽门农杀掉自己的女儿；一个守财奴出于纯自私的心理而施舍，希望说有一天会得到百倍的报酬，诸如此类的，都是如此。

所以一般意义上的认识，理性的认识和仅仅从知觉来的认识，根本上是由意志自己进展来的，不过是一个"权宜之物"，属于更高层次意志具体化的内在存在，一个保持个体及种族的手段，这正如任何身体之器官。所以，认识根本上是要服务于意志来达成它的目标，几乎是彻底地执行它的服务；在所有的动物和大多数人那里，就是如此。然而，在第三部我们会看到，在一些个别的人类，认识是如何能从这种服从中超脱，摆开了束缚之轭，并且独立于一切意志的目标，纯粹为自己而存在，只是一清楚的世界之明镜；这便是艺术的源泉。最后，到第四部我们会看到，要是这种认识反来作用于意志，它是怎样能够导致意志的自我排除；换言之，断念、弃却。这是一切美德与圣洁的最终目的，老实说，是它最内在的本性，是从尘世之解脱。

28

我们已经讨论过现象巨大的多端性与异样性，在现象中，意志具体化了本身；的确，我们看到它们彼此无穷和难以平息的斗争。但是，到现在讨论进行至这个地步，那意志自己，作为物自体，却不被包含在多元性和变迁中。（柏拉图式）各种理念的异样性，也就是，具体化的层次划分，那么多的个体，在其中，每一个都显示了自己"形式夺取内容的斗争"——所有这些，跟意志自身无关，只是它的具体化之方式，而只有透过如此的具体化，所有这些东西

才跟意志产生间接关系，靠这个，它变成属于意志本质的表象之表示。就像一只走马灯，显示出千姿百态的图案，但使所有这些能让人看见的，不过是同一个火焰；同样，在所有这许多不同的各种现象——它们合起来填充了世界，或是彼此像连续事件那样交替着——在这其中出现的，只是统一的意志，任何东西，只是它的可见状态、具体性；在这些改变当中，它持存不动。只有它是物自体；任何客体是——学康德的语气——现象，是外观。虽然在人类这里，意志作为（柏拉图式的）理念，已经有了它最显著圆满的具体化，但光这个还不能表示出它的真实之"存有"。为了显示其适当意义，人之理念本身的出现，不能只是单独的，各自为政的，而是必须伴随着所有其他层次，往下推，透过动物所有的形式、植物界，而至无机的。他们彼此相辅，表现了完全的意志之具体化。它们之被人之理念假定为先，正如同树上花之先假定树叶、枝干与根茎。它们形成金字塔，其最高之点为人。要是喜欢比喻的话，可以说，它们的外观或现象之必然伴随人的外观、现象，正如同白天充分的光线，也伴随着强弱层次不同的阴影，透过这个，光线本身淡入黑暗之中。或许也可以把它们叫作人的回声，我们说动物跟植物，是人的降五度降三度音程，无机界则为更低的八度音。后头这个比喻显示的真理，只有在下一部我们探究音乐的深刻意义时，才能完全明朗。我们从那里可以看出来，连串的旋律，以高音符、轻音符与快音符进行着，在某种意义上被看作牵连了反思，而表示出了人之生、人之奋斗。另一方面，全管弦乐奏出最强的和音和沉重的移动之低音（从这里产生了音乐之完美所必需的和谐），则是其余动物自然界的一个翻版，是无认识自然的影射。但这又处理得恰到好处，这样，它不再听来叫人感觉矛盾不协调。我们也发现，意志现象层次渐进与意志适当的具体性水乳交融的内在的必然性，乃是在整个这些现象

自己外在的必然性上表示出来。由于这样的必然性，人需要动物来捧场，动物在它们的层次中则彼此需索，植物也一样，它又再次需要土壤、水分、化学元素及其化合、行星、太阳、环绕太阳的自转及公转，黄道的倾斜等。归根结底，这来自以下事实：意志必须仰仗自己过活，因为没有任何外乎意志存在的东西，而它，又是一个饥渴的意志，所以就有了追逐、捕猎、焦虑及苦痛之折磨。

在无穷现象之多端与异样中，关于意志整体作为物自体的认识，才是唯一被给予了我们的，它是关于一切自然造物那奥妙而万无一失之类同的真正解释，解释了那"科"的类似，这种科的类似使我们认出它们是同一未知主题的许多变奏。以同样的办法，通过对那和谐、那世界所有的部分之基本关联，那刚刚考虑的它们层次渐进的必然性——对这些清楚而贯彻的理解的认识，我们的眼前便有了一个真实而充分的洞见，洞悉一切自然有机产物之不可否认的合目的性或顺应性的意义、内在"存有"，这个合目的性乃是我们当考虑和研究这些产物时要假定为先、看成先验的。

合目的性有双重性质；有时它是内在的，也就是说，一个体有机体各部分的协同，安排成如此如此，使得个体和个体之种族的维持能有个依靠，于是本身表现为此种协同的目的、企图。然而有时，它作为外在的合目的性，也就是一般无机自然之于有机自然的关系，或者说是有机自然个体部分彼此的关系，它使得整个有机自然的甚至个别动物的种族的维系得以可能，于是，在我们的判断力看起来，它本身只好像是达成这个目的的一些手段。

内在的合目的性以如下方式与我们的讨论有关。根据我们到现在为止所说的，如果一切自然形式千变万化的样子，一切个体的多元性并不属于意志，只属于它的具体性和依从具体性的形式，那当然跟着得说，意志是不可分地整体呈现在一切现象中，纵然它具体

化的程度，即（柏拉图的）理念，非常之不一。为了更容易理解，我们可以把这些不同的理念视为意志的单个作用，本身是单纯的，而意志的本质又或多或少地在其中展示自身。可个体又是理念的现象，所以是那些作用在空间、时间、多元性中的现象。现在在最低层次的具体状态，这样一个作用（或理念）甚至在现象之中保留了它的多元性质；而出现在较高的层次，它就需要一整个在时间中状态的系列以及发展的系列，总的来看，所有这些先达成了一种意志真实存在的表示。所以，比如，把自己展示在一些普遍自然力之中的理念，总只是一按照外在关系的简单表示（虽然表现得有点不一样）；不然，它的同一性就根本不能成立，因为同一性只不过是靠抽离出纯属外在关系的异样性而产生。同样，结晶只有一种生命表现，就是它的形态之形成，随后便在它那凝结的形式中，这一点完全充分且毫无遗剩地表示在那瞬息之生的形骸中。可是，植物并不透过一简单的跃现表达出一个理念，而它自己则成了这理念即刻的现象，不，植物是处于器官在时间之中不断的发展的情形。动物不但以同样方式在经常不同（变形）形式的继承中发展它的有机体，并且，这个形式自身，虽然是意志在此一层次的具体状态，却并没有达成它理念完美的表示。相反，这完美的表示是首先经过动物的活动完成的，它经验的性格，跟在整个种族中一样的，在活动中表明了自身，也第一次完全揭示了理念，这是先假定确定的有机体以为基本条件的。说到人，每个个体有特殊的经验的性格（的确，我们在第四部可以看到，这甚至完全淹没了种族的性格，就是透过整个意志的自己限制、自己排除）。那本身作为经验的性格而被认知的，经过时间中必然的发展，跟区分为时间所限定个别的行为，加上从这种现象暂时的形式当中抽象思考，这就成了康德所谓的智慧之性格。在建立起这个区别，来形容自由和必然性（也就是物自体跟它

171

的现象）二者关系的时候，康德夺目地展现了他的不朽贡献[1]。所以智慧之性格和理念吻合，或不如说跟自己展现在理念中的意志原始作用吻合。因此就这个范围而言，不但每个人经验的性格，并且每种动物、每种植物甚至每种无机自然的原始之力，其性格应该视为一智慧性格的现象或展现，换言之是超出时空的、不可分割的意志作用的展现。附带说，我愿意在此地指出，植物之单纯地透过它区区的形态，坦率地表达并公开它整个的性格，揭示它整个的存在和意志活动，是多么诚恳！这就是为什么不同的植物的外观如此引人入胜。另一方面，照一动物的理念认知一动物，我们就要观察它的活动、行为，要认知人，我们要完全调查他、考察他，因他的理性能力使人与人有高度的差异。动物比人更天真坦率，其情形正相等于植物之比动物更天真坦率。在动物中，我们看出赤裸裸的生之意志，要比人来得没掩饰，在人那里，是披上那么多的知识，甚至拿异化的能力予以遮盖，以至于它真正的性质，几乎只有靠机遇在个例中才透露一丝。在植物中，意志相当赤裸地表现，但也虚弱得多，只是盲目的冲动，没有目的指标地存在着。乍看下植物揭露了它整然的存在，完全天真而无所矫饰。这并不会因为它们的生殖器官长成暴露在外表，而有所妨害，至于一切动物，生殖器是安置在更为隐秘之处。这种植物部分的无所矫饰，乃基于它的缺乏认识；罪恶不是在意志活动中，而是在有认识的意志活动之中。任何植物首先告诉了我们，它的生长家乡，那儿的气候跟它根植的土壤性质。所以甚至没多少经验的人，也能简简单单知道，究竟一株外来的品种是属于热带的，还是属于寒带的；究竟它长在水中，长于沼泽之乡，

---

[1] 见《纯粹理性批判》，《宇宙间事件演绎之统一性从宇宙观观点的解决》，五版560—586页，一版532页以下；及《实践理性批判》四版169—179页，罗生克朗版224页以下，参考我的《论充足理由原理》第43节。

在高山，还是在荒原。另外，任何植物表示了它的种族之特殊意志，倾诉着任何其他别种的语言所不能表达的。但现在让我们把这里所说的，运用到对有机体做一个目的论的思考——只要牵连的是有机体内在的适切性。在无机的自然，理念被视为到处只是一单纯的意志作用，它同样只有在特殊的并经常类似的展现中揭露自身，所以不妨说，在这里，经验的性格直接参与了智慧的整体。可以说，它跟它调和，以至于不再看出任何内在的合目的性。另一方面，所有的有机体通过彼此继承的发展，受共存的部分的多端性限制，而表达了它们的理念。因此，它们经验的性格出现的总和，首先就是智能的性格之集合表示。现在说，这种各部分跟继承的发展之必要的共存，并不局限那出现的理念之整体性质（一元性），并不局限了那意志自己跃现作用之整体性质。相反，这个整体性质于是在这些部分与发展彼此按照因果律而有的必要关系和衔接中，发觉到可以把自己表示出来。因为，它乃是统一的不可分的意志，为这个理由，它完全跟自己协调，并且就像在某个作用当中一样，表露了整个理念，它的现象，透过自己之离析为杂多的不同部分与条件，必须是已经在一贯彻的部分、条件的和谐中，再度显示了那整体性。这是透过一种所有部分彼此必然的关系与依赖而发生，至于理念的整体，也已经在现象中重新建立起来。接着，我们现在认识到，有机体那些不同的部分和功能，彼此互为手段与目的，而有机体自身乃是一切最终目的。接着，既不是本身单纯的理念离析为有机体之部分与条件的多元状态，又不是，另一方面，透过这些部分、这些功用，由于它们彼此是原因与结果、手段与目的，通过它们必要的牵连重新建立起一元性来，于是这些，对于如此出现的意志来说，对于事物本身来说，就可以称为特殊并基本的，——不是的！像那个样子，只属于它在时空因果中的现象，只是充足理由原理的模式，现象之

形式。它们从属于表象的世界,并不从属于意志的世界;它们从属于意志变成对象(客体)的方式,即它们属于意志在某一层次之具体性的表象。谁要是看穿了这个多少不容易懂的讨论的主旨,那他就会正确地了解,康德理论所谓有机物的合目的性,与无机物之配合法则,这两种情形首先是由于我们的知性带来的,所以两者只属于现象,不是物自体。前面说的,由于无机自然之吻合法则那种万无一失的协调造成叫人羡慕的情形,基本上,其实是和有机自然的合目的性所激起的情形一样。因为在两种情况中,我们惊奇地看到了理念本来的一元性,只是因为现象,理念才采取了多元性和异样性的形式。[1]

现在来到第二种的合目的性,也就是按照上面分类所谓外在的,它并不在有机体内部生活中显示自身,而是从它们接受的以外的支持维系,或是由无机之自然,或是由彼此之共济——从这当中表现自身。这第二种在刚刚的讨论中可得到一般性的说明,因为整个世界,连带它的一切现象,乃是统一不可分的意志的具体性,它的理念关系一切其他理念,就如和声之于个别的声音。所以意志的整体性,必须也在它的所有现象彼此的协合中表示自身。但要是更深入到那一现象中,即自然不同部分外在的合目的性及其彼此的和谐,我们就可以大大弄清上述见解,同时,更发挥前述讨论的精义。然而,要最恰当地达到这目的,我们还是要借着下面的类比。

每一独立个人的性格,只要它是彻底独立的,完全不包含在种族的性格以内,就可以被视为一特殊的理念,对应于一个特殊的意志具体化的作用。那么这个作用本身将是他智慧的性格,他经验的性格就是这个智慧性格的现象。经验的性格完全被智慧的决定,后

---

[1] 参考《论自然之意志》的"比较解剖学"一节最后。

者是没有根据的,即意志作为物自体,并不从属于充足理由原理(现象的形式)。经验的性格必须在我们整个生命历程中作为智慧的性格的翻版,而不能表现得违背了后者内在本性所需要的。但这种倾向在因此出现的生命过程当中,只是基本上原则上如此,至于不是根本的东西,就不是这样。这次要的、非根本的东西,属于事件和行为这些被细化规定的东西,而经验的性格就是拿这些来作为显示自身的材料。事件和行为是被外在环境决定的,助长了动机,而性格则依照其本质对动机起反应。由于它们可能非常不一样,那么经验性格的外在现象形式,还有确切的生命历程实际或历史性的形态,便将随它们的影响而调整。可能这会显示出非常不一样的情况出来,虽然说,这个现象基本上,它的内涵还是没有变。所以比方说,究竟一个人是无所事事之闲汉,还是万乘之尊,这都不是根本的;但究竟一个人在扮演命运赋给他的角色时,他欺骗或是诚恳老实地干——这才是根本的!后者由智慧的性格决定,前者由外在影响决定。由于同一个主题可以放在成千成百的变奏中,所以同样的性格,能在千万个不同的生命历程当中表现出来。但不论外在的影响能怎样变异,经验的性格,把自家在生命历程中表白了的,不管变成怎样,必须是正确地具体化了智慧的性格,因为它是把自己的具体化,拿来配合前面发现的实际环境的材料。现在要是希望构想出意志在它具体化的原始作用中,怎样决定了它在其中具体化自己的各种不同的理念,换言之,每一种自然存在的不同形式,那么,我们便得假设一些跟那生命历程的外在环境影响类似的、基本上被性格决定的东西。它,意志,把它的具体化分配给这些形式,所以这些事物必须基本上在现象中,彼此有一种关系。我们必须假定,在统一意志这些个现象之间,发生了一种普遍、相互的适应、迁就。不过这儿,像我们马上就会更清楚看到的,一切时间的限定被排斥了,因理念

在时间以外。接着，任何现象必须自己适应它打入的环境，然而再度地，环境又必须自己适应现象，虽然在时间上来说，它是后来的；而这种 *consensus naturae* [自然的交感] 我们到处可以看到。因此，任何植物跟它的土壤、气候配合得很好，任何动物跟它的生存境态乃至成为它口粮的牺牲也配合得很好，那个牺牲同样也在某一个范围受保护而免于其自然的猎食者。眼睛适应光线，及其折射性，肺和血液适应空气，鱼鳔适应水，海豹的眼睛适应它的介质之改变，骆驼胃部含水的胞囊适应非洲沙漠之干旱，鹦鹉螺的触手适应那驱动它小壳的风，这样躯体上的合目的性，一直到顶特殊、顶叫人惊奇的例子都有[1]。可是，我们在这里必须离开一切时间关系而思考，因为这样的时间关系，只能牵涉理念的现象，而非理念自身。所以这种解释，也应该以反思的方式来运用，那不光只是假设任何种族自己适应已经发现的环境，而且，这些环境自己，在时间上发生在前的，同样要顾及不久将来会降临的生物。因具体化了自己的整个宇宙，的确是统一的意志；它无所谓时间，因时间这个充足理由原理形式不属于它，也不属于它始原的具体性，就是各种理念，而只是这些理念被无常的个体认知的方式，只是各个理念的现象。所以说到我们现在的讨论，对于意志具体化在各个理念当中被打扰的方式，时间的连续完全没有意义。故此，那些现象按照自己所从属的因果律早一点进入时间系列的各种理念，并不就胜过那现象迟些时候进入的。相反，这些后来的，正是意志顶完满的具体化，早期的必须使自己顺应它们，正如同它们必须顺应早期的。所以行星的过程，黄道之倾斜，地球的运转，干燥的陆地与海洋的分离，大气、光亮、炎热，还有一切类似的在自然界如同基础低音之于和声的现

---

1 见《论自然之意志》中的"比较解剖学"。

象，可以说是使自己完全迎合预感到的未来有生命的种族，它们将变成支持者、维系者。同样，土壤使自己顺应植物之营养，植物使自己顺应动物之营养，动物使自己顺应其他动物之营养，这正如相反地，所有这些，又把自己顺应土壤。一切自然的部分，彼此迁就，因为出现在它们所有之中的，是统一的意志，时间的连续，对于它始原的、唯一适合的具体性，就是各种理念，可以说相当不相干（下一部将讨论这点）。即便是现在，当种族只需维持自己，不要再产生新的时候，我们看到，这么一种自然的预见能力扩展到未来，好比说，真正脱离时间的连续而抽象思考。我们看到，已经存在的根据尚未到来的，在进行一种自我适应。所以鸟儿为它还不晓得的幼雏营巢；海狸造穴，其目的自己不知；蚂蚁、土拨鼠跟蜜蜂收存储藏以备未知的严冬；蜘蛛和蚁狮好像出于蓄意的谋断而忙碌营建，来构陷它们尚不知的猎物；昆虫把卵产在将来幼虫能找到营养的地方。开花的季节，雌雄异株的苦草，当中雌花伸展其螺旋的花梗，从水底上升至水面。那时候生长在水底短梗上的雄花从茎上脱落，这样，牺牲了自己，浮到水面，它在那儿扬浮着迎合雌花。而雌花，当这样受粉以后，再度卷缩如螺旋状降落水中，在那儿开始结果。[1]这儿我又要提一下那锹甲科大甲虫了，雄的幼虫变形时在树上啃洞，洞要大于雌的一倍，为的是将来好安放它那两只角。所以，一般动物的本能，已经对这种自然的目的论提供了最好的说明。因为正如本能乃是一种行为，好像是比照一个目的的概念，又完全无需此一概念，同样，一切自然中的成形与生长，也就像是比照一个目的的概念，又完全无需此一概念。在自然的外在及内在目的论中，我们所必须设想为手段与目的的东西，到处都只是现象，该现象来自一

---

1 1855年第13期《科学学院摘记》中查丁（Chatin）论"苦草"。

个与自身高度和谐一致的统一意志,只因我们的认知模式,才被剖开成空间与时间。

然而,从这个整体跃现出来的现象,它们相互顺应与协调,却不能抹除刚才讲的那种内在的背反,它出现在自然的普遍的斗争中,它对于意志也不可或缺。和谐,充其量只能使宇宙及其生物的绵延成为可能,否则它们将老早毁灭。所以,它只及于种族的绵延和一般生命的条件,而不及于个体。接着,由于借和谐与协调之故,有机的种族,及无机的普遍之自然力,挨个儿地继续存在,甚而至于彼此维持,那么,另一方面,意志内在的背反,透过所有那些理念具体化了起来,在一场无穷的、扑灭种族里头那各个个体的战争中,展示了自身,在那些自然力现象彼此恒久的斗争中展示了自身,就像上头讲过的那样。行动的场景跟争夺的对象,乃是物质,它们彼此奋力夺取着物质,还有空间、时间;时空透过因果关系形式的结合,才成为真正的物质,如第一部所解释过的[1]。

29

我在这儿结束对第二个重要部分的讨论,我希望,在第一趟传授一个以前从没有过——因而不能完全免于那些它本来的个性痕迹的观念时——我可以成功使读者明确:我们大家居住并生存的这个世界,就其整个的本性看来乃是一再透过意志,同时也是一再透过表象。这样一个表象已经先假定了一个形式,即主体及客体,因此它是相对的;要是我们问,把这个形式,以及把一切附从于这个形式的、通过充足理由原理表达出来的所有形式清除之后,剩下来还

---

[1] 参考第二部第 26、27 章。

有什么？回答是：就其为一种类别上完全不同于表象的东西，它再不可能是别的，它就是意志，因此是真正的物自体。任何人发现自己是这个意志，宇宙内在的本质寓于意志，并且他也发现自己是认知主体，他的表象就是整个世界；而这个世界只有联系到认知主体的意识，把它作为必要的支点，世界才存在。每个人，在这样一体两面的考虑下，就是整个世界，是小宇宙；他发现世界这两面整然并完全在自己以内。于是他这样体认自己的内在存在，也就照样穷尽了整个世界、大宇宙的内在存在。所以整个世界，像人自己一样，是一再透过意志、表象，此外无他。所以此地我们睁开眼睛，看泰勒斯的哲学，牵连大宇宙，看苏格拉底的哲学，牵连小宇宙，看到它们是协调的，因为二者的对象经证实是同一的。但我的朋友，第一部和第二部传授的全部知识，将通过以下两部达到更确定、周全的地步。因此也希望说，到现在为止我们讨论过程中所引起或隐或显的许多问题，将会得到适当的解答。

同时，这些问题当中有一个，或许要特别提出来讨论，因为恰当地说，只有当我们还没完全贯彻前述讨论的意义之时，它才会被提出来，所以就这个范围讲它可以作为一个图解来看。这个问题是这样的。任何的意志，是指向什么的意志；它有一个对象，一个它意志着的目标；那么它到头来意欲的究竟是什么，或者，究竟那被当作宇宙"存在本身"而显示给我们的意志它追求的是什么？这个问题，像那许多其他的问题，源于对物自体与现象的混淆。充足理由原理，其中动机驱使律同样算是它的形式之一，它只扩展到现象，而不到物自体。在任何地方都只能给现象安上一个根据，给个别的事物安上一个根据，但绝对到不了意志自身，或意志适当地把自己具体化了的理念。所以说到任何特殊的运动，或一般而言自然的每一改变，就得找它一个原因；换言之，一个必然产生它的情形、状

态，但这绝不是一个展示在该现象及无数类似现象中的自然力自己的原因。所以要替重力、电力等找一个原因，这真正是一项误会，是由于缺乏思想所闹的笑话。只有说重力和电力多少显示了它们并不是始原的自然特征的力，只是一个已知的更普遍自然力出现的样态，那么我们才可以询问在一个既成事实中，导致这个自然力产生重力或电力现象的原因何在。所有这一切已详细讨论过了。同样，一个认知的个体（它自己只是作为物自体的意志的现象），他的任何特殊的意志作用，必然有一个动机，没有它，作用就永远不会发生。但正如同物质原因只能去规定如下情况，即在某一时间、某一地点、某一内容下，或此或彼的自然力之跃现必须发生，所以同样，动机也只在某一时间、某一地点、如此这般的环境，决定了一个作为相当独特东西的认知之物意志的作用；但它并不决定那认知物一般地在意欲着什么，以何种方式去意欲等。那是他智慧性格的表达，就其为意志自身、物自体，是没有根据的，因它在充足理由原理的领域外。所以，每一个人不可避免地有意图、目的、动机，以此指导他的行为；他总是能够对特别的作为进行描述。但假使人家问他，为什么他一般地意志着，或为什么普遍地讲他意欲着生存，他将张口结舌无从回答；老实说，这问题在他看起来将是荒谬的。这点，其实真正就是他意识的一种表示，说他自己不过是意志，而这个意志所一般意欲着的，是件当然之事，只有在每个时间点的个别行动中，意志才透过动机需要一更为特殊的规定。

的确，一切目标、一切限制的付之阙如，乃是意志自己根本的性质，意志是一无限的奋斗。这在上面当提到离心力时候已经点到为止地讲过了。它同样也在意志具体性最低层次的最简形式中显示了自身，这就是重力，我们看到它不断奋斗，虽然它最终的目标显然是不可能的。否则，照它意欲着的，一切存在的内容被结合成一

团，那么在这个块团以内，地心引力永远向中点奋进，它将仍然总是和刚执性、弹性这类的不可穿透性争斗。所以物质的挣扎总是只能被阻挠，永远不被完成、满足。但一切意志现象的奋斗正是如此。任何被达成的目的，同时就成为一新过程的起点，如此之于无穷。植物拔擢它的现象，从种子，透过茎叶至于开花结果。花果再度只是一新种子的开始，新个体的开始，再一次把这老路子走了一遍，这样透过无穷的时间。动物的生命过程亦复如是；生殖是其最高点，这点达到后，前一个个体的生命遂逐一消逝，或缓或急，而一个新的生命，保证其种族的自然延续，又重复了同一现象。的确，每一有机体之物质的不断更新，也照样可以被单纯视为这种持续的压力与变迁的现象，而现在，生理学家们则不再认为这样的更新是物质消耗运动中的必要补偿。机械的可能损耗无论如何也不能等同于摄生的持续之流入。永恒的"成为"，无限的流动，揭开了意志的根本性质。最后，同样的事也可以在人类的努力与欲望中看出来，这些情操以空洞之希望使我们飞扬，以为满足它们便总是我们所意欲的最终目标。然而一旦它们被达成，就不再像刚刚一样，而是立即被忘怀，成为过去——虽然大家不承认这点，事实上它们总是被撂在一边，像虚空之幻觉。当某些让人渴望、让人奋斗追求的东西仍然存在，那么，这种从欲望到满足、从满足到新鲜的欲望之不断转移的游戏就持续着，迅速而短促的过程叫作快乐，缓慢而迟延的过程则叫作忧苦，而若陷入那种停滞不前的境地，则表现为使生活瘫痪的可怕的厌恶感，一个没有确定对象的无生命的渴望，一个致命的折磨。照我们这样说，当认识之光烛照之时，意志总是知道此时此地它在意欲着什么，但绝不认识到它一般地意欲着什么。每一个别行为都有一个意图或目的；整个的意志行动压根儿看不到目的。同样，每一自然的个别现象，在诸如此类的时间地点出现时，要被

—充分的原因决定，但在这一现象中跃现自己的"力"，一般说是没有原因的，因这样的力是物自体、无根据之意志的一个阶段。作为整体的意志的唯一自我认识，就是整体的表象，整个知觉的世界。它是意志的具体性，意志的启示，意志的明镜。在这范围它表达了什么，将是我们进一步研讨的主题[1]。

---

1 参考第二部第 28 章。

第三部　作为表象的世界（二）

不受充足理由原理拘束的表象
柏拉图的理念和艺术的对象

> 那永恒地"有"着而无起源的是什么东西？那发生过后又消逝，但事实上绝对没"有"的，又是什么？
>
> ——柏拉图

30

在本书第一部，世界被证明为仅仅是表象，从属于主体的客体。在第二部，我们就它的另一面思考，发现那是意志，我们证明了，世界除了表象外就是意志。依据这个知识，我们称世界为表象——就其全体同时也就其部分——是意志的具体化，那自然是说，意志变成了客体，即表象。现在再进一步，我们回想说，这样的意志具体化，有不同但有限的层次，就它的层次，意志内在的本质，渐次发展得清晰而完整，出现在表象中，即表现为客体。在这些层次中我们再度辨认出柏拉图的"理念"——即只要在这些层次正是有一定的各个"种类"，或正是一切自然体（不管有机无机）原始的不变形式及特性，以及是那些按照自然律揭发自己的普遍之"力"。在这些个范围内。因此，这些理念就整体来看是出现在数不清的个体中，在孤立了的细微事物中，并且像原型关系着翻版一样，与它们所有的联系。这些个体具备的二元性质，只有透过空时才能体认

出来，它们的苗长与萎逝，则只有透过因果律才得以体认。在所有这些形式之中，我们唯一看到的是什么呢？看到充足理由原理的不同面——充足理由原理作为一切有限者、个体行为之统御原则，当牵涉到如此个体的认识之际，它是表象的普遍形式。另一方面，那理念并未打入充足理由原理；所以二元性与变化均不属此理念。理念表示出的个体乃是不可计数的、不断地世代交替的，可是理念总是同一不变的，充足理由原理对它来讲，不具任何意义。问题在这儿，只要主体以个体的身份认知，充足理由原理就是一切主体认识所依据的形式，那么理念就不在这种主体的认知范围里了。因此，假如理念要成为认识的对象，那就只有抛弃掉认知主体的个体性。我们现在最关心的，就是对这一点更确定而详细的解释。

31

但首先还有下面这些该注意的基本事项。我希望本书前两部能成功带给读者这种领悟，即康德哲学中所谓的物自体，一种看上去是那么宏崇伟大但也是暧昧、矛盾的理论，若是从完全不同的路子来求得（从这个被我拓宽了定义的概念的范围上看），无非是意志。在康德那里，它被表达得相当暧昧、矛盾——特别是从他介绍物自体的方式上看，即从被根据支撑着的东西，推理到所谓的根据，它被看成一个绊脚石，事实上，这是康德哲学脆弱的一面。还有，在这么讨论后，我希望没人还会犹豫着而不能因此再度体认出，在那具体化了的、形成宇宙"本身"部分的意志定限的层次中，那柏拉图所谓的永恒理念、不易的形式（ειδη）。在历史的洪流中，作为形形色色无数天才心灵思考的中心，争议的目标，被视为荒谬，又被看成值得尊敬，这些理念，被人当作是基本的，同时又是暧昧、

矛盾的柏拉图学说之精义。

好了，要是意志对我们而言就是物自体，柏拉图的理念就是意志在一特定层次直接的具体化，那么，我们便发觉康德的物自体和柏拉图的理念（在柏拉图看来，这是唯一的 οντως[实体]），西方最伟大的两位哲学家的这两种伟大、暧昧的学说，乃是如此接近，虽然不是绝对的等同，但也只能从微小的变异上区别开来。话说回来，不论两者内在是如何协调与相互关联，由于柏拉图与康德特殊的独具的个性，这两个伟大的反论，听来像是完全的两回事，彼此成了对方的注脚。它们就像导向一个目标的两条路。关于这点，几句话便可以交代清楚。康德的本意是这样："空、时、因果并不是物自体的限定条件，它们只属于物自体的现象，因为它们只是我们认识的形式。既然任何杂多，任何的苗长与萎逝，只有透过空、时、因果才成为可能，因此它们也就只有附着于现象，绝不是依凭于物自体。更由于我们的认识是被这些形式决定，那么整个的经验就只是现象的认识，而非事物本身的认识；那么它的法则当然也不能适用物自体。即便是发掘到所谓我们的自我（ego），我们认知的不过是现象的自我，绝非它的本身。"这就是康德学说重要部分的定义与内涵。而柏拉图说："宇宙的事物，被我们的感觉所觉察到的，乃是压根儿不具备任何真实的'存在'；它们经常总是变化，但绝不'存在'。它们只具备相对的存在；它们聚合，只因为透过彼此的关系，因此它们的存在只能同样说是虚无的'有'。所以呢，宇宙万物并不是一个真知（επιστημη）的客体——因为如此的真知只在于其本身，且为了本身，永远不变。相反，世上万物只是观念的、思想方式的对象，由感觉导致的（δοξα μετ, αισθησεως

αλογου）[1]。只要限制在这种知觉里头，我们就好比躲在洞穴里的人类，被锁得紧紧的，甚至没法转头。他们只看到后头的火光映射到他们前面的物体模糊的轮廓；借着火光，这些影像出现在面前的墙上。甚至于他们自己，或许彼此间，看到的都只是这墙上的影子。他们的智慧就在于靠经验预测这些影子的连续结果。另一方面，只有那些模糊轮廓的原型、那永恒的理念、一切事物原始的形式，才是真实的存在，因它们确定而绝不变化，绝不退逝。杂多不属于这原型、理念、真实的存在——它们各个的本质只有一体，那就是原型本身，任何特殊、变幻的同种同名的事物，不过是它的翻版、它的影子。任何变成存在的、消逝的，均不属原型，因原型之为真实的'存有'，真实的存在，是绝不变化，不像它们飞逝的翻版那样，瞬目即逝。（在这两个否定的定义中，必然有这么一个在先的假定：空间、时间、因果对于这些理念，可以说是没有意义、无效且不在它们里头。）所以只有理念的认识才可谓为有适当意义，因为这种认识的目的，没别的，只是那各方面、经常确定的（所以是'本身'的），而不是一忽儿是，一忽儿又不是，随咱们的眼光改变的。"这是柏拉图的教义。显然这两种理论就内涵的意义来讲完全一样，用不着进一步的证明；它们都声称，这视觉看得见的世界是一现象，它本身是空无的，只有透过将自己表达在当中的东西（一边称物自体，另一边称理念），它才有了意义，有了假借的真实性。但是所有现象的形式，甚至最普遍和基本的，在这两种理论之光的照耀下，对于那真实的东西来讲也可以全然不同。为了否认这些形式，康德甚至直接拿抽象的名词去解释，干脆从物自体中抽掉了空间、时间、因果，认为它们是现象的形式。另一方面，柏拉

---

[1] 见《论自然之意志》中的"比较解剖学"。

图可没表达得那么淋漓尽致,他只是直接把理念抽出来,脱离那些形式,由此否认所有理念透过那些形式的部分,即那些同类中的杂多性、生与灭等。虽说稍嫌多余,不过,我倒想举一个例子把这值得注意的、重要的哲学契合阐述明白。假定,有只动物活生生地站在我们面前。柏拉图要说:"这只动物没有真实的存在,只是一外观的存在,一不停的变化,一相对的存在!也可以说,它是无中生'有'。只有从动物抽取出来的理念,才是真实的'有',动物本身(αυτο το θηριον)不依赖任何事物,毋宁是在于本身、由于本身而有(καθ'εαυτο, αει ωσαυτως);它没有变化,不是过往之不可捉摸,它总是那样子(αει ον, και μηδεποτε ουτε, γιγνομενον, ουτε απολλυμενον)。一旦我们认识到这动物的理念,那么不管我们看到的是这只动物,或千百年以前它的先祖,是土产的,或属于边远异域的,以这种形态姿势或行为表现出来,或那种的形态姿势行为,最后,究竟它是这一种族当中的这个或那个的个体,都无关紧要,它只是'一'。因为,那些都是空的、不真实的,只和现象有关;只有动物的理念,才具备其实的'有',是真正认识的目标、对象。"这就是柏拉图。康德呢,可能会这么讲:"这只动物,是时空因果等的现象,后者寓于我们认识范围内的经验之可能存在的先验条件里,并不是物自体的限定条件。那么,这动物——既然我们在时间的某一点、空间中的某一处觉察到它,我们觉察这是一投入存在而同样将必然在经验的联系,换言之,在因果链中隐退的个体就不是物自体,而是现象,只有牵涉我们的认识,才有意义,若是打算按照它本身来认知它,超脱一切寓在时空因果里的限定,那就需要另一种知识,不同于仅仅透过感官与知性才对我们可能的知识的。"

为了将康德的意思表达得更接近柏拉图,我们也可以这么说:时间、空间、因果,就是我们心灵的一种整理,靠这个,每种真正

存在着的统一之"有",它的本身像性质相同各种的"有"所具的多元性一样,总是那么着的以一种无休止的连续,接连创始与消逝,展现在我们面前。依靠并参考着这种整理、安排而得来的对事物的体会,就是所谓内在的;另一方面,对事物真实状态的识觉,就是所谓超越的。透过纯粹理性批判,我们抽象地了解到它,不过在例外的情形,它也可能直观地出现。当然后面这句话只是我的补充,我打算在这一部中加以解释。

要是康德跟(自从康德以来)柏拉图的学说曾被我们正确了解、掌握;要是人们脚踏实地、如恐不及地思考这两位伟大导师学说的内容与意义,而不是徒然套用他们的技巧措辞,模仿他们的文体,那人们早该发现两位贤哲多方面的相同,发现他们的学说中真正意义重大,目标绝对吻合。那么,我们就再也不会老是把柏拉图比拟成莱布尼茨(柏拉图的精神可不寓于他),或是像另一位如今还健在的鼎鼎有名的先生[1]那样妄自比附于古圣哲,我们可能走得比现在更远,毋宁说,不会落到过去四十年那种差劲的地步。我们就不会让自己给人牵着鼻子走路,今天跟着这个牛皮大王,明天跟着那个;而这幕自夸为德国史上大事的哲学闹剧,就不至于这么粉墨登场于 19 世纪了。这把戏是在康德的坟头上扮演的(一如古人时或在死者的葬仪当中扮演的那样),成为咱们在其他民族面前的笑柄,所有这些,都是这幕趣剧干的好事,在人家眼里,这种事情最不适合严肃死板的德国人。衷心爱好一个真正的哲学家的人是那么少,历史带给他们的知音找不到多少个。"拿着权杖的倒不少,可是变成女祭司的没有几个。""哲学落入了屈辱之渊,因为没有人探掘到它价值所在的地步;要知道,哲学家该专攻深入的,并非那些虚

---

[1] 指 F. H. 雅各布。

假的，而是那真实的。"（柏拉图，《理想国》，535C）。

人们听从一些字眼儿，比如"先验的表象"啦，"脱离经验而认知的知觉及思想形式"啦，"纯知性的初级概念"啦，等等。现在他们问了，柏拉图的理念也是初级的概念，也被假定成对真正存在之物的先天知觉的回忆——那在某方面来说，它是不是等同于康德所提出的先验地属于我等意识内的"直观的形式，思想的形式"？这两个绝对不同的理论，倒有些相似的地方，康德的形式理论，把个体的认知限制在现象范围内，而柏拉图理念学说，其认知显然根本否定这些形式——这两种完全相反的理论被小心翼翼地比较，我们大肆讨论它们同一与否。最后发现了两者是不同，因此贸然下结论说，柏拉图理念的理论与康德的理性批判根本不融贯[1]。关于这些，我费的口舌已经够多啦，现在到此为止。

32

我们的观察到了这地步，自然会有结论。尽管康德和柏拉图之间有这些内在的一致性，他们心灵的目标、激引他们进入哲学思考的宇宙观，都那么相同，然而理念和物自体对我们来说绝不是一个东西，绝不相同。相反，就咱们来说，理念只是物自体直接的，所以是适当的具体性，然而，物自体正是意志——意志，只要在未具体化以前，就未成为表象。因为——完全照康德的意思——物自体被设定为独立于一切附着于这类认识的形式。康德的一个过错（如附录所指出的）就是，在这些形式中，他没有优先把"作为从属主

---

[1] 例子见 F. 鲍特威克（Bouterweck）的《伊曼努尔·康德：一个里程碑》第49页，或布勒（Buhle）的《哲学史》第六卷，第802—815及823页。

体的客体之存在"算上去，事实上那是顶要紧的；要知道这个形式是所有现象（即表象）中最原始、最具普遍性的，康德其实应该因此特别否定说，这个"作为客体之存在"不是他的物自体，这样就可以防止行将暴露的那个绝大的不协调。另一方面，柏拉图的理念必然是客体，是被认知的东西，是一表象，而就这方面讲（同时只有在这方面）就绝对跟物自体不同。柏拉图的理念把那现象附属的形式摆到一旁，后者我们概括进充足理由原理；毋宁说，它根本没有深入这些形式。可是，它还保留了最重要、最具普遍性的形式——就是一般表象的形式，成为从属主体的一种客体存在形式，那些形式附属它（其一般的表示就是充足理由原理），它在特殊的、流逝的个体中，把理念化为无数，而它的数量对于理念来说，完全无关紧要。因此再一次，充足理由原理成为理念所进入的形式，因为理念会进入到作为个体的主体认识中。这样，配合充足理由原理显示出的特殊事物，就是物自体（就是意志）间接的具体化，物自体跟它之间存在着的理念，成了唯一直接的意志之具体性，因它并不假设任何这样认识独特的其他形式，它假设的是一般的表象，即从属于主体的客体的表象。因此，它成为意志或物自体恰如其分、相对等的具体性；的确，甚至得说它是整个物自体——只不过是在表象形式下而已。这就是柏拉图和康德有相同之处的理由——虽然严格说来，他们两人说的东西并不一样。然而，个别的事物还不是充分的意志具体性，具体性在它们当中被那些形式混淆了起来，其形式一般的表示是充足理由，但充足理由原理是认识的形式，正像它对如此的个体是可能的一样。要是容许从一不可能的居先假定推论的话，事实上，我们应该不再认知特殊事物，什么事件、流变、多元性，我们只体会理念，只体会那唯一的意志、真正的物自体所具体化的层级，我们清楚得如云开日现。所以，若作为认知主体的我们，不

同时作为个体；换言之，若我们的知觉不以身体（这里是触觉开始的地方）作为中介，那么我们的世界将是一 *nunc stans*[现在之坚持]。这个身体自己只是具体的意志作为，意志的具体性；所以，它是客体中的客体，于是乎，就只能像那样地进入认知的意识——就是在充足理由原理的形式中。因此它预设并引入了时间，还有一切充足理由原理所表示出来的其他形式。时间只是个别生命对理念所具有的一种片段的、抽丝剥茧的理解。理念超脱了时间，因而是永恒的。所以柏拉图说，时间是关于永恒的流动影像（αιωνος εικων κινητη ο Χρονος）（《蒂迈欧》，37D）。[1]

33

既然是独立的个体，那么我们的认识就只有服从充足理由原理，而这个形式却排斥对理念的认识，显然，要是我们能从特殊事物的认识超拔到理念的认识，那么这只有从主体发生改变才得以可能。这样的改变，跟整个客体的本质巨大改变类似，相应的，就主体能认识到理念而言，它就不再是个体。

我们还记得前面讲的，一般的认识本身属于高层次的意志具体化。感性、神经、脑，和有机生物的其他器官一样，只是意志在它具体性的某层次的一种表达；所以，透过这些认识所产生的表象，也注定是如手段（μηχανη）似的服务于意志，以达到如今已变得复杂（πολυτελεστερα）的目的，以维持有许多不同需求的生存。所以，从源头以及其本质来讲，知识完全是意志的仆人，正如那靠因果律的运用而成为认识之起点的直接客体（我们的身体）一样，是具体

---

[1] 参考第二部第29章。

化了的意志。所以，一切遵循着充足理由原理的认识，跟意志只保留了一种狭义的或疏远的关系。个体发现，他的身体是诸客体中的一个客体，对于那么多的客体，它依照充足理由原理跟它们有许多不同的关系与联系。所以对这些客体做一番考虑，不管直截了当或拖泥带水的，就总是跳回到他的身体和意志。因为充足理由原理把这些客体纳入到与身体、意志也一样，那么，使役于意志的认识唯一的努力，就是去认知充足理由原理安排下来跟那些关系有关的客体，所以是去遵循它们在时空因果中多种不同的牵连。只有透过这些关系，客体才对个体具有意义的密切相关；换言之，才能与意志产生关联。那么，役使于意志的认识真正认知到的客体，不过是它们的关系，只知道客体存在于如此的时间、空间，诸如此类的环境中，从如此这般的原因，产生或此或彼的效果；换言之，将它认知为个别的事物。要是把所有这些关系去掉，客体将逃离认识，因为，它无法从中再辨认出任何东西。我们同样也不能隐瞒一个事实，就是一切科学考虑的东西，基本上也不过是这些了，即它们的关系，空间时间的牵连，自然改变的原因，形式的比较，事件的动机，反正，就只是关系。将科学跟寻常的认识区别开的，乃是它的形式，靠概念的附从性，以及这样获得的认识的完整性，从普遍中归纳任何特殊之事，这么来的一种知识之系统化、便于操作化。所有的关系本身只有相对的存在；比如，任何时间中的"有"，也是"没有"，因时间就是相反的决定条件要靠着它（时间）才属于同一事物的那么个玩艺。所以一切在时间中的现象同样是空无，因为分离了它的起源与结束的不过是时间，本质上是一流逝的、不稳定的、相对的东西，在这儿称它为"持续"。然而时间，是使役于意志的这种认识之一切对象最普遍的形式，也是这类认识到残余形式的原型。

现在一般说来，知识还是屈从于对意志的服务，因为事实上它

是为了这种服务才存在；的确，它从意志中跃现，正如头脑之从躯干跃出。就动物而言，知识之隶从于意志，是再摆不掉的。在人类，偶尔会有某种摆脱，等下详细讲意志时会看出来。动物和人类的这种差异，外在上就表现为头跟躯干的关系不同。在低等动物，头跟躯干还分不大出来，所有的动物的头都朝向地面，因为那是意志对象的所在。甚至高等动物，头跟躯干比起人来，看上去更像是一体，人的头，好像是自在地安在躯体之上，只有被躯干承受，而不像是使役于它。人类的这种优越性，在阿波罗石像那里显示得最明显。缪斯之神的头像，它的眼睛远眺苍空，这样自在地安在肩膀上，像是完全地从躯干发展出来，不再屈从它的照顾了。

34

刚才说过，从特殊事物的普遍认识，到理念的认识，这种转移之所以可能突然发生（虽然被看成只是一种特殊的例外），是因为知识从容地把自个儿从意志的服务中挪了出来——这正由于主体不再是区区的个体了，它现在是纯粹的无意志的认知主体。这样的认知主体，再也不遵循充足理由原理下的关系；相反，它栖息在出乎主体与任何其他的关系对于呈示给它的对象予以固定的沉思之上——它升腾到这样地步。

要弄清楚这点，必须详尽讨论，读者们需要暂时按捺住好奇心，等到掌握住这整部书所表达的思想后，疑惑就会自然消失。

由于心灵力量的提拔，我们放弃了思考事物的一般方式，不再靠充足理由原理形式的指引，追随事物彼此的关系——其最终的目的，总在于我们自己意志的关系。对于事物，因此我们不再考虑"什么地方""什么时候""为什么"还有"究竟怎样"，等等，我们

只是简单地问"是什么?"。进一步,我们不让抽象的思想、理性的概念占据意识,这些都不是。我们整个心灵的力量,投入知觉,我们自己完全浸淫到里头,我们全部意识冷静地对实际表现的自然对象加以沉思,那是风景、是一株树,是顽石、巉崖、建筑,还是什么其他的东西,我们全不过问,拿一个挺能启发的形容,我们自己完全迷失到这个对象里。换言之,忘掉了我们的独立性、个体性、意志;而维持着成为纯粹主体,清清楚楚的客体的明镜,好像是——只有对象存在,没有任何一个人去知觉它,那么我们便再不能把知觉者与知觉来区分,倒是说,这两个成了一体,因整个意识,被一个单纯的知觉意象充满。那么要是在这样的限度来讲,客体从所有的关系摆渡到脱离它的什么,而主体超越了一切与它以外的东西的关系,超越了一切与意志的关系,这么一来所认知的,就不再是如此的独立事物了——它变成了理念,那永恒的形式,在这个层次下的意志直接的具体性。那么在同时,牵连进这个知觉的人,不再是个体,因为在如是的知觉中,个体迷失了自己;他是纯粹无意志的,无苦痛的,无时间的认识主体。这么说,在现在看来是相当耸人听闻的(我很明白,这证实了托马斯·潘恩所说的:"从崇高到荒谬,只是一步之遥。")。但接下来的解释会逐渐地变得清楚,大家也不会拿惊异的眼光瞧它了。"当心灵从永恒的立足点构想事物之时,它才是无限的。"(《伦理学》,V,命题 31,结论)[1]——斯宾诺莎这么说时,他心里就有那个意思。现在在这种沉思中,特殊的东西一下子发成它那一种类的理念,知觉的个体,变成了纯粹的认知主体。个体只认知特殊的事物,纯粹认识的主体只认知各种理念。

---

[1] 我同时推荐他在同一书 II 命题 40 结论 2 和 IV 命题 25 至 38 说的关于"直观以外的第三种知识"(*cognitio tertii generis, sive intuitiva*),这解释了我们此地思考的认知之法——特别是命题 29 结论、命题 36 结论和命题 38 结论和证明。

因为个体，就是在认识主体和一确定的特殊意志现象的关系，并且从属于它。像这种的意志特殊的现象，在一切形式方面，从属于充足理由原理；所以所有关系这个现象的认识，也追随着充足理由原理，此外没有其他认识对意志适用；它总是只有客体的关系。像这样的认知个体，以及他认知的特殊事物，总在一特殊的地方，特殊的时间，与因果链联系。纯粹认知主体与其对应物——理念——摆脱了充足理由原理的所有形式。时间、地点、认知的个体、被认知的个体，对它们没有意义。首先，一个认知的个体以前述的方式升腾为纯认知主体，同时将沉思的对象升腾为理念；于是表象的世界完整、纯粹地表现出来了，意志完备的具体化发生了，因为只有理念，是意志适当的具体性。理念本身，以类似的方式包括了客体与主体，因为这是理念的唯一形式。然而，在理念中，它们完全等重；由于客体在这里不过是主体的表象，所以主体完全过渡到知觉的对象，也变成了对象自身，因为整个意识不过是客体最显著的意象。这个意识真正构成了整个作为表象的世界，因为我们对自己描绘出了整个理念的世界，或是说意志具体化的整个层次，而且连续地透过它。个别的时空中的那些个别事物，不过是各种理念透过充足理由原理（如此的个体之认识形式）扩展出来的，它们纯粹的具体性因此有些含糊。当理念出现，主体和客体不再在其中有所区分，因为理念、意志恰当的具体性、真正表象的世界，只有当主客体相互填充，彼此彻底地感动时才出现。以同样的方式，认知和被认知的个体，就其为它们自己的事物本身来讲，就同样没什么不同。因为，若是我们完全脱离那真实的表象世界来看，所余留的，就只有意志世界。意志是理念的"本身"，完全具体化了的意志；它也是认知它的特殊事物，个体的"本身"，这两者，完完全全具体化了它。就其为意志，超脱表象与一切意志形式，在被思索的对象，和飞扬在思索

197

中，意识到自己是纯主体的个体之中——意志，是同一的。所以这两者，在我们本身中并无差异，并无不同；因为在本身，它们是意志，在此地认知它自己。多元性以及差异，只存在像是这认识扩及于意志那样的方式之中，这是说，只存在现象当中，仰仗着它的形式——充足理由原理。没有了客体，没有了表象，我就不是认知的主体，而只是盲目的意志；同样，没有作为认识主体的我，被认知的东西就不是对象，只是意志、盲目的冲动。在意志本身中，也就是说外在于表象，这一意志跟我的意志是同一的东西；只有在起码划分为主体跟客体两种形式的表象世界中，我们才被分别为认知和被认知的个体。一旦认识、表象的世界泯灭了，一般而言就空无所有，只剩下意志、盲目的冲动。它要是具备了具体性，该变成表象，那马上地就假定了主体及客体；可是这个具体性，应该是意志纯粹地、完整地、充分地具体化，假定客体作为理念，超脱于充足理由原理的形式，主体作为纯粹认知主体，摆脱了个体性，摆脱了对意志的卑屈。

好啦，要是从这里讲的方式，任何人融入、迷失到对大自然的知觉当中，他只是纯粹作为认知主体那样存在着，那他就马上以这种方式觉察到，他是世界和一切客观存在的东西的条件和证实者，因为现在这些东西自己，变成要来依靠他的存在。他因而把自然融入他自己，从而感觉到，自然只是他自己这个"存有"的一个偶然事件。在这一意义上，拜伦说：

> 难道，那高山，青天，那震荡的海水，
> 不是我的部分，属于我的灵魂，
> 正如我之属于它？

但这么感觉的人，怎么可能把自己去比照于不可毁灭的大自然而把自己当作绝对可毁灭的东西呢？毋宁说，他会被《吠陀·奥义书》所表达的那种意识感动："我是所有一切创造的总合，在我以外，其他都不'存有'。"(《奥义书》[安奎提·杜伯龙，共二卷，巴黎出版，1801—1802]，I，122页）[1]

35

为了获得对世界本质更深的洞见，我们绝对有必要来区分作为物自体的意志和它充分的具体性，进而区分在具体性中更显著而完满出现的不同层次，即区分出各种理念本身，和理念在充足理由原理、个体受限制的认识方法——它那形式中的现象。这么一分别，我们就该同意柏拉图把各个理念看成唯一实际的"存有"，而把时空中的东西——对于个体而言是真实的世界——看成是假象的、梦幻般的存有。这么一来，我们应该可以看清楚，那同一的理念是怎样在那么多现象中显现，把它的本质零零碎碎地、一点一点地透露给认知的个体。那么我们也就该分清楚理念本身，和它的现象呈示给个体观察的方式，该明白前者是本质的，而后者不是本质的。我打算这样来考虑问题，先从最小的举例，然后到最大的。天上的白云飘浮时，它们形成的样子，对于云来说不是本质的，而是无所谓的。但就其为弹性的气，它们被压迫到一块儿，赶开来，散布，给风裂为片片……这个气是它的本质，这是具体化在云朵中的力的要素，是理念。每一次云的形状，只是给个别的观察者看而已。对那冲激到岩石上的溪流而言，它那漩涡、浪花、泡沫……都无关紧要，

---

[1] 参考第二部第 30 章。

但它服从重力，作为没有弹性、完全可以流动、没有形式、透明的液体，这是它的本质，透过知觉来认知的话，这就是理念。只要我们以个体的身份认知，那些泡沫的形式就只对我们而存在。窗槛上的冰条儿，按照结晶律显示了这里出现的自然力的本质，显示了理念。然而窗格子上的冰结成树状晶体、花状晶体，却不是本质的，只对我们而言才存在。出现在浮云、溪流和结晶里头的，是意志最细弱的余音，而同样的这个，出现在植物中就比较完全，动物中更完全，到人里头就最完了。只有这本质的东西，在所有这些意志的具体化不同层次中，才构成了理念；另一方面，理念的开放与发展，由于是从充足理由原理的形式分别抽取出来，而形成一纷杂的多面现象，所以对于理念而言就不是本质的；它只在个体"知"的模式以内，只有对那一个个体才实在。而现在，说到那意志最完全的具体性，当然也一定可以拿那个理念的开放来解释了。于是，人类的历史、事件的丛聚、时间的改变，不同国家不同朝代人们生活多种驳杂的形式，所有这些，只是理念现象偶然的形式。所有这些，不属于理念本身，它里头只有恰当的意志具体性，所有这些只是现象。现象进入个体的认识，它对于理念本身之为陌生、不是本质的、无所谓的，好比它描绘的形状之于浮云，那泡沫漩涡的形态之于溪流，花树状结晶之于坚冰。

对于能恰当地掌握这点，能区分意志与理念、理念与现象的人来讲，世界的万象，只有当它们变成人类理念，有如能被阅读的字母时才具有意义——而不是这些假象本身。他不会像一般人那样，相信时间将实际上产生什么新的、有意义的东西；说什么透过时间或在时间中，能有什么确切实在的东西，或整个时间本身的确有起点、有终点、有计划跟发展，并就某些方式，为了它最终的目的，产生了最完美（从大家的构想中）的最后一代，放射他的异彩达

三十年之久！跟荷马那样，徒然树立了一个巍巍然的奥林匹斯主宰的诸神，来引导时间中的事件；同样，跟奥西安一样，徒然地认为云朵的形象，乃是独立的个体。说起来，二者只有牵涉出现于它们之中的理念，才具有意义，这是我们一再说过的。人类的生命里头，那许许多多不同的形态、场面、各种事件、冗长的改变——我们在其中只考虑理念，认为它是持存的、本质的，在其中，生之意志具备了最完善的具体性，它显示了生之意志的不同面向，以自私、仇恨、燃烧的爱、退缩之忧惧、粗犷大胆、玩世不恭、愚蠢、狡诈、机智、天才等，表示了人类的品质、激情、错误跟优越性。所有这些凝聚起来，结晶成上千的不同形式与体态（各个个体），不断地产生大大小小的许多世界的历史，它的究竟，随你说是一个疯子冲动的设立的也好，一个小丑搞的也好——反正不重要。你总会发觉到这个宇宙，跟哥齐的戏剧一样，里边出现的所有家伙，老是一个目的，同样的命运。动机跟附带发生的事，当然每一片段都不同，然而附带之事的精神不变。片段的人不知其他片段的事件，当然在那里，他们玩自个儿的把戏。所以，接着前面片段所有的经验，潘特龙变得不再敏捷、慷慨，塔特格丽不再善良，布里盖拉不再勇敢，哥伦拜不再谦逊。

假如容许我们清楚地透视可能性的领域，跨越一切因果链，那么，"地灵"就出现了，以一个图画表示给我们看，看那顶显耀的个体，宇宙的照明者、英雄——机遇把他们在成熟能执行工作以前毁灭。我们就会看出，伟大的事件，改变了世界历史，造成了最高度文化和启蒙运动时代的，不过是开头就一脚挥进来的盲目机遇，最细微不足道的意外偶然之事。末了我们会看到，广泛地润泽了整个时代、发出了光辉耀眼到令人无法直视的力量，那伟大的个人，不过是这么一个家伙，他被错误或激情诱惑，不然就是受必然的推

动，徒劳无功地浪费在不值得的和没好处的事情上，甚至儿戏一般丧失了自己。要把这个都看清了，则对于那种丧失了一生中拥有的世上财富的沮丧想头，我们只有一笑置之，可怜它。地灵会笑着说："每个人，连带还有它的力量——其源泉，乃是取之不竭的，像时空一般没有止境；因为，好比每个现象的形式那样，他们自己也只是现象，是意志的可见性。没有任何有限的测量可穷尽那无限之源；所以，那永续不竭的无限，仍然总向任何回返的事件，遏于萌蘖的工作，敞开它的大门。这现象的世界——真正的损失像真正的获得一样，乃是不可能。只有意志才'存有'；它是事物本身，一切那些现象的来源。它的自我认识以及它决定性的肯定或否定，乃是唯一在自身中的事件。"[1]

36

历史追随事件的线索；只要历史遵循动机法则——该法则决定意志显现（在这里意志就是被认识所澄明的）——演绎出事件来，那么历史就变成实践性的了。在意志具体化当中的较低层——在那儿意志仍然毋须认识而行动，自然科学作为推原论，思考的是现象改变的法则，作为形态学，则思考现象之中那不变的。这几乎无穷的主题是靠着理解一般的概念——为了从一般中推论出特殊，靠这概念而使主题能有效运用。末了，数学思考的仅仅是形式，即时间和空间，在时空当中，理念跃出，离析为多元性，显露、表现给个体形态的主体之认识。这一切，通常被称为科学，所以是遵循充足理由不同的形式，而这些形式的主题，仍然还是现象，是充足理由

---

[1] 不阅读下一部，最后这句就无法理解。

的法则、联系，是从形式来的关系。现在问题来了，思考到超然并独立于所有的关系并始终存在的，老实说，只有它是宇宙根本之物，宇宙现象真实的内涵，不隶从任何改变，任何时候都同样正确，一句话，理念作为物自体、意志的直接并充分的具体性，我们说，思考它的到底是什么样的一种认识？——是艺术，天才的产物。它复刻了透过纯冥想体会而来的永恒理念，那世界上一切现象基本并持久的要素。照它复刻的材料看，就是雕塑、绘事、诗律及音乐。其唯一的来源，乃是对理念的认识；其唯一目标，乃在于这种认识之交流。至于科学，在一连串序列，在根据或理由四面的形式，一连串那永无休止、摇曳不定的波流中，载沉载浮，它的每一个终结，都再度指向一更远的——于是，好比向大地尽头交接的云朵奔驰而欲拥有它——我们永远无法发现一终极的目标，找寻到完美的满足；相反，你看艺术到处都触及核心，正中标的、把对象的冥想之花，从世界的运行之流中摘了下来，单独地掌握住了。这个特殊的东西，在那推运之流中乃无限小的部分，变成了整体的一种艺术的代表，时空中无量数事物的相对者。所以它停顿在了那特殊的东西上；拖住了时间的轮子；为了它，关系不再存在；它的对象只是那基本的理念。因此我们可以把它定义为独立于充足理由原理而思考事物的方式，对立于完全照这个原理的过程来思考事物的方式，也就是科学及经验的方式。像后头这种的思考程式，可比拟为一无穷延伸的地平线，前者，则视为垂直之线，在任何点截切该地平线。继随充足理由原理的思考之法是理性的方法，在实际生活中，在科学中，只有它才有效并有用。脱离该原理之内涵的思考之法，是天才的方式，只有在艺术中才有效并有用。前者是亚里士多德之法，后者，大体上说是柏拉图之法。亚里士多德的方法好像狂暴之飓风，没来由地，也没有目标地，横扫千军，任什么物事都屈服、动摇基本而

被挟以俱去；柏拉图的方法好像透彻的日光，切入那风暴的途径，不被它所动摇。亚里士多德的方法，好像瀑布那倾盆而下、猛烈汹涌的奔泻，一刻不停，不断改变；柏拉图的方法好像挂在这愤怒的洪流上宁静的虹彩。只有透过以上所叙述那纯粹的冥想，变成完全"溶入"对象中——这样才能体会所谓的理念；而天才的本质，正在于此种之冥想能力天生就胜过旁人。由于这种冥想必须完全遗忘我们自己的形体，和形体的关系、联系，那么，所谓天赋也不过是顶完全的具体性，也就是心灵具体、客观的倾向，而相对于直接导向我们自己的形体的，也就是意志的主观之倾向。自然而然，天才也就是拥有持继在一种纯然知觉状态的能力，自己松懈到了知觉当中，把原先只为了服从于意志而存在的认识，从这种使役中挪了出来。换句话说，天才就是掌握住了完全无视于自己兴趣、自己意志、自己目标的那种能力，在一段时间内，为了保持为其纯粹认知之主体，世界之眼的地位，而否决了我们整个个性；这不只在一刹时，而是需要连续不断意识到，使我们能以人为的艺术，来重述我们体会到的，"在逡巡不定的幻影中，以永恒的思想稳固地在那儿发光的东西"。个人具有的天才，好有一比，比作："天下才共一石，子建独得八斗"，超过了足够供给个人意志驱使所需的太多太多；这种知识的"过剩"如今自由了，变成涤除了意志的主体，世界本性清悬的明镜。这就是为什么天才会有那旺盛的活力，旺盛到不安于室——因为，他总是难以满足现状，"现在"并不灌注于他们的意识。这赋予他们一种永无休止的热情天性，对于值得冥想的新对象无穷的追研，不晓得满足，对同样气量同样禀赋人的惺惺相惜、求之若渴。另一方面，普通人完全让普通的"现时"占据了、满足了、给现实吸收了，到处找得到臭味相投的家伙，他怀抱着日常生活特殊的安逸与舒适，这是天才们所不屑的。相当正确地，想象力

被看成是构成天才基本的要素之一；甚至——有时候，它就被看成等于天才，但这可就不对啦。天才的对象是永恒的理念，是世界和它的一切现象之持存、根本的形式；可是理念的认识必须透过知觉的认识，它不是抽象的。所以，天才的认识将限制在实际呈示给他本人的那些对象的理念上头，将依赖那带到他面前不断演变的环境，想象，将他的视野拓展开去，远超过了他个人经验的实在，使他能够在这么一点点进入他自个儿实际统觉的东西上头，架构起其余的堂皇建筑，使得几乎所有各种可能的生活之情节，得以在他心灵以内产生，难道不是这样？还有呢，实际对象大概总只是跃现在它们以内的理念之不完全副本。所以天才需要想象，为的是，要在事物中看到那自然所急于形成，而又由于前面讲的那种它自己形式彼此的冲突，而未能产生的东西，倒不是观察它实际已经形成的东西啊。我们先搁下来，待会儿讲雕塑时再谈它。好啦，那么不管就质性就量性方面，想象开拓了天才心灵的视野，超越了实际表示给他个人的对象、客体。为这缘故，不寻常的想象力量便是天才的条件，是天才所不可或缺的。可是反过来讲就不一定喽，因为，想象力的丰富，并不能作为天才的证明；不，甚至一个没多少天才，或压根儿说不上天才的人，也能有高超的想象。说起来，我们可以就两种相反的途径构想实际对象，或许，纯粹客观来说，是掌握对象的天才之法，要不就是普通的方法，照充足理由原理，从那个对象跟其他对象的关系来着想，还有从它跟我们自己意志的关系来想，类似，我们也可以就这两种方式知觉一假想的对象。首先考虑第一种方法，它是达到理念的认识的手段、步骤，以艺术的作品交通之。其次，则是迎合个人的喜好及其兴之所至，一种片刻的欢愉、欺蒙，而以假想的对象建构其空中楼阁；所以，只有这样牵连上的幻像间的关系，才真正是被晓得的。沉湎在这个游戏里头的人，是梦想者；很容易

就把那鼓舞他的孤芳自赏的图画、想象，跟实在混淆起来，这样，就不适合实际生活。或许，他把这种想象的欺蒙写下来，而这些东西，就是那各色各样通俗的小说，的确，这很迎合一般大众，迎合他那些臭味相投的朋友的口味，读者们幻想自己变成了书中的英雄，当然，他们会觉得书里头的描写相当"够味儿"。

我们说过，普通人、寻常人、自然每天以千万数量所生产的制成品——无论如何，他们不能够对事物作一各方面而言完全中立的思考，比如说，真真正正的冥想对他们就不可能。充其量，他只能从事物牵连上他意志的这层关系上，把注意力导向那些事物，尽管那个关系也许只是相当不直接。由于在这种常常只需要一种对关系的认识——这种牵连中，事物之抽象概念便已足够，甚至还过了头，所以，普通人不再徘徊于知觉中，不把眼光一直放到一个对象上，反而，对任何呈示于眼前的东西，只匆忙地注意对象附从的概念，好像一个懒人一心一意要找张椅子，那张椅子给他找到以后，就不再被他关心了。所以，每一样东西，他马上弃如敝屣：艺术的成就，美丽的大自然之创造，在那儿都那么重要的，对生命每一细节的沉思——他的回答是：与我何关？他并不逡巡咀嚼；他的找寻拘束于他的生活方式，顶多，是那所有可能成为他的生活方式的。就最广义来比方，他在作一种地志学的注解，但牵涉生命本身的思考，他不去花功夫。另一方面，天才的认识能力，透过能力的"过剩"，有那么一段时间，从意志的使役中抽身，天才浸润于生命本身的思考当中，挣扎着，掌握了个别事物的理念，而不是捕捉事物和别的东西的关系。他这么做，常常便忽略了考虑到自己生活的途径，因而拙于谋生。说到寻常人，他的认识能力便是照明自己前途的一盏灯，可是在天才那里，便是普照了整个世界的光辉之旭日。这其间人生观的巨大差别，马上在他们各人外表上可以看出来。有天才的

人，他的眼神已经说明了自己；那是生动、坚决地，显示了有思考力、冥想的性格。我们从一些天才的画像上可看出这点，这样的人，造化在几百万个当中，只这儿那儿点缀似地弄了几许出来。另一方面，跟那种冥想正相反，从一般人眼神中很容易可以发现闪烁不定、偷偷摸摸、狐疑的光芒。当然通常还有更差的、空洞昏眊的眼神。所以说，一张脸孔上的"天才的表示"是在于，明白显示了认知力之决定性地优于意志力，认知力之超越了意志力，所以，跃现在脸上的是一种不和意志发生关系的认识；换言之，纯粹的认识。反过来，那些追随通则的脸孔上，意志的表示占压倒性的优先，只有在意志冲动时，我们才看到认识起作用，所以，它只被动机引导。

既然，天才的知识，或说理念的知识——乃是不追随充足理由原理的认识，那么另一方面，的确遵循该原理的知识，就是赋予我们审慎和合理的生活，产生了科学知识。所以天才的个体，将受到由于疏忽了后头那种认识而蒙受的缺陷的影响。然而，这儿我先要声明，这方面我要叙述的，将限制在天才们实际上从事于天才独有的那种认识上。请注意，这不是说他们生命中每一秒钟都这样，你看，对于理念的一种"逍遥"（放松意志）的体会所必需的，那种自发但是坚苦卓绝的努力，不免避免地再度松弛下来，不管在优点方面说，在缺点方面说，有很长的一段期间，天才跟常人都处在相同的地位。从这方面讲，天才的行动总被看作是一种灵感，的确，那个字眼本身就明白地指出这点来，它好像是跟天才个人不一样的一种超人的行动，只有偶尔某个时期才掌握得住它。天才之不甘心把注意力贯注到充足理由原理的内涵上，首先，从牵连"存有"的根据上可看出——一种对数学的排斥。数学思考运行于现象最普遍的形式——时间和空间上，时空本身只是充足理由原理的模式、局势；这跟那汲汲营营于现象内涵，脱离一切关系，在现象中表示自

己的理念的考虑，正好背道而驰。另外，天才对数学的逻辑过程也很勉强，因为它把真正的洞察混淆了，它是不足够的；它只表示了一连串按照认知立场的原理来的结论。在所有的心智能力里，要数记忆力最足以称道，所以一个人可以回忆出一切牵连得上的以前命题。经验也证实了，有绝高艺术天才的人常与数学绝缘；没有一个人曾同时在两方面有过高超的成就。阿夫里承认自己从来就没有明白欧几里得的第四命题过，歌德一再为那些反对他色彩理论的外行人说他没有数学知识的指责所苦。其实在这里，我说的当然不是一个根据假设资料的、计算和测量上的问题，毋宁牵涉到了解因果的直接认识的问题，所以这个指责根本就是完全说不过去的、离谱的、不像话的，从这种指责，跟其他那些点石成金似的说法，一样都暴露了这般人丝毫没有判断力。甚至到今天，歌德的色彩理论发表以来半个世纪过去了，牛顿的错误还纹风不动地稳坐在教授的宝座上，甚至在德国，情形也不例外，大家伙一本正经地说什么光的七种同性质射线，以及其不同的折射率，这总有一天会被列为人类（特别是德国人）闹的一个大大的智性上的古怪笑话。同样理由，可以说明一件大家都知道的事实，就是出名的数学家对于优秀的艺术作品没怎么能感动。要印证这点，让我们看一则妇孺皆知的，关于一位法国数学家天真得不像话的逸事，这家伙，在读过拉辛的《伊菲革涅亚》后，耸耸肩膀说了一句："这到底又证明了什么？"还有，由于谨慎或聪明伶俐，真正遵循因果律及动机驱使律，因为对于关系敏锐的理解而来，至于天才的知识，并不导向关系，所以只要一个人小心翼翼，唯恐若失，他就算不上是天才，只要是天才，就不会精明慎重，如履薄冰。末了，一般把理念完全包含到里头的知觉的认识，是直接跟理性的、抽象的认识相对垒，后者由认知立场的原理导引。一般都知道的是，咱们很少发现伟大的天才，同时拥有

卓越的理性；刚巧反过来，天才的人经常不自主于暴烈的情绪、不合理的激情。但说到它的原因，那又不是由于理性能力的薄弱，这要归因于整个意志现象里头部分不寻常的精力——即个人的天赋。那个现象透过一切天才意志行为中的热情而把自己跃现了出来。原因一部分也由于，透过官能及知性来的知觉认识，要压倒抽象的认识；换言之，一决定性地对于知觉的倾向。在这样的人来说，极端旺盛的知觉之印象，光芒盖过了无色的概念，它超出太多，所以行为不再被后者指引，而成了被前者指引，就这么样它变成不合理的。由是，现时加诸他的印象非常强烈，使得他神魂颠倒，以至于不用思想行为，至于闹情绪、感情激动。还有，因为他的认识一般说部分由意志的役使中退出，所以在交谈时，他很少考虑到交谈的人，他注意的大半是谈到的事，那是生动地活跃在他心里头的。所以说，天才们过分客观地，照自己的兴趣判断或叙述，他们不会在那些应该隐瞒的事上头怎么保留。最后，他们倾向于自说自话，通常会显示一些实际上很接近于疯狂的弱点。你看，不是常常有人说，天才跟疯狂在某些感触方面是一致的，甚至是相互交错，乃至诗律的灵感也被唤作一种疯狂吗？"*amabilis insania*" [可爱的疯狂]——贺拉西说过（《颂歌》，III.4）；在《奥伯龙》的导言中，维兰特提到"可爱的疯狂"。还有亚里士多德，照塞涅卡（《精神的和平》XV.16[XVII.10]）引用他的话来看，也说："不曾看过任何伟大的心灵，不掺杂一点儿疯癫的。"在柏拉图的那个洞喻（《理想国》第七卷）中，说那些洞外的人看到了真正的阳光跟实际的事物（理念），再不能回头看清洞里头的，因他们的眼已不再习于幽暗；他们不再正确地辨识模糊的影子的形态，柏拉图也说得够清楚的哪。为了他们犯的错误，这些人因此被其他没有出过洞穴、离不开那些影子的人嘲弄着。另外在《斐德若》（254A）中，柏拉图明白地说，

若没有若干程度的疯狂,便不可能有真正的诗人,事实上(249D),任何一个在流逝之事物中体会了永恒理念的人,多少是有点疯癫的。西塞罗也讲:"德谟克利特断言,伟大的诗人必有疯狂之倾向;柏拉图亦作如是观。"(《神性论》,I,37)不要忘了还有蒲柏:

> 伟大的机智跟疯狂,的的确确是连在一块儿的,
> 划分它们的界限是很薄弱的。

这方面,歌德的剧本《托尔夸托·塔索》特别有启发,在那里,歌德不但把痛苦——天才根本上的苦痛折磨——带到了我们眼前,他还把苦痛之不断地转变为疯狂向我们活生生地呈现。最后,天才跟疯狂直接接触的事实,部分从伟大的天才诸如卢梭、拜伦、阿夫里的传记中可以发现,并且从其他人生活上的轶事里面可以找到。另一方面,我要告诉大家的是,在经常拜访精神病院时,我发觉有许多病人拥有丝毫不差的伟大天赋。他们的天才透过他们那占了上风的疯狂,清清楚楚地显示出来。注意,这不能归于机遇,因为,一方面病人的数目相对非常稀少,而另一方面,天才又是超出普通预期的稀有之现象,在自然界出现只算极其少有的例外。只要看看下头这个事实,我们就不得不承认这点:可以比较一下,整个古代跟现代文明欧洲所产生真正的天才,跟那三十年一更迭的、欧洲的两亿五千万人口——这其间数目的悬殊。但是,在天才当中,要说对人类有持久贡献的,又只能算上那些有传世之作,为万世效法的。老实说,我不否认个人认识一些虽称不上非常惊人,也的确有出众的心智,又显示出轻微心理不健全的人。所以,不妨看作,任何智性上超越通常程度的,只要略有所余,就其为不正常而言,便已然注定其倾向疯狂。但同时我要尽可能简单扼要地说一下,我个人对

天才与疯狂间的密切关系,在纯智性上的理由的看法,因为,从这个区别我们可以解释天才真正的性质;换句话说,明白那能创造真正艺术作品的心灵素质的秘密。不过,这就必须先对疯狂本身来一个简短的讨论[1]。

据我所知,关于实在地区分出心理的健全与不健全,形成一个正确、明白的概念、构想,清清楚楚、完完全全地看透彻疯狂的本质的,到如今还找不出一个。疯子,你不能说他没有理性能力,也不能说他没有知性,他们照样讲话,也懂事,还经常能下正确的结论。通常,他们也相当正确地知觉呈现在眼前的事物,看出因果关系。普通疯狂的征候不在于视觉,如一个过分疲乏的脑产生的幻想;精神错乱把知觉弄错了,疯狂则把思想弄错。绝大部分,疯狂的人一般并不在那些立即呈现在当前的事物的认识上头犯错;他们那疯疯癫癫的胡话常常牵涉到不在眼前并且是过去的东西,而且唯有透过这些个,才来跟现在联系起来。故此,我认为他们的毛病主要出在记忆。当然这不是说他们完全丧失记忆,他们能背诵很多东西,有时他们会认得许久以前看到的一个人。不如说,那是一种记忆之线被打断的情况,其连续不断的纽带被废弃了,是一种不能对过去进行有系统的、规则一贯的回忆的情况。过去个别的情景正确地凸显出来,正如个别的现在;但在他们的回忆中有缺口,他们就拿幻想来填充。或许,这些情形总是一样,以至于变成固定观念;进而成为一种固执的癫狂或忧郁;或许每一趟都不相同,是片刻之幻想;那就叫愚昧,*fatuitas*。这就是为什么诘问一个疯子有关他进疯人院以前过去的历史,是那么困难。在他的记忆中,真实老是和假想混淆。虽然正确地认知了当下的现实,但它透过与想象的过去的一种

---

[1] 参考第二部第 31 章。

虚构结合而误置了。所以，疯子以为自己和活在他们虚构的过去中的旁人，是同一的。倒是不少相识的人他们却不认得，尽管对于实际呈示的个别事物，他们能有正确的表象或心智之图绘，但他们只能把它拿来和空无、没有的东西作错误关联。要是疯狂达到极端，结果就是完全缺乏记忆；所以疯子完全不能分析现在或过去，他完全取决于片刻的闪现，与他脑袋中充满的过去之想象结合。由于这种情形，我们没有片刻能安心逃于疯子的虐待或谋害，除非我们一直以一种显然压倒性的力量提醒这个精神不健全的家伙。疯子和动物的知识在事实上都限于现实，这是他们相同的地方；但造成二者的差别的是，动物对于过去压根儿没概念（虽然"过去"透过习惯之中介也在动物身上作用）。所以，比如说狗在多少年后还认得出故主，那是说，当它看到主人的时候，它感受到惯性的印象；但狗对于分离以来的过去并没有任何回忆。另一方面，疯子在他的理性能力中常抽象地关联着过去，但那是一个只为他存在的假的过去，这个假的过去也许一直存在，也许只昙花一现。这个假的过去的影响，就阻碍了对于正确地了解了的现在的运用，而动物是运用了它的。狂暴的心智之痛楚，或是不预期的可怖事件，常导致疯狂，这一点我的解释如下。任何此类的苦楚，实际上总是限定于现在的一个事件；所以它只是一个暂时之无常，就那个范围而言，从来不会过分地沉重。只有当它变成持续的痛苦，它才变成不可忍受的强大，但这样的话，它又只是一个思想了，因此就贮存于记忆中。现在要是，这么样的忧苦，这么样悲痛的认识、反省，是如此的伤心，它变成极端不可忍受，整个人将因此崩溃，那么受了这个警告，自然为了保全生命，就使上了最后的手段——疯狂。心灵受了这么大的折磨，崩溃了，记忆之线就以幻想来填补它的缺口，这样，在疯狂之中来逃避那压倒的心智之苦楚，正如一坏疽的肢体被切除而换上

一只义肢。要找例子，不妨看愤怒的埃阿斯、李尔王、奥菲莉娅（《哈姆雷特》剧中女主角）；这儿我们只能拿天才作品中的人物来举例，这是一般人熟悉的，跟真人比起来完全一样；另外，我们经常在实际上经历的，同样证实了这点。像这种从痛苦到疯狂的转变，从我们常常试着做的一种方式上可以看出一点类似来，即机械地，为了驱走一个折磨人的突然发生的记忆，我们常常拿大声说话，或是运动来转移自己的注意力，强迫自己岔开去。

现在，就我们说过的，我们看到疯子正确地认知个别的现在，还有许许多多过去个别之事，可是，他分辨不出其间的关联，所以离了谱，讲起话来荒诞不经。这点正是他和天才有交集的地方；天才也同样抛开了事物关联的知识，如同他忽视了依照充足理由原理的关系之认识，只求看到事物的理念，试图掌握事物真正的内在本质，这是自己表达给知觉的，牵连到这个，一件事物，便表示了它的整个种族，所以像歌德说的，一个事例可以通用于成千上万。他思索的个别对象，或是他以满溢的旺盛之活力极其生动地理解的现在，以如此耀眼的光芒出现，整个连环其余的部分，退藏于隐微，这样一种现象，就是很早被认为接近于疯狂现象的。那存在于实际的个别事物中，只是不完全的东西，被细微的变化削弱的东西——经由天才使用的冥思之法，被增补为完备，成为它的理念。所以，他遍处看到的是极端，因此他自个儿的行动就偏向于极端；他不知道如何做到中庸；他缺乏冷静的头脑，其结果正如我所说过的。他圆满地认知理念，但并不圆满地认知个别事物。所以正如已经说过的，一个诗人可以深刻地、详尽地认知人，但拙于捉摸大众；他易于受欺，成为狡诈智谋之人的手中玩物[1]。

1　参考第二部第 32 章。

照我们的解释，所谓天才，乃在于具有这种能力：认知的并非那些只由于彼此的关系而存在的个体，而是超越充足理由原理去认知那事物的各个理念；还在于他们在面对这些理念时，能变为理念的相关者，不再是个体，而成为纯粹的认知主体。不过这种能力在常人中也同样具备，只是比较薄弱、有所差异，否则，他们就不唯无法创作艺术作品，甚至根本不能欣赏了。一般说，对于美丽与庄严，他们就根本不能有感受力；老实说，这些字眼对他们将不具任何意义。因此，我们得假设体认事物的理念，在某一刻除去了自己的身份，这种能力在所有人类的心灵中——除非例外的，有些人的的确确没有任何美感的欢愉。天才超越常人的，就是此种认识的程度更深、持续性更长。这样，他就能保持一种必要的沉思，得以复述在一种自发的意图的运作中所认知的，这种重复即是艺术作品。透过这个，他把自己掌握的理念交给别人。所以，这一理念还是没有变质，是同样一个，故此美感的欢愉，不管它是被艺术作品唤起，还是直接由自然之沉思、生之冥想勾起，基本上是同一的。艺术作品，只是一种使这欢愉所寓的知识变得易于接受的工具而已。从艺术作品中获得理念，比直接由自然、由现实中要来得容易，纯粹是由于艺术家认识了理念而非现实，在作品中，只清楚地复述理念，把它跟现实分割，省略了那一切恼人的或然之物。艺术家透过他锐利的眼睛，使我们深入地窥探世界。他具有这种眼光，他从事物中认知基本的、超脱一切关系的东西——这是天才的赠与，是天赋的；但他能把这种礼物借给我们，使我们因他的眼一样能看得见，这是后天的，是艺术技巧方面的事，所以在接着前面我从最普通的概说，讲感性认知方法的本质后，对于美丽与庄严之详细的哲学思考部分，

我将要同时地就自然、就艺术来解释二者,不再把它们拉开。我们首先考虑,当一个人被美丽与庄严感动时,发生在他身上的是什么。无论他是直接由自然、生活中汲取此种情绪,还是只有透过艺术之中介而分享到——这并不造成基本上的差别,只是外表上不同而已。

38

在美学的思考方法中,我们发现两个不可分割的构成要素:以柏拉图式理念,而非以个体事物形态来考察对象的知识;换言之,是对这整个事物种类持久的形式的知识;以及认知者的自我认识,认知者,不是什么个体,而是纯粹的、非意志的认识主体。这两个要素结合所寓的前提,就在于否弃那个受限于充足理由原理的认识方法,后者相反地,是唯一合适使役于意志与科学的知识。进一步,对美的沉思产生的欢愉,我们看出来,是起自这两个构成要素,有时候得看美学沉思的对象是什么,而更倾向于两个要素中的某一个。

一切意志活动,均从匮乏、不足中涌出,因此就是从苦痛中涌出。满足把这带到了终结;然而对于一个满足的意愿来讲,还有起码十个被否定的意愿。另外,欲望持续一段很长的时间,需要跟要求延继无穷;满足是短暂的,并且分配如出纳之吝。甚至最后的餍足本身,不过是表面的;满足的意愿马上造出一个新的渴想;前者,是大家知道的一种欺骗,后者,是大家还不晓得的一种欺骗。没有一个意欲而得到的东西,能赐予久长的满足,而不再扫你的兴;它总像人丢给乞丐的施舍,放过了他今天的日子,以便将他的悲惨延长到明日。所以,只要我们的意识被意志填充,只要我们把自己卖身给欲望之播弄,那接踵的企盼跟恐惧——只要我们是意志活动的臣仆——我们就永远得不到持久的快乐或安宁。根本上,不管我们

追求或遁走，恐惧伤害或热望欢愉，这都没有两样；对于那不断需求的意志，忧心忡忡，不论是以什么形式，它总是经常填充并动摇我们的意识；然而，若没有平安跟冷静，真正的幸福就绝对不可能。所以，意志活动的主旨，是永远躺在伊克西翁（Ixion）回转的轮子上，是达那伊得斯姐妹（Danadis）之以筛汲水，是坦塔罗斯（Tantalus）的永恒之饥渴。

然而，当一外在原因或内在倾向，突然把我们拔出无边无尽的意志活动之流，摆脱开意志的束缚而攫取了认识，那么注意力便不再指向意志活动的动机，而是脱离了事物和意志的关系来领悟事物。这样，它淡泊地思考事物，没有主观性，纯粹是客观的；只要那些事物光是表象、并非动机，它就完全"松懈"到其中。于是突然的，那我们追寻着而它始终在意志活动的第一线闪烁游离于我们的"平和"，自动俯就我们了，一切都那么美好。这乃是无痛苦状态，被伊壁鸠鲁誉为至上之善、神性；那时我们从悲惨意志之压迫中解除。我们庆祝着意志活动徒刑的放松休息；伊克西翁之轮也静止了。

但这种心境，正是我在上面形容为理念的认识所必需的，作为纯粹之沉思，融入知觉，松懈到对象中，遗忘一切个体性，放弃遵循充足理由原理，只体会到关系的那种认识。这是一种状态，同时不可须臾地，被知觉的个别事物，超升到它那一种族的理念，认知个体超升到无意志认知的纯主体，现在，像这样的两者，不再停留在时间之流，不再停留在一切其他关系中。这样，不论人们从监狱中或是从皇宫里看到西沉的落日，都没什么分别了。

内在的倾向，认识活动之胜过意志活动，都能在任何环境导致这种状态，这可以从哪里看出来呢？可从那些可敬的荷兰人那儿看到——他们把这样纯粹客观的知觉，运用到顶不起眼的对象上，在静物写生中，为那些东西树立了一个持久的纪念碑，表示了它们的

具体性、超然高举的安宁。审美的观赏者,并非古井无波地思索着这个,相反,这个静物画以图线向他描绘了艺术家冷静、安宁、逍遥的心境,对于如此客观、全神贯注地思索着这样细微不足道的东西而又以伟大的思想复述此一知觉而言,这是不可或缺的。既然图画诱导观赏者分享这种状态,则他的情绪,就常由于图画跟他自己永无休止的、被热烈的意志活动骚扰(凑巧,他就置身其间)的心灵状况,二者带来的对比,而受到了波动。风景画家,特别是雷斯达尔(Ruysdael),以同样的精神,常常着意于描绘一些极其微不足道的景物,因此甚至更愉悦地达到同样效果。

  这些,唯有以艺术倾向之心内在的力量来完成;但那纯客观的心境却是让适当的对象、那邀请我们甚至强迫我们沉思的、丰腴的自然美,无中生有地产生有利的情势。不论什么时候,对象立即呈现于我们凝注的双目,几乎总是成功地抓攫住我们,当然,只是短暂的片刻,把我们转移到纯粹认识的情态,脱离了主观性,脱离了意志之奴役。这就是为什么被欲念、渴求、牵挂所苦恼的人,会由于简单地、自由自在地看了一看大自然,就那样突如其来得到了精神的振作,欢乐的鼓舞跟抚慰。剧烈的感情风暴,欲望跟忧惧的压迫,还有一切那意志活动的折磨,马上就以惊人的方式平静下来,安定下来。理由是这样的,当我们与意志分道扬镳,把自己奉献给纯粹无意志的认识,这当儿,我们可以说已经踏入了另一个世界,任何动摇我们意志的,不客气地骚扰我们的,均不复存在。这种认识的解放,将我们整个完全高举于一切之上,如甜熟之睡眠,如飞扬之梦。快乐或是不快乐全都消逝;我们不再是个体;个体被忘怀了;我们只是纯认识的主体。我们只是唯一的世界之眼,所有能知的生物从此观览大千世界,但人类得天独厚能整个超脱于意志之使役。这样,一切个体性的差异完全泯灭了,究竟知觉的眼属于一君临万方的帝

王,抑或属于一病苦的乞丐都一样;超过了那个界限,将无所谓快乐或哀伤可言。"天国近了",在其中,我们完全逃离任何忧困;但谁有能力长久居留此一乐园?只要任何的——甚至那些纯冥想的对象——任何和意志的关系,和我们这个人的牵连,进入了意识,则魔术就告终。我们重新跌进充足理由原理统御的认识,现在,我们不再认知理念,只认知个别的事物,认知我们出身的那整个链条的各环节,再度地,我们匍匐于一切的忧苦之前。多数人几乎都在这个立足点上,因为,他们完全缺乏客观性、缺乏天才。所以他们不情愿独处于大自然中;他们需要友伴,起码要一本书,他们的认识仍然屈服于意志。所以在对象之中,他们只寻求牵连他们意志的某些关系,对任何找不到这种关系的,他们内心就会有一个基础低音一样的声音响起,在那儿不断地诉苦:"啊,这对我是没有用的哪。"所以,在孤独中,即便是最美丽的环境,于他们看来也是充满了荒凉、黑暗、陌生和敌意。

末了,给过去和遥远的东西铺上一层锦绣,以一种自欺的方式,把它们讨人喜欢地呈现在眼前的,也正是由这无意志的知觉所赐福。在我们心里头勾唤起很久以前,在那遥远的地方的日子,那只是我们想象所唤起的客体、对象,而不是意志的主体——那时怀着不可救药的忧苦,就好像我们现在一样,但这些被遗忘了,因它们不断地让步给其他的忧苦。在记忆中,客观的知觉正如在现时一样有效,假如我们允许它来影响自己,假如放松了意志,我们就把自己奉献给它。所以情形变成这样:过去的、遥远的情景的回忆,突如其来掠过心头,像失落的乐园,特别当我们一再受某些需求骚扰时。想象只唤起客观的,而并不唤起个别的主观的东西,我们想象,那过去的客观的东西横亘于我们之前,如现在它的意象之在于想象当中一样纯粹,不被任何与意志的关系干扰;可是对象跟我们意志的关

系，无论当时或现在，都同样大大招致我们的愁苦。任何时候，只要我们自己超升到对它们的纯客观沉思，并以此能产生幻觉：只有对象在前，而没有我们。我们便可以透过现在，正如透过遥远的对象，逃避任何的苦痛。那么，作为纯粹的认知主体，跳出三界五行各种烦恼，我们便完全和那些对象合一，正如我们的需求和对象不相干，在那个当儿，它也和我们不相干。于是只有作为表象的世界存留；作为意志的世界消退。

说了这么多，我的目的是：说明主观条件在美感的欢愉中所占分量跟它的性质，这一主观条件就是认识自意志的使役中之解放，忘怀了作为个体的自己，意识放大到纯粹、无意志、没有时间性的认知主体，该主体也脱离于一切关系。跟着这个美学沉思的主观一面同时出现的，是它客观的一面，那是它必要的相关者，即柏拉图理念之直观体会。但在我们进一步思考这个，研究和它有关的艺术成就以前，最好先歇会儿，停在美感欢愉主观的这一面，就讨论崇高——它完全依赖着主观一面，是透过主观的约束而出现的——的印象，来完善我们在这方面的思考。讨论过这个以后，再从客观方面，把我们对美感欢愉的考察作一个总结。

不过首先，以下评论也和迄今为止讲的相关。光明是顶愉悦人和讨人高兴的，它变成一切善的、有益的符号。在任何宗教中，它都指示永恒的拯救，相反，黑暗则代表了诅咒、处罚。琐罗亚斯德教派的两位神祇，欧马兹特居住在最纯粹的光明里头，阿里曼则在永恒的黑暗中。但丁笔下的天堂有点像伦敦的福克斯花园，在天堂中，那些幸福的灵魂，像发光的点一样出现，聚合成规则的形体。光明的缺乏马上导致我们忧伤，光明的重现，使我们感觉快乐。色彩直接激起一种亲昵的欢愉，当色彩变成透明时，欢乐达到最高峰。所有这些乃是归因于：光明是透过知觉，最完备的一种认识的条件、

相关者，是再怎么都不直接影响意志的唯一认识的条件、相关者。视觉，不像其他官能的效果那样——视觉就其官能的影响而言是本身地、直接地相当不能有器官上什么感觉的愉快或不适意可言；换句话说，它跟意志没有直接联系。只有知性中引起的知觉能有这种联系，所以知性知觉算是一种客体和意志的关系。说到听，就是两回事了；声调可以立即挑动痛苦，也能不依赖和声或旋律便直接勾起官能的舒适。触觉，涉及整个身体的感觉，它还相当附从于这种意志直接地影响；不过，有一种无苦痛或欢乐的碰触。然而，嗅觉总是愉人或是令人不快的，味觉更不用说了。所以后两种官能最是和意志相关，因此总是最卑下的，被康德称为主观的官能。因此从光明而来的喜悦，事实上是从最纯粹、最圆满的一种知觉的认识之客观可能来的。这样，从这个事实可以推演出：纯粹的认知，逍遥并超脱于一切意志活动，乃是极端令人满足喜悦的，而且因为这样，在美感欢愉中，就占大部分的比例。还有，我们从水中物像的反映发掘到不可名状的美，也可以从这种光明的观点推论出来。物体彼此相加的效果，其中最轻微的、最迅速、最细腻的一种，我们得说，到现在为止最完美、最纯粹的知觉，总之，反射光线造成的影响——在这儿是相当清楚、明显、完全地，在因果中地，以及大规模地带到我们眼前。因此，我们从它那里感受到的审美欢乐——主要是完全根植在美感愉悦的主观基础上——就是从纯粹认识和它的方法上得来的欢乐[1]。

---

[1] 经过这样小心翼翼，唯恐若失地确立这个思想以来，四十年后的现在，我是多么高兴和惊奇地发现，圣奥古斯丁原来已经说过："树木提供给官能知觉以许多不同的形式，以此，这个可见的世界的结构被五彩缤纷地粉饰了，如此这般，由于它们是不能认知的，它们看来好像是，渴望着被认知。"（《上帝之城》，XI，27）

39

刚刚所讲的，目的全在于强调美感欢愉中主观的部分，也就是说，当那种愉悦是一种对比于意志的，知觉的认识，所带来的欢乐。现在说，直接跟这个有全盘关联的，就是我们下头要解释，所谓庄严感时候的心境。

我们说过，当对象自己跟知觉协调顺应，这时候转移到纯粹知觉状态，可以说最容易发生；换言之，从对象的各个角度，同时从它们确定明白的形式看，它们轻易地变成了它们理念的表象，而从客观的观点，美正寓于此。最需要注意的是，自然美具备了这种性质，甚至顶麻木、顶没有心肝的人，也能从中得到一丝飞掠的美的欢愉。的确，特别是植物界，怎样争妍斗艳，让引入美感的沉思，就那样强迫自家往这个路子上走，这是多么叫人惊奇呐。也许不妨这么说，这样的顺应，是牵连上这些有机物的本身，它们不像动物的躯体，它们不是立刻认识的对象。所以，为了从盲目意志活动的世界走向表象的世界，它们需要一个外界有智性的个体。它们热切地盼望这个"晋身之阶"，为了起码要间接地达到无法直接达到的。我只能说到这里，这个大胆的，多少有点儿冒险的观念，也许濒于幻想的边缘，只有对自然做一番极其精细、热心地沉思，才能证实它并发扬光大。现在我说，只要这种对自然的顺应，其形式的重要意义是明确区分，从其中，个体化了的理念，向我们欲有所言；只要感动我们，使我们从奴役于意志的关系之认识，拔擢到美感的沉思，抬举到逍遥的认知主体——那么，那就是美丽的在那儿影响我们，反正，是被挑动的美感。但就是这些对象，其意义重大的形式使我们作纯粹沉思的它，可能和一般人类的意志，在它的具体性上跃现出来的东西——身体，彼此关系交恶。它们可能反对它；它们可能以

抹除一切抵抗的大力威胁于它,它们无所测量的巨大,将把它减为零。然而,观赏者也许并不将他的注意指向这种与他意志的关系——那是相当格格不入、咄咄逼人的,但就算他知觉了并承认了这点,他可能有意地掉转开去,强迫将自己从他的意志和那种关系中扯出来,而完全融入认识,他可能像纯粹无意志的认知主体一样平静地观赏、沉思那些对意志而言如此可怕的对象。他可以只体会跟任何关系不一样的对象的理念,高高兴兴地徘徊在缪思的园地中,结果,正是这样被超然高举越过了自己、他自身、他的意志活动及一切之意志活动。那样,他就被庄严之感填塞;他在升华的状态,因此而导致这种状态的对象即叫作庄严的。庄严感和美感的区别就是:美的话,纯粹认识没有碰到什么抵抗就占了上风,而对象的美,换言之,促进对象理念的认识的对象的质量,打从意识里头,没什么抵抗,没多大觉察地,把意志从谦卑地做意志奴仆的关系的认识当中给移了出去。还留下什么?只留下纯认知之主体,甚至一丝意志的回忆也不让它在那儿。另一方面,说到庄严,那种纯粹认知的状态,首先以一种有意的暴力的分割,从同样的对象之于被视为不利的意志的关系中扯裂出来,以一种自由的升华,伴随着意识,超越了意志和与之有关的认识,才能获得了。这种升华一定不光靠意识来获得,还得持续一段期间,所以它伴随着一不断的意志之回忆,然而,那不是单独一种个别的意志活动,像害怕啦,渴望啦什么,它是一般人类的意志活动,只要它是普遍地透过它的具体性——人之身体而表达,便是如此。要是一单纯的、真正的意志行为,将透过实际上个人所受到对象的折磨及危害,也跟着进入意识,则个人的意志,受这样实际的影响,将立即占了上风。缪思的和平就变成不可能,庄严感丧失,因为,它得让步给忧惧,在忧惧之中,个体保全自己的努力,替代了任何其他思想。关于这个美感上的庄严的理论,可

以借几个例子来说明白。同时,这也可以显示这种庄严感程度上的不同。我们说,主要地,庄严感和美感,和那纯粹无意志的认知,以及必然伴随它的,超脱一切被充足理由原理决定的关系的理念之认识——彼此是相同的。庄严感,只有在附带情形上才和美感不同,就是说,那超越了已知之沉思对象跟一般意志敌对的关系,在这种升华上。于是,结果就有几种程度的庄严,就有不同程度从美丽到庄严的转移,这是按附带情况究竟强烈、不肯让步、急切、迫近,还是只微弱、遥遥无期、暗示,而决定。要讨论这个,我认为最好先来举例引证这一层层的转移,那么一般庄严感程度较弱的,就算那些美的容受性一般而言不是很大,不大容易想象的——就将解明以后那更高一层程度更显著的庄严感的事例了。因此他们应该把自己限制在这些个范围内,而忘掉上头说的那种微弱程度印象的例子,那是打算先说的。

好比人既是意志活动鲁莽的、黑暗无声的冲动(由生殖器这一端指示出来,这是焦点所在),又是永恒、自由、平静的纯粹认知之主体(由脑的这一端显示出来),那么一样地,照这个二律背反来看,太阳既是光明的来源,顶圆满完美的认识的条件,一切事物之最使我们欢乐者;又是热力的来源,一切生命的原始条件,换句话讲,是高层次所有意志现象之第一要件。是以,热之于意志,乃如同光之于认识。为这缘故,光明是美的皇冠上最大的一粒钻石,对于任何美的对象之认识,有最具决定性的影响。光明的出现,一般说乃是不能少的条件;其有利的安排,甚至扩大了美丽东西的美。但值得一提的是,建筑的美是倚重于光明而发扬光大的,透过了它,即使顶不显眼的东西,也变为美丽的事物。现在要是时值隆冬,整个自然冻结并僵化着,我们看到落日之余辉被成堆的石子反映,照亮发光但并不温暖生热,所以,只对最纯粹的认识有利,而不对意

志有利,那么,对于光明在这些堆块中美丽的效果加以观赏,我们就会被推向一种纯粹认知的状态,正如一切的美所能做的那样。不过这儿,那些光线温暖的缺乏,会引起我们淡淡地回味;换言之,对于生命之原则的遗落轻烟一般地惆怅,透过这个来看,某些对于意志的好奇的一种超越,是必需的。在纯粹的认识之中,有一丝挑衅的反抗,要从一切意志活动中脱颖而出,正由于这样,我们有一种自美感之于庄严感的转移。这是庄严在美之中最渺茫的一丝留痕,美的本身,此地则只以一轻微程度表现出来。下头这个例子也几乎一样不着边际。

让我们把自个儿送到一个看不到边的地区,在完全没有云的天空底下,草木处于绝对静止的空气中,没有人类,没有流动的水——最深奥的宁静。这样的环境好像是一种肃穆的、沉思的召唤,完全弃却了一切意志活动跟意志所贪婪渴求的东西;不过,正是这点就给予这一派孤独、深深平静的景象一丝庄严的感触。因为,既然不管什么有利不利,它并不提供任何对象给意志,而意志是不断需要东西给它争取,让它有所成就的,那么剩下来只有纯粹沉思的状态了,谁只要办不到这点,就很没面子地被弃置于无所容的意志之空虚下,就被弃置于厌烦的折磨及悲惨凌虐下。在这范围内,它提供给我们一种测量自己睿智的价值标准,说到这个,一般我们所能忍受孤寂的程度,或许是喜好的程度,就是很好的判断标准。所以刚才形容的这种环境,给予我们一个在较低程度的庄严的例子,因为在这种环境之中,除了那和平而绝对有效的纯粹认知状态,是对比一般地交织了一种需要不停的行动的独立的意志,邪恶意志的回忆。极目四望著名的北美中部无边大草原的所见,就是这样一种庄严。

现在,让我们想象一个没有植物,只赤裸裸地暴露出巉岩的不毛之地;透过这种生机缺乏的情况,意志立刻有了警惕。沙漠具有

了可怕的性格；我们的心情立即下沉，感到悲怆。更具决定性地，自意志的兴趣攸关之中解脱出来，纯粹认识升华了，靠着我们坚持在这种纯粹认识的状态当中，庄严感毅然跃现。

下面的环境将同样造成这种情况，并且在程度上更上一层楼。骚扰不安，喧嚣不已的大自然；雷霆闪电，浓云密布的那一片漆黑；广大、赤裸、峥嵘的悬岩，犬牙交错，遮住了视线；冲激的、白沫相持的水流；黄沙无垠的大戈壁；呼号之风横贯峡谷。我们的唇齿相依，我们之挣扎于无情的大自然，我们摧折于此的意志，眼下清清楚楚地摆在面前。不过，只要个人感受到的磨难并没有占上风，我们还停留在美感的沉思中，纯粹认知的主体明察秋毫，透过这自然的挣扎，透过这摧折的意志之图画，注视这一切，冷冷地、不动心地、淡然地，在那些威吓意志的客体中，体会到了理念。庄严感就在这个对比中发现了。

可是当我们眼睁睁看到被激怒的自然力大规模的、巨人般的挣扎，在这些环境中，当瀑布的怒吼剥夺了我们听见自己声音的能力时，印象变得甚至更强烈——不然就是当我们置身小舟漂流于暴风雨之洋；白波若山，海水震荡，猛烈地冲刷着陡峭的悬崖，放眼望去，只见浊浪排空；狂风怒吼，海洋咆哮，闪电从漆黑的云层如金蛇下窜，雷鸣轰轰，又掩盖了风与海的声音。于是在冷静观看这幕情景的人心中，他的意识的双重性明显跃到最高峰。他感觉自己是个体，是柔弱的意志之现象，只要那些强大的力量轻轻一抹，便可以收拾得干干净净，是徒然以螳臂当车，是依赖着的，听任机遇摆布，面对强大的力量，一趋于无声无嗅的草芥；同时也感到，自己是永恒安宁的认知主体，就其为一切客体的条件而言，他是这整个宇宙的证实者，那可怕的自然之挣扎只是他心灵的图画，只是他的表象；啊，在无声的理念的体会中，他自己脱离一切意志活动，一切需求，

与之情同陌路。这就是充分的庄严的印象。这儿，它是由视觉一不可比拟的压倒的力量产生、导致的，那力量以灭绝恐吓于他。

庄严的印象可以经由相当不同的方式产生——在想象空间以及想象时间中，一巨大的容量，其无限性将个体减趋于零。不过，采用康德正确的划分跟他的用语，头一种，我们不妨叫动态的庄严，后一种，叫数学的庄严，当然，对该印象本质方面的解释，我们跟康德完全不同，在这方面我敢说，不管什么道德的反省、或经院哲学的本体、本质，都是沾不上边的。

要是我们沉湎在无限巨大的空间、时间的宇宙中，迷失了自己，默想着过去未来几百万载的光阴；或许是，夜晚的星空，将无数世界带到我们眼前，以宇宙的无限逼迫我们的意识，觉得自己减为零；我们觉得自己是个体，是有生的躯壳，是倏忽的意志之现象，像海洋的一滴水，我们缩小了，瓦解为无。但相对于这样一种欺瞒的不可能，升腾起来一个立即的意念，就是所有这些乃只存在于我们的表象中，只作为永恒的纯粹认知主体的意兴所至。一旦我们忘记个体性，我们发现自己就是这个；它是三千世界是一切时间中各个朝代必要的、条件的证实者。世界的浩瀚无所容，刚才骚扰我心府之和平的，现在憩息于我以内；我们之倚于它，现在由它之倚于我而抵销。然而，所有这些感受并不立即进入思考，它的出现只是一种觉察到的意识，就某些意义上（只有哲学才能阐明）我们跟世界合一，因此并非被它的无穷大压迫，却是被超然高举。这是《吠陀·奥义书》以各种方式一再形容的那种觉察到意识，但说得最好的已经包含在这句话里了："我是造化之总集合，我以外别无其他。"（《奥义书》，一卷，122页）。这是一种超越自我个体性的升华，一种庄严感。

我们透过某一空间，以相当直接的方式感受这种数学的庄严的印象，比较起来，那个空间和宇宙的无限不成其比例，宇宙直接并

整体地被我们知觉,其三维空间影响我们,并足以将我等减为无限微渺。要感受到这,不能依赖一个不容知觉的空间,所以它不可以是一开放空间,应该只是一在所有三维空间方面有界限之分,直接可以知觉的,应该有非常之高广,穹窿的形状,如罗马圣彼得教堂,或伦敦圣保罗教堂之圆顶。透过这里,我们感知己身面对一宏崇的巨大,而顿感收缩的虚无渺小,另一方面,这个巨大本身又在我的表象以内,作为认知主体的我们,是它的证实者,庄严感就这么升起了。因此,正像是其他地方一般地,透过微不足道、依赖着的个体之我,意志现象的我,跟纯粹认知主体的我们的意识来个对比,庄严感发生。甚至星罗棋布的苍穹,假如不经由反省而予以暇思,亦不过如同石室之穹窿般引起相同影响,并不以其真实的伟大作用——只是以其表面的伟大。我们知觉的对象,有许多刺激庄严的印象;一方面以它们空间的容积,一方面以它们悠久的年代,就是以它们在时间中的持续,面对它们,我们觉得自己减为无有,可我们又沉溺于看见它们所产生的欢乐,像这类的有:极崇峻的山,埃及的金字塔,庞大的古城废墟,等等。

有关庄严的解释,老实说,可以进一步概括到伦理方面,也就是被形容为庄严的性格。庄严的性格的产生,是从下头这个事实来的:在这里,意志不是被那老早合计好来刺激它的对象所挑动,倒是被那种占了上手的认识勾引。像这样的性格,自然而然将以纯粹客观的方式思考人类,而并不依照他那应该具有的对意志的关系。比如说,他看人类的过错——甚至人类加诸他的仇恨与不公——他不会被挑动起本身的仇恨。他将无所羡慕地沉思人类的快乐,体会人的优点,又不盼望去亲近他们,知觉于妇人之美而不至于拜倒石榴裙下。他个人的快乐或不欢将不致剧烈地牵动他;他倒是像哈姆雷特所描述的霍拉旭那样:

你一直是,
像一个在苦难中,无所谓的,
是一个,拿命运的踩躏或报偿
都照样鞠躬如仪的人……

     《哈姆雷特》,第三场第二幕

因为在他自己的生命过程中,在那不幸中,他不把个人的分量看得那样重,他的眼光放到整个人类的命运上,所以理所当然地在这方面,以一认知者而非受难者的地位来走自己的路。

40

  由于对立的东西彼此常带来连带的启示,在这儿,我想是时候来讲,真正对立于庄严相的,是个乍看上去不像是对立的东西:即诱惑或动人。我所谓的诱惑或动人,是指那直接给意志满足或餍足的刺激。庄严感的引起在于一些的确不利于意志的东西,变成了纯粹沉思的对象。那么这种沉思,就只被一种不断自意志逃离超升过意志的兴趣,把它维持住;这构成性情上的庄重。另一方面,诱惑或动人则相反地把观赏者从任何美的体会所必需的纯粹沉思中拉出来,因为诱惑或动人必定以直接勾引意志对象的方式来骚扰他的意志。是故,观赏者不再停留于纯粹认知主体的地位,而是变成有需求的、依赖的意志活动主体。任何具有令人愉快性质的美的事物,之所以通常被叫作诱惑或动人的,是由于缺乏正确的分别,大家太广泛地理解一个观念的缘故,我要完全把这扔在一边,甚至,我要反对这个讲法。不过由刚才讲过和说明了的意义上看,我发现,在艺术的领域当中,只有两种诱惑,而两者都是不值得的。第一种非

常低级，可以在荷兰人的静物画中发现，就是当他们搞错了的，描绘了一些可以吃的东西时。那些骗人眼睛的东西，一定勾起你的胃口，这正是一种对意志的刺激，破坏了任何对于对象美感的沉思。画下来的水果还说得过去，充其量它显示出了它是花朵更进一步的发展结果，是自然透过色彩与形式的美丽地产品，还不会积极地迫使我们想到它是可以吃的。但不幸，我们常常发现，以扭曲自然着意画出来的，调好的一道道可以上餐桌的菜、牡蛎、糟白鱼、蟹、奶油面包、啤酒及酒类等，这些全都可以说是过分的。在历史画（人物画）和雕塑中，诱惑则存在于裸露的形体——姿态、罗衣半解，所有这种安排是着意勾起观赏者欲情的感觉。纯粹美感的沉思马上被否弃了，艺术的目的于焉失败。这种错误完全要怪画者遵守着前面讲到荷兰人时批评过的那个缺点。说到所有形式的美，与完全地裸露，古代人几乎完全超脱了这种错误，因艺术家自己以满腔的观念美，基于纯粹客观的精神创造了它们，而不是基于主观的精神、卑下的欲情。所以，诱惑再怎样在艺术中都是应该避免的。

还有一种反作用的、消极的诱惑，甚至比刚刚讲的积极的诱惑还差劲，这就是倒胃口或不快。正如积极的诱惑，它惹起观赏者的意志，扰乱了纯粹美感的沉思。消极的诱惑所激起的，是一种粗暴的反意志活动，一种勉强；它把讨人嫌的对象放到面前，来挑动意志。所以，在艺术中它经常被认为是说不过去的；就算丑陋的东西，只要不惹人嫌，在艺术中仍然可以容忍，下头我们就可以看出来。

41

美感，我们只讲了一半，只是从片面、主观地去解释，而由于我们讨论的程序问题，必须在这里插进对庄严的讨论。区分了庄严

与美丽的，只是主观方面特殊的变动。美丽与庄严的差异，要看究竟纯粹、无意志的认知状态，是否被任何自己跃现不受阻抗的美感沉思所需、所假定为先，是否先假定了，由于对象的吸引而有的意志之自意识中消退；不然还是这种状态只由于自由、意识地超越了意志而达成，对于意志，被沉思的对象本身跟它有不利、敌对的关系，这种关系在我们向它退步之时，就排斥了沉思。在对象中，两者没有根本的差异，因为在任何一例中，美感沉思的对象并非独立事物，而是挣扎着表露出来的理念；换言之，意志在一确定层次适当的具体性，它必要的相关者，跟它自己一样从充足理由原理退让而出——乃是纯粹的认知主体，这正如特殊事物的相关者之为认知的个体，但它们乃处于充足理由原理的领域之内。

当我们说一个对象是美丽的，我们因此便断定它是我们美感沉思的对象，但这意味着两件不同的事。一方面，视觉这个事物使我们变得客观，就是说，当沉思这个事物，我们不再意识到个体之我，而是意识到纯粹、无意志认知主体的我。另一方面，在对象中我们并不体认个别的事物，而只体认一理念；这种情况，只有当我们对这个对象的沉思并不附属充足理由原理，并不追随对象与某些它以外的东西（这最后总是牵连与我自己意志活动的关系），而是憩于对象本身时才会发生。因为，理念跟纯粹认知的对象总是同时发生于意识，变成必要的相关者，而随着这种发生，一切时间上的区分均不存在，因为二者完全跟一切充足理由原理的形式不相干。二者均超脱此原理所规范的关系；它们好比虹彩和阳光之与瀑布不断的奔泻涌流无所沾染。因此，比方说，要是我对一株树为美感的冥思，即以艺术家之眼——因而只体会到它的理念，究竟它是这棵树，还是千百年以前蓬勃生长的此树的祖先，究竟观赏者是此个体，或任何其他时期的任何人物，这马上变得不重要了。特殊事物跟认知个

体,随充足理由原理而被否弃,留下的只有理念与纯粹认知主体,两者合计起来,构成了意志在此一层次适当的具体性。理念不但从时间被释出,而且从空间解脱;因为,理念实际上可不是浮现在我面前的这个空间的形式,而只是它的表示,它的纯粹的意义,它的最内之"有",展露于我并感动于我;尽管形式方面有空间关系上的巨大不同,却完全不变。

现在,既然一方面任何存在的东西都可以纯粹客观地来看,脱离一切关系,而另一方面,就具体性的某个层次,意志又出现在每一样事物里头,该事物又是当然的一个理念的表示,任何事物也就是美丽的。甚至顶微末不足道之事物也容许纯粹客观及无意志的沉思,而得证明它自己为美的——这从荷兰人的静物画可以证明,这在第 38 节中已经说过了。凡一事之美于其他,乃是因为它便利了这种纯粹客观的沉思,它特别突出,与沉思迎合,甚至强迫引起冥想,那么我们说这件事物非常之美。这情形大部分是因为,就其为独立的事物,它纯粹地表达了它那一种族的理念,通过清清楚楚的、定义清晰且完全重要的各部分的关系。它也透过与它密切结合的、种族之各种可能的完整表现,完全显示了理念,所以它大大便利了观赏者从独立事物转移到理念,转移到纯粹沉思的状态。有时候,一个对象特殊美的显著特征,从理念本身(以对象向我们显现呼唤)乃是高层次的意志之具体性,因此是最重要、最富有启发性的——从这个事实上可以看出来。因此,人比一切其他对象要美,艺术至高的目标就在揭示人内在的本性。人类的形体及表情乃是造型美术顶重要的目标,这正像人类行为是诗律当中顶重要的目标。然而,每一件事物有它本身的特性美,不但是跃现为整体之个体性的有机物,还有无机的、没有形体的东西,甚至一切人造的物品。所有这些东西揭示了很多很多的理念,透过这些,意志在最低的层

次上具体化了本身；好像，它们响着自然最深沉的、游移的基础音。重力、刚执性、流动性、光明等等，乃是自己表示在岩石、在建筑、在水流中的理念。景物的栽培、建筑学，充其量是使它们明显地、完美地、可以理解地吐露了它们的质量。这些科学使它们有机会来清楚地表示自己，而这样也勾起和活跃了审美沉思。另外一方面，低劣的建筑跟处所——被自然所疏忽了的或艺术糟塌了的——则轻微地完成了这点，或根本办不到。然而，甚至在这些东西里，那自然普遍基本的理念也并不完全消逝。这儿同样地，它们向那些寻找它们的观赏者示意，甚至低劣的建筑之类还是能够被美感地思索着的；他们的材料所具有最普遍性质的理念，还是可以在它们以内体认出来。然而，人为赋予它们的形式，由于低劣的缘故，所以并不是便利了，倒成了阻碍审美沉思的工具。人造的物品同样有助于理念的表达，当然，这里所显露的并非人为之物的理念，而是该人为物品所由来的材料（物质）的理念。就经院学派的话来讲，这可以很方便地以两个词表达；在人造的物品之中，真正是表达它 *forma substantialis* [实质形式] 的理念，而不是它 *forma accidentalis* [偶有形式] 的理念；后者并不达到任何理念，只是人类的一个概念，它就从那里产生。不消说，所谓人造的物品，我们显然并不是指任何造型美术的作品。另外，经院学派所谓 *forma substantialis* 事实上指的是我所谓在事物中的意志具体化的层次。等下我们讨论建筑学时，将再回来说物质的理念。好啦——所以，从我的观点，我们不能同意柏拉图说的（《理想国》X [596 ff.] 284—285 页，及《巴门尼德斯》[130 ff.] 79 页，双桥版），桌椅表达了桌椅的理念，我们倒是要说，它们表达了已经表达在它们区区这般的材料中的理念。但是照亚里士多德的说法（《形而上学》，XII，三章），柏拉图自己也承认只有自然状态的、实体的理念："柏拉图教训说，有多

少自然物，就有多少理念。"在第五章他说，照柏拉图学派的说法，并没有房屋或桌子的理念。无论如何，柏拉图最早的门徒，否认有所谓人造物品的理念——这是阿尔吉努斯（Alkinoos）告诉我们的（《柏拉图哲学导论》九章）。所以他说："可是，他们把理念定义为没有时间性的自然物之前型。因为，多数柏拉图的门徒、私淑者，不承认有所谓艺术产品的理念，比如，一只盾或是一只七弦琴的，所谓反自然事物的理念，如发热、霍乱的，所谓个人的理念，如苏格拉底、柏拉图的，所谓细微末事的理念，好像碎屑、破片的，所谓关系的理念，比如较高或较矮的；因为，理念是永恒之神意，它本身就是完整地。"借这个机会，不妨指出我的理念论与柏拉图的理论另一个大大不同之处。他说（《理想国》，X601，288页），艺术所要表达的对象，绘画与诗律的前型，并非理念，只是独立的个别事物。我的整个讨论却是攀登上相反的方向，柏拉图的观点越发不能引导我们走错，正如它是属于这个伟大的人最显著的最大错误，即他蔑视了艺术、反对艺术的错——特别是诗律方面。他对于这错误的判断，直接跟刚刚引用的话有关。

42

回头讨论美感的印象。美的认识经常且不可分地假定了一纯粹认知的主体，和作为对象的被认知的理念。然而美感欢愉的来源有时会在于被认知的理念，有时候会在脱离一切意志活动，脱离一切个体性，还有它引起的苦痛的，纯粹认识至上、和平之心灵。而事实上，这种美感欢愉组成要素某种之强于某种，要看到底直观掌握的理念，是高层次的意志具体性，还是低层次的意志具体性。所以对于无机界植物界自然美，以及建筑等的美感沉思（在现实生活中或透过艺

术之中介）而言，纯粹、无意志认知的快乐，将占优势，此地体会的，只是低层次的意志之具体性，所以，不是具有深刻意义的、富于启发性的内涵的现象。另一方面，要是动物跟人类变成美感缪思或表象的对象，则欢乐将毋宁在于客观地体会那成为意志最显著的表示的那些理念。因为这些东西的理念揭示了各种不同的形式，揭示了现象丰富的、深刻的意义；它们向我们完全透露了意志的本质——不管是意志的横暴、意志的可怖、意志的满足或意志的破碎（最后这个是在悲剧的情况下暴露），末了甚至意志的改变、自己臣服——这尤其是基督教绘画的主题。历史画与戏剧，一般就是拿充分认识照明的意志之理念作为对象。现在我们打算一个挨一个来检点艺术，这样，我们推演出来的美的理论，将逐渐完备和变得清楚。

43

像物质这样的东西是不能表达出理念的，因为，就像我们在第一部中发现的，它是不断地透过因果关系；它的"存有"仅仅就是它的活动。但因果关系乃是充足理由原理的形式；而另一方面，理念的认识，却是基本排斥这个原理的内涵。在第二部，我们也发现了，物质是一切理念之个体现象的共同基础，因而是理念跟现象、个别事物的关联之环。所以说，为了这两个理由，物质它自己不能表示一个理念。这是后验地被这个事实证实的：从这样的内容绝对不可能有任何知觉的表象，只可能有抽象的表象。在知觉的表象中只吐露了形式跟质性，其证实者为内容，而在这一切之中，各种理念表露了自身。这跟下面的事实也是配合的，即因果关系（物质的整个本质）不可能自己表露于知觉，只是以一确定的因果联系表露。另一方面，一个理念的任何一个现象，由于是这样，它就进入到充

足理由原理的形式，或者说打入一个体原则的形式，它就必须自己从此在物质中显示为一种质性。因此，我们说过，在这范围内，物质是理念跟个体原则的接连之环，个体原则就是个体的认识形式，就是充足理由原理。所以柏拉图是相当正确的——这怎么说呢？理念跟它的现象，也就是个别事物，这两者一般地包含了世界上所有的东西，在这之后，柏拉图推出物质，只把它当作不同于两者的第三个东西（《蒂迈欧》[48-9]345页）。个体，就其为理念之现象，总是物质。任何物质的品质，也总是理念的现象，而且就因为这样，便也能容许美感的沉思，即可以有理念（表示在个体之质性中）的认识。这甚至可以用到顶普遍的内容的质量上，没有这个，它绝不存在，而这个的理念就是最微弱的意志之具体性。这些便是重力、凝聚力、刚执性、流态、反光等。

要是现在我们只把建筑学界定为纯艺术，脱离它实用目的这个范围——在实用的范围，它服役于意志而对我们来说不再是艺术——现在我们这样考虑，则我们只能说建筑学的意图，不过是把一些意志低层次的具体性之各种理念，弄得更清楚可以知觉。这些个理念就是重力、凝聚力、刚执性、坚硬、那些石头的普遍之质，那些意志最初、最简、最昏昧的可见性、自然的基础低音；跟着这些的，还有光，光在许多方面是它们的反面。甚至在这个低层次的意志具体性当中，我们看到了暴露于不协合的它的内在本质；因为，适当地说，重力跟刚执性的冲突正是建筑学唯一的美感素材；建筑学的问题就是把这个冲突交代得一清二楚，从各种不同的方式去表现。建筑学解决这个问题的法子是：把那些不可毁灭的力量，剥夺掉趋于满足它们的快捷方式，透过迂回的路子，让它们悬而不决；这样冲突延长，这两个力量生生不竭的努力，从许多不同的方面看，变得明显可见了。整个建筑要是听任它原来的趋势，将只显示出一

堆堆一块块的东西而已，被大地紧紧地束缚住，重力（意志在这儿出现的形式）不断地压迫，而刚执性（也就是意志的具体性）则抗御着。但就是这种趋势，就是这种努力，被建筑学挥手把它直接无间的满足阻止住了，给予它的是间接的满足。比如小桁跟横梁，只有靠着支柱来压迫土地，拱门得自己支持，而只有透过柱子的中介，才能满足其朝向土地的趋势，等等。正由于这些强迫的背离，正由于这些阻挠，那些攀附于天然的石块的力量，以最显著的各种不同的方式解放了自己；建筑学纯粹美感的目的也不过到此为止。是以，建筑的美，确实可以在各部分建筑显然、明白的合适性上头看出来，这不是建筑师个人外表的专断之意图（就这个范围，其成就便已属于实用建筑学），而直接是整体的稳健。每一部分的位置、体积跟形式，必须跟这种稳健维系必要关系，这样，要是可能移除某些部分，整体将不可避免地崩溃。只有每一部分，看它方便，负担它能够负担的，而每一个正好被支持以本身需要支持的地方，分量恰好。这种对抗的游戏，刚执性和向心力的冲突，构成了石头的生命跟它意志的跃现的——这些让人清清楚楚地看出，自己解放了出来。这些个意志具体性最低的层次，明显地暴露了它们自己。同样，每一部分的形式，不是被独断地决定，而是就其意图与它跟整体的关系决定的。支柱为最简的支持形式，纯粹由意向及目的决定。盘旋的支柱颇觉乏味，四角的方柱事实上不比圆柱简单，虽然制作起来更容易。同样，饰带、桁梁、拱门、圆顶、穹窿，完全都由它们直接的意向决定，并且从那里自己解释了自己。山节藻棁之类属于雕刻而不是建筑，顶多只好当作附加上去的花样，不要它也行的。前面说过，建筑的作品绝对必须拿一种领悟，及美感的欢愉，来透过对它的内容的知觉，关系到它的重量、刚执性、凝聚力等，而来指导着我们的认识。我们在这样的作品中感受到的欢乐，将立即由于发现

建筑构料不过是浮石完成的，而给大大地扫了兴，因为那样会带给我们一种虚伪的建筑感。假使人家告诉我们，这个建筑不过是木头盖的，而本来我们以为那是石造的，那么我们几乎会受到同样的刺激，正因为这转变了、迁移了刚执性跟重力的关系，更换了所有部分的意义与必要性；那些自然力，在木头的建筑中，自己显示出来，是远为虚柔无力的。是故，没有任何可称为良工的建筑工作，真正是由木材建造的——无论它能弄出多少花样出来；这一点唯有从我这个理论来解释才行。要是人家干脆跟我们讲，说这个引起我们视觉上愉快的建筑，完全由不均重、密度不一杂七杂八的材料组成，在我们眼里看来它们是看不出什么分别的，那么，整座建筑就如一首用看不懂的文字写成的诗，不会带给我们任何欢愉。这证明了，建筑学提供给我们的不只是数学，还是动力学，而透过它表达给我们的不只是形式、匀称，还有那些自然基本之力，那些理念，那些意志具体性最低之层次。建筑和它各部分的规则性，在某些范围内，是由每一成分直接与整体的稳健相配合而产生；就某些范围，它便于对整体的观察和理解。最后，规则的形体，揭露了本身和空间法则的一致，而提供了美。但这一切只有附带的价值跟必要性，再怎么说也不能称为关键的，因为，匀称并不是一成不变非有不可的，就算废墟，照样还是美丽的。

现在我们说，建筑作品和光有相当特殊的关系；在阳光普照、万里晴空下，它们闪烁了双重的美；同样，在月色溶溶中，它们又显示出一种相当不同的效果。所以，当树立一个美好建筑时，特别要考虑到亮度和气候的效果。主要理由在于，只有光辉明亮的照耀才能使人清楚看到各个部分以及它们的关系。另外，我的看法是，建筑学注定不只显露了重力跟刚执性，也展现了刚巧与它们相反的、光明的性质。光被巨大、不透明、轮廓分明且形态各异的石块截切、

阻隔并反射，以最纯粹、最清楚的方式开放了它的本性及质量，使观者大大地赏心悦目；说起来，光是事物中最适宜透过知觉的，是最完善的一种认识条件、客观的相关者。

现在既然给建筑导入清晰知觉的理念，是意志具体性最低的层次，由此，建筑向我们吐露出来客观的意义，相对而言极其微妙，那么，观赏一良好的、照明舒适的建筑带来的美感之欢，将多半不是靠理念的体会，而在于由此伴随着这层体会的主观地相关者上。所以说，这种欢愉显著的地方在于，当一眼看到这个建筑之际，观赏者从个体拥有使役于意志追随充足理由原理的那种认识中解脱出来，被抬举到了那纯粹、放松意志的认知主体地认识上。所以它将在于纯粹缪思本身，摆脱一切个体性的、意志的苦痛折磨。从这方面说，建筑的相反，纯艺术这一系列的另一极端——便是戏剧，戏剧将一切理念中最有意义的阐明了；所以在它的美感欢愉中，客观方面占全面优势。

建筑学与造型艺术、诗律等的区别在于，它并不给予我们样本，它给予我们东西本身。建筑不像那些艺术，它不重复已知的理念，在其中艺术家把自己的眼借给了观赏者。在建筑中艺术家直截了当地把东西、把对象呈示给观赏者，把实际个别事物的本质交代清楚，表达完全地，让理念的体会变成容易不困难。

建筑学的作品不像其他纯艺术的作品一般，它很少为纯粹美感的企图而作。相反，建筑作品追随着其他实际的目的，那个目的跟艺术本身并不相干。所以，建筑师若有伟大贡献，就在于他能完成纯粹美学的目的，不论这些目的如何附从其他不同目的。他技巧地从许多不同的方式，使它适应各别情况下任意的目的，正确判断从美学上而言，建筑之美与一座庙宇、一所皇宫、一个监狱等相协调的地方在哪里，从而达成他的目的。严酷的气候越是苛求效用性和

必然性，干脆决定了它们，不可避免地指定了它们，建筑之美的范围便越狭小。在印度、埃及、希腊、罗马，温和的气候中，必然性的要求比较不确定得多，建筑便能无拘无束地追求它美学上的目标啦，在北方的天空底下，这就给大大地褫夺了；在这样的地方，需要天花板的镶板、尖而凸起的屋顶及塔楼等，美的释放只限于很狭窄的范围，而更加需要借雕刻的装饰、镶嵌来补救，如我们在哥特式建筑所见。

这样，由于必然性及效用上的要求，建筑就注定要苦于极大的限制。但另一头来讲，在这些限制中，它找到了非常强有力的支持；毕竟就其成品的范围及花费的代价，就其美感效果的狭小，除非它同时能在人类的职业中占据一个稳固的受人尊崇的地位，作为一种有用且必要的职业，否则它的确不能够光凭一门纯艺术就这么自己维持着。别的艺术就因为缺乏了这种实用的用途，所以无法和建筑并举，虽然就美学根据来说，它们可以适当地跟建筑相提并论；举一个水利工程的例子，建筑在重力的理念方面、牵连上刚执性表现出来而成就的，跟其他地艺术在同样的理念方面，牵连上流动性，也就是牵连上无形态、最高极限的可动性和透明程度所成就的一样。瀑布在岩石上翻腾、飞溅、起泡沫，飞泉无声地，散成水花，清泉涌吐，形成高高的水柱，还有光可鉴人的湖水，这些都揭示了流动、沉重的物质之理念，正如建筑作品揭示了刚执的物质之理念。然而，水力学虽然是一门纯艺术，在实用方面却是无所取材，因为一般地说，艺术无法和实用目的水乳交融。只有在例外情形才出现，比如，罗马的特雷威喷泉[1]。

---

1 参考第二部第35章。

44

刚才提到的两种艺术,在意志具体性低层次方面所成就的,一定程度上说,是高层次的植物生命在人为的园艺学上所达到的更大成就。一个场所的景色之美,大部分要依赖着存在那地方的自然对象之多样性,它们要清楚地分开来,明白显现,又适当地牵连着、延续着。人为的园艺学就是辅导的这两种条件;但这门艺术可不像建筑一样能够随心所欲地支配它的材料,所以它的效果是被限定住的。它显示出的美几乎全是自然的;这门艺术本身功用甚微。另外,这门艺术对天气的酷寒曝热差不多束手无策,当自然的运行妨碍到它的时候,园艺的成就便小得可怜了。

所以,植物界无须艺术的中介,本身就随处提供美感的欢愉,只要把植物界纳入艺术的对象,它的范围主要便是那些风景画,在这个范围内,跟着还找到其他一切缺乏认识性质的东西。在静物画和建筑、废墟、教堂内部当中,美感欢愉主观的一面占了优势;换言之,我们的愉悦,主要不在理念的直接体会,倒是在这种体会主观相关的部分,在纯粹无意志的认知。这样,既然画家使我们透过他的眼睛看到了世界,这儿我们便同时掌握了一种共鸣的反省的感觉,感觉深刻的灵府之和平以及意志之完全宁静,啊,要把认识深深融入那些无生的对象,以如此的感动就如此程度的具体性理解它们——这是必需的。现在,适当的风景画的效果,整个来说也属于这一类;不过,因为跃现的理念,是更高层次之意志具体性,乃是更具有意义,更富启发性,则美感欢愉客观的一面越显得清楚,变得跟主观的一面并驾齐驱。这样纯粹的认知,不再独占鳌头,那被认知的理念、在意志具体化一个重要层次的表象世界,是势均力敌地运行着。

然而，动物画和动物的雕塑，却显示了更高的层次。说到雕塑，我们有不少古代留下来重要的作品，比如，在威尼斯、蒙地卡罗、大英博物馆之艾尔金希腊石雕搜奇，还有佛罗伦萨等地那些铜铸的或大理石的马；同样，那些地方收集的雕像，还有古代的野猎、嗥吼之狼；另外，威尼斯兵工厂的狮子；在梵蒂冈，有一整座的大厅，差不多放满了这些。从这里，美感欢愉客观的一面，相对于主观一面，就占有了决定性的优势。认知各种理念、平伏了自己意志的主体之清宁，正如在任何美感沉思中那般呈现出来，但它的效用不被知觉，我们被那描述的意志之无休止、意志之刚烈吸引住了。是那个意志活动在此地以形式及体态呈现于我，那意志活动也构成我自己内在的本性。在这些形式跟体态中，意志不像在我们自己中一样，被思维控制、节制，它以其强烈的癖性显露出来，从稀奇古怪的表示中展现得清清楚楚。另一方面，这个现象毫无隐匿地表示自己，天真、坦率、自由、显明，我们对动物的兴趣正在这里。种族的特征在植物的外观中已经显示出来，但它只在形式上显示自身；这儿它变成更重要，不但在形式上，而且在行为、姿势、举止上表现自己，虽然，它经常显示为种族之性格，而非个体的。这种高层次的理念的认识，我们透过他人的中介在图画中领会到的，也可以直接借着纯粹对植物思考性的知觉，凭借对动物的观察而感受到，的确在后者那里，我们尤其体认到它们自由、天然跟悠游的心境。对于动物多种不同的奇妙形态及活动、行为等，作客观的思考，乃是伟大的自然教科书所教导的课目；这是真正的 *signatura rerum*[自然

的签名]¹之破解。在沉思中，我们看到各种角度意志跃现的层次、模式，而意志在一切生物中是统一的、相同的，在任何地方均意欲着同一事物。这个意志，将本身具体化为生命、存在……在如此无穷的继承与杂样中，在如此不同的形式中，所有这些，乃变化的永恒条件之起承转合、通权达便；不妨比拟为同一主题的各种变奏。可若要把有关它们内在本性的阐释与资料，一语中的且便于思维地传授给观赏者，最好，我们还是使用梵的用语，就是印度圣书常说的 Mahavakya，即圣言"Tat tvam asi"，那意思是："这有生之物，就是你啊。"

45

最后，人物画跟雕塑的大问题，是要直接把那意志能在其中到达具体化最高程度的理念，表现给知觉。这里，美的欢愉的感受客观一面完全占优势，那主观的一面则跑到背景上去了。进一步说，要看清楚的是，低它一级的下一层，即动物画，其特征完全就是美；最有特征的狮子、狼、马、羊、牛通常就是最美的。理由是，动物只有种族的性格，而没有个体的性格。可对人的表达而言，种族的性格和个体的性格就分离了。前者，乃现在所谓之美（完全从客观的意义来说），而后者则还保留其性格、表情，新的困难来了，怎样在同时同一个个体的人身上，完全表现出两者（即种性与个性）？

人类的美，乃是意志最高层次、顶完备的具体化的客观表示，

---

1 雅各布·博梅在他的《自然的签名》第一章第15至17节中说："所以说没有任何自然之物，不会像它们外观那样吐露了自己内在的形态；因为，内在不断地努力于表现、显示……每一个东西有它自家表现的路子。这是自然的语言，其中，每一事物招供出自己的性质，常常揭示了、跃现了自己……因为，每一件吐露了它的母系，母系给予形式（态）本质和意志。"

在这个层次，人类的美被认知，即一般人类的理念，完全地、充分地以被知觉的形态表达。但不管美的客观面怎么样崭露头角，其主观面仍然总是跟得上的。没有任何对象，能如人类的绝世之姿，那样迅速地带给我们纯粹美感的沉思，我们一眼看到，就立刻被一种不可名状的满足掌握住了，超越了我们自己，跟一切折磨于我的。之所以可能这样，只有由于这种最显著、纯粹的意志之知觉，最轻而易举并且快捷地把我们提拔到纯粹认知的境界，在其中，我们的人格，我们的意志活动，和它那不断的苦痛都消逝了——啊，只要纯粹美感之欢持续。因此，歌德说："任何人目睹人类之美，都不可能引起不良的念头；他感觉到了己身的和谐，与世界之融为一体。"现在，自然成功地产生了美丽的人体，这要怎么说？这得说，在这一最高层次，意志将本身具体化为个体，通过幸运的环境跟它自身的力量，完全压倒了所有低层次现象呈示给它的阻碍、隔阂。这阻碍就是各种自然力，从这里显现的意志，不停地扭扯争取着夺回一切属于它们的东西。另外，高层次的意志现象，总有那么许许多多的形式。树，只是无数重复的苗放的纤维系统之集合。越往上越见其组合之工巧，人类的身体乃是由若干相当不同部分配合的高度复杂的体系，每一个有它 *vita propria* [个别的生命]——一附从于整体又有其独特的生命。这些部分，精确适当地归属到整体以下而彼此协调；它们协同一致地共图整体表现，无过无不足；这些都是罕见的条件，它的结果就是：美——一种完整深铭的种族性格。自然是这样的；可是，艺术怎样呢？想来，是模仿自然而成就的。不过一个艺术家，要不是他预先具有先于经验的美，他怎么好去体认原来打算模仿的圆满告成的成品呢，怎么好从失败当中发掘它？还有，我请问，自然产生过一个任何部分都十全十美的人类吗？有这么一个假设，说是艺术家必是将分布在许多人类中各个美丽的部分收罗

了起来，而从其中组合了一个美的整体；这是一个荒谬的，没有意义的观点。还是老套，我们问，他怎知道这些形式就是美的，而不是其他形式？我们也看到，德国画家模仿自然，在美的方面达到多高的成就。我们看他们的裸体画。若纯粹地后验，就是光从经验，则根本没有任何美的认识为可能。起码有一部分，总是先验地，相当不同于充足理由原理的一种形式，那就是我们先验意识的了。就这样，这些关联到现象普遍的形式，因为现象而建立了一般认识的可能性，普遍的一种没有例外的和如何出现的关联，从这种认识，推展出了数学及纯粹的自然科学。另一方面，那另一种先验的认识，使美的表现得以可能，却关系着现象的内涵，而非形式，关系出现的什么，而不是怎样出现。当我们看到人类之美，我们都体认它，但真正的艺术家没有看到过它，这种体会却如此之清晰从而表现出来，表现得胜过了自然。好啦，只因为我们自己就是意志，这才可能，这里要判断和发现的，就是高层次的意志适当之具体化。的确，只有以如此的方式，我们对自然所努力要表现的，心里才能先有个数儿，自然实际上正是那构成了我们内在有的意志。在真正的天才，这种预感是伴随着高度的思考之智，所以，在个体中领会了它的理念，天才，好像是了解了自然已经欲语还休地表示了的东西。他明白地表示出自然结结巴巴所讲的。在坚硬的大理石上，他铭刻上形式之美，那是自然尝试了千百次而不会成功的，他把它放在自然之前，宣称那就是："这是你打算说的哪！"从那行家口中发出了这样的回答："不错，那就是！"希腊的天才就靠这样的方式，发掘了人类形体的前型，把它树立起来，作为雕塑学的定律。同时也是靠了这样的预感，我们才都能体会到自然实际上在特殊情况中成功地达成的美。这种预感，是理想的，只要它被先验地认知（起码说认知了一半）它就算是理念；对艺术来说，理想的若这么顺应并补

充了后验透过自然而赋与的，就变成实际的了。艺术家这里对美的先验之预期如何而可能，以及鉴赏行家对美之经验认识如何可能，从艺术家跟鉴赏家自己都是自然的"本身"、具体化了自身的意志这点上看，就找出根底来了。因为像恩培多克勒说过的，只能从气味相投的体认出彼此来；只有自然能测寻自己之根基；可同样，也只有将心才能比心[1]。

说希腊人完全经验地、零碎地把美的部分收集，这儿发掘了、注意到一个膝盖，那儿一只手背，从而发现天工已经做好的、人类美的理想，虽然这是色诺芬笔下的苏格拉底说的（斯托巴伊乌斯《文集》，II，384页），但该观念是荒谬无稽的。这完全跟诗的艺术方面那个假设一样，比如说莎士比亚注意到，且从他自己生命的经历中，经过"反哺"创造出了他剧中不同的性格——真实、有凭有据、而且如此深刻地贯彻以成。这样的假设之不可能与荒谬，是用不着提的。显然，天才只是靠着对特征之物预感式的掌握，而产生了诗律之作，这正如他创作造型美术与图画艺术系由于美的预见一样，当然，两者都需要经验作为策划与模式。就这样，我们模模糊糊地先验意味到的什么，抽丝剥茧地给弄出一个明白，然后——思考的、智性的表现跃出。

上面说，人类之美乃是发展得最完备的、被认知得一清二楚的意志最高层次的具体化。通过形体，意志表现自身，而这又只寓于空间，不像运动那样跟时间有必要的关联。就这个范围，我们不妨说透过纯然空间现象的适当之意志具体化，乃是美的，这是从客观

---

1 最后一句话出自爱尔维修：il n'y a que l'esprit qui sente l'esprit。本来在第一版中没必要来这么一句蛇足。不过以后，由于黑格尔虚伪的哲学把人脑筋硬化的结果，时代大大地退化而粗陋了，不少人会把我这儿讲的，当作暗示"精神与自然"之间的对比。所以我迫不得已公开抗议，以防这种粗俗的哲学理论一脚插进我的体系。

的观点讲的。平面不过是意志的空间之现象；凡运动，继而凡是任何和时间的关系（脱离时间的发展而言），都不是意志本质的一种表示。意志的形式，表露了，公开显示了它整个内在之"存有"。然而，动物跟人还必须以一系列活动出现在他们以内的意志完整的吐露，这样，在他们以内的现象，获得了一种和时间的直接关联。这已经都在前面一部讨论过了；这和我们现在所说的，关系是这样的——由于意志与空间的现象，能够在每一特定层次，或完备或不完备地将这个意志具体化——正是这样，构成了美丽或丑陋——所以同样，意志暂时的具体化，即暂时的活动，的确是直系的活动，故此也就是运动，就能纯粹完满地关系着意志，这个意志自身具体化在运动中而没有别的杂质、没有多余、没有不足，它所表示的只是每一情形决定的那个意志行为；不然，相反的情况也可能产生。头一种情形，运动自自然然凝重地产生；次一种，就不那样地发生。所以，好比美是一般意志透过它空间现象适切的跃现，同样，凝重是意志透过它暂时的现象，适切的跃现，即透过运动跟具体化成位置的意志行动完全正确并适当的表示。运动和位置假定身体为先，所以温克尔曼的话是没有错的，他一针见血地指出："凝重乃是行为人与行为间一种特殊的关系。"（《全集》，一卷258页）自然，美可以归给植物，但凝重就不行——除非就比喻的意义而言；就动物和人，两者都可以，就是说美丽与凝重兼具。照这么说，凝重在于任何切实执行的运动，以及以最不费事、适当、便利的方式采取的位置，因此在于作为意志意图或行为的纯粹适切之表示，丝毫不致有余，而徒然显示其死板的僵硬。凝重先假定了四肢全有适当的比例，躯体匀称的、和谐的结构，因为只有靠这些，一切姿态跟运动上显然的合目的以及完满的悠然自得才可能。因此，凝重绝不可能说是缺乏某种程度的躯体之美。这二者，完备地结合起来，乃是

意志具体化最高层次顶显著的现象。

如以上所说，人类的一个显著特征是种族的性格与个体的性格如此地分开，以至于每一个人多少体现某种程度的理念，那理念是他整个特征。所以艺术，它的目标朝向人类理念的体现，艺术的问题就在于种族性格的美，跟个体性格的美，这就叫 character par excellence [等优秀之性格]。并且，只有在此种性格对个体的个人而言不是什么偶然、特殊，而是人类的理念特别出现在这一特殊个体中时，艺术才有这个问题；所以，这个个体的表象才用来表达这个理念。因此，虽然性格是那么独立化、个体化，却必须观念地、理想地予以理解、表达；换言之，涉及一般人类的理念（它以自己的方式进行理念之具体化）而强调其重要性。另外，表象是如此的个体的一个素描，一个重复，牵连所有个体的偶然之质。像温克尔曼说的，甚至素描也应该是个体的理想。

理想地去理解性格，即强调人类理念中特殊的、与众不同的一面，现在它可见地跃现出来了，部分通过持久的脸相和体型，部分通过流逝驰走的情绪与激情，认识活动与意志活动相互修正；这一切，都表示在风采中，表示在运动中。个体总属于整个人性的一部分，另外，整个人性总在个体中显示自身，以此个体特殊的理想的意义而显示；所以，性格不能抛弃美，美也不能抛弃性格，个性之否弃种性将成为滑稽可笑，而种性之否决个性则成为无意义结果。所以，目标指向美的表象——主要如雕塑，将总是在某些方面借着个性修饰种性，并且将总是以确定的具个性的方式，表达人类的理念，强调它特殊的一面。因为，像这样的人类中的个体，在某个范围内有了属于他自己的理念的庄严；对于人类的理念而言，在具有特征性意义的个体之中表现自身，是最基本的一件事，所以我们在古人的作品中发现，他们所明白领会的美，不是由一单纯的形式表示，而

是以具备不同性格的许多形体表示。它好像经常是从不同面去掌握，因此呈现在阿波罗的是一种形态，巴库斯的是一种形态，赫拉克勒斯的是一种形态，安蒂诺的又是一种形态。事实上，性格可以限制美丽的，甚至可以表现丑，表现在醺醺然之赛利那中，在牧羊神潘中……然而，要是性格过分到在实际上偏离了种性，就是说，若是它变态到不自然，那就成了笑话啦。可是凝重却远比美丽不被所谓性格所扰乱，因性格的表达也需要庄重的位置及运作；它需要以最适宜、最妥切、最适合那个人的方式来完成。这不但借着雕塑家及画家可以观察到，同时通过每一位优秀的演员也能瞧出来，否则这个笑话也要变成一种愁眉苦脸、扭曲的样子了。

在雕塑中，美丽与庄严主题。心灵真正的性格，出现在情绪、激情、认识活动及意志活动的转换中，只有通过面部表情才描写得出，再怎么说都属于绘画的领域。虽然眼神跟色泽，在雕塑的范围以外，对于美的贡献良多，但它们对性格而言更为根本。另外，美，从若干观点上更完全地提供了沉思；而表情、性格，则可以完全地从单一的观点来领悟。

既然美是雕塑的主要目标，所以莱辛打算把拉奥孔雕塑之不哭泣解释为：哭泣跟美不协调。对莱辛来讲，这个题目成了一本著作的主题，起码说，是它的出发点，另外在他前前后后有不少围绕这个主题的文章。因此我附带在这儿表达一下我的观点，当然，这样特殊的讨论并不是我们讨论的成果，我们的讨论完全是指向一般的。

46

显然，在那著名的雕塑中，拉奥孔的像并没有表现得哭泣嚎啕，普遍而且一再引起大家惊奇之处，毫无疑问在于：事实上要换上我

们，我们都会哭叫出来的。再说，这是自然而然的事；因为在最尖锐的生理的痛苦，和突然产生的肉体上最巨大的恐惧，这样的情况下，所有可能导致沉默之忍受的思想运作，完全被从意识中驱除出去，而自然就借着哭喊发泄了出来，这样同时表达了痛苦和恐惧，召来了解救的人，吓走掉凶手。所以温克尔曼惋惜着这种哭喊中表情的缺乏；但为了替艺术家说话，温克尔曼把拉奥孔形容成一个斯多噶式的人，认为 Secundum naturam [顺从自然] 而哭泣是有损尊严的事儿，而在他的痛苦上，加了一重徒然压抑表情的努力。温克尔曼于是在拉奥孔身上发现了"一个伟人的不断努力的精神，痛苦地挣扎着，并且试图克制感觉的表现，而把它封闭在自身中。他并不像在维吉尔诗中那样爆发出大声的悲号，而只吐出了忧苦的叹息"，诸如此类（《全集》，七卷，98 页；在六卷 104 页以后有同样的更详细的叙述）。温克尔曼这个观点被莱辛在《拉奥孔》一文中批评过，并且莱辛像我们上面讲过的那样把它修正了。他用纯粹美学的理由，替代了心理学的解释，他说美——古代艺术的主题、原则——不容许有哭号的表情。他的另外一个辩论是，一个完全属于流逝无常的、不可能有任何持续的状态，不该在一个不动的艺术作品当中塑造。这说法我们找得到几百个例子反驳它，我们看到，不知有多少优秀的塑像，都是固定在完全飞逝不定的运动状态的，像舞蹈，像角力，像追捕。的确，歌德在他的《登堂集》（第 8 页）开头那篇论拉奥孔的论文中，就认为这个完全飞逝无常的片刻非有不可。在我们今天，赫尔特（Hirt）（《诸神赫赫》，1797 年，第十节）把一切事物都要求一个抽丝剥茧出来，断定说拉奥孔不哭号，是因为他已经不能，理由是，他正濒于窒息而死的境地。最后，是富尔诺（《罗马研究集》，一卷，426 页以下）把这所有三个观点都权衡且讨论；然而，他没有加上一个属于自己的新看法，却把

这三种一股脑儿折中起来。

这样有思想、这样敏锐的人，辛辛苦苦强词夺理，还仰赖心理学甚至生理学上的辩论，为的是要解释一件道理明白、对明眼人来说显而易见的事情，我对此不能不感到惊奇。我特别吃惊的是，莱辛距离正确的解释那么近，却完全错过了。

在进行所有心理学和生理学的研究之前，探讨究竟拉奥孔在那样的处境里会不会哭出来（而我敢说他一定会），我们要晓得的是，涉及到塑像，哭泣是不该在这儿表现的，理由仅仅是这种表示完全不在雕塑的领域里。一个哀号的拉奥孔不能由大理石塑造出来，这样塑造的只是一个嘴巴开得大大，在那儿徒劳地做哭喊的努力的塑像，一个声音卡在喉咙里头（*vox faucibus haesit*）的拉奥孔。哀号的本质以及它对旁观者产生的效果，完全在于声音，而不是张开的嘴。后面这个一定伴随着哀号的现象，首先要通过它所产生的声音推动才说得过去；于是它可以允许且的确是必要的，成为行为的特征，虽然它对美来讲是有害的。可在造型艺术中，哭号的表示是相当格格不入乃至不可能的，那么要把哭号那激烈的手段，也就是张开的嘴巴表示出来，就真是愚不可及，这个手段打搅了任何的姿态跟其余的表情，因为那一来，我们面前摆的就是那些手段，它需要你放弃更多来迁就它，至于它的目的——哭号本身，还有它对咱们感情上的影响，却没办法得到。再说，那样更会造成每每努力却总是得不到结果的荒谬情景。这真的可以比作一个恶作剧的小丑，为了一个玩笑，把入睡的守夜人的号角用蜡封起来，然后嘴里喊着失火将他弄醒，笑盈盈地看着这人在那儿使尽了吃奶的气力没有用地吹着。另一方面，当哭号的表情落入戏剧艺术的领域里，它便是相当有资格了，因为它提供了实际的事实，换句话讲，提供了理念完全的表达。在诗律中也一样，诗律要做到把读者的想象力用知觉

的方式表达出来。因此，在维吉尔的长诗中，拉奥孔像一头被斧子砍了以后蹒跚而逃的牛那样，哭喊出来。荷马（《伊利亚特》，XX，48—53）描述阿里斯（战神）向雅典娜可怖地咆哮着，但丝毫未减损他们神圣的尊严或美丽。戏剧也一样；拉奥孔在舞台上，的确是必需哭喊出来。悲剧大师索福克勒斯表示，他的菲洛提隶斯也是在那儿哭号着的，在古希腊舞台上表演出来的是那个样子。类似的一个例子，我记得曾经在伦敦看过一出由名伶康保（Kemble）演出从德文翻译过来的剧本：彼查若（Pizaro）。康保扮演那个美国人——一个近乎野蛮但又有非常高贵性格的角色。当他受了伤，他大声而且粗暴地喊叫出来，这带来了很惊人和可观的效果，因为这是极有性格的，并且，十分合情合理。另一方面，一个用笔画出的或石头雕刻出的无声的哀号者，要比歌德在《登堂集》中指责批评的所谓"音乐的绘描"荒谬得多。因为，哭号之更会妨害到其他表情，跟妨害到美丽，殆超过音乐；充其量，演奏之类只和手跟臂膀有关，而且要看作是一种表现了人格的行为。的确，就这个范围来看，只要不过分粗暴地运动身体或弄得龇牙咧嘴，你可以说它描绘得很好；所以比方说，罗马的斯奇亚拉画廊里头那拉斐尔画的小提琴家、西西丽亚之演奏风琴，还有其他很多，都是这样。现在，既然由于艺术的限制，拉奥孔的痛苦不能由哭号表示，艺术家就必须使用一切其他表达痛苦的方法了。这方面，艺术家达到了完满地成就，正如温克尔曼优异的描写所形容的那样（《全集》，六卷，104页以下），因此只要我们拿掉它里头那斯多噶式的感情，温克尔曼值得赞美的叙述就完全有价值和真实性。[1]

---

1 这段结尾的补充，请看第二部第36章。

47

　　因为凝重的美乃是雕塑的主题，所以它偏好裸露，而且只有在衣着并不掩藏形体的情况下，才能容忍衣着。它利用披饰，并不当作遮盖，而是作为表示形体的间接方式。这个表示方法需要知性作出很大的努力，因为知性只有透过那一个直接给予的效果，就是说，透过披饰的安排，才达到了对原因（就是身体的形式）的知觉。因此在雕塑当中，披饰，在某个范围内，就好像照远近缩小的方法之于绘画。两者都是暗示而不是象征的，然而它们要是成功的话，都可以促使知性直接去知觉那被暗示着的东西，就好像它是被实际给予的那样。

　　在这里我想不妨插入关系到论辩艺术的一个比较。正如同美丽的体形，用越简便的衣着越是可以表现出来，甚至根本不要衣着，因此一个极为俊逸的人，要是同时具有高尚品味、文质彬彬的话，他会宁可几乎像是赤裸地走动着，只穿着古代人那般朴素的服装；那么同样，每一个富于思想的优秀心灵，也会总是用最自然、坦诚与简洁的方式，表白自己，关心的是能不能把思想交通给别人，从而解除一个人在这样的世界里无法避免的孤独感。相反，心灵的贫乏枯竭，思想的混淆和扭曲，常常就会用意思表示牵强附会跟形式暧昧到极点的讲话来打扮自己，为的是在那艰涩而且浮夸的词句中，掩饰自己渺小、卑鄙、乏味跟陈腐的观念。它就像一个缺乏堂堂皇皇之美的人那样，想借用衣着来弥补这个缺陷；他企图在野性意味的华服、金箔闪亮的服饰、羽毛、褶边、讲究的袖口和斗篷底下，遮盖住他那一点意思也没有且丑恶的形体。因此，许多作家，要是逼不得已要把自己辞藻华丽而暧昧的书简简单单道出一个明白究竟来，便会窘困得像一个浅陋之人要他光着身子走路一样了。

48

历史画的主要目标,除了美丽与凝重外,还针对着性格;所谓性格一般指的是,在高层次意志具体化中的意志之跃现。在这里,个体强调着人类理念特殊的一面,具备了独特意义,并且不单是借用形式把它阐明出来;相反,它借着各种行为,借着那应缘而生且随继而来的、对认识活动与意志活动的修饰,在风采与气色中,把这个意义表达成肉眼可见。既然人类的理念必须在这个范围中展现,理念那多面性的表示,就必须在有重大意义的个体中展现在我们眼前,而这些个体,它们的重要性,又只有透过许多不同的景观、事件与行动才看得到。好了,这个没完的问题现在用历史画给解决了。历史画把生命中各色各样的景象巨细无遗地带到我们眼前。因此,没有任何个体或行为会没有意义;通过这所有一切,人的理念越发显示自身。因此,在人的生活中,没有一件事可逃于画笔的描绘。所以我们要晓得,那些卓越的荷兰学派的画家,因为他们一般描绘的是日常生活中的事物,但事实上,只有世界史或圣经里头的事情才被大家认为是有意义的,于是,他们仅仅在技巧上受到尊敬,其他方面则被鄙视——这是大大的不公平的啊。我们首先应当要牢记,一桩行为内在的意义,是和外在的相当不同,同时这两样经常也彼此分道扬镳。外在意义,是指一桩行为对实际世界和在实际世界中的效果的重要性,因此,它是依照充足理由原理的行为的重要性。内在意义,是透视到它所揭露的人之理念时所看透的深度,在于把理念很少出现的那几面发掘出来,使见天日。这是借着促使那清楚毅然地表示自己的个体性,利用适当安排好的环境,来展露出它们专门特性而形成的。在艺术里,只有内在意义是重要的;在历史中,要紧的是外在的。这两者彼此独立;它们可以一道出现,但也能单

独出现。在历史而言一桩有最大意义的行为，也许它内在的重要性非常普通。相反，日常生活中一个小故事，假如当个体、当人的行为与意志最内的奥秘那么明白清楚地在它之中出现时，就可能具有极其伟大的内在意义。甚至，不论外在的意义怎样极其不一样，那内在的意义也许却相同；所以比方说，牵涉到内在的意义，究竟是肉食者谋国，还是庄稼汉在酒店为怎样掷骰出牌而伤脑筋，都没有差别；这正如不论我们用金制的棋子下棋，或用木制的，都是相同。另外，就为那个缘故，填充了几亿兆人类生活的人生的许许多多场面、情景，便因此够得上成为艺术的对象，它们那丰富的色调，也一定可以提供充分的材料，来揭示人的理念的许多面向。甚至那短暂的片刻，它那流逝无常的性质，被艺术固定在这么一种图画中（在今天叫作 genre painting[风俗画]），也刺激起了一丝特别的情绪上的感受。因为，把不断改变自己形式的、浮光掠影般的世界，固定在持存的、描写特殊事件的图画中，而这个特殊代表了整体，这就是绘画艺术的成就，这样，它就好像把时间本身带到一个定点，因为它把个体升华成它那一"种"的理念。末了，绘画的历史性主题，和具有外在意义的主题，经常有着一种不利的情形，那就是，凡在它们里头有意义的东西，都不能在知觉中显示，毋宁说必须加入到思想中。从这方面讲，一幅图画名义上的意义，必须一般地和实在的意义有所区别。前者是外在的意义，但应该只当作概念加上去；后者则是那透过了图画明白显示给知觉的人那理念的一面。好比说，埃及公主发现摩西，可能是一幅画的名义上的意义，历史上极其重要的一刻；另一方面，真正实际上交付给知觉的意义，是一个弃婴被一位高贵的女士从水上的摇篮中救了出来，一个可能不止发生一次的附带事件。在这儿，唯有服装可以使得有学识的人晓得那桩历史事件；但服装只为了名义上的意义才算是重要；至于实在的意

义来说，那是无关紧要的，因实在的意义体认的只是像这样的人类，而不是独断的形式。历史当中撷取的主题，并不就比那些仅仅从可能情形当中得来的，因此不被叫作个别的而只是被叫作一般的主题，来得多几分好处。因为在前者中真正有意义的，不是个别，不是像这样的特殊事件，而是在它当中那普遍、贯彻地表达在它里面的人之理念的方面。另一方面，确定的历史性主题，再怎么说不应该把它拒绝；只有在画家与观察者双方，对于这样的主题真正用艺术眼光来看时，才绝不是它们里头恰恰当当构成了历史的那特殊之事，而是表达在它们里面那普遍的，也就是理念。只有那些历史性的主题才被选为主要事物，可以实际拿来表示的所在，而不仅只是在思想上添加进去；不然，名义的意义就离实际太远了。那些只由牵连图画而被想到的东西，变成具有了最重大的重要性，涉及知觉到的什么。要是说，就算在舞台上，重要的插曲若让它发生在幕后（好像在法国式悲剧当中那样），就得数编剧的不对，那么同样，在图画里头要这样，便显然错得更离谱了。历史主题，只有当它们把画家限制在一个被独断地选取的范围内，并且为的是其他的目的而不是艺术目的，这时候它才一定会造成有害的效果。当这个范围显然景象贫乏也没有重要的人物，比如，当它是一个渺小、孤僻、贪婪、暧昧、受教职阶级约束（也就是受错误想法左右的）民族，像犹太人，被当时东西方伟大的王国所看不起的——当这时候，情形便越是这样。因为，民族的大迁徙，存在于我们和所有古代的国家之间，正如现在的地表，跟那残留着许多有机物的化石的地表之间，横亘着前一次海床的变迁一样，西方民族主要的文化基础，不是来自印度或希腊甚至罗马人，倒正是来自这班犹太人过去的文化，一般说，大家认为这是一个大大的不幸。但对那些15、16世纪天才的意大利画家来说，在那非选来做题材不可的狭小领域里，他们要

依赖着各种悲惨的不幸故事做素材，这真是老天爷安排给他们的一桩特别倒霉的事。因为，说到了新约，只要牵涉到历史的部分来看，它是远比旧约要来得不利于绘画的，那些教会的烈士、文士们的历史，是非常之不幸的题材。不过话又说回来，有些画我们要十分谨慎，不能把它们跟那些犹太教和基督教中的历史以神话为主题的画作混为一谈，我指的就是那些把基督教真正的、伦理的精神，借着表示出那充满这个精神的人物，呈现在知觉中的那些图画。像这些的表示，事实上应该算是绘画的艺术中最高且最值得称羡的成就，只有最伟大的绘画宗师才能成功创造出来这样的作品，他们里头顶出色的，得数拉斐尔跟科雷乔，科雷乔在其早期的绘画中尤其如此。像这种的绘画，本不能把它列入历史画的行列，因为通常它们不描写任何事件或行动，只是画了一群圣人，还有救世主自己——通常只在他年纪还很小时，跟着圣母和天使们，如此这般。在他们的神态中，特别是眼神里，我们看到了最完美的认识的表示、反映，那种认识不被特殊事物指挥，完全掌握了理念，完全掌握了世界跟生命整个内在本质。在他们里头的这个认识，反抗着意志，并不像其他认识那样被提供为意志的动机，而是相反，变成了一切意志活动的抚慰者。从这里就导致了完美的"弃却""断念"，和印度的智慧一样，这就是基督教最内在而深刻的精神，一切意志活动的放弃、收敛、意志的废弃，接着是世界整个内在存在的遗弃，最后带来了"拯救"。所以，这些永垂不朽值得赞美的艺术大师，在他们的作品中，用可知觉的方式表达了至高智慧。这儿是一切艺术的顶峰，艺术追随的是意志最充分的具体性，即理念，也就是说，它透过了所有层次，从受原因影响而其本性未展开的最低等，到类似的受刺激影响的，最后到那受动机驱使的。现在，艺术透过了那一位，从对自己本性的最完美的认识中发出了光芒照耀到意志上的、那唯我独尊的抚慰

者，而展示出自由意志之自我扬弃[1]。

49

到目前为止，在我们对艺术的所有讨论中，最根本一贯的真理是：被艺术家当作描写的目标的艺术对象，说穿了就是柏拉图意义上的理念，而不是别的了，对艺术对象的认识，则必须先行于艺术家的作品，作为它的根本、来源；这个对象不是特殊的事物，不是普通体会的对象，也不是概念——那科学与理性思想的对象。虽然理念和概念，由于它们都表示了实际事物之多元性的统一整体，而多少有点雷同，但两者差别之大不同，你可以从第一部里对概念的叙述，和现在这一部对理念的叙述，看得很明白。但老实说，我的意思并不是断言柏拉图清楚地掌握住了这个差异；的确，他举出理念许多例子和对理念的讨论，而都只能运用到概念上。然而我们不要去理它，我们走自己的路，无论什么时候要是碰上了大思想家、高贵的心灵踏过的途径，我们高兴着，但不要去追求他的脚步，而是迈向我们自己的目标。概念是抽象的、反省的，在概念的领域内，它自己完全不能被决定。概念只是被概念的限制所决定，只有那具有理性能力的人才掌握和明了它，它可以由言词传授，不需要借助于其他，它的定义已经完全把自己说得一清二楚、毫无隐匿了。另一方面，理念或许可以当作概念适切的代表来定义，它绝对属于知觉方面，并且，虽然它表示了无数的个别事物，但从头到尾都只能算有限。它绝不被个体认知，只有那把自己超然高举越过了一切意志活动、一切个体性而达到了纯粹认知主体的人，才能把它认知。

---

[1] 这番话，只有预设了后面整个第四部才能理解。

因此，它只被天才把握，还有那些多半靠着天才作品的帮助，而把自己纯粹的认识力量提高了，变成处于天才的心境的人。所以，它并不是绝对可以授受的，只能被有条件的授受，因为艺术作品中体会出来重复出来的理念，只按照每个人自己智慧高低的水准，而对他有或多或少的吸引力。就为这个理由，一切艺术中最优秀的作品，顶高贵的天才的产物，对于那班迟钝的大众，就永远等于一本上了封皮无法打开的书，再也没法接受。他们被一道宽大的深沟隔了开来，正好像王侯的生活圈子是普通老百姓没法插足的。当然，就算人类中顶笨的人，为了不让自己的弱点暴露出来，他们也晓得服从权威接受被公认为伟大的作品，这是实话。但他们总是保持缄默，一旦有机会巴望到自己可以避免暴露了不学无术的危险，而能够对那些作品施以抨击的话，他们会像老早就准备好一样那么做出来。这一来，长期以来他们对一切伟大的、美丽的东西以及它们的作者所埋藏的怨恨，就那么自然而然地爆发了；因为这些美好的事物，从来就引不起他们的共鸣，这样，也就衬托出了他们的低劣，大大地使他们丢面子。道理很清楚，为了要能体认并且心甘情愿不受约束地承认别人的伟大，一个人自己就必须一般地具有某些才华才是。从这里你可以发现，尽管有周公之才之美，为什么谦虚还是一定要有的，而同样，为什么对于谦虚这项美德的赞扬之声会高到不成比例，在所有的美德中，谦虚总是被包括在任何人所冒险地加诸某一个在特殊方面有成就的人物的赞美之词里，以缓和及安抚那些没有丝毫价值的人的怒气。噫，在一个充满了邪恶的嫉妒的世界，一个人需要因为他的优秀和具备的才华，而用"谦虚"来向那些没有一点这种德行的人请求原谅，那么所谓的"谦虚"不是虚伪的卑躬又是什么？任何人承认自己没有优点，因为他实际上的确没有，这并不是谦虚，只是他老实而已。

理念是整体，借着我们直观地体会的空间跟时间的形式，它落入了多元性。另一方面，概念，是通过我们的理性能力借用抽象的手段再度从多元性中产生出来的整体；后者可以说是 *unitas post rem* [以后的整体]，前者是 *unitas ante rem* [以前的整体]。末了，我们可以用比喻来表达概念和理念的不同，我们说，概念像一死板的容器，任何东西摆进去，就实际上一个挨一个地放着，从里头，除了你会放进去的(利用综合的思维)以外，再不能拿出其他什么(利用综合的判断)。而另一方面，理念，在那掌握住它的人心里头发挥了表象出来，比起同样一个名义底下的概念，它是新鲜生动的；它像有生命的有机组织，自己发展，并蕴含了创造之力，这产生的东西不是以前放进去的。

现在，根据所讲过的这一切，我们看到概念虽然在生命中是有用的，能够帮助我们，是不可或缺的，虽然在科学中它可以产生什么，但在艺术里，它永远是不孕的、没有创造力的。相反，被体会了的理念，是一切货真价实的艺术作品实在且唯一的来源。讲到它强有力的原始性，它唯有从生命本身，从自然，从世界提取出来的，唯有真正的天才，或那在短暂的片刻触发了灵感，达到天才境地的人才能萃取它。货真价实具备了不朽的生命的作品，只有从这样直接的体会才能得到。正因为理念是且一直都是知觉的，艺术家并非 *in abstracto* [抽象地] 意识到自己作品所意图表达的，和它的目标。呈现在他心目中的不是概念，而是一个理念；所以他不能对他的行为给予一个叙述。就像大家说的那样，他仅仅凭感觉、无意识地、确切说是依照本能地创作。另一方面，模仿者、讲究形式的人 *imitatores*, *servum pecus* [模仿者，奴性的大众]，在艺术上就从概念来起头。他们注意到作品中真正令人喜欢的、感人的是什么，把这个弄清楚了，固定在概念里头，也就是在抽象中固定，接着公

然或暗地里使用技巧有意模仿它。他们像寄生植物，从其他作品中吸取养分；像水螅，随吸收的营养而变色。的确，我们甚至可以把这个比较放大，断言它们就像某种机器一样，把放进去的东西切碎、混调，但无法消化，这样，别的那些东西的成分总可以被再度地找到，而从混合中分开和挑拣出来。至于另一方面，只有天才才像有机体，能同化吸收、把东西转换并产生新的出来。因为，他的确被他的前辈们及其作品熏陶和教化；可唯有靠着生命和世界自己，他才透过那知觉到的印象，而被造成为有直系的创造力；因此，最高度的文化熏陶也不至于干扰了他的创造性、原始性。所有的模仿者所有形式化的人，在概念里体会了其他那些可以作为榜样的成就所以如此的根本性质；但他们绝对无法把内在生命给予一件作品。一个世代，换句话说，各个时期蒙昧的大众，本身只认知概念并且死抓住它们不放；所以他们用自然而然很大声的赞美，接纳做作的作品。然而经过若干年，这些作品变为不合口味的，因为时代的精神，换言之，风行的概念，就是这些个作品唯一能够生根的地方改变了。只有直接从自然与生命当中提炼出来真正作品，才青春常驻并且强壮，正像自然和生命自身一样。因为它们不属于任何年代，它们属于人类；而为了这个缘故，它们被自己所不屑于苟从的那个时代视为随意；并且由于它们间接和消极地暴露了时代的谬误，它们就受到迟钝同时很勉强地接受。另外，它们并不老化，甚至到最近还总是对我们有永远新鲜的吸引力。那么，它们就不再受轻忽与误解了；因为现在它们被极少数有判断力的心灵欣赏，戴上了桂冠，受到了优待。这些少数人只随着时代推移，在这儿那儿罕见地出现过几趟，他们投下了票，数目慢慢增加，终于形成了权威，这是要求后代公断时唯一裁决的法庭。有资格的，只有这些陆陆续续出现的个人；因为，后世那些大众，总是并且一直是乖张、昏睡，正像时间当中浮沉数

不清的群众,过去是那样,现在还是那样。让我们读一读各个时期伟大的心灵对他们那个时代的抱怨吧;听起来就像是今天讲出来的一样,因为,人类的种族总还是一样的。在每一个年代每一种艺术里,情绪取代了精神,而精神总是个人才拥有的东西。然而,情绪不过是精神的一件老旧袍子,只有精神才一直存在,并被人们认出来。基于所有这些观点,一般来讲,要赢得后代的赞美,便只有牺牲当代的赞美,反过来也一样。[1]

50

现在,要是一切艺术的目的在于将体会到的理念传授出去,而这个理念是透过了艺术家的心灵这层中介(它单纯地呈现在其中,同时剔除一切不相干的东西),被那些接受力较弱且没有创造能力的人掌握了;进一步说,要是在艺术里头,从概念出发是被排斥的话,那么,当一件艺术作品被有意且正当地选择来表示一个概念时,我们便再也不能苟同了;那种情形就是譬喻。譬喻是这么一种艺术效果,它表现的跟它本来描绘的东西是不同的。但是,凡知觉的东西,接着理念也一样,都是立刻而且完全地表示自己,并不要求其他的东西作为中介,以便透过那个东西而暗示什么或描述自己的轮廓。因此,用这样的方式借某些相当不同的东西而暗示或代表着的,就总是一个概念,因为,它自己不能放到知觉面前。所以透过譬喻总是指示出来一个概念,接着观赏者的心灵便迫不得已要从那被描写的知觉表象,转移到一个相当不同的、并不是知觉而是抽象的表象上去,这样它就完全置身于艺术作品外了。所以在这儿,图画或

---

1 参看第二部第 34 章。

雕像，是打算更完美地表现书写作品所表达的东西。现在，我们声称是艺术目标的，即只透过知觉去体会的理念之呈现，在这里就不成为目标了。可是，此地所意图达成的，的确不需要艺术作品里有什么伟大的、完美的东西；相反，要是我们看出来东西表示的是什么，那就够了；一旦这个被发现，目的便达到，那么心灵就被导向一个完全是另一种表象，被导向了抽象概念，那便是当前的目的。造型艺术和绘画艺术当中的譬喻，结果不过等于象形文字而已；它们万一表现了知觉，具有了艺术的价值，但这一价值并不在于譬喻自身，而是其他方面。科雷乔的《夜》、安尼巴勒·卡拉齐（Annibale Carracci）的《著名的天才》、蒲尚（Poussin）的《四季女神》是非常美丽的图画，但不该和它们是譬喻这回事混为一谈。作为譬喻来讲，它们所成就的不比一个碑铭来得高明，事实上还要不如。这里我们又要想想在上面提过的，一幅画实在意义同名义意义的区别了。此地，名义的正是像这样所谓譬喻的，比如，譬喻那著名的天才。至于实在的，却是那实际描绘的东西，也就是，一个俊美的长了翅膀的年轻人，周围飞绕着漂亮的孩童；这表达了理念。然而，这实在的意义，只有当我们忘了名义的、譬喻的意义时，它才起作用。要是我们想到后者，我们便背弃了知觉，于是一个抽象概念便占据了心灵；但从理念转移到概念总是一个跌落、一个退步。事实上，名义的意义，譬喻的企图，经常是从实在的意义从知觉的真理退化来的。比如，科雷乔的《夜》中，那不自然的光线，虽然画得很美，却只是一个譬喻的动机，于是在实际上不可能。所以，当一幅寓意画也具有艺术上的价值时，不可跟它在譬喻上的成就混为一谈。像这种艺术作品，同时提供了双重的目的，也就是概念的表达和理念的表达。只有后者才是艺术的目标；至于另一个目的是外在的，也就是有一种无足轻重的娱乐，它使一幅画同时具有碑铭、象

形文字的功能，专门替那些无法领会艺术真正性质的人发明。当一件艺术作品同时成为一个有用的工具时，情形也一样，它便提供了两种目的；好比说，一座雕像，它同时是一个多角的烛台，又是作为柱子功用的女神像；或一个浮雕同时是阿喀琉斯之盾。纯粹的艺术爱好者，将不会同意其中任何一个。说到一幅寓意画在这样的性质下仍然能够在心灵及感觉上产生一个生动的印象，这是实话；但在同样的环境下，甚至一座碑铭也将可以造成相同的效果。例如，假使一个人心里根深蒂固且经久地热衷于名望，以至于把名望视为自己理所当然应有的，只有当他还没制造一张所有权状出来的时候，才要求不到；那么，要是他现在站在那戴上桂冠的《著名的天才》画像面前，他整个心灵就那样被激动起来，而他的力量便受到了鼓动。可是，如果他突然看到墙上用大而清晰的字体写着"名望"两个字，则同样这种情形也会发生在他头上。或者，假如某人宣布了真理，它既可当作实际生活中的格言，又能看成在科学里深刻的发现，但没有人采信，于是一幅寓意画，把时间描绘成揭开了面纱展露了赤裸裸的真理，于是这个人看了之后便难免兴起万千感慨。可是，同样的情形也可以由这么一句箴言勾起："时间揭示了真理。"（Le temps découvre la vérité）因为在这个例子中，真正产生效果的，总只是抽象的思想，而不是那知觉到的什么。

那么按照前面所讲的，譬喻在绘画艺术和雕塑艺术中，是一项错误的努力，提供了一个完全跟艺术不相干的目的，那么当它那强迫、粗野而牵强附会的一种细腻，降格成为愚昧、荒谬的描写，把人带入歧途时，它就变得完全不可忍受了。像这种的例子，就好比乌龟暗示了阴性的蛰居；耐米西士向下的眼光注视着自己胸部的披巾以内，指示着她看到了隐瞒起来的东西；安尼巴勒·卡拉齐给肉欲的化身着上黄色的袍子，贝罗里把这解释成，卡拉齐有意暗示肉

欲的欢畅不久将褪色成稻草之枯黄（消逝如明日黄花）。现在，要是描写的东西跟它指示的概念之间绝对没有什么联系的话，那么，基于是概念以下所含摄的或基于理念的联结，而为的一种相关，它本身代表的东西及记号又是相当循规蹈距地利用偶然引入的积极的固定通则联系起来，像这种退化的譬喻，我叫它象征主义。于是，玫瑰是秘密的象征，月桂是名望的象征，棕榈是胜利的象征，蚝的壳子是朝圣的象征，十字是基督教的象征。同样属于这一类的，还有各种单纯是颜色的暗示，诸如，黄是错误的颜色，蓝是坚贞的颜色。像这种象征也许在生活中常常有用，可它们的价值完全跟艺术无干。它们应该完全看成是象形文字一样，或像中国的书法，它们事实上也应该看作和武士的纹章、酒店拿来做招牌的葡萄藤、表示管家身份的钥匙或象征住在山上的人的兽皮等等，是同一类的。末了，假如历史或神话中的人物，再不然拟人化的概念，被一劳永逸地用符号图案固定，让大家都晓得它，这就应该恰当地叫作标识。比如福音传导师笔下的野兽们，密涅发的猫头鹰，帕里斯的苹果，希望之锚等等。不过，所谓标识，我们经常指那打算解释一个道德上的真理的箴言，所吐露出来一些象征的、单纯的表示，关于这些，诸如 J. 卡默拉瑞斯、艾西亚蒂等人都有大量的收集编纂。它们构成了通向诗律譬喻的一个中继站，等下我们会来讨论。希腊的雕像迎合知觉，所以是感性的；印度的雕像迎合概念，所以是象征的。

　　对于譬喻的这个看法，是基于我们对艺术内在本质的思考且相当一致，却跟温克尔曼的观点直接冲突。温克尔曼完全不像我们一样，把譬喻解释成一个和艺术的目标不相干还经常还打扰它的东西，他无论在哪儿说的都在袒护着它；的确（《全集》，一卷，55 页以下），他把艺术最高的目标定为"普遍概念和非官能的事物的表现"。每个人需要做的就是在这两个当中选择一个。温克尔曼这些观点，还

有一些和它们类似的，都关心真正美的形而上学，对我来讲，事实摆在眼前很明白，人们可以对艺术的美有至高的感受力，还能对它有十分正确的看法，但这并不一定说，他就能对美跟艺术的本质给予抽象且道地的哲学叙述。同样，一个人可以非常高贵具备了良好的德行，可以有仔细的心思能在特殊情况下正确权衡各种决定，但这并不是说，为那个缘故，他便应该有能力做哲学肯定，同时抽象地解释行为的伦理意义。

不过，譬喻对于诗律而言，比起它对雕塑与绘画的艺术来说，关系就大大不一样了；虽然对于后者，譬喻是不被许可的，可是在前者，它却是相当可以接受同时非常有效。因为在雕塑和绘画的艺术中，譬喻脱离了知觉当中被给予的东西，脱离了一切艺术的真正对象，而导向了抽象思想；但在诗当中，关系正相反。在这里，概念是直接在文字中被给予的东西，而它第一个目标，乃是从概念导向知觉，导向由听者自己来进行想象的描述。要是在雕塑及绘画艺术中我们从直接被给予的东西转向了其他东西的话，这一定总是一个概念，因为在这里，只有抽象的东西不能被直接给予。但一个概念再怎样也不能是一件艺术作品的源泉，它的传授不能是艺术作品的目标。而另一边，在诗律中，概念是材料，是被直接给予的，而我们为了导向完全不同的知觉之物，在那里实现目的，因此就可以很好地脱离概念。在一首诗的脉络连续中，许多的概念或抽象思想也许便是不可缺少的，至于就诗本身并且直接来说，它无法给我们知觉的东西。那么，它便经常被借用某些需要被含摄在底下的例子来达成知觉。在每一个比喻的表达中，在任何隐喻、明喻、寓言、象征中，这种事都发生，所有这一切，只有在它们表达的长短和完全不完全上头，有所差别而已。是故，明喻与譬喻，在修辞艺术中产生的效果非常惊人。为了要表达睡眠使我们从一切身体与心智的

折磨当中超脱升华的情形，塞万提斯把睡眠形容得多么美丽："它是那覆盖了整个形体的斗篷。"在这句诗（《春》）中克莱斯勒用比喻表达了哲学家与科学家启蒙了人类的这一思想，是多么漂亮：

> 他们在夜间点燃的灯照亮了整个地球。

多么强有力和像图画一般地，荷马描写了掌握命运并且致命的埃迪斯，当荷马说："她有着温柔的脚，因为，不是走着坚硬的土地，她却是踏在人类的头上哪。"（《伊利亚特》，XIX，91）当形容背弃了自己国家的罗马人时候，门尼聂斯·阿格里帕关于胃和四肢的寓言，是多么地感人！柏拉图在《理想国》第七卷开头的那个洞窟比喻，是一个多么漂亮又极为抽象的哲学学说。珀耳塞福涅的寓言也应该看成是一个有哲学倾向的深刻譬喻，因为，她由于尝过石榴而落入地府。歌德在《伤感的凯旋》一剧的插话中处理这个寓言的方式，把这点尤其的烘托出来了，那真是惊人的杰作。据我所知，长篇的譬喻作品有三：一个是大家都知道而且都承认的，就是巴塔沙·葛雷西安那本无可比拟的《批评集》。它由许多彼此关联且极其工巧的譬喻组成，在这里当作加在道德真理上绚耀的衣着来运用，他使这些，成为非常地具有知觉性，他那丰富的创造力叫我们大大地吃惊。但其他两个，是不明显的譬喻——《堂吉诃德》跟《格列佛游记》。前者是一部寓言，讲述一个与众不同的人，不去关心他自身的福利，而追求一个目标、一个理想的目的，这占据了他的思想及意志活动；当然了，因而他在这个世界上看来就稀奇而古怪。至于说到格列佛，我们只需把任何物理上的东西当成精神的或智性的，就能看出来"挖苦的恶棍"（哈姆雷特会这么说他）是什么意思。因此，既然诗的譬喻中给予的总是概念，而概念试图透过图画使之

可以被感知，它有时候也许就由一幅画来表示或补助。这样的画因此就不可以看作是一件绘画艺术的作品，而只是一富于表情的象形文字，它不能说有绘画上的价值，只能说是有诗律上的。像这种的，有拉瓦特那美丽的寓言插图，它对于每一个追求到真理的人，一定非常有振作与鼓励效果：一只持灯的手被一只大黄蜂螫着，至于在火焰的上端，许多蚊蚋正被烧死；底下是这个箴言：

　　听那铩羽的蚊虫之声，
　　焦头烂额肝脑涂地；
　　虽然，灯还是灯！
　　而尽管我被那愤怒到发狂的黄蜂所螫，
　　我不会放手。

属于这类的，还有墓碑上刻的一只被吹熄却冒着烟的蜡烛，包围着这样的碑铭：

　　当它结束，它变为清净。
　　不论是蜡烛是油烛。

末了，同属于这类的还有，一张德国的树状谱系图，在其中，从一个非常古老的家庭传下来最近的一代，坚决地执行终身禁欲并保持贞洁，使其世泽及身而斩。画着的是，画者自己在一个有许多枝丫的树的根部，拿着大剪子，把他上头的枝干全部修掉。一般说，上面讲的种种象征，通常被叫作标识的，或许也可以形容为简短的、具有一个表明道德教训的寓意画。像这种譬喻总该看作属于诗律的那类，而不是绘画的，并且正由于这个方式才被视为正当。在这里，

绘画的执行，同样只算作一件次要的事，除了它显而易见地描写事物这个用途外别的方面它不再被需要。但在诗当中，就好比在雕塑以及绘画的艺术里头一样，要是知觉表示出的东西跟它在抽象当中表示出来的什么中间，有的只是一个独断的联系，那么，譬喻就转入了象征。因为，凡是象征的什么，归根结底是依赖着一个约定好的协议，比起其他的，象征有着这么一宗坏处，就是它的意义在时间的过程中将被遗忘，那样，它就变模糊了。的确，要是本来不晓得的话，谁会去捉摸为什么基督教的象征会是鱼？只有一个尚波里昂（埃及古物学者）会花那个工夫，因为，那个东西无非是声音的象形（形声）而已。所以，约翰的启示录，就其诗意的譬喻而言，差不多跟《赫赫显耀的日神米苏拉》（*Magnus Deus sol Mithra*）这个浮雕差不多，直到到现在还经常被解读[1]。

51

要是就前面对艺术的一般观察研究，我们从雕塑的、绘画的艺术转移到了诗方面，无疑可以确定，它的目标也在于揭示理念、揭示意志具体化的层次，靠诗心的体会，清晰且活生生地把它传授给听众。理念本质上是可知觉的；所以要是在诗里只有抽象概念被直接地用文词传授的话，显然那是为了企图要在这些概念的表达里，让听者意识到生活的理念的缘故；为了要办到这点，只有借助于听者自己的想象了。可为了配合诗人所着眼的目标而推动这个想象，诗律和枯燥的散文的直接原料——抽象概念，必须安排得那样地让概念的领域相互交错，让人不能再跟着它抽象的普遍性一直下去，

1　参考第二部第 36 章。

取而代之的是一出现在想象面前的知觉的代表，那么借着诗人的严词，按照他的意图，知觉就被一步步修正了。一如化学家混合完全清纯、透明的液体而得到固体沉淀，诗人懂得怎样从抽象的透明概念所具备的普遍性，借用他们混合的方式，去"沉淀"具体的、个别的、知觉的表象。因理念只有透过知觉认知，然而理念的认识却是一切艺术的目的。诗律宗匠、化学大师的技巧，常能使人获得他们企图得到的沉淀物。许多诗律当中的描述词都是为这一目的而创，透过那些字眼，每一个概念所具备的普遍性一再受到限制，直到达成可知觉性这个目的。荷马几乎在每一个名词都加上一个形容词，这个形容词的概念就切割了且立即可观地限制了第一个概念的范围，借着这样，这个概念就更进一步靠近了知觉，比如：

> 坠入了汪洋大海，那一团火般耀眼的落日沉沦下去，
> 逼近的黑夜，笼罩了丰腴肥美的大地。
>
> 《伊利亚特》，VIII，485—486

还有像：

> 当青天下来的柔风低吟，
> 桃金娘挺然依旧，月桂高悬。
>
> 歌德，《迷娘》

是从体会南方气候带来的欢愉——从那一点点概念沉淀出来的。

节奏、韵脚是相当独特的一种诗律辅助。关于它们所产生令人难以置信而有力的效果，我找不到其他解释，只得这么说：我们表象的能力，从时间那儿（表象在根本上被时间约束）感触了一些特

殊的质性，靠这些，我们便内在地跟随每一个规则反复的声音，且满足于它。这样，节奏跟韵脚一方面成了吸引我们注意力的手段——因为诗律在朗诵时更能不知不觉地吸引我们；另一方面，由于通过它们，我们对诵读的东西就产生一种盲目的同意，先于任何判断，这样，诗律就被赋予某种强大的说服力，独立于任何理性或论证。

仗着材料的普遍性，也就是诗律所用来沟通理念的那些概念的普遍性，诗的领域，因此变得是大极了。整个大自然，任何一层级的理念，都能由它表达，因为它根据那被沟通的理念，有时以生动描写的手法，有时以层层叙述的手法，有时则运用直接戏剧的手法进行表达。但要是说，在低层次意志具体性的表示中，雕塑和绘画的艺术经常压倒了诗律，因为，无生命的和纯然是动物性的本质，在一个单纯而构想得很完善的片刻中几乎完全揭示了全部自己的内在"存有"；那么另一方面，人，只要他不是仅仅通过形体与容貌上的表情、形式，而是通过一连串行为，一连串跟着关联上的思想和动机来表示自己，他就成了诗律主要的主题。在这方面，没有任何其他艺术可以比得上诗，它的优势是掌握了进展与运动，那是雕塑跟绘画艺术所缺乏的。

于是，对最高层次意志具体性的理念的揭示，即从人的努力和活动一连串相关系列中把人表现出来，就成了诗律最要紧的主题。不错，经验跟历史教我们识人，但经常是群体的人而不是人本身；换句话说，它们给予我们的，是关于人们彼此间行为的经验记录，我们从中获得的，不是对人之本性深深的透视，而是指导我们自己行为的通则。可是，于人的本性，绝没有挑出可以适用的通则来；但不管什么时候，只要是当人类内在的本质，在历史或我们自身的经验中向我们揭示出来，我们便诗意地体会了这个经验，而历史家则是用艺术之眼体会了历史，换句话说，根据的是理念而不是现象；

根据的是它内在的本性，而不是关系。对于了解诗律与历史来讲，我们自己的经验是少不了的条件，因为它好比是诗律和历史两种语言的字典。可是历史跟诗的关系，就像肖像画之于历史画；前者给予我们个别之真，后者给予普遍之真；前者具有现象的真实，并可以从现象证实；后者具有理念的真实，不是在特殊的现象中找到，而是从所有现象里揭示。诗人有意的选择，向我们呈现了重要情况下的重要性格；史家在碰上时则照单全收。事实上，史家不得不处理和筛选事件与人物，但他没有根据内在的真正表达了理念的意义来选择，而是根据外在的、表面的但具有相对重要性的意义，这只关联到关系和结果。他不能根据事物的基本特性和表现，从本身和就本身考虑一切事物，倒是必须比照事物的关系、连续、对后来的影响，尤其是对当代的影响，来观察一切事物。因此他不会错过一个国王的行动，因为它有结果、有影响，虽然就本身来说它相当普通，没多大意义。另一方面，来自极其突出的个人的极重要的行为，假如没有结果没有影响的话，他就不会提及。因为，他的考虑根据充足理由原理而进行，体会的是以充足理由原理为形式的现象。无论如何，诗人体会理念、体会超出一切关系一切时间的人类之内在"存有"、体会物自体在它最高层次的充分的具体性。就算在历史家不可缺少的方法中，那内在的本性、现象的意义、所有那些外壳的内核，也不会完全失去，有心人还是可以发现、体认出来的。不过，那在本身上有意义而不是在关系中重要的，也就是，真正理念的呈现，在诗中要远比在历史中更能够正确并清楚地找到；所以，尽管听起来别扭，那实在、真正而且深刻得多的真理，却应当算作是诗律而不是历史的所赐。由于个别的事件随时间之流，在各种恼人且复杂的理由之链或因果链中发展，历史家应该按照着生命而正确地追随个别事件。可他不可能为此而掌握住所有的资料；他不可

能看到一切并肯定每一件事。在每一个片刻他都可能和他所描写的东西的"原本"相抵触，或许是，一个错误替代了它；这又发生得那样频繁，我想甚至可以假定，在所有的历史中，错误压倒了真实。相反，诗人从所描写的确定方面体会到了人类的理念；所以，对于他，那就是在那个东西中具体化了他自己的本性。他的认识，像前面提及雕像时说过的，一半是先天的；他的"理想"在他心上，坚定、清晰、光芒耀眼，不可能背弃他。于是他就在心灵的明镜中，纯粹且清楚地将理念显示给我们，而他的描写在任何一个细节都真实得跟生命本身一样[1]。所以古代伟大的史家们，当文献不足征时，譬如，当他们描写的英雄讲话时，就成了特殊之事的诗人；的确，他们处理材料的整个方式，倾向于史诗。但这使得他们的表达完整一贯，让他们可以保持内在之真——就算他们接触不到外在真理，或事实上弄错了。假如就在现在，我们把历史比作肖像画，相对地，诗律对应着历史画，我们便发觉温克尔曼的格言，说肖像应当是属于个

---

[1] 不消说，在任何地方我所讲的，都专门指那些伟大而货真价实的诗人，他们是那样稀少。我再不指别人；最起码不会是那些迟钝而浅薄的平庸之辈、劣等文章的作者、寓言的发明人，特别现在在德国走运，如日中天的家伙；但我们实在应该不断地从各方面提着他们的耳朵喊：

> 无论是神、是人、甚至纪功的石表，
> 都不能允许诗人的平庸。

多少时间——包括那些家伙自己的还有别人的——多少纸张，被浪费在这般庸碌的诗人身上，他们的影响造成多大的伤害，这很值得严肃考虑。大众总是抓住一些新奇的东西，并且特别对那乖张荒诞而且乏味的感兴趣，因为，那刚好跟他们一拍即合。所以这些平庸的作品，抓住了大众，不让他们去接触真正的杰作，和它们提供的教育。于是他们直接跟天才温善的影响扞格，变本加厉地破坏了大家的兴趣，这样，限制了时代的进步。因此，批评跟讽刺，应当毫不留情、不加怜惜地鞭打那些平庸诗人，直到他们顺从地运用自己的思想去读些好东西，而少写坏东西，这实在是为他们好。因为，要是自作聪明者的笨拙与愚蠢竟能冒犯文艺之神，使他愤怒到可以活剥了马歇士，我不懂平庸的诗有什么理由可以依据而抱怨说它们不当忍受责罚。

人的一种理想,这个说法同样为古代史家遵循,因为他们是如此描写了个人,使得表现在其中的人类理念那一面能够出现。至于现代历史家,少有例外的,一般都只给我们"一个垃圾箱、一个破烂堆,或者充其量是一出木偶剧"。因此,凡试着根据人类内在的本性(在它一切的现象和发展中,它是同一的),因此是根据它的理念来认知人类的人,将发现伟大而不朽的诗人的作品,呈现给他的知觉图画,要比史家竭尽所能办到的,要实在而清楚得多。因为就算最好的史家,也不过是二流以下的诗人,加上他们笔端还无法自由发挥。在这方面,我们可以用下面的比较来说明史家和诗人的关系。光是一个纯粹的史家,只依据资料而工作,就像是一个人没有任何数学知识,借用测量研究过去偶然发现的图形比例,于是对这样的经验发现的测量叙述,就可能陷入画下的图形的各种谬误中。相反,诗人就像数学家,把这些比率先天地在纯粹直观或知觉中建构,不把它们当作画下来的实际图形来表达,而是当作在让绘画必须先假定了才有知觉可能的那理念中。就这样,席勒(《致友人诗》)说:

> 唯有那向来不会步入轮回的,
> 才是永不垂老。

至于对人内在本性的认识,老实讲,我认为传记,特别是自传,比名正言顺的历史,起码那些用寻常的方式处理的历史要来得更有价值。一方面是因为,前者在资料上比后者更能正确且完备地收集;另一方面又因为,在名正言顺的历史里头,活动的与其说是人,倒不如说是国家和军队,的的确确出现的个体,看来是那么遥远,四周是荣华富贵花团锦簇一般围着,穿的是僵硬的"国家"这件袍子,或者披上沉重且运转不灵的盔甲,这样一来,要穿透它看清楚里人

的活动真是非常困难。另一方面，在一个极狭窄的领域里，真实地描述下来的个体的生命，则细腻无遗地在各方面展示了人类的行动：个体的优秀、所具有的德行，甚至是神圣庄严，还有多数人的乖张、卑劣和邪恶，甚至那许多人的奢靡浮华。的确，从我们这儿考虑的观点，即出现之物的内在意义来看，行动的对象究竟是相对地鸡毛蒜皮还是要紧到不得了，是破陋的农舍还是空前的帝国，这些都无所谓了。因所有这些事物本身是没有意义的，只有当意志被运行，才获得意义。动机只有透过它和意志的关系才有意义；至于另一方面，它所具有那种一事比于另一事的关系，对我们来讲完全无关紧要。正如一个直径一英寸的圆和直径四千万英里的圆具有的绝对一样的几何性质，同一个村落发生的事和它的历史，跟一个王国的，基本上并没有差别；我们可以从一者中研究并学会认知人类，正如从另一者也照样可以。同样，以为自传充满了欺骗和伪装，这也是不对的；正相反，撒谎，虽然什么地方都可能有，在自传里头也许比在任何其他地方都要来得困难。在单纯的对话中，伪装是最简单的；老实说，这听起来尽管矛盾，但基本来讲，在一封信中伪装是很不容易的，因为在这里一个人面临的是自己的智巧，他要自行设法，他看的是自己里面，不是往外看。他很难掌握住遥远的和陌生的，他眼前没法衡量，看不出究竟能对人家产生什么影响。另一边，别人能冷静地研究他的信，所处的心情是作者所不知的，他反复地、不时地把信读过了，于是轻易地就发现出来那隐藏的意图。我们同样可以很容易从一本书中知道作者的为人，因为上述所有条件在那里甚至具有更强力更持久的效果；至于在一本自传中，要欺骗是那样不简单，我敢说在大体上没有一本自传不是比任何文字叙述的历史要来得真实的。记录下他的一生的人，从整体着眼观察；个别的东西变小了，近的变远，远的又变得近了，动机萎缩、收束。他坐

在忏悔室里，他心甘情愿这么坐。在这儿，撒谎的精灵并不是那样自然而然地掌握住它，因为在每个人心里都可以找到对真理爱好的倾向，这是任何谎言讲出来时先要克服的，在此地，这个倾向占据住了不寻常的强有力的地位。传记与国家的历史之间的关系，可以由下面的比较看得清楚。历史呈现给我们看到的人类，像是从一个高山上鸟瞰所看到的大自然。我们在一瞬间看到许多，是那样广泛，那样众多，但依照它整个实在的性质来讲，没有一样东西是清晰或能够辨认的。另一边，对个体生命的描述使我们看到了当事人，正像徜徉于草木山水之间而体认了自然。在风景画中，透过艺术家的眼我们看到了自然，而透过风景画，对自然的理念的认识，还有这种认识所需要的纯粹、逍遥的认知条件，在我们来说就变得很容易了。同样，讲到理念的表达，经过诗律要远比从历史跟传记里我们所能找到的为佳。在这里一样，天才把那照明的透镜放到我们面前，在其中，每一件基本而有意义的东西，被聚集起来并置于最清楚明亮的光线下；凡偶然而不相干的都被泯除。[1]

那移交给诗人的人之理念的表达，现在可以这样实现，即那被描写者同时也成了描写者。这是在抒情诗中，在适当的歌曲中发生的，在那儿，诗人只生动地知觉而描写了他自己的心境；所以透过对象，这种诗基本上便具有了某种主观性。或者再度地，描写者完全跟所描写的东西不一样，就像所有其他种类的诗的情形一样。这里描写者多少是把自己掩藏在被描写的东西后头，最后，压根儿就消失不见。在民谣中，描写者透过音调和整体上的比例，在某些范围里仍然表示了自己的境界；所以，虽然比歌曲更客观，它里头还是有一些主观的东西。在田园诗中，主观又消退了一些，小说更甚，

---

[1] 参考第二部第38章。

直到正规的史诗中它几乎完全消失，最后，到了戏剧，便只遗一丝留痕，戏剧是最客观的，在不只一方面来说，也是最完备的且最困难的形式。因此抒情的形式是最容易的，并且，要说是在其他方面，艺术只算是凤毛麟角一般稀罕的真正天赋，那么反过来说，即便是一个大体上并不十分出色的人，当他事实上透过了外在强烈的激动而得到一些灵感启发了他心智的能力时候，也能创作一首美丽的歌出来。因为，这需要的只是在冲动的片刻对自己的处境一个生动的知觉。一些名不见经传的个人留下的那许多零零落落的歌曲，也证实了这一点，特别是德国民歌，其中最精彩的一本就是那部《奇妙的号角》（*Wunderhorn*），此外还有各个民族那些无数的情歌、民谣等等。因为掌握住片刻的心境，并把它纳入歌曲之中，是这一类诗的整个成就。但在天才诗人的抒情诗里，却反映出了全人类的内在本性；过去、现在、未来，一切恒河沙数的人类所发现的，以及将要在同样不断重复的境遇里头发现的，在这些诗里面找到了很能吻合的相关表示。因为这些假境遇，借着不断的重复，便同人性的本身一样恒久地存在着，并且总是勾起了相同的感觉，真正的诗人的抒情之作，几千年几千年过去了，还是一样真实、有效并且新鲜。然而，如果诗人是普世之人，那么，所有那些打动过人心的，所有那些在人的胸怀中栖息和培育的——所有这些，都成了他的主题和素材；此外，还有那余下的整个自然也是素材。所以，诗人可以既赞美肉欲，又歌颂神秘主义，可以既是亚耐克里恩（Anacrecon），又是安格鲁斯·西利修斯，既可以写悲剧又可以写喜剧，表达庄严或寻常的情操，视他的心境与性情而定。当然，没人规定说诗人应该是高贵和庄严的，有道德的，是虔诚的，是基督徒，或任何其他什么，更不能因为他是这个而不是那个就加以谴责。他是人类的明镜，他让人类意识到所感和所为。

现在，要是我们进一步思考抒情诗的性质，把精致而纯粹的模式当作例子，而不是那些无论如何接近其他种类的诗，像是歌谣啦、哀歌啦、赞美诗啦、讽刺诗啦之流的什么，我们便会发现到，歌曲的特性，从最狭窄的意义来看是这样的：它是意志的主题，换句话说，歌者自己的意志活动，那填充了他的意识，经常是一个放松并得到满足的意志活动（欢乐），但更经常是一个被阻挠的意志活动（忧苦），总是作为情绪、激情、一个被扰动的心境的事物。然而，除此而外，并且是同时引发的，歌唱者通过对周遭自然景物的所见，意识到自己是纯粹而无意志的认知主体，他那不可摇撼、至福的和平，在那总是被限制而且需求孔急的意志活动的对照下，就那么明显地出现了。对这重对比、这交替的游戏的感觉，就真正表达在整个歌曲中，就根本构成了抒情状态。在这种状态中，纯粹的认知降临到我们身上，像是为了要把我们从意志活动及其压抑中解救。我们追随它，但只在很短暂的一刹那；意志活动、欲望、对私人目的的追忆等等，总是重新把我们从宁静的沉思里拉出来；但是又有下一个美丽的环境，在其中，纯粹、无意志的认识把自身向我们表现，它重新诱导我们脱离意志活动。所以在歌曲和在抒情的心境中，意志活动（个人对目的的利害关系），跟那表现了自己的，对环境纯粹的知觉，奇妙地彼此混调了。两者的关系，是被找寻和被想象；主观的倾向、意志的感动，把它的色调分给了那被知觉的环境，而这个环境又再度在反省中把它的颜色分给了那倾向。真正的歌曲，是整个这个混调与解析的心境的表示、表征。为了用例子说明这个完全和其他抽象作用不同的，对心情的抽象分析，我建议大家读读歌德的任何一首不朽诗歌。为了特别挑选一些能配合这里所说的，我愿意略为推荐以下几首：《牧羊人的悔恨》《欢迎跟再会》《致明月》《湖上》《秋之感觉》；另外《奇妙的号角》中一些真正的歌曲也是很好的例子，

特别是这么开头的那一首:"啊,布列门,我现在就要离开你。"佛士写的一首歌,是属于抒情性格的一个喜剧模拟,效果极其惊人,它真是使我叹为观止。在其中,他描写了一个醉酒的铅管工人,从一个塔上摔下来,在跌落时看到了塔上的钟正指着十一点半,这是一个跟当时的情况很不调和的叙述,因而是属于摆脱意志的认识。谁要是对这里说的抒情心境,抱着跟我一样的观点,那他也会承认,这正是对我在《论充足理由原理》一文中陈述、在本书也提到的那个原理的一种真正知觉的、诗意的体认,即认知的主体和意志活动的主体之同一,可谓是头等优秀的奇观,这样,歌曲的诗性效应,归根结底是从那个原理所揭示的真理而来。随着生命的过程,这两个主体——或用通俗语言来讲——脑和心,越来越分开了;人总是越来越把他们主观的感觉,从他们客观的认识中割裂。在孩童那里,这两者仍完满地结合在一起;他几乎不晓得怎样把自己和环境区分;他融入环境。在年轻人那里,所有的知觉起初都打动感觉和心境,甚至和这些混调,正如拜伦极其优美地表达出的那样:

> 并不是,我自己独活,我却变成了
> 那周环着我的一部分;
> 对于我高高的山是一个感觉。
> 《哈洛德父子的旅程》,III, LXXII

这便是为什么,年轻人那么贴近事物知觉的外在的一面;这便是为什么,他只适合读抒情诗,而只有成熟的人才适合戏剧诗。我们至多可以把老年人想成是一个写史诗的诗人,就像奥西安或荷马,因为娓娓的叙述,是老年人的特性。

在更客观的那几种诗里,特别是长篇小说、史诗和戏剧中,目

的和人之理念的揭示,主要用两种手段来实现,一是真实且深刻地表示了意义的重要角色,一是发明了富于想象的境遇,理念在其中展示自身。因为,化学家不但要展示那些纯粹且真正的元素及其主要化合物,他们还要把这些东西让那些反应剂去试验,在其中,它们特殊的性质就变得清楚而醒目,可以被我们看见。同样,我们不但要仰仗诗人来向我们表示那像自然本身一样真实且坦诚的重要角色,并且,为了让我们能认知它们,诗人还必须把它们放进那些境遇里,在其中,它们特殊的品质就完全被解明了,同时,它们也在那里表现出清晰的对比;那种境遇因此被认为是有意义的。在现实生活和历史中,这种境遇,唯有靠机遇才很罕见地出现;它们孤零零地存在那儿,在一大堆无意义的细枝末节中失落、掩埋。境遇具有的普遍意义,使得长篇小说、史诗和戏剧跟现实生活有了差别,如重要角色的安排和选择所起到的区分作用一样。然而在这两个来说,它们要发挥效果时所不可或缺的条件,就是要具有最严格之"真",至于角色的缺乏统一、自己矛盾以及事件之不可能性或几乎达到不可能的毫无把握性,就算只是在不起眼的情况下,凡此种种,对诗律来讲都造成了危害,这和画得拙劣的线条、错误的远近配景或有瑕疵的光线在绘画中所造成的后果完全一样。因为在诗律和绘画中,我们要求的是对生活、人类、世界的一个诚实的镜鉴,唯有借着表示使它变得清晰明白,唯有艺术家的安排使它变得有意义。由于所有艺术的目的,仅仅在理念的表达与表示,由于它们根本差别只在于我们要表达的理念是意志具体化的那一个层次,而再一次,靠着这个,表达的材料就被决定,那么就算彼此间隔极远的那些艺术,也可以借着比较彼此照亮对方。比如,要完全掌握那把自己表达在水中的理念,不是看着它躺在平静的湖里或在潺潺流动的溪流中就足够,而是只有当水在各种环境和阻碍隔阂之下出现,

理念才完全揭示自身。这些个阻碍隔阂加诸水的效果，导致了它完全跃现了自己所有的特性出来。于是当它冲激、翻腾、起泡沫或飞洒空中，或随瀑布涌动，或最后当受了人为的力量，形成喷泉，这时，我们发觉它是美的。这样，在不同环境各种形态下表示了自己，水总是诚实地断定了自己的特性；无论是向上飞洒或平息如镜，它是同样自然；它是自然而然顺着这个，自然而然顺着那个，看环境怎样出现。水力工程师在水的流动之质上所成就的工作，现在建筑工程师同样在石头的刚执之质上做到了；而这也正是咏史或戏剧的诗人在人之理念上所成就的。所有艺术一致的目标，是阐明那将自身表达在一切艺术对象中的理念，是阐明那将自己具体化在每一个层次的意志。人的生活，如我们在现实世界中所见的，就像是我们经常在池子或河流中看到的水；但在史诗、传奇或悲剧中，特定角色被放置在一些环境中，在其中，它们所有的特征被阐明，人心的深奥，在凸出且有意义的行为中被揭示并可见（它就变成飞洒空中的喷泉，或瀑布之涌流）。因此诗律具体化了人的理念，具体化了一个在高度独立的角色中呈现出自己特性的理念。

悲剧，被公认为诗歌艺术的顶峰，这是就它的效果之宏大与成就之难来衡量的。对于我们整个讨论来讲，非常重要且值得注意的是，诗律上的这一至高成就，其目的在于描述人生的悲惨面向。不可名言之苦、人类的乖张与不幸、邪恶的获胜、被咒诅的机遇无常，还有公正和无辜者所碰上总是无法挽回的颓势，在这里都表现给了我们；在这儿，可以发现到关于世界和存在的本质一个有意义的暗示。它是意志跟自己的对立，在这里，意志自己在最高层次意志具体化中被最完全地阐明了，跃到了可怕的显著地位，在人类的苦痛折磨中可看出它来。这部分是由偶然和谬误造成的；偶然同谬误，透过它们不被知觉的性质，几乎跟意图和目的一样出现，化身为命

运，像世界的统治者一样站出来。部分是由于意志对个体部分所作自己克服的努力，透过大多数的邪恶、乖张，从人类自己当中推演着。它是同一个意志，出现并生存在它们所有当中，它的现象彼此斗争、将对方撕裂为片片。在某一个体中它有力地出现，在另一个个体中则虚弱地出现。这儿那儿，它达到了思想的境地，逐渐被认识之光所融化，直到最后，在个体的情形中，这个认识被苦痛本身净化、加增。于是它达到了这一点，即现象——摩耶之幕——不再能欺蒙它。它看透了现象的形式、个体化原理；那基于个体化原理的自我本位，随之消逝。本来那样强有力的动机，现在失去了力量，取而代之的是对世界实在本性完全的认识，成为意志的抚慰者那样作用着，产生了断念，不仅仅对生命还有整个生之意志自我弃绝。因此，我们在悲剧中看到那最高贵的人，经过一长久斗争与折磨后，最后永远否弃了一切生命的快乐，和过去那么样热衷地追求着的目标，或高高兴兴心甘情愿地放弃了生命本身。这就是，那卡尔德隆笔下坚决的王子、《浮士德》里头的葛蕾卿、哈姆雷特——他朋友霍拉旭很愿意拿他做榜样，但要求他暂时留在这个粗暴的世界，痛苦地苟延残喘，为的是想挽回哈姆雷特的命运并清醒清醒他的记忆；同样，还有那奥尔良的贞女、麦西那的新娘。他们都受了痛苦折磨的洗礼而死，换言之，生之意志已经在他们那里灭失了。在伏尔泰写的《穆罕默德》中，这一点，实际上在帕米若娃临终说给穆罕默德的最后的话里表达了出来："这世界是为着暴君存在的：活下去！"在另一方面，要求有所谓的因果报应，完全是基于对悲剧本质的误解，确切说是对世界本性的误解。它赫然出现在塞缪尔·约翰逊博士对莎士比亚若干剧本的批评中，是那么迟钝，那么呆滞。约翰逊天真地惋惜因果报应被完全忽略；这个忽略的确存在，因为，像奥菲丽（《哈姆雷特》中的女主角）、的兹笛梦纳（奥赛罗之妻）、

还有可蒂丽亚（李尔王幼女），她们到底犯了什么过错？但是，只有一种迟钝的、乏味的、乐观的、新教徒理性式的或真正犹太式的世界观，才会要求到因果报应，也只有在那种因果报应得到实现时，才会感到满足。悲剧的真正意义，是深刻地洞察了，主角们所赎的并不是他自己个体的罪，而是原罪，换句话说，是生存本身的罪过：

　　因为人最大的罪过，
　　就在于他被生了下来。

正如卡尔德隆在《生之梦》中很明白地表达了的。

　　关于悲剧进一步的讨论，我这里只容许自己再作一个说明。对悲剧来说，唯一基本的乃是写出一个大大的不幸。尽管诗人在其中创造了许多不同方式，却可以用三个典型的特征列举出来。第一，它可以用剧中某一角色的特别的邪恶而完成，这邪恶达到了可能的顶峰，它变成为那悲惨不幸的制造者。像这种例子，有理查三世、《奥赛罗》里的伊阿宋、《威尼斯商人》中的夏洛克、法兰兹·穆尔、欧里庇德斯剧中的斐朱拉、《安提戈涅》中的克里翁（将安提戈涅幽闭于穴中的恶叔）等人。第二，它可以通过盲目的命运，也就是机遇、谬误而发生；最著名的一个例子是索福克勒斯写的《俄狄浦斯王》，还有他的《特拉基斯妇女》；一般说，大部分古代悲剧都属于这一类。在近代悲剧中，有《罗密欧与朱丽叶》，伏尔泰的《坦克里》《麦西那的新娘》。第三，悲惨不幸也可仅凭某些人对某些人的态度，经由他们的关系产生。所以，既不需要一个巨大的谬误，也不需要一个听都没听过的意外，或甚至一个恶贯满盈的恶人角色，而只是在一个经常发生的环境里像平常那样道德教养的性格，便可以这样彼此适宜于在他们处境的压迫下，心里有数眼睁睁地，你伤

害我、我伤害你,却又没有一个人完全处于过错中。在我看来,最后这种悲剧,远比前两种来得更可取;因为它没有把巨大的不幸看成例外、稀有的条件或可怕角色导致的,而仅仅是常人的行为和性格就能轻易引来的,是某种对他们而言几乎是根本性的东西,就这样,它和我们近得如此可怕的。在另外两种悲剧中,我们只是袖手旁观,看压倒性的命运与狰狞之恶形成可怕的力量威胁我们,从那里,我大可不必弃却栖身之地,很安全地就逃过了它。但最后一种悲剧向我们展示了那些粉碎快乐与生活的力量,以这么一种方式,使得通向它们的道路在每一片刻都向我们敞开。我们看到烦琐纠缠之事导致的折磨,这种烦琐的本质甚至是我们自己命运注定了的,是也许连我们也可能干出的行为所注定要有的,于是,我们不能抱怨说不公平。那一来,我们战栗着,感觉自己已经在地狱中。最后一种悲剧,要把它在舞台上策划演出也最困难;因为,它要尽可能用最节省的手段和机会,仅仅凭借这些工具的位置和分布情形,来产生最大的效果。因此,就算在许多最佳的悲剧当中,这个难题也被规避着。但有一出戏,可以当得上是属于这类的一个完美的典范,尽管这出悲剧在其他方面远比不上同一位伟大作家的另外几出;这就是(歌德的)《克柱维哥》。一定程度上《哈姆雷特》也属于这一类,即我们只从哈姆雷特和勒提斯及奥菲丽的关系看的话。《华伦斯坦》也有这个味道。《浮士德》,要是我们光考虑跟葛蕾卿和她的哥哥有关的事,当作是主要的情节,则完全是这一型了;高乃依的《席德》亦然,不过缺乏悲剧的结尾而已,至于其他方面,马哥斯对赛可拉那种类似的关系,无疑该算作这一类[1]。

---

1 参考第二部第 37 章。

52

　　现在我们已经以符合我们观点的一般方法,思考过所有纯艺术。首先,我们从建筑着手,建筑艺术的目标在于阐明意志在最低层次具体化,在那里,意志将自身表现为质量的无声挣扎,没有认识,遵循法则;不过,它已经显示了自身的不协调跟斗争,即重力与刚执性的倾轧。我们的讨论止于悲剧,在意志具体化的最高层,悲剧如明镜高悬令人无所遁形,以可怕的一种广袤无极,向我们呈示了意志与自身的冲突。在这以后,我们发觉还有一种纯艺术没被包含在我们的考虑以内,更何况它也是注定要被排斥在外的,因为在我们系统的讨论序列中没有它合适的地位;这门艺术就是音乐。它跟其他一切相当地隔离。在音乐中,我们看不到世界内在本质的理念的任何复本、翻版。可它是多么伟大卓越的一门纯艺术——它对人类最内在本性的作用是如此强有力,它是那么完全深刻地造就我们自己对最内在"存有"的体会,体会出这是一种普遍的语言,其明白确实是甚至胜过知觉世界本身的明确,乃至于在音乐中,我们的确须要超过莱布尼茨给它的定义:"一种下意识的算术运算,心灵在其中不知不觉地数着。"(*exercitium arithmeticae occultum nescientis se numerare animi*)而去更深入地发掘。不过,只要莱布尼茨只考虑音乐的外观,音乐直接的、外在的意义,他相当正确。但要是说音乐除此以外就再没别的,它提供的满足将不可避免地跟我们碰到算术上相加数额正确时类似的感觉,我们不可能得到那种看到自己本性最深刻的幽处的表达,那种深奥的欢乐。因此,从我们的立场出发——就是说对美感的效果我们已经心里有个谱儿了——我们应该找出音乐更严肃、深奥的意义,它关联到世界和我们自身最内在的"存有"。就此而言,使音乐得以解决的数字比率,就不

能被视为所指之物,它仅仅是符号而已。当然就某些意义上看,音乐之于世界,必须像文辞描述之于被描述的事物,如翻版之于原本,我们可以从其他艺术类推而知,这是一切艺术特有的性质;从它们对我们的影响可推论出,音乐对我们的影响在大体上亦不过如此,但是更强烈、更快、更有必要和万无一失而已。另外,它跟世界模拟的联系一定得极为奥妙、无限真实,并且实在惊人,因为它立刻被任何人了解,从它的形式得以简化为数字表示的确定通则,而要不用数字表示它就再不可能是音乐——从这个事实上看,音乐表示了某种程度的万无一失性。但音乐和世界拿来比较的这一点,音乐之于世界就等于翻版、复述之于原本这种关系,这种思考很模糊,很不明确。我们很久以来就演奏着音乐,却茫然不知怎样描述才好;立即地体会它就够啦,任何对这种直接的领悟所作抽象概念的分析均在排斥之列。

我已经以全副精神投入到对各种形态的音乐印象的研究;跟着,我又转到反思,转到本书先前探究的思路,并找到对音乐内在本质的解释,以及其与世界一种模拟关系的性质,这是把它们看作类似时要先假设的。我很满意我的研究和这个解释,若是读者跟着我进行到此地,并且同意我对世界的看法,他也会明白这种解释。然而我认为,基本上这个解释不可证明,因它假设并设立了一种关系,在其中音乐作为表象,但被表象之物却是从本质上不可能被表象的,它宣布音乐乃是一原型的翻版,尽管这种原型本已无法被直接表示。所以,在主要致力于对艺术研讨的第三部的末尾,充其量,我只能把对此一奇妙的音调艺术作的解释,老老实实写下来,我本人完全满意于这个解释。大家对我的观点是接受还是否定,要看音乐跟本书传授的整个思想感动每一位读者的情形而定,还有,为了使你真正同意这里对音乐意义的解释,我认为你需要带着持续地反思去聆

听音乐；这又需要你已经非常熟悉我阐释的整个思想才行。

（柏拉图的）各种理念，是意志的充分具体化。拿个体事物（因艺术作品本身就是这样的东西）的描述来激起对这些理念的认识，乃是一切其他艺术的目标（并且在认知主体方面有对应的改变才可能）。所以它们都只有间接地，换言之，靠着理念将意志具体化。由于我们的世界不过是理念在多元状态通过个体原则（这样的个体可能的认识形式）而来的现象、外观，音乐，既然它通过理念，也就是相当独立于现象界，正面地、积极地疏忽了它，而且就某些范围，就算世界成空，它仍然能够存在，这在别的艺术可就保不准了。所以音乐就和世界本身一样，就和那许多的理念一样，是整个意志直接的具体化、翻版——其杂多的现象，构成个体事物的世界。音乐再怎样也不像其他艺术，即那些理念的翻版，相反，它是意志自身的翻版，意志的具体性才是理念。为这缘故，音乐的效果要大大强过其他艺术并比其他更能深入，因其他的艺术只讲影子，而音乐则说本质。但是，在理念跟音乐之中具体化了自己的，是同一个意志，当然，两者的方式相当不同，于是说来一定有种确实说不上绝对直接的酷像，却是平行的类似存在于音乐和理念之间，至于理念的现象在多元状态及不完全程度当中就是这个可以用眼睛看见的世界。这个类似的证明，就像个图解一般，可以把我这里的解释弄得更容易领悟，由于主题的暧昧性，我的解释原是很难懂的。

在和声最低沉的音调中——在基础低音中，我认出了意志具体化最低的层次、无机的自然、行星的质量，大家都知道，一切的高音符，轻快、抖颤着，并且很快消逝，它们可以看作由低沉的基础音共鸣来的结果。随着低音符的发音，高音符总是在同时依稀地响着，和声律告诉我们，一个低音符，只能被跟随着那些实际上透过共鸣而自动并且同时地一道发出声音来的高音符（它的 sons har-

moniques［泛声、和声］）。我们说，这就类似和接近于，所有自然中的物体和组织，应该被视为通过一层一层从行星发展出来而变成为存在。行星质量是它们的支持者，也是它们的来源，而高音符与基础低音之间的关系正是这样。至于频率有一个极限，过了这个限制任何声音就不再能听得到。这正和下头这个事实有关：任何物质若没有形式与质量，就是说，没有了那不许作进一步解释的力的跃现（在其中出现了一个表达自己的理念），就不再能被知觉，更一般来说，没有任何物质可以完全无须意志。因此，正如某种程度的音高和某一个声调不可分离，同样，某种层次的意志具体化就和内容不可分，因此，对我们而言，基础低音在和声上，正好比无机的自然（那最最粗略而一切事物都依靠着并从此起源且发展的质量）之于世界。另外，在整个产生了和声的全管弦乐里，低音和那吟唱出旋律来的主题之间，我认识到意志具体化在当中的整个理念的逐层发展。那些更接近低音的，是层次中较低的一些，即无论以如何多的方式表现自身，它仍旧是无机的物体。那些较高的，在我看来，就是植物跟动物界了。而音阶里头确定的音程，就等于意志具体化确定的层次，等于自然界中确定的"种"类。音程在乐律和调子上跟精准数学的分道扬镳，等于个体与种族的形态的分道扬镳。事实上，那不纯的不和谐音，音程再怎么都不确定的，大可以比作是两"种"动物，或人与动物之间的一个怪胎。但所有构成和声的那些低音与全体的合奏，少不了演奏上的关联与继续，这只有上声部才有，它唱出了旋律。唯有这个声部，在转调和急奏中迅速且轻快地移动着，至于所有其他的，只能有一个缓慢运动，自己没有一个联系。深沉的低音移动的最笨重，代表了最粗率的质量；它的起落只在大音程中发生，在三度、四度和五度，决不在一个音调中，除非它是二部复对位移调而成的一个低音。这种迟缓的运动，也是它在

物理上基本的性质；你甚至无法想象一个低音里能有迅速的急奏或震音。较高的合奏，作用等于动物界，移动更快速，但没有旋律上的联系与有意义的程序，没有相关的合奏过程，及其受规律的限制，就等于在整个非理性世界中，从结晶到最完美的动物，没一个是有真正有关联的意识，而能使它的生命迈入成为有意义的一个整体的。没有任何生物经历过一个心智发展的绵延，没有一个能通过训练或教导而使自己完美，但无论任何时候，任何东西都一致按照它那被一固定的法则决定的性质而存在着。末了，在旋律中，在吟唱的、主要的、引导着整体且以不受拘束的自由进行着的高声部中，在那从头到尾属于一个思想、表达了整体的那不受打搅的有意义的联系中，我看到意志具体化的最高层次、睿智的生命和人的努力奋斗。只有人，因为天生有理性能力，才总是前前后后考虑到他实际生活的路子和它那无限多的可能性，于是就这样达到了一个属于智性的并且是像个整体一般关联的生命过程。和这配合的是，唯有旋律是从头到尾有意义并且有意关联。跟着，它和那受智性照耀的意志层有关，这个意志层在实际生活上的翻版或印象，就是那一系列一连串的举止行事。可是旋律吐露得更多。它涉及那受智性照亮的意志最秘密的历史，它描写了每一个意志的动摇、意志的努力、意志的活动，每一个理性在广泛负性质的感觉概念下浓缩起来、不许被带进理性的抽象运作中的东西。所以经常有人说，音乐属于感觉跟情绪的语言，正如同言辞文字是理性的语言。柏拉图把它解释作"当灵魂被激情感动时，它所模拟的旋律的运动"（《论法律》，VIII，812G）；而亚里士多德也说"节奏跟旋律，虽只是声音而已，我想，它却跟灵魂状态有着怎样的一种类似哪？"（《难题集》，C.19）

现在我们说，人的本性在于他的意志在挣扎着，被满足又重新挣扎、这样不断地继续着；事实上，他的快乐和幸福只在于从欲望

到满足，又从满足到一个新的欲望的转移，这种转移很迅速地推进着。满足的缺席是痛苦；对一个新欲望之空洞的渴望，是沉郁、厌烦。所以，拿这个来联想，所谓旋律的性质，就是一种从主调音以千万的方式不断迁移转变，不断转变到调和音程（属于三和弦），同时也到任何一个全音，到不协和的七度，并且到绝对变化音程之上；但是，最后总是跟着返回到主调音上，用这种种方式，旋律表达了意志许许多多不同的努力形式，它也借用最后重新找到一个调和音程和更进一步一个主调音的方式，表达了意志的满足。旋律的发明，在其中揭示了人类意志活动及感觉里一切最深奥的秘密，这是天才的成就，在这里，他的影响要比在任何其他地方的来得显著，它远离一切思维和有意识的企图，而大可以唤作是一种灵感。在这里，就像在艺术中任何地方一样——概念是不能有助于产生什么结果的。作曲家揭示了世界最内的本性，以一种他推理能力所不能领悟的语言表达出最深奥的智慧，这正像一个被催眠的人说出了很多他醒来以后丝毫想不起来的话。所以讲到了作曲的艺术家，一般人是完完全全和他们有明确的间隔，这个间隔要大过跟任何其他的艺术家的距离。甚至在对这门奇妙的艺术的解释里，概念也表现得非常不合适，并且有它的限制；不过，我愿意试着说出我的比较。现在说，既然从渴想到满足，再从满足到一个新的渴想这种迅速的转移，便是快乐和幸福，那么，轻快而没有大变动的旋律便是讨人喜欢的、悦耳的。缓慢的旋律，击打着痛苦不协调的拍子，经过多重阻碍才绕回到主调音的，便是悲怆，类似乎延缓的、辛苦赢得的满足。意志的新刺激的耽搁、久久不来，就是沉闷、倦怠，除了被拖延的主调音之外，找不到更好的表示了，它产生的效果，马上会变得不能忍受；任何单调无意义的旋律，大概都接近此类。轻快的舞曲那短促、机智的乐句，好像只是诉说着很容易获取的快乐。另一方面，

allegro maestoso[庄严的快板]，有宏大的乐句，长长的过门和宽广的跳动幅度，它表达了更伟大、更高贵的朝向一个遥远目标和最后要达成它的努力。adagio[慢板]描述的是一个伟大高贵卑视一切琐碎之欢的努力所受到的折磨。但是，啊，那小调和大调的效果是多么奇妙！多么让人惊奇！半个音的改变，一个小三度而不是一个大调的介入，马上且不可抗拒地加给我们一个焦渴的痛苦感受，从那儿，我们又再度地几乎同时被一个大调解放出来！小调中的慢板完成了最贴切的痛苦的表达，变成最让人痉挛不能自已的哀叹。小调的舞曲好像是表达了卑微的、我们毋宁应该轻视的那种快乐的失败；它表现得像在细诉一个以折腾和苦恼结束的低潮的达成。各种可能旋律的不绝如缕，相等于自然中不同个体，各种面貌和生命过程的无休无尽。从一个调跳到相当不同的另一个调这个转变，由于它完全否弃了跟以前进行的任何联系，好比个体结束于其中的那个死亡。但出现在这个个体中的意志还跟以前一样继续着，出现在其他个体中，但是他们的意识则和以前一个个体没有联系。

不过在思考我提出的所有这些类比时，我们绝不能忘记，音乐跟它们没有直接联系，有的只是间接关系；因为音乐绝不表达现象，而只是表达那每一个现象的内在本性、它的"本身"，只表达意志自身。所以音乐并不表达这个或那个特定的欢乐，这个或那个感受、痛苦、忧愁、恐惧、高兴、愉快或心府的和平，而是欢畅、痛苦、忧愁、恐惧、高兴、愉快、心府的和平本身，在某种程度上说是抽象的，是它们的根本性质：用不着任何的补充，也用不着推动它们的动机。然而我们在这抽象出的精华中，还是完全领悟了它们。所以我们的想象作用才那么容易被音乐挑动，并且打算塑造那个看不见摸不着，可又生动地刺激着直接对我们讲话的精神世界，给它覆上了血肉与骨架，这样，在一个类似的例子中具体表现出来。这就

是用文字唱出来的歌曲和最后形成的歌剧的起源。为这个理由，文字再怎么都不应该为了把自己变成主要东西，和使音乐只成为一个表达歌曲的手段，而丢弃它原来居于从属的地位，因为这是一个大大的误解，一件再荒谬不过的事。无论在哪里，音乐只表达了生命和生命中事件的本质，绝对不是那生命跟事件自身，所以，后者的差异总是并没有影响到它。这种普遍性正是音乐所独有的，加上那种最精确的特殊性，所以它有很高的价值，可以作为一服安慰我们一切忧苦的万灵丹。所以，要是音乐打算跟语言贴得太近，并且拿各种事件做模子铸造自己，它就是费力地去讲一种不属于自己的语言。没有一个人比罗西尼更能避免这种过错了；所以，他的音乐那么清楚并且纯粹地讲着它自己的语言，以至于根本不需要文字对话，即便只用器乐演奏也能产生充分的效果。

　　从上面说过的一切，结论是，我们可以把现象世界（或自然）跟音乐视为述说了同一事物的两种表达；而这个事物自身，因此便是两者之类同唯一的中介，要是我们想了解该类同，那就必须认识这个中介。所以音乐，要是当作世界的一个表示来看，就是最高阶层的一个普遍的语言，它和概念的普遍性相关，正如同概念和特殊事物相关。但音乐的普遍性绝不等于抽象作用空洞的普遍性，它是相当不同的一种；它是完全透彻且毫无错误地和明确性结合在一起。在这方面，它真像几何图形和数字，那是一切可能的经验对象的普遍形式，并且可以先验地运用到所有对象上，但它不是抽象的，而是可以知觉的并完全是确定的。一切可能的意志的努力、扰动和跃现，一切发生在人身上并被理性能力用广泛且属"消极"的感觉概念把它包括的，那很多很多事件，都可以用无数可能的旋律表达出来，不过，总是在没有材料只是形式的普遍性之中，总只是按照着"本身"而不是按照着现象，因为"本身"是没有躯体的那现象最内的

灵魂。音乐和所有事物真实的本性这重密切的关系，也可以解释为什么当适合任何情景、活动、事件或环境的音乐被演奏时，它好像就向我们揭露了它最深奥隐秘的意义，表现得像一个最正确、最清楚的诠释。另外，对那些完全沉浸在交响乐中的人来说，他好像是看到了，生命跟世界一切可能发生的事件，在心里头流过。因为就像我们说过的，音乐跟所有其他艺术不同的地方，在于它并不是现象的翻版，或许准确些说，意志充分的具体性的翻版，而是意志自身的直接的翻版，因此就在世界每一个物理性质的东西里表达了形而上学的性质，在每一个现象中表达了事物本身。所以我们可以恰当地把世界叫作具体的音乐，正如同样可以叫它具体的意志；这就是为什么音乐使现实生活和世界中的每一幅画面、每一个情景立刻以扩大的意义出现，而当然，这个意义越大，它的旋律便和那被给予的现象的内在精神越接近、越类似。因此，我们才能把一首诗当作歌曲，才能把一个知觉的表象当作一幕哑剧，而把两者又当作了歌剧，那样安排在音乐里头。像这样人生中个别的画面，安排在音乐的普遍语言中，绝不是就限制在那里头，或以绝对的必要性跟它联系着，反倒是只以一个随意选取对比于一个普遍概念的例子的身份，和它保持关系。它们在明确的实在性当中表达了，音乐在区区形式的普遍性中所肯定了的。因为，在某些范围，像普遍概念一样，旋律是从实在性抽象出来的。这个实在性，也就是这个充满特殊事物的世界，便提供了那知觉的、专门的东西，而个体则提供了特殊的例子，使得概念和旋律有普遍性。但这两个普遍性某种程度上彼此敌对，因为概念只包含形式，那是首先由知觉提取出来的，不妨说，是事物剥下来的外壳；因此它们的确相当抽象。相反，音乐给予的是在事物被赋予一切形式以前最内在的核心、事物的"心"。这种关系大可以用经院学派的话把它形容为：概念是后于事物的

普遍（universalia post rem），但音乐给予的是先于事物的普遍（universalia ante rem），而现实则提供事物中的普遍（universalia in rem）。就算我们随便选择在某一首诗里头表达出普遍来的其他例子，也可以同样和这首诗中蕴含的旋律一般的意义有所关联；所以，同样的作曲可以适合许多的诗句；至于那轻松歌剧也一样。但说到，一首乐曲和一个知觉表象间的关系，一般说所以有可能，因为就像我们说过的，它们仅仅都是同一个世界内在本性相当不同的表达。现在若是在特殊的情况中，这样一个关系实际上是存在的，也就是，当作曲家一旦晓得怎样在普遍的音乐语言中表达出那意志的冲动（它构成了一个事件的内核），则歌曲的旋律、歌剧的音乐就派上用场了。不过作曲家在这两者中发现的类同，必须来自对他理性能力所不能及的世界内在本质的直接认识；它不许是一个仿真、有意地由概念的中介导致的，不然，音乐就不能算是表达了世界自身的内在本性，而只是不恰当地模仿了它的现象。所有真正属于模仿性质的音乐干的都是这个事情；比如，海顿的《四季》，还有他的《创世记》中很多乐段，都直接模仿知觉世界的现象；同样，所有的战争音乐也都这样。所有这些应该全部禁止。

音乐一切不可形容的深奥，使得它像个极其亲近的乐园一般流过我们心中，却又永远不可触及，使得音乐这么容易了解却又如此不能解说——因为，音乐"再生"了我们最内在"存有"的一切情绪，然而完全没有实在性，并且跟实在的苦痛脱离。同样，音乐根本上的严肃性质，还有它那直接而特殊的领域，完全排斥荒诞嬉笑，这要从它的对象不是表象倒是直接的意志这宗事实来解释，只有牵涉表象，欺蒙和荒谬可笑才可能；至于意志，根本上是一切东西里最严肃的，它是一切所依赖着的。从复奏符号和 De capo [从头反复一遍]里我们看出音乐语言是多么地充满意义和重要性，要换成

在文字的语言中,它会变得极其令人厌烦而不能忍受。但在音乐中,复奏是很适当、很有好处的;因为要充分理解它,我们必须听两遍。

在这整个音乐的讨论中,我曾经打算讲清楚,音乐在一个极为普遍的语言中,在一个同性质的材料中,也就是,光用音调,再明白和真实不过地表达了世界的内在存有和世界本身,这是我们按照意志最清晰的跃现情形来思考的。还有,依我的看法和论证,哲学,不过是在极其一般化的概念中,完全且正确地对世界内在本性作出的复述与表达,只有在那些概念中,才可能随时随地适当地对完备的内在本性进行掌握。因此,谁要是追随着我,在思想上走我的路子,那么他一点也不会大惊小怪——当他听到我说,假定如我们成功给音乐下了一个完全正确并美满详细的定义,也就是在概念中详细重复了音乐所表达的,这同时也是对世界的一个充分的概念上的复述、解释,一个和它完全息息相关的解释,那就是真正的哲学。因此,基于我们对音乐更高一着的看法,我们大可以像下面这样模仿前面引述莱布尼茨的话(因为莱布尼茨的观点已经就是正确的了):"音乐是一种下意识的形而上学运算,在其中,心灵不知不觉地进行着哲学思考。"因为,$scire$ [去知道]总意味着在抽象的概念中栖身。不过进一步说,照莱布尼茨所讲的真理来看,并且从多方面证实,我们晓得了音乐,抛开它的美感或内在意义,光从外在且纯粹经验来考虑,不过是直接和具体掌握较大数目和更复杂的数字比率的一些手段而已,若不是它,我们便只能间接借着概念的理解来认知它。所以,借着结合这两个非常不一样但又正确的对音乐的观点,我们现在能够达成对数字哲学的可能性的构想,像毕达哥拉斯那样,像中国的《易经》那样,接着,从这个意义来诠释塞克斯都引用的毕达哥拉斯学派的话(《驳数学家》,第七部,§94):τω αριθμω δε τα παντ' επεοικεν [所有的事物都类似于数字]。末了,要是我们把

这个观点运用到前面讲的对和声与旋律的诠释上，我们就会发现，一个单纯的道德哲学（像苏格拉底尝试要做的那样），没有对自然解释，将完全类似于一个断断乎只有卢梭才喜欢的无和声的旋律；相对的，单纯的物理学、形而上学，若没有伦理因素，将等于没有旋律，只有和声。请大家允许我在这些偶然的所见当中插进几句关于音乐之与现象世界类同的讲话。在第二部中我们发现，意志最高层次的具体化，也就是人，他是不能单独出现的，他得先假定在他以下的层次，而这些个层次，又挨着一个一个再以更低的层次为前提。现在说音乐，好比世界，是意志直接的具体化，它也只有在完整的和声中完备。为了要产生最充分的印象效果，旋律的高主声部，需要所有其他直到最低音被认为是一切声音的起源的声部的陪伴。旋律自身，像一个积分的部分那样介入了和声，正如同和声之介入旋律，只有这样，以其音调完全的整体，音乐才表达了它想要表达的。这样，在时间以外的统一意志，只有在所有层次完满的融合中才找到了它完满的具体化，那些层次，是在无数各种程度经过强调的清晰情况之中，表露了意志内在的本性。下面的模拟也同样是非常精彩的。在第二部中我们看到，尽管意志所有的现象在族群层面来讲，彼此地自我适应着，这有了目的论的看法，可是这些现象在个体层面来讲，彼此之间仍旧是有着无穷的倾轧与争执。在个体所有层次中，很明显的，这就使得世界成为统一意志的一切现象的永恒战场；意志本身的内部争执，就这样变得可见。音乐里有一点跟这个也有联系；所以，一个完全纯粹的音调的和声体系，不但在物理上，甚至算术上来说都不可能。数字本身——音调要借着它们才能表达——包含不能解决的无理数。我们无法算出一个音阶说是在它里头，每一个五度可以像二比三那样跟基础音相关，每一个大三度像四比五那样，小三度像五比六那样，等等。因为，要是音调跟

基础音的关联可以是完美无缺，它们彼此要是一比，就不再能成为那样，好比说五度对于三度就应该成为小三度，诸如此类。说起来，音阶的音符就好比演员，它一忽儿得演这个角色，一忽儿得演那个角色。所以，一个完美无缺的音乐，甚至是不能设想的，别提把它演奏了；由于这宗理由，所有可能的音乐是和完美的纯粹性质脱离的。它只能把不协和分散到所有音符中，例如用乐律，从而掩饰了它基本的不协和。关于这点，大家可以读一读查拉尼写的《音响论》第 30 节，和他的《音响及其理论的概论》第 12 页[1]。

至于音乐被知觉的方式，它透过时间且只在于时间，对空间绝对地排斥，甚至在因果关系认识的影响外，因此不属于知性范围。音调造成了美感的印象，把它变成一种效果，这又不需要像在知觉的情况一样，我们自己要追究到它们的原因——关于这个，我也许仍然有很多要讲的。不过，我不想把话拖得长之又长，何况我也许已经走得太远，讨论到第三部里包括的许多事情的细节，或者说是在特殊的东西上逗留得太久了。但从我的目标来看，这是必要的，并且，要是艺术那很少受人充分体会的重要性和重大的价值应该表现出来的话，大家实在不能嫌我啰唆。照我的看法，整个可以用眼睛看到的世界只是意志的具体化、意志的明镜，伴随着意志，达到了自认识，并且的确像我们在下一篇将明白的，达到了它的拯救的可能。同时，表象世界，要是我们单独考虑它，它把我们自己从意志活动里扯出来，它掌握了我们的意识，表象世界借着这样，就成了生命中最讨人喜欢的、唯一不沾染罪恶的一面。我们必须把艺术视为这个（表象世界）的放大，更周全的发展；因为基本上，它成就了同样那可见世界自己所达成的事物，它只是更集中、更完美、

1　参考第二部第 39 章。

更合意和更具有灵性而已；所以，就"艺术"这个字最充分的意义来讲，它大可以称为生命之花。要是整个表象世界只是意志的可见性，那么，艺术是这个可见性的阐明，是把对象更纯粹地表示出来，让人更能观察和理解它们的一个 camera obscura [暗箱、映画箱]。它是《哈姆雷特》里形容的剧中剧、舞台上的舞台。

每一件美的事物带来的快乐，艺术所提供的安慰，艺术家所具有使他忘怀了对生命各种牵挂的那种热情——这种热情的好处便是天才胜过其他常人的地方，也弥补了他那由于意识清晰程度的提高所带来的痛苦，补偿了他在庸碌的人类中感到的孤独——凡此种种，称得上快乐和安慰因而有好处的，都源于生命本身、意志、存在本身，乃是一不断的折磨，并且，部分是悲惨的，部分是恐怖的，我们等下在第四部会看出来。另外，同样的事物，成了只是表象，纯粹地透过艺术而沉思或复述，摆脱了痛苦，它是形成怎样一个有意义的奇观向我们展现呐。这个纯粹世界的可知面，和它在任何艺术中所为的复述，就构成为艺术家的基本要素。艺术家陷入一种对意志具体化的奇观所为的沉思中。他固着在这上头，孜孜不倦地思索它，在他的描写下从不厌烦地重述它。同时，他自己也负担了创作这出戏的代价；换句话说，他自己就成了具体化自己的意志而置身于无穷的苦痛折磨。对于世界内在本质纯粹、真实并且深刻的认识，现在对他来讲变成了自己是一个目的；他停顿在上面。所以对他来说，它不是意志的抚慰者，不像我们在第四部所形容达到了弃却的圣人那样；不能使他从生命里永远得救，只是片刻得救。对于他，这不是脱离生命的途径，只是生命的一个偶然的解放，到最后，他的力量被这种沉思放大了，终归还是厌倦了这个奇观，而掌握了事物严肃的一面。拉斐尔画的《圣西西里亚》正可以视为这种转移的一个象征。那么我们现在，便要在第四部转向那严肃的一面。

第四部　作为意志的世界（二）

自我认识的达成
生之意志的肯定与否定

认识刚出现在舞台上，欲望跟着就来了。

53

我们最后这部分的讨论，可以说从本身来讲就是最重要的，因为它涉及人类的行为——一个对每个人都有直接利害关系的论题，没人可以跟它没关系或不关心。的确，将任何其他东西最后归究到行为上，乃是如此一种人类本性上的特征，以至于在进行每一系统的研究时，他总是一定认为那关于行为的部分是整个内涵的结果——不管怎样，只要他对这个有兴趣，因此不论别的，他必然会倾注全副注意力到这上头。在这方面，我们下面讨论的部分，依据它一般表述，对照到此为止前面叙述的理论哲学，将被称作实践的哲学。总之就我看来，哲学总是理论的，只要它基本上不论研究的直接对象是什么，总保持一种纯冥想的态度；它是基本上咨询的，而不提供办法。但若变成实践的、引导行为的、改变性格的，这种需要已经是老早就有的呼吁了——这就需要成熟的内在洞察力，到头来理论还是得让步。在这里，是关于生存有没有价值的问题，救世的或该受天罚的问题，并不是叫那死气沉沉的哲学概念决定什么内容，而是人自己最内本性的问题——是指导它而不是选择他、给

他选择（柏拉图要这么说）的守护神；像康德讲的，他那"智能的性格"。美德，正如天才，不能授受；说实话，理论的概念于美德之无结果，正如概念对艺术之无结果，对于两者，它们只好当作工具。那么，要是盼望我们的道德体系和伦理学将创建出具有美德的、高贵神圣的人类，那就跟妄想我们的美学将产生诗人、画家和音乐家一样，是愚不可及。

哲学能做的不过是阐释现有的、在手头的事物；它顶多就是将具体（即以感觉方式）而可知地表达给我们的宇宙内在本质，带进清晰抽象属于理性能力的认知。不过，它是以各种可能的关系，从多种观点尝试。好啦，正像在前面三部中，我打算用适合哲学的一般方式，就不同的观点来达成同样的目标，所以这儿也拿同样方式来考虑人的行为。而人的行为这面的世界，可能证实为最重要的——不仅像我们讲的主观观点，也是就客观的观点。这儿我对到目前为止自己一直遵循的思考方法要绝对忠实，而以前面所叙述的一切作为假设来补充它。的确，这整部著作的内涵只是一个思想形成，同时就跟以前讲到其他主题时我已阐发过的那样，我现在要就人的行为方面将这个思想展开。所以我要做最后一件力所能及的事：尽可能充分完整地将这思想传授给他人。

从我讲授的观点与策划的论述方法看，在我这个伦理学的部分，读者们不可能希望找到什么格言、责任的原则；更别提普遍的道德原理，活像一万灵的秘方，产生一切美德什么的啦。我们也拒谈"绝对的（没有条件限制的）应该"，因这牵涉一个矛盾（附录里会解释）；同理，我们也不管什么"自由律"。我们一般根本不谈"应该"，我们只对儿童或孩子气的家伙这么讲，而绝不对那些受过一切教化熏陶的成年人这么讲。要把意志看作自由，同时又指派些定律给它，凭此去"意欲"，那真是个露骨的矛盾。"应该去意欲！"，缘木

求鱼！但是，通过我们整体的考察看，意志不仅是自由的，甚至是全能的；从那儿，不仅产生它的行为，而且产生它的世界；同时因意志存在，意志的行为就出现，意志的世界就出现；二者，是意志的自我认识，再不是别的。意志决定本身，也就决定它的行为跟世界；因为意志以外，别无其他，而行为跟世界，就是意志本身。只有这样，意志才真是自发的，而要是就任何其他观点看，它就成为他律的了。我们哲学的努力只能做到解说与阐释人的行为，以及行为活生生表示的那相当不同，甚至那些相反的规范——按照它们最内的本性及内涵去看。这样牵连到前面的讨论，因此把目标完成——根据我们到现在为止阐释那残留的宇宙现象，将它最内在的本质带进明晰、抽象的认识方式。我们的哲学将确切地证实，这里同那种内在性是跟前面讨论过的没啥两样。我们不会反过来像康德伟大的教义一样，把现象的形式（一般表示出来就是充足理由的原理）用得像跳高的撑竿，超过了现象的本身——而事实上只有这现象才赋予那些形式以意义——然后，他落下来，就到了一个大而无当，空无虚幻的境界。这实际的、可认知的世界，我们存在于其中，而它也在我们之中，仍然是我们思考的材料与界限。这么一个充满内涵的世界，就算人类心灵力所能及可达到最深远的探寻，也不能将它贯彻洞视抽空。现在，既然这真实可知的世界，在伦理方面提供我们观察的材料和真实性，决不输于前面部分所观察到的，那么最要不得的，莫过于我们逃避到没有内涵的"消极"的概念里，当我们趾高气扬地讲什么"绝对""无限""超感觉的"——还有如此这般其他否定的说法时（ουδεν εστι, η το της στερησεως ονομα, μετα αμυδρας επινοιας [那，不是别的，只是"否定"，混合着个没着落的概念]），就自以为我们就的确是讲了些有内容的东西。并不是这么回事，老实说，这是一个"桃花源"（νεφελο κοκκ υγια）境界。我们可不要上这样

一道空盘子的菜。末了，这儿像前面一样，我不打算拖泥带水地说什么历史，把它们比附于哲学。因为我们抱着这种看法：凡认为世界的内在本质，能从历史观点阐释的，不管它怎么润饰完美，远谈不上对世界有一哲学的认识。怎么说呢？即当一变化、变化的发生、变化的显示，打入他对于宇宙内在本质的观点里头，他才这么以为的；任何以前的，以后的，具有微不足道的意义；世界的任何起点、任何终点，和两端之间的过程，就这么被搜寻、被发现，而那思考的个体，甚至确定了自己在这过程中的地位。如此历史性的哲学思考，在多方面宣扬了一混杂的宇宙生成说，或一神体流出说，谪降理论，最后徒然地在这些没有结果的尝试小径上，驱向一最后的路途，粉饰成一不断变化、涌现、茁长的，从黑暗当中挣扎而出、从暧昧的根据、主要根据、简直从"没有根据"出来的……类似这种幼稚的理论。所有这些，其实简单一句话就把它解决了，那是怎么讲呢？——一整体的永恒，换言之，无限的时间，忽然流到了眼前，因此任何能变化的、该变的，都该说已经变化了。所有的这些历史哲学，全忽略了康德的理论，不管它采取怎样的立场，都把时间看作是决定物自体的东西和界限，因此就停在康德相对于物自体所谓的现象上，停在柏拉图相对于绝对变化的存在上，所谓的绝非存在的变化上，以及停在印度人说的摩耶之幕上了。它只是属于充足理由原理的认识，拿这种认识，我们没法看透事物的内在本质，我们只是无休止地疲于奔命，奔命于现象，没有目的、没有着眼点地盲动着，像绕着自己尾巴打转的松鼠——直到最后厌倦了，停在自己选择的地方，还要强迫人家跟着同意。对这世界作哲学思考正确的方法，换言之，那使我们熟稔世界最内本质，使我们从现象脱离的思维方式，乃是不去思考这个世界从哪里来、到哪里去、为何开始，而应该总是无论何时何地都只思考世界本身。所以这种方法，并不

是根据任何的关系来权衡事物，把它当作变化、倏忽的东西，总之，我们并不依照充足理由原理四形式的任何一种来思考。相反，它滤掉了整个按照充足理由原理的思考方式之后留下的东西，所以它是世界内在的本质，在所有关系中维持不变，但本身决不迁就它们；换言之，它是世界的理念，是我们哲学研究的对象。从这样的认识，我们具有了哲学与艺术；事实上，我们将可以发现，在这部书里，我们同样能获得导向真正神圣性和救赎世界的心灵倾向。

54

我们希望，前面三部已经带给读者们这种明晰、绝对的认识，即意志的明镜对意志来说，表现在这世界上，就是表象。在这面镜子内，意志以渐次发展得清楚而完整的程度认知本身，其到达了最高阶段时，就形成人。然而，人的内在本性尤其要关联上自己行为之连贯系列，才能获得完整的表达。由于理性能力，对这些行为那连贯的自我意识才得以可能，这使他能抽象地观察整体。

意志，单就其本身来思考，乃是缺乏认识的、只是一盲目、压抑不住的冲动，像我们所观察到无机物、植物的本质或它们的法则一般，也像我们自身中属植物性的部分一般。透过附加上的表象世界（发展而供它使役），意志掌握了对自己意志活动的认识，知悉了自己"意欲"着什么，可以说，这没别的，只要意志存在，就是世界、生命。因此，我们把现象的世界当作意志的明镜和具体化；而由于意志所意欲着的，总不外乎生命，因为生命不过是为了欲求表象而有的意志活动的表象，要是我们说除了"意志"外，还说"生之意志"，那就有点多余了。

由于意志是物自体、是世界的内涵、本质，而生命、可见的世

界、现象，只能说是意志之镜像，那么世界就不可分地紧跟着意志，如影随形，要是意志存在，那么生命、世界就存在。所以，生命对生之意志而言是确定的，只要我们充满了生存意志，就不必为自身的存在操心——甚至在面对死亡时。的确，我们看到个体在那儿倏忽沦没，轮回着；可是，个体只是现象，只相对于充足理由原理、 *Principium individuationis* [个体原则] 而存在。自然而然，就如此的个体而言，它像是接受礼物一般地接受生命的赠与，从无中生有，由于死亡而蒙受礼物的丧失，返回虚无。但我们想要哲学地思考生命，即按照生命的理念思考，那么我们就发现，意志（即所有现象的物自体）和认知之主体（即一切现象的观察者）都不受生与死的影响！生与死，只属于意志的现象，故只属于生命的现象；在这点上来说，基本上生命本身表现在个体中，那个体作为茁长、退逝，作为不稳定的无恒现象，出现在时间的形式中，出现在这样的形式中：物自体不能认知时间，但为了将它的本质具体化而不能不完全照前述的方式而为表示、跃现。生与死，同属生命，彼此成为相互的条件，或许不妨说，成为整个生命现象的二极，这么维持着均衡。神话中最富人生智慧的印度神话如此表述这点：一方面，神话赋予湿婆以毁灭与死亡的象征，给予它骷髅颈饰的死亡标识；另一方面，又赋予它阳具的标识——生殖的象征，与死亡相对（正如婆罗贺摩，印度三位一体神中最卑下、恶业最重者，象征生殖、创生，而毗湿奴则表示生之保护）。这意味着了生殖与死亡根本对应，相互中和并限制对方。那同样的心态也刺激了希腊人和罗马人，他们在死者昂贵的石棺上，衬饰着欢宴、舞蹈、婚姻、行猎、人兽相闹、酒神节的狂欢等各种生的最大刺激的象征，这情形现在还看得到。希腊人给我们看的，不光是这种欢娱、嬉戏，还有许许多多肉欲的，甚至演出森林之神赛特跟山羊间的性交。显然，该目的是从个人可悲

的死中大大强调自然不朽的生命，以此来暗示整个自然乃是生之意志的现象，生之意志的完成，虽然，他们还缺乏对此的抽象认识。这个现象的形式，是透过空间、时间、因果，实现了个体化（个体化即个体不得不有生灭）。于是，个体的存在只是特例、模样，是属于意志的一种现象。它不再扰动生之意志，正如个体之死亡并不有损于整个自然的毫毛。自然关心的不是个体，而是种族；她雷厉风行地敦促其种族之保存，她丰富地准备了无数种子与结实之极强烈的冲动。相反，个体对自然没有价值，可有可无，无限的时间空间，从其中无限可能恒河沙数的个体都包括在自然的领域里。因此，自然常预备好个体的衰退，当然，个体就暴露于甚至顶无声无嗅的、各种意外毁灭，甚至是被自然有意如此设计的，它被安排驱向并投诸此一深渊，这是打从个体刚生下来维持种族的当儿就注定了的。这样，自然公开把那伟大的真理揭示出来——不是个体，而是理念才具有真正的实在性；换言之，是意志完完全全的具体性。现在，人的确是自然自身、是自然自我识的最高层次，而自然不过是具体化了的生之意志；一个人掌握、拿稳了这个观点，那么对于自己或亲友的死亡，只要掉头看看大自然不朽的生命，他自身也是这个生命——便可以找到确切而正当的安慰了。所以，带着阳具标识的湿婆，就应该从这个方面来理解，古代的石棺，上面那些火焰般燃烧的生命图案，对着哀戚的送葬者呐喊着: *Natura non contristatur* [自然无忧]，也得拿这样的眼光看。

生殖跟死亡属于生命，属于意志之现象本质的东西，关于这点从另一件事可看出来：它们自己，都只是那生命其他部分所寓于的一种更强有力的表示。打那儿看，这都只是固定的永恒形式下，内容不断地改变；这恰好就等于各个个体牵连上种族的一种不可毁亡的转移。不断的摄生，新陈代谢，与生殖只有程度上的不同，而不

断的排泄，与死亡也只有程度的差别。前者在植物中可以简单明了地看出一个所以然，植物从头到尾根本只是它最简的纤维组织之中那同样的冲动，一再重复，而丛聚为其茎叶枝干。它是同类植物彼此维系的系统之聚集，其不断的再生，归根结底，乃是其最简的冲动。这种冲动，靠着一层次一层次的蜕变，升腾……趋于完善美备，最后开花结果，花果是冲动的存在与效果的归结、精华，它以简要的方式在其中达成了它的唯一目的。现在一下子，它生长出了几千几万个"自己"来，而以前，它只在特殊的情况中作用，也就是只自己重复。它的成长为果实，之于果实，犹如写作之于著作的印行。动物显然也完全一样。摄生的过程是一不断的生殖；生殖的过程是更强有力的摄生。陪伴着生育来的快乐，乃更强有力的生命之感的协和适意。另一方面，排泄，乃是不断的物质之呼出、蒸发与抛弃，其更强而有力的一种就是死亡，生育的对立，排泄和死亡，是相同的。现在，要是这里我们都同意，保有形式，不去追悼否弃掉的内容，那么在死亡中，同样的事发生了，只不过潜在性提高了，并且波及于全体，好比它每一天每一小时所做部分性质的排泄——我们是不是应该对它一视同仁呢？正像是，我们对这一个无所谓，同样对那一个我们就不该躲着它。所以由这个观点看，痴心地盼望那注定要被其他个体替代的我的个体性能延续，这正好比要我们体内不断新陈代谢的物质能永恒一样愚不可及。同样，用药物保存尸体，正和小心翼翼保留我们的排泄物一样，是愚昧可笑的。由于个体的意识限制在个体的躯体内，它就每天地被睡眠完全打断了。深深的甜睡，当它持续着，无论哪一方面都和死亡没什么差别，它不断迁移入于死亡，举例说，像冻死一样，不同的地方只是将来的情况之不同，也就是牵涉清醒的情形。死亡乃是一种睡眠，在其中个体被遗忘；

任何其他的东西还清醒着，或许不如说还"保持"清醒[1]。

毕竟我们应该清楚体会到，意志现象的形式，也就是生命、实在的形式，真正来说只是现在，不是未来也不是过去。过去跟将来只在概念中，只有当认识遵循充足理由原理，才存在于认识的关联和绵延之中。没有人活在过去，没有人活在将来；只有现在是一切生命的形式，但它也是生命确实掌握的，不可与之须臾离。现在总跟它的内涵共存；两者稳固地矗立者，屹立不摇，如瀑布上的彩虹。对于意志，生命是确实肯定的，而对于生命，现在又是确实肯定的。当然，慨想于千载以上之人，那时候成千上万的芸芸众生，我们问，他们是什么？变成怎样？但另一方面，我们只要回忆自己生命中的过去，在想象里生动地把它的每一幕更新了，然后再问所有这些是什么？变成怎样？则成百万人的生涯，就和我们的过去没多大差别了。或者我们是不是要假设，过去透过死亡的封存，开始了一类新的存在？我们自个儿的过去，甚至顶贴近的，甚至前一天，只是想象的空无之梦，而成百万人的所有过去亦然。过去是什么？现在又是什么？意志——其镜像乃是生命，放松了意志的认识在那面明镜中清楚地看到了意志。那些尚且看不透这一点或将来也看不透的人，除了上面讲到过去年代的命运的问题，会另外加上一个疑问：为什么，他这个发问者——就那么走运地拥有了这宝贵的、脆弱的、唯

---

[1] 下面这番话，将有助于一些脑筋转不太过来的人了解躯体只是现象而非物自体。一方面，每一独立个体是认知的主体，换句话讲，整个客观世界无穷可能的补偿条件；另一方面，又是意志特殊的现象，在每一种事物中具体化了本身的意志之现象。然而这种我们内在"有"双重的性格，并非基于一自生的整体，不然我们就变得可能意识就我们本身而独立于认识的、是意志对象的我们自己了。直截了当地说，我们不能。但只要为了尝试这样，我们打入"自己"，而盼望以内在的认识完整地了解自己——我们在一无底的空洞之中丧失了本身；我们发现，自己像一凹陷的玻璃球，从其空洞之中有声发出。但造成这个声音的，不在球里头，而既然我们盼望理解自己，我们只是打了一个寒噤，掌握住了摇曳不定之幻。

一实在的现在,至于那几百代以前的人,不管是力拔山兮气盖世的英雄,还是万世垂训的贤者,沉沦到了过去一片黑暗当中,这么成了空无,而他——这微不足道的自我,倒实际地存在着!或者更简短地说——当然有点古怪:为什么这个现在,他的现在,确确实实就是现在,不是老早之前的过去?既然他问得这样古怪,他认为,他的存在与时间,彼此乃超然独立,而前者投入了后者,的确他假设两个现在,一属于客体,一属于主体,而惊喜于其遇合之巧。无论如何,实际上只有客体的接触点,其形式为时间的,加上不以充足理由原理为其模式的主体——这,构成了现在(如论文论充足理由原理所说)。但所有的对象是意志,这是说只要意志变成表象,而主体为一切对象必要的相关者;不管怎么样,只有在现在中才有真正的对象、客体。过去及将来只包含概念跟假象;所以现在是意志现象基本的形式,不得从那个形式分割出来。只有现在是那经常存在而肯定不可动摇地矗立着的。经验地体会起来,它是最摇曳不定,最滑溜的,从越过了经验知觉的形式上看,它是唯一持续着的,斯多噶学哲的 *nunc stans* [现在之坚持],其内涵的来源和维系者乃生之意志,或所谓的物自体——我们就是它。那不断流变、消失无踪的东西,在其中不是过了时,就是时辰未到——这些属于如此的现象,靠它的形式,使得事物"变而为有"或"趋于无形"等等成为可能。因而我们想:"过去是什么?是现在在这里的这玩意儿。将来是什么?是过去那玩艺。"就严格的字义看,我们领悟的是 *idem*[同样的],而不是 *simile*[类似的]。对于意志,生命是肯定的,对于生命,现在是肯定的,所以任何人可以照样说:"我断然是现在的主人,它永远跟着我,如我的影子;当然,我不去管它打哪儿来,又怎么会是目前这个样子。"我们可以把时间比拟为一无穷旋转之圆;那不断下沉的一半是过去,不断上升的一半是将来;然而在顶

端，那不可分割接触到切线的一点，将是那没有延展的现在。正如切线并不随圆旋转，"现在"也一样，客体——其形式为时间，它的接触点并不与没有形式的主体并行，因主体不属于可知的，而是那一切可知的条件。或者说，时间像一不可阻遏之水流，而现在是中流砥柱，时间之流并不将它载以俱去，作为物自体的意志不从属充足理由原理，正如认识主体不从属充足理由原理，归根结底，认识主体就某种范围而言，就是意志自己，或意志的跃现；正如生命，意志自己的现象，对于意志乃是肯定的，那么同样，现在，实际生命唯一的形式，对生命亦复如是。跟着，我们不必去研究过去的日子，或死后之将来，我们倒是要认识现在，这是意志跃现本身唯一的形式[1]。它不会逃于意志，意志亦不逃于它。所以，任何人只要满足于眼前的生活，只要从各种角度肯定它，就能有把握认定它是无穷的，能驱逐掉对死亡的恐惧，把它当作错觉。这种错觉以愚蠢的忧虑怂恿他，使他以为要失去现在，这种错觉在欺骗他，使他以为有摒弃现在的时间。这个错觉之关联于时间，就好比另一错觉之关联于空间——由于那个错觉，每个人幻想自己在地球上占据的那个位置乃是在上的，另一半球的都在位以下。同样，每个人把现在跟它自己的个体性拉拢起来，而想象一切现在因此化为乌有；过去和将来无区别，于是，摆开了现在的。但正如在地球上任何地方都是在上的，同理，一切生命的形式乃是现在；对死亡的恐惧将剥夺我们的现在，这并不比害怕我们将从眼下幸运地站立其上的圆球之顶滑落下去来得高明多少。现在的形式对意志的具体化乃是基本的。作为一个无延展之点，现在截切了时间，时间向两个方向无限延长，

---

[1] "经院学派的教训是，永恒并非没有开始没有结束的延续继承，而是一恒久的现在；换言之，我们掌握了，跟存在于亚当的时候一样的现在；那是说，此时和彼时之间并无差别。"（霍布斯，《论公民》，C46）

现在稳固地、不可移动地屹立着，像永续不竭的正午，不带一丝冷瑟的黄昏。像实际上太阳无休地燃烧，只在表面上像是沉入了黑暗的怀抱。无论如何，要是一个人害怕死亡，认为这是自己的灭绝，这就好比他在想象太阳会在夜间悲鸣："可怜呀！我正走向永恒黑暗。"[1] 反过来，任谁受到生之负累的压迫，任谁热爱生命、肯定它，却憎恨它的苦恼折磨，并且特别无法再忍受分配给他的重负，这样的人就不能盼望他摆脱死亡，他也不能以自杀来拯救自己。只有借着错误的幻觉，那冰冷的死神阴影才会使他受骗，觉得那是憩息的避风港。地球运转，日夜轮替；个体死亡；但太阳本身无休地燃烧，是一永恒的正午。对于生之意志，生命是肯定的；生命的形式乃无穷的现在。个体作为理念的现象怎样在时间中苗长、衰退，如无常之梦，这都不打紧。所以，自杀对我们已经是徒然、愚蠢的一种行为；当我们越深入地研究，它越显得没有好处。

学说变更，我们的知识也有差错，但自然不会出岔；自然的运行确定而切实，自然也不隐藏它。所有事物全在自然中，自然全在一切事物里。自然的中心在每一个动物；动物，的确找到自己存在的方式，它也的确会找到自己脱离存在的方式。同时，动物面对灭绝时无所畏惧，它们不经意地生活着，意识到自己是自然本身，像自然一样不被毁灭，它是给这么一种意念支持着。只有人才在抽象

---

[1] 在艾克曼的《歌德对话录》（二版，一卷，154 页）中，歌德说："我们的精神乃是具有相当不可毁灭性质的东西；它不断行动，从永恒之于永恒。看来，太阳的西沉只是对我们地上之眼为然，然实际上太阳绝不西沉，太阳还是太阳；它不断照耀。"歌德这个明喻是取之于我，我可没有抄他的。在这段 1824 年的对话中，歌德采用这个素材，无疑是由于（或许无意的）对上面这段话地回忆引起的，我的话是在《作为意志和表象的世界》第一版 401 页，和此地讲的相同，还有在同版 528 页，亦见于本书第 65 节之末。第一版于 1818 年 12 月致赠歌德，次年 3 月我在拿波里，他透过家妹致送给我一封贺函。他在信中附上一张纸条，上面写着他特别喜欢部分的页数。他是读过我的书的。

概念中确知自己的死亡，不过，只有在罕见的特殊时刻，当碰到某些情况，在想象中勾起死亡时吓住了他。面对自然强有力的呼声，思维的功用微渺。在人类那里，像在没有思想的动物一般，有一种从最内的意识跃出的持久心情，它始终占了优势，那就是肯定说，他就是自然、世界本身。因此，没人会特别被近侧的必然之死所烦恼，每一个人生活着，好像他注定长生不死一样。的确，只要不妨说，没人真可能活跳跳地感觉而坚信死之确实，这便说得通，不然，他的心境将跟一个定谳的死囚没多大差别。每个人从理论上抽象地体认这种死的确实感，但把它搁在一边，并不把它纳入鲜明生动的意识，并不在意。各位，你们若是仔细考虑一下人的这种特殊的思维方式，便能看出来，说它是不可避免的习惯、默认什么的，这样从生理学解释是根本不够的，它的理由比我上面讲的更深入。同样，这件事也可以解释，为什么无论哪个时候，在所有人中，某种教条，讲到了个体死后延续的存在，会那么受人信仰，虽然，支持它们的证明，经常一定免不了极为不适宜，而那些相反的证明却是有力、不胜枚举。实际上，这用不着证明，是健全知性所认识到的一项事实；它被这样地证实了：就是坚信自然决不欺蒙，正如她决不出岔儿，自然吐露了她的行为与本质，甚至，天真地公开表示出来。只因我们自己为了投固陋之己见的所好，而以错误观点把它弄迷糊了。

不过我们已经弄清楚了，就是尽管说意志的个别现象在时间中起始跟结束，但意志自身，物自体本身，却不受时间影响；同样，任何客体的相关者——即去认知而不被认知的主体，也不在此限，对于生之意志，生命总是肯定的——这不能被看作一种长生不老的理论。因为长生也如无常之短暂，不再属于作为物自体之意志，不再属于纯粹认知主体，不再属于永恒的世界之限，幻灭与无常的限制只有在时间内行得通，意志跟纯粹认知主体在时间之外。所以，

个体（被认知主体所照亮的这个特殊的意志现象）的利己主义，从这种认识中是找不到一丝安慰跟希望的：经由我这里讲的无穷时间，确认自己在死后，除他之外的永恒世界仍将存在时间中；反而这只不过是同那从客观、从时间的观点考虑，一样样的一种表示。的确，任何人就其为现象，只是无常的；但另一方面，就其为物自体，他是无时间性的、无穷的。然而只有作为现象，个体才跟世界其他东西不同；作为物自体，它是出现在一切物事中的意志，死亡驱走了将他的意识跟其他意识分割的那种幻觉；这是将来的存在，或谓不朽性。他之超脱死亡，只有在他作为物自体时才这样，这和对于现象而言，其余的外在世界乃继续不断地存在[1]，二者是一致的。所以同样发生了这样的情形，就是——内在纯感觉意识到了刚刚我们所明白讲过的，的确，这使我们不再让死亡的思想，去毒害理性的生命。因为这样的意识，乃是那面对生命的勇气之源，这种勇气维持了每一个有生之物，使它能快快活活地活下去，好像只要跟生命面面相质，针对着生命，就根本没有死亡。然而，当死亡之恐惧在实际生活中，碰到了特殊情况，摆在我们眼前，我们得面对它——则个体不再能以这样的方式，逃于惊怖的魔掌。因为只要我们的认识是指向如此的生命，我便当然体会它的无所毁灭；那么同样，当死亡带到了我眼前，我便当然体会它的本来面目，即特殊之无常现象走到了时间的尽头。我们所畏惧死亡的绝非痛苦，因痛苦显然只在死亡的这一面；还有，我们常常在死亡中求痛苦的摆脱，正如，相反地我们有时也为了暂时的逃死而忍受最可怕的苦楚，尽管死亡

---

[1] 在《吠陀》中，当一个人死了，他的视觉能力变成与太阳合一，他的嗅觉与地球合一，他的味觉与水合一，他的听觉与空气合一，如此这般（《奥义书》，一卷249页以下），同样，在特别的仪式中，临死的人，把他的官能跟有能力逐一交付与他的儿子，这些官能被认为是在儿子身上继续生存了下去（同书第二卷82页以下）；这都表示得很清楚。

是那么快,那么容易。所以我们看出,痛苦和死亡是截然不同的两桩恶事。我们害怕死亡,因为它是个体的消逝、结束,死亡坦白地宣告,它自己就是这种绝灭,而由于个体是生之意志本身特殊地具体化,它整个本性就是反抗着死亡。现在当感觉如此地弃我于无功,但我的理性出现了,且压倒了反理性的影响,理性把我们置于更高的立足点,从这儿,我们不再关怀特殊,只注意整体。于是,对世界本性之哲学的认识跃到我们现在说的这个体上,不过,不再往前走,按照个体的思维压倒感觉的程度,它便能,甚至在这个观点上,胜过了对死亡的恐惧。一个人,他的思维方式肯定与前面所讲的真理协同一致,然而在同时,透过他自己的经验或透过更深的洞视,还"不"知道,一切生命基本的意义即不断地受苦痛折磨;一个人,在生命中找到了满足,享受美畅的欢愉;一个人,不顾那冷静的蓄谋,渴望着,到而今他所体验的生命过程,是应该有无穷的久长,或是不断再生;他面对生活的勇气如是巨大,为了抵偿生之欢乐,他高高兴兴情愿忍受为此而来一切的艰辛与不幸;这样的人,将"硬骨头地站在坚实的、经久的地球之上",将没有任何好怕的。以我的理论武装起来,他会漠然无睹于乘坐着时间之翼飞向他的死亡。会把它看作虚妄的幻觉,一个无能为害的鬼,孱弱的人怕它,但强者不然,那认知他自己是意志,而整个世界乃是它的具体化、翻版,生命跟现在对它总是肯定、确实的,这样的人,是不受拘束的。现在是意志现象唯一实在的形式。所以,无穷的过去或将来——他不存在其中,他是不会给这唬住的,他认定这是空无之妄,摩耶之网。于是他不再惧怕死亡,正如太阳之不必惶恐于黑夜。在《薄伽梵歌》中,毗湿奴就这样开导他的学生有修——当有修忧伤地看到了准备投入战场的三军精锐(模仿波斯王薛西斯的阵式),不禁心为之夺,而有意放弃这场战争,庶几百万之众得免于肝脑涂地。毗湿奴使他

觉悟了这个观点，于是成千上万人的死亡不再令他踌躇不前；他下令进兵。这个观点，也是歌德的《普罗米修斯》表达出来的，特别当他说：

> 我这儿坐着，造人……
> 拿我的形相
> 一类于我的种族
> ——受苦痛折磨、饮泣，
> 欢笑，喜乐，
> 无视于你
> 正好比我！

布鲁诺跟斯宾诺莎的哲学也可以把那些对他们有信心的人引向这个观点——那些人对此哲学的坚信，不因其错误与不完美而动摇或气馁。布鲁诺的哲学无真正的伦理部分可言，而斯宾诺莎的伦理学压根儿没有从他学说最内在本质发展出来，虽然他的学说本身完美无瑕值得赞扬，但他的伦理学只是以根据不稳、看似不错的曲辩，附着在他的教义上。最后，要是大家使认识与意志活动并行不悖，换言之，要是我们摆脱任何错误的观念，自己清楚明白，那么大家将会持有此地所讲述的观点。因为对认识而言，这就是完全对生之意志的肯定。

意志肯定自身，这是指在意志的具体性中，就是说，在世界、在生命之中，意志的内在本质完全明白地被作为表象奉献给它，这认识无论怎样并不阻挠它的意志活动。这是说，正是这个如此被认知的意志，现在这样被意志以认识有意地、蓄谋地"意欲"着，正如以前意志无知地以盲目之冲动意志它。相对的，生之意志的否定，

当意志活动以该认识终结之际,它显示了出来,因为,被认知的特殊现象于是不再像意志活动的动机那样行动,而是整个反映了意志世界本质的认识,透过理念的体会成长的认识,成为意志的抚慰者,以是意志自由地否弃了自己。现在,一步步透过现象的讨论,透过行为模式,在行为模式中,一方面表示了不同程度的肯定,另一方面表示了不同程度的否定——我希望透过这样的讨论,大家能明白这些概念,当然从此地一般的说明,那是相当叫人不好懂跟不熟悉的。肯定和否定均从认识出发,尽管不是从表示为言词的抽象认识,却是从自己表现为行为、举止的活生生的认识出发。这样生动的认识,脱离了教条的羁绊,以至于在这里形成抽象的认识,牵连到了理性能力。揭示肯定与否定,把它们带到明确的理性能力的认识,这是我唯一的目的,我可不是说哪个好,推荐哪一个,那样会显得愚昧,因为那是没有重点的。意志本身绝对自由,并且完全自己决定,对意志,无任何定律可言。但首先,在我们从事前面讲的讨论以前,我们要更详确地解释这个自由,和它必然性的关系,我们得给它定义。讲到了生命,我们的问题就是,它的肯定和否定——那么我们必须插进若干一般性的说明,这涉及意志跟它的对象。透过这些,我们就很容易依照我们人的最内在本性的行为模式,去获得伦理学的知识。

既然我说过,这整部著作只是一个单一思想的阐明,因此,它的各个部分彼此当然要有最亲密的关系。不但是,某一部分要和紧挨着的前面一部维持必要的关系,以它为预设,并假定它已留在读者的记忆以内,就像那些先拿系列的推论构成的哲学一样,并且,整部著作任何部分还要和每一其他部分有关联,并先假定它们。因此就必须请读者们记住,凡是刚刚讲过的,此外,还不能忘掉更前面的东西,这样就能拿它们来配合上现在所谈的,不管中间隔了多

少章节，都是要这样。柏拉图在他的对话录中，要插入一大段既冗长又复杂的题外之言，然后才回到主题——柏拉图已经对读者们做过这样的要求；但正因为这样，它变得更清楚！对我们来说，这种要求是必要的，因为，把我统一的思想分析成许多部分，这的确是授受它的唯一手段，尽管这不是思想本身基本的形式，只是人为的形式。将四个主要观点分割成为四部，最仔细地把有关的、相同的东西予以联系，的确有助于将讨论明朗化，并使其易于理解。不过，无论什么主题，并不能就这么直通通地进行，像历史的发展那样，它反倒必定要更复杂的讨论。这也使得有必要来反复研读此书了；只有这样，每一部分跟每一其他部分间的关系，才显而易见，那么，总体就解释了各部分，整个思想就明朗开来了[1]。

55

我们说，意志本身是自由的，这点从以下事实已经证实出来：按照我们的观察，意志就是物自体——一切现象的内涵。相反，我们认为现象是绝对附属于充足理由原理的四种形式。如我们所知，必然性，与从一既定根据推出的结果，意思上完全相同，两者是互换可用的概念，任何属于现象的，换言之，任何对应于认知主体（作为个体）的客体，一方面是理由，是根据，一方面又是结果，就其为结果，又绝对必然地决定了容量、能力为如何；因此，它是再不能为它本来面目以外的。整个自然的内涵，自然现象的总合都是必然的，而任何一部分，任何现象、事件的必然性，总是可以证明，因为，一定能发现作为结果的它所依赖着的根据或理由。这是不许

---

1 参考第二部第 41—45 节。

有例外的；它遵从不受限制的、绝对的充足理由原理之有效性。可另一方面，这同样的世界，其一切现象，对我们说，乃是意志的具体性。由于意志自己不是现象、表象、客体，而是物自体，它也就不从属于充足理由原理这一所有客体的形式。所以它不是像结果被理由或根据决定那样地被决定，所以它不知有必然性；换言之，它是自由的。所以，自由的概念正格地说，是"负"的，因它的内涵只是必然性的"否定"，换句话说，是照充足理由原理的结果之于其根据的关系之"否定"。现在这儿再清楚不过搁在咱们眼前的，是那巨大的对立结合点，换言之，自由和必然性的结合之点，这在最近常常被拿来讨论，但据我所知，从来没有被清楚合适地搞出一个所以然。任何现象的东西，任何成为客体的绝对是必然的；在它本身，它是意志，而这又是完全的自由，至于无疆之界。现象、客体，必然且不可更易地在因果链条中被决定，这个链条决不容许有任何青黄不接之处。这是一般来说这个客体的存在，及其存在之样态，但也就是自己表示为客体的理念，不然就说，客体的性格——这是意志直接的现象。所以，配合这个意志的自由，客体也许根本不许存在，或说是，也许是一些本原上、基础上相当不同的东西。但那样，整个以客体为环的连锁，这本身是同样一个意志之现象的连锁，将跟着变得相当不同。然而一旦出现在那个地方并且存在着，客体就进入因果序列，就总是在此必然地被决定，所以既不能变成别的东西，就是不能改变自己，又不能从系列之中引退，就是消逝。人，像任何其他自然的部分一样，是意志的具体性；所以凡我们说过的也都可以适用于人。正好比，任何自然之物有其力量、有其品质、对于一特定的印象起特定反应，这构成了它的特性，同样，人也有他的特性，从这里，动机必然地唤起他的行为。以这样行为的方式，他经验的特性揭露了自己，但从这种揭露，又重新显示了他智能的

性格，即意志本身，他只是被决定的意志之现象。但人是意志最完备的现象，而如第二部所揭示的，为了有存在可言，这个现象须是让高到这样一种程度的认识照耀着，而使得，在表象形式下甚至能对世界内在本质作完美的重述。这就是理念的体会，世界之明镜，这是我们在第三部中搞清楚的，它们的面目。所以在人类那里，意志能达到充分的自我意识，对于意志自身内在性质之明晰、洞彻的认识，反映在整个世界内。我们在前几篇中看出，艺术来自这种程度的认识之实际表现和存在。在我们这全盘讨论的末尾，也可以看出来，透过同样的认识，在意志最完美的现象中，就意志自身之与如是的认识相关，为意志的设限及自我否定，乃是可能的，所以，这个在其他方面由于从属物自体，就绝不可能显示在现象中的自由，在这种情况下，就出现在这个现象中；现象之根基本的性质被废弃了，不过现象自身仍然在时间中存续，这么，自由就带来了现象本身的矛盾。正是拿这样的方式，显示了现象之神圣及自我否定。不过所有这一切，只有读完了这一部你才能完全了解，同时，所有这些，只是一般地从自由（也就是独立于充足理由原理）这个现象，指出人是怎样跟其他意志现象不同，而自由只属于作为物自体的意志与现象对立，虽然还是可能出现在现象内，但必然显示为现象的自我矛盾。就这个意义看，不但意志本身，甚至还有人，确实可以被叫作自由的，因此可以从一切其他东西之中分别出来。这该怎么讲才能让大家明白呢？——我看只有仗着以后所叙述的全部，不过暂时我们得完全撇开它。因为首先，我们要当心造成一些错误，以为特殊的、特定的人的行为，并不服从任何必然性，换言之，动机的力量比原因的力量，比起结论之追随前提还要不确定。要是撇开上头讲的情形——我们知道那只是例外，我们说，物自体之意志的自由，没有直接扩及于它的现象，甚至在这种情形到达最高层次的可见性，

即到达具有个性之理性动物——人的时候,也还不是这样地。人虽然是自由意志的现象,人绝不自由,因为他是那个意志自由的意志活动已经决定的现象;既然他进入一切客体的形式,进入了充足理由原理,他将那个意志之整体发展为多元的行为。然而由于这个意志的整体本身在时空以外,这种多元性自己就显示了跟自然法则相符合。但是,既然在人跟他整体的行为中,自由意志的活动变得可看,并与之相关如概念之与定义,人的每一特殊举止,就应归属于自由意志,而直接地唤起意识。因此,参考我们在第二部中说的,每个人认为自己是先验地(就是按照他原始的感觉)自由,甚至,在他特殊的行为中亦然,这是指在任何已知情况下,任何行为均为可能而言,只有后验地,从经验以及经验的思维中,他才认识到他的一言一动绝对必然地须视性格及动机的协调而定。所以有这样的事:任何一个鄙俗不文之人,凭自己的感觉行事,严格依仗着个体活动的完全自由,至于所有的时代那些伟大的思想家和更深刻的宗教教训,却正巧相反。人的整个内在本性乃是意志,而人自己只是意志的现象,可是这样的现象有充足理由原理作为其必要的形式,甚至可以从主体着手来认知的,在这种情况下作为动机驱使律的面目出现——对于体认了这点的人来说,当动机呈现给已知的性格时,要说他会怀疑行为是不是一定不可避免,这就好像不相信三角形的三个内角之和等于两直角。普里斯莱在他《哲学上的必然性理论》中,很恰当地证明了个体行为的必然性。不过,康德的功劳在这方面尤其彰显——康德是第一个证明了这种必然性,跟意志本身(即超脱现象)的自由是共存的,因他标榜了理智性格与经验性格的差

异[1]。我完全支持他的区分，我认为前者只要在一确定的程度出现在某一个体中，就是物自体的意志，后者，由于它遵循时间，表现在行为的模式内，遵循空间，表现在物理结构上，所以就是这个现象自身。把两者的关系弄一个清楚，我说，最好的解释已经在《论充足理由原理》中说过了，就是任何人的智性，是被看作超脱时间的意志行为，所以是不可分、不可更易的。这个意志行为的现象，在空间、时间及充足理由原理各形式中发展、抽取出来的，乃是经验的性格，因它在人类整个行为样态及生命过程中自己表示出来，给经验体会。整一株树只是同一个冲动不断重复的现象，这个冲动自己表现于最简的纤维，而整株树则在叶、茎、枝、干的结构中被重复了，它是很容易被认识到的。同样，一切人类的举止不过是不断重复的他智能性格的跃现，形式上多少有点儿变动，而从这些形式、举止的总合来推论，我们就知道他经验的性格。无论怎样，这儿我不打算重复康德那杰出的解释，我假定大家已经知道了。

在1840年，我透彻详尽地花大篇幅在我得奖的应征论文中讨论了意志自由。尤其是，我指出产生错觉的是人们自以为发现了一经验的、既成事实的，绝对的意志自由，所以，是一"在任何方面不受影响的，意志之自由决策（绝对自由，*liberum arbitrium indifferentiae*）"，在自我意识之内，是自我意识的一个事实；我的论文设下的问号，就是深刻地针对着这个观点的。所以我建议读者参考那本书，此外不妨看看我的第一篇应征论文《论道德的基础》第十节，这是和前文一起以《伦理学两个基本问题》为名出版的，关于意志行为的必要性的讨论，我删除了在本书第一版中不完全的

---

[1] 《纯粹理性批判》一版532—558页，第五版560—586页；《实践理性批判》第四版169—179页；罗生克朗版224—231页。

讨论。这里,我将以本书第二卷十九章做基础,来讲解上述那种错觉,当然,这是不在前面说的那篇论文里头的。

　　抛开以下事实不谈,即意志,作为真正的物自体,它实际上是原始的、独立的东西,所以在自我意识中,原始性跟独断性必须伴随意志的行为,虽然说这些行为已经被决定了的;抛开这个不谈,有一种类似的意志经验的自由(而非超验的自由——只有它才是归属意志)。所以就产生了智性迈向意志的个体作用的自由,这是一点在本书第二部十九章的第三点中已经解释和分析过了。智性只有经验地认知意志的结果。所以,当选择摆在了它面前,对于意志将如何决定,它没有资料可循。说到智能的性格,靠着它,加上既有的动机,只决定一个决策,当然这是必要的决策,也就是说,智能的性格自己并不为智性所知;经验的性格,只有透过其他个体行为才连贯地被认知。因此在认知的意识(智性)看来,在一已知情况中,两个互相矛盾的决定对意志来说,乃是同样可能的。但这就等于说,一根竖立的柱子失去平衡,悬疑着不晓得它要倒向哪一边,这时我们说"它可能倒向右,可能倒向左"。这个"可能"只有一主观的意义,实际上是说"根据我们已知的资料"。客观说,倒下的方向必然在悬疑的一刻已被确定。所以,一个人自己意志的决定,只是相对于它的旁观者(即一个人自己的知性)来说是未定的,所以只是相对的、主观的,即相对于认知主体。另一方面,就它本身和客观来说,当任何选择放到意志面前,这个决策立刻且必然地被决断,但它只有透过随之而来的决断才进入意识。我们可以找到经验的证明——当一些困难、重要的选择放到我们面前,然而是在一种没有出现只悬空在那儿的情况,于是在这个当儿,我们束手无策,只维持一种被动观望的态度。于是我们想着,一旦那容许我们行动和决策自由的环境出现时,我们要怎样决定?这情况通常是这么样的:

有远见、理性的蓄谋，支持着一种解决办法，直接的内在欲望倾向又偏袒另一种。只要我们是被动的，被强迫的，理性一面显然便占优势，可我们也预先看到了另外的一面，当行动的时机成熟时，它是怎样强烈地吸引着我们。到时机成熟时，我们迫切地要把这两方面动机，冷静地用赞成或反对（pro et contra）的沉思明白表示出来，这样，任何一个动机到时均能以其所有的力量影响意志，这样，智性的若干错误将不至于把意志引到本不应该作出的错误决定（本应该作出的决定，就是假如任何动机的影响都是同等时产生的）。智性在选择活动上所能办到的，就是将两方面的动机予以明释。智性之祈盼真正的决策，正如别的意志一样属于被动，一样带着同样激动的好奇。所以从智性的观点看，任何一面的决策对它来说都同样可能，这正是意志的经验自由的一种类似。当然，决断相当属于经验，是作为内容最后的结果而进入智性的领域。不过，这种决策是从个体意志的内在本质（智性性格）与既有动机的冲突中来，所以是完全从必然性中来的。智性所能做的，不过是清楚地从各个角度考察动机的本质。它不能决定意志自己，因它完全无法影响意志，我们也知道，对它来讲，意志是不可解的，不可穿透的。

要是在同样条件下，一个人一忽儿这样行事，一忽儿那样行事，那么这同时它的意志自己就得改变，所以就得寓于时间，因为只有在时间中改变才可能。可这一来，意志要么就一定成了区区的现象，要么时间就是物自体的属性。接着，争论到个体行动的自由，争论到绝对自由（liberrim arbitrium indifferentiae），就回到意志到底在不在时间中这问题上了。要是如康德的学说及我的整个理论所必然得出的，意志就其为物自体乃是在时间以外，在任何充足理由原理的形式以外，那么不仅是同一个体行动要以同样方式发生在同一情形，不仅任何恶行，必须成为无数其他的一种保证，这样，个体

必需这样做，而不许置于未完成——可是像康德讲的，一个人，如果完全给出他经验的性格跟动机，那么他将来的活动，将如日月之蚀那样被推算出来。正如自然是一致的，则同样性格也是一致的；任何个体活动必需显示与性格一致，正如任何现象必需显示与某一自然律一致。后者的原因，前者的动机，都只是偶然因，如第二部指出的。意志，其现象为人的整体之"有"与其生活——意志是不能在特殊例子中否定自己，而人也同样将在特殊之中意志着，他那整体意志的。

支持说意志的经验自由——一种绝对自由，这和认定人的内在本性是设于灵魂深处这个说法密切相关。灵魂，源头上就是一在认知的东西，的确是一抽象的思想实体，意志活动的实体只有在这儿接连着它。所以这样的观点，把意志看成第二级的本性（其实认知才是第二级的）。意志，甚至被认为是跟判断一样的思维活动，尤其是笛卡尔跟斯宾诺莎颇有此意。照这样，人只会根据他的认识而如其所是。他像一部道德机器那样来到这个世界，他在道德法典中认知事物，然后据此来决定这决定那，照这样照那样来行动。他可以由于新的认识，选择一新的行为程序，从而变成另一个人。还有，他将首先认知一个东西是善的，接着去意欲之，而不是先去意欲它，接着再称为它善。按照我整个看法，这一切完全是跟真正的关系颠倒的。意志是第一位的，意志是原始的；认识只是加诸意志，像工具，属于意志的现象。所以每个人，乃是透过意志的面目，他的性格是原始的，因意志活动乃是他内在"存有"的基础。透过附加的认识，他知道了在经验的过程中他是什么；换言之，他熟悉了他的性格。所以他由于、按照他意志的性质而认知自己，而不像从前以为的，意志活动由于、意志活动按照他的认知之性而认知自己。像从前那么以为，则他只要考虑一下，他喜欢变成怎样，他就会变成那样；

这是以前以为的意志自由。这种自由，是在于人成了他自己借着认识之光形成的成品。相反，我认为人是先于一切认识的他自己之成品，而认识不过附带来照亮这个成品。所以，他不能决定去变成这变成那；他也不能变成别样的人格，他就是那样，一旦如此终身不改，继而才知道了他是什么。在别的思想家那里，他意欲着他所知，在我这里，他知道着他所意欲的。

希腊人把性格叫 ηθος，而性格的表示——即道德——则叫 ηθη。但这字眼儿来自 εθος，即习惯，他们用这个词来形而上地表示透过习惯的持续而来的性格之恒久。亚里士多德说："ηθος[性格]这字眼儿是来自 εθος [习惯]；伦理学乃从习惯具名。"(《大伦理学》，Ⅰ，6，柏林版 1186 页；《优台谟伦理学》，1220 页及《尼各马可伦理学》，1103 页)。斯托巴伊乌斯（《文选》，Ⅱ，C.7）引述说："芝诺的门徒比喻说，种性乃是生命的来源，从其中，个体活动显现。"在基督教教义中，我们发现了由于上帝之选拔或不选拔而来的"预先注定"的教条（《罗马书》，九章，11—24 节），显然是从一个观点而来的，就是：人不改变，然而，人的生活与行为，即他那经验的性格，只不过是智能性格的展开，是在孩童中已经可以找出蛛丝马迹、彼时已定下而不可迁移的倾向的一个演化发展。因此他的行为是，甚至好比生下来就固定和安排好了，一直到临死都维持基本上的不变。我们也同意这点，不过当然，我无法否认，把这些完美正确的观点，拿来跟犹太神学早先确立的教条结合起来，其结果造成了最大的困扰，也就是产生了永不可解的歌底亚之结，大部分基督徒、教会的论争，关键就在这里；我不打算为此辩护。甚至你看使徒保罗自己，为这目的设的陶工的比喻，几乎也离不开这样，因为事实上最后的结果，说来说去就是绕着这假圈子：

> 让人类惧怕神！
> 永恒之手，
> 掌握了命运——
> 众神至高，
> 随心所欲。
>
> 歌德，《伊菲革涅亚》（*Iphigenia*），IV，5

但像这样的观点一点都不是我们要讨论的。不过，关于性格和一切它的动机所寓的认识，这两者的关系这里要提几句。

决定性格现象的动机，或决定行为的动机，是透过认识的中介来影响性格。但认识是可改变的，经常在错误与真实之间踌躇、逡巡；照道理说，随着生命的进展，它会逐渐修正，当然程度上很不一致。所以，一个人行为的样态可以有惊人的改变，却不必跟着说他的性格得改变。人所一般的、真正意欲着的，人最内本性的倾向，他按照这个追求的目标——这些，我们决不能从以外加诸他的影响，从对他的指示，来改变，不然我们就变成能创造一个新的"他"。塞涅卡说得好："意欲不可教"（*velle non discitur*）；在这方面，塞涅卡选择真理，放弃他的斯多噶哲学，尽管斯多噶哲学家们说："美德是可教的。"意志能外在地被动机影响；但这绝非改变意志自身，动机之对意志有约束，只有先假定意志正是它那本来面目。所以动机能做的就是转换意志努力的方向，换言之，就是使之由不同的可能路子去寻求它一直所意欲的。所以，来自外在的影响的指示及进步的认识，的确可以教训意志，指出意志所运用的方式或手段错误。因此，外在影响只能导致意志以相当不同于以前的途径，甚至是完全朝着另外一个对象来追求它的目标，但这个目标是意志依自己的内在本性，热切地、一以贯之地追求着的。但这样一种影

响，决不能让意志去"意欲"某些实际上跟它始终所意欲的不同的东西。它原来所意欲着的仍然不变，因意志正是意志活动自己，不然意志活动就要被废却。但前者——通过修正认识的能力来修正行为能力——其范围所及，能到这样的地步，就是：意志一方面在实在的世界，一方面在想象的世界，寻求着要达成它永久不变的目的（比如穆罕默德之乐园），意志为此调节它的手段，所以一方面是运用谨慎、强迫与欺蒙的手段，另一方面，就运用节欲、公平、正义、施舍、麦加朝圣的手段。意志的倾向跟努力并不因此而有所改变，别提意志自身了。所以，虽然它的行为的确在不同的时间，以不同的方式呈现，但它的意志活动还是维持原状。"意欲是不可教的"。

要动机生效，那它们不但得呈现，还要被认知；因为按照经院学派一句精彩的话，即前面已经提到过的："目的因并不按照它的真正之'有'而运作，按照的只是它被认知的'有'。"比如，为了要使某人的利己跟怜悯两种感情的关系表现出来，单让这个人拥有财富又看到别人的困苦，这并不够；他必须也要知道财富对他自己跟对别人能有什么用。不但要别人的痛苦呈现在眼前，他还必须知道痛苦的滋味究竟是怎样，还有欢乐的滋味又怎样。也许在第一种情形，他不如在第二种情形那样心里有数，现在，假定在类似情形中，他的行为之所以不同，很简单，是因为实际上环境不同了，即牵涉到依赖着他对环境的认识的那一部分环境——虽然环境还是没什么两样。正如不晓得实际存在的情况将剥夺了环境的有效性，同样，另一方面，完全想象的情况可能像真实情况一样作用着，不但在个别的情况下如此，并且是长期、普遍的。比方说，要是一个人确实被说服了，认为每一件善举将在来生得百倍的报偿，那么这种坚信之有效，正如同一张偿还期极长的信用汇票之有效，于是可以说他出自私心而施舍，一如从另一立场看，他出自私心而敛聚，

他自己没有改变："意欲是不可教的。"由于这种认识对行为巨大的影响，加上一个不可转变的意志，于是性格发展着，性格逐层显露出不同的特征。所以，在生命的每一个时期，它都显得不一样，一个急躁的、野性的青年，在往后的日子，可能变为沉着、冷静而果断。尤其是性格中恶劣的部分，可能与日俱长，但有时，年轻时所不能已的热情到以后会收敛，只因为认识到了相反的动机。所以说，我们在开始都是纯真的，这意思只是说，我们或其他人，都不晓得自个儿的本性之恶。恶只出现在动机中，而动机只有随着年岁增长才被认识到。最后我们明白了，自己是跟自以为的那个先天的自我相当不一样；我们于是常警惕着自己。

后悔并不是意志改变所带来的结果——这是不可能的，后悔只是认识的改变。我还是继续意欲着之前就意欲着的、根本且真实的东西；我自己就是这个意志，这个意志外在于时间和改变。所以，我决不能悔恨我所意欲的，虽然我可以悔恨于我所做的事，这就是说，当我被错误概念指导，做了一些不同于按照我的意欲应该那样的事情，追悔乃是正确地、心里有数地、深深看透了这一点。它的范围不光在处世老练，手段的选择，对于目的是否适宜我的意志予以判断等等，另外，它还涉及伦理学的真正方面。所以好比说，我可能行为自私，有过于顺着自己的性格，靠着夸张了我自己需要的概念行事，甚至这性格被别人的狡猾、错误、邪恶影响，不然就是由于自己需求孔急导致——有过于诸如此类；换言之，我不经过谋断而行，不被直接抽象认知的动机决定，而只是给直观的动机决定，被现时的印象及它挑起的情绪左右。这情绪如此强烈，以至于我真正用不上理性能力。但此地思维的回返只是纠正过的认识，从这里就有追悔的产生，追悔总是要尽可能补救已经发生的事。不过应该注意的是，人为了欺骗自己，常预先安排了一些表面看似轻率不经

意之事，而实际上是经过秘密筹划的行动。因为，拿这样的好计谋，我们欺骗和恭维的，不是别人，而是自己。相反的情形也有。我可能由于过分信赖别人，或是不知道生活中善良事物相对的价值，或由于我现在已丧失了对它的信心的一些抽象教义的指使，这样，被弄成走错了路子。这样我行为之较为不自私，又有过于按照自己的性格，这样为自己预备了另外一种的追悔。所以追悔总是对行为与真正意图两者的认识关系的纠正。只要意志呈现其理念在空间中，即是说，形式上其内容则已经被其他理念控制、束缚，在这种情况下自然力排斥着意志，难得允许那挣扎着要出头，要让人看见的形式，完全纯粹、清楚地出现，就是不准形式表露完全之美。如果这个意志只在时间中展露自己，就是说通过活动，意志发现了认识中有类似的一种阻碍，很少提供它正确无误的资料；这样，表现出来的举止，就不是完整地、完全地跟意志一致，而至于追悔。所以懊悔总是从修正过的认识而来，而非从意志的改变而来，意志的改变是不可能的！对过去的事情做良心上的苛责，随你怎么说，绝不是追悔；它们是因人们认识到自己的本性所带来的痛苦，即意志上的痛苦。它们正是基于我们确定有一贯不变的意志。要是意志改变，则良心的苛责将不过是悔恨而已，真正良心的谴责将被废却，因为那一来，过去的事情将不再导致任何苦恼，因为它将不再代表原来悔恨者的意志。等下我们还要详细讨论良心谴责的意义。

  认识作为动机的中介，实际并不影响意志本身，而只影响意志在行为中的出现，这个影响也是人的行为跟动物行为间主要差异的基础，因两者认知的方法是不一样的。动物只有知觉的认识，而人通过理性能力，兼具了抽象的表象、概念。现在，虽然动物跟人同样必然受动机影响，但人却因有完全的决策力而胜过动物。通常，这种情况被看作个体活动中意志自由的表现，当然事实上，它不过

是一种可能性，就是若干动机间可能的争执——这种争执是一定要分出高下来的，那最强烈的，便必然决定了意志。为这目的，动机须假设抽象思想的形式，因为只有靠这些抽象思想，真正的蓄意行为，即对于相对的立场的权衡，以为行为的取决——才可能。对于动物，选择只有在实际呈现的知觉动机之间才可能有；所以这个选择就受它现时的知觉体会狭小领域的限制。因此，意志被动机决定的必然性，好像结果被原因决定的必然性一样，可以直接地在知觉中显现，这是只有动物才这样的，说起来，旁观者在这里可以直接用眼睛看到这些动机，就跟他看到动机产生的效果一样。但说到人，动机便几乎总是抽象的表象；像这些，旁观者就看不到啦，于是动机的效果之必然性，就被掩饰在它们的冲突之后，甚至对行为人自己隐瞒。毕竟，只有在抽象中几个表象才能一个挨一个放在意识内，有如判断及结论之环，因而不受一切时间决定的限制，彼此对立地运行着，直到最强的驳倒了其他，决定了意志，这就是完全的决策力，或称为蓄谋能力，这是人胜过动物之处。由于这样，人就被视为有意志自由，以为人的意志活动只是他智性操作的结果，不需要某种倾向做基础。但事实上却是，动机的驱使只有假设了、只有基于他确定的倾向才行得通，以人为例，这个倾向就是个体，换言之，一个性格。至于详细讨论这种蓄谋能力，以及它造成的人类跟动物之自由选择间的差异，见《伦理学两个基本问题》（一版35页以下，二版33页以下），我请读者参考这本书。另外，人类这种蓄谋的能力，也正是造成他的存在比动物要悲惨的原因之一。一般来讲，我们巨大的痛苦并不像知觉表象或许立刻的感觉那样处于现在，而是在我们人的理性中，它变成抽象的、折磨人的念头，动物完全没这套，所以动物实实在在地活在当下，过得叫人羡慕的安逸、淡然。

让笛卡尔跟斯宾诺莎两人把意志的决策等同于肯定与否定的能

力（判断力），似乎就是由于他们看出了我们这里讲的，人类蓄谋力之依赖抽象的思考力，也就是对判断力及推论的依赖。因此，笛卡尔推论说意志——照他说是一种无所谓的自由——甚至该对一切理论的错误负责。另一方面，斯宾诺莎推论说，意志必然被动机决定，正如同判断之被根据、理由决定[1]。后一半这个推论相当正确，虽然，它是由错误前提得来的正确结论。

我们已证明，动物与人类各自被动机作用的方式的差异，对两者的本性有非常深远的影响，两者的生命显然完全不一样的地方，大部分也由这个差异而来。所以说，动物总只是被一知觉的表象作用，人则努力完全排斥这种动机的驱使，让他自己只被抽象的表象决定。这样，他尽可能地善于利用理性的特权，去摆脱现时片刻，既不选择、又不去避免那倏忽的欢乐或痛苦，只沉思于二者的后果。现在先别提那相当无关紧要的活动，在多数情形下，我们乃是被抽象的、考虑过的动机决定，而非被现时印象决定。所以，任何特殊的片刻之褫夺，说句公道话，对我们而言是较轻微的痛苦，可是任何克制的放弃，便非常难以割舍。前者只关乎无常的现在，但后者则关于未来，因而本身就等于包含了无数的褫夺。是以我们痛苦以及我们欢乐的成因，大部分并不在于真实的现在，而只是在抽象思想中。常是这些抽象思想叫我们不能忍受，它们招致苦楚折磨，相比起来，动物界的一切痛苦就微不足道；你看，甚至我们生理上的痛苦，当心理上引起怀疑时候，也常常不被我们所觉察。的确，在强烈的心智痛苦的情况下，我们有意拿生理痛苦把我们的注意从前者转移到后者。所以，在最强烈的心智痛苦当中，人们撕扯他们的头发，痛槌他们的胸膛，划伤他们的脸颊，在地上打滚，因为这一

1　笛卡尔，《沉思录》，"第四沉思"；斯宾诺莎，《伦理学》，Ⅱ，命题48、49。

切是真正转移一个不可忍受的念头的唯一手段。正因为心智的痛苦，它是大得多的，它使人无感于生理的痛苦，对于失望的人或被病态压抑蚕食心灵的人，自杀变成为轻而易举，无论他以前在舒适的环境下曾经怎样逃避过这个念头。同样，关怀与情欲，也就是思想上的玩意，要比生理的劳役更常能使疲累的身体憔悴。因此，爱比克泰德很正确地说："烦恼我们的不是事物，而是我们对事物的看法。"（《笔记》，V）塞涅卡："令我们恐惧的东西要多过压迫我们的东西，我们在观念上受的折磨，远胜于实际。"（《书信》，5）。优伦斯庇格尔（Eulenspiegel）也是够味儿地讽刺了人性——上山时他狂笑，下山来他哭泣。弄伤了自己的孩童，经常不为痛苦而哭泣，而只是在人们抚慰他们时，为了痛苦的想法而哭泣。行为跟痛苦上的这类巨大差异，来自动物与人不同的认知方式。另外，造成人与动物不同的，那显著、果断的个性的出现，跟种性旗鼓相当的，乃是同样被若干动机间的选择所限制住了，这种选择是只有靠抽象概念才可能的。因为只有遵从一个先行的选择，那在不同个体中有不同出现情况的解决，才能成为他们个性的指示，这性格在每一个人是不同的。另一方面，动物的行为只有依赖印象的出没，假定这种出没是它种族的一般动机。所以到头来，说到人，只有"决断"，而不是仅仅的"意愿"——才是无论对自己对别人而言，他性格的有效指示。但是对他自己，对其他人来说，决断只有透过行为举止才变成确定。意愿不过是现时印象必然的结果，不管那印象是外在刺激也好，是内在刹那的心境也好，所以意愿正如动物的行为，是直接必要的，无蓄谋的。就像行为一样，它只表现了种族的性格，而非个体的性格，换言之，它只指示一般人能做什么，而不表示感觉到意愿的个体能做什么。所谓实际行动，就其为人的行为而言，它常须一定的蓄谋，由于一般人可以支配他的理性能力，所以是有

思想，换言之，按照考虑过的抽象动机而决意；所以只有实际行动表达了人行为智能的格律，他最内在意志活动的结果。它和那表示了经验性格的东西的关系，就好像字母之于文字，这个经验性格自己只是他智能性格之暂时表示。因此在一个健康的心灵来说，不是什么欲望、什么念头，只有实际行动，才在良知上占了沉重的分量；只有我们的实际行动，才把意志的明镜树立在了我们面前。上头说的实际行动，是完全不经思考，实际上是盲目的冲动干出来的，它在某个范围内是介于单纯的意愿跟决断之间的东西。因此透过真心诚意的悔恨——这也表现在一实际行动中——它可以被抹除湮灭，像是我们意志的图画（那便是我们的生命过程）中画错的一条线。还有，作一个独特的比喻，我说，意愿跟举止的关系就如同电学上蓄电与放电的关系，这完全偶然，却是正确的。

　　讨论完意志自由及跟它附带的一切后，我们发现，虽然意志本身独立于现象，它可以称为自由甚至万能的，然而在它被认识所照明的个体现象中，即在人和动物中，却被动机决定，在个别例子中的性格，总是规律地、必然地以同样方式对这些动机起反应。我们看见，由于加上抽象或理性的认识，人有抉择，胜过了动物，但抉择使他成了动机冲突上演的舞台，又没使他失去对动机的控制。所以这种抉择，的确是个体性格可能完全表达的条件，但它再怎么说，不该看成个体意志活动的自由，换言之，被视为脱离因果律，而因果的必然性是扩及于人，如同扩及于其他现象的。所以，理性能力或概念的认识造成人类和动物的意志活动的差异，不多不少，到此为止。可是，相当不同的一件事是，可能有一种人类的意志现象，是动物界所不可能有的，也就是，人弃绝了一切像这样的个体事物的认识和遵从于充足理由原理的认识，而靠理念的认识，看"透"了个体原则。作为物自体的意志的真正自由的真正出现，于是成为

可能，由此，现象进入一种与自身的矛盾，就是自弃，事实上，现象真正本性的"本身"最后废却了自己。意志自由的这种唯一、直接的出现（在自身中，也在现象中），这里还不能解释清楚，要留到最末才是我们讨论的主题。

受惠于当下的论证，我们清楚看到经验性格不可更改的本性，它只是那存在于时间外的智能性格的展开，也是行为跟动机碰头以后所产生的必然，那么首先我们要来澄清一个很容易跟着来的推论，这是由于偏向那个保不准的倾向很容易会贸然决定的。我们的性格被看成是一个时间以外的、不可分的、不可改变的意志行为或智能性格的在时间上的展开，透过这个，我们生活行为中所有本质的事物，换言之，它的伦理内涵，被不可更改地决定了，因而必须跟着它的现象——经验的性格——来表示自己，另一方面，只有在这现象的、非本质的东西中，即我们生命过程外在的形式，才得以依靠那动机在其中表现的各种形式。所以好像可以推论说，我们要改进自己的性格，或抗斥邪恶倾向的影响力，那将只是徒然；不如立即服从那不可避免的、不可更改的每一个倾向，尊重它——就算它是恶的。但这么说恰巧正跟另外一个理论不谋而合——不可避免的命运论，这种理论的推演正是这样的，那叫作 αργος λογος [懒汉逻辑]，近来又被称为土耳其人的信仰。对它所作的正确驳斥，据说是克律西波斯讲的，其引用见西塞罗的《运命论》十二章、十三章。

虽然，任何事都可以被视为不可更改的，被命运先决定，那也不过是只有靠着因果链条才注定这样。所以再怎么样都没法说，有一种没有原因的结果。因此事件不光是被先定的，它还是先行原因的结果；这一来，被命运安排的，不只是结果，还有那手段——就其为命运的结果它也是注定要出现的。因之，假如手段不出现，结果当然不出现，二者常依命运的限制而存在，但我们常常事后才晓

得这点。

正如事件常常配合命运而发生，换言之，配合无穷的原因的连环，所以，我们的举动也常配合我们智能的性格而发生。不过正因为我们不预先知道前者，同样我们也无法先验地洞彻后者；只有透过经验我们才后验地认知自己，就像认知其他的一样。要是智能的性格造成我们不可避免地只能经由长期与不好的性情的冲突斗争来形成一善的解决，这种冲突便要先出现，我们先要等候这种冲突。对于性格不可更改的性质加以反省，思索一切我们行事所由来的来源之整体性，将使我们不致偏向哪一方面，而先去决定性格。在继之而来的决断中，我们会看出自己是怎样的一种人，在我们的行事中，我们像在镜中照见了自己。就从这个事实，我们解释了心境之满足或痛苦，以此，我们回顾生命的历程。它们都不是从现在存在的过去行事而来。这些行事是过去了；它们曾经有过，现在它们什么都不是，但它们的重要是从意义来的，从这个事实来的：如此的行事是性格的印象、复本，意志的明镜；而当我们照这面镜子，我们就体认出最内在的自我，我们意志的核心。由于我们并非事前而是事后才经验这点，我们就得乘机在时间中挣扎奋斗，仅仅为了让我们透过自家行事产生的图画，看到它以后引起最大可能的安宁之心意，而非不适或焦躁。这样的心府之和平或心灵的痛苦，它所具的意义，我们说过，以后会进一步研究。但下面要讨论的自成一单元，应该在这里考察。

除了智能的性格、经验的性格以外，我们还要提到第三种性格，它跟前两个都不同，那就是获得的性格。我们只有在生命中，透过跟世界的接触，才得到这种性格，这就是，当任何人被赞扬为有个性的，或批评为没有个性时所指的。这不妨当然地假设说，既然经验的性格就其为智能性格的现象，它乃是不可更改的，而像

一切自然现象一样，本身是协调的，人正为这个理由将必然以本来面目出现，必须是协合地，不必透过经验与思维，为自己找一个性格。但现在，情况又两样了，虽则一个人经常是同一不变的，他并不总是了解自己，除非他获得某种程度的真正的自我认识，否则不能体认自己。光是成为自然倾向，经验的性格，它本身是非理性的；老实说，它的表示特别被理性能力所打扰，事实上越是这样，就越表示一个人有慧根和思考力。因为这些，常常在他身上留下了属于一般人的种族性格，以及对他而言，在意志活动和实践双方面所可能的东西。这样地，要来看透那一切中他唯一意志的，唯一能够借着它的个体性这么做的，就有些不太容易了。他在自己身上发现了各种倾向，倾向于许多人类拥有的不同的抱负、能力，可这些倾向在他的个体性中所具有的不同程度，并不是他不靠经验就可以清楚明白的。现在，要是他靠那些对生命的追求——这些追求是唯一配合他的性格的——他便感觉到，尤其是在特别时候、特别心境下，感到反追求的冲动，那是跟追求不协调的；如果他希望以前那种不受打扰的追求，反追求就必须完全压抑住。因为，由于我们在地球上走的物理途径总是直线而非平面的，则我们在生活中，要是打算掌握一件事，就必须弃却无数在我们左右的其他东西。假使我们不能决心这么做，我们便只是像小孩在赛会中，贪婪地抓攫那迷惑我们的流俗之物，这是把我们走的直线改变成平面的扭曲了的一种企图啊。那么我们就走着一条歪歪曲曲的路，鬼火一样流浪着，没有丝毫成就。不然用别的比方，照霍布斯的法律理论，任何人本来有权处理任何事物，但对任何事物又无独断排他之权；可是，他可以就个别事物向一切他人宣称并获得独占之权。其他人则各就其选择之物同样宣称其权利。生活正是这样，在生活中我们可以确定地跟随某些自己所追求的，不论那是欢乐、荣誉、

财富、科学、艺术或是美德,只有当我们放弃一切与之无干的要求,否定了其他的一切,我们才是在一本正经继续这么做着。所以单是意志活动和行动的能力并不够,我们必须也知道他意欲着什么,知道他能做什么。只有那样他才表现了性格,只有那时候他才能达到稳固确切的什么。除非他达到这点,否则就不能算有性格,这是不论经验性格自然上怎样地协和的。话虽如此,整体上看,他还必需对自己忠实,照自己恶灵的指示行事,他将不去描述一波动的、不平的线。他将犹豫、将逾越常轨;他将掉转头来,为自己准备了忏悔及痛苦来消受。这一切是因为他事无巨细,看到了眼前人类力所能及的东西,却又不晓得这一切中哪个部分才是唯一适合他和行得通的,甚至只是他能享有的。因此,他将由于地位或环境羡慕许多人,但这些条件只适合那些人的性格,不适合他自己,于是他感到不快,甚至不能忍受。正好比如鱼得水,如鸟翔空,而鼹鼠则安处于地下,一个人只有在适合他的环境氛围中才会快乐。举例说,并不是每一个人都能顺应宫廷的气氛。由于无法深入看清这一切,有许多人就尝试着各种徒劳的企图;就特殊情形而言,他将违背性格,但整体上将再度对性格让步。像这样,即便艰苦地有所成就,但违反他的本性,他也就无欢愉可言;他这样学习到的,将仍旧是僵死的。甚至从伦理的观点,一件对于他的性格而言太过尊贵的事情,不是从纯粹、直接的冲动,而是从一概念、教条跃出的,那么经过自私的懊悔,甚至在他自己眼中也会遗失一切价值。"意欲是不可教的。"只有通过经验我们才能清楚其他人性格的曲折多变,以前我们老是孩子气地相信,我们可以靠理性的表象,靠恳求与祈祷,靠榜样和恢宏的气度,成功地让一个人放弃自己的方式,改变他的模式,抛开他的思想途径,甚至增强他的能力;对我们自己也一样。我们须首先从经验学习我们所意志到的跟我们所能做

的；不然我们便不知道这个，我们就没有性格，我们必常常被外来沉重的打击赶回原来的路子。可是，倘使我们最后是学习到它，我们便获得究竟什么是性格、获得的性格，那当然不过是顶完整的，关于我们自己个体性的可能的认识。它是关系着那不可转变的，我们自己经验性格的质性，和我们心智及肉体能力的量度跟指向，关系着我们自己个体性整个强韧与脆弱之处——有关这些的抽象、接着来是明确的认识。这使我们蓄意而有条理地，在固定概念指导下，执行我们个人所担当不可转变的角色，填充我们之中被虚空过往，如苇苕之系所导致的洞缺。这角色本身是一直不改，我们先容许它不受任何条例约束地追随自己的自然之途。现在我们已清楚地意识到总是经常呈现于我们面前的格律，我们个体的本质所必然决定的行为样态。按照着这些个格律，我们蓄意地执行我们的角色，好像这是被我们学习到的东西一般，再不会被流逝无常的心境影响或现时的印象带歪，不会被我们路上遭逢或苦涩或甜蜜的特殊情事所阻隔，不会摇摆，不会悬疑，不会无定见。现在我们将不再像生手一样，等待、尝试、摸索，为的是要看一看我们真正欲望着什么，能做什么；我们一旦知道便不再遗忘，在每一个选择中，我们只要把一般原理运用到特殊个案，便立刻有所决定。我们一般地认知自己的意志，不允许自己被心境、外在的境遇所误导，而在特殊情况中，造成了违反一整个意志的决定，我们也知道我们的能力跟弱点的性质、程度，而因此将省却不少痛苦折磨。因除了真正使用跟体会自己的能力外，再没有别的欢乐，而最大的痛苦，是当我们意识到在需要时候我们能力的不足。现在要是我们发现了，我们强弱之点的限度，我们将尝试各种方法来发展、指使并使用那些我们自然拥有的才能。我们将总是面对着这些才能所有用之处及有价值之处，而完全避免并自制于追求我们自然的倾向薄弱之处。我们将防止自己尝试

去做我们办不成的事。一个人只有办到这点，才总是能完全地算得上有自知之明，而在判断的关口不至于泄自己的气，因为他总是知道，他所能期望于自己的是什么。于是他会不时分享到体会自己长处的快乐，而绝少经验到提醒自己弱点的痛楚。后者是羞辱，那也许就是导致心智最大的痛苦的原因。所以我们更能忍耐自己的不幸，忍耐于眼看着自己在走霉运，胜过忍受我们的无能。现在，要是我们因此完全了解自己的长处及弱点，我们不致卖弄自己不曾拥有的能力；我们将不会拿伪币当真，因为像这样的分化作用，最后总是导致失去目标。因为整体上说，人是他意志之唯一现象，再荒谬不过的，便是他从思维开始，要变成不同于他本来的东西；因为这跟意志自身直接的矛盾。模仿他人的品格与素质，要比穿着他人的衣服更来得荒谬绝伦，你看，这不像是我们下的一个声明自己没有价值的判断吗？对于本心的认识，还有清楚我们各种的能力，及其不可更改的限制等，是在这方面所能达到安分满足的，最确实的途径。因为无论从内在和从外在的环境来说，再没有比我们完全肯定那不可更易的必然性来得更好、更有效的慰藉了。任何落到我们头上的恶事，折腾着我们的，不比那周遭的思想更甚，它是可以招架得住的。所以能有助于慰藉我们的，再没有比从必然性的角度对发生过的事加以考虑一法更有效了。而从必然性出发，一切意外的出现，都有如总括的命运的工具；所以我们就把出现的恶事理解为不可避免地因外在环境的冲突而产生，这就是宿命论。只有我们或是盼望拿这样的方式影响别人，或是盼望刺激自己之于空前的效果，这时，我们才真正惨伤悲苦或怒发冲冠。不管孩童或成人，只要他们清楚看出所有事情都绝对没有差别，那么对于怎样让步，怎样得到满足，都会心里有数了：

> 勉强地克制着胸中腾织的怨愤。

我们像落入陷阱的大象，发出了可怕的怒吼，挣扎了许多天，到最后看出来那是没有结果的，于是突然平静地引颈就范，永远驯服下来。我们像大卫王，只要他的儿子一天活着，就不断祈祷耶和华的恩典，举止如同陷入深深的绝望；可是一旦儿子死了，他再不去想儿子。所以我们看到，无数永恒的恶，诸如残疾、蔽居，被无数人完全淡然置之，根本不被觉察，正如转成疤痕的伤口。这只是因为他们晓得，外在和内在的必然性在这里再不能转变。另一方面，生活比他们更幸运一些的人，就搞不懂这样的事怎能忍受得下。现在，说到内在的必然性，和外在的一样，再没有比对它清楚的认识更能顺应它的了。要是我们一旦明白我们良善的质性跟长处，及我们的缺陷跟弱点；要是我们因此固定我们的目标，而满足于容忍那不可达到的，我们便在自己个体性所能容的范围，再确切不过地逃过了一切折磨之最苦涩者，逃过了对自己的不满，这种痛苦即疏忽了我们自己个体性，是错误的构想，是从此引起的妄自尊大、飞扬跋扈等所不可避免的结果。将奥维德的诗用到这苦涩的、关于自我认识的一章，是十分合适的：

> 他最是帮助的，是那一鼓作气，把牵缠着本心的折
> 磨枷锁，
> 打断了的——这样的心灵。

关于获得的性格就谈到这里，它对伦理学的价值远不如对俗世生活的价值。但对它的讨论是关涉到对智能及经验性格的讨论，所以我们就得更深入详细地讨论，来更清楚地看看，意志到底是如何在它

的一切现象中是从属着必然性,却又在它本身成为自由乃至全能的。

56

这种自由,这种无所不能——整个可见的世界,作为它的现象和翻版,是全能的现象,是按认识形式带来的必然法则存在且循序发展;那么现在,自由可以重新表现自己了,而更新的地方就在于它最完美的现象中,对自己内在本性完满确切的认识所加诸它的地方。所以若不是,它这儿,在心智的禀赋与自意识之顶,意欲着那同样盲目且无认识的、意欲着的东西;于是,对于它,无论全体、部分,认识总还是动机。不然就是,相反,这个认识对它成为一抚慰者,平缓了、压服了一切意志活动。这就是前面已经一般说过的生之意志的肯定与否决。就其为一般而非特殊的,就其为牵涉到个体行为的意志之跃现而言,它并不打扰及修改性格的发展,在特殊活动中也找不到它;但或是由于整个先一着的活动模式更显著的出现,不然,就是它受到压抑——它生动地表示了那些意志按照现在得到的认识所自由选取的格律。所有这一切更清楚明白的发展,也是第四部的主题,现在在某些范围内,借着对于已经设下的自由、必然性跟性格等等的考虑,而变成好像替我们铺好了路,变得容易从事了。这情况将越发这样,假如我们把它先搁下来,我们的注意力先转到生命本身上,意欲或不意欲就成了大问题;的确,我们将试图一般地认知,真正发生在意志本身的是什么,那在任何地方都是这个生命最内的本质,透过它的肯定,这个生命以什么样的方式,在什么范围内满足这个意志,它到底能怎样满足它?简言之,我们打算发掘,那被认为是它在这个世界上一般的基本状态、或条件的,那就是它自己的,在各方面说均属于它的——到底是什么?

首先，这儿我希望读者回忆一下第二部最后说的一些话，那是由于谈起了意志的目标和对象的问题而引起的。那时我们没有直接回答这个问题，却清楚地看出了，从最低到最高的层次，意志是怎样完全不需要一个终极的目标和对象。它总是挣扎着，因为挣扎是意志唯一的本性，没有任何已达成的目的能够将之终止。所以，这样的挣扎不能有最后满足的；它只能被阻碍所横隔，但在本身，它永远继续着。我们在一切自然现象的最简单的形式中，看出了这一点，那就是重力，它不停止它的驱力及压迫使指向一无延展的中点，它的成就将是自己的灭绝与物质的灭绝；它不停歇，就算整个宇宙已经回转成球。我们在其他单纯的自然现象中也看到，固体或是融解或是分化，趋向于液态，而只有那样，它的化学之力才变成自由；固体性乃是借助寒冷对化学力的一种禁锢。液体趋向于气态，只要它解除了一切压制，就立即转换成该种形态。没有任何物体没有亲和力，既无挣扎，也没有期盼和欲望，如雅各布·博梅所说的。电力将它内在的自己倾轧，转换成无限，虽然地球的质量吸收了效用。流电，只要电池充电，就也是一无指针、无休的重复自我倾轧及和解行为。植物的存在也是这样一种无休的、永不被满足的挣扎，不断透过更高形式的活动性，直到终点：种子；而种子成为更新的起点。这是 *ad infinitum* [无限] 重复；没有任何地方是目标，没有任何地方是一最后的满足，没有任何地方是一休止点。同时，我们记起第二篇所说的，任何地方，许多不同的自然力，跟有机体彼此争执，夺取物质，在物质中它们渴望出现，因每一个只掌握住它从另一个夺取来的。故此，不断的挣扎在生死之间运行，其主要结果乃是斥拒——以此组合成任何事物最内在本质的挣扎就到处被阻拦、妨碍。它徒然地压迫跟驱策；但由于它内在的本性，它不能终止；它辛劳地苦干，直到这个现象相刃相靡，亡以待尽，然后由其他现象迫切

地抓攫住了它先前的地位跟物质。

我们很早就看出,这一挣扎构成了任何事物的本身、核心,同样也在我们自身中,在最充分、最明亮的意识之光中把自己表现出来,这就是所谓的意志。我们把那横亘于它跟它暂时目标之间的障碍,叫作折磨;另一方面,它达成了目标,我们叫作满足、幸福、快乐。我们也可以把这个称呼,用到那些无认识世界的现象,虽然程度上较微弱,但它们本质上没差别。于是我们看到这些,牵连在不断的折磨之中,无任何持久的快乐。因一切奋斗从需要从不足之中涌出,从不满于一个人自己的状态情形而来,所以只要它不被满足,它就受苦楚折磨。然而,没有任何满足持久;相反,它总只是一新的挣扎的起点。我们眼见挣扎以诸多方式到处受阻,到处挣扎着,反抗着,故而总是折磨。所以,说奋斗没有最终的目标,意思是,折磨没有终点,也不能衡量。

但我们在无认识的自然中靠敏锐的观察才辛苦发现到的,在有认识的自然中,在动物界生命中,却明显地向我们呈现自身,其由此不断的折磨,也很容易被证明,可我们不停留在这些居间的阶段。我们将转向人的生命,在其中,任何事物毫发分明地出现,被最清楚的认识所照耀。因为随着意志现象变得更完全,折磨变得越来越明显。在植物中还没有感性,所以没有苦楚。在最低等动物,在滴虫、海星中,有极轻微程度的感性及痛苦;甚至在昆虫,感觉跟痛苦的能量还是相当有限。在高等动物中就出现完整的脊椎动物神经系统,在更为高等的,则发展了更高的智力。所以,跟着认识趋近明显的比例,意识扩大,痛苦增加,结果在人那里到达最高峰;越是这样,他知道得越清楚,他越有慧根。具有天才的人受最大最深的痛苦。在这个意义上,也就是说,参考一般认识的程度,而不光是抽象的知识——我是这么来解释、运用《传道书》的:"加增知识的,就

加增忧伤。"（*Qui auget sclentiam, augetet dolorem.*）这意识程度与痛苦程度间的关系，多么巧妙地刚好呈现在那位哲学画家，或说是绘画哲学家迪希拜因的画中，以知觉的、看得见的写生方式表达出来了。他的画上半部分画出一群女人，她们的婴孩被夺走了，而她们这一堆那一堆地以各种姿态，从多方面表示其深深的母性之痛楚、忧伤与绝望。画的下半部表示了——以同样的顺序和群集，表示了一群绵羊，它们的小羔羊被夺走了。下半部的动物之类比对应于上半部的每一个人头和姿态。于是我们清楚看到动物那模糊的意识中所可能有的痛苦，是如何关联于那只有透过清楚的认识、明白的意识才得可能的剧烈、深刻的悼恸。

于是，我们想要在这里来思考一下人类的生存中，意志的内在的、本质的命运。任何人将很容易在动物生命中发现同样的东西，不过以不同程度表达得更微弱而已。他也可以从苦难的动物世界中充分地说服自己：一切生命乃是受苦——这是多么本质的啊！

57

认识之光洞烛着耀现为个体的意志之每一阶段，个体发觉自己在无限时空中只不过是有限的，因此比起那无限的空时，仅为一易逝的数量。他被投入其中，而由于空时之无限，无论何时何地，他就只具一相对而非绝对的存在；因为他的空间与持续性，只是那无限者有限的部分。他真实的存在，只在于现在，现在之无所阻拦地卷入过去，乃是一种永恒的"迈向死亡"，一不可更的"死亡中"。因他过去的生命，跟现在脱离了事件与结果的那种牵连，脱离了深铭于其中的意志之证实，乃全然是结束的、断绝关系的、死亡的、并且是不再存在的。所以呢，按道理说，不论过去包含的内容是痛

苦还是欢乐，对他来说都无所谓了。然而，在手头的现在不断成为过去；将来则十分不确定，总是那么短促。这样，他的存在——就算光从形式方面考虑，是成了种"现在—过去"持续的奔流，成了一种不可更的消逝。要是再从生理方面观察，显然的，一如我们的行走只是一不断的未倾跌，我们肉体的生命，也只是一不断的未死，一反复延缓的死亡。最后，我们心灵的活动、机智，也只是一持续的拖延的厌烦无聊，我们的每一口呼吸，都在遏抑那时刻撞击着我们的死亡，这样，我们任何一刹那都在跟死亡搏斗，同样，就长点儿的时间来衡量，每一顿的进食，每一次的睡眠，每一回的取暖等等，亦复如是。到头来，死亡总是胜利，因为打生下来开始，它就变成咱们注定的命运，而死亡在吞噬它的牺牲品以前总得先要玩弄这么两下的。尽管这样，我们仍然以极其浓厚的兴致延续本身的生命，尽可能地为它操心，一如我们吹一个肥皂泡，尽可能吹大、持久，而心里头绝对明白说，它终归要爆掉。

　　我们已经看到，无认识自然界内涵的本质，为一无目的、无休的永恒之挣礼，当咱们思考到动物或人类的时候，这点变得尤其突出——它整个本质，即意欲、挣扎，恰好可以比拟作一不可抑制的干渴。而任何意志运作的根源，乃是需求、缺乏，即痛苦；就人的本质和起源来讲，他因此注定要这么活活受罪。要是反过来说，要是缺乏意欲对象——因为由于太容易的满足，对象就被再度剥夺——那么，可怕的空虚和无聊就掩盖了它；换言之，它的"存有"，它存在的本身，对它自己来说成了不可忍受的负累。它的生命过程像只钟摆那样，在痛苦与无聊之间摇荡，事实上，两者就是它两头降弧点构成的成分。有一个说法，怪有趣地把这意思表达了出来，说当人们把一切痛苦与烦恼给扔到地狱以后，天堂里留下的，就只有腻人的无聊。

可是那个继续不断的挣扎——即意志在每一方面表现出来的内在之本质——它在高度具体化中掌握了第一的、最普遍的基础。这是从该事实看出来的：意志具显为有生的躯体并以铁律培养它。铁则之所以有力量，正是在于身体并非别的，只是具体化的生之意志本身。人，作为生之意志最完备的具体化，当然是一切存在中之最匮乏者。他是彻底的具体的意欲与需求；是成千上万的需求之具体状态。人类就这样矗立在大地上，靠着自己，除了自己的需求与不幸，别的什么也不能肯定。自然，在这样沉重的需求前，他只关心这个生存的维持，而那需求是每天更新的，通常占据了整个人的生命。这马上牵连到第二个需求——种族之繁衍。同时各种变化多端的危险，从每一方面威胁他，为了逃避这些，就需要不断的警惕。眼观四面，耳听八方，人类向前迈进着，啊，不知道有多少意外事件和敌人在前面等着呢。这样，从草昧至于文明；他毫无安全可言：

> 多么阴郁的存在，危险是那样大
> 生命，说有多长，就有多浪费。
>
> 《物性论》，II，15

大众的生命只是一为此存在不断的挣扎，而它最后总是失败，这是清楚得不能再清楚的。他们所以有力量，来忍受这种叫人厌烦欲死的战役，与其说是因为生之爱恋，不如说是对死之恐惧；但死亡无论如何是不可避免的，它冷酷地站在人生舞台后，任何时候都可能上场。生命之海布满了礁岩与漩涡，人们以最高度的警惕之心规避它，可是他很明白，就算尽最大的努力，成功地挣扎，突破了这一切，然而向前每移动一步，他就越趋近于那最大的、总结性的、不可免的、无药可救的沉船之厄，简直可以说，生命之舵就是朝着它驶去——

那，就是死亡。死亡是这无聊的旅程之终极目标，比他曾经逃避过的任何礁岩都要来得糟糕。

现在值得注意的是，一方面，生之苦痛与愁烦很容易的，会发展到这种地步：甚至死亡——我们整个生命都在脱逃的——现在，倒变成是被盼望着的了！一个人心甘情愿急切地奔向死亡的怀抱。另一方面，再反过来说，看吧，要是一旦需求与痛苦被解脱，无聊马上如此逼近，以至于他必然要求逍遥作乐，用来驱逐无聊。生存之挣扎填充了一切有生之物，驱使它们活动。当存在确定时，它们反而不晓得怎样去应付它？所以第二件驱使它们活动的事，就是企图解除生存的负累，使自己不再觉察它的努力，"扼杀时间"；换言之，逃避负累。因此我们发觉几乎任何人，没有了需求与操心，最后在踢掉所有负担后，反而成了自己的拖累。他们把打发过去的每一秒钟视为一种收获，所以任何从生命演绎出来的也是收获，这个生命尽可能延长，成了他们一切努力的目标。随你怎么想，无聊绝不是一件可以疏忽的恶事；它绝对在脸上弄不出好看来，它最后是弄出一副真正绝望的面孔，无聊使人彼此尽量不去相爱，使人彼此侦察，成了社会交际的来由。基于政治上的谨慎，到处你可以看到，社会采取了很多的手段来防止烦闷，正如同防止其他那些普遍的灾难一样；因为，这桩坏事，正像它相对的极端——饥荒——一样，可以把人驱向最严重的无所节制及无法无天；人们需要 panem et clrcenses[规矩方圆]。严格的费城惩罚制，通过隔离之孤独与无所事事，把无聊当作一种责罚工具。这竟成了一个极端可怕的手段，使得犯人不能忍受而自杀。正如需求与匮乏成了人类一种无休止的灾难，无聊之于虚伪的社交界亦如是。在中产阶级的生活中，无聊表现在礼拜天，正如需求表现在其他六天。

现在我们说，人类的生活绝对是不断在意欲和取得之间流动。

渴望的本质是痛苦，取得很快导致饱足。目标只是表面，占有一物后就夺走了目标的魅力。渴想、需求再度以新面目出现在舞台上；它要是不来，则枯燥、空虚、无聊接踵而生，反抗空虚的挣扎，正如反抗需求的挣扎一样叫人痛苦。在不算太短也不算太长的期间，彼此追随着的欲望和满足，才将二者导致的痛苦减至最小，构成欢乐的人生。此外，可算作生命中最好的部分、一种生命的纯粹欢愉，乃是纯粹的认识——因为它把我们拔擢出了现实生存，把我们转变成对它无不动心的旁观者，纯粹的认识与一切意欲保持距离，在美中体会到的欢畅，是真真正正的艺术里的愉悦。然而，因为这需要稀世的才能，它只赋予极少数的人，甚至只像流逝之梦那样给予那些人。那么再一次，更高的智性能力，便使那些极少数的人比迟钝之人更能感觉到大得多的苦楚了。还有，这就让他们在那些显然与他们对事物有不同感受的人中感到孤独。群众是无法接受纯粹智性之欢的，他们完全向欲求低头。所以，任何事情要想赢得群众的同情，感动他们，引起他们的兴趣，那就必须以某些方式，在可能的范围内刺激他们的意志（其实这在字面的意义上已经可以看出来了）——就算只是透过一遥远的和意志的关系。再怎么样，你不能把意志抛下，因凡人的存在之根植于意志活动，是远过于根植在认识活动当中的；行为和反应是他们唯一的本分。这种素质天真的表示，可以从细琐之事及每日的现象中瞧出来；所以，比如，他们在造访过的名胜之处，把自个儿的名字写下来，为的是要这样来对这个地方造成反应、来影响这个地方，因为，这个地方并不能影响而使他们感动。还有呢，他们不能轻易地光在那儿沉思一个稀罕奇特的动物，而必需挑逗它、撩拨它、跟它儿戏，只为了好去体验行为跟反应。这种挑逗意志的需要，特别是在纸牌游戏的发明和流传上显示出来，纸牌游戏的确在最真正的意义上展现了人性恶的一面。

但无论自然跟好运道能进行得怎样怎样，不管一个人是谁，他能拥有什么，但构成人生之本质的痛苦是剪不断、抛不开的：

庇留士的儿子唏嘘悼恸，仰望高苍。

而：

我，宙斯之子，克洛诺斯神的世系，
忍受言语说不出的苦痛之折磨。

为了消除痛苦所作无休的努力，充其量达到的也不过是改变了痛苦的形式。痛苦本质上是欲求、匮乏，是对于生之维系的牵挂。要是非常困难地，我们成功在一个形式中除去了痛苦，它马上在生之舞台上以其他万千形态出现，按照年岁和环境而改变，诸如性冲动、激烈的爱、妒忌、羡艳、仇恨、焦虑、野心、贪婪、病苦等。最后，若它不能在任何其他形态中找到入口，它便披上了腻烦、餍足和无聊灰色且悲伤的外衣，为了反抗这些，人类就又产生各色各样的企图。就算我们终于成功地把它们赶开了，最后大概还是一定要让痛苦以刚才那各种形式的任何之一重新进来，于是又从头开始了这场舞蹈，因为，任何人的人生都是在痛苦与厌倦之间前后摆荡。尽管这番话够叫人沮丧，但我要请大家转来注意它的另一面，那是可以带来一点安慰的，也许，甚至可以让我们对现在所处凶险，有一种斯多噶式的淡然随意。说起来，我们对不幸的不耐烦，大部分从这个事实来：我们将不幸视为偶然，视为由一个或许可以轻易改变的因果链条所致。我们通常并不被那不能免除、必然且相当普遍的、比如耄耋及死亡的必然性和许多日常生活诸多的不便等等诸恶，所苦恼和摧折。不是的。毋宁说，看到带来苦难的情况具有偶然性，

这才使得苦难如黄蜂之刺。现在我们知道，对生命来说这样的痛苦是不可避免和根本的；只不过在形式上它靠机遇跃现自己；所以，我们现在的苦难填充了某个地方，而这个地方要不被它充填，也会立刻由某些被现在苦难排斥的另一个苦难填上；那么结论当然就是，基本上，命运所能予的影响甚微渺。如果这样一种沉思变成活生生的确信，便可能导致我们产生相当程度的斯多噶之平静，而大大减少我们牵挂自身福利所引起的忧心。但理性能力对这一种直接觉察到的苦楚的有力控制，事实上很不常见，可能根本找不到。

还有，通过观察到痛苦的不可避免、一个痛苦被另一个所替代、前一个刚离开后一个就跟进来，我们可能被带入这个属于悖论却非荒谬的假说，即任何人基本痛苦的程度，已经不可更改地早让他的本性给决定了；这分量不会落空，不会被过分填充，不管苦难的形态怎样改变。然后，他的苦难和幸福将根本不从以外决定，而只是被那个程度、那个倾向决定，当然，事实上透过物理条件的限制可能在不同时间经验到多少的增减，但它在整体上将是同样。这正叫作他的"脾气"。更正确一点说，这是所谓他可能 ευκολος [雅驯] 或 δυσκολος [不雅驯] 的程度——见柏拉图《理想国》第一部——换言之，一种可亲的或格格不入的天性。支持这个假说的，是大家熟知的一种经验，即巨大的苦楚使较小的痛苦淹没，以至于相当不被觉察，相反，即使缺乏巨大的苦楚，甚至微不足道的烦恼跟打扰也折磨着我们，使我们情绪很坏。但经验也告诉我们，要是一个巨大的不幸，我们光想一想都会发抖，现在实际发生了，我们的心境大体上和克服了第一度痛苦时没啥两样。相反，经验又告诉我们，一个长久盼望的快乐发生之后，我们大体上并不永远感觉比以前好太多，或者就舒服许多。一切的感觉只是在这些片刻以不寻常的力量，像深深的苦痛、快乐的呐喊等感动我们；但二者都很快消失，

因它们基于幻觉。它们不是从直接的现在之欢或现在之苦所流出的，而只是从所预期于他们的，一新的将来的打开而来。只有靠着从将来借来的苦乐，它们才被这么反常地夸张了，所以谈不上有多长时间。下面的话也许显然支持我的假说，照我说，在认知及在感觉痛楚或幸福之时，绝大部分的感受，将是主观的且是先验决定的。人类的愉快或沮丧显然不是被外在环境决定，比如财富、地位什么的，因为我们在穷人那里，起码照样碰到跟在富人中同样多张愉快的脸。再说，导致自杀的动机如此不一，我们不能说有什么样的不幸足以大到将可能在任何性格中引发这种念头，而有些动机却又小到有时你不能说它将导致自杀。现在虽然说，我们欢愉或悲伤的程度并非任何时候都一成不变，但从这个观点来看，我们不能因此把它归因于外在环境的改变，而应归给内在状态、物理条件的改变。因为实际上，纵使常常只是暂时地，我们的欢愉扩张了，甚至到喜悦的地步，它经常不掺杂任何外在诱因。的确，我们常看到，我们的痛苦只是从一特定的外在关系而来，于是我们看得出来，痛苦只因被这个关系压迫，才引起忧伤。于是我们相信，只要说，假如把这个关系给移掉，跟着一定可以有最高的满足与适意。但这是错觉。我们痛苦及幸福的程度，整体上是主观地在每一丁点儿时间都照着我的假说那样决定的；并且照那样来讲，悲伤的外在动机，只不过如肿起的面疱之于躯体，所有的坏情绪都在这儿吐露了出来，若不是这样，坏情绪会布满了整个身体。这个时期在我们性情上发现的痛苦，因此是不能摆脱的，若不是为了那确定的外在痛苦原因，它将会被分散到成百的其他方面去。它会变成百千个细小的对事物的烦恼愁苦，这种我们现在已完全忽略的形态，我们现在忽略它们，因为容受痛苦的能力已被主要之恶所填充，它把所有苦楚集中于一点，不这么的话，那是会分散开来的。照这么说，同样，要是一个相当程

度、相当压抑的顾虑最后从我们心胸中被一幸运地发生的事所排除，那么，另外一个会马上替补它。这整个的"原料"已先存在，不过，它不能以顾虑之形态进入意识，因意识没有空位挪给它。所以，顾虑的原料，只是留在那里，成为一黑暗、观察不到的神秘形态，在意识的水平极端可是现在，一旦有空位，这预备好的原料马上送上门来，爬到了此时统御着我们的顾虑的高峰（πρυτανευουσα）。若是只讲到内容，它要比消逝掉的顾虑原料来得轻，但它晓得怎样把自己放大，这样它明显地可以跟后者比拟，所以，就其为此时主要的顾虑而言，它完全占据了最高的地位。

过度的喜悦及非常严酷的痛苦，总只是在同一个人身上出现，因它们彼此互为条件，同时也是以高度活跃的精神为条件。我们刚刚才看到，二者不是被实际呈现的什么所引起的，而是由对未来之预期引起。但对于生命，痛苦是基本的，它的程度又是被主体的性质决定，那么，突兀的改变，因为总是外在的，于是不能真正改变它的程度。所以，无节制的喜悦或痛苦根本就是谬误错觉；结果当然是，这两种心灵上的过度紧张，可以借着洞察力来它避免。任何过分的喜悦（*exultatio, insolens laetitia*）总是基于一种错乱，以为发现了生命中某些根本碰不到的，即涉及那不断更新、不断折磨的欲望、需求以及牵挂——以为找到了它的永恒满足。最后，我们终不可避免要从每一特殊的这种错觉中醒悟；那么，当它消逝，我们必须付出痛苦作为代价。其苦涩之贴近我们，正如由于它的介入引起的喜悦之亲切。就这个范围看，它正像一个高高的所在，从那儿我们要想再度下来，只有靠一个跌落，所以再怎么说，我们都应该避免它；而任何突然、过分的忧烦，正是从这样的高处的一个跌落，所以，这样的错觉的消逝，是被它限制住的。于是，要是我们总能把自己引导到以完全清晰的眼光观察事物之整体及其关系，并实际

上断然防止戴上有色眼镜来看它们，则我们可以两个都避免。斯多噶伦理学主要指向就在于，心灵超脱一切此类错觉及其结果，代之以一不可动摇的清宁、镇定。贺拉斯在他那有名的颂歌中充溢了这个真知灼见：

> 经常记住要在迷境中保持平静（处变不惊），
> 走运的时候不可流于过分之喜悦。

但我们经常对真理闭着眼睛，真理是那苦口的良药，苦痛之折磨是生命根本具有的，所以不是从外灌注于我们，而是每个人自身中的永久之源。相反，我们却不断寻求一特殊的外在因，作为那永不离身的苦痛之托辞，这就好像一个人替自己找偶像来崇拜，目的是要找个主人。我们从欲望到欲望永不疲劳地挣扎，虽然任何取得的满足，不管怎样大，并不真正满足我们，只常常像恼人的错误般摆在我们面前，可我们还是看不出，我们是以达那伊得斯之筛汲水，我们经常热衷于更新鲜的欲望：

> 只要我们缺乏我们所欲的，我们把一切都抬高价值，
> 但一旦获得它，它马上变得看似有点不太像原来那样了；
> 类似的，一种希望使我们奔走如鹜，我们渴求并眷恋于生命。
>
> 《物性论》，III，1082

所以，它要不是无限地（*ad infinitum*）继续着，就是罕见且假定具有某种程度的性格，这时，我们到了一种未被满足的渴想之境，又

不能放弃它。于是，我们又应该说，我们的苦痛之源就是来自自己所要找的，也就是我们随时可以否弃、而不是来自我们内在的本性。所以，虽然我们的命运千变万化，我们安于任自己的存在归属于此，因为我们原来那种认识，即认识到对这个存在本身而言，受苦乃是根本的，至于真正的满足纯属不可能——这种认识再度从自我以内隐退。最后这种发展，造成了多少有点忧郁的倾向，结果是对一单纯、巨大痛苦之不断忍受，结果是对一切程度较轻的喜悦及忧伤投以轻蔑眼光。这种现象在结果上，要比各种欺蒙的、毋宁说不断追求幻想的情形，显得更有价值。

58

所有的满足，或通常称为快乐的，实际上和本质上总只是消极的，而非积极的。它本来不是发自我们内心的满足，它必须总是一欲望的满足。因欲望，即需求，是一切欢乐的先决条件；然而到了满足的地步，欲望——跟着是欢乐——就终止了；所以餍足、满意充其量不过是从一痛苦中、从一欲求中获取假释。不但任何实际及显然的痛苦如此，其夹缠不清一再要求搅扰我们的平静的，还有甚至死寂一般的无聊，使存在变成一种厌烦的，这些都是一样。但要达到、要执行任何事是那么困难；困难和麻烦没有理由地反对任何计划，每一举步，都有成堆的阻碍挡在面前。当所有的事情到末了给你克服了，达成了，再得不到别的，只剩下一种痛苦或欲望的假释；结果，我们只是和以前这个痛苦或欲望还没有出现时一样，处境相同。任何直接给予我们的总只是需求，即痛苦。满足与欢乐，只是从回忆到那停顿了不再填进来的以前痛苦及褫夺而被间接认识。所以我们没意识到自己实际拥有的好处和幸福；我们不把它视为有价

值，只是想象它们应该值得什么，因它们只消极地借着防止痛苦来使我们快活。只有当我们丧失它们，才感到它们的价值，因为需求、褫夺与痛苦才是积极的东西，并且立刻声明自己如何如何。因此，同样的，我们觉得愉快，想起了被克服的要求、痛苦及需求等等，因为这样的回忆是唯一愉悦现在的幸福的手段。还有不可否认，在这方面，从利己主义的观点出发——这是生之意志的形式——我们发现，无论目击或许耳闻别人的痛苦、受折磨，都使我们满足并欢畅，正如卢克莱修在《物性论》的第二卷，一开始就优美坦诚地说出的：

当暴风雨鞭打着海洋之际，站在岸边看彼端遭受极
大苦难的折磨，
这是多么畅快的乐事。
这并非我们喜欢看别人受苦，
而是，看到恶事降临不到我们头上，我们感到高兴
庆幸。

不过以后我们将知道，这种的欢畅，通过如此简洁地来认识自己的幸福的，已经非常接近真正的、积极的脆弱之源了。

在艺术，尤其是诗——即世界与生命之真正本质的真正明镜——中，我们也发现关于一切快乐只是消极而非积极的凭证，因此快乐不可能是持久的满足，经常只是从一痛苦或需求之中把我们假释，而那个痛苦，若不是跟着另一个新痛苦，就是跟着郁闷、空虚的希冀、无聊。任何戏剧或史诗显示给我们看的，总只是奋斗、努力、对快乐的争取，绝不是持续完整的快乐本身。它透过千百的困苦艰难危险，引导它的英雄达到目标；一旦目标达成，它马上落幕。因为再没有东西遗留，唯一显示的，是那熠熠发光的目标，英雄所

一直想象的能在其中找到快乐的,原来只是嘲弄了他,而他成功以后,并不比成功以前来得好。因一真正、持续的快乐乃是不可能,它不能是艺术的主题。当然话说回来,田园诗真正的目的就是描写这种快乐,但我们也看出如此的田园风景不能持久。在诗人手里它总是演变成史诗的样子,就成了只是由一些细琐的忧烦、喜乐和努力组合成的不足道的史诗;这是最普通的例子,不然它形成叙事诗,叙述自然之美,换言之,真正纯粹、逍遥的认知;那当然是唯一纯粹的快乐,既不被苦痛亦不被需求抢了上风,也不会随着什么悔恨、困苦、空虚或餍足。但这个快乐不能填充整个生命,只是占据它的片刻。我们在诗律中看到的,在音乐里同样发现得到,在音乐的旋律中我们再度认出那普遍表示的、意识自己的意志最内在的沿革,最秘密的生活,等待、痛楚、欢乐与人心之衰退流幻。旋律总是从主调音来的变化,经过了成百成千的四分音符之漫游,直到最痛苦的不和谐音。经过了这个,它最后再找到主调音,主调音表示了意志的满足与镇定,但此外再没有别的了,如果它再持续,不过是一烦人的、没有意义的单音,准叫你厌倦。

这一切所说的,只是打算叫大家弄清楚,不可能获得持续的满足。一切快乐是消极的,第二部的末尾已经把它解释得明明白白了,即意志,其具体化如同一切现象一样乃是人类的生活,它是一无目的无止境的挣扎。我们看到了,这个无止境性,它的烙印深深印在整个意志现象的所有部位,从它最普遍的形式(即无限的空时),到一切现象中之最完美者(即人的生命与努力)。在理论上,我们可以假定三种人类生活的极端,把它们当作实际生活的要素来加以考虑。第一,是强有力的、奋发之激情(Raja-Guna[忧德]),出现在伟大的历史人物的性格中,由史诗及戏剧演述。但它也能在小范围的世界中显示自身,因这儿对象的大小只是按照它们刺激意志

的程度来衡量，而不是按照它们外在的关系衡量。第二是对纯粹的认知、理念的理解，条件是，认识从意志的使役中摆脱、逃逸，即天才的生活（Sattva-Guna[喜德]）。第三是无上的意志之昏睡，及附带的认识之昏睡，即空洞之渴想，麻痹的生之厌倦（Ta-ma-Guna[暗德]）。个体的生命再怎么讲，不固定在任何一个极端，只是偶尔接触，而且经常只是一种微弱的、摇摆不定的，从这个面或那个面的接近，对于卑微琐碎之事死抓住不放的一种欲望，总是一再发生，总是一再逃避厌烦。大多数人的生命历程，从外部观察是多么地无意义、不重要，从以内感觉，是多么地迟钝、蒙昧，这是讲都讲不出来的。它是叫人疲乏的渴求与操劳，梦也似的经过人生四个阶段，蹒跚地迈向死亡，伴着的是一系列琐细的、斤斤计较的思想。他们像钟表装置，上了发条，就不知道为什么走起来。任何时候降生了一个人，人生的钟表，就重新上过一次发条，来重弹它那已经弹过不知道多少趟的相同老调，一个乐章跟着一个乐章，一拍接着一拍，伴着的是微不足道的变奏。任何个体、人类现象及其生命过程，只是整个自然的无边精神的，坚持的生之意志的，短暂一场梦，只是一更无常的形式，让自然在它那个无边的页数——空时之中，好玩地涂鸦一般填上去的；它只被容许很短一刹那地存在，比起那无限，它是芥子之微，接着，被扫除而匀出了空位……可是这儿我们看到了生命严肃的一面，这些无常的形式，这些空洞的思想，每一个必须以整个生之意志，集中了精力，拿无数深深的忧苦来支持，最后，是长久以来恐惧的，免不了要出现的，苦涩的死亡。就为这缘故，当我们看到一具尸体时会突如其来为之肃然。

每个个体的生命，一般作为总体来看，只有当它最重要的特征被强调时，才成为真正的悲剧；可详细逐一看去，它又带有喜剧性格。一天的行事操劳，无休的讽刺时刻，对每星期的欲望跟恐惧，每一

秒钟的不幸——这一切都是因机缘而来，总是屈服在某些不幸的作弄之下；它们不过一喜剧的情景。永得不到满足的意愿，被挫折的努力，叫人看着可怜的，那受了命运摧残的希望，整个生命不幸的偏差，随着不断增加的痛苦和到头来的死亡，总是给予我们悲剧。所以，好像命运有意对我们生存的悲苦予以嘲讽一样，我们的生命须是忍受了一切悲剧之祸患，可叹我们甚至不得自许有悲剧的尊严，却在广泛的生活细节中，不可避免地有喜剧的丑角特征。

然而，不管填充人类生命的烦恼忧苦有多大还是有多小，不断地把他弄得像热锅上的蚂蚁，疲于奔命，这些愁苦渐渐不能掩饰生命无法满足灵魂这一事实了；它们不能遮盖生存的空虚跟肤浅，或排斥掉那总是准备好来填充每一个停顿的无聊——这种停顿是由关怀造成的。结果是，人类的心灵，还是不能满足于实际世界中的关怀、焦虑跟牵挂，人心替自己造出了一想象的世界，其中有无数种迷信。接着，以各种不同的方式，心灵从事于此——只要现实世界愿意承认它有镇定的功效，就把时间跟精力浪费在这上头，而事实上，镇定什么是根本说不上的。所以这种情况尤其可以在那些因温和的气候、肥沃的土壤而变得娇生惯养的人身上看出来，特别是印度人，跟着是希腊人、罗马人，以后有意大利人、西班牙人等等。人在想象中替自己创造了鬼神、圣人；而不断以牺牲、祈祷、宗庙、誓词、还愿、朝圣、礼奉、偶像的崇拜等祭祀之。他们的事奉无论在什么地方都跟现实交织在一起，而把它搅混了。于是生命中任何一个事件，就像这些东西的一种反效果一样，被我们接受。跟它们打交道占据我们生命中一半的时间，不断维持着希望，而且由于错觉的诱惑，它们常常变得比跟真实事物打交道还引人入胜。它是人类双重需要的征候的一种表示——一部分是渴望有帮助、支持，另一部分是渴望占有和消遣。它常常直接跟第一种需求直接冲突，这样，随

着意外和危险的发生，宝贵的时间、精力，不是拿来摆脱它们，转而是无用地浪费在祈祷跟牺牲上，于是靠着所谓"补偿"；它得寸进尺地仗着那想象的、跟一幻想的精神世界交往，来供给第二种需求；这就是一切迷信绝不可轻视的好处。

59

到现在为止，通过最普遍的思考，通过对人类生命最初的、根本的特征的研究，我们先验地确信了，这样的生命从它整个倾向和个性上说，不能有任何真实的幸福或快乐可言，它本质上只是许多不同形式的受苦受难，各种方式的悲剧状态，那么我们现在就能经验地转向更确定的实例，把图画带进想象中，以明显的例子，无论打那儿解释发现到什么，把不可名状的经验与历史之悲惨折磨加以叙述，如此这般地，从自己内在，更活生生地醒悟了这一点了。但那样，就变成说个没完，把我们远远推开了，离弃了哲学根本的、普遍的观点。另外，这样的描述很容易被看成只是对人类不幸的一种修辞，就像古往今来所一直做着的那样，它就可能被批评为片面的，因为，它是从特殊的事实起头的。面对这样的指责跟怀疑，我们对基于生命本质的、在劫难逃的苦难所作完全冷静且哲学性的论证，是自由的；因为，我从普遍性出发，受先验的指导。不过经验的证实可以轻易地找到。任何人，从年轻时最初的梦幻中醒觉；考虑到自己跟别人的经验的；就过去的历史和本身所处的时代观察生命，最后吸收了伟大的诗人作品——任何这样的人，将会确定地承认那个结果，承认这人性的世界乃是乱点鸳鸯谱似的受机缘与谬误统御的国度；当然，这要他的判断不被某些模糊误植的偏见麻痹才行。机缘和谬误无情地统御着大大小小的事情，统御着人性世界；

跟着为虎作伥的,还有愚昧与邪恶。所以有这样的事:凡较好的事物均经过艰苦的挣扎;尊贵的、聪敏的实为罕见,收效不大,也不常有耳闻,而那真正占了优势、很少被动摇的东西,却是那些在思想的领域中的荒谬固执,在艺术的领域中的迟钝和枯燥无味,在行为的领域中的邪恶和虚伪。另一方面,任何优秀卓绝值得赞美的事物,常常属寡少的例外,是百万分之一的可能;所以呢,要是它在一恒久的作品中表现了,结果当它超越了同时代的妒恨而流传下去时,它便孤零零地维持其曲高和寡的存在。它像陨石一般被保存,从一种与众不同的事物"法相"之中拔擢出来。至于个体的生命,任何人的生命史都只是一部受难史,毕竟,照理说任何的生命不过是大大小小连续不断的苦难,是一连串灾患,每个人都强颜欢笑尽可能掩饰它,因为,他很了解其他那些暂时侥幸地逃过的人,对于他这里受困的情景,几乎总免不了要怀着快意之心在那儿冷眼旁观的;很少说他们感觉到同情或怜悯。也许到了生命的尽头,要是头脑仍然清醒且态度认真的话,没有人会说希望再过一遍这种日子的。倒是说,他宁可选择完全地不存在。哈姆雷特中那闻名于世的独自,它基本的意义,浓缩成一句就是:我们的境遇是这样不顺遂,使得你可以说,完全的不存在一定比它要来得好。好啦,现在要是说自杀真的可以给我们这种不存在,那么当"生存或毁灭"这个抉择就其最完全的意义摆在我们面前,我们可以毫不考虑地选择自杀,作为我们热烈地盼望的一种结束("一个被热切盼望的顶点")。但我们心中还有着一个东西,告诉我们并非如此,告诉我们这不是事物的终结,告诉我们死亡并不是一个绝对的灭绝。同样,历史之父[1]曾经讲过的(《历史》,VII,46),从来就没有被人反驳过,

---

[1] 指希罗多德(Herodot)。

他说，没有一个人活着而不会不止一次地希望说，他不需要再过往后的日子。因此，经常有人惋惜生命的短暂，其实也许对生命来讲最恰当不过了。最后，假如我们让每个人眼睁睁看到，他的生命所不断暴露于其中的，那些可怕的折磨、病痛，他便会在心里产生恐惧了。要是我们把顶顽固、不动心的乐观主义者，带到医院、伤残病院、手术室、监狱、刑讯室和奴隶的处所，带他看看死伤狼藉的战场、死刑台；要是我们让他看清楚悲惨不幸的各个黑暗面，在那儿躲躲闪闪逃避着周遭冷酷的好奇目光，最后，叫他瞧瞧乌格利诺的地牢，犯人在那儿饥饿着死去，那么到头来他的确就会看出，这个 *meilleur des mondes possibles* [可能最好的世界] 是个怎样的世界！看哪，要不是从我们这个实际的世界，但丁打哪儿找到他《神曲》里"地狱"的题材？的确，但丁描写了一个精彩绝伦的、逼真的地狱。但另一方面，当他要来描写天堂跟天堂之快乐时，就碰到一个无法克服的困难，正因为我们的世界根本给不出那种题材。因此，他不描写乐园的快乐，他所能做的，只是向读者重复那些从他的祖先、从他的贝亚采崔、从不同的圣哲那儿得来的指示教训。从这些，已经够清楚地可以看出，这是怎样的一个世界。的确，人类的生命，也像一切劣等的东西一样，在外表遮盖了一层镀金；真正痛苦的总被封闭内里。另一方面，每个人都炫示着任何他辛辛苦苦获得的荣耀事物，他内在越是不满足，他就越要表现得在别人看来像是一个幸运而有福气的人。愚昧的情形到达这样一种地步，以致别人的意见成为每个人最主要的奋斗目标，虽然几乎在所有语言中，虚荣（*vanitas*）这个词原本就代表着空洞、虚无，这就已表示出它完全是没有用的。但甚至在这一切种种的蒙蔽下，生命的可悲与不幸，还是很容易增长到这样一个地步——而这是每天在发生的——就是说，在别种情况下被那么畏惧着，以至于超过任何东西的死亡，

现在倒是被迫切地仰赖着了。事实上，要是命运想发挥它整个邪恶力量的话，受苦的人甚至要落到一个求生不能求死不得的境地：在愤怒的敌人手中，他也许不断受到冷酷无情的细细折磨，无法逃避。于是受苦刑折磨的人徒然呼求神的垂怜；他还是被无情地弃置在命运的摧残下。但这种绝望和不可救药的状态，却正是反映了他意志不可压倒、不可折服的本性，他的肉身，就是这意志的具体性。一个外在的力量，根本不能改变或压抑这个意志，任何奇特的、不可知的力量也同样不能把他从生命所导致的悲惨之中解救，这个生命是意志的现象。就像在每个事物中一样，在主要事情当中也不例外，一个人总是得回过头来依靠自己。他巴巴地给自己塑造了神出来，为的是借着祈祷和阿谀去要来那只能靠着他自己的意志力所获得的东西，这只是徒然。我们看到，《旧约》把世界和人说成是上帝的创作，而《新约》却不能不把上帝变成人，这样才能教导说，圣洁与从这个世界各种悲惨之中的解救，只有来自世界自身。它是也还是人的意志，每一件事情依仗意志。印度的托钵僧、殉道者、各种信仰与门派的圣者，他们自愿且乐意忍受各种折磨，正因为生之意志自己压抑在他们体内；于是，甚至意志现象缓慢的损坏，对他们来讲也变得受欢迎了。我这里不打算再作进一步讨论。要还有什么补充的话，我这儿忍不住要提提所谓乐观主义，它不仅是一些狭窄的前额底下除了文字外什么也没蕴藏的家伙的没有思想的谈话。在我看来不仅是荒谬的，并且，它还真正是一种恶劣的思想方式，对人类不可名言的受苦受难进行苦涩地讽刺。大家千万不要以为基督教的教义倾向于乐观主义；相反，在福音书中，世界和邪恶几乎被当作同义词来用。[1]

---

1 参考第二部第46章。

60

我们现在已经讨论过两个必须牵涉进来的讨论,一是关于意志本身的自由和同时涉及的意志现象的必然性;一是讲到它在宇宙中的宿命,这个宿命正反映了意志的内在本质,为了要认识这个,意志必须肯定或否定自己。现在我们可以把这种肯定与否定讲得更清楚,这在前面只是大概地说了一下。那么得怎样着手呢?——我们不妨拿行为模式的描述开始,因为只有在行为模式中意志可以表示,我们就这样按照行为模式内涵的意义来思考意志。

意志的肯定,就是持久的意欲本身,不被任何认识干扰,因它普遍地填充人类的生命。因为人类的躯体已经就是意志的具体化,出现在这个层次、这个阶段、这个个体上;所以我们在时间中展现的意欲乃是(好比是躯体含义的解释)意欲之整体与部分意义的阐释。它是同一个物自体的之另一个表示方式,躯体已是物自体的现象。因此,除了意志的肯定外,我们还可以说躯体的肯定。所以意志那一切各式各样行为基本的主题,就是那与躯体强韧的存在为不可分的需求之满足;这主题,就表现在需求之满足;并且可以归结为个体的维持跟种族的繁衍。但间接地,各式各样的动机就这么获得了胜过意志的力量,而带来许许多多种类的意志作用。它们每一个只是那一般地出现在此地的意志之模板、一个例证。这个例证的性质,还有动机可能有怎样的形式并且如何把这个形式赋予例证,这并不重要;重要的地方只在于,这儿有一般的意欲,以及欲求强弱的程度。意志只有在动机中才能变得可见、可以捉摸,正如眼睛只有在光线中才表示出它的视觉能力。一般而言,动机以千变万化的各种形式出现在意志眼前;它总是许诺完全的满足、意志饥渴的遏止。但一旦满足达成,它马上又在一个不同的形式中出现,它总

是按意志的强弱程度，和依据它跟认识的关系把意志更新，而就在这些模板和例证里头，意志的强弱程度、认识等，被揭示出原来是经验性格。

自从意识第一次出现以来，人发现自己是能够意志的生物，而他的认识照这情形看，就一直和他的意志维持不断的关系。他打算完全熟悉他的意欲对象，于是只熟悉那些触及对象的手段。现在他晓得了应该做什么，并且一般就不指向其他的认识。他进展着，他行为着；意识经常使他保持坚决并主动地根据他的意欲对象来活动；他的思想跟手段的选择息息相关，这便是几乎所有人的生活；他们意欲，他们知道自己意欲什么，他们努力去意欲，试图获得足够的成功来让自己免于绝望，获得足够的失败来让自己免于无聊和它的后果。这就导致了某种平静，或不管怎么说，是一种安宁，这真正是不能被财富或贫困影响的；因为富人同穷人享受的，并不是他们拥有的，我们已经指出，拥有只有消极作用，他们享受的是自个儿盼望努力去获得的。他们极其严肃并且的确是一本正经地从事着；这正是儿童们追逐他们游戏的方式。当这样的一个生命受到了打扰，也就是，或者由于不受意志使役的认识而指向世界普遍的内在本质，产生了美感上对沉思的需要，或伦理上自我要求克制等，这些情况经常是例外。大多数人终其一生受欲望的驱使，没能觉悟。另一方面，意志经常被挑拨到一种程度，远超过身体的肯定。这个程度于是就用狂暴的情绪和强而有力的激情暴露了出来，个体在这当中不仅仅肯定了自身的存在，并且当其他个体挡住了他的去路时，他会否定同时想办法压抑其他个体的存在。

身体借自己的力量维持着，它是程度这样轻微的一种意志的肯定，以至于它要是自动停顿在这里，我们可以假定说，随着这个身体的死亡，那出现在它里头的意志将跟着灭绝。可是，性冲动的满

足超出了一个人自己那填充了如此短暂时间的存在的肯定；它肯定生命，它无限久地肯定它，超越了个体的死亡。自然，经常是实在且和谐一致地，甚至在这儿是天真地，自然相当坦白地向我们展露了生殖作用内在的重要意义。我们自己的意识、那冲动的强度，告诉了我们，在这种作用中表达出对生之意志最坚决的肯定，那么纯粹而且不掺杂任何其余的东西（比如对其他陌生个体的否定）。现在，这个作用的结果（就是在时间和因果序列中，也就是在自然中），一个新的生命出现了。被生育者出现在了生育者面前，现象上跟他是不同的，可是在他本身或者衡诸理念却是同一的。因此，借着这个作用，每一有生命的种类，才像这样被结合成整体，成为永恒。至于生育者，生殖只是他坚决的生之意志的肯定表示、象征。至于被生育者，生殖不是那出现在他里头的意志的根据或理由，因意志自己不知道有根据、理由，而是像任何原因一般，这个生殖只是在一固定的时间和空间中的，这个意志现象的偶然因。就其为物自体，被生育者的意志和生育者的意志并没有不同，因为，只有现象，而非物自体，是从属于个体化原理的。随着那种在一个人自己身体以外再生产了一个新身体的肯定，痛苦与死亡，既然属于生命的现象，也就重新地被肯定了，于是，由最完全的认识能力带来的拯救的可能性，这里就被宣告为无效。由这里可看出，生殖这档子事之所以跟羞耻有关的，其理由是深刻的。基督教的教义把这个观点神秘地解说成我们都负担了亚当的罪（那显然只是性冲动的满足），而透过这重罪，便有了痛苦及死亡之恶。在这方面，宗教教义超过了根据充足理由原理对事物作的考虑；宗教教义体认了人的理念。这个理念的整体，从它那扩散为许许多多无数的个体之中，透过了那联系住所有的生殖的约束被重新建立起来。按照这个道理，一方面，宗教教训把任何的个体看成跟亚当相同，具备了生之意志的肯定的

表示，而在这个范围，是落入了罪（原罪）、折磨与死亡之中。另一方面，理念的认识也表示，每一个个体跟救世主是同一的，跟否定生之意志的代表是同一的，而在这一程度上共享了他的自我牺牲，被他的美德赎回，并且从罪恶及死亡的枷锁，即世界的羁绊中得到解救（《罗马书》，五章，12—21节）。

我们把性欲的满足视为个体生命以外的生之意志的肯定，看成是首先以这个方式完成的生命的产生，或者好比说，当作一种新的生命的托付，对此也另有借用神话描写出来的，那就是希腊神话当中珀耳塞福涅（Proserpina）的故事。只要珀耳塞福涅还没有尝过地下世界的果子，她要回返人间来就仍然有可能；但因为吃了石榴，她的一生将完全被埋没在地府。这个意义，从歌德对这个神话无与伦比的叙述中清楚地表示了出来，特别是，在她尝过石榴以后，不可见的命运三女神歌队立刻加入并合唱道：

> 你属于我们！
> 本来可以回去：
> 但咬嚼了石榴，你便属于我们！
>
> 《伤感的凯旋》，第四幕

值得注意的是，亚历山大的克雷蒙特（《杂钞》，Ⅲ，C.15）用同样的隐喻和表达记述了这件事："为了天国的缘故使自己断绝于一切罪恶的人，是被祝福的；他们弃却了世界。"

对处于自然状态中的人类来说，就跟动物一样，性冲动是他生活最终且最高的目标，这个事实，证实了性冲动是坚决的且最强烈的生命肯定。自我保卫与自我维持是人类最初的目的，一旦具备了，他便只专注于种族的繁衍；作为纯粹的自然界的生物，他就不能再

渴望其他更多什么了。同样，大自然的内在存在便是生之意志本身，自然也尽一切力量催促着人类与动物繁殖。之后，她借用个体达成她的目的，于是对个体的毁灭她相当不经意；因为就其为生之意志，自然只关心种族的保存，个体被视同草芥。由于自然的内在存在，生之意志在性冲动中最强烈地表现自身，所以古代的诗人同哲学家——赫西俄德和巴门尼德——意味深长地说，那创造的 Eros[爱神]是第一位的，是一切事物出现的本原（见亚里士多德《形而上学》，i，4）。在普罗克洛的《论柏拉图的蒂迈欧》第三部里，菲勒赛狄（Pheredydes）说："当宙斯想创造世界，他使自己变形为爱神。"最近我们从 G. F. 雪曼在 1852 年出版的《情感的宇宙开辟》一书上，找到了对于这个主题详细的研究。印度人的"摩耶"被释义为爱（amor），它的运作及构造便是这整个虚幻世界。

　　生殖器之只服从意志，远超过身体其他所有外在的器官，它根本不服从认识。在这儿，意志的确表现得自身像独立于知识一样，就像它在其他如下地方，即在刺激下，服务于植物性生命、再生产的部分，意志像在无认识自然中盲目地运作。因为，生殖只是传宗接代地轮给一个新个体的再生，好比接力似的再生，这正如死亡只是排泄的接力。由于这种种理由，生殖器真真便是意志的焦点，并且因此是相对于脑——认识的代表——的一个极端，就是说，是世界的另一面，作为表象的世界。生殖器是维持生命的本原，以确保在时间上重复出无数生命。因为有这种能力，它们被希腊人用 phallus [阳具]，被印度人用 lingam [根]来表示崇拜着，阳具和根因此是意志的肯定的符号。至于另外一方面，认识则提供了对意志作用的压制的可能、通过自由得到拯救的可能和克服了世界跟泯灭世界的可能。

在第四部的开头，我们详细思考过，生之意志在它的肯定中是如何必定和死亡关联。我们看到它不被死亡困扰，因为死亡像某些已包含在生命里且属于生命的东西那样地存在着。它的对立者——也就是生殖——完全地平衡了它，并且，尽管个体会死亡，但生殖永远为生命确保生之意志。为了表达这个意思，印度人把根归给了湿婆，那死亡之神。我们也解释过，头脑完全清醒且坚决掌握住生命的肯定这个立足点的人，是怎样无所畏惧地面对死亡。因此在这里我不打算饶舌下去。多数人并没有很清醒地掌握住这个立足点，只是继续肯定生命。世界呈现出来，作为肯定的明镜，有那么多数也数不清的个体，在无穷的时间和空间中，在无穷的苦痛折磨中，介于无限的生殖与死亡之间。但无论哪个角度，你没法再作什么抱怨，因为意志自己出钱上演这出伟大的悲喜剧，它同时也是自己的观众。世界就是这个样子，因为意志——它的现象乃是世界——就是这样子的意志，它就以这样的方式意欲着。受苦是正当的，乃是基于这个事实：意志甚至在受苦的现象中还要肯定自身；这重肯定，由于意志受折磨这个事实又扯平了，被视为正当。在这里我们隐约瞥见了一点那普遍永恒的正义的影子；等下我们要更清楚、更明确地专门研究它。不过，首先我们要讲讲俗世的或人类的公义[1]。

61

我们回想起在第二部中说过的，在整个自然、在意志具体化所有的层次里，各个种族的个体之间，必然存在着永恒的冲突，正是通过这个方式表现出了生之意志自己的内部倾轧。在具体化的高层

---

[1] 第二部第45章是对这里的补充。

次，这个现象，像其他的任何东西一样，将逐渐增强，把自己清晰确定地表现出来，于是我们对此可以进一步阐发。为此，我们首先要追踪到它的来源，即利己主义，我们认为它是一切冲突的起点。

我们把时间跟空间，叫作个体化原理，因为只有透过时间空间，并且在它们之中，同类事物的多元性才得以可能。它们是自然的认识——换句话说，从意志中产生的认识——的基本形式。所以，意志无论在什么地方，会将自己表现在个体的多元性中。但这个多元性并不关联到物自体的意志，只牵涉它的现象。整全而不可分的意志出现在各个现象中，知觉到了周遭那些属于它自己内在有的无数重复的意象；但这内在的本性自身，所以说也就是实际上那真的东西，它马上发现是只在它里面。所以，每个人想为自己获取任何东西，他要掌握——起码控制住——一切事物，并且会摧毁任何阻挠于他的。另外，对具有认识的生物来说，这就是为什么个体作为认知主体的承担者，而这个认知主体，又是世界的承担者。这就等于说，在认知主体以外的整个自然，在他自身之外一切余留的个体，只存在于他的表象中；就是说，他总是只有把那些事物当作自己的表象，才能意识到，因此只是间接意识，他把它们当作依赖他的本质和内在存在的东西。随着他的意识，世界也一同消灭；换言之，世界的有和没有，对他而言就变成了同义的、没差别的。因此，任何认知个体，事实上（并且他也发现自己是）是整个生之意志，或者是世界"本身"，同样也作为表象世界的补助条件，所以是等值于大宇宙的一个小宇宙。自然自身，总是无时无地那么真诚的，原原本本且超脱一切思维地把这个认识给予了个体，是这样简单、直接确定。现在，从我们提到过的这两个必然的决定条件、规定，就解释了为什么每一个体，虽然在这么一个无限的世界中，十分渺小以至于可忽略不计，却把自己造为世界的中心，并且把自己的存在和福祉放

在第一位考虑，超过任何其他东西。事实上，从自然的观点看，个体为了这个缘故，当然随时准备牺牲掉任何其他东西；为了把他自己的生命，那汪洋浩瀚里的一滴——延长短短片刻，他就可以毁灭世界。这倾向便是利己本位，这在自然一切的东西中是根本性的。但正是透过利己主义，意志自己的内部斗争才被这么叫人害怕地揭露了出来；利己主义之所以维系绵延、就在于小宇宙和大宇宙的对立，或许说，就在于意志的具体化以个体化原则作为它的形式，这一来意志就用同样的方式在无数个体中表现了自己，更进一步，完全在两方面（意志和表象）将自己表现在每一个体中。所以，固然每一个体被当作整体的意志与整个表象者直接地给予自身，至于所有其他个体，却是先被作为他的表象被给予。因此在他来说，他自己的内在存有及其维持，甚至要摆在所有其他所有加起来的前面。每一个人把自己的死亡看作世界的结束，至于听到熟人死亡的消息却相当不在意，除非他私下多少有点牵挂。在那到达了最高峰的意识里，也就是，在人的意识中，利己主义跟认识、痛苦与欢乐也必须一样达到巅峰的程度，而那受它限制的个体间的冲突，就必须以最可怕的形式出现。的确，我们无论什么地方，在大大小小的事情里，都眼睁睁看到了这点。有时候我们是从恐怖面看到了它，比如在大独裁者及恶人的生活中，在蹂躏世界的战争兵燹中。又有的情形，我们看到了它的可笑面，在这里，它是喜剧的主题，特别在自我欺瞒同虚荣中表示了自己。拉罗什福柯了解得比谁都清楚，也把它抽象地表达了出来。我们在世界史中、在自己的经验中看出了这一点。但这个冲突表现得最明白的地方，还是在任何暴徒解除了一切法律和秩序约束的时候；那一来，我们马上就清楚地认出了，霍布斯在他的《论公民》第一章所精彩绝伦叙述的"人对人是狼"（*bellum amnium contra omnes*）。我们不但看见了，每个人是如何试着从

371

别人那儿掠取他自己的所需，还看到一个人为了增加自己微不足道的福利，甚至可以毁掉别人一辈子、夺走他所有的快乐。这便是利己主义达到巅峰的标志，在这方面，利己主义的现象只被一种真正坏到骨子里的现象所胜过，即相当冷漠而无所谓地以寻求他人的苦痛和伤害为乐，虽然他本身却并不因此得到分毫的利益；我们将简短谈谈这个。读者们应阅读我在《论道德的基础》第 14 节中对利己主义来源的叙述，以便和此地所讲的来一个对照。

我们在上面发现痛苦是一切生命根本的且不可避免的，它的主要来源——当痛苦实际上以确定的形式出现时候，即那 Eris（司倾轧不和之神）——就是那一切个体的斗争，就是矛盾的表达，通过这个矛盾，生之意志在自身的内部就受到影响，经过个体化原则，这个矛盾也具有了可见性。野兽的斗争乃是一种野蛮的手段，以令人吃惊的方式直接使这个矛盾变得清楚。在这个原始的不协和中，就发现了一个永恒的苦痛之源，不管怎样小心翼翼地防范它只是徒然；现在我们就要更进一步来考察它。

62

我已经解释过，生之意志最原始、最单纯的肯定，乃只是肯定一个人自己的身体，换言之，通过时间中的意志表现出自身，就身体在它所具的形式、适切性，从空间方面同样显示出这个意志，再没有别的。这种肯定，显示了自己是借着身体本身力量的运用而有的身体之维系与保护。说到它，直接就涉及性冲动的满足；没错，只要生殖器属于身体，那么性冲动便属于意志的肯定。因此，自愿弃绝性冲动的满足——这种弃绝根本不被任何动机怂恿——在某种程度上就已经是对生之意志的否定；它乃是在那抚慰者一般作用着

的认识面前，对意志的一种自我压抑。当然了，像这样对一个人自己身体的否定，本身表现得就像意志与自己的现象产生的矛盾一样。看吧，虽然身体也把繁殖的意志具体化为生殖器，但繁殖的行为却并不被意欲。正因为这种弃却乃是生之意志的否定或废除，它就成了一种艰苦的、痛苦的自我克服，不过这留着我们以后再讲。现在，既然意志仗着突出的利己主义，从无数个像你我一样的个体中表现了一个人对自己身体的自我肯定，那么意志也很容易越过了这重肯定，去否定出现在其他个体中的那同样的意志。前者，突破另一个意志的肯定的藩篱；个体摧残别的身体，强迫他人的身体使役于意志者的意志，不让其服从原本的意志。那么，要是意志者从表现为他人的身体的意志中夺取了那个身体的力量，因此在意志者身体外，增加了役使于他的意志的力量，他就那么地在自身以外，以否定表现于他身体的意志的方式，肯定了自己的意志。这种的突破另一个意志肯定的藩篱，总是无论在哪里都可以体认出来，关于这种概念，我们以"过错"（unrecht）一词表示。双方都立刻认识到这一事实，但不像我们这儿一样由清晰的抽象思考得知，而是从感觉。受害者感觉到，由于他个体被以否绝的手段侵入到自个儿身体肯定的范围，造成他直接的、心灵上的痛苦。这跟那同时感觉到的，因行动所造成的或因丧失的烦恼引发的肉体痛苦，完全不一样、不相干。另一方面，此种过错的加害者有这样一种认识，即他自己跟那出现在被折磨的身体有同样的意志，这么激烈地在这另一个现象中肯定了自己，以至于超过它自己的身体与它的力量的限制，在那另一个现象中否定了这个相同的意志。所以，就意志本身来看，它透过它的激烈之情，和本身进行斗争，并把自己撕扯成片。我说，这种认识立刻展现在心头，不是抽象的而是一种暧昧模糊的感觉。这叫作悔恨、良心的刺激，或许恰当地说：犯过感。

过错，我们在这儿已把该概念作最普遍的抽象分析，在野蛮人吃人肉的行为中，发展到了最完全、特别明显的高峰。这是过错最显著的类型，是意志（它已经具体化到了最高层次：人）冲突最残忍的画面。其次就是谋杀，犯了这种过错，随之而来的常是可怕的良心刺激的清醒，后者的重要性，刚刚已经平铺直叙抽象地说过了。它在我们平和的心灵上刮了一道终身不能治愈的伤口。我们对谋杀的恐惧，畏缩着不敢轻犯，是紧连着我们对于生命的无限依恋，对生命的依恋则是生之意志的现象，是任何有生之物浸润于其中的。（但接下去还要再详细分析，弄清楚一个概念，那就是伴着犯过或犯罪以后来的感觉，即良心的苛责。）故意导致其他躯体的残缺，或仅仅使之受伤，老实说，任何一项打击，在本质上都可以看成跟谋杀同一性质，只是程度上有所区别而已，还有，过错也表现在征服其他个体，奴役他，最后还表现于掠夺其所有等等，后面这种作为，只要所有物是其他个体劳力取得的，就等于役使的作为一样，两者的关系，比起伤害之于谋杀，没什么两样。

因为，从我们对过错的解释来看，只有一个人运用自己的权力取来的财产，才算是无过错地取得的财产。所以拿了这宗财产，我们就从具体化在其他身体中的意志那儿，取走了那个身体的权力，为的是让它们去服务那具体化，另一个身体，也就是我身体中的意志。因为只有用这个方式，犯过的人——夺取的不是另一个人的身体，而是一完全与身体不同的非动物性的东西——他才打入了别人意志的肯定的领域，因为那股力量，别人身体的运作，像是跟这个东西合一了。从这里我们看出来，对财产任何真正的也就是道德上的权益，原本就是仅仅且唯独基于苦干和对环境的改造，就像在康德以前，大家已经一般同意的那样，的确，就和世界上最古老的法典所极为明白正确地表达的一样："能知古事的智者说，一块耕作

过的土地，是属于那砍伐下树木、清理了土地而施以耕种的人，这正如一只羚羊属于那第一个给它致命伤的猎人。"(《摩奴法典》，Ⅸ，44)康德整个法律理论，是一堆奇怪的谬误的纠结，一个错导致另一个错，他打算透过最初的占有建立起所有权来。我只能用康德因为上了岁数而变得头脑虚弱这个理由来解说这点。想想看，我怎能光凭口头的宣布，说我的意志排斥别人使用一件东西，这样，马上就使我对这件东西有支配的权利？显然，这主张本身就需要有权利做基础，而不是像康德假定的那样它自己是一个基础。对那些光是基于本人的主张就自以为已专门持有一件东西的声明，人们对他置之不理，怎能就算是受到伤害或遭到不公平的待遇，也就是说，道德上不对呢？他的良心怎么可能为此感到不安？道理是那么显而易见，所谓对一件东西公正地或合法地掌握，这是绝对没有的事，倒是只有通过我们开始就把自己的力量延伸到一件事物上，才合法地有一个归属或获得的持有。一件东西可以由于某人的努力、尽心（不管多么渺小）而得到改善、进步、保护及免于损害；事实上，这种努力可能只是随手摘下或从地上拾起来一只野生的果子。获得了这样一个东西的人，显然排除了他人分享他因为花在这件东西上的劳力应得的报偿。他使得其他物体使役于他的意志，而不是其他人的意志；他跨过了意志的现象肯定了自己的意志，以致否定了他人意志；换言之，他犯错，他不公[1]。至于另一方面，光是享受一件东西，没做任何栽培或保留使其免于损毁的打算，这实在和自己宣称我们的意志已专门持有它一样，是很没道理的。因此，虽然一个家庭已经单独在某个地区打猎有一个世纪之久，要是没做任何改善此地区

---

[1] 所以说，对于私有财产的自然权利的成立，并不需要假设说两种权利缺一不可，即基于留置的权利和基于形成的权利，其实，后者已经足够。不过"形成"这字眼真正讲起来不是很适当，因为花在一件事物上的努力不一定得是塑造那东西才算。

的努力的话，假如打算阻止一个新人在那儿打猎，便很难说在道德上是公平的。因此从道德上说，所谓先占权完全没有根据；按照这种权利，一个人竟然只由于过去对一件东西的享用，就可以额外要求一份报偿，也就是独占的继续享受之权。对于光靠着这个权利吃饭的人，新加入者可以更有道理的这样问他："正因为你已经受用了这么久，那更应该让别人也来尝鲜。"没有说任何在道德上有根据的，对任何东西独占的持有，是绝对不容许借用改进把它发展，或是免于损害，除非透过其他所有人一方面自愿的退让，这可能是作为对于其他某种服务的一种抵偿。但是这情形就本身而言，要先假设一个由公约管理的社会，一个共同的团体，这就是国家了。道德上成立的财产权，像上面那样演绎出来的，从性质上来讲，是给予东西的持有人一种物权，这就像那人对自己身体所享有的无限支配权一样。凭此他可以用交换或赠与的方式，把他的财产转让给他人，于是，其他人便和他一样持有了同样的道德上的物权。

至于一般意义上过错的施行，若不是用暴力，就是用狡计；至于道德上哪种是基本的，这无关宏旨。首先说谋杀，道德上看，究竟我使用匕首或是下毒，这不重要；至于每一件关于身体的伤害事件，情形也类似。其他犯过的情形也都可以归结到这个事实来，就是，我，犯过者，逼迫其他个体来使役于我的意志，而不是他自己的意志，或者顺我的意志去行动，而不是他的意志。在暴力的途上，我通过物理的因果关系实现这点；但在狡计的途上，借用的手段是动机的驱使，换言之，是透过认识的因果关系。透过狡计，我把虚伪的动机放到别人的意志之前，由于它的影响力，他跟从了我的意志，却信以为他跟从的是他自己的。由于认识乃是动机必须受它限制的一个中介，那么我便能仅仅欺骗他的认识就达到这点，这就是谎言。谎言的目的总是在于影响别人的意志，而不是只影响他所认识的自

己，即只成了手段，也就是只要认识能决定他的意志便好。至于我撒谎的本身，既然来自我的意志，便需要一个动机；然而，唯有他人的意志可以作为这样一个动机，不是他自己的认识，他的认识自己。那么这样，他的认识绝对不能对我的意志有一个影响，所以绝不能运动它，决不能是成为他目标的一个动机；只有别人的意志活动和执行，只有透过这些活动与执行的他的认识，才能是这样一个动机，所以，就只是间接地。这不但适用于所有显然出于自私的谎言，也同样适用出乎纯粹的邪恶——就是只为了要幸灾乐祸地看到他自己造成的、别人蒙受痛苦恶果的情景这类谎言。甚至，还可以适用那些只是吹嘘的言辞，而其目的在于借用夸张或给人的一种改观，来影响别人的意志和行为。单单拒绝说出一项真理，即一个一般化的陈述，本身不能算是有过；但任何一个欺人的谎言就是一个过错。拒绝给予迷途者一个正确路径的指示，并不加给了他什么过错；但谁要是指给他一条错误的途径，的确就犯错了。从刚刚所讲的来看，结论是，任何谎言像任何暴力行为一样，之所以是错的，乃因为它有意把自己意志的权威施加到其他个体，或是，通过对其他人意志的否定，而肯定了自己的意志，正如暴力一般。但谎言的极致就是所谓的毁约，因所有那些提到过的记载，在此地都有完整和清楚的收集。因为，既然我签订了一项合同，也就是契约，别人所允诺要做的事，马上而且被同意地，就成了现在等于我履行这件事的动机。允诺是经过有意且正式的交换；这是必需假定说，契约上文字记述的可靠，是当事人双方能力办得到的事。要是另一方背信毁约，他就欺骗了我，并且，在我的认识里借用虚假的动机替代进去，他就依照他的企图指引了我的意志，把它的意志权限扩张到另一个体上，于是，就犯了一个显然而且完全的过错。契约在道德上的合法性和有效性，便是根据着这个来的。

通过暴力的过错，对于犯过的人来说，不像通过狡诈的过错那样来得低级、下流，因为前者显示了生理的力量，这在所有的情况当中，都有力地撼动了人类（就算它是暴力）。另一方面，后者借用不正当的手段，暴露了自己的弱点，同时贬低了身为一个有血有肉的道德生物身份的犯过者。再说，扯谎和欺骗之所以能成功，只有借着执行人在同时不得不把谎言表现得可怕和卑下，才能由此得到信赖；于是他的成功就依赖着人家对他那事实上根本没有的"诚实"所给予的信托。狡诈、背信和叛逆所到处激起的深刻恐怖，是基于下面的事实：忠实与诚信是这么一个纽带，它让那被劈分为个体的多元性的意志再度结合成一个整体，它就在那个多元性之分散所引起的恶果中加了一个限制。无信无义及悖逆，打破了这最后的外在约束，因而为利己主义的施虐打开了无尽边界。

连带着我们的讨论方法，讲到过错这个概念的内涵时，我们发现它是一种个体言行举动的素质，在其中，个体只要变为出现在其他身体中意志的一个否定者，它就是扩张了出现在他自己身体里的意志之肯定。我们也曾用相当一般的例子指出，过错的领域开始的界限，我们用几个主要概念同时决定了它从最高程度到最低程度逐层次的次序、等级。照这么说，过错的概念，便是始原的、是正面的；而相反，公正的概念，却是诱导出来的、是负面的，我们应该留意到的是概念，而不是文字。的确，要是没有过错，公正根本无从说起。公正的概念只包含了对错误的否定，在它底下，囊括了前面形容过的每一个不逾越界限的行为，换句话说，即不为了更强烈地肯定自己的意志而把别人的意志否定的行为。所以，单从纯粹的道德规定看，这个界限就把整个可能的行为领域分割成属于过错的和属于公正的。一桩行为，只要它并不像上面解释的那样侵犯到别个意志的肯定领域而否决了它，就不是错的。所以，比方说，拒绝在险恶的

困境中帮助别人,冷漠地注目着他人死于饥饿而自己却盈余有多,这的确是残忍的、该诅咒的,但并没有过错。不过,我们可以完全肯定地说,谁要能无动于衷到这个地步,那么只要他的欲望打算去做而并没有受到任何克制的话,他的确会犯下所有过错。

然而,公正的概念,作为过错的否定来看,它主要派得上用场的地方,毫无疑问其最初起源是:当一个企图以暴力达成的过错被防范而免于发生时。这个防范自身不能是错的,于是,它就是公正的(对的)——虽然为此而施行的行为是暴力的,就本身单独来看将是错的。在这里,它只因为其动机而被视为正当,也就是,它变成公正的。要是个体为了肯定自己的意志,以至于过分到侵犯了在我的形体中基本的意志的肯定的领域,否定了它,那么我对于那个侵犯作的防卫,只是对该否定的否定,那么在这个范围来讲,充其量在我这方面,不过是肯定了根本并原始地出现在我身体以内,而以区区这个身体的现象隐约地表示出来的意志;当然它就不是错的,而是对的了。那么,这意味着,我有权用任何武力去否定他人对我意志的压制;显而易见,这甚至可以扩大到不犯错地,也就是公正地杀死掉那些人,他们用外在迫害的暴力侵犯了我,而该暴力又能被一个强力所阻止。因为任何发生在我这边的事情,总是只在我形体基本具有的意志肯定范围以内,并且已经被我形体(那冲突倾轧的所在地)表达出来了;它并不侵犯到别的形体上头去,所以是否定的否定,就是肯定,它本身并不是否定。因此,要是别的意志否定了我的意志——该意志显现在我身上,我的意志为了保存自己而运用自己的力量,并不去否定其他任何遵循界限的意志——那么,我可以无过错地强迫它停止这种(发生在我身上的)否定,换句话讲,在这个范围我有强制权。

凡在我有一个强制权的情形下,也就是完全有权运用暴力反对

其他事物的情况下，我可以视环境的差异，同样正当地用狡诈来反对其他意志的暴力而不算犯过，那么，实际上正如我有一个强迫权那样，我便有一个撒谎的权利。所以，任何人在对付一个搜他身子的强盗时欺骗说他身上一个子儿也没有，他是完全站在对的这边。同样，一个人用谎言把一个夜间光顾的梁上君子赚进地下室，然后把他锁起来，他做得一点儿没有错。比如一个人被海贼诱拐拘禁，为了恢复自己的自由，他有权用暴力甚至欺诈的手段，把那些人杀掉。同样因为这个理由，要是一个诺言是出自直接身体上暴力行为的胁迫，便不再有约束力了，因为受到这种强迫之苦的人，绝对有权甚至可以杀死那压迫他的人而恢复自由，更别说用欺骗什么的了。谁要是不能用暴力取回自己被偷窃的财产，当他转而用狡诈来达成目的时，他不算犯错。说实话，假如有人偷我的钱跟我赌博，那么我用假的骰子骗他，是理所当然之事，因为，我从他那儿赢得的任何东西，本来就是属于我的啊。谁要是否定这点，那么他实在还要费更多功夫去否定战争中所采用的计谋以及战略的合法性；这正是一种建立在事实上的谎言，证实了瑞典的克利斯汀娜王后所说的："大众的话应该视同无物；别提去信任他们的举止啦。"公正的极限那样尖锐地靠近错误的极限。但我以为，如果还需我指出所有的这一切，和刚刚前面提到谎言及暴力的不合法性的讲法完全吻合，这未免就嫌多余而不能举一反三了。它同样可以用来解释，关于善意的谎言（Notlüge）这种奇怪的理论。

所以，从前面讲过的综合起来看，对与错仅仅是道德规定，也就是说，只有涉及像这样的行为和这个行为本身内在的意义才有效。这是直接在意识里起作用的，我们从以下的事实可以看出来：一方面，犯了过错，随之而来的就是内在的痛苦，而这只是犯过者意识到他自己过分强烈的意志肯定已经达到否定别人意志现象的地步，

同样，就其为现象来讲，他跟那受过错折磨的人不一样，然而就本身说，他们两个却是相同的。关于一切良心的苛责这层内在意义进一步的解释，要留到后面才说。至于另外一边，受过错折磨的人，痛苦地感受到他自己的意志受到否定，因为他的意志是通过他的身体及其自然的需要（自然指导他靠身体的力量来满足这个需求）而表达的。在同时他也明白，不算是犯过，他可以用各种手段抵抗那个否定——除非他力量不足。这就是对与错之于人（就其为人，而不是国家的公民）来说所唯一具有的纯粹道德意义，于是，这个意义，便仍然保留在自然状态，不需仰仗任何成文法。因而，它构成了所谓的自然权利（但更好还是叫它道德权利）的一切基础、内涵；因为它的有效性并不延伸到痛苦上，并不延伸到外表的实在上，只及于个别意志的行为，和从这个行为而来在它里面升起的认识（即良知）。但是在自然状态中，它不能在每一种情形中把自己向其他个体确定——即使只是从外在——于是它不能免于用权威而不是公义来统治。在自然状态，要靠每个人在每一种情形中不去犯错，但绝不是说，在每一种情形中免于过错的折磨——能不能免于过错的折磨要看他外在的、偶然的力量而定。因此，对与错的概念，即使在自然状态来讲的确也有效，并且不依照着惯例；不过，它们只是作为一个道德概念，对我们每个人意志的自我认识来讲，才算有效。拿生之意志在人类的个体中肯定自我的那极端不同的强烈程度衡量，它们就好比温度计上的冰点一样，是一个固着点；也就是，一个人自己意志的肯定形成为其他人意志的否定的那一点，换言之，透过过错的执行标示了它的强弱程度，与联带认识牵连到个体化原理（这是完全使役于意志的认识形式）的程度的那一点。现在，谁要是盼望摆开人类行为为纯粹道德上的考虑，或者要否定它，并且只依照行为外在的效应跟它的结果来考虑，那么的确，他可以跟霍布

斯一样,声明对与错是随意设定的习俗,在成文法之外根本不存在;我们绝不能用外在的经验向他解释那本不属于外在经验的东西。霍布斯完全的经验主义思维方式,显著地通过以下事实表现出来:在他的《几何原理》一书中,他全盘否定了真正的纯粹数学,并固执地断定,点具有广延而线具有宽度。问题就在于,我们没法给他呈现一个无延展的点,或一个没有宽度的线;因此我们不能向他解释数学先验的性质,正如无法解释公义之先验的性质,因为他不关心任何不属于经验的知识。

所以,纯粹的公义理论只是道德的一部分,是唯有直接跟执行有关系的,而不是跟受苦痛折磨有关;因前者仅仅是意志的表现,伦理学考虑的只是这个。折磨只是事件的发生;道德只间接地跟折磨有关,只表示出那仅仅为了不再受任何过错的折磨而做的事,并非一种"犯过"。公义的理论,将包括一个个体所能达到的极限准确的定义——在那已经具体化在他自己身体里头那意志的肯定之中,而这又不需要变成否定了出现在其他个体当中同样的意志。同样,它将包括一个跨越这个极限的行为,因此也就是错的行为的定义,而这个错的行为,因此将被施以公正的防范。是故,一个人自己的行为,将总还是我们考虑的对象。

现在,过错的折磨是作为一个事件出现在外部经验中,并且如同我们所说的,在它那里,比其他任何地方都要清楚地展现了生之意志的自我冲突——这是从个体的多元性和利己主义而来,两者都受个体化原理的限制,个体化原理是为了个体的认识而有的表象世界的形式。从上头我们也看出了,人类生命中本质上的苦痛,有很大一部分是在个体的冲突中汲取着永续不竭的来源。

所有这些个体所共同具有的理性能力,那使得他们不仅像动物一样认知了特殊事件,同时抽象地在它的关系中认知整体的理性能

力，教个体辨识出那苦痛之源。理性能力使他们淡忘——甚至可能的话去压抑——这个折磨的手段，借用一个寻常的牺牲（但被一个从那里获得的寻常好处给抵销了）。过错的施行，在特殊情况下对个体的利己主义无论如何的臭味相投，它仍然不能避免在另一遭罪个体中有必然牵连，对于他，这是一个大大的痛苦。现在既然说，理性在思想中综览全体，把个体片面的立足点抛开了一旁，在这一刹那将自己解放，不再依附它，理性看见了个体施行过错产生的快乐，总是被相对地在另一个体受的过错折磨中更大的痛苦抵消。理性也发觉，由于此地所有的东西都是随机的，每一个人便不可避免地要害怕那偶然施行过错带来的快乐掉在他头上的时候，要远比受过错折磨的痛苦时，来得希罕。从这里，理性体会到了要把遍布各处的苦痛折磨减少，以及尽可能公平地分配它，最好且唯一的手段就是让所有人放弃那施行过错所带来的欢乐，这样所有人便省却了折磨之苦。这个手段，便是国家公约（state contract，卢梭称之为"社会契约"）或法律。它是明白设计好了的，由个体的利己主义逐渐运用理性能力，层次井然地进行着，放弃自己片面的观点来使它告成、圆满。在《理想国》中，柏拉图描写了国家和法律的起源，如我在此地演述的一样。的确，基本上这是唯一的起源，而由各个国家的国情决定。更进一步，我们说，在任何土地上，没有一个国家的建立是具备了与此不同的起源的，正因为唯有这种起源的模式使其成为国家，国家是为了这个目标而建立的。但究竟，每一个意义明确的国家它以前的情况，是一群彼此各自为政的蛮人（无政府状态），还是一群奴隶，受某种人独断的统治（专制状态）——这都无关宏旨。这样情况的国家根本不能算存在；国家的产生首先透过那共同的协议而萌芽，并且按照这个协议和那无政府状态及专制状态脱离的多寡程度，国家便多少完美了。共和国偏向于无政府状态，

君主国偏向于专制状态；为这个缘故设立的君主立宪制的手段，偏向于党派的政府。为了建立一个完美的国家，我们必须从某种人的产生开始——这种人，天性上可以慷慨地把自己的福利为公众的福利而牺牲。但到了那个时候，就达到某种"一家"的地步，这个"一家"的福利，和"国"的福利是不可分的，这样，不管怎样在主要事情上头，绝不可能使一个可以脱离另一个单独演进。世袭君主的权力和优点，正有赖于此。

  现在要是说，道德既然只跟公正与过错的施行有关，并能为那些决心不犯任何过错的人精准地制定出行为界限，那么相反，政治科学、立法的理论，便只跟过错的折磨有关。法律理论的制定，永远不会自找麻烦地去计较过错的施行，两者之所以有关，是因为过错的实施，总是必然和过错的折磨有关，这才是立法所着眼的，法律所以制定就是为了尽力防止它。的确，要是我们能想象出一种不至于折磨别人的犯错，那么自然而然地，国家根本不会去禁止它。另外，既然在道德体制中考虑的对象是意志、是人的性情，并且唯有这个才是实在的东西，则坚决的犯过意志，只能由外在力量把它压抑及使之不生效，实际犯下的过错，对道德体制来讲完全（和前者）没有差别，在道德体制的审判下，那心里意志着这种过错的人就被宣判为有错。另一方面，意志和性情，仅仅是这样，便根本同国家无关；唯有举止言动，不管是企图也好真正被执行也好，才涉及国家，这是因为扯上了对应的方面，也就是和别人受的折磨有关的缘故。所以对国家而言，举止言动、发生的事实，是唯一实在的东西；性情、倾向什么的，只有当言行举动的意义可以从性情和倾向来知晓时才能被调查。因此，国家不会禁止一个人在他脑袋里老是酝酿着伤害别人的想法（如谋杀、投毒等）——只要国家确信，上断头台的恐惧可以抑制这种想法的实施。国家也没有要根绝愚昧的盘算、

犯过的倾向、恶的性情，只是在每一个有可能犯过的动机旁边，立下了另一个使这动机无法执行的更强力的动机：无可逃避的处罚。是故，刑法是一部尽可能完整的，对于所有可能想象得到的犯罪行为之各种反动机的编录——两者都是抽象的，为了要对任何发生的事情采取其具体的行动。政治科学或法律制度，就得从道德体制的"外一章"——从公义的理论来借用这个目的，而它，除了对和错的内在意义之外，也决定了此两者准确的极限，不过，它的目的只在于运用它的反面，并且就这个反面来考虑一切道德体制记述为不可侵犯的极限（要是我们希望不犯过错的话），把它当作我们不许别人侵犯的极限（要是我们希望不受过错伤害的话），我们便因此有权对付别人。所以，这些极限便受到法律从消极方面尽可能地阻挠。所以说，就好像一个历史家让人很巧妙地叫作"颠倒的先知"，一个法律教授则被唤作"颠倒的道德家"，因此甚至法律哲学就其真正意义而言，也就是公义理论，在道德体制的外一章中它教导着不可侵犯的公义——它也是"颠倒的道德体制"。过错的概念，及这个概念的否定——公义（从原始的意义讲，它是道德的），通过由积极到消极这种出发点的转换，也就是通过"倒置"就变成是法理的了。这一点加上康德的法律理论——康德的理论错误地从他的"绝对律令"中导出了国家的基础，说国家是一道德的责任——这些，多多少少是最近一个很奇怪的谬误的原因，这个谬误说，国家是一个促进道德体制的机构，说国家是由于要达成这个目标所做努力的结果，说它因此是反对利己主义的。说得煞有介事！好像内在的性情、道德与非道德所唯一从属的东西、永恒的自由意志，可以从外部来修改，可以被印象或什么影响改变！更荒谬的是，这个定理——说国家乃道德意义之自由的条件，所以是道德的条件；要知道，自由是在现象以外的啊，别提人为的制度了。如我们已经说过的，国家

385

尽量不去反对一般意义上的利己主义，相反，国家正是从利己主义中长出来的，它仅仅是只为了替利己主义服务而存在。这种利己主义很明白自己有条理地进展着，并且从片面的观点走向了普遍的，于是借着团结形成所有人共同的利己主义。国家的成立，是基于这个正确的假说：出于纯粹的道德性，也就是从道德的立场而施行的公义行为不可预期；不然国家自己就变成多余的了。所以国家的目标是福利，它绝不反对利己主义，只反对利己主义有害的结果，这是从以自我为中心的个体的多元性引起的，它相互影响个体，阻挠了它们的福利。是故，即使亚里士多德也说（《政治学》，III，9）："国家的目的是在于民众日子都过得很好，就是，快快乐乐、高高兴兴的。"霍布斯也挺正确地、叫人忍不住称赞地解释了国家的这一起源和目的。一切国家法令规章古老的基本原则，*Salus publica prima lex esto*[普遍的福利必须是最优先的法则]，也指出了这点，要是国家完全达到它的目的，那就会产生像完全的公正无往而不利那样同样的现象；不过这两种现象内在的性质与彼此的起源其实是相反的。因此在后者，将是没有人愿意施行过错，但在前者，则是没有人愿意受过错的折磨，于是适合这个目的的手段也就无所不用其极了。因此，同样一条线可以从相反的方向划下，戴上口罩的肉食动物可以和草食动物一般无害。但国家不能逾越这一点；所以，它不能表现出一种像是来自普遍的互惠及彼此交感的现象。因为我们发觉，从它的性质来讲，国家不会去禁止一项绝对不至于叫人受折磨的过错；正由于这类过错根本不可能存在，所以国家才完全禁止。因此，相反地，按照国家以全民福利为依归的倾向看，要不是善行和博爱不可避免地同时和善的举止、爱的行为的履行有关，国家是很乐意看到每一个国民都受到了恩泽和各种博爱的。但那一来，每个国民将情愿扮演被动而不是主动的角色，而我们却没有理由说，

一定要某一个国民做后一种人。所以，能实施的只有消极的或不完全的义务，也就是公义，而不是积极性的义务、慈爱的责任。

如我们说的，立法从道德里借用了纯粹的公义理论，或关于是非的性质与界限的理论，为的是要从反面把它运用到自己的目的上，这个目的跟道德不相干的，就这样建立起了实证法律跟维持它的手段；换言之，建立了国家。因此，实证法律是从反面来运用纯粹道德的公义理论。这种运用可以使它关联到特定民族的特殊关系和环境。但只有当实证法律从本质上按纯公义理论的指导来规定，并且每一条成文法中都可以在纯公义理论中找到理由时，那制订的立法才真正算是一个积极的公义，国家才算是一个合法而公正的组织，一个名正言顺的国家，道德上说得过去的机构，而不是非道德的机构。在相反的情形，实证法律乃是积极不义的建立；它是一个被公然许可的强制执行的过错。这就是专制制度、多数波斯国家的制度；很多制度有不少地方也如出一辙，比如奴隶制度、农奴制度等等。纯粹公义的理论，或自然权利的理论、等而上之道德权利的理论，虽然总是本末倒置，却是每一个公正的实证法律的基础，正像纯数学是每一个应用数学支部的基础。纯公义理论最重要的几点——哲学为了正义的目的所必需指示给立法的——是下面列举的：（1）解释对与错对概念对内在意义及其起源，还有它们在道德上的运用与地位；（2）所有权的导出；（3）契约在道德的有效性的导出，因为，这是国家的公约之道德基础；（4）解释国家的起源与目标，还有这个目标跟道德的关系，还有因为这个关系道德的公义理论倒过来转到立法上的适当转移；（5）处罚权的导出。公义理论其余部分仅仅是这些原理的运用罢了，是从生命中各种可能环境里对是非界限做的更进一步的定义。因此是在某些范围跟头衔下把它给结合、安排。说到这些特殊的理论，所有纯法律的教科书看法大概都

一致；只有在原理上他们言人人殊，因原理总是涉及某些哲学体系。经过我们按照自己的体系把上面的前四点做简单扼要且属于一般性质，但却是确定、判然分明的讨论后，我们仍然要来谈一谈处罚权。

康德做了这么一个基本上错误的断定，即脱离了国家便再没有完美的所有权。照刚刚我们的推论，甚至在完全自然的情况下还是有绝对的自然权利——也就是道德的权利——来拥有财产，若侵犯了它便一定产生不义，为了保卫它可以无所不用其极，而且可以不算有过。在另一方面，脱离了国家，就再没有处罚权，这是很确定的。所有的处罚权只由于实证法律而建立，它在犯过以前，就规定了一个针对犯过的处罚，而这种处罚带来的威胁应该像反动机那样，压制了所有可能犯过的动机。这种实证法律应该被国家内所有的公民视为特许的、视为公认的。所以，国家的各个成员便基于一个共同的合约而有责任要在任何情况之中履行，于是，一方面制定了处罚，一方面要忍受处罚；因此，受刑是应当强制执行的。结果是，在个别情况下，处罚直接的目的，乃是契约形态的法律的履行；不过，法律唯一的目的在于防止对他人权利的侵害。因为，要让每个人免于过错的折磨，所有人必须融入国家中，放弃施行过错，各自负担起来维持国家的责任。因此法律跟法律的履行，也就是处罚，基本上是指向未来的，而不是指向过去。这便使得处罚和复仇有所差别了，因为复仇仅仅就是被那已经发生的事所驱动的，所以是被发生的过去激发。凡不为任何未来目标着想，用痛苦的打击来对付过错的以牙还牙行为，都属于报复，它的目的不过是借用一个加诸他人的苦痛折磨，来让受过苦痛折磨的一个人看了感到安慰。这样的事情是邪恶而不仁的，在伦理上讲也说不过去。某人加诸我的过错，再怎样不能使我因此可以有权用过错回报他。凡不具备任何未来目的的以牙还牙，无论就道德或其他方面而言均不得谓为正当，这是

无论你用什么理由、什么根据都站不住的，所谓 jus talionis[以牙还牙之义]，看起来好像是一个独立自主的、高高在上的有关处罚权的原理，其实毫无意义。所以，康德那个仅仅是一报还一报的处罚理论，是完全没有根据且荒谬的看法。不过，还是有许多的法律教授们如蚁附膻，仍然用各种美好的字句琢磨着它，结果他们除了空洞的浮夸以外，什么也没达到；比如说通过刑罚，犯罪将被铲除、冲淡、根绝啦什么的。但是，没有任何人有权可以把自己当作一个纯粹道德的审判者、复仇者，借用痛苦的鞭打来处罚别人不对的举动，对人家施行处罚、使其悔过。不，相反地，这是再冒失不过、再跋扈也没有的，所以经上说："主说，申冤在我，我必报应。"但人却有权替社会的安全铺路；不过这只有从禁绝一切凡"罪恶的"这字眼所代表的行为，为的是用反动机的手段，也就是吓阻的处罚去阻止它们——这样来着手，才行得通。这种吓阻只有当在罪恶的事情毫无顾忌地发生之时施行处罚，才能生效。所以，说处罚的目的，或更精确地说刑法的目的乃是在于犯罪的制止，这是大家都承认的事实，是自明的事实，所以好比说英国，这甚至呈现在法庭，在刑事案件中所使用的形式极古的判决书中，因为它结束时用的是这句话："如果证明属实，那么你，某某，就应该受法律刑罚的惩责，以儆效尤。"要是一个君王想要赦免一个刚刚被判刑的犯人，那么，他的大臣会警告他这个罪行马上就会被人仿效。区别了处罚跟复仇的，是将来的目的和企图，只有为了法律的履行而施以处罚之时，处罚才具有将来的目标。唯有这样，对于一切未来的犯罪而言，处罚才算得上不可避免、万无一失；这样，处罚便替法律赢得了制止的权利；法律的目标正在于此。好啦，现在一个康德的信徒在这里一定会回答说，照这个观点来讲，被处罚的犯人，将仅仅是被视为"一个手段"喽？而所有的康德信徒唠唠叨叨说个没完的是这个命题：

"人必须总是只能被视为目的，而非手段"，的确听起来像是挺要紧的，并且，对于所有那些喜欢找一个公式而使自己免于任何进一步思考的人来讲，是非常合适的。但经过仔细地检查，我发现它是一个极端暧昧、非常不明确的断定，它绕了很多弯子达到它的目标；它所运用到的每一个例子，都得要一个专门的解释、定义和修正，然而，一般来看，它是不明确的，讲得不多的，更是有问题的。的确，根据法律判处死刑的谋杀犯，现在必须被仅仅视为手段、工具，这完全没有错，因为公共安全已被他扰乱，而公共安全正是国家的主要目标；要是法律不被履行，安全就完蛋。谋杀犯，他的生命、他的躯体，必须作为履行法律的手段，所以是重整公共安全的手段。他被当作这样，为的是国家的公约必须执行，这一点没有错，而只要他是国家的公民，他便包括在了公约中。所以，他为了要享受生命、自由、财产的保障，他拿生命、自由、财产作为大众安全的抵押，而现在，这个抵押被没收了。

此地讨论的处罚理论，对于健全的理性而言是显而易见的——老实说，这大体上不是新观念，只是一个几乎被新的谬误所压倒的观念；也只是在这一范围内，才需要对它作一个很清楚的叙述。普芬道夫那本《论人和公民的义务》（第二部，十三章）中对此的讨论，本质上也包括了同样的意思，霍布斯亦然（《利维坦》，十五及二十八章）。众所周知，费尔巴哈在今天也是抱着这看法的。其实，古代哲学家的言论中已经有了。在对话录《普罗泰戈拉》中（114页，双桥版），柏拉图说得很明白，还有《高尔吉亚》中（168页），最后是《法篇》的第十一卷（165页）。塞涅卡在一个短短的句子中，完美表达了柏拉图的观点和所有处罚的理论："有头脑的人决不因为一件被做出来的错事而施以处罚，乃是为了使它不被做而处罚。"（《论愤怒》，Ⅰ，19）

就这样，我们就学会在国家中认出它的手段，理性的利己主义借这个，设法免于自食恶果；接着，每个人都促进全体的福利，因为他明白自己的福利就牵涉其中。若是国家完全达到了它的目的，那么，既然能用人类集合成国家的力量，让自然界的其他事物越来越能听从人的使唤，那么，某种近乎理想的乌托邦，最后也许就会在某个范围内由于清除了各种邪恶而产生。不过到现在为止，国家距离这个目标还很远；就算国家有什么成就，无数的恶——生命从根本上绝对具有的——将仍然使得国家处于苦痛折磨中，末了，甚至就算所有这些恶事被除去了，无聊马上取代邪恶空出来的位置。还有，甚至个体间的怨恨和不协和，也是国家绝对没法完全杜绝的，因为，当个人在大事情上受到禁止时候，他便免不了在鸡毛蒜皮的小事上发脾气跟斤斤计较了。最后，倾轧不和之神，当我们快乐地把她从国内赶出去，又还是从国外回来了；作为个体间的争执，它是被国家制度摒除了，可是，它又以国与国战争的形态，从外部溜了进来，这趟她十分火急而且需索无厌地大量要求血腥的牺牲，就像是要同一笔累积的债，唯有聪明的预防才免除得了这宗危险。就算假定，所有这些总算基于几千年的经验用谨慎把它克服了、消除了，最后的结果将是整个星球实际上的人口过剩，这种可怕的后果，唯有大胆的想象才敢在心里头把它勾画出来。[1]

63

我们认识到一时的公义——在国家那里，它是处罚、惩责——也看到，只有当它涉及将来才能成为正义。因为若不涉及将来，对

---

[1] 第二部第 17 章是对此的补充。

于暴行的所有处罚和惩责将自然无公正可言，将只是加诸已发生者的第二件恶事，没有意义、说不通。但一时的公义和永恒的公义相当不同，永恒的公义前面已经讲过了，它并不统御国家，它统御世界；这不是依赖人为的制度，不被改变、不被欺蒙，并不逡巡摇曳、错误跟不确定，而是万无一失的、坚决的跟肯定的。以牙还牙的概念暗示了时间，所以，永恒的公义不能是一果报的公义，因此也不能像果报一般容忍所谓延缓、暂免，需要时间来延续，光是靠时间来平衡邪恶的行事和邪恶的后果。不，不，在这里，罪与罚是如此相关，以至于二者合一：

> 你以为罪恶乘着翅膀飞到神那儿，然后再由一个人把它们记录在宙斯的玉简上，然后宙斯展开巨眼明察秋毫，而宣布他对人类的审判？宙斯把它们都记下来的话，整个天庭将不堪容纳如此众多的人类罪恶哪！他怎能逐一番察而判决每一个人该受的处罚。不是的！看处罚已经在这儿——要是你睁开眼睛瞧瞧的话。
> 欧里庇德斯。引自斯托巴伊乌斯，《文选》，I，C.4

现在，永恒的公义实际上在世界的内在本质中已被找到了，这一点，只要读者掌握了我到此展开的思想的全部，就会完全明白了。

现象，它作为统一的生之意志的具体性，乃是多元性的所有部分、形式都寓于其中的世界。存在本身和种类，无论从全体或部分看都只由意志而来。意志是自由和全能的。意志出现在任何事物中，正是由于它在自身和在时间之外规定自身。世界只是意志活动的镜像；一切有限、一切痛苦，一切世界包含的不幸，是意志在意欲着的表示，就那样，因为意志那样意欲着。当然，任何生物有它最严

肃的权利，维持着一般的存在，而它的种族和特有的个体性的存在，全部来说是一个，在环境中来说有许多，乃是处身于这样一个世界里，随着机遇、谬误在那儿载沉载浮、摇曳、流逝无常、总是受苦痛折磨；而在所有那发生了，或的确有可能发生在个体身上的事情中，正义已经实现。因意志属于它；而由于意志是，那么世界也是。唯有这世界自己——再没有别的——可以负起它存在的责任，它本性的责任；此外还有谁能担当这个责任，请问？要是我们想晓得，就道德考虑，人类成其为整体和普遍的价值是什么，让我们思索人类整体和普遍命运吧。这命运，是需求、乖戾、悲惨、不幸、悔恨以及死亡？永恒的公义无所不周；如果人类总体上看不是那么可悲，他们整体的命运就不至于那样灰黯。从这个意义看，我们说世界自身是世界的法庭。假如我们把世界所有的不幸放到天平的一端，而它所有的罪恶放到另一端，那么指针上一定就表示它们是平衡的了。

不过，当然了，世界并没有把自己展示给那从服务于世界的意志中涌流出来的认识，这认识落到个体的方式，正如同它最后把自己向追求者表白的方式，也就是成为唯一的生之意志的具体性，那生之意志，正是他自己。相反呢？没受过文化熏陶的个体，像印度人说的那样，眼睛被摩耶之幕给蒙蔽了。展露给它的不是物自体，只是时空中、个体原则中和充足理由原理等其余形式中的现象。在他受限制的认识形式中，他看到的不是统一的事物的内在本性，只是它的现象——隔阂、分散、数量无穷、差别巨大，并且的确是冲突的。因为对他来讲，快乐是一回事，痛苦又是相当不同的另一回事；一个人是折磨者、谋杀者，另一个人则是烈士、牺牲者；邪恶是一回事，悲惨又是一回事。他看到一个人生活在快乐、富足、愉快的心情中，同时另一个人则濒于饥寒交迫而死的边缘倒卧在前者家门口。于是他问，因果报应到哪里了。他自己在意志激烈的压迫下，

掌握了生命的欢乐与愉快,紧紧地拥抱住它们,但意志正是他内在的本性,他不晓得,同样由于这个意志的作用,他也抓住并且还养育着生命中他看着就会发抖的一切痛苦和悲惨不幸。他眼睁睁看到悲惨,看到世界的邪恶;可是,没认识到两者不过是同一生之意志现象的不同面,他觉得它们非常不一样,甚至是对立的。他经常打算以邪恶,也就是造成别人受苦痛折磨,来逃避悲惨,逃避他自己牵涉到个体化原则中被摩耶之幕欺骗的个体性所受的折磨。这正像船夫坐在小舟中,仰赖着他那一点毫无保障可言的驾船技术,航行于无边无际的暴风雨之洋,随着山一般的巨浪,载浮载沉,同样,在一个充满了苦痛折磨跟悲惨不幸的世界里,遗世独立的人冷冷地坐着,受个体原则的支持,并且依赖着它,这个体原则就是个体将事物认识为现象的方式。在无休无尽的世界,那无限的过去、无限的未来,到处充满了苦痛折磨,对他来讲这都是陌生的,是虚空之幻。对他来说,唯有他流逝的形体,他没有延展的现在,他片刻的满足才是实在的;而他也竭尽所能维持住这些——只要他的眼并没有因为一种更高明的认识的启发而打开。要达到那种认识,那么在他意识的最深处就存在着一个整体而模模糊糊的预感,觉得所有这一切,的确真的不是那么陌生的东西,而是跟他有一种关联,是个体原则所无法再保卫他的了。从这种预感升华,产生了那不可磨灭的敬畏,这是人类共同具有的(而且,甚至对比较聪慧的动物也很有可能),突如其来握住了他——由于偶然的机会,他们对个体化原则产生困惑时,就是当充足理由原理的任何一种形式好像碰上例外时所发生的。比如某些改变好像发生得没有原因,或一个死去的人又复活;或者,不晓得由于什么方式,过去的或将来的事出现在眼前,或许,远的变近等等。对于诸如此类事情的恐惧,是基于这个事实:突然间,我们对现象的认识形式产生了困惑,而只有那形式,是把我们自己

的个体性跟世界的其余分割开的。但这个分割，只在于现象，不是物自体；而永恒的公义正基于此。事实上，一切暂时的幸福建立在根基不稳的根据上，一切的明智也基于这种根据。这两者保护人，使人们免于意外伤害，提供快乐，但人不过是现象而已，他之所以跟其他个体不一样，免于其他个体所受的折磨，只不过依赖现象的形式和个体化原则。按照事物的本性来看，每个人在自身中都有着整个世界的苦痛；实际上，只要他是坚决不断的生之意志；换言之，尽所有的力量肯定生命，他就必须把世界的所有痛苦都看作对他来说是实在的。对那看透了个体化原理的认识，在时间中享受快乐的生命，这是由于机遇而有或借着狡诈赢得的，掺杂在无数其他生命的苦痛折磨中，只不过是乞丐的一场梦，在梦中乞丐变成国王，但他必然从中醒觉，体会到让他从生命的困苦折磨中脱离的，不过是一流逝无常之梦而已。

　　遵循充足理由原理和个体化原则所产生的知识，是看不到永恒的公正的；它们完全疏忽了永恒的公义，除非它以某种方式很空洞地拥护它。个体原则看到的是邪恶的人干下了各种坏事、犯下很多错后，过着快活的日子，最后平安离开人世。它看到的是被压迫的人，苟延残喘拖到最后，过完了充满痛苦折磨的一生，望不到一个复仇者、替他们说话的人。然而只有这样一个人才能掌握并理解永恒的公义：他越过了根据充足理由原理的指导、因此被限制在个别事物上的知识，他体会了理念，他看透了个体化原则，很清楚现象的形式并不能施诸物自体。还有，唯有这样的人，靠同样那种认识的力量，才能领悟到美德真正的性质，这接下来我们马上就要说明——虽然说，讲到美德的实践，这种抽象认识根本是不须要的。因此，对于达到刚刚讲的那种认识的人来说，这一清二楚了，就是说，既然意志是每一个现象的本身，那加诸他人以及自己体验到的悲惨不

幸,那低劣、不善与邪恶,总是关联到同样一个内在的"存有"——虽然这个或那个表现自己的现象,很明显是不同个体,甚至被差距极大的时间空间分割。他看出来,那施以苦痛折磨的人,跟必然受苦痛折磨的人,其不同只是现象,并不是物自体,物自体是意志,意志生长在两者里面。在这儿,意志被那服从于它的认识蒙蔽,认识不到自己;为了谋求增进意志现象其中之一的福利,却造成了另一现象更大的痛苦。这样在它火焰一般燃烧强烈的欲望之下,它的牙齿深深咬进了自己的血肉,不晓得它总是只伤害了自己,经过了个体化的中介,在这个形式中表露了自己最内在本性中具有的冲突。折磨者与被折磨者乃是一体的。前者误以为他并不分摊痛苦,后者误以为他并不分摊"罪"。假如双方都擦亮眼睛瞧的话,施以苦痛的人将体认到,他生活在整个广大世界的所有受苦的事物中,同时,要是具有理性能力,他绞尽脑汁也想不透,为什么那些东西要为了这么大的痛苦存在,而痛苦的罪与原因是它所不知不觉的。另一方面,被折磨的人将看出来,过去或现在世界上所犯的一切邪恶,都是从意志而来的,那意志,同样构成为他自己的内在本质,同样出现在他自身中。他会看出,透过这个现象跟现象的肯定,他已承担了一切从该意志来的各种痛苦,而只要他正是这个意志,便理所当然地忍受着这些。预言诗人卡尔德隆由于这层认识,在他的《生之梦》中说出了:

> 因人最大的不幸
> 是在他被生了下来。

当死亡根据一不可更改永恒的定律跟在了生命后头,你怎能说生命不是一个不幸呢?在那句诗中,卡尔德隆不过是表达了基督教的原

罪的教义罢了。

要对永恒的公义有鲜明认识，要晓得那连接了 *malum culpae* [处罚的恶] 和 *malum poenae* [被处罚的恶] 两者不可分割的均衡，那你就要完全超越个体性和使它得以可能的原理。因此，对于大部分人，总还是不可企及，同样说到了跟它很有关联的一切美德真实的本质，要他们对此有一番纯粹而清楚的认识，也不容易，我们现在就来讨论它。因此，印度人那些聪明的祖先，就在《吠陀》中直接表示了它，只有那三个"再生"阶级的人可以接受，或者说是表示在秘密的教义中，也就是，只要概念跟语言能体会它，只要它们那图画式甚至是狂想式的表示方法能容纳它的话。但是在一般民众的宗教中：或说在公开的教义中，他们就只能用神话来传达了。在《吠陀》中我们找到那直接的启示，它是人类认识与智慧最高的成果，它的内核最后在《奥义书》中给予了我们，这是19世纪收到的最尊贵的礼物。它以不同的方式表达，但特别是借着这个事实：世界一切有生无生的东西，是被一个挨一个带过首创者面前，而加诸它们每一个的，是这句变成了，"Mahavakya:Tatoumes"，或者更正确一点说，"tat tvam asi"，那意思是："这就是你。"[1]但对大多数人而言，那伟大的真理，就他们有限的心智所能理解的范围，便被翻译成依据充足理由的认识方式。从它的性质来讲，这种认识方式的确相当没法纯粹地吸收那真理本身；它甚至跟那真理直接矛盾；但以一个神话的形式，它获得了替代品，这已足够作为行为的指导。因为，神话通过比喻的描写，在那根据充足理由原理的认识方法（它永远和那个意义扯不上关系的）中，把行为的伦理意义转变成容易了解。这便是宗教教训的目标，因为，这些都是俗

---

1 《奥义书》，第一卷60页以下。

人的智力所达不到的那真理所披上的神话外衣。就这个意义而言，拿康德的用语来讲，神话不妨称为一个实践理性的假定，就这样来考虑，它一宗大大的好处，是绝对只包含了我们限于实在的领域的眼睛前的那些基本要素，于是就能用知觉来支持一切它的概念。我这里指的是灵魂转世的神话。这个神话教训说，由某人加诸他人的生命上的一切苦痛，必须于来生在这个世界上以同等分量的苦痛偿付。它达到一种地步，说是一个仅仅杀死一头动物的人，将在无限时间中的某一点，降生为同样这种动物，受同样的死亡之苦。它教训说，邪恶行为的报应是一个处于苦痛折磨的来生，和做一个受世界遗弃的生物；说一个人理所当然地再度降生在低等阶层，或做一个女人，或做一只动物，做一个贱民、一个屠户，成为麻风病人，成为鳄鱼，等等。神话里所威胁的一切悲惨折磨，都被实在世界提供的知觉所支持着，这是透过了那些受苦痛折磨的生物——它们，不晓得凭什么自己要受到悲惨折磨的处罚；要另外借用地狱什么来加强效果，实在已大可不必了。在另一方面，神话许诺的报偿是一个形式上较好较高贵的"再生"，像婆罗门、智者或圣人。最高的报偿要有最高贵的行为、最完美的弃却，在女人来说，就是要一连七世都自愿地死在殉夫的火堆中；一张纯洁的、不吐出一句谎言的嘴也算得上——这样的报偿，在我们的语言中，只有否定性地用神话表示出来，也就是经常那样做允诺的，可以不再被生下来："你将不再具有现象的存在。"或者，像既不承认《吠陀》也不承认阶级的佛教徒那样说："你将达成涅槃，换句话说，到一种不再有生、老、病、死四苦的境界。"

从没有一个、以后也不可能有一个神话会比这个古老教义更密切地跟哲学真理结合了，这教义是来自世界上最高贵、最古老的民族。虽然这个种族现在已经支离，它仍然掌握住了这个真理，当作

该民族普遍的信条,而它对今天的生活也具有决定性的影响,就像它在四千年以前那样,所以,毕达哥拉斯跟柏拉图理解并且赞美神话的表白当中那种 *non plus ultra* [空无加上超越],从印度或埃及那儿接收过来,尊敬它、运用它同时也信仰它,到一个怎样的地步我们是不晓得的。而我们相反地,现在把英国牧师、把传道的亚麻织造商派去教导婆罗门,为的是出于同情来纠正他们,指出他们是从虚无中被创造出来的,于是他们应该感激、高兴。但这正像我们朝着悬崖峭壁开火一样徒然。在印度,我们的宗教任何一个时期都绝不可能生根;人类古老的智慧,是不会被基督教徒中偶然的事件压倒。正相反,印度智慧倒过来流向欧洲,它使我们的知识和思想产生根本变化。

64

从我们对永恒的公义的描述——那是哲学的而非神话的——我们现在要来研究那密切相关的行为的伦理意义和良知(良知只是察觉到该意义的知识)。但是,此地我希望大家首先要留意人性的两个特征,这很可能会帮助我们弄清楚,究竟永恒的公义的本质,还有此种公义所依靠着的意志在它所有现象中的同一,是如何被每一个人认知,或起码有模糊的感觉。

一件恶事被实施以后,它不但给被伤害的一方一种满足,即经常充满了一种报复的欲望,并且使完全不相干的旁观者满足,满足于看到导致他人痛苦的人,轮到受完全一样的痛苦;这相当于脱离了国家的惩罚的宗旨(我们已证明过了),而国家惩罚的宗旨是刑法的基础。在我看起来,此地所表达的不过是对那永恒的公义感到的意识而已,不会它马上就被不纯净的心灵误会了、弄错了。这样

的心灵，纠缠到个体化原理里，犯了一种概念含糊的毛病，而要求到只属于物自体的现象上来了。它没看清在什么样的程度上，侵犯者与被侵犯者是同一的，同时承受了痛苦和罪恶的，乃是同样的内在本质，在它自己的现象里它没有体认出自己。相反，它很迫切要重新看到同样的个体受到痛苦，而罪恶属于此个体。一个人也许具有大恶，虽然这种恶或许在很多其他人身上发现，但品质上不能跟在他身上发现的相匹配，就是说，一个人由于不寻常的心智能力而比别人优秀许多许多，而他又以不可名状的苦痛打击千百万人——比如一个世界的征服者。多数人会盼望说，这样一个人将在某时某地为他所造成的一切折磨偿付同等分量的痛苦，因为他们没有认识到，折磨者与被折磨者本身是怎样同一的，被折磨者维持存在与生命所依赖着的，正是那出现在折磨者里头同样的意志，正因为透过了折磨者，那意志才达到了自己本性最显著的展露。这样，意志同样在被压迫者与压迫者里激发痛苦，的确在后者里面更甚，而和意识具有的更高层的清晰与明显程度，以及意志更强烈的程度成等比例。然而基督教的伦理学却相反地去证实了这个事实：说是更深刻的认识，不再牵涉个体化原理，一切美德与心灵的高贵从那里流出来的认识，是那再不怀着要求以牙还牙的感觉的。这种伦理学积极禁止一切以牙还牙的报复，让永恒的公义在不同于现象的物自体的领域内统御着（"主说，申冤在我，我必报应。"《罗马书》，十二章，十九节）。

人性中一个更惊人但同样也是更稀罕的特征，它要求把永恒的公义扯进经验的领域，也就是个体化原理作用的领域，同时又暗示出一种感觉所觉察得到的意识，就是像我上面说过的那样：生之意志自己出钱上演这出伟大的悲剧兼喜剧，而同一个意志在所有现象中活动——这个特征像下面讲的这样。有时候我们看到，一个人，

对于一件他自己所经历到或只目击到的暴行激起了那样强烈的义愤,以至于义无反顾地,他决定把自己的生命孤注一掷,为了要对那暴行中迫害的一方施以报复。我们看到他多少年来像猎犬一般搜寻着某一个有权势的迫害者,最后把他干掉,接着自己死在绞架上,这是他已经预料到的,的确,通常他并不企图用任何方式逃避这点,因他的生命对他而言只有一个复仇工具的价值。像这个例子,特别在西班牙人中找得到[1]。现在,要是我们仔细考虑那个复仇狂的精神,我们就会发现,它跟普通的报复相当不同,普通的报复盼望通过使迫害者受苦来缓和忍受者的痛苦;的确,我们发觉它的目的与其说报复,不如说处罚。因为在这里,真正可以发现透过榜样与例子以儆未来的意图,无论对那死于此一企图的报复的人,对那透过法律保障自己安全的社会,都毫无自私的目的掺杂在内。处罚被个人执行,而不是被国家;它也不是履行法律;相反,它总是牵涉到一个国家不会或许不能处罚的举动,对国家的处罚它嗤之以鼻。在我看来,这种把一个人刺激到超越了一切保全自己的限度的愤怒,乃是从最深刻意识到自己是透过时间中各种时期出现在一切生物中的整个生之意志,于是那遥不可期的将来,就像是现在,同样都是他拥有的并因此对他来说不是什么分得出彼此的事情——从这种意识茁长出来的。而肯定了这个意志,他无论如何盼望说,在这出表现了它内在本性的戏剧中,再不需要像这样可厌的恶事出现;于是他希望以一个复仇的例子,来恐吓将来每一个做恶事的人,这种复仇是没法抵挡的,因死亡的恐怖已不能阻止复仇者。虽然此地生之意志仍然肯定自己,它不再依赖个体现象,不再依赖个人,而是拥

---

1 那位西班牙主教,他在最近一次战争中,使用毒药在餐桌上与法国的将领们同归于尽——他是一个这类的例子;这一场战争中还有许多事实也是这样的。此外《蒙田文集》第二部第 12 章也可以找到些例子。

抱了人之理念。他盼望让这个理念的现象保持纯洁，不被这可厌的、叛逆的诸恶所玷污。这是一个稀罕的、有意义的、甚至庄严的性格上的特征，由于它，个体牺牲了自己，努力使自己变成永恒的公义之手，但永恒的公义真正的内在本性，他仍然还不能看出来。

65

到此为止，我们对人类行为的所有讨论，已经为我们最后的结论铺好了路，同时也大大有助于我们升华到哲学和抽象的清晰性，证明它是我们主要观点的一个分支，因此，也就把行为真正伦理的意义（在日常生活中被称为善和恶）变成完全可以让人理解了。

但首先我希望追溯善、恶（好、坏）这些概念的真正意义，我们今天的哲学作家们奇怪地把它们当作简单概念看待，就是说，当作不能再作任何分析的概念。而我的做法，是打算让读者们不再纠缠在一些模糊的、不清不楚的看法中，使人们以为这些概念包含了比实际上情形要多的什么，我要让这些概念就其本身、在本身而言叙述此地所须要大家明白的一切。我能够这么做，因为谈到伦理学我自己就很少躲在善这个字眼后头，就像以前我也很少躲在美和真这些字的背后，为了把它看作名词后就假定说它现在具有特殊的 σεμνοτης（庄重），所以在许多情况中有帮助，于是以一种庄重的态度，我可以说服别人说，只要开口讲出这三个字，我就远比表达了那三个非常广泛且抽象的概念要来得高明，于是乎，那些概念其实什么也没包含，倒是有很不一样的起源与意义。老实说，谁要是的确熟悉我们这个时代的写作，再来看这三个字，尽管它们本来牵涉的东西是很值得赞美，但重复了一千遍老是看到那些毫无思想能力的家伙，自信只要张开嘴装作迷途羔羊似的喊出这三个字，就可

以如愿以偿地吐出了伟大的智慧，噫，你敢说自己最后不至于被这些字眼弄得作呕三日？

真这个概念的解释，已经见于《论充足理由原理》第五章第29节以下。美这个概念的内涵，在本书整个第三篇中首次得到正确的解释。现在我们来追究善的概念的意义；这可以很轻松地解决。这个概念基本上是相对的，指一个对象对意志任一特定的作用的适切性或合适性。所以，任何向意志在任何一种跃现情形协调的东西，满足了意志的目的的，就被透过善，也就是好的概念而思考——尽管这东西在其他方面可能有所不同。因此，我们说好吃的东西、好的道路、好天气、好武器、好兆头等；简而言之，我们把任何刚好是我们要它那样的东西，叫好的。所以，一个东西可以对一个人说是好的，对另一个人则恰恰相反。善的概念被细分成两种，一种在任何情况都直接满足意志的，另一种是只在将来给予间接满足的，换句话说，那算作是合宜的、有用的，又是一种。好的相反概念，只要我们讲的是无认识的存在物，就用"坏"这个字眼表示，比较不常见而且抽象的，就是"恶"，所以它指的是在每一种情形和意志的挣扎不协和的任何东西。就像所有和意志发生关联的其他东西那样，凡对于这预期的目标能够赞成、促进和有帮助的人，就因同样的意义而被叫作是好的，并且总是保持其为相对的，好像在这句话里可以看到的："这对我是好的，对你却不然。"但是，那些性格上常常天生就不大至于阻挠别人这方面意志的努力，倒是帮助它的努力，所以是一心一意能够提供帮助的、善意的、友好的及仁慈的人，就被叫作好人，这正由于他们的行为模式和一般他人意志的关系而来。说到了相反的概念，运用到具有认识的生物（动物及人类），跟没有认识的东西上，德国人就用不同的字眼儿形容——法国人几百年来也一样——说它是 bose, méchant（恶意、不仁）；

至于在几乎一切其他的语言中，这个区分并不存在，如拉丁语的 malus，希腊语的 κακος，意大利语的 cattivo 和英语的 bad，可以同样用到违反一个确定的个体意志目标的人类，跟非生命性的东西上。所以，我们已经完全从"好"的被动面出发，我们的讨论只有在后来才转向主动面，并考察所谓好的行为模式，而不再牵涉其他的，我们只考虑好人本身，我们的讨论将特别做一番诠释工作，来解释这样的行为纯粹客观地加给别人的敬重，还有，显然由这个人造成的特殊的自我满足，这是甚至用牺牲别种东西的代价所买到的。另一方面，它也能解释伴随着恶的性情而来的内在痛苦——无论它带给胸怀恶意的人多少好处。现在，伦理的体系——不管是哲学的也好，由宗教教训支持的也好——就从这里产生了。两者都总是企图用某种方式，把快乐跟美德联结起来，前者运用矛盾律，甚至用充足理由律，这样，总是极其复杂地，把快乐跟美德等同，或作为美德的结果；不过那后一种讲法，是要断定存在着有别于我们经验所知的世界的另外世界[1]。另一方面，从我们的讨论看，美德的内在性质，它本身是朝着跟快乐完全相反的方向努力着的，快乐的方

---

[1] 附带说，我们应该指出，任何积极的宗教理论它强大的力量，它稳固地掌握住了灵魂的基本的地方，完全在于它伦理的那一面；虽然这并不直接这个样子，但它和宗教神秘的教义其余部分（那是每一个宗教教训的特征）是那么根深蒂固地结合着、交织着，并且唯有连通它才解释得过去，我们由此就看了出来。只要是，尽管说行为伦理的意义不可能按用充足理由原理来解释，但任何一个神话均追随此一原理，那么无论如何信徒们便认为言行举动的伦理意义和它的神话，相当不能分割，的确是统一的，于是就把所有对于神话的攻击，视为对公义与美德的攻击。这会到达一种地步，使得在一神教的国度，"无神论"变得和"一切道德的缺乏"成了同义词。牧师僧侣们很欢迎像这类概念上的混淆，也唯有因为他们，那可怕的怪物——宗教狂热——才兴起，才不仅仅统御了特别顽固特别乖张的一些个人，并且也统御了整个国家，最后，把它自己融入西方世界，成为宗教裁判所——一个在历史上侥天之幸只发生过一趟的东西。按照最近权威的报道，光是马德里一处（至于西班牙其他地方同样有很多很多这类教廷凶手的巢穴），宗教裁判所在三百年来已经把三十万人基于信仰的问题残忍地断送在火刑桩上。所有狂热于宗教的信徒，当他们想要别人倾听自己时，应该马上在心里头回味回味这件事。

向只朝着幸福和生命而已。

从以上的叙述我们知道，好，也就是善，照它的概念来看是 των προς τι[属于相对性质的某物]，故此，所有的善基本上是相对的；因为它基本的性质只在于它和一个渴望的意志的关系。是故，绝对的善是一个矛盾；至高之善(Summum bonum)，指的也是同样的事，就是实际上是一个意志最终的满足，这样的满足达到后，再不产生新鲜的意志活动了；一个最后的动机，它的达成，将给予意志一个不可磨灭的满足。照我们在第四部到此为止的讨论来看，这样一个东西根本无法构想。意志之不能透过某些满足而停止其不断更新的意志，正如时间不能有结束或开始；对于意志，没有任何一劳永逸完完全全餍足了它的焦渴的永恒之满足。它是达那伊得斯之筛；对于意志，没有至高之善，没有绝对之善，总是只有一个暂时的善。不过，要是我们盼望保留一个旧式的讲法，我们基于习惯不想彻底把它扔掉，那么我们不妨暗示地、比喻地，将意志的自我抹除、意志的否定，叫作是真正意志的放松，唯有它，才永远平息了意志的渴求；唯有它才给予我们再不被骚扰的满足；唯有它是普及大千世界的"尊重"；这就是我们目前在整个讨论的结尾所要考虑的；这就是绝对的善，是 Summum bonum；而我们可以把它看作是那个疾病根本的治疗，对于这个疾病所用上的一切其他善的事物，诸如所有那被满足的愿望、所有被达到的快乐，都只是缓和剂、止痛药而已。就这个意义看，希腊词 τελος 还有拉丁词 finis bonorum[目的之善]更符合。对于善、恶这两个字我们讲得已经够多了，现在来讲善和恶本身。

要是一个人一碰上引诱，而且没有外力抑止他，便总是倾向于犯过，我们就说这样的人是恶的。按照我们对于错的解释，这意味着，这样一个人不但肯定了出现在自己身体里的生之意志，而且在

这个肯定中还过了头，以至于否定了出现在其他个体里的意志。这是从以下事实看出的，即他要求其他个体出力来为他自己的意志服务，并且当他们阻挡了他意志努力的路子时，就尝试要来毁灭掉他们的存在。这里的最终的本源，乃是高度的利己主义，它的性质我们已经解释过了。在这里马上我们看清楚两件不同的事；第一，就是在这样一个人里头，一个过分旺盛的生之意志，远远地超过了自己身体的肯定的，而把自己表示了出来；第二，就是这个认识，完全投入了充足理由原理并沉沦在个体化原理中，确定地把自己限制，靠个体化原理把自己的形体跟所有其他东西弄出一个门户壁垒、一个差别出来。他于是只寻找自己的福利，并且对其他所有人根本漠不关心。相反，别人的存在对他而言完全无所谓，被一个深沟隔绝开了；的确，他只把他们当作没有任何实在性的面具。这两种素质正是恶的性格的基本要素。

像这种高度激烈的意志活动，就本身来说直接就是痛苦的一个不断的来源，第一是因为，所有这样的意志活动是从匮乏不足需要之中涌出，所以是从苦痛折磨之中涌出。（因此，就像我们应该记起来在第三篇里讲过的那样，无论什么时候，纯粹放松意志成为认知主体、理念之相关者的我们，投入到美感的冥思中，这时所产生的一切意志活动暂时静止，此乃美感之欢的主要因素。）第二是因为，事物的因果链使得无数的欲望一定仍旧是不被餍足，于是意志毋宁更被阻挠隔阂，而不是被满足。结果，许多强烈的意志活动总是带来许多强烈的痛苦。因所有的痛苦，简单来说，不过是未被餍足和受了阻碍的意志活动，甚至当意志活动受摧残时，身体的痛楚，也唯有基于身体不过是作为客体的意志自身这个事实，才说得过去、才可能。现在，因为强烈的痛苦跟强烈的意志活动分割不开，因此，每一个恶人脸上的表情，便已经烙上内在痛苦的印记。就算

当他们已掌握了每一种外在的快乐，一旦他们从那短暂的欢乐的云端跌下，或是不再掩饰自己，他们便总是看上去郁郁寡欢。从这种内在的折磨——那是他们绝对且直接的根本上具有的——最后甚至还导致一种快乐，不是从利己主义而来的，而是与己无关但对别人受苦自己心里还幸灾乐祸；这就是真正的恶，并且达到残忍的高峰。这样，别人的受苦不再是为了达到它自己意志目标的一个手段了，它本身就成了一个目的。下面，我要对这个对象做一番更详尽的解说。既然人是被认识得最清楚的一个意志现象，他便总是把感受到的、实际的意志满足，拿来跟认识带给他的、仅仅可能的满足去比较。从这儿于是有了嫉妒；所有的匮乏不足，都由于他人的快乐而无限加剧，同时也由于晓得了他人同样苦于此等匮乏而得到安慰和解脱。大家都受到的并且跟人的一生分不开的各种恶事，并不太怎样让我们苦恼，至于那算是气候上的和整个国家的种种不顺遂就更别提了。心里头想起了那些比我们自己所受的还要大的痛苦，将缓和折磨带给我们的痛苦；目击别人的痛苦，减轻了我们自己的。现在，有这么一个人，被极为强烈的意念的压迫填满了，他的内心煎熬着，要把所有东西据为己有，来餍足利己主义的焦渴。那么不可避免，他一定会看到，所有的满足只是表面的，而达到的目标则永远不能吻合预期的目标所给予的承诺——即意志过分的压迫之最终的餍足。他看到的是，欲望被满足后只改变了它的形式，而现在，又在另一个形式下煎熬；的确，当最后所有的欲望把你折腾够了以后，这时就算没有任何显著动机，意志的压迫本身还留着，并且成了一种叫人痛苦的感觉，就是再可怕不过的枯寂凄凉和空洞。像这样的情形——在程度寻常的意志活动下，只被轻微地感觉到同时只产生普通程度的心灰意懒的——在一个达到了邪恶的顶端的意志现象的人身上，它一定引起一个内在过分的痛苦，一个永恒的疲于奔

命、不休不止，一个无药可救的痛楚，于是他便间接地寻求着他没法直接求得的解脱，换句话说，他企图借着欣赏别人的受苦痛，同时认识到这是他自己权力的一个表现，以此来减轻他自己的苦楚。对于他，别人的痛苦本身就是一个目的；他带着幸灾乐祸的心理，笑嘻嘻地欣赏着这幕奇观；这就真正算是残忍的、血腥的现象的由来，这是我们在历史上的尼禄（Neros）、德米西安皇帝（Domitian）、非洲的统治者跟罗伯斯庇尔还有其他许多人物身上所看到的。

复仇的渴望跟邪恶两者之间关系是很密切的。它以眼还眼，它不考虑将来，对将来的考虑是惩罚的特点，但复仇只基于已发生的事情，因为这样而成为过去的事情，所以是于己无利，不是引之为手段而是当做目的，为了要亲眼看到借着复仇者自己的手打击迫害者使他痛苦。复仇跟纯粹的邪恶所以有区别，并且在某种程度上多少还说得过去，因为它似乎表示了公义，就是说，现在被引为复仇之用的同样的行为如果被法律许可的话，换言之，根据一个事先决定已知的规则，同时在一个承认这样规则的社会中的话——那么这个行为，将作为惩罚之用，所以是公正的。

除掉我们所形容的跟邪恶分割不开，好像是同根（就是一个非常强烈的意志）生出来的苦痛折磨以外，还有另一个跟这相当不一样的、特别的痛苦，也和邪恶密切相关。这种痛苦在每一个恶的行为中被感觉到，不论它究竟只出乎利己主义的不公平，还是出乎纯粹的邪恶；并且，按照它持续时间的长短，可叫良心的刺激，或良心的苛责。现在我们说，谁要是记起本书第四部前所有内容，尤其是刚开头解释的那个真理，即生命本身对于生之意志总是确实、肯定的，它是生之意志的翻版或镜像，还有那对永恒的公义的探讨，那么，谁就会发现，照那样的说法，所谓良心的刺激，它的意义也不过像下面我们所要说的那样了——换句话讲，它的内容，抽象表

达起来是这样的,在其中,两个部分被区分,但再度地又得完全吻合,必须当作联合的整体来设想。

不论摩耶之幕多么紧密地覆盖了恶人的心灵,换言之,不论他多么根深蒂固地陷入了个体化原则,按照这个原则,他把自己看成跟所有其他人绝对不一样,而且被一道深深的沟所间隔开来,这种认识,是他全神贯注地攀附着的——因唯有这种认识才适合且支持他的利己主义,这样,认识几乎总是被意志腐化了——尽管这样,在这个人意识最幽奥的深处,总会冒出来一种神秘的启示、预感,说这么一个排列组合的事物只不过是现象而已,但从它们本身来讲,却相当不一样。他有一种预感,尽管时间跟空间怎样把他跟其他个体还有它们所遭受的无数悲惨不幸(的确是因为他造成的)划分开来:尽管时间跟空间是怎样表现得好像和他情同陌路,然而在本体,脱离了表象跟它的形式,出现在所有他们当中的乃是统一的生之意志,在这里,这个意志不能体认出自己的面目,把箭头指向自己,于是,由于寻求意志现象中某一个的福利的增进,而加给了其他现象极大的痛苦。他依稀看到了,自己这个坏东西正是那整个意志;看到了到头来他不只是折磨者,同时还是被折磨者,唯有借着一个梦之错觉,以空间和时间的形式,他才免于那被折磨者的苦楚。但是,啊,这场梦如烟云消散,于是他看到了,实际上为了这种快乐他必需偿付出的痛苦的代价,而所有他知道的可能的痛苦,实际上只作为生之意志而关联到他,因为可能性与实际性、在时空中的远近,对于个体的认识而言只借着个体化原则才有区别,而不是在本身上有差异。这个真理,被神秘地——就是说运用到充足理由原理——用灵魂的转世来表达,因而被翻译成现象的形式表达。可是,它所具备最纯粹不受任何混淆的认识,正建立在那模模糊糊地感觉到却找不到一丝安慰跟寄托的所谓良心的苛责上。不过,它也另从一个

跟第一种直接的认识很有关联的第二种认识产生出来,那就是,对"力量"的认识,生之意志靠这个,在恶的个体身上肯定了自己,这种认识远超过了他个体的现象而扩张,至于完全否定了出现在跟他不同的其他个体里的那同样的意志。结果呢,邪恶的人内心对那连他自己都想隐瞒的言行举动产生一种警惕,这种警惕包藏了一种预感,感觉到个体化原理的空无、虚幻,和这个原理在他自己和别人之间造成的隔阂。同时它包藏了一种认识,认识到他自己意志的焦渴、认识到他掌握住生命把自己紧紧贴着它的那种强大力量,在面对那些受他压迫的人们的悲惨不幸中,他亲眼看到了这同一种生命可怕的一面,然而,他还是那么稳固地纠缠在这个生命中,正由于这样:从他这里来的最可怕的事物,就被当作达到他自己意志充分肯定的手段。他认识到自己是生之意志集中的现象;他觉察了自己是如何陷入生命中,所以同样被陷入作为生命根本的无数痛苦中,要解决可能性与实际性的区别,需要有无穷的空间,要把仅仅只是被他知道的痛苦,转换成被他感觉并体验到的痛苦,就不晓得要花上好多好多的年代。几百万年不断更生的年代,的确只在构想当中延续,正如整个过去与未来只存在于构想中。被掌握住的时间、意志现象的形式,只是"现在",而个体的时间总是更新的;常常,他发觉自己焕然一新地跃入了存在。因为,生命与生之意志是拆不开来的,它的形式只是"现在"。死亡好比落日(读者一定得原谅我在这里重复),只是暂时被黑夜吞噬,然而实际上,它本身是一切光明的来源,它无休地燃烧,把新的一天带给了新的世界,并且总是在那儿起伏轮回着。开始与结束只依赖时间,只依赖个体现象的表象形式才涉及个体。时间以外,唯有意志,即康德的物自体,及其具体性,也就是柏拉图的理念。因此,自杀不能提供解脱;任何人在他最内在的存在中所意欲的,他就一定是那个;每个人是什

么，正是看他意欲什么。所以，除掉了我们仅仅感受到的，那种区分了个体的表象形式的，虚幻的认识外，能刺激良心的，就是对一个人自己意志和它的强烈程度的自我认识了。生命的过程描绘出一幅经验性格的图画，它的蓝本乃是知性的性格，邪恶的人正恐惧于看到这幅图画。这幅画是在伟大的性格中造就，这样，世界分摊了他的恐惧，或许在渺小的性格之中造就，只有他一个人看到，这无关宏旨；因为那直接只和他有关联。要不是性格觉察自己超越了一切时间并且不能被时间改变（只要性格不否定自己的话），那么，过去，就其为区区的现象而言，将成为一件不打紧的事，它不能骚扰或惊醒良知。因此，很早以前发生的事情才常留在我们的心头。"请让我不受诱惑"这句祈祷，意思是"请让我看不出自己的面目"。邪恶的人用暴力肯定了生命，它显示了在恶人加诸别人的痛苦上，他估计着自己距离那被压倒、被否定的意志有多远，他估计着自己能怎样从世界跟它的悲惨不幸中仅仅可能的解脱出来。他看到了自己是怎样地属于世界，并且是多么牢固地约束在世界上。对于别人的痛苦的认识，并不能感动他；他把自己交给生命，交给感觉到的或体验到的痛苦。究竟这样能不能使他克服意志的驱策，使他从这个驱策之中解脱，这很成问题。

这里，关于恶的意义、恶的内在性质的解释——仅仅是感觉，而非明确抽象的认识，它就是良心苛责的内容——将由我们对善用同样方式思考而衬托得更清楚、更完全。我们思考善的方式是把它当作人类意志的一宗素质，最后当它达到了顶峰，就从这个素质中产生了完美的弃却与神性。因为，相反的东西常能彼此说明，白昼除了展示自己也展示了晚上，这是斯宾诺莎曾令人称赞地说过的。

411

66

没有立论和推理的道德，仅仅靠说教是不能有任何效果，因为它并不驱使动机，不能左右它。但一个道德要想左右动机，唯有在"自爱"下功夫。可是，自爱产生出的东西没有道德上的价值。于是从这里我们知道，真正的美德，有人说可以通过一般的道德及抽象认识所产生，我们倒是要说，美德必须由那在别人的个体性中体认了跟自己同样的内在本质的直观认识里涌现出来。

因为，美德的确是从认识来的，但绝不是来自语言文字可以传递的抽象认识。假如是这样的话，美德就可以授受，那么只要在这里抽象地表示出它真正的性质和它根本的认识，我们就可以在伦理上改造每一个理解了这点的人。然而事实上完全不是这么回事。相反，我们再怎样都不能用伦理的言论或讲话制造出一个有德行的人，正如亚里士多德以来的所有美学体系不能造就一个诗人一样。因为，概念对于美德真正的内在本性而言毫无用处，正如概念对艺术不能有结果；唯有完全处于一个附属的地位，概念才能作为一件工具，来制造和保留那用其他方式肯定并推求出来的东西。"意欲是不可教的。"事实上，抽象的学说对美德没有影响，也就是说，它不能影响性情上的善；错误的教条不能骚扰它，真实的教条也并没有能支持它。老实说，要是一个人生命中主要的东西——他永恒的伦理价值，要依赖着某些摇曳不定的东西，仰仗机遇，像是教条、宗教训词以及哲学辩论之类的东西，那将是一件很不幸的事。教条对于道德的贡献，只在于对那些从另一种等下就要讨论的认识中掌握了美德的人来说，可以当作一个图式、公式。照这个公式，他给自己的理性提供一个关于他那非自我的行为的叙述，多半只是虚构的叙述，其本性他的理性能力不能理解，他自己不明白。他习惯满足于

这样的叙述。

当然，教条对行为、对外在的表现有强大的影响力，习惯和榜样也一样（榜样所以能有影响，是因为寻常人不信任自己的判断，他很明白自己的判断是软弱的，于是只依从本人或他人的经验）；但性情并不是被这样的改变的[1]。所有的抽象认识，只提供动机，但就像前面讲过的,动机只影响意志的指向,绝不是意志本身。然而,一切可传播的认识只能作为动机去影响成意志；所以，不管意志怎么受教条指导，一个人所真正和根本意欲的，总是没变。他只是获得了关于意志该用什么方式达成的不同想法，想象动机似乎真指导了他一样。所以，比方说，就他的伦理价值而言，究竟一个人把东西施舍给穷人，而心里坚信他将在来生收回十倍所有的东西，或许，把相同的钱花在改善一件虽然时间拖得很迟却非常牢靠、实际上会带来利息的财产上，这都无关宏旨。而为了正统的宗教缘故把异教徒送上火刑桩的人，正像以杀人为业赢取报酬的恶棍一样，都是满手血腥的凶手；的确，说到了内在的境况，那在迦南地集体屠杀了土耳其人的人，只要是像烧死异教徒的宗教人士那样，以为自己将因此在天堂中赢得一席之地，就毫无心肝地这样做了，那么他也是一样的。因为这班人关心的只是自己，他们的利己主义，正像杀人的恶棍一样，两者只在手段的荒谬上有所区别。就像我们已经说过的，唯有透过动机才能从外部影响意志；但这些，只更改了意志表现自身的方式，绝非意志本身。

不过，就善的言行举动来说，施行者在诉诸教条时，我们总该弄清楚，究竟这些教条是他们真正的动机呢，还是像我上头说的它

---

[1] 教会表示这不过是 opera operata [已完成的工作] 而已，它是无益的——除非，由于神的恩典有了信仰导致了弃却；但这待会再谈。

们不过是他打算拿来讲解一个善行以满足自己的理性能力时一个引起错觉的叙述，而那个善行的来源其实根本不同。他履行这样一种举动，因为它是善的，但他不了解怎么正当地解释它，因他不是一个哲学家，然而他愿意思考一些跟它有关的事。可真相是很不容易发现的，因为它藏在我们内在本性最深奥的地方。所以我们很少能对他人的行为有一个正确的道德判断，别提我们自己的行为啦。个人或民族的举动及行为方式，很可以被教条、榜样及习惯所影响。在本身而言，所有的举动（opera operata）只是空洞的姿态，唯有导致举动的性情，才赋举动以道德意义。但这个性情，尽管在外表的现象上非常不一样，实际上可能相当没差别。同样是邪恶，一个人可以死于车裂，而另一个人则和平地死于家人的怀抱。同样是邪恶，可以在一个国家中表现在那些谋杀者、食人者残忍的性格上，另一个国家中，仔细而巧妙地表现得具体而微，表现在宫廷中的阴谋、压迫以及各色各样的机械之巧中；但那内在的本质还是一样。一个完美的国家，或甚至可能的，一个深入人心的关于死后的报偿与处罚的完美教条，也许阻止得了任何一种犯罪，这是可以想象的。政治上，用这样的方式收获会很多；道德上等于零；相反，唯有通过生命的意志明镜才可以拿来检讨给我们检讨的。

因此，真正性情的善、不讲求功利的美德和纯粹心灵的高贵，并不从抽象认识而来；不过，它们的确是从认识而来。可是，它是一个即刻的、直观的认识，不能被理性驳倒，也不能由推理达成；这种认识，正因为它不是抽象的，它不能被传达，因而必须在我们每个人心里发芽。所以，它不在文字中找到了自己真正且恰当的表白，倒是仅仅在举止中、行为中和生命过程中发觉。我们这班人在这儿寻找着美德的理论，并且因此必须用抽象的词句表示美德所根源的认识之内在本性，但我们没有办法把那个认识本身纳入这个表

示，我们只捕捉了那个认识的概念。于是我们总是从行为开始，只有在行为当中美德变成可以看得着，我们把这样的行为当作美德唯一正确的表示。我们只阐释说明这个表示，换句话说，抽象地说明在它里面到底发生了什么。

现在，在我们相对于前面形容的恶来谈真正的善以前，我们必须先接触"恶的否定"，当它做一个中间阶段来看；也就是公正。上头我们已经充分解释过善、恶是什么；因此这里我们不妨扼要地说，那发自内心认识并接受善恶间纯粹的道德界限的人（即便没有国家或其他权威来担保），以及那——按照我们的解释——决不让自己意志的肯定过分到去否定那表现在其他个体中的意志的人，就是公正的。所以，他不会为了增加自个儿的福利而把痛苦加到他人身上；那是说，他不会犯任何罪过；他会尊重每个人的权利和财产。现在我们看到，对这么一个公正的人来说，个体化原理不再是一个像对恶人那样是一条绝对的分割线；我们看到，他并不像恶人那样只肯定自己的意志现象而否定了所有其他的；他看到，其他人对他来说不再只是面具，其内在的本性则跟他的相对无关了。相反，凭借他的行为方式，他再度在其他那只是作为表象被给予他的现象中，体认出了他自己的内在存在，也就是物自体的生之意志。这样，在某一个程度内，也就不再犯过地，也就不再伤害别人地，他再次在那现象中发现了自己。现在我们说，正是在这样一个程度，他看透了个体化原理、看透了摩耶之幕。在这个范围，他把自己以外的本质看成跟自己的一样；他不去伤害它。

要是我们考察公正最内在的本质，就会在它里头找到那个意图，该意图使他不至于因过分肯定自己的意志而强迫他人，使之服从自己意志而否定他的意志的现象。因此，我们想要施舍他人，正如我们因他人而受益。然而，性情上的公正，总是和真正的善有关，这

个善的性格已不再仅仅是消极的了——这样的公正,到了最高点,便达到一个境界,就是一个人反躬自问:自己有没有权利得到祖传的财富,这样的人只愿意靠自己的力量来维生,或者是动脑筋靠自己用劳力,他感觉别人提供的任何的劳务、任何的奢侈,是一项耻辱,于是到末了心甘情愿地处于贫困。所以我们看到,当帕斯卡尔转向了禁欲主义时,他是多么地不允许任何劳务的服侍,虽然,他有足够的仆人。尽管他的健康情形一直不好,他自己整理床铺,自己在厨房里头做吃食,诸如此类(见帕斯卡尔妹妹写的《帕斯卡尔的生平》,19 页)。同样,据说有很多印度人,甚至一些王公,有庞大的财产,用自己的财富仅仅以维持他们的家庭、朝廷、仆人的开销等等用途,极其谨慎地遵守着不吃任何自己种植、自己收割以外的东西的信条。不过,这种行为根本上还存在某种误会,因为,正由于个人富有而且有权,他应该有能力把这些重要的东西提供给整个社会,以中和他继承的财富,因为他之所以能高枕无忧地享有这些东西,正因为有社会给他保障。实际上,这些印度人公正的程度已超过了公正,的确,已到达了实际的弃却、对生之意志的否定、禁欲主义——这是我们最后要谈的。至于另一方面,纯粹的懒惰、靠先人的产业和别人的血汗过活、毫无建树,即使根据实证法而言是对的,但道德上可以说它是错的。

我们看到,发自内心的公义最根本的源头,在于对个体化原理的某种程度上的看破,而那不公正的人,则仍然完全被约束在这个原理中。这种看破不仅能在具备了公义的那种程度产生,还发生在更高的程度,促使一个人积极地行善、散发出博爱。还有,虽然这样的人,他的意志本身也许有力、强大,这种行为仍然可以发生。认识经常可以平衡意志,可以教导一个人拒绝犯错的诱惑,甚至可以产生了各种程度的善,产生了弃却。因此,善人再怎么说你不能

把他看作是一种基本上比恶人的要来得微弱的意志现象,毋宁说,那是高超的认识在他里头管制了意志盲目的渴求。没有错,有些人仅仅由于意志的脆弱而看起来似乎是"好性子";但一旦他们表现出没有自制力去做一个公正的或好的举动时,马上就能看出真面目。

现在,举一个很少有的例子,要是我们碰上这么一个人,他有可观的收入,但自己只花掉很少,而把其余的都用在贫苦人身上,他自己放弃了很多的快乐舒适,我们打算弄明白这个人的行为,我们会发现,跟他自己用来对自己理性解释自己行为的教条相当不一样,他这种行为方式最简单的表示、它那基本的性格,乃是由于他不像通常那样,在自己跟别人之间分出一个彼此出来。而正是这种彼此之感,在很多人看来,这个区别是很大的,对那恶的人物来讲,别人的受苦是他直接的欢乐之源,对那不公正的人物来讲,所谓受欢迎的乃是指他自己的福利。纯粹公正的人,是会安分地不去追逐这个的;而一般来说,大多数的人知道并且很熟悉其他人所受的无数痛苦,但并没有决心去减轻它们,因为,要这么做他们就必须遭受某种"褫夺"。因此,所有这些人里,在他们自己的"自我"跟别人的之间,好像有着一个强烈的"彼此"。另一方面,对那高贵的心灵(这种人正是我们心仪的)来说,这种区分就没那么大。个体化原理、现象的形式,不再那么紧紧把他控制住了,于是,在别人身上他所看到的痛苦,就像是自己感同身受一般触动了他的心。所以他努力试着去平衡这两者,自己抛弃了快乐,接受着困苦贫乏,为的是减轻别人的痛苦。他觉察到,自己跟别人的区别——那在恶人来说形成了那么深的一道沟的——只属于流逝不定、欺人的现象而已。他马上不用推理也不用论证地知道了,他自己现象的"本身",同样也是别的现象的本身,也就是,那构成了一切事物内在本性的生之意志,并且,生活在一切之中;事实上,他对此的认识甚至拓

展到动物和整个自然;所以,甚至对动物,他也不要加给它们痛苦和折磨。

于是,他不能忍受让别人挨饿受冻而自己却盈余有多,正如任何人为了要往后过得舒服而在目前实行节约。因摩耶之幕对于那施展了爱的功用人来讲,已经变得透明了,个体化原理的蒙蔽远离了他。在每一个生物中他认出了他的自身、他的意志,所以在那受苦者中也一样。他摆脱了生之意志的乖戾,生之意志由于这种乖戾,迷失了自己的本真,在每一个体身上享受着流逝无常的虚空之乐,而另一个体身上相对地受冻受饿和被苦痛折磨。这样,这个意志挑起了悲惨的不幸,也忍受着悲惨不幸,却不知道,像泰哀斯提一样,它是急迫地吞食着自己的血肉哪。于是,它在这儿哀悼自己不该受的苦痛折磨,那儿又干着一件全不把涅米西斯(复仇女神)放在眼里的暴行,这总是因为它不能在其他现象中体认出自己而因此并不觉察永恒的公义,总是因为它陷进了个体化原理,更一般地说,是落入那种被充足理由原理所统御的认识当中的缘故。从这种摩耶的虚幻、欺骗之中醒觉,跟从事着爱的工作——这是一而二、二而一的事;不过,后者乃是那种认识所不可避免的症状。

良心苛责(它的起源跟意义在前面已经解释过了)的反面,乃是心安理得,这是我们做过一件大公无私的事之后所感到的满足。它是由这个事实来的,即当我们直接从他人的现象中认出自己的存在本身时,产生了这一(大公无私的)行为,再次向我们证实了那种认识,认识到我们真正的自己,不但存在于我们自身这个特殊现象中,还存在于一切有生的东西中。这样,心灵觉得自己扩大了,正像由于利己主义它感到自己萎缩了。因为利己主义把我们的兴趣都集中到我们自己个体性特殊的现象上,于是认识总是给我们看那无数不断威胁此一现象的死之绝望,以至于焦虑与牵挂成了我们性

情里的主调，那么同样，认识到每个有生命的东西是如我们自己一样，都有着内在存在，那么这种认识，便把我们的兴趣扩大到一切生命上；这样心就扩大了。因此，通过缩减对自身利害关系的关切，自我的焦急、操心就从最根本的地方受到了攻击和拘束；冷静而充满信心的安宁，是由具备了美德的性情跟一个心安理得之心所提供的，这种安宁随着每一件善行而更明显表示出来，因为它向我们证实了那种性情的深刻。利己主义者感觉自己被陌生而敌对的现象包围着，而他的一切希望便建立在自己的幸福上。善意的人活在一个友善现象的世界中；这些现象中任何一个的幸福就是他自己的幸福。因此，虽然一般来说，对人的宿命的认识并不能使他变得性情愉快，但在一切事物里认出他自己内在的永恒本性，却能给予他一种调和感，甚至是止水不波的性情。因为，那扩张到无数现象上头去的兴趣，不可能引起像集中于一个现象那样产生的焦躁迫切。个体各种意外偶然之事的总和，互相抵消、拉平了自身，尽管那些落到个体头上的偶然事件，依旧有好有坏。

所以说，虽然别人立下了许多道德原理，把它说成是美德的箴言和非遵守不可的法则，我却不这么做，这是我已经声明过的，因为对那永恒的自由意志我不能设下任何"应该"或法则。另外，牵涉到这里我的讨论，跟它息息相关且类似的乃是一个纯理论的真理，而我的整个的说明，可视为不过是从它出来的一个推演，那就是：意志是每一个现象的本身，但这样的意志自己却是脱离那个现象的形式，所以是脱离多元性的。说到了行为，我还不晓得有什么比前面已引用的《吠陀》的表述能把这个事实更有价值地表达出来的：Tat tvam asi（"这就是你！"）。谁要是能以清楚的认识和内在坚定的确信，就他所接触到的每个生物对自己声明这点，那的确就是有福的，就具备了所有美德，并且踏进了拯救之门。

现在，在我还要进一步讨论，并指出"爱"——它的起源和本性我们晓得的，乃是看透了个体化原理——是怎样导致了拯救，即导致了生之意志、一切意志活动全盘的放弃；并且指出，另一条比较不平却是更常让人走的路子，怎样把人带向了同一个目标，而这些，是我讨论最后的一步——在讲述这些以前，我首先在这里要叙述并解释一句矛盾的话。我之所以要解释它，并不因为它是矛盾或让人困扰什么的，而是因为它是事实，并且，为了思想的完整，我非讲它不可。那就是："所有的爱（αγαπη, caritas）是怜悯或同情。"

67

我们已经看到，凭借对个体化原理的看透，公义是怎样在一个较低的水平出现，而在较高水平出现了真正性情上的善，一种显示了自己是纯粹、也就是无所为而为的以至于以情待人之善。现在，当它发展到完美境界，那么别人的个体性、别人的命运，就完全被看成跟自己的一样了。这不能再进一步，因为把别人的个体性当作比自己的还要紧，那就没有道理了。不过，整个一生的幸福都处于危险中的许多人，能压倒对自己个别幸福的牵挂。在这样的情况下，就到达了至高之善和完全慷慨的性格，就会为了其他许多人的福利而完全把自己的福利、生命牺牲。所以，柯朱拉（Coduros）、里昂尼达（Leonidas）、雷格勒（Regulus）、蒂雪司·玛斯（Decius Mus）、亚诺·冯·温克尔黎特（Arnod von Winkelried）为此而死；那些为了朋友和祖国而头脑清楚地慷慨赴死的人也一样。还有，为了维护那应属于全人类福利和对这个福利有贡献的东西，换句话说，为了普遍的、重要的真理，为了扫除巨大谬误，而心甘情愿忍受痛苦并以身殉之的人，也应该算作这一类。所以，苏格拉底、布鲁诺

为此而死；同样，许多为真理奋斗的英雄在僧侣的安排下也死于火刑桩。

现在，说到上面讲的矛盾，请大家回忆一个事实，就是刚刚我们发现痛苦对于整体生命来讲是根本的，是再也分不开的，我们看到，每一个欲望是怎样从一个需求、一个渴想、一个痛苦中涌现，因而每一个满足只是被消除的痛苦，不是被获得的积极的快乐。我们看到，欢乐实在是对着欲望撒谎，说它们是一个积极的肯定的善，事实上它们不过是一消极的、否定的东西，不过是一个恶的结束。所以，对别人所做的善行、情感的投入和慷慨之举，总只是对它们的痛苦的减轻而已；结果，推动他们做善行和引起感情的，总只是起于对别人痛苦的体认，这是直接由于一个人自己的痛苦而了解到的，而被放在一个平行地位。不过，这么讲的话，纯粹的"情感"（αγαπη, caritas）本质上就是同情或怜悯。它所减轻的苦痛（或大或小），那和一切未被满足的欲望有关。因此我们应该不再犹豫地说，单纯的概念对真正的美德之无结果，就像它对艺术没有结果；说一切真正而且纯粹的"情感"乃是同情或怜悯，而所有不是同情的爱就是自私。所有这些都和康德讲的直接抵触，康德认识到的一切像这样真正的善和美德，都只是从抽象思维而来，并且事实上是从责任的概念、绝对律令而来，他主张，感觉到的同情乃是脆弱，绝非美德。其实，自私，是 ερως，同情或怜悯，是 αγαπη。两者的综合常常发生；即便是真挚的友谊，总是一种自私和同情的混合。自私的地方，在于由于友人的出现而快乐，他的个体性跟我们自己的相关，它几乎不可避免地是最大的部分；同情的地方，在于对友人的福利和悲愁有一种感同身受的关心，和为他所作的牺牲，是基于义而不是利。连斯宾诺莎都说，善意不过是一种从怜悯中产生的欲望（《伦理学》，III，Pr. 27，23，注释）。为了证实叫人困惑

的这句话，我们似乎可以举出一些例子，语言中纯粹爱的字眼儿、音调，另外还有爱的抚摸，都跟同情或怜悯的调调儿吻合。附带一说，同情跟纯粹的爱在意大利文中是用同一个字表示，即 Pietá。

这里我想是时候来讨论人类本性上一个顶突出的特点了——哭泣。它像笑一样，是人类跟其他动物之所以不同的表现之一。哭泣绝不是痛楚的一个积极表示，它在痛楚缺乏时也一样会产生。据我的看法，我们从来不为被直接感觉到的痛楚而哭，只是由于它重现在思维中而哭。所以，我们从被感觉到的痛楚——就算它是生理上的——跳到了对痛楚作的仅仅一个心智的映画，一个表象；于是乎，我们发觉自己的境遇是那么值得同情，以至于我们坚决而认真地相信，要是碰上了别人是这个受苦者，我们一定会充满同情且乐于帮助他。现在，我们自己就是自己认真的同情对象；具备了这种最值得怜惜的性情，我们自己就最需要帮助。我们感觉我们忍受的，要超过我们看到了别人忍受的，而在这种特别的感触的心境中，那直接感觉到的痛苦，唯有以一个双倍间接的方式达到知觉——它被描绘成别人的痛苦并被如此同情着，然后突然又被知觉成直接是我们自己的；在这样一个心境中，自然就透过了那奇怪的生理上的抽搐找到了发泄。是故，哭泣是自怜，或者是反投到出发点的怜悯。所以它是受情感、同情的容量以及想象力限制。所以，心肠硬的人或没有想象的人，并不会理所当然地哭泣；的确，哭泣总是被视为某种程度上性格的善的记号，它软化了愤怒。因为我们感觉到，谁要是还能哭泣，也就必定能够有情感，亦即对别人起同情，因为这是依照刚刚形容的方式进入引起哭泣的心境的。彼得拉克对他自己掉眼泪的情形的描写，坦诚而真实地表达了他的感觉——这是完全符合我的解释的：

> 当我深陷于冥想之际,
> 一种很强烈很强烈的自怜之感淹没了我,
> 以至于我经常必需大声地哭出来,
> 这是一件我除此以外不习惯做的事。

刚刚说的也和一个事实吻合,就是被弄伤的小孩,通常是在他们被怜惜、呵护时哭起来,所以不是因为痛楚,而是因为痛楚的想法。至于我们不是由于自己的痛苦而感动落泪,却因他人的痛苦而落泪,则是由如下面描述的情况发生的:或许在想象里,我们生动地把自己放置在受苦者的地位,或许在他的命运中,我们看到了整个人类的宿命,结果也就尤其看到自己的命运。那么,以一种非常不直接的迂回方式,我们其实总是哭自己,同情自己。这似乎正是在死人时,大家普遍地、自然地要哭泣的一个主要理由。他哭的不是丧家的损失;他应羞于有这种自私的眼泪,而不是有时羞于不哭泣。当然,首先他为死者的命运哭泣;然而,即便对死者而言,死亡乃是经过一长串阴暗而无可救药的折磨后,一个希望的解脱,他还是要哭泣。所以大体上,他被一种对全人类终有一死的宿命的同情掌握住。这种宿命的结果是,每一个生命,不管它举动上多么有野心、活力充沛,它总必需烟消云散,归诸无有。不过,在人类的这个宿命中,哀悼者首先就看到了他自己的宿命,越这样,他就越和死者息息相关,至于当死者是他的父亲时就再贴切不过了。虽然对父亲来说,由于老病,以及由于他的无助成为儿子的重负,使得生命变得不幸,但儿子还是为了前面讲的那个理由而为父亲的死亡痛哭。[1]

---

[1] 参考第二部第47章。我想这不太需要我来提醒大家,从第61到67章提要钩玄所讲的伦理学,已经在我的《论道德的基础》一文中有更详细和完整的描写了。

68

在离题讨论完纯粹的爱和同情的同一性——同情转回到我们自己的个体性,它的症状便是哭泣的现象——这之后,我拾起话头,再来谈行为的伦理意义,我要指出,从一切善、情感、美德和性格上的高贵所从出的同一个源泉里,最后是如何涌现出我所谓的对生之意志的否定。

正像前面我们看到的,仇恨与邪恶是以利己主义为条件,而这依赖于被个体化原理所缠绕的知识,所以同样我们发现,公义的来源与本质,还有当提升到最高程度时的爱和慷慨,它们的本质,乃是对个体化原理的洞察、穿透。唯有这种穿透,才废弃了彼此间个体性的门户之见,才使得完美的性情上的善成为可能,才解释了它,这种善,扩展到了最无私的爱,就是对他人最慷慨的自我牺牲。

现在,要是看透了个体化原理,要是对一切意志现象中意志的同一性的直接认识达到高度的清晰,那么,它马上会显出对意志的一种影响,这个影响会越来越深刻。如果一个人眼前揭掉了摩耶之幕、个体化原理的程度到达一种地步,以至于他不再在自己和别人之间作斤斤计较的区别,对其他个体所受的痛苦关心得就当作自己的一样,这样,不但达到最高的善和仁慈,甚至还准备为了救助多数人而把自己的个体性给牺牲掉,那么,自然而然我们得说,这样的人,在一切万有中体认了他最内在真实的"自己",一定也会把一切有生的东西所受无穷的折磨,当作是自个儿的一样,这样,自己担当了整个世界的痛苦。再没有什么痛苦对他来讲是陌生、奇怪的了。他亲眼看到的爱莫能助的他人的一切不幸,他间接知道到的一切悲惨,甚至那些只是他当作可能有的,都使他感同身受。他着眼的不再是自己变动不居的福利或忧苦,像那些仍然收缠在利己主

义中的人所感到的那样，而是由于他看透了个体化原理，每一件东西都同样接近他。他认知整体，理解它内在的本质，并发现它陷入一个不断的流逝、一个徒然的努力、一个内在的矛盾和一个绵亘无穷的苦痛中。无论他往哪里看，看到的是受苦受难的动物界，和一流逝的世界。现在呢，这一切，跟他贴近得就像利己主义者之于自己的形体。那么，他怎能拿对对世界的这种认识，透过不断的意志作用肯定这个生命，同时以这个方式越发地使自己束缚在里头，压迫自己贴近它？所以，谁要是仍旧耽溺在个体化原理里、自我本位里，就只知道特殊的事物跟它们对他自己形体的关系，而随后，这些又一再变成他意志活动更新的动机。另一方面，整体的认识，对物自体之本性的认识，前面描写过的，变成一切意志活动的抚慰者。意志现在从生命引退，对生命的肯定而引起的欢乐使它战栗。他达到了自愿的断念、弃却、真正的宁静和完全的逍遥的境界。有时候，在我们自己痛苦的困苦经验中，或对别人痛苦的活生生的认识中，对于生命的空虚与苦涩的认识，贴近了仍旧耽溺于摩耶之幕的我们。我们希望拔除欲望的螫刺，封闭一切痛苦之门，借助彻底、完全的弃却而把自己净化、神化。但现象的幻觉马上又重新缠上了我们，它的动机使意志再度运动；我们无法自由脱身。动人的希望、如脂如苇的当下、甜蜜的欢乐，还有在一个受机遇与谬误支配的苦痛世界中那走运地落在我们头上的幸福，所有这些，都把我们拉回到意志，而且换上了新的铆钉，把这道枷锁钉得更紧。所以耶稣说："骆驼穿过针眼，比富人进神的国还容易。"

要是我们把生命比作由许多烧红的煤块所排成的一个圈圈，其中有若干处没有燃着是凉的，我们不停地在上面奔跑，那么，牵缠到错觉中的人，就满足于他站立其上的凉处，或看中了附近的凉处，而开始他的奔跑。但那看透了个体化原理，认识到物自体的真实本

性、认识到整体的人，就不再被这种安慰感动；他看到自己同时置身于每一处的所在，他引退。他的意志调过头来；它不再肯定那反映在现象中的、自己内在的本性，他否定它。透露这一现象的，乃是从美德到禁欲的转变。换句话说，要他爱别人像爱自己一样，替别人着想如替自己打算一样，那已经不够了，而是说，在他里头，升起了一种对他自身现象的内在本性的强烈厌恶，对生之意志——这充满了悲苦不幸的世界的本质、核心——的厌恶。于是，他否定的正是这个内在本性，这个本性出现在他里头，并且已经被他的身体表示出来了，而他的行为，拆穿了他虚空的现象，并且公开与之矛盾。基本上，没有任何东西不是意志的现象，他停止意欲任何东西，防止将自己的意志附着于任何事物，努力在自身中坚定地建立起对万有事物的一视同仁。他的身体，健康而强壮，透过了生殖器表示了性之冲动，但他否定了意志，揭穿了身体的谎言；在任何情况下，他对性的满足毫无渴望。自愿且彻底的贞洁自持，乃是踏入禁欲主义或对生之意志的否定的第一步。于是，它否定了那超出个体生命本分外的意志之肯定，这样的声明说，意志——它的现象乃是身体——意志随着这个身体的生命，同时停止——截断。大自然总是那么真实而坦诚，大自然断定说，要是这条格言变成为普遍的话，那么人类就要灭绝；而经过我在前面第二部说过的关于一切意志现象的关联后，我想可以假定说，紧跟着最高层的意志现象，它那比较微弱的反映——即动物界——也要遭受废弃，正如影子随着日光消逝。随着认识的完全废弃，世界的其余部分，也将归于虚无，因为，无主体的客体是不可能的。这里我想引用《吠陀》的一段话："就像在这个世界上，饥饿的孩子们围绕着在母亲身边，同样，一切生物期待着神圣的祭品。"(《亚洲研究》，八卷；柯布克，《论吠陀》，摘自《娑摩吠陀》；柯布克，《杂论》，一卷，88页)

祭品通常表示弃却，而自然的其余部分，则要从一个既是僧侣又是祭品的人那儿得到拯救。事实上，值得一提的是，这个思想也已经非常令人吃惊地被那位可敬而渊博的安格鲁斯·西利修斯，在一首《人把一切献给神》小诗中表达出来了；它是这样写着的：

  人哪！全都爱着你；围绕着你的群众无数：
  所有人为了接触神，潮水一般拥向你。

  但在一位更伟大的神秘主义者，迈斯特·艾克哈特大师——他那些美妙的著作，我们（1857年）终于可以通过法兰兹·费伏的版本接触到——他可是完全把这里讨论的意思讲出来了（459页）："基督是我的见证，因为他说：'我若从地上被举起来（我若从地上被除去），就要吸引万人来归我。'（《约翰福音》，十二章，三十二节）那么同样，善人将吸引万物到神那里，到他们第一度产生原本源流那里去。老师宿儒向我们证实了，一切的创造物乃是为了人的缘故而造。从生物间彼此利用这个事实，证明了所有的生物都这样：牛利于草，鱼利于水，鸟利于空气而动物利于森林。这样，所有的生物为了善人的利益而产生。一个善人负欠神的，正如一个创造物负欠另一个创造物。"他的意思是说，因为就人本身和随着人一起，人也拯救动物，所以他在这个生命中利用它们。的确对我来说，圣经当中那段艰深奥妙的话，《罗马书》八章第21到24节，也应该从这个意义来解释。

  甚至在佛教中，这个说法也找得到；比如，当佛陀还是一个菩萨（Bodhisattva）时，最后一次为他的马装上了鞍辔，准备逃出他父亲的宫廷到旷野去，他向马道出了这样的诗句："你已经，在死生中存在了那么久，但现在你要停下来负载。犍陟哪，只这么一趟，

带我离开这里,当我得道(变成佛陀)以后,我会记着你。"(《佛国记》,亚贝尔·雷穆撒译本,233页)

进一步讲,禁欲主义在自愿且有意的贫穷中展示了自身,这不是 per accidens[偶然地]引起的,因为对财产的放弃本是为了要减轻他人的痛苦,而是在这里,贫穷本身就是一个目的;它被当作一个不断对意志的禁制,这样,欲望的满足、生命的甜蜜,就不会再度骚扰意志了,对于意志,自我认识体会到了一重恐惧。那到达了这一点的人,就像有生的躯体一般,像具体的意志现象一般,仍然感觉到每一意志活动自然的倾向;然而他蓄意压抑它,因为他敦促自己克制一切他有冲动要做的,而在另一方面,做着他不情愿去做的——即使这并没有进一步的目的,只不过为了达到意志的禁制。由于他自己否定了出现在自身中的意志,当任何人做同样的事时,就是以过错施之于他时,他并不抗拒。因此,任何因偶然或他人的恶意而添加给他的痛苦,他都张开臂膀接纳;任何的伤害、任何的耻辱、任何的暴行,他都高高兴兴地接受,当作一个机会来使自己确定说,自己已不再肯定意志,而是与此一意志现象——他自己——的每一个仇敌为邻。于是,他以无限的忍耐和谦恭,忍受这些耻辱与折磨,毫无矫饰地以德报怨,并且让愤怒之火不再在内心炽燃,正如欲望之火之不再炽燃。就像他抑制意志本身一样,他也抑制意志的可见性——意志的具体化、身体。他节俭地供养身体,以免它由于旺盛的蓬勃之气至于重新激发意志,更强烈地刺激了意志,而它只不过是这意志的标志,意志的镜像而已。这样,他依赖着节食,甚至自我惩罚和自我折磨,为了借着不断的困苦和折磨,可以一步紧似一步地折服并扼杀意志,他认识到,这个意志是自己和世界痛苦的来源;他厌憎它。末了,要是死亡到来,打断了这个意志的现象——而这么一个意志它的本质已经老早就透过了对自己的自由否

认而消灭,除了还有一点儿微弱的遗留,即这个身体的生命力——于是,死亡就变成顶受欢迎的了,死亡被高高兴兴地接受,被当作一个受盼望着的解脱。随死亡走到了尽头的,不仅是在其他情况当中那样的现象,内在存在的本身也被废却了;它只在现象中有微弱的存在[1]。这最后一重纤细的羁绊现在被切断了;对于这样结束的他来讲,世界在同时走到了尽头。

刚刚我在这里微弱地讲的,可不是我自个儿发明的什么现代哲学神话。不,它正是基督教徒,乃至于更常见的印度人和佛教徒以及其他宗教的信仰者,许许多多圣哲伟人所过的令人羡慕的生活。尽管说,影响他们理性能力的教条各有不同,但那内在、直接与直观的认识,一切美德与圣洁从那里来的,却完全一样地在生命的行为中表示出来。因为,在这里我们同样可以看到,直观认识跟抽象认识的巨大差别,这个差别在我们整个讨论中是那么重要,并且有广泛的应用,迄今为止却一直被疏忽。这两者间有一道鸿沟;而且,说到对世界内在本性的认识,只能借着哲学把这道鸿沟给跨过去。直观来讲,或具体来讲,每个人的确都意识到一切哲学真理;但要把它们带入抽象认识,带进思维,那就是哲学家的事啦,此外哲学家就不应该、也不能越过这条线。

所以很可能,圣洁、自我弃绝、一个人自己意志的苦行、禁欲主义等等的内在本性,在这里是第一次完全剔除了神话因素,被我用抽象的术语表示出来,作为对生之意志的否定,而对生之意志的否定,是对意志的内在存在有完美的认识,从而变成一切意志活动

---

[1] 这个观念是表达在古时候梵文哲学作品《数论颂》(即《金七十论》)里一个很好的比喻中:"但是灵魂仍然一时候被身体覆盖,正如在陶器完工以后,由于以前加诸的惯性,陶匠的轮子仍然回转。唯有当受到感召的灵魂自己脱离身体、大自然停顿之际,它完完全全的'拯救'才可能发生。"(引自柯布克《论印度哲学:杂论》,第一卷,259页;又见《金七十论》第67节)

的抚慰者后才出现的。而另一方面,所有那些圣人、极端的苦行者,却是老早就直接地晓得它了,也在言行中表示出来,他们虽然有着同样内在的认识,却是根据他们理性能力接受的教条,用着很不一样的语言形容着,而由于教义的不同,一个印度教的、一个基督教的或一个喇嘛教的圣人,各个对自己的行为就都有着不一样的说辞;但牵涉到事实,则根本无关宏旨。一个圣人可能满脑子是再荒谬不过的迷信,或者,反过来,也许是一个哲学家;这都没有差别。只有他的行为证实了他是一个圣人;因为,就道德考虑而言,它不是出自抽象认识,而是出自直观体会到的对世界和世界本性直接的认识,它透过某些教条表示,只为了要满足他的理性能力。所以,圣人大可不必一定要是个哲学家,正如哲学家不必一定要是圣人;这正像一个漂亮的人不必非得做伟大的雕塑家不可,或伟大的雕塑家自己非得是一个美丽的人不行。一般说,要一个道德家除了他自己拥有的美德以外不许再谈别的德行,这是个古怪的要求。把整个世界内在的本性抽象地、普遍地、清楚地在概念中复述,并且因此把它当作一个反映的物象一般在永恒的概念里头摄取下来,储存起来,随时可以提供给理性能力:这就是哲学,此外再没有别的是哲学了。我提醒大家参考第一部所引用的培根的话。

但上面我所描写的生之意志的否定行为,或一个美丽的灵魂、弃绝且是甘愿赎罪的圣人,这只是抽象的、概括的,所以是冷冰冰的。由于对意志的否定所带来的认识,是直观的,不是抽象的,那么,它不在抽象概念中找到完美的表达,而只在行为中。因此,为了要更充分地了解我们在哲学上说的生之意志的否定,我们就必须从经验和现实中学些例子。当然,我们不会在日常经验中遭遇它们:"因为,所有那些优秀卓绝的,是既不容易达到,又极其稀罕。"(*nam omnia praeclara tam difficilia quam rara sunt*)斯宾诺莎已经那么

令人称赞地说过了。所以，除非我们特别走运，有一个机会变成目击者，否则就只好让自己满足于这类人的传记。透过翻译我们接触到的一点印度文学的豹斑，我们看到它充满了圣人、忏悔者、沙门、僧侣等的生活的描写。甚至波丽叶夫人那本大家都熟悉的《印度神话》，虽然在很多方面它相当差劲，但也收了很多像这类好榜样（特别是第二卷十三章）。同样，在基督徒中也不乏这种证明了我们本心的榜样。让我们看看那些有时被叫作圣洁的灵魂，有时叫虔敬者、抚慰者、忠诚的信仰者等人的传记——虽然，作者的文笔多半拙劣。像这种传记的集子，各个时代经常都可以看到，像特斯提根的《圣洁灵魂的生涯》，莱兹的《复活者的故事》，还有我们今天卡纳所收集的传记，其中大部分很糟，但也有好的，特别是那篇《毕塔·史托敏的生活》。真正算得上是这一类的，还有那位真正是禁欲主义的化身，一切苦行僧的典范，阿西西人圣法兰西斯（圣方济各）的生活。他的生活，由他那个时代年纪比他小的一位同样出名的经院学者圣彭拿凡吐拉写下来，最近已经再版了，叫《圣方济各·冯·阿西西言行录》（苏斯特出版，1847）。比这个早一点，夏汶·德·麦伦在法国出版了一本详细而又正确的传记，把所有资料都用到了：《圣方济各·冯·阿西西传》（1845）。说到东方，和这些西方修道者的故事相互映辉的，我们找到了史班斯·哈迪的书：《东方的修行生涯——佛教介绍》（1850），这是本很值得一读的书。在一件不同的外衣下，它向我们叙述了同样的事。我们也看出，不管说它是从有神的还是无神的宗教演化而来，这都无关紧要。不过，要是想就我提出的概念找一个特别完善的例子、具体的图解，那么我倒是尤其要推荐《桂扬夫人自传》这本书。要亲近那个伟大而美丽的灵魂，那是我只要想起来便会在心里充满了景仰的，要崇敬她优秀的性情而宽容她理性能力上的执迷——啊，那是每一个有灵性的

人一定会无限欢喜的,这正像对于普通心思的人来讲,换言之对于大众而言,那本书总是会受到批评与冷落。因为,每一个人,无论在哪里,总是一样地,只能欣赏在某一限度内跟他声气相通的东西,而不幸,那高贵心灵,却正是大众所天生缺乏的;无论在伦理上和智慧上都一样。某种程度上,我们甚至不妨把那本出名的斯宾诺莎的法文传记看作一个现成的例子——要是我们把他那篇很不完善的《知性改进论》开头精彩的导论作为了解斯宾诺莎传记的一把钥匙的话。我愿意向大家推荐这一篇导论,这是据我所知能抚慰情欲风暴的最有效的工具。末了,甚至伟大的歌德,尽管他是那么接近希腊人,他也并不觉得,在诗的艺术纤毫毕现的明镜之中,向大家表示出人性当中最美的这一面,是件没面子的事——不,他并不觉得,不是吗?在《一个美丽灵魂的忏悔》这本书中,歌德就以一个理想化的形式向我们描写了克蕾登贝格小姐的生活,以后又在他自己的传记里头,又就此向我们提供了历史材料。此外,他两度讲述圣菲利普波·耐锐的生活。世界历史将会——而且必将会——对那些人保持沉默,尽管那些人的行为称得上完美,并且也能很好地作为我们研究的注脚。因为,世界史的素材跟它相当不一样,老实说,是跟它相反的;所以,不是生之意志的否定与放弃,却是生之意志的肯定,是在数也数不清的个体中生之意志的跃现,在这里达到了意志具体化的最高点,生之意志自己的矛盾很清楚地出现了,并且在我们跟前,一会儿透过个体的伶俐机敏表示出了他高人一等的力量,一会儿透过人数的众多表现了群众的力量,一会儿又表示了化身为命运的机遇之主宰一切,总而言之,是一切挣扎的空虚与徒然。但我们在这里,并不追随时间中现象的线索,而是像哲学家那样,尝试着研究行为的伦理意义,并且把这个当作对我们来讲是判断重要而有意义的东西的一个标准。不要怕!那永远是占压倒性大多数的

粗俗与浅薄，再怎么也不能阻止我们衷心去承认，那世界所能显示出来最伟大最重要和最有意义的现象，并不是世界的征服者，而是世界的凌越者，所以真正伟大的，只是这种人生命中安宁的、与世无争的行为举止。在这个人身上，开始了那种认识，由于这种认识，他弃绝并否定了填充于一切事物中奋斗挣扎的生之意志。这里，这个意志的自由首先只出现在他身上，凭此他的行为现在就变成恰巧跟寻常人相左。因此，对哲学家来讲，有关那些圣人、自我否决者的生活的叙述，虽然通常来说写得很糟糕，并且还跟迷信、荒谬混淆在一起，但由于素材的重要性，甚至要比普鲁塔克跟李维的作品更能发人深省，也重要得多。

另外，要想对我们抽象地、一般地透过我们的表达方式说成是生之意志的否定的东西，有一个更详尽完全的认识，那就非得就这里所定义的伦理教训作一个考虑，同时也要你自己心里充满了这种精神，才能够很便利地达到。这些教训，同时也将揭示出我们的观点，不管它纯粹哲学的表达方式再怎样新，归根结底是相当古老。首先，我们看现成的基督教，它的伦理精神完全不出我们前面提过的范围，并且，不但指向了最高程度的贞洁、仁慈与人道，也指向了弃却。最后这一层意思，它的根芽的确很明白地存在于使徒的著作里，不过唯有在以后才完全地发展和表明。我们发现使徒所指示的，是要爱你的邻居如同爱你自己，用爱和善行来回报仇恨，要忍耐要温顺，忍受一切可能的羞辱与伤害不予抵抗，在饮食方面节制以克制欲望，抵斥性的冲动，甚至可能的话，要完全禁止。在这里，我们看到了踏入禁欲主义或真正意志的否定的第一步；最后这种情况，在四福音书被叫作舍己（否定了自己），叫作背起你的十字架（《马太福音》十六章二十四、二十五节；《马可福音》八章三十四、三十五节；《路加福音》九章二十三、二十四节；十四章二十六、二十七、三十三

节）。这种倾向慢慢发展开来，变成了忏悔者、隐士、僧侣的起源，这是一个本质上纯粹且神圣的起源，但是就为这个理由，它完全不适合大众。所以，从它演变出来的，只是虚伪和邪恶，因为，"最坏的东西，就是对最好东西的滥用"（*abusus optimi pessimus*）。在演变得更成熟的基督教里，我们看到禁欲主义的种子茁长开花，表现在基督教的圣人与神秘主义者的著作中。除了最纯粹的爱以外，它们也祈求着完全服从、断念，自愿并且绝对的贫苦，真正的宁静，对一切俗世的东西完全的随意和无所谓，一个人自己意志的死亡而在神那里再生，完全忘了个人的肉体而融入对神的默想中。对这个所作一个完美的描述，可以在费涅隆写的《圣徒灵修讲话解析》中找到。但是基督教这方面发展的精神所在，的确再没有能胜过德国神秘主义者，艾克哈特大师的著作所完美而有力地表现出来的了，再没有胜过那本名副其实的名作《德国神学》的了。在后来路德给这本书所写序言中，路德这样地形容，说除了圣经跟圣奥古斯丁的著作以外，他从此书中学到的关于神、基督和人的知识，要胜过任何别的书。但要到1851年，我们才能从费伏的斯图加特版获得未经篡改过的文本。它里头给我们的教训与理论，乃是从最深刻的内在坚信中迸发出来的，对我所描写为生之意志的否决的，最最完美的解释。所以一个人在抱着犹太人加清教徒式的信仰独断地解释它以前，先要对这本书好好作一番研究才是。泰勒的《基督贫困生活的模仿》和《生命的神髓》，也都是以同样这种值得钦敬的精神写的，虽然价值上它不及前面的著作。我的看法是，这些真正基督教神秘主义的教训，比起《新约》，就好像酒精之于酒；换言之，在《新约》中好像隔一层面纱，像是在雾中显示给我们看的，现在，在神秘主义的作品里是除去了外罩和伪装，清楚明白地摆在我们眼前，最后，我们也不妨把《新约》当作入门，而神秘主义则是进一步的

研究 σμιρα και μεγαλα μυστηρια [小的和大的崇拜仪式]。

不过我们发现，所谓生之意志的否定，在古代的梵文作品里，比在基督教教会和西方世界就已经得到进一步的发展，它们被更有力地、更生动地表示出来。关于这个十分要紧的伦理的生命观，为什么在这儿可以达到一个影响更深远的发展，也许主要应该追究到一个事实上，即它并不被一个相当无关的因素（像基督教中存在着的犹太教理论那样）限制住。基督教那位伟大庄严的创始者，不得不使自己跟这个理论妥协、折中，一部分是有意，一部分也许出于无心；这样，基督教包容了两个性质上非常不同的基本因素。关于这些，我想把那纯粹伦理的因素叫作基督教的，从而把它区别于原来建立在上面的犹太教独断主义。就像大家常常担心的，特别在今天，如果说那个优越且值得尊敬的宗教会完全没落下去，那么我要说，理由就在于，它并不由一个单纯的因素构成，却是由于两个本来就背道而驰的因素，由于俗世的偶然碰到一块儿去。在这一种情况中，崩溃一定会造成这些因素的分裂，那是由于它们不同的关系和对前进的时代精神不同的反应所引起的。然而，在这个崩溃之后，那纯粹伦理的部分将仍然保留完整，因为它是不可毁灭的。我们对印度文学的知识还是那样的不完全，因为我们现在才发现它是那么有力和动人地表达出印度人的伦理，比如在《吠陀》、《往世书》、诗歌、神话、印度圣人的传奇、格言、箴言和行为规范中[1]，但我们看到了，它们指示的是完全放弃对自己的爱惜而去爱他的邻居；

---

1 比如看安奎提·杜伯龙翻译的《奥义书》，II，138、144、145、146 页；波丽叶夫人的《印度神话》，II，13—17 章；《亚洲杂志》第一卷，克拉颇的《论佛教、薄伽梵歌——或毗湿奴和有修的对话》；第二卷，《大目犍连》；跟着是威廉·琼斯爵士（德文版由育特纳在 1797 年完成）从梵文翻译的《摩奴法典》，尤其是第六章和第十二章。最后还有《亚洲研究》中有关的很多篇章（最近四十年印度学在欧洲成长得那样快，我要是想把本书第一版的这个注解补完的话，会占去好几页的篇幅）。

是广泛的爱，不只限制在人类，而且拥抱了一切有生者；是仁慈，甚至放弃自己辛苦赚来的每日所得；是对一切冒犯者无穷的忍耐；是用善和爱来回报一切邪恶，不论它再怎么坏；是自愿且高兴地忍受任何一种屈辱跟鄙视；是禁绝一切肉食；是那些期望着真正圣洁的人的完全贞洁和弃却所有性的欢乐；是抛弃了所有财产；是拒绝任何居所、任何亲戚；是深刻而牢不可破的离群索居，进入静默的冥想，和为了完全禁止意志而做自愿性的责罚与可怕且缓慢的自我折磨，最后极端到自愿饿死，舍身于鳄鱼之口，或纵身跃入喜马拉雅山断魂的绝壁，或者，甘愿被活埋、投入那载着神像巡行的大车轮下……在舞伎的歌声、呐喊和舞蹈之中。这些训条，它们的起源要追溯到四千多年以前，虽然这个民族在许多方面已经退化了——但它们仍然被人们遵从着实行着，到了极端的地步[1]。在一个民族里可以让千千万万的人信奉那么久，并且实行它，而这又是需要最惨重的牺牲——它绝不可能是一个没道理发明出来的非非之想，它一定深深根植在人的本性里。不过，除此之外，当我们阅读一个基督教的和一个印度的苦行者、圣人的生活记录时，会多么惊讶于我们发现到的两者的协调。不论教条、习惯和环境，在根本上怎么差别，两者的努力与内在生活，却绝对相同；说到了双方的训条，也是一样的。比如，泰勒就谈到过，人必须追求彻底的贫困，这是在于本人完全放弃和不去留意一切可以赢得一些安逸与世俗的欢乐的东西，很显然，因为所有这些个，都供给新的营养给意志，而我们打算的，却是意志彻底的禁绝。同样，在印度方面，在佛的教训中我们看到，和尚，他应该是四大皆空，没有居所没有财产的，到最

---

[1] 在1840年6月为阇伽那神（毗湿奴化身之一）举行的游行途中，十一个印度人投身到大车底下，当场丧命（1840年12月30日泰晤士报刊载的一位东印度地主的信函）。

后他甚至被禁止经常在同样一株树下打坐,以免产生一种依赖或先入为主之心。基督教的神秘主义者和吠檀多哲学的教师们也同意说,对那达到了完美之境的人而言,所有外表的工作和宗教仪式是多余的。不论在年代和种族上是多么不一样,这许多的吻合、彼此一致,就已经是一个实地的证明,证明说,这里所表达出来的,并不是一种心智的怪癖或疯狂,就像乐观主义的肤浅与迟钝所喜欢的那样,不,这是人性中根本的一面,由于它那优异的品质,其出现真是如凤毛麟角一般稀罕了。

我现在已经提到了那些来源——就是我们可以从生命里头获得对现象直接一个认识的来源,而在这样的认识中,生之意志的否决表现出来了。一定程度上讲,这是我们整个讨论中最重要的一点;不过,我只是一般地解释它,因为,指出那些直接从生命体验过这些的人,比应声虫一样地重复他们所说的而没必要地增加了本书篇幅的做法要来得好。

我只希望再稍稍广泛地略微讲一点他们的情况。在上面我们看到,邪恶的人,由于自己意志活动的激烈扰乱,忍受着永无休止的的内在折磨,而到最后,当一切意志活动的对象亡以殆尽之后,他只有借着注目于别人的痛苦,来止息自己心头火焰一般旺盛的意志之焦渴了。另一方面,心里显现出生之意志的否定的人,不论从外在看他的处境多么穷、多么没有赏心悦目可言,是怎样地贫困交加,他却是充满了内在的怡然自得和真正的天人交泰。它不是生活上无休的强横的压迫,不是紧密地夹在痛苦之间的喜气洋洋——那构成依赖着生命的人的行为的,不,它是一不可撼摇的和平,一种深刻的平静和内在的安宁,一种我们眼睁睁看到或心里想起来便不能不充满至高思慕之心的境界,因为我们马上认识到,它是唯一正确的,远胜过任何其他东西,我们灵魂中好的部分,针对着它,向我们呐

喊着伟大的 *sapere aude* [勇于运用理智]。我们于是感觉到,任何从世上赢得的欲望的满足,只不过如给予乞丐的施舍,让他活过了今天,以便明日再来受饿。而另一方面,弃却欲望,则像是继承来的财产,它使继承人永久地免于一切牵挂和忧虑。

我们记得在第三部里说,对于美丽东西的美感欢乐,很大程度上基于一个事实,即当我们进入纯粹的冥想之境,我们就在这个片刻,超越了一切意欲、焦渴和牵萦;我们好像解放了自己。我们不再是只知道自己无休欲求的利益个体,不再是特殊事物的对应者(对它来说,对象成了它的动机),而是永恒的清宁之认知主体,从意志升华,是理念的对应者。我们知道,从意志焦灼的压迫下解放的我们,像是摆脱了地球沉重的大气,这个片刻,就是我们所能体验到的最幸福的时刻。从这里我们就可以推论,某人的意志,不但是在很短一个时间,就像在欣赏美丽事物时那样得到抚慰而平静下来,而且是永远地、彻底地熄灭——除了维持身体所需还留着一丝余烬而那最后的火花终将归于熄灭,是多么地有福。这样一个人:经历了许多对自己本性艰苦的斗争,到最后终于把它彻底克服,于是成为纯粹的认知存在,变成没有丝毫隐蔽的世界明镜。再没有什么东西可以苦恼和惊恐他;再没有什么能动摇他;因他切断了那联系着世界跟他的无数细线——那就是意欲,是意欲作为无所不在的焦渴、恐惧、妒忌与愤怒,把我们拖入无穷的苦痛之渊。他现在宁静地微笑,回顾着这个曾经一度动摇甚至刺痛他内心的世界幻象,现在,这些景象是随意地摆在他眼前,像棋局终了时的棋子,像狂欢之夜披上去使人不安且被愚弄但到早晨就丢弃的伪装。生命跟它的形式,只是像流逝的现象般浮动在他面前,或像一场半醒半睡状态中的清晨之梦,真实的东西穿透了它,闪烁着,它再不能欺蒙我们;而且,像这个清晨之梦一样,它到最后也是无声无息地归于虚无。从这些

思考中，我们可以学习着去领会，桂扬夫人在她自传的最后经常说："所有的事对我都无所谓；我再不能意欲什么了；我常常不晓得自己是否存在。"——这时候她的意思是什么。是为了表示出，在意志消逝后，身体（它的确只是意志的现象，这样，因为意志废弃，它就完全失去了意义）的死亡再也不能带给人什么苦涩，却是被热切地欢迎——我想不妨这里复述那位圣洁的苦行者自己的话，虽然说得并不见得十分优雅："光亮耀眼的正午；一个不再跟着有黑夜的白天；一个不再害怕死亡的生活，甚至死亡本身也一样，因死亡已克服死亡，因为，谁要是忍受了第一次的死亡，就不至于再感觉第二次的。"（《桂扬夫人的生活》，科隆，1720年，二卷13页）

但我们不能说，生之意志的否定，通过那作为意志的抚慰者的认识而出现后，这种的否定就不再游移不定，不再迟疑，我们可以像依赖继承的财产般仰仗它了。正相反，它总是要靠不断的挣扎来重新达成。要知道，就像身体唯有在具体化的形式中、只有作为表象界的现象，才是意志自身，那整个生之意志，也唯有当身体生存之时才潜在地存在着，并且随时地挣扎着要出头成为实在，而以全副的精力重新燃烧起来。于是我们在圣人的生活里看到刚刚描写的那种和平与幸福，是不断对意志的克服而来的结果；我们看到，对生之意志不断的搏斗，乃是它发芽抽枝的生长之地；因为在世上没人可以有持久的和平。我们于是看到，圣人内在生活的历史，是充满了争执、诱惑和基于"恩典"的遗弃；换句话说，基于这种认识，它使一切动机不再发生作用，它作为一个普遍的抚慰者，平息一切意欲，给予最深刻的和平，打开自由之门。于是我们也看到，那一度达到意志的否定的人，振奋他所有的力量，以各种自我锻炼的弃却、艰苦的生活方式和对不适意之事的追求，来维持走这条路；所有这一切，都为了要压抑那不断更新涌出的意志。因此最后，由于

他们已晓得拯救的价值,他们会焦急地牵挂那辛苦赢得的福祉,那对于任何无害的欢乐所产生的良心之不宁和对它们的虚荣所产生的微小触动;这也是最后一件要泯灭的事物,这是所有人性上最牢不可破、最活跃、最愚不可及的东西。所谓禁欲主义——这是我已经一再使用过的词——我从狭义上去理解的意思是,通过对适意之物的拒绝、对不适意之物的追求而达成一种有意的意志之切断,为了造成意志的持续禁绝,自愿选择一种苦修的和自我惩罚的生活方式。

现在要是我们看到,这已经被达到意志否定的人所实践着,为了保持这种否定,于是,一般命运所导致的痛苦,本身也就是实现否定的次好方法($\delta \epsilon \upsilon \tau \epsilon \rho o \varsigma\ \pi \lambda o \upsilon \varsigma$)[1]。的确,我们可以假定,多数人只能用这样的方式达成,而它就是个人体验到的痛苦,而不是被纯粹的认知所折磨,那往往只有在接近死亡时,才产生彻底的弃却。因为,唯有在极少数的人身上,认识才足以导致意志的否决,这种认识就是看透了个体化原理的认识,它首先产生了完美的性情上的善跟博爱,最终能让他们把世上的一切痛苦当作他们自己的。甚至那接近了这一点的人,他自身相当健康的状况,片刻的欺蒙,希望的勾引,以及那一再出现的意志之满足,也就是,欲望的满足,这一切,几乎都是意志的否定的持续阻碍,是一个不断的诱惑,诱惑他去重新肯定。为此,所有勾引在这方面就被比喻成魔鬼。所以在多数情况下,当意志之自我否定出现前,必须借着最大的肉体之折磨来把意志制服。于是我们看到,一个人,以最剧烈的抵抗各种阶段、日益加剧的忧伤,当他被带到绝望边缘后,突然间他退而直指本心。我们看到,他认识了自己和世界,改变了整个本性,升华到超越了自我和痛苦,似乎被它澄清了、神化了,他处于和平的宁静、幸福

---

1 斯托巴伊乌斯,《文集》,II,374 页。

和崇高中，心甘情愿放弃一切他本来以最大的激情迫切追求的东西，高高兴兴地张开臂膀欢迎死亡。这就是从痛苦的净化之火中出其不意提炼出的一点纯银，是一丝生之意志的否定，一丝拯救。偶尔地，我们甚至看到，那些极其邪恶的人，被最深刻的忧愁与悲戚净化达到这个地步；他们于是变得不同了，彻底转变了。因此，他们以前的过错不再打搅他们的良心，他们乐于以死亡来偿付这些过错，并且心甘情愿地，看着那现在变得陌生且被他们厌憎的意志现象的结束。这种被极大的不幸以及各种绝望所导致的意志的否定，伟大的歌德，在他不朽的杰作《浮士德》中葛蕾卿受苦的故事里，就给我们一个清楚而且可以明白看见的描写。其他诗方面的描写，我找不到能比得上它的。这是次好方法的一个完美的样本，它不像第一种那般，只通过一个人自愿获得，通过对整个世界的痛苦的认识，而是透过了一个人自己感受到的过分的痛苦而来。真的，有很多很多悲剧，把它们那意志充沛勇猛的英雄最后带到这彻底的弃绝之点，紧接着，生之意志和它的现象通常便在同时结束。但据我所知，没有一种描写，可以像前面提到的《浮士德》那样，如此明白且不含杂质地把我们讨论的核心观点展示给大家看。

在现实生活中我们看到，那些不幸的人们，他们要把最大最深的痛苦点滴不剩地吞咽下，在被剥夺了一切希望后，以完全健全的心智和意识，站上了绞刑台，面临着可耻的、粗暴的且经常是痛楚的死亡；常常我们看到他们就在这样的方式中转变了。当然我们不能假设说，他们的性格跟大多数人的性格有着如彼此的命运的巨大差别；我们应该将命运的差别归因于环境；但是，他们其实都是有罪的，而且在相当程度上是坏的。不过，我们看到他们中有许多人，在彻底的无望的到来后，以上面讲的方式转变了。他们现在表现出实际的善，和性情上的纯洁，真正对于犯任何最轻微邪恶不仁之举

的厌恶。他们原谅了自己的敌人,甚至那些使他们无辜受苦的;这不是口头上说说而已,或一种对于地狱审判虚伪的害怕,不,这是实实在在的,是热切地发自内心且不冀望于复仇的。的确,他们的痛苦与死亡到最后变得很如他们的意,因为——生之意志的否定在这里出现了。他们往往拒绝了解救的机会,心甘情愿、平静而安详地就死。在过分的痛苦中,生命最终的奥秘把自己展现给他们看,这个奥秘就是邪恶与软弱、痛苦与憎恨、被折磨者与折磨者,虽然对于遵循充足理由原理的认识来讲是不一样的,但就本身而言是统一,是一个把自身的挣扎通过个体化原理具体表现出来的,统一的生之意志的现象。他们已经充分认识两方面——邪恶和软弱;而既然他们最后看出两者的相同,他们就同时拒绝两者;他们否定生之意志。像我们说过的,究竟他们用什么神话、什么教条来向自己的理性解释这种直观的、直接的认识和转变,则完全无关要紧。

无疑,麦提斯·克劳迪是一个目击这种心灵转变的人,他在那篇被收在《汪兹贝克之信使》(第一卷第 115 页)里名叫《××的皈依史》的精彩论文末尾,这样写着:"人的思想方式,可以从圆周上一点,转到对面的点,然后,假如环境替他指出原先那条曲线,便又返回原点。这些改变真正算不上是人的什么伟大和有意思的成就。但是,那高明的、天主教的、超越的改变,在其中,整个圆周被不可修复地撕裂,所有心理学的法则失效,在其中,人脱胎换骨了,眼界打开了——这样,每一个多少有生息的东西,要是他可以听到并体验一些确实的东西,那么他朝闻道,夕死可矣。"

但是,对于借助痛苦的这种净化来说,死亡和无望的逼近,并非绝对必需的。就算没有它们,那对生之意志的自我矛盾的认识,还是可以通过巨大的不幸与苦楚,凶暴地推到我们头上,而一切努力的空虚也能被我们理解。所以,在激情压迫下过着充满冒险的生

涯的人，像国王、英雄、探险家，经常人家就看到他突然地转变了，转向了断念、苦行，成了隐士和僧侣。所有真正属于皈依的叙述，都是这一类，比如雷蒙德·卢留斯（Raymund Lullius）。卢留斯曾经长期追求一个漂亮的女人，最后终于被允许进入她的香闺，眼看着就可以满足他所有的欲望，这时，那个女人解开衣裳，向他展示了她被毒癌可怕地蚕食掉的乳房。从那一刹那，他好像看到了地狱——他转变了；离开麦约卡大王的宫廷，遁入旷野苦行。[1] 这个皈依的故事，跟我在第二部四十八章简短叙述的兰斯院长的故事很相近。要是大家想一想，在这两个例子中，从欢乐到生之恐惧的转移是怎样的情形，那就说明了一个显著的事实：目前为止一切的修道会中规律最严的特拉比斯特会，竟然是在欧洲最愉快、乐天、风流、放荡且轻浮的民族——法国中成立的，并且在它没落后，又在兰斯重新建立起来，同时一直维持到现在，尽管说有大革命，有教会改革，有信仰不诚的侵犯，它还是那么纯洁，那么严厉得可怕。

但是，对于上面讲的那种生命本质的认识，也许会在同时重新跟它的起因脱离，于是生之意志，还有以前的性格，就再度出现了。所以我们看到，那位热情的本伏奴托·捷林尼（Benvenuto Cellini），在一度身陷囹圄，又有一度在一场重病中，便以这种方式转变，但当痛苦消失后，故态复萌，又回到以前的状态。一般说，从痛苦而来的生之意志的否定，根本没带有因果关系的必然性；相反，意志仍然是自由的。因为这里，正是意志之自由直接进入现象唯一的所在；所以是阿斯玛那么有力地形容为"超越的改变"的。对每一种痛苦，都能够构想出一个更激烈的，所以意志不被它所征服。因此，柏拉图就在《斐多》（116E）中说到一种人，直到临死

---

[1] 布鲁克，《哲学史》，第四卷，第二章，第10页。

的一刹那，依然享乐、狂欢、杯酒高歌，放纵性欲，肯定着生命。莎士比亚在波福特主教[1]身上，向我们显示了一个恶人可怕的下场，他充满了绝望而死，因为再没有一种痛苦或死亡，能摧折他那火焰般燃烧到达邪恶的顶点的意志。

意志越是强烈，它冲突的现象越显著，于是痛苦就越大。一个由无可比拟的、比现在更强的生之意志的现象所构成的世界，将显示出更大的痛苦；这样，它就会是地狱。

既然所有的痛苦乃是一种苦行，是对断念的召唤，它便是一种潜在的神化力量。从这里可以解释一个事实，即巨大的不幸和深刻的痛苦本身就能激起人的一种敬畏感。不过，一个受苦者，只有当他把生命视为一连串的痛苦，或悲悼一个巨大且不可治疗的痛苦时，他并不真正看到那将自己的生命陷入接二连三的不幸的环境上；他并不停顿在那落到他头上的特殊的灾难上，这样，他才完全变成我们尊敬的一个对象。因为，一直到那以前，他的认识还是遵循充足理由原理，还是附着于特殊的现象；他还是继续意欲着生命，只不过，不在那已经发生到他头上的那种情况下，只有当他的眼光从特殊的提高到了普遍上面，当他把自己的痛苦看作只是整体中的一个例子，只是他的一个例子，那时他才真正值得尊敬；因为，从伦理的意义来讲，他便受到了天启，一个情况可以适用于其他千百个，这样，整个生命作为根本的痛苦来构想，于是把它带向了断念。为此，在歌德的《托尔夸托·塔索》里，当那位公主讲到她自己和亲人的一生是怎样地总是充满了悲怆与忧郁时，大家都不由得为之肃然，在这里，她的思考完全转向了普遍。

我们总是把某种程度上的宁静哀愁，描写为极高贵的性格这种

---

[1] 《亨利六世》第二部第三幕第三场。

哀愁，不是对日常生活的琐碎愁烦唠叨埋怨个没完（怨天尤人不是高贵的特征，并且可能让我们担心这是否为恶的性情），这乃是一种意识，来自认识到一切拥有之物的虚空，与一切生命中的痛苦（而不仅仅是自己的）。不过，这样的认识，可能首先被个人体验到的痛苦给唤醒了，特别是一个纯粹巨大的痛苦，比如，一个单纯的不能满足的希望，使彼得拉克走入对整个生命断念的悲怆中，并在他的作品里那么伤感地表示出来，吸引着我们；因为，他所追求的达芙妮，必须从他手中消逝，这样才能替他留下那永垂不朽的桂冠，而不是她自己。要是意志被这么一个巨大而不可撤销的命运定数打断、摧折到某个程度，那么实际上就不再有任何东西被盼望和欲求了，于是，性格就演变得温驯、哀愁、高贵而且断念。末了，当忧伤不再抓住任何特定目标，而是扩张到整个生命上，那么在某个范围内，他就变成意志的一个自我交流、一个撤退、一个逐渐的隐没，意志的可见性——身体——被不知不觉地、内在地瓦解了，于是，这个人感到卸下了负担，对死亡——身体与意志同时的消散——做一种温和的预先品味。跟着这种忧伤的，是一个神秘的欢乐；我相信这就是世界上最忧郁的民族把它叫作"忧伤的欢乐"的东西。不过在这里潜伏了一种多愁善感的危险，它存在于生命本身和诗歌中对它的描写；这就是指，一个人总是哀悼哭号着，却不勇敢站起来走入断念。像那个样子，他同时丧失了天国与尘世，只保留一个泪汪汪的多愁善感。只有当痛苦具备了纯粹认识的形式，然后这个认识才变成意志的抚慰者，才产生了真正的断念，它才是迈入拯救的途径，才值得尊敬。但在这方面说起来，当我们看到任何极其不幸的人时，我们会感到某种尊重，很接近我们看到有美德与性格上的高贵的人时所感到的；同时，我们自己幸运的情形看起来倒像是罪过了。我们不得不拿每一种的痛苦，无论是自己还是别人感觉到的，

当作最起码可能的，走向美德与圣洁的接近，另一方面，快乐和世俗的满足却是一种解脱。这会演变到一种地步，即任何遭受身心巨大痛苦的人，任何一个做着需要汗流满面、竭尽所能的努力，同时显然非弄得筋疲力尽不可的肉体劳动，丝毫没有抱怨且很有耐心地做着——这样的人，当我们深入观察他时，在我们看来多少像一个接受着痛苦治疗的病人，心甘情愿甚至满足地忍受着治疗引起的痛楚，因为他知道，越是受苦，疾病越是被消除；因此，目前的痛苦，就是测量他痊愈的指标。

根据前面讲过的一切，生之意志的否定——这就是大家所谓的彻底的断念、圣洁的东西——它总是来自意志的抚慰者；这就是对它内在的争执、它根本的空虚，表现在一切有生之物的痛苦中的一种体认。差别的地方，我们已经把它分成两个途径个别讲过了，就是说，原因究竟在于我们所纯粹到认知的痛苦，借着对个体化原理的看透而被自愿采纳，还是说，由于直接从我们自己体会的痛苦。真正的"拯救"、从生命与痛苦中解脱，若没有意志彻底的否定，甚至将不可以想象。在达到拯救的境界前，每个人只不过是这个意志本身，而这个意志的现象乃是一逐步涣散的存在，一个总是空虚与不断受挫折的挣扎，至于世界则充满了痛苦，如我们以上所说的。所有一切，不可挽回地属于它，和它类似。因为我们发觉，对于生之意志，生命总是肯定的，而生之意志唯一实际的形式，就是现在，没有东西可以逃避现在，因生与死统御着现象界。印度神话这么形容这点："它们再生了。"各种性格在伦理方面的巨大差别意味着，恶人永远达不到产生否定意志的认识，于是事实上，便被弃置于任何可能出现在生活的悲惨不幸中。因为，甚至他个人目前走运的情况，也不过是一个被个体化原理所导致的现象，是摩耶的幻境，是乞丐的空欢喜之梦。受背后意志的猛烈推动与激情的左右，他所施

诸他人的痛苦，正是痛苦的一个衡量，他自己经历过这个，并不能打破他的意志而进入最后的否定。相反，一切真正、纯粹的情感，甚至，一切自由的公义，是由于看透了个体化原理所产生的；当这种洞察发挥全部力量时，就有完美的奉献与拯救，它的现象，便是刚讲过的那种断念的状态，伴随着不可动摇的和平、至高的喜悦和高兴地面对死亡。[1]

69

自杀，作为对个体现象任意的摆脱，与对生之意志的否定有着最大程度的不同，而生之意志的否定，是意志自由出现在现象内唯一的行动，所以像阿斯玛说的，它是一超越的改变。意志的否定现在已恰当地经过我们的思考讨论过了。自杀，远谈不上是意志的否定，只是对意志强烈肯定的一种现象。因否定的本质乃在于躲避生之欢愉（不是忧苦）。自杀者是想要生命的，他不满的仅仅是导致自杀的情况。所以自杀者压根儿不是放弃生之意志，放弃的不过是生命——因为他毁灭了个体的现象。他意欲着生命，意欲着不受支配的身体之存在与肯定；但环境的组合不容许这点，结果就导致他大大的痛苦。生之意志受着特别的现象的锤击，至于无法发展而被遏抑了努力。所以生之意志根据它自己内在的本性作决定，它的本质不在充足理由原理的形式范围，因此任何个体的现象对它来说是无差异的，这样它就保持着超然的地位，不与倏忽沦没的死死生生接触，成了一切事物生命的内核。就为了这同样的肯定、内在的确定，它使我们无畏于死之恐惧而活，即意志决不能少掉它的现象——

---

[1] 第二部第48章是对此的补充。

甚至在自杀的情况中，它也支持了我的行为。所以在自杀中表现的生之意志（湿婆），跟在自我保存中出现的（毗湿奴），在生殖的感官之欢乐中出现的（婆罗贺摩）一样。这就是所谓三位一体——人类的全部——内在的意义，虽然时间上来讲，它有时在这一个当中抬头，有时在那一个。正如同个别的物事关系理念一样，自杀关系意志的否决也一样。自杀只否定个体，而非种族。我们已经发觉了，既然生命对生之意志来说总是确定的，而痛苦对生命而言又是根本的，那么自杀，个体现象断然的毁灭，就是一徒然且愚蠢的行为，因为物自体并不受它的影响，就像无论雨点儿落得怎样急，彩虹总是不为所动。另外，那也是摩耶的杰作——这样猛烈地把生之意志自己的矛盾冲突表现了出来。正像是在意志现象的最低层，在一切表现出来的自然力、有机个体不断夺取物质、时间与空间的挣扎中，我们看出来这个矛盾，正如我们看到那种倾轧越发清楚得可怕地显示在意志具体化高等的层夹中；同样，最后到了最高的层次，人的理念达到了一个地步，就是不但表示这同一理念的个体彼此扑灭，甚至个体对自己挑战。同样，那种支配生命并反抗一切阻碍、使它受苦的激烈的情绪，现在把生命带到毁灭本身，以至于个人的意志以一种意志的作用，限制了意志具体表现出来的身体——而不让痛苦来打击意志。正因为自杀不能终止意欲，所以他终止了生活；在这里，意志甚至透过自己现象的停止，而肯定了自己，此外再无其他肯定的方式。但由于它这样逃避痛苦（意志的禁止），而痛苦正是能带它到达自己的否定、到达拯救之途，所以就这方面来说，自杀就像一个病人，在一次可以完全医好他的痛苦的手术开始后，不同意让手术完成，倒宁可继续生病。痛苦逼近，并因此提供一个否定意志的机会和可能；可他通过毁灭意志的现象、毁灭身体的方式排斥了它，让意志保留着不被打破。这就是为什么几乎所有伦理

体系——不论是哲学的还是宗教的——都指责自杀,虽然,它们自己由于不了解的缘故,反对的理由总是古怪而不通的,不过,要是一个人由于纯粹道德的动机而拒斥自杀的话,不管他理性找来替自己掩饰的概念是什么,这种自我克服最内在的意义却是这样的:"我不想避免痛苦,因为它可以帮助我结束生之意志,而生之意志的现象,是那么充满不幸,痛苦加强了我对那现在已经临到头上的世界真正本性的认识,这样,这种认识可以变成为意志最终的抚慰者,并永远使我解脱。"

大家都晓得,自杀往往波及孩童;做爸爸的杀掉他顶疼爱的儿子,然后自杀。假如我们晓得,良知、宗教和所有传统的观念,都告诉他,要把自杀视为最阴暗凄惨的罪孽,但临到自己死亡时,他犯下这种罪,而且的确,他的自杀不为任何自私的动机——那么,这种举动便只能像下面这样来解释了。再一次,个体的意志马上在孩童身上体认了自己,虽然,在错觉中它把现象当作了存在本身。同时,他深深地被自己对一切生命之悲惨不幸的认识所感动;他想象自己废弃了现象,便废弃了内在的本性,于是他就要求自己和成为自己一部分的儿子们,一道摆脱生存与生存的悲惨。同样,与此完全类似的一个错误是说,一个人可以就像是借着自愿的贞洁禁欲,把大自然的意图从萌芽时期就把它铲除,或甚至像考虑到不可避免的生之苦痛折磨的人,纵容新生婴孩夭折死亡,那样的,达到同样的目的,而不去尽一切地努力,来肯定和体认一切铭刻到自然里头的万"有"的生命。因为,要是生之意志存在的话,那唯我独尊的形而上的东西,或物自体,就不许被任何的力量阻碍,那种力量却只能毁灭在这么一个地点时间的现象。意志自身,除了认识以外,不可能被任何其他东西否弃。所以,迈向拯救的唯一途径乃是,意志应该自由地、无所阻拦地出现,让它能在这个现象中体认或认识

它自己的内在本在。唯有这种认识的结果，意志才能否弃了自己，结束了那跟它的现象不可以须臾分离的痛苦。然而，这还不能透过物理之力办到，像毁灭种子或胚质啦，杀死新生婴孩啦，自杀啦什么的。自然引导意志进入光明，正因为只有在光明中，它才发现自己的拯救。所以，一旦生之意志——自然的内在本质——已经决定了自然的意图，那就应该用一切的方法来促进。

这里有一种也许还没被恰当地证实过的自杀，很特别，跟普通的自杀不一样。这就是在高度禁欲状况下自愿绝食而死。但它的表现，总是同时陪伴着许多宗教狂热甚至迷信，所以也就变得含混、暧昧。不过看起来，彻底的意志的否定，似乎可以达到那种地步，就是甚至用吸收营养的方式，维持身体里植物性生命的最起码需要的意志也停止了存在。这种自杀，真的不能说是生之意志导致的，这一彻底断念的禁欲者，仅仅因为他已完全停止了意欲才停止生活。在这里，除了绝食的死亡以外，任何死亡均不可思议（除非是一种特殊迷信的结果），因为，缩短痛苦的企图将实际上是某种程度的意志的肯定。充斥在这位苦行者理性中的教条，以一种观念欺骗了他，即一种性质上更高等的存在，已经为他预备好了绝食，这是内在倾向刺激他朝着走的。过去的这类例子，可以看《布莱斯劳尔自然史及医学史汇编》，1719年9月，363页以下；《贝尔的文学新闻》，1685年2月，189页以下；齐玛曼的《论孤独》，一卷，182页；1764年《科学学院史》中候提恩的叙述；这份叙述同时刊印在《行医参考全书》的第一卷第69页。较近代的报告，可以看胡飞兰的《实用医学期刊》，第10卷181页及48卷98页；还有纳塞的《心理医生杂志》，1819年，第三部，460页；《爱丁堡医学与手术期刊》，1809年，五卷319页。在1833年，各报都报道过，英国的历史家林格博士，于元月在多佛绝食而死；根据后来的报道，死去的不

是林格本人而是他的一个亲戚。不过，在这些描写当中，当事人多半被形容为疯狂，我们已不再可能追究出真正疯狂的成分有多少了。不过我在这里愿意引用最近一个报道，只在求保存一个关于这种我刚刚提到的人类本性上不平凡而惊人现象的稀罕例子，但这个现象，显然属于我所讲的那个情形，而很难以其他方式解释。这个最近的报道，出自1813年7月29日的《纽伦堡通讯》，上面是这么写的：

"本刊伯尔尼讯。在靠近都灵一个浓密森林中的小屋内，最近发现了一具死去约一个月的已腐男尸。从死者的衣服上无法辨别出他的社会背景。尸体附近有两件高级衬衫。关键物品是一本《圣经》，其中空白的书页上部分留有死者的笔迹。上面写着他离家的日子（但并没有提到他家在哪里）。然后说，他是被神的灵呼唤到荒野来进行祈祷和斋戒的。在他旅行到本地点以前，他已绝食七天，之后重新进食。在这边安顿下来后，他开始再度绝食，并且显然持续到最后。这次绝食的每一天都打上一杠代表，一共有五杠，五天后大概这位修行者已经死亡。另外找到一封信是给一位牧师的，谈论死者曾经听他主讲过的一次布道；信上没有地址。"在这种基于极端的禁欲主义所迸发出来的自愿死亡，和那由于失望而自杀的厌世之间，也许有许多不同的过渡阶段和综合，这的确很难解释清楚；不过，人性本就具有不同的深度、幽微和错综复杂，要把它弄个一清二楚是很不容易的。

70

我们或许会认为，我在这里对意志之否定的全盘讨论（现在进行到结论了），跟之前对必然性的解释不协调，必然性之涉及动机的驱使，正如它涉及充足理由原理中任何其他的形式。动机——那

必然性的结果，像所有原因一样，它只是偶发的原因，而在它身上，性格展示了自己的本质，并且以一自然律揭示它。为此，我们断然否认所谓的自由是 *liberum arbitrium indifferentiae*[在各方面不受限制的绝对自由]。但我并没有因此在这里压抑它，相反，我要重新回忆它。事实上，真正的自由，换句话说，对充足理由原理的真正摆脱，乃属于作为物自体的意志而非它的现象，现象的根本形式在哪个地方都是这充足理由原理，是必然性的构成要素。而那种自由之所以能立即在现象内被我们看见，唯一的情形，就是当它把任何出现之物带到结束的时候，而由于这单纯的现象——只要它是因果链条里的一环（也就是，是活生生的身体）——它就将仍然存在于时间以内（时间只包含现象），意志透过这个现象表现自身，因此就和它相互矛盾，因为它否定了现象所表示出来的。在这种情况下，比方说生殖器，是性冲动的外烁、可见状态，就存在在那边而且情况非常良好；可在最内在的意识中，却不渴望任何性的满足。整个身体，是生之意志看得着的表征，可是关联这意志的动机，却不再有作为；实际上欲求的是身体的瓦解，个人的死亡，故此，对自然意志最大的压抑，就变得受欢迎和被盼望了。现在，一方面我们肯定着透过动机按照性格的意志所决定的必要性，另一方面，我们又肯定着整个意志压抑的可能性，就是动机的失效，这两者的矛盾，只是另一真正的矛盾的哲学反省式重述而已，那个真正的矛盾，就是由于那不知必然性的生之意志的自由，侵入到现象的必然性中引起的。这些矛盾的妥协，关键就在一个事实，即性格从动机的摆布中脱离，必须从一种被改变的认识形式导致，而不是直接由意志演变。于是，只要认识只涉及个体化原理，确定地遵循充足理由原理，动机的力量就总是不可抗拒。可是个体化原理一旦被看穿了，当各种理念，即物自体的内在本性，被直接视为所有现象中同一个意志，

而这个认识的结果就是一意志活动普遍的抚慰者时，那么，个别的动机就失效了，因为，跟它们关联的认识已黯然失色，同时让一种相当不同的认识给推到背景上头去了。因此，性格绝不能部分地改变，而是必须配合一种自然法则，在特殊个体中实现意志，而它自己一般和整个来说，就是此意志的现象。但这"整个"，这性格本身，可以被上面讲的认识的改变所彻底的泯灭。这种泯灭、抑制、平伏，正是阿斯玛所叹为观止的，我们前面都讲过了，阿斯玛称它为"宽宏的、超越的改变"。那正是被基督教很恰当地形容为新生或重生的东西，而它所由来的认识，就叫作神的恩典的感动（神的恩典的经营）。因此，这不是关于一个改变的问题，而是关于一个性格的完全平伏的问题；所以才产生了无论那达到平伏状况的性格在平伏以前是如何不一样，这些性格都是在平伏之后显示了在行为模式上有很大的类似，尽管说，按照他们每一个自己的概念与教条，他们是"公说公有理婆说婆有理"有自己的一套。

所以从这种意义上看，哲学上关于意志自由的由来已久的辩论——总是不停地被反驳又不断地被捍卫——就不是没理由的了，至于基督教关于恩典的经营和再生的说法，也未尝没有它的意义和重要性。现在，我们意外地看到这两者的合一，于是我们便能理解，伟大的马勒布朗士凭什么可以说："自由是神秘的。"（La liberté est un mystére）马勒布朗士是对的。因为，基督教神秘主义所谓恩典的感动和新生的东西，在我们看来，正是意志自由唯一的直接表示。只有当意志在达到它对自己内在本性的认识，从这里获得到一个抚慰者并由此摆脱动机的效力时，才出现意志自由。动机处于不同类型的认识领域中，其对象只是各种现象。像这样表示自己自由的可能，是人最大的特权，在动物界里永远找不到，因为它的条件，就是要有理性能力的权衡、筹谋，有了这个，它才能独立于现时片

刻的印象而观察整个生命。动物没有任何自由的可能性，就像它们面对之前的各种动机的完全冲突，的确不可能有真正的、所以是蓄谋的、有选择的决策，因为，要实现这点，就必定要有一个抽象的表象。所以，饿狼以跟石头落地一样的必然性，把利齿深深咬进了麋鹿的肌肉中，不可能认识到它会是被打击者，就像它同时也是打击者。必然性是自然的王国，自由是恩典的王国。

现在我们已经看到，意志的自我取消来自认识，但所有这种的认识和洞察，乃独立于自由选择，那么对意欲的否定，向自由境界的迈入，并不靠企图或设计来强行实现，而是从人最内在的认识活动与意志活动的关系来；所以，它"突如其来"，就像从无有中飞临。因此，基督教把它叫作是恩典的感动；但正像是基督教仍把它表示为依赖着一个恩典的接受，那么同样，抚慰者的感动、影响，到头来也只是意志自由的一个作用。由于这么一种恩典，人的整个内在本性便在本质上有了改变，于是，他不再意欲任何以前他那么强烈渴求的东西；也就是，好比是一个新的人实际上替换了那个旧的。为这个理由，基督教把这种恩典经营的结果唤作新生或重生。因为基督教所谓的自然人（教会否认为他有任何为善的能力），正是那我们想要从生存中获得救赎的生之意志之否定。在我们的生存背后，有某些其他的东西，只有摆脱世界才能得到。

基督教的教义，不是根据充足理由原理来考虑个体，而是顾及整个的人之理念，它把自然，把生之意志的肯定，在亚当身上表征出来。亚当的罪传给我们，换言之，我们在理念中和亚当合一，而理念是透过生殖的枷锁在时间中表示自己，这就导致我们所有人都分摊了痛苦及永恒的死亡。另一方面，在神的变成人（道成肉身）的基督教教义中，象征出了恩典、意志的否定、拯救。因为他（基督）摆脱了一切罪恶，换言之，摆脱了一切生命的意欲，他不能像

我们一样从意志最坚决的肯定产生；他也不能像我们一样有一副肉体——肉体只是彻底具体化的意志、意志的现象——而是，从一个纯洁的处女生下来，他只有一假想的肉身。最后这种说法就是幻影派（Docetae）还有某些教父主张的，他们在这方面意见是一致的。同样阿派里（Apelles）也这么说，神学家德尔图良则反对他这一派。可是甚至连奥古斯丁，在注释《罗马书》八章三节那句"神就差遣自己的儿子，成为罪身的形状"时都说："因为它不是一个有罪的肉身，正如它不是由肉体的欲望生出；可是有罪之躯的形式却在它里头，因为它是一个必死的肉身。"（83篇，问题，问题66）同样，在他那本《未完稿》第一篇第47节中教导说，原罪既是罪又是处罚。它已经在新生婴儿中发现了，不过只有当他们成长后才显示出来。但这个罪的起源，应该追溯至罪人的意志。这个罪人是亚当，但我们都存在于亚当之中；亚当变成悲惨的，而存在他里头我们都变得悲惨。原罪（生之意志的肯定）和拯救（生之意志的否定）的理论，真正是构成了基督教核心的伟大真理，至于其他的，大体上只是外衣和遮盖，或附带性质的东西。因此，我们总应该以普遍意义解释耶稣基督，当作生之意志的否定的象征或化身，而不是以个体的意义——不管是按福音书中神秘的历史，或是以福音书为根源的或许是真实的历史。因为，无论哪一个，都不能很容易令我们满足。它只是面向民众的第一种解释工具，民众总是要求一些基于事实的东西。至于说基督教最近已忘掉了它真实的意义，而退化成为浅薄的乐观主义，在这里与我们无关。

进一步说，基督教有一原始的福音学说，奥古斯丁经过教会领袖的同意，拿它来对抗伯拉纠派的陈腐讲法；为了净化、消除错误并重建，是路德工作的主要目的，这很明白地在他的书中表达了；这个学说就是：意志不自由，而是屈服于恶的习性。因此，意志的

工作、奉行，总是罪恶的、不完美的，绝不能满足公义；末了，这些事功绝不能拯救我们，唯有信仰才能。不过，这个信仰本身并不是从果断与自由意志来的，而是经过恩典的感动，不掺杂我们的参与，像是从外部降临到我们身上。不但像上面讲的那些教义，还有最后这个货真价的福音教义，都不能免于陷入这个境地：在今天被掩盖，被斥为荒谬、无知、愚钝的观点，因为这个观点尽管有奥古斯丁和路德捍卫，却攀附上伯拉纠派平凡的普通想法，这正是今天的理性主义。它把那些恰恰是从最狭义的基督教来说所特有的、根本的深刻教义，视为陈旧和过时的。另一方面，它只攀附着源于犹太教而遗留下的，但和基督教只有历史关联的教义，并被视为主要的事情[1]。但我们在上面提到的理论中，看到完全跟我们的考察相

---

[1]、这种情形到了怎样的地步，可从这个事实看出来，即一切包含在基督教学说里的矛盾、不可思议的神秘（它们由奥古斯丁系统整理过，使其完全对立于伯拉纠式的枯燥），一旦我们抽离犹太教的基本教义，认识到人不是其他什么的产物，而是他自己意志的结果时，矛盾就全部消匀了。于是，所有东西马上清楚且正确了；于是，不再需要一个 *operari* [事功的] 自由了，因自由就在 *esse* [本质] 中；同时这里也埋伏了那成为原罪的罪过。不过，恩典的感动却属于我们自己。另一方面，拿今天理性主义的观点看，奥古斯丁的许多理论都建立在《新约》上，看起来绝对难以苟同，甚至是背叛的，比如他的"预先注定说"。自然，真正基督教的东西就因此被排斥了，造成一个退步，走向不成熟的犹太教。但基督教学说的主要缺陷和错误的算计，却躲在隐秘的不被人看到的地方，也就是在那有定论的、安排好的地方。拿掉这个，整个教义是合理的；因为那个学说摧毁了神学，就像它摧毁了其他科学。这样，要是我们本着《上帝之城》（特别在第十四部）这本书来研究奥古斯丁神学，我们将面临类似企图竖立一个重心在外的物体的情况；不管我们怎么摆布，它总是再度倾覆。所以这里也一样，不管奥古斯丁用任何的努力与诡辩，世界的罪与它的悲惨总是回到神，神创造一切，和创造在一切里头的一切，它也晓得事情会有个怎样的了结。在《论意志之自由》（第一版四章 66—68 页）中，我已经指出奥古斯丁自己也清楚这个困难，而且受它困扰。同样，神的善与世界的悲惨，意志的自由和神的预先认识，其间的矛盾，乃是一个持续几乎百年的争论，就是笛卡尔派、马勒布朗士、莱布尼茨、贝尔、克拉克、阿诺德还有其他许多人辩论不休的一个主题，固定给这些辩论者的唯一教条，乃是神的存在及其属性，他们总是不停地绕圈打转，因为他们打算调和这些事物，换言之，解出一个永除不尽的算式，那余数一会儿在这一会儿在那冒出来。但这对某些人来说绝不会发生，对这样的人，矛盾的根源要到基本的假说中去找，虽然它明显也是件难事。只有贝尔表现出他注意到这点。

吻合的真理。这样，我们看到真正的美德与性情上的圣洁，它们最初的起源不在于蓄意的自由选择（事功），而是在认识（信仰），这完全跟我们同样从我们的主要观念可以发展出来的一样。如果产生有福之境的，是从动机与蓄意之企图而来的事功，那么不管我们怎样解说它，美德就将总只是谨慎的、有条理的、眼光长远的利己主义而已。但基督教教会许以拯救诺言的信仰却是这样的：就像是因为第一人的堕落，我们都负担了原罪，于是服从死亡和毁灭，同样，透过恩典，透过神圣的居间者耶稣基督自己去负担世人凄惨的罪——而这的确一点都不是我们世人的贡献——我们才被拯救。因为凡是人有意的（由动机决定的）行为所能造成的什么，也就是事功，从它的性质来讲，绝不能解救我们，因为它是动机带来的有意行为，所以是 *opus operatum* [劳苦的工作]。因此，这种信仰首先就暗示了我们的状况原本且根本上是无可救药的，但是我们要从这种状况中寻找解脱；其次，我们自己根本上属于罪过、不幸，并且是那么紧密地贴着它，以至于根据法律和箴言，也就是根据动机，我们的所作绝不能满足公义的要求或拯救我们，拯救只能通过信仰，换句话说，通过改变认识方式来获得。这种信仰只能由恩典而来，所以是外来的。这意味着，拯救是与我们相当陌生的事物，为了拯救所必需的缘故，它指向对这个肉体存在的否定与放弃。事功、对宗教法律的遵行，决不能证明我们是正当的，因为它们总是从动机来的一个行为。路德要求说（在他的《基督教的自由》中），在信仰出现后，善行应该完全自发产生，像是信仰的表征、它结的果实；必定不是那些自己假装成贤德、正当或丰富报偿的什么东西，却相当独断地、无缘无故地发生。由于更清楚地认清了个体化原理，我们也表现出了，首先是纯粹的自由的公义，接着是一种感动，扩大到完全放弃利

己主义，最后是意志的断念或否定。

我在这里之所以要介绍这些基督教神学的教义——它们本身跟哲学是不相干的——只是要指出，我们整个讨论所产生的上下一贯脉络相通的伦理学，虽然从表达方式来看可能是新的、前无古人的，在它的本质上却并不如此。相反，这个伦理学体系，跟真正的基督教教义完全一致，并且，照它的精义来讲，甚至包含且表现在这些教义里。它同样也吻合了印度圣书里的理论与伦理箴言，尽管后者又是另外以相当不同的形式表示。同时，回忆基督教的教义，又可以帮助我们解释并阐明，在所有性格中必然性与自由之间的明显矛盾，即一边是随着动机出现而展现在一切性格中的必然性（自然的王国），另一边，是意志否定本身的自由，还有取消性格以及取消基于该性格动机之所有必然性的自由（恩典的王国）。

71

现在要给伦理学的要点下结论，同时也结束整个观点的发展（即我的目标），但我绝不想在这里隐瞒对最后讨论的异议。相反我要明白指出，这个异议深入了事实根本，且不可能被纠正。它就是：我们的研究终于到这一步，在这里，呈现在我们眼前的是完全没有瑕疵的神圣性，是一切意志活动的否定、臣服，由此，我们从一个从本质上看是痛苦的世界中解脱，我们似乎过渡到虚幻的空无。

对此首先我得说，空无的概念本质上是相对的，往往关联于被它否定的某种确定的东西。这质性只是被人们（特别是康德）归属于 *nihil privativum*[正的空无]，以"—"表示，相对于"+"。这负号（—）就相反的观点可变为"+"，而相对于这正的空无，来

了个 *nihil negativum*[负的空无]，即在任何方面说都是空无。那脱离了本身的逻辑矛盾就是例子。不过进一步想，绝对的空无，真正的负的空无，甚至是不可臆想的，而从一更高的立足点去想，或包摄在一更广的概念下，它都只是个正的空无。任何空无只是如此在相对于其他某物的情况下，被设想为空无；它先假定了这个关系，于是也就先假定了其他某物。甚至逻辑矛盾也只是一相对的空无；它不是理性所能有的思想；但它并不因此就是绝对的空无。因为它是一文字组合；是那不可思议之事的一个例子，而不可思议之事，必然是在逻辑上用来证明思想的法则。所以，要是为了找一个绝对空无，我们找到这么一个例子，我们不光执着于寻找正数以致忽略负数的意义，陷进了这个荒谬。因此任何负的空无，任何绝对空无，要附从更高的概念，就要显得只是一正的空无、一相对的空无了，那总是可随着否定的对象更变符号——这使得被否定的于是被设想为"负的"，然而它本身却是正的。这也和柏拉图对空无的概念所作深奥的辩证法研究得来的结果一致，在《智者》258D（277—278页）里说："这就是所谓有差异的性质，我们已经证明过它存在，并且是以相互的关系被零碎地散布到一切的'有'上头，而由于我们不承认是这个性质任何单独的成分，我们已冒险地断定了，事实上这个乃是无。"那被一般假设为正，我们称之为"有"的东西——它的否定，乃是以空无的概念就其最具一般性的意义表达的——这样的东西，确实就是表象的世界，而我也证明过，它就是意志的具体化、意志之镜像。我们自己也就是这意志、这世界，归属于它的乃是一般的表象——成为它的一面。这表象的形式就是空间、时间；因此，从这一根据看，任何存在物都必须处于某地、某时。那么概念（哲学的材料）乃至词语（概念的符号）就都属于表象。意欲的扭转、否定、废弃，同时就是世界、世界的镜像之弃绝跟隐没。要

是我们不再在这镜像里知觉意志,那么我们问究竟意志折转到哪儿去就只是徒然,接着,因为它不再具有地点和时间,我们就抱怨说它迷失在虚无中。

要是对立的看法是可能的话,就会使符号改变,并且表现出任何对我们而存在的只是空无,而虚无的即存在的。不过,只要我们自己是生之意志,后头那个东西,那作为存在的空无,便只能否定地被我们认知和表达,因为恩培多克勒的古老教训,"唯有气味相投才能体认出彼此来",在这里剥夺了我们一切的认识;相反,我们一切真实认识的可能性,换言之,表象的世界,或意志的具体性,最后都基于这句话;因为世界是意志的自我认知。

但要是坚持说,凡是哲学只能否定地表达成意志之否定的东西,非得有个正解不可,我们一定要获得关于它的一些肯定的知识;那么除了到达彻底否定意志的人经历过的状态——极乐、狂喜、顿悟、与神合一等等,就再找不到别的了。但这种状态无法真正的叫认识,因它不再有主客体的形式;甚至它只能被个人的经验掌握,那经验无法再进一步传授给别人。

但我们这些牢牢握住哲学立场的人,这里就得满足于消极的认识,满足于达到积极的最终边界。因此,假如我们看透了作为意志的世界内在本质,把这些现象只视为意志的具体性;假如我们追随着这些,从暧昧的自然力无意识的冲动,直到意识最清晰的人之行为,我们就再不回避那个结果了,即随着对意志自由的否定和压制,所有现象现在也都遭到废弃。那在一切具体性的层次(世界通过它、在它里头存在)中持续的、无目标、无休止的压迫与努力;那在层次的演变中,彼此继承的数不清的形式;整个意志的现象;最后,现象各种普遍的形式:时间跟空间,还有它们最终的根本形式,主体跟客体;所有这些都随着意志而废弃,

再也没有意志、表象、世界。

的确,除了空无,眼前再没别的了;不过对此种流入空无的抵制,就是我们的本性,就是生之意志,我们自己就是生之意志,正如生之意志是我们的世界。关于我们怎样厌恶空无,无非等于说我们如何意欲生命,而我们不是别的,就是这个意志、只晓得它。不过我们现在把眼光从自己有欲求的、复杂的本性,转到那些超脱世界的人身上,在他们那里,意志达到彻底的自我认识后,又在万有中发现自己,然后无拘束地自由地否定自己,只等眼睁睁地看意志最后一点痕迹,被这点痕迹所鼓舞激发起来的身体消逝。然后,不再是无休止的压迫与努力了;不再是不断从欲望到恐惧、欢乐到忧苦的变迁了;不再是永无满足、不死心,构成了意志人的生之梦的希望了——我们看到了高于一切理性的和平,海一般的灵府的清澄,如此深刻的安宁,不可动摇的自信、平静,这单单在面貌中反映出来,就像拉斐尔与科雷乔描绘的,是个完全和确实的"福音"。唯有认识保留,意志消逝。我们以深刻且痛苦的思慕之情注视这种情况,对比之下,我们自身悲惨绝望的本性在它旁边清楚地暴露。而这是唯一能永久安抚我们的想法,当一方面我们认识到那种无药可救的痛苦与无穷的凄惨是意志现象的本质,另一方面发觉到随着被否弃的意志融解,世界留给我们的不过是虚幻的空无。那么,通过对圣哲的生活与言行的沉思——我们当然很少有机会亲身与他们接触,可从记录下的历史却能把握;再加上被艺术盖上了真理的印记予以担保,我们就得以摆脱关于空无的阴暗印象,空无,是翱翔在一切美德、圣洁后的最终目标,我们畏惧它如孩童之恐惧黑暗。我们甚至不应像印度人那样,借用神话和无意义的字眼儿来逃避它,像归于梵天或佛教徒的涅槃。相反,我们无拘无束地体会了,在意志被彻底废弃后,对所

有仍然充满意志的人来说，留下来的，确实只有空无。不过反过来，对那些意志转而否定自身的人，我们这个有着恒星、银河的真实世界，也不过是——空无[1]。

---

[1] 这就是佛教徒的"般若波罗蜜多""超出所有的认识"，换言之，即主体客体不再存在之点。参考 J. J. 施密特，《论大乘与般若波罗蜜多》。

附录 康德哲学之批判

> 只有真正的天才,特别是那些开辟新途径的先驱,
> 才有权犯大错而免于责罚。
>
> ——伏尔泰

指出一部伟大作品中的瑕疵与误谬,远比对它的价值给予一清晰完全的剖现来得容易。错误多半是特殊的局限,往往没两下就给挑了出来。相反,天才表现在著作中独特的质性,其优秀性是不可测度、取之不竭的,因此不可废弃,毋宁说是后代的良道。一个真正伟大心灵完美的杰作,总是对整个人类有深远且有力的影响;影响如此巨大,以至于无法估计其耀人的影响力能达到多远、多久。情形经常是这么样的,因为,不管杰作本身所在的时代如何完美富有,天才的崛起总像根植于土壤的棕榈高出地面。

但这种影响的深远效果,不可能一下子产生,因天才与常人有极大的差异。这样,一个人一生中直接从生活与世上汲取的知识,以完成的形态超越而表达给他人,是无法立即变为人类财产的,因为常人的接受能力无法跟天才的给予能力相比。但就算赢了跟不值的对手的斗争——后者简直在跟一个生而不朽的生命争执——好像要阻遏那对人类所作的拯救于萌蘖(像赫拉克利特摇篮里的蛇),知识首先还得在无数的错误解释与歪曲应用的曲径中穿行徘徊;它

要排除那些将它跟旧的谬误结合的企图，所以要生存在挣扎中，直到新的、没有偏见的一代成长与它结合。这一代在小时候就开始经由无数不同的途径，逐渐接受那个泉源的内涵，一步步吸收它而分享它的好处，这好处是从伟大的心灵中泉涌而出流给人类的。人类——天才软弱、顽逆的学生——它的教育进展竟如此缓慢，因此康德学说的整个强大力量和重要性，只有经过时间才能展现出，也就是说，当时代的精神本身在最重要且基本的一面逐渐因那学说的影响而变革，为那伟大心灵产生的力量提供活生生的证据。尽管这么讲，当然，我不能因为这么臆测的预先讨论了时代的精神，就毫不感谢地自居为凯克斯或卡仙卓。或许只能说，我采纳了前人的意见，将康德的著作仍视为新的，现在许多人则把它们看成古董。真的，他们认为康德的东西是停顿的、利用完了的，将它丢弃，像他们讲的那样，把它甩在后头了。其他人受了这鼓动，完全忽视了它们，厚颜无耻地继续以旧实在论的武断态度与其经院哲学推究神与灵魂。这就像我们想把炼金术士的理论带进现代化学一样。不管怎么说，康德的著作无需我贫弱的褒词，它们本身就能外在地称扬它们的主人，它们将永存斯世，其不朽或不在形式上，乃在精神上。

可是，当然啦，要是回顾康德学说第一次引起的结果，和之后一段时间内种种的努力与成果，我们便目击歌德那极为令人沮丧的名言之得证："正如被船只排开的水在后头复合，故此，当卓越的智者将错误推开一边，给自己容出地位时，谬误在他后边很快又密集起来。"（《诗与真》第三部，十五篇，521页）尽管这样，这时期只能算是过渡，看作所有新而伟大的知识上述命运的一部分，现在这段过渡显然是要结束了，因为这样安稳吹起来的泡泡总归要爆掉。人们普遍开始意识到，真正的、严肃的哲学仍然在康德留下来的地方。总之，我看不出从康德到我的这段期间，哲学上有什么

建树；因此，我是直接从他那儿分歧出来的。

在这篇论文中，我所持的观点，实在说只是一种对这个即将探讨的学说之辩解——在它不与真正的康德哲学协调，倒实际上跟它冲突的各点的范围内。不过这么说的话，则一个解释实属必要，因为显然我的思考，尽管内容与康德的不同，却是彻底受其影响，所以必然以它的存在为前提而从它开始；另一方面我承认，除了知觉世界给我的印象，我获益最多的、使得我发展出最佳论述的，就是康德的著作、印度的圣书还有柏拉图学说这三者灌输给我的概念。我只能这样辩护我跟康德不一致的地方——但那在我的书中是找得到的——就是在同样的着眼点上说他不对，指出他犯的错。因此在这本书里，我必须完全以论战的态度跟康德对垒，严格而尽全力；因为只有这样，才能把附着于康德学说的错误毁掉，使它的真实性更灿烂地放射光彩，更确切地经久。所以不能指望说我的知识系统和对康德诚挚深刻的尊敬，竟也扩展到他理论上不健全及谬误之处，因而只该用最保留的态度揭示它们；若这么做，我的语气势必由于婉转回护而变得无力且平淡。对一个在世的人，这种放任是需要的，因人类之软弱无法忍受对其错误——就算最公正的——驳斥，除非拿抚慰和赞谀来缓和，即便这样也还是不易忍耐的；而一位当世的导师、人类的恩人，至少更值得对他的弱点采取放任，以免导致他任何痛苦。但一个逝去的人，已经丢开了他的脆弱；他的功绩肯定地保留着；时间越将澄清对它所有过分的高估或诋毁。他的错误要被区分开来，变为无害，最后湮没无闻。所以在这即将提出的康德的反驳里，我只考虑他的错误和弱点。我以敌视的态度面对它们，对它们进行无情的摧残性批判，总是留心不去放任藏匿了它们，毋宁将之置于最强的光辉下，以更确定地将它们减为零。为上述理由，这里我是不管有没有对康德不够公平或忘恩负义什么的。不过为了

即使在旁人眼里也能消除任何恶意的表现,我倒先要简明地指出我个人认为康德最主要的贡献,来坦白我对康德深刻的敬意与感激。我之所以这么做,道理很简单,就是免得后头在这些观点上反驳他时,还要费笔墨去描述。

* * *

康德最大的贡献,就是将现象与"物自体"区分,理由是事物与我们之间总隔着人的智性,而要是事物只存在本身之内,它们就不可能被智性知悉。他是被洛克带到这条路上的(见《未来形而上学绪论》§13注2)。洛克证明事物的第二性的质,如声、嗅、色、坚实、柔软、光滑等,建立在五官的感受上,并不属于客观的物体——"物自体"。属于客观物体的,相反,他只归于第一性的质的,就是那些只以空间,不可穿透性,因而又以外延、形体、实质、数、可动性为前提的。但很容易看出来,洛克的划分只着眼于事物表面,可以说,比起康德,不过是相当稚嫩的出发点。所以从一君临的较高观点着手,康德解释了洛克所谓的 *qualitates primariae*[第一性的质],即物自体之质性也只属于它的现象,出现在我们的知觉或领悟能力以内,这只因为该能力的先决条件(时间、空间、因果)是先验地被我们知悉的。故此,洛克从物自体中抽出了感官据有其现象的部分;但康德更从那儿抽出了"脑之功能"(纵然不是用这字眼儿)的部分。这样现象和物自体间的区分,就获得了极大的重要性和一个深得多的意义。为这目标,康德必须着手于对我们先验知识与后验知识作重大区分,这在他以前既没有被适当地、精确地做到,完完整整地弄个明白,也从未通过清晰、有意识的认识达成。于是这就变成他深奥研寻的首要主题。这里我们可立即见到康德哲

学与他前辈有三方面的关系：第一，我们已知的和洛克哲学的关系，证实并拓展了后者；第二，和休谟哲学的关系，修正并运用了后者，这层关系我们发现在《未来形而上学绪论》(康德重要作品中最好的、最容易了解的，这本书大大有助于康德哲学的研究，可惜读到它的人太少了）的序言中讲得最清楚；第三，是跟莱布尼茨哲学、沃尔夫哲学的决定性论战、摧毁的关系。在研究康德哲学之前，我们先该了解这三种理论。现在要是按照上边说的，把现象从物自体中区分出来，于是有了这种理论：即"理想与实际是完全不同"，若说这是康德哲学的基本特质，那么要是相反地，我们抱着两者是完全同一的看法——在后面马上可以发觉——就给上面引用歌德的名言一个糟糕的证实。这情形，只要认同光是基于智性直观的虚夸，就更是这样。当然，那只是一种退化，退化到一般未成熟的观点上去，蒙着层像是重要的意思，以夸大与荒谬伪装。它甚至变成那迟钝、没头脑的黑格尔之荒谬的名副其实的出发点。现在，既然康德所作现象与物自体的划分——在上述情况完成——在论辩的深奥与思考的周全方面，远超过任何之前的作品，则其成果就具有无穷的重要性。因为在那儿，他以首创而决然新颖的方法拓展出了同样的事实，那是就新的一面和新的路子上发现的，这事实，柏拉图一再说到过，并且具体表达如下：这显现给官能的世界并无真实的"有"，只是一不停的变化；它"有"，不过它也没"有"；对其的理解不成为认识，正如幻象不是认识一样。这就是他在《理想国》第七部（他所有的著作里最重要的一段）以一神话表述出来的，这在本书第三篇已提到过了。他说人类，牢牢地给锁在一个黑洞里边，既看不到真正原始的光线，也瞧不着实际的事物，只捉摸到洞中火那微量的光芒，以及从他们背后的火光映射到前面的那些实物的影像。可是他们设想影像就是实物，而能规定这些影像的变化就算是实在的智

慧。这事实虽以完全不同的方式表达，也可以在《吠陀》跟《往世书》的主旨，即"摩耶"的理论里找到，那儿揭示出后来康德所谓的现象是相对于物自体的。要知道，摩耶的理论所陈述的实在就是我们生存在当中的可见世界——一个成了事实的奇妙的结果，脱离实质的不稳定无恒的幻象，可比作视觉幻象或梦，一包裹了人类意识的垂幕，你说它存在或不存在，都同样对又同样错。现在，康德不但以完全新颖的方法表达了这同样的理论，同时经由最冷静、最公正的表述还把它造为证实的、不可或辩的事实。另一方面，柏拉图与印度的思想家，仅仅将他们议论点建立在对世界普遍的知觉上，作为他们的意识而直接萌发，并以神话的、诗的方式表达，而非哲学的、明确的。在这方面，他们之于康德，就好比毕达哥拉斯派的希凯塔、费劳罗斯和阿利斯塔克——他们断定地球是围绕着静止的太阳运动——这些人之于哥白尼。对整个世界梦一样的本质这般明晰的认识，冷静仔细盘算过的表达，实在是整个康德哲学的基础；那就是它的灵魂，它最大的贡献。它把我们认知能力整个组织分析成片，而认知能力乃用以导致客观世界的幻象，这样以惊人的洞察力及才能将它零碎地显现出来，而达到了这个成就。以前所有的西方哲学，跟康德的比起来，简直是难以形容的笨拙，它们未能辨清这事实，所以实际上老是讲得像梦话一般。康德是头一个突然将之从梦中摇醒的，所以最后一个在那儿睡着的人（门德尔松）说他是"全然的摧毁者"。康德指出，那些不可更易的、必然的支配着存在（即一般说的经验）的诸般法则，不能应用来推演且解释存在本身；所以它们的效用只是相对的，换言之，只有始于存在——一般的经验世界，在它们之后，就是说这效用是已经给定、成立了的；于是当我们碰上了要解释世界跟我们自己的存在时，这些法则不能作为引导我们的准绳。以前所有的西方哲学家都想象这些法则（依

此法则，一切现象，还有所有那些我以充足理由原理解释的时空、因果与演绎，才被相互联系起来）乃是绝对没有任何先决条件的，是 *aeternae veritates* [永恒的真理]；就是说，世界本身只有在这些法则之后，只有证实这些法则才存在；在它们的导引下，整个世界的谜就可以有个解决。为此设的假设，康德批评为理性的观念，实在只能用来抬举现象这玩意儿，如那些幻象之幕的运作、柏拉图的"影子世界"，把现象变成顶真的东西，供在事物最核心、最实在的本质的神宠上，把真正的认识变为不可能，一句话，简直把那些做梦的人通到更深一层的梦境里去了。康德揭示出这些法则和继之而来的世界本身，乃是决于主体认知的格式。基于此，显然只要依着这些法则，不管你研究得多深入，推论得有多高奥，在主要的那事上，即牵涉宇宙本身内在的根性、穿透了表象，在这种认识上，你是一步也向前迈不了的，你就像只绕着自己尾巴打转的松鼠。所以我们把那些教条主义者比成是认定自个儿只要是朝前直走必可到达世界尽头的幻想家；要是那么讲，康德可是把这地球给绕航了一周，证明了由于地圆之故我们无法以水平的移动脱离它，倒是垂直的移动还有可能。还可以这么说：康德的学说赋予我们一种彻识，就是世界的开端与尽头并非在我们以外去寻求，毋宁自反于本心。

好了，这些就是独断论哲学与批判（或超越）哲学的基本分歧。要是想搞清楚，靠什么例子去弄懂它，读一读莱布尼茨的论文《事物根本的起源》（首刊于艾德曼版的《莱布尼茨哲学作品》第一卷147页）就行啦，这真是独断论哲学的样本。在这里，宇宙之起源与其超越的本质，如此彻底地以"实在论—独断论"的形式，求助于本体论的、宇宙学的验证，以"永恒的真理"之假设，被证明成先验的。顺便一提，书里曾经也承认，经验刚好反证了此地证实了的宇宙之超越性，但认为经验毫不能解释这点，在谈论到先验的哲

学上，活该没有它的份儿。由于康德的缘故，批判哲学变成整个独断论的对头。康德的研究使那些永恒的真理，独断论的基础结构成了问题；他研究它们的起源，最后发现这些法则乃是存在于人类的头脑里。从这儿，法则从形式中涌出来，这些形式头脑本身就已具有，作为知觉和体会那客观的世界之用。那么就在脑筋里边，这个被搜寻的目标为那自以为不凡的独断论哲学补充了原料。现在，由于批判哲学，为了追求这种的效果，得超越"永恒的真理"——那是所有在此以前独断论的基础；要把这些规律性的法则本身变成研讨的目标，它就形成了超越的哲学。由此得知，我们所知的客观世界并不属于事物自体那真实的物事，只是它区区的现象，被那些先验地存在人类智性（就是说头脑）中的形式限定着；所以说，这世界除了现象外什么也没包含。

关于"现象乃是表象的世界，而物自体即意志"的体认，康德并未达到。但他证明了现象世界不多不少地乃是给主体决定，一如给客体决定，同时把那普遍的形式从其现象（即表象）当中分割出来，他证实了我们不但就客体着眼，而且一样也是从主体着眼，按照这些形式整体的、结构的性质认知并观察它们；因为，这些形式实际上就是主体与客体间的界限，对两者来说是不分彼此的。他总结说，由于追求这一极限，我们并未透视客体或是主体内在的特性，故此我们永远不晓得宇宙本质上的特性，即物自体。

康德不是从正当的途径导出物自体（我马上就要说到），他是以自相矛盾的方法得到的；他得到的报应就是，人家对他学说的这个主要部分时不时的、难以避免的攻诘。他没有直接把物自体具体化为意志，不过说到底，他是首次对此种认识迈进了一大步，因为他证明了人类行为之不可否认的道德重要性，是完全不同于（可不是依赖着）现象的法则，甚至不能依现象来解释，毋宁是直接触

着物自体的东西。这是衡量其贡献第二个该注意的观点。

我们可视为康德第三个重要贡献的,就是他对经院哲学的完全否定。我说经院哲学,是指从奥古斯丁开始到恰好康德以前的整段时间。经院主义之第一特性,的确就是泰能曼一针见血讲出的,即维持宗教压倒哲学的一种守护人地位,这样,事实上也没留下什么给哲学做,不过是去证明、修饰那些宗教提示给它的主要学说罢了。直到苏亚雷斯,经院学者都公开且毫无保留承认这点;后来的哲学家尤其不自觉地这么做,就是说,起码他们并不自认如此,一般认为,经院哲学只扩展到笛卡尔以前一百年左右,到笛卡尔就开始一个全然自由研究的新时代,摆脱所有实证的神学理论。不管怎么说,这种研究实际上不能归给笛卡尔或其后继者[1]。笛卡尔他们只能说是

---

[1] 在这里,布鲁诺跟斯宾诺莎可绝对不算在内。他们巍然各自独立;既不属于当时的一代,也不属他们那一环境,那环境给了他们什么呢?给前者以死亡,后者以迫害和屈辱。他们可悲的生活与死亡,在西方世界就好比热带植物落在欧洲的下场。遥远的神圣的恒河流域,才是他们真正精神上的家邦;那儿,在智者之间,他们可以赢得安宁与尊敬。在下面的诗句里——清晰而美丽地,布鲁诺倾诉了自己在那种时代是如何的孤独;在同时,他好像已经预见到自家悲惨的下场,当然啦,考虑着是不是要这么的把心割现出来;最后是一股力量驱使着他把真理说出来,那种驱使力在每一个高贵的心灵深处都是这般强大——布鲁诺的名作《原因、原理与太一》(这本书使他上了火刑桩)开头就这么写着:

啊,我痛苦的心。你给什么遏抑住了发芽的欲望,
已经把心血奉献给这不值得的时代了吗?
无论那阴影怎么的覆盖大地,
撑起你的冬顶,啊,山哪,高高列诸天之上。

谁读了这本重要的作品,以及布鲁诺其他一些意大利文著作(本来是那么稀有,而现在,谁却可以透过德文译本接触到啦)——都将跟我叔本华一样,发现在所有的哲学家中,讲到了具备强烈诗意的、哲学的感动力,只有他有点接近柏拉图,布鲁诺把它表现得戏剧性一般的感人,想想吧!这个温柔的、灵性的、有思想的智者,正如他作品中表达出来的他本人,落在那些粗俗暴虐的僧侣手上,让这些家伙做他的裁判官、执行者!感谢转移一切的时间,时间的轮子孕育出比较理智文雅得多的时代,这样,现在诅咒落到那些凶残的宗教狂的人头上了。

兆头，怎么说，只是对这研究做的尝试。笛卡尔绝对是个伟大的人物，同时我们再考虑考虑他那个时代，就知他有极大的成就。不过要是抛开这层考虑，就解放思想使摆脱束缚、开拓一公平新颖的研究的新时代（曾经归功于笛卡尔）这些方面衡量起来，我们不禁要发觉，笛卡尔的怀疑主义仍然是那么缺乏真心诚意，所以也就消逝得那么快、那么干净；他看来蛮像热衷于一股脑儿把所有早期那些固定的观念铲除掉，不过只是做得煞有介事，过了没一阵子又重新确立起来，他抓得比以前更紧；笛卡尔的后继者，直到康德那时候，莫不如此。因此，歌德的诗对于这般自由独立的思想家来讲相当适用：

> 省省吧，我主！对我来说，他呀，
> 看来就像只长腿蚱蜢，
> 跳跃似的飞着，飞一般地跳着，
> 在草丛里边，老是那熟得不能再熟短促的歌唱。

看起来，有理由说康德似乎也局限在这观点里，不过，那假设的一个跳跃，人家以为是回到草堆里，这趟呢变成了一次飞行，而站在下头的人们，只好眼巴巴地望着，再也捕捉不着它啦。

康德于是试着拿他的学说，去说明我们试图求证那些被当作确定的教义为真之不可能。思辨神学以及相关的理性心理学，受到了康德的致命一击。从他以后，这些东西就从德国哲学里消逝，我们切切不要因为东西被放弃后，字眼儿还时或跳出，不然就是由于某些不幸的哲学教授基于对古人的敬畏而丢下了真理，就给这情况困惑着。只有一个人目击到这些概念在自然科学、哲学和17、18世纪所有的作家（甚至最优秀的）身上产生的恶劣影响，他才能体会到，康德真是功德无量。康德以后，德国自然科学著作中语调跟形

上学背景的转变，真是值得大书特书；在他以前，情形就跟英国（现在还是老样子）一模一样。康德这个贡献为什么伟大呢？跟下边这个事实比较一下就可以看出来了：关于那对于现象之法则盲目的追求，把它们夸张成永恒的真理，把这摇曳不定的现象抬举为宇宙实在的内涵之本质，简言之，实在论的学说——这么的虚幻，不但没有给任何一种思想怀疑过，还居然唯我独尊地流行在以前整个的古代、中世跟现代哲学中！贝克莱，就像他以前的马勒布朗士，晓得那个理论的片面性，实际上也知道它的缺点——就是没有办法推翻它——因为他的攻诘被限定在同样片面的观点上。所以，支撑着基本的观念论，使它起码在哲学上君临欧陆——这工作只有留给康德了。观念论风靡了整个非回教的亚洲，实际上甚至包括宗教界全体。所以在康德之前，我们是被时间掌握，现在时间被我们掌握了，并一直如此了。

伦理学也被实在论哲学按照现象的法则处理，实在论哲学把现象的规律看成绝对，甚至可用于物自体。所以这一来，伦理学一忽儿拿一种完全乐观看法的理论做基础，一忽儿又根据着造物者之意志，到最后，它的观点是建立在一个"完善"的观念上，从本身而且就本身研究，这种概念乃是绝对空幻而缺乏内涵，因它只是指出了一种关系，那关系只有从概念运用到的事物上取得意义。"成为完善"不过意味着"符合某些预先设定并被交付的观念"，那概念，自己就需要来点组织，没有了那观念，完善就是一未知的抽象的数量，当单独表达时就毫无意义。现在，要是我们想使"人道"这一概念作为一经过默认的假说，因此当作一种以人类完美为追求目标的道德律，这样我们好像只是说，"人应该成为他们该成为的"，这是空口白话，说了跟没说一样。实际上，"完善"几乎只是和"数字性质的完全"的同义词，因它表示着在一已知的例子或个人中，

凡跟它同类的概念，其中所有的述词全部与之协和，因此它是实际上具有它们的。因此"完善"的概念，若绝对且抽象地拿来使用，根本就是一缺乏观念的字眼儿，什么"人类中最完善的"之类的话，也莫不如此。所有这些，不过是无意义的玩弄辞藻。不管怎么说，这类完美的或不完美的概念，在18世纪变成了时髦的玩意儿；真的，所有道德甚至一切神学问题，都系在这个铰链上转着。它挂在每个人嘴边，完全变成一个真正烦人的东西。你看，甚至最行的作家，像莱辛，不幸缠上"完善"和"不完善"，跟它们扭扭扯扯地角力。不过，任何有头脑的人都要感觉到（无论如何是模糊的）这概念没有任何实在的内容，因为，就像一代数符号，它只是抽象的关系之指示。前面讲过，康德彻底把行为之不可否认的、伟大的伦理学上的意义，从现象及现象法则中区分出来，证明前者直接涉及物自体，宇宙最内的本质，而后者（即时间、空间及任何填充它们的，依照因果律在其中排列的）乃是一不稳定的，非实有的幻梦。

我所讲的这一点点——绝没有把主题挖空——可以说是我认为康德的伟大贡献的最好说明，我乐意将它写在这儿，同时，也希望读者在跟着我无情揭露他的错误时，要随时记着这些优点。那么，康德的错误是什么呢？

* * *

光从历史上看，很容易就能了解到，康德的伟大成就不得不伴随着极大的错误。尽管他激起了哲学上的最大变革，实实在在地抛弃了经院主义（就前述采广义的看法，它维持了一千四百年之久），其目的确在于开创一绝对新颖的哲学第三纪元，尽管这样，康德的崛起在当时所造成的直接影响，实际上只是消极的，而非积极的。

由于他未能建立一全新体系,好叫追随者有个暂时的依附,的确,所有人都说有那么件大事发生了,可没人搞得懂那是什么。他们的确明白,以前所有哲学都是无果的幻梦,新时代是从其中醒觉了;但他们不晓得现在该依附什么。一个巨大的空、一个缺口产生了;乃至大众的注意全都集中到这里。基于这个诱因,而不是基于内在本性的倾向和力感(这些东西,即使在最不利的状况下仍会爆发出来,斯宾诺莎就是一个例子)的刺激,那些没什么惊人才华的家伙,倒完成了不少各种各样的、无力的、荒谬的甚至疯狂的企划,对于这些,大众(现在是引起兴头了)给予了注意,给予了极大的忍耐——这种忍耐只在德国境内才找得到,他们竖起了耳朵倾听。

类似的事必然一度在自然界发生过,当一巨大的变革更换了整个地表,海洋与大陆改了位置,景物给铲平了,有待于新的创造。在自然孕育出持久固定形态之新世系,各个谋求本身的协调以及同本身以外的去协调以前,那必然是一段很长很长的时间。怪异的有机体出现了,它不能与本身协调,不能与本身以外的东西协调,因此就不能久长。不过,就是这些东西的残留物,现在还留下来,告诉我们自然如何使本身更新、蜕换,告诉我们那摇曳不定、试验性的过程。现在,既然类似的一种危机,一丑恶的怪胎期,正如我们所知,由康德创造出来了,所以结论是,康德的功绩并不完美,毋宁说还受重大错误拖累,所以是消极的、片面的。而现在,我们就要探讨这些错误。

* * *

首先,我们要清楚地澄清和审视《纯粹理性批判》全书计划与目的所奠基的根本观念。康德接过前人(独断论哲学家)的见解,

自然在下列假说上和他们一同起步：（1）形而上学乃是超乎所有经验可能性的体系。（2）这样的东西不能依赖于源自经验的基本原则得来（《未来形而上学绪论》§1），只有先验因此独立于经验而了解的原则，我们才能比可能的经验捉摸得更深。（3）在我们的理性中，某些这类基本原则实际上是可以找着的；它们被认为是来自纯粹理性的知识。到这里，康德一直同意他前辈的理论，不过现在他可要同他们有分歧了。他们讲："这些基本原则，纯理性来的认识，是事物绝对的可能性的一种表达，永恒的真理，本体论的来源；它们立在宇宙的秩序上，如同就古人而言命运之立在神明之上。"康德怎么说呢？康德说，它们仅仅是我们智性的形式，是事物透过我们表象的各种原则，而不是事物存在的法则；所以，只有透过我们对事物的认识才有效，当然，这也就无法跨越经验的可能范围；而所谓经验，就是按照前面第一个假设给针对着的东西。因为，正是这些认识的形式之先验性（这是说，因认识只能依靠形式，把它当作主观的出发点），把我们对物自体的认识永远切断，把我们局限于现象世界，因此，我们不能认知事物在它本身时的情况——甚至在经验的状态，更别提先验了。所以，形而上学乃是不可能的东西，替代它的——我们找到了纯粹理性的批判。这方面，在古老的独断论面前，康德是全胜了；因而此后任何独断的假说，不得不追寻另外一条出路。按照上面康德批判的意思，现在我要加以一番说明。我说——因此对上面的辩诉加以留心的审视，我们得承认它基本的假设乃是一 *petitio principii*[乞词]，它是基于这个前提（这在《未来形而上学绪论》的第一节说得尤其明白）："形而上学的来源根本不可能是经验的，它基本的原理、概念无法从经验导出——不管内在或外在。"但除关于形而上学一词的语源学上的辩论外，就无法进一步去加强这个基本断言了。可事实上，事情是这样的：

宇宙和我们本身的存在对我们来讲必然是一个谜。现在康德干脆这么不伤脑筋的假定，即谜题的解答是无法从对于世界本身彻底的了解来，而是从一个跟世界完全不同的事物上来（这就是"在一切经验可能性之外"这话的意义）；而任何我们总可以得到的直接认识（因为这无论就内在、外在而言，就是可能性经验的意义），都要从解答中排除。相反，那解答，只能在我们仅仅可以间接地触及的，换言之，就是靠着从先验的普遍原理推出的那里找着。这样，在一切认识之主要来源被摒除后——通往真理直接的通路闭塞了，难怪独断论的努力要失败，而康德有能力证明此一失败之必然性。因为前面已经先假定了：形而上学与先验的知识是类同的；可是若这么讲，便先得证明，解决宇宙之谜采用的素材不可能包含在宇宙本身，只有在以外去找，但我们只有在人类先验地意识到的那些形式的指引下，才可能达到那里。可是我要说，只要这点没得到证明，那么在这个顶重要、顶困难的问题中，我们就没理由为了单靠空无的形式运作，把自己摒弃在所有的认识最丰富的来源之外，自绝于内在、外的经验。因此，我认为宇宙之谜的解答得从它本身的体会来；这样，形而上学的工作就不是抛开世界存在其中的经验——而既然内在、外在的经验确是所有认识之主要来源，形而上学就得彻底去了解它。因此，我认为只有透过外在与内在经验适切的关联，从适当的地方着手，靠着结合这两个全然不同的认识源泉，这个谜才有可能解开。不过只有在某些范围内情形才这样。这范围跟我们的有限性分不开，因此我们对宇宙本身才可以不须解释其决定性的存在或任何其他问题而达正确的了解。那么，"（要是此外再没有途径）那就该分道扬镳啦"（*est quadam prodire tenus*）。我的途径，是站立在早期独断论无所不知的理论和康德批判之绝望中间。要说明的是，康德发现的那项重要的真理——它推翻了之前形而上学的体

系，可以说是提供了我之思想系统以资料与素材。请参考我在第二部十七章所讲的方法。好啦，到这儿为止说的都是康德基本的观点；现在，我要来考察一下它的细节并加以讨论。

＊　　＊　　＊

康德的文体普遍呈现了他那独特优越的智力、天才、强有力的个性和相当惊人的思想力。那特殊品质或许可以恰当地称为耀人的枯燥，靠着那方面表现出来的力感，康德能稳定地掌握概念，相当精确地把它们挑出来，毫无困难地将之翻来覆去，这真叫读者吃惊。这种耀人的枯燥，我也在亚里士多德的文体里发现过（虽然简单得多）。尽管这样，康德的措辞经常不够清楚、确定、充分，同时偶尔有些暧昧。这种暧昧，有时因论题的困难和观念的深奥是可以原谅的。话说回来，随便什么人，只要他自个儿清清楚楚，明白自己想的什么，要的什么，谁会写得这么不清不楚呢？谁会建立这样摇摆不定的概念，在外文中专挑那些极端困难而又复杂的字眼儿来表示它们，像康德采用早期（甚至经院学派）哲学的用语和公式那样？这些，都让他由于自个儿的目的给一个个排起来，比方说，"统觉之超越地综合一体"，还有他常用的一般"综合一体"，实际上说"并合"，说"结合"就够了。还有，人家也不会像康德一样，把一度解释过的费神再说一遍——就像谈到知性、范畴、经验以及其他一些重要概念那样。说起来，谁高兴言之再三，而每一次重述那说过多少遍的话时，还停在同样暧昧的文句上呢？别人宁可一次性把意思表达清楚、完全、详尽，点到为止。"越是了解一件事物，我们越要将它以单纯的方式表达出来。"笛卡尔这么说过。但是康德时或暧昧的词语，表达最糟糕的还是它就像"诱使人家模仿它缺点的

一个榜样";事实上,它像个恶意权威般带给人误解。大众被迫相信,暧昧的并非无意义的;那么,没有意义的东西就立刻在暧昧的表达跟语词上找到了避风港。费希特就是头一个抓住这点,把它滥加运用;谢林在这方面至少跟他一样,跟着,一群饿狗似的作家,不诚实又没有灵性,一下子就追过了他们两个。但在这种的制造透顶的荒谬,这样的无意义使人疯狂的文字迷魂阵之涂鸦,以前只能在疯人院中听到的,在这当中,现在最不要脸的,是在黑格尔身上找到了。它变成最冗长、最常见的那种神秘的工具,其结果在后代看来是难以置信的,也是标志着德意志之愚蠢的一个永久纪念碑。同时,约翰·保罗在他优美的短评上徒然地喊着:"向教授宝座上的哲学之疯狂,以及剧院中的诗性之疯狂致敬"(《美学入门》);而歌德早就这么徒劳无功地说过啦:

> 这些家伙吹着牛,说着教,可没有人打岔;
> 为了顾全笨蛋的友谊,大家缩得像乌龟。
> 人们总是相信,只要他听的是人话,
> 里面必有些好思索的材料。

咱们说回康德。我们不得不承认,他完全缺乏庄严的、古典式的简单,缺乏纯真(naiveté)、质朴(ingenuité)、坦率(candeur)。他的哲学不像希腊建筑,那宏大、单纯的部分,会叫人一眼就给瞧出来;相反,它叫咱们想起哥特式的建筑。康德个人心灵的特质尤其与之近似——拿一种抽象的形容,它近似变化多端具多样性的匀称、安排、再以附属的形式重复安排,这样详尽而无穷地连续下去,就像哥特式教堂那样。事实上,康德有时甚至过分琐碎,由于本性上的趋势,公然侵犯到真理。他对待真理,一如脑筋陈腐的花匠之

对待自然景物——他的工作是造出匀称的小径、匀称的方形和三角形,把树木修成像金字塔、球体,树篱都有规则的蜿蜒的曲线。我就要以事实来说明这一点。

在他特别讨论过时空,并以"知觉之经验的内涵乃是被给予了我们"这无意义的话,来诉说填充时空,我们所寓并存在其内的整个知觉世界——这之后,他马上一个跨越,跳到他整个哲学体系之逻辑的基础,即判断的表列上头。从这表列中推演出十二范畴,在四个标题下匀称地展开。这些范畴以后变成了可怕的"普罗克拉斯提之床",康德在那里粗野地不惜使用暴力、曲解,以权威临诸宇宙万物乃至任何关系到人的事物——只为了好在任何地演述此表列之匀称性。康德匀称地从表列首先推出的,乃是自然科学纯生理方面的普遍原则,即直观之公理、知觉的预测性、经验之类同、一般经验性思想的必要条件等。关于这些基本的原理,头两个还算简单;末两个,则各自匀称地分出三个支流。范畴,他称之概念,而那些自然科学的普遍原则,则称为判断。遵循那最高的指标(即匀称),这连续的系列证明了其本身在推理或三段论上相当有效;而这些他的确又同样做得很匀称、有节奏。就像是运用范畴解说感性,经验与其先验的原则即从智性中涌出;同样,将三段论法的运用行诸范畴——这是理性执行的工作,按照的是它找寻那不受条件限制者的确定原理——理性的理念就跑出来啦。是这么样的:那三个关系的范畴,给予三段论法恰好三种可能的前提,跟着呢,三段论法也分成三种,从每一种孕育出三个理念;定言的三段论孕育灵魂的理念,假言的三段论孕育宇宙的理念,选言的三段论孕育种之理念。在第二个宇宙的理念中又重复了一次范畴表列的匀称,由此四个子目又产出四个正题,每一个又都具备相当的反题。

对于产生这么优雅架构的精巧组合,我们确是羡慕钦敬,待会

儿我们即将刨根究底研究它的根据与组成部分，不过首先，我还要说几句话。

* * *

康德没经过深一层的思考，就这么追求他的道路，随着他的匀称安排一切事物，从来不考虑涉及的是什么东西，这真叫人惊奇！对此我愿意在后头深入解释。在光是考虑数学方面知觉认识后，康德完全忽略了其他的知觉认识——而在那其中，整个宇宙得以显示予我们！康德只着迷于抽象思考，但要知道，这种抽象思考只有从知觉的世界才获致它全部的意义跟价值，那世界，绝对压倒性的，是比我们认识的抽象的范围来得更重要、更普遍、更具体。事实上（重点就在这儿），他压根儿没有清楚划分知觉认识跟抽象认识，这就使他自己陷入不可解的矛盾，这是等下要说明的。在使用"它是被给予的"这个无意义的字眼处理完官能世界后，他现在就跟我所形容的一样，把判断的逻辑表列塑造成他体系的基础。但这里，同样他又没有花一丁点时间思考那真正摆在他眼前的东西。这些判断的形式，的确是文字和文字组合。然而，首先我们应该说，这些形式直接指示的是什么；我们应该发现那是概念。之后，下一个问题就该是概念的性质。从其解答中我们应该看出，它跟世界存在之所寓的知觉表象关系在哪里，因为知觉和思考必须分开。那一来，就得不只检查先验直观的纯粹程度和形式化；也要了解它的内涵，也就是，经验的知觉之进入意识的步骤。那就会发觉知性在这当中所占的分量，和一般说知性是什么，另一方面，知道理性到底是什么。康德从来没有合适并确切地给理性下定义，只是偶然地由于文章内容的需要，给予不完整、不精确的解释，完全违反了前面引用

的笛卡尔原则，这一点很让人惊奇。比方说《纯粹理性批判》[1]11（V24）页那里说，它是一种先验形成原理的能力；在299（V356）页，康德解释说理性是形成原理的能力，与知性是相对的，知性是形成通则的能力！好啦，或许我们以为原理与通则间必然有极大的区别，因为给他那么一说，我们不能不假设两者分别是一种认识的能力。然而我们发现，这个区分是薄弱地基于这个事实：先验地透过纯直观或知觉，或领悟的形式认知的，是为通则，而只有从概念先验地归纳出来的，才叫原理。关于这个独断的，叫人难以接受的区分，下头讲到辩证法时还要再加以研究。330（V386）页说理性是推论的能力；而判断（69页；V94页），康德常说那是知性的事。这意思是说，只要判断的基础是经验的，超越的，超逻辑的（《论充足理由原理》§31—33），判断就是知性的事；可是要说是属逻辑的，三段论法的基础的，那么，一种完全不一样的、重要得多的认识能力——理性能力，就起作用啦。还有，303（V360）页解释说，从一前提来的直接推论，仍然是领悟的，只有运用到中介的概念的地方，才属于理性能力。举例是：前提"凡人必死"，推论"有些死去的是人"为知性的产物；另一方面，"所有的学者必死"，就需要一全然不同的，更重要的能力——须要理性的一种推论。老天，一个伟大的思想家，怎么可能产生这样的见解？553（V581）页突然说理性是所有独断行为的常态。614（V642）页——理性在于我们力能以叙述我们的见解。643—644（V671—672）页——理性在于它融合了领悟的概念成为理念，这正如同知性从各角度透视客体结合成为概念。过两页（646页、V674页）变成了：什么

---

[1] 读者请注意：凡是我这儿引用到的《纯粹理性批判》某页某页，都是按照着第一版，因为我采用的罗生克朗版的康德全集是已经把各书的页数另外标上去了的。又凡引用到第五版的，前面加V，第一版外的任何版本都和第五版相同，页码数字亦同。

都不是，只是从一般的事物中归纳出特殊的那种能力。

对于知性也时常有新鲜的解释。《纯粹理性批判》中有七个段落是解释它的；看吧，在51（V75）页，知性是产生表象的本身的能力。69（V94）页，知性是判断的能力，即思想的或许说透过概念认知的能力。V227页，是一般的认识的能力；132（V171）页；形成通则的能力——可是在158（V197）页康德说"它不但是形成通则的能力，而且是基本原理（Grundsatze）的来源，依据这个原理，世间一切事物就归诸次序的安排"，这才绝呢，前面还说知性相对于理性，因只有理性才是形成原理（Principien）的能力。160（V199）页——知性是形成概念的能力；然而在302（V359）页，它又变成了根据一些通则结合现象的一种能力。

面对着这些实在理不清而毫无根据的说法（虽然问题是康德提出的），就不必再怎么强调我所提出对这两种认识能力的解释的正确性了，我的解释是固定的、详尽的，确切、简明扼要，并且与各时代各国家的语言使用方式没有抵触。我将康德的说法引录下来，目的仅在于证明，康德是因为追求他那匀称的、逻辑的体系，以至于忽略了去充分反思处理到的主题。

照我前面讲的，要是康德有那么认真考察这两种不同的认识能力（其中之一是人类独具的特质），究竟能被认知到怎样一个地步，并且，理性与知性，用一切民族和古往今来任何一个哲学家使用语言的方法来解释，这两个字眼儿到底是什么含义。假如这样考察过了的话，康德就不至于根据经院哲学所谓的 *intellectus theoreticus* 以及 *practicus*，而把理性区分为理论的跟实践的了。事实上，经院哲学家用那两个字眼儿却是基于完全不同的意义；再说，他就也不会把实践理性看作美德行为的源泉了。同样，在仔细划分出知性的概念（就这方面说，康德阐释了他的范畴及一切的普遍概念）与理

性的概念（他所谓的理念），而把两者当作哲学原料前——康德哲学大部分是讨论这些概念的有效性、实用性及其原始——康德真应该研究研究，一般而言，概念究竟是什么？可不幸的是，这真正必要的研究是给省略了，关于直观的和抽象的认识的混淆，都得归罪于此。由于缺乏适当地反思，他忽略了这些问题，像是：知觉是什么？内省是什么？概念是什么？理性是什么？知性是什么？同样，这种不谨慎，使他跟着疏忽了下面这些也是绝对得有的研究，像是：我从表象中区分出来的对象应该怎么称呼？什么是存在？什么是客体？什么是主体？什么是真实、是幻觉、是谬误？——可是，康德一味追求他的逻辑之图式，和他的匀称，他没有反省，他不去看看他的周围。判断的表列将是也注定就是他的全部智慧之钥。

*　　　*　　　*

前面我已经提过，康德主要的贡献就是区分现象与物自体，主张整个可见的世界为现象，故此全然否定现象法则在超出现象以外的有效性。他显然并未从那简单、那样不可否认、如此接近他的一项真理，即"没有一客体不需要主体"中，引申出现象仅为相对的存在并以此从根本求证：由于客体常只能相对于主体的关系而存在，所以就是依靠着它的，以主体为先决条件的，所以是不存在于本身的现象，若没有先决条件就不存在。贝克莱，他的贡献不被康德重视过，却早就拿这重要的命题作为他哲学的基石，因而给自己树立了不朽的声名。不过他还是没有从那命题求得正确的结论，也因此有点儿被误解，没怎么让人注意。我说过，康德回避贝克莱的原理，是出于对坚定的唯心主义之显然的畏惧，另一方面，我发觉这情形在《纯粹理性批判》中相对常见，所以我说康德在自相矛盾——这不是无的放矢，

只要找找看《纯粹理性批判》第二版,就知道我的这项指责是有相当根据的。可是,当以后我读康德这部巨著第一版时(该版现已相当稀少),多么让人高兴,我发现所有矛盾消失了!我发觉,就算康德没有用这公式:"没有一客体不需主体"——不论怎么说,康德,如贝克莱和我一样强调,说处于时空、置于我们面前的外在世界,只是那认知它的主体之表象。所以举例来讲,他毫无保留地说(383页):"假若我排除思想的主体,整个物质宇宙即不再存在,因为,它不过是我们主体感受下的现象,是主体表象的一种。"不管怎样,从348到392页整个段落,康德在那里动人且明晰地阐明了坚定的唯心论,但在第二版里硬是给删掉了。反过来,康德插进一些与此相反的话。这样,1787—1838年通行的《纯粹理性批判》就变得有瑕疵;它是本自相矛盾的书,它的意义因此不能让每个人绝对清楚并理解。在给罗生克朗教授的一封信上我详细地讲过这点,也预言过这样可能导致康德破坏其不朽之作,这是它的弱点。该信的重点部分,罗生克朗教授已收入他编辑的康德著作全集第二册序言中,读者当可自行查阅。经我这样说明,他于1838年将《纯粹理性批判》恢复原来的形式——就是说康德全集第二册是按1781年的第一版印的。因此他对哲学界功不可没;的确,他可以说将德国文学中最伟大的著作,从毁灭中拯救出来;为这点我们都该感谢他。而要是有人读过《纯粹理性批判》第二版(或以后的),不要以为他就了解《纯粹理性批判》,就对康德学说有清晰的概念,这绝不可能——他只是读了一份支离、有缺点,甚至就某方面说非本来面目的文本。在这儿我特别强调这点和告诫大家,这是我的责任。

不过,康德介绍物自体的方式,以及《纯粹理性批判》第一版清楚表达过的坚定唯心论的基本看法,仍处于不可否认的对立。无疑,这就是为什么第二版中他要删掉前面提到的那部分重要的唯心

论的陈述,而毫无掩饰地声称自己反对贝克莱的唯心主义。但这么做,他只把不协调带进自己的著作中,没能矫正它的主要缺陷,即他选择的介绍物自体的方式——这叫人无法接受!舒茨在他的《伊尼席德玛》中仔细证明过这点,没多久就给大家视为康德体系立不住的地方。几句话就可以对此说出个所以然:虽则掩藏在许多不同的意思表达的句子下——康德乃是把物自体的假设,设立在按照因果论,即经验的知觉,或说得恰当些,是经验知觉作为起点的我们感官的知性,按照着这个得来的结论上头;既然如此,就非得有个外在的起因不可。好啦,按照他自己的正确发现,因果论乃是先验地被我们知悉,所以是我们智性的功能,因此就是从主观起源的。还有,这儿我们以因果律的运用加诸的感觉本身,不可否认也是主观的;最后,甚至空间,在这同样法则的运用下,我们把那导致感觉的原因当作对象放了进去——也得说是我们智性先验的形式,故此就是主观的。所以整个经验的知觉仍彻底地在一主观基础上,只是在我们以内发出的,决不能导出一与之绝对不同、完全脱离的其他事物,如物自体,或显示成一必然的假设。经验的知觉实际上只是——而且仍然是我们的表象;它是表象的世界。我们只能从一截然不同的路径触及物自体,就是我所因循的——靠自我意识,自我意识宣示了意志是我们自己现象的本身。唯有这样,就像我说过的,物自体才从种类上成为完全跟表象及其要素不同的东西。

康德体系的这个大缺陷,像前面讲的,不久就给指证出来了,正好是那句美丽的印度格言"没有无梗之莲"的一个明证。这儿,梗就是物自体之错误演绎——纵然不是对已知现象的物自体之体认上的错误,而是演绎方法上的——可这个被费希特误解了,他不关心真理,只晓得为助长私人目的去制造一个耸人听闻的事物,才变得这样。自然而然地,他才那么有勇无谋,没头没脑地根本否定了

物自体，而另设一个体系，在其中，不但表象的形式部分（像康德的那样）是表面上从主体先验地演绎出来的，甚至实质的，即表象整个的内涵，也莫不如此。这儿他碰对了，大众缺乏判断而且愚蠢，这些家伙只接受扭曲的歪理、魔术、没条理的废话，把它们看作证据。这样，他成功地把大众的注意力从康德那儿拉到自己身上，给予德国哲学此类的带头作用，那以后是谢林这么做，最后由黑格尔靠着非理性的假聪明集其大成。

现在我回过头来说前面已接触到的康德的大错误，即他没有正确地将知觉与抽象的认识分开；从这儿就来了一个惊人的困扰，现在得对此仔细想想。要是康德严格区分了知觉表象与被抽象思考着的概念，他就可以将两者分开，并且晓得在哪一个例子里他要应付哪一个。不幸事情并非如此——虽则一般还没有指责到这点，而可能我这么讲也不见得受欢迎。康德常提的"经验的客体"，范畴的真正对象，并非抽象概念；它跟那两个都不一样，却同时是二者的综合，真是完全的荒谬。因为——这看来似乎难以置信——事实上，他实在缺乏正确的观念，也没能体会这点，去给旁人清楚解释，到底他的"经验的客体，即"运用范畴而来的认识客体"，是时空（我对表象的第一分类）中知觉的表象呢，抑或仅仅是抽象之概念？事情尽管是那奇怪，他心中却经常闪过某些介于二者之间的东西，所以就有了个不幸的迷惑——现在我将揭示这点。为此，我得在大体上重温那整个的基本理论。

*　　*　　*

超越的感性论（美学）是如此具有贡献的著作，光是它就足以使康德名垂不朽！其论证具有如此绝对的说服力，我不能不把它的

解释列为不可抗辩的真理之一。无疑，它们也是那些收效最大的当中一个，因此被认为是世上稀有之物，是形而上学上真正的发现，当然也是伟大的发现。关于我们是先验地觉察到我们的部分认识，这一点经过他严谨地证明，根本不必其他解释，只须补充说它构成了我们智性的形式；老实说，这甚至不算补充，而是物自体的另一种说法。所谓先验不过意味着"并非得自经验之途，所以不是从外来进入本心"。现在既然出现在智性中而不是从外来，实在便是本来就属于智性本身，即智性的本质。要是这样表现在智性中的东西，乃是存在于所有智性的客体所依靠着表现出的模式与方法中，那就等于这么说：如此表现出来的就是智性认知的形式，即智性以本身的机能履行了的模式与方法，所以"先验的认识"和"智性本身的形式"基本上是一体两面的说法，因此就某种范围说是同义词。

所以，我不认为超越的感性论里该去掉什么，只觉可以加点东西进去。康德在思想上并不追根究底，特别是不会驳斥整个欧几里得证明法——虽然他在《纯粹理性批判》87（V120）页说过，所有几何的认识都从知觉直接求得证据。值得注意的是，甚至他的一个对头（事实上是那班人当中顶聪明的），舒茨在《理论哲学之批判》中因此结论说，康德的学说将使实际使用的几何学遭到完全不同的诠释；他以为自己以反证法驳斥了康德，事实上，他不晓得自己是在给欧几里得的方法找麻烦。我请大家参考本书的第一部第15节。

在超越的感性论中详细讨论过一切知觉的普遍形式后，我们不免盼望着进一步的诠释，比如它的内容？经验知觉怎样进入我们的意识？对这整个宇宙的认识，在我们来说如此真实和重要，又怎样在我们内里发生？但关于这些，整个康德学说一丁点儿也没包含，有的不过是那毫无意义重复而又重复的话："知觉的经验部分是由外界给予的。"同样，在纯粹直观的形式之后，康德一举跳到了思

想之探索，到了超越的逻辑。就在超验逻辑（《纯粹理性批判》50页，V74页）开头的地方，康德不能不接触经验知觉实质的内涵了，那里他第一次走错步子，他犯了 πρωτου ψεμδοδ[初伪]。"我们的认识，"他说，"来自两个泉源；对于印象之感受性和概念之自发性：透过前者，客体被赋予我们，经由后者，它被思考。"错了，要这么讲，印象——我们对之只有感受性，那么印象就是来自身外，就单单真是被"给予"的了，印象本身就已经是表象了，事实上甚至是客体了！但事实上，印象不过是五官的感觉，同时只有经悟知性（就是靠因果律）和知觉的、时空形式的运用，我们的智性才把这区区的感觉转换成表象。这表象因此如同客体般存在于时空，无法与后者分辨——除非我们究寻到物自体；此外，它和客体是没甚么两样的。在《论充足理由原理》21节里，我已详细讨论过这点。知性和知觉认识所从事的，也就到此为止，它不再需要另外加入别的什么概念、什么思考；因此，可以说动物也有这类的表象。但要是加上了概念，加上了思考（那确是自发性的来由），那么知觉的认识就被完全地否弃，而另一种全不一样的表象——非知觉性的抽象的概念便进入意识。这乃是理性的活动，不论怎么说，那是只有从超越这种思考的知觉，从对此种的知觉、概念与那别种间作的比较——这上头，具备了理性整个思考的内涵。但就这样的——康德把思考带进知觉，在直观的认识与抽象的认识中留下了可怕的混乱，这是我这里要提出来指责的。康德把知觉当作纯感觉的，全然自发的，从其本身考虑，可以脱离知性；他认为只有透过思考（知性范畴），一个客体才被领悟；这样，他把思考带进知觉。再来，思考的客体成了个体，实在的客体；这样，思考丧失了普遍性与抽象性，被当作它的对象——独立事物——那样接受着，而不是视为普遍的概念。那么他又反过来把知觉带进思考。这儿就产生了前述的一片

混乱，而这走错的一步造成的后果，竟蔓延到他认识理论的全部。透过这整个理论，知觉和抽象认识之间十足的混乱，交叉到了一块儿，康德把这交叉点叫作透过知性与知性范畴认识（康德谓之经验）的客体。在这个例子——知性的对象中，康德为自己描绘出一个如此明确的划分，这真叫人难以置信。现在我要揭露这巨大的矛盾，它贯穿了整个超验逻辑，是它的暧昧性的真正来源。

《纯粹理性批判》第67—69（V92—94）页，89—90（V122—123）页，还有V135、V139及V153页，康德再三强调，知性并非知觉的能力，知性的认识并非直观的而是推论的；说知性是判断的能力（69页，V94页），而判断是间接的认识、表象的表象（68页，V93页）；说知性是思想的能力，而思想是透过概念的认识（69页，V94页）；知性范畴决非一种属于客体在知觉的（知觉无须思想的运作——91页，V123页）状况下而被认知的情形（89页，V122页）；说我们的知性只能思想，无法知觉（V135、139页），在《未来形而上学绪论》20节，他又说知觉、直观只属于感觉；判断则只属于知性；在22节，说感觉的作用就是去知觉，而知性的作用则为思想，即判断。最后，在《实践理性批判》第四版247页（罗生克朗版281页），他说知性是推论的，知性的表象是思想而非知觉。这都是康德的自说自话。

因此跟着的结论是，即使我们全无知性，知觉的世界也将存在，这宇宙以全然不可解的形式进入我们的意识；这一点，康德老拿他那奇怪的说法来表达，即知觉是被给予的，却没有对这不确定、形而上的意思加以解释。

上面引述的这些，与康德自己的知性理论其他部分、知性范畴、在超验逻辑中解释的经验的可能情形等等，彼此显示出了极大的矛盾。所以在《纯粹理性批判》79（V105）页中，说知性通过知性范畴，

将知觉的各个角度融为一体,而纯领悟的概念就先验地属于知觉的客体,在94(V126)页康德说:"范畴是经验的先决条件,不论知觉或思考,都要在范畴当中相接触"。在V127页,知性是经验的创造者。V128页,范畴决定客体的知觉。V120页,任何我们综合成客体(客体自然是可知觉的而非抽象之物)表现给自己的,都是被知性的作用综合的。在V135页,知性被重新解释成先验综合能力,将给予我们的表象从各个角度与统觉融为一体。不过,按照一般字面上的意思来说,统觉并非一种概念的思考,毋宁说是知觉,在V136页,康德甚至提出一个关于一切知觉知性之可能关系,这整个统御一切的理论。而V143页,标题上就说出了:任何感官的知觉均以范畴为条件。同页,论判断的逻辑功能,也在一普遍地统觉之下,展开了被给予的知觉之多面性。V144页,运用范畴,通过知性综合了知觉。V145页,解释知性的思考程序,说知性综合了、安排了知觉呈示的各种形态。V161页,只有透过范畴,经验才得以可能,经验在于知觉(Wahrnehmungen)的联系,而知觉,无论如何只是种直观(Anschaungen)。V159页,范畴是一种对于一般知觉客体先验的认识。还有,同页及V163—165页,表达出康德的一个重要理论,即知性先使自然界得以可能——因它派给自然先验的法则,后者则按照知性的架构自行调节适应,如此这般。读者请注意,自然的确是可知觉的,而非一抽象事物;当然,这么说知性就是知觉的能力。V169页,知性的概念——就是经验的各种可能情形的原理,就是一般空间时间中现象的界限,不管怎样,现象的确存在于知觉中。最后,在189—211(V231—265)页有一段长长的证明(《论充足理由原理》第23节中,已把它的错误详细指出),说是经验客体客观的延续与共存并非由感觉了解,只有透过知性而呈现于自然中,说自然首先就因为这点才得以可能。

但康德的这说法是不对的，要晓得自然、事件的连续、状态的共存，乃是纯然可以知觉的事物，并非仅仅抽象思考的东西。

我请求任何和我一样对康德有深刻崇敬的人，尽力去化解这些矛盾，同时要承认，在康德讨论经验客体以及该客体由知性及其十二范畴的活动决定的方式等等的理论中，康德仍然内蕴了一些相当特殊的、肯定的思想。我深信，前面指出的康德之矛盾，贯穿了全部超验逻辑，就是弥漫该书的那个巨大暧昧的本源。实际上，康德自己对这矛盾有点迷糊，内心和它对抗，可又没能把它披露出来。他把它包在一层神秘里，这样对自己、对别人交代过去，以各种遁辞逃避。或许，我们可以因此看出个所以然来——为什么从认识能力中，康德推演出一个如此怪异繁复的机械物，有那么多轮子，像十二范畴啦，想象的超越之综合啦，其他内在感觉，统觉超验的综合一体、纯知性概念之先验图式等；而尽管有这巨大的仪器，康德甚至不试图去解释外观宇宙的知觉——那却是在我们认识之中占如此重要地位的东西！康德如何避重就轻呢？老是这么样神秘地说："经验之知觉是被给予的。"不过在 V145 页我们总算获得了一点解释，说是：知觉是通过客体而来的；因此客体得是些跟知觉不一样的东西。

现在要是我们不遗余力，审视康德最关键的见解（那含意他本人并没有明白地表示出来），就可以发现，实际上这样一个跟知觉——而知觉无论如何绝非概念——不一样的客体，对康德来说，恰好就是知性领悟的客体。的确，那一定是先假设了这奇怪的客体、不能给表象的东西，才说得通知觉为什么首先成为经验。我认为那是康德根深蒂固的一种排斥性的偏见，它造成了这么个绝对的客体、客体本身、无须主体的客体这些假说。当然，这客体不是知觉的客体，毋宁是经由概念，以思想之方式注入知觉，它就像是关系着知

觉的事物；这样，知觉成了经验，这样，知觉只有经由对一概念的关系才变得具有价值、真实（这一点跟我们的解释正相反，我们说，概念只有通过知觉才有价值而实在）。"客体的赋予只有透过知觉，之后就是按照着范畴被思考"（《纯粹理性批判》第一版399页），在V125页上，有一段话尤其阐明了这个意思："那么该想想，是不是说先验概念，就是事物以客体之形态被想象（纵然不是知觉）的先决条件？"这个问题，康德给予肯定的答复。我们从这儿清楚地看出那错误之根源，和它带来的困扰。因为像上面说的那种客体，通常是只由于知觉而存在，只存在于知觉中；现在呢，被康德一讲，知觉变成可能经由理性而获得的，也就是说通过想象力，在缺乏客体的状况下导致的。换言之，思想关注的，总只是一普遍的、非知觉的概念，但也只是个一般客体的概念；而事实上，运用概念只能间接把思考跟客体联系起来，那些客体本身逃不出可知觉这范围。只有当透过知觉本身，掌握了经验的实在时，知觉才真正拥有实在；不过，我们的思想为了能够保留实在，为了能更轻易地操纵它，的确具有理解并涵括知觉的普遍要素与其结果等等功用的。可是，康德把客体本身归因于思想，这样，他就可以称心如意地将经验与客观的世界归纳于知性的作用以内；可他没有把知性当作知觉能力。从以上造成的这种关系中，康德确是从知觉中分辨出思想，然而，他却把特殊的一些事物弄得奇奇怪怪的，一忽儿是知觉的客体，一忽儿是思想的客体，换言之，康德混淆了它们。而实际上，它们只是知觉的客体；我们经验的知觉其实是立即成为客观的——正因为它来自因果关系。事物（并非表象）直接的就是知觉的客体。如此的独立事物，乃是透过官能在知性中知觉；对于事物片面的印象，马上就由想象力弥补。另一方面，只要透过思想，就算以后我们思想的结果是运用到独立事物上，我们就事实上脱离了这独立事物，

不经过知觉的，涉及一般的普遍概念。那么，假如肯定这点，则下面康德这个假说的错误就显而易见了。这个假说认为，事物的知觉只有透过对于这确实的东西的思考，运用到范畴上，才成为和具有实在性。相反，要知道从知觉本身，可以说事物经验的实在，就是说经验，是已经就被给予了；并且知觉同样也可以说是只由于体认因果关系——知性唯一的功能，加以运用而产生的。照这么讲，知觉实际上就是属于知性的，而这一点正是康德否认的。

除了上面引述的一些段落，我们这里所批评的康德的假说，在《判断力批判》36节开头的地方，也表达得惊人地清楚；同样在《自然科学的形而上学基础》，在《现象学》第一解释的注释中也讲得很明白。但牵涉到这个有问题的观点，康德只是稍微不成熟地表示了的，我们却在康德学派的著作中更清楚明白地找到了——基瑟韦特的《一般逻辑大纲》第三版第一部434页及第二部第52、53节的论述；还有梯夫特隆克的《德国正统思想史》（1825）。在那里，我们很明白地看出来，思想家的门徒们，不自己动脑筋，是如何变成了思想大师的错误的放大镜。康德一旦决定了他的范畴理论后，在论述时总是采取唯恐若失的态度；而门徒们则相反，胆子是够大，倒粗心地把它的错误给暴露出来。

我重复一句：康德的范畴的客体，准确说虽不是物自体，但也与之相当接近。它是客体本身、无需主体的客体、独立客体。可是不在时空之内——因为不可知觉；它是思想的客体，但并非抽象概念。所以，康德作了三方面的划分：（1）表象；（2）表象的客体；（3）物自体。（1）是属于感受性之事，康德把纯知觉的形式，包括时间空间，都纳入这里和感觉。（2）属知性之事，通过知性的十二范畴，将客体本身加诸思想。（3）在一切认识的可能情形以外（见第一版《纯粹理性批判》108—109页）。但对表象与表象

的客体间作的区分却完全没有根据。这一点贝克莱指出过，同样，大家可以参考本书的第一部，特别是第一部的补编，事实上康德的《纯粹理性批判》第一版里，那十足的唯心论就已经自己证明了这点。当然，要是我们不想把表象的客体当作属于表象，因之与表象等同，那么我们就得将它归于物自体；根本上，那还是要看我们对客体一词的用法。不过至少我们能确定，只要清楚地思考，除了表象与物自体外，我们再不会发觉别的，不正当地把那个"混血儿"——表象的客体带进来，这是康德错误的本源。可即使去掉这个，作为先验概念的范畴理论，还是一败涂地、说不通；怎么讲呢，你看，这些理论对知觉的认识毫无贡献，没有掌握物自体；利用它们，我们只能想象出那些"表象的客体"，从而把表象转换为经验。由于经验的知觉已经就是经验；而任何始于感觉的知觉就是经验的。知性，靠它独具的功能（即因果律先验的认识），把这种的感觉认为是它的成因。这样，原因本身就以经验客体的形态，以物质客体的形态出现在空间、时间中（纯直观、纯知觉的形式），如持续存在于时间之流中的空间物体，而因此如时空本身一样，总只是表象。要盼望超越这个表象，我们就涉及到任何一般形而上学所欲寻求解答的物自体，我整部书的主题就是对它的回答。此地讨论的康德的错误，就是指这个——即我们前面指责的，没建立一个关于经验知觉之起源的理论，甚至更糟，轻松地把它当作被给予的、已知的，看成仅仅是感觉，讨论到感觉，康德只加上一些直观的形式，即空间、时间，冠以所谓的感受性。但从这些素材中，还是引不起任何客观的表象。相反，它积极要求把感觉关联到原因上，所以，因果律（就是知性）的运用是亟需的；因为若是没有这些，感觉将仍然总是主观的，即使说空间对客体而言是与生俱来的，也还是不能说客体已置于空间中。然而按康德的说法，知性不能运用于知觉；为

了配合超验逻辑，知性只被假定为运用于思想，这样，我们又发现康德的一个错误，就是并未正确证明因果律到先验本质（一直到我这里才把它阐明）；换言之，未证明客观的经验的知觉本身的可能性。康德自己的证明显然是错误的，这点请阅读《论充足理由原理》第23节。从上面说的，我们清楚地看到康德的"表象的客体"（2）的成分，部分取诸表象（1），部分取诸物自体（3）。好吧，要是经验的发生，实际上的确只由于我们的知性运用那十二个不同功能而发生——为了要透过这十二个先验概念来思考那些本来只被知觉的客体，那么，任何实在的事物就得有许多限定的条件，那些条件——正如空间、时间一般是先验地给予的——我们不可能在缺乏它们的状况下思考，对于事物的存在而言，它们相当基本，但又不能从空间、时间的特性中演绎出来。可是这种限定条件，其实我们只找得到一种，那就是因果关系。物质性就是依赖着它的，因物体的本质在于它的行为，而行为就是因果（见本书第二部四章）。这种物质性区分出了真实的事物与想象的图画，后者因而只是表象的存在。因为，物质就其为永恒而言，按照事物的内涵赋予事物在时间中的永恒，而形式则根据因果关系而改变。事物中的其他东西，要么是时间空间的规定，要么就是时空经验的特性，这些都牵涉到事物的行为，进一步讲也就是因果关系的规定。不过，因果关系已经先行进入经验的知觉，这个，当然靠的是知性。知性使知觉得以可能，但脱离了因果律来讲，它对经验与经验的可能情形就根本毫无贡献。相反，以前本体论的整个内容，不过是涉及事物彼此的关系，或与我们的关系，所以说不过是个大杂烩罢了。

范畴论的文体与用语，正好表明它本身的之无根据。这方面，超验感性论与超验分析形成了如此一种强烈的对比！前者，明晰、判然、确定、多么的一种肯定，表达出来别提有多坦率、正确！光

芒四射，找不到一点儿晦涩之处；要知道的康德全晓得了，而且晓得自己没有一错。但在后者，全然的暧昧、混淆、不确定、摇曳，没有掌握住；用字惟恐若失，钻牛角尖，到处是借口、对于要讲的话设辞掩饰，在保留之处自己找台阶下。整个纯粹知性概念的演绎的第二段与第三段在第二版里彻底改写了，因为康德自己都不好意思接受，虽然并不比第一版写得清楚，然而相比起来却相当不一样。我们清楚地看出，为了支持自己的假说，康德跟真理产生了矛盾，在超验感性论，任何一个前提都是经过实际的证明，从不可否定的意识之事实证实出来；可是在超验分析里，一旦我们仔细研究，就发现所有的不过是"所以""那应该是这样"此类独断的说法。更值得注意的是，每当康德想要以例子作深一层讨论时，他几乎总是为此而利用因果范畴，那么所讨论的就必然正确；那正因为因果律是知性真正的、唯一的形式，其余的十一个，不过是遮蔽灿烂阳光的百叶窗。第一版中范畴的演绎，较第二版的简明。康德企图解释知性如何以思考范畴的方法，从由感受性而来的知觉产生出经验，在这一系列的关系中，什么体认、复制、联系、了解、超验之统觉一体，不断重复出现，甚至变得烦人，可是老没说清楚。不过值得注意的是，在他的解释中，他从没有接触到任何人首先就会觉察的——感觉对于外界因素的关系。假如说，他不愿意承认这种关系，起码他得否定，然而康德甚至连这么做都没有。所以康德鬼鬼祟祟地运用策略规避此点，而后来的康德学派也是依样画葫芦的干这走私勾当。动机是什么呢？动机在于，康德错误地演绎出的物自体，在所谓"现象的立场"一词下，保留了因果关系，那么，事实上透过对于原因的关系，知觉就成为属于智性的——成了康德不敢面对的东西。进一步说，康德担心，要是因果关系在感觉与客体间说得通的话，后者立即就成了物自体，那样自己就落入了洛克的经验主

义。但是读者们，我说那是不至于的——因为思想立即提醒了我们，因果律的起源是主观的，而感觉亦然，而我们的身体，既然出现在空间之中，已经就属于表象。康德，由于对贝克莱唯心论的畏惧，排斥了对于这点该有的承认。

以十二范畴强调知性的基本功能是"从各角度作知觉之综合"。然而这一点并没有解释得很恰当，同样也没有证明，这不同方面的知觉在经过知性综合之前是什么。时间和空间，后者在三维中是Continua[绵延]，即是说它们的部分本来就是综合的而非分割的。而时空是我们知觉普遍的形式；所以任何的事物自己就存在它们之中（天赋于时空之中），同样，就是本来即绵延的：换言之，它们的各部分原来就是综合的，不须另外由各角度作联系。可如果我们打算这么解释综合：说"我"——将对于客体不同的官能印象归因于此一综合，这样，比如说知觉一口钟，我体认到，影响我之眼睛以黄色，我手以平滑与坚实，我耳以震荡之音响的，乃属同一的物体；那么，这毋宁是种（对知性这实际的唯一的功能之）因果关系先验认识的结果。由于这种认识，凡对于不同感官的各式各样的印象只使我了然其普通原因，就是说只明白眼前这个物态的结构，这样我的知性，无视于结果的多样性与多元性，体认这整体的原因，仍然只限于了解它为多元客体，如此呈现于知觉中。在《纯粹理性批判》719—726（V747—754）页，康德这么解释范畴（这可能是他讲得最精彩的部分）："综合知觉或观察者所后验得到之通则"。我们发现，在这里康德的头脑中孕育着一种观念，大概是：在三角形的结构中，三个角补充了三条边的结构形成的规则；我想，这个例子可恰当地形容康德的范畴之功能。在《自然科学的形而上学基础》序言中，有一段长长的注释，同样解释了范畴，说它们是"跟知性在判断的形式活动中毫无差别"的东西，唯一的例外是，在后者里

头主词谓词的关系能相互更易——反过来就是说前者不能。在同一段，他把一般判断解释为"通过它，被给予的表象首先成为客体的认识——那么的一种作用"。这么说，由于动物没有判断力，它们同样就必然不具任何对客体的认识喽？一般来讲，依据康德理论，只有客体的概念，没有知觉的概念。但相反，我认为客体主要只由于知觉而存在，概念就总是种从知觉作抽象的东西。那么抽象思想就必须在呈现给知觉的宇宙中造就，只有这个现实的宇宙赋予概念以内涵，就其为先验决定的形式而言，概念，我们顶多只能说是一般反省思维的能力。这种能力基本的特质就是形成概念，也就是形成抽象的非知觉表象，这也就构成了我们理性能力惟一的功能（见第一部）。因此，我希望在抛弃十一个范畴只保留下因果范畴后，能明白因果的行为确是经验知觉的条件，因此经验就不只是感觉的，而且是智性的，如此知觉的客体——经验的客体，就是这么一种表象——它只跟物自体不同。

在我各个时期不断研究《纯粹理性批判》的生涯中，关于超验逻辑的起源，我始终受一种看法的左右；那是什么呢？现在我要写出来，我认为这对了解超验逻辑来说相当有效。基于客观的体会，和人类至高的思想，康德的发现可以说是一个 *appercu* [最初的观察]，他发现空间和时间是先验地被我们认知的。受这幸运的发现鼓舞，康德希望深入追寻纹理，而加上他自己对于组织的匀称美的喜爱，在在提供了线索。正如他之发现先验的知觉、直观是经验知觉的先决条件，同样，他想象某些纯粹概念，像是认识能力前导的条件一般，将同样存在于以经验获得的概念的基层。他想象经验的、实在的思想之成为可能，首先是通过一纯粹的先验思想，那本身毫不具备任何客体，但必须从知觉获致客体。这样他以为，正如超验感性论构成数学先验的基础，同样，得有一种构成逻辑基础的东西，

这么就出现了组成超验逻辑的匀称结构。打这儿开始，康德不再是那么大公无私啦；不再处于一种对意识作探索、观察的纯粹立场，而是受一假说的支配，追求一个目标，那就是去寻找他假设的东西，为的是在如此幸运地发现的超验感性论外，别创一个类似的超验逻辑，与之作匀称的配合，就像是盖在平房上的第二层楼。他为此构想出了判断的表列，从中呕心沥血地组织成了范畴的表列，那是有关十二个纯粹先验概念的理论，这十二个概念乃是我们思考事物的先决条件，而那些对事物的知觉，又是让感受性的两个形式先验地决定的。这样，一纯粹的知性就匀称地配合一纯粹的感性。之后，康德又有了新的主意，假设了纯粹知性概念的先验程式，把事情越发讲得言之成理。但正因为这样，他自己没意识到，本身思想的程序就这么给搞乱了。于是，由于他着眼在替每一种认识的能力经验功能搭配一个类似的先验功能，他说，在我们经验知觉着的与经验思想着的之间，以抽象而非知觉的概念推运着一种常见的联系——何以见得？因我们不时企图从抽象思考返回到知觉。其实我们这样，是为了使自己确信我们的抽象思想确实并未远离知觉的基础，同时觉得，抽象思想可能已经变得夸大，甚至成了空谈——运用如此的思想，好比一个人走在黑暗中，不时伸出手去，想摸索四周导引他的墙壁。我们这样试验性地、暂时地返回知觉，在想象中唤醒知觉——它对应于占有我们片刻之概念。这个知觉无法与那个概念完全符合，而只是暂时成为它的表象。我已经在《论充足理由原理》28节做过必要的讨论了。康德，把这类倏忽的幻象——相对于完备想象之构图——称作先验图式（Schemata）。他说，这好比想象重点的并合，他说正如这种图式处于我们对于经验获致的概念之抽象思考，和通过感觉获致的明晰的知觉之间；那么同样，就先验地有一种纯知性概念的复杂的先验图式存在于纯感受性之先验知觉，

和纯知性的先验思考（也就是范畴）之间。康德把这些复杂的图式，当作纯粹先验的想象之浓缩，一个个描述出来，每一个给它配上一种范畴，这就是那章奇怪的《论纯粹知性概念的先验图式》，其暧昧难明早已众所周知，简直没人能从其中掌握任何东西。的确，事实上康德这一体系确是难逃无当之讥，除非由我在上面作一番廓清的解说，不然真要搞得人如坠五里雾中。假设关于知性（范畴）纯粹（无内容的）先验概念的这么个复杂图式，类同于一经验的复杂图式（我们透过想象的实际概念的代表物）的东西，康德忽略了它的效应是全然有待于证明。因为在经验的（实践的）思考情况中，复杂的先验图式的目的只和这种概念实质的内容有关。因为，既然概念是取诸经验的知觉，那么在抽象思考中，我们就在不时地回顾，反省概念所本的知觉，以确定我们的思想依然具备充实的内涵来如此肯定我们自己。因此就得先假设盘据着我们思想的概念是从知觉跃出；它只是实质内涵的一瞥，实际上只是补救我们的弱点。但说到一先验的概念，根本脱离了内涵，显然就是把这些全省略了；它们不是从知觉跃出，是由内自发的，因为首先就得凭着它接受内涵，所以根本没有必要回顾。我之所以在此这么啰唆，主要就为了指出这点，明白这一点，就等于在神秘的康德哲学思考方法上，投下一道照耀黑暗的光芒。要知道，在发现了先验知觉的两个形式后，康德依样画葫芦般企图证明，每一经验认识限制的条件，相对就有个类似的先验的条件，最后就延展到了属心理的复杂的先验图式。而这儿似乎是深刻的思考、曲折深奥的论证，掩蔽了读者的眼睛，以至于忽略了它们的内容乃是一完全不可证明的、独断的假说。但看穿了这一点的人，又很容易被引诱到把这一艰难获得理解，坚信为事物之真理。另一方面，如果像发现先验直观那样，康德维持无私的纯观察的立场，那么他就能发现，在纯时空的知觉中，当经验的

知觉发生时，我们可以分析出除了时空以外，哪方面是感觉，哪方面又是因果关系的认识。因此，单纯的感觉就转换为知觉；但知觉又不是从感觉假借的，而是从先验的存在，从纯知性的形式和功能。但它也是唯一的形式与功能，它如此丰富，以至于我们的经验认识都以它为基础。要是说对一项错误进行批判，要暴露它心理上的出发点才算完全，那么我可以说，关于康德范畴以及先验图式的理论，我已达到要求了。

* * *

康德，在把这么大的错误引入表象能力理论的初步规划后，他的脑海里就孕育了一种极为复杂的假设。与此关联，我们就首次触及统觉之综合体，一个描述得光怪离奇的玩意儿。"我思，必须能够伴随着所有我的表象。"必须能够：这可是个颇引人生疑又十分明确的说法，或者就纯英语来讲，一个"用左手拿走右手所给予的"的命题；而该命题在某点上的平衡意味着什么？所有的表象即思想？不是的，不是的：因为要这样，那就太可怕了。除了抽象的概念外就再没有别的了，或说只留下一个摆脱任何思考、意志的纯粹知觉，就像对事物真实的性质美丽而深刻的理解，换言之，即柏拉图的理念那样的东西，那么，动物变得不但不能思想，甚至根本就不能有表象。或许说，这个命题可能是这意思：没有不需主体的客体？这种的表达又未免笨拙了，显得后知后觉。要是归纳康德的措辞，咱们就能发现，原来康德所谓的统觉的综合体，好比在我们所有表象的范围内—刚性（没有延展性）的中心点，而所有的表象均指向它。这就是我说的认知主体，一切表象的对应者，也是我在《作为意志和表象的世界》第二部第22章中，详细叙描过所谓脑机能

之光针对着的焦点。为节省篇幅，我建议诸位参考那一章。

*　　*　　*

基于上面的批评，我反对整个范畴的理论，我认为这是康德加到认识论上无根据的假说之一，我的反对同样基于之前的证明，即超验逻辑建立在对知觉认识与抽象认识的混淆所造成的矛盾；由于我们有一种渴望，渴望能对知性的本质、理性的能力有精确的构想力。至于说知性与理性确定的、判然的区别，不幸得很，咱们在康德的著作中，只能找到支离的、不协调的、失当和不确的描述。末了，我的反对是由于它跟我对这同样的心灵能力的解释抵触，我的说法见本书第一部及其补编，要知道详细点儿，就得找《论充足理由原理》§21、26、34。我的解释是清晰、确定的，是于人类认识的本质所作思考的结果，并且跟各个时代、各个国家的用语一致，此外我的见解与康德的完全不同，由前面申述的康德的错误中已可看出一个大概。现在，由于判断的表列——康德思想理论乃至他整个哲学理论的基础，就本身和整体上而言仍然正确，我还是得证实这一切判断普遍充分的形式，如何从认识能力中产生，而且作一合理的、吻合我的理论的描述。我的讨论涉及知性与理性时，是准备以我的意思为准，假设读者明了我的意思。

康德跟我的方法在根本上的不同，从这件事上可看出来：就是他从间接思维的认识上起步，而我则始于直接和直观的。康德好比从影子来测塔的高度；而我则径直以测锤运用诸塔本身。因此，对康德来说，哲学是关乎概念的体系，对我则成了寓于概念的体系，是从知觉获得的，即所有具体事实的根源，放诸四海皆准的概念。康德跳过了这个环绕着我们的知觉世界，无视它光怪离奇、丰富的

内涵，执着于抽象思想的形式。这一点他虽然没有明说，可是这段思想程序在他的假说中却可以发掘出来，该假说是：设沉思为一切知觉的"原型"，而凡如是知觉的根本性质就得同样接着以沉思、以非常简约、极易了解的形式与外观表达出来。这样，只要掌握抽象与认识的法则基本一致的原则，那么纲举目张，就像掌握住操纵木偶的绳子，在眼前导出了知觉世界多彩多姿的一场傀儡戏。只要康德将他这思想方法的统御原则平直地表达出来，并且始终如一继续下去，那么至少，他总得不含糊地将直观的与抽象的区分出来，而我们就不会遭遇无数纠缠不清的矛盾与混乱。然而从他解决问题的方式看，我们发觉康德思想方法的基本原则，在他脑海里只是模糊出现过，是胚胎——没有发芽的，甚至在透彻研究过他的哲学之后，我们还得去揣测、捉摸。

至于康德的思想方法跟基本原理本身，话题可多啦，那是个优秀的观念。一切科学的本质，的确在于我们用较少的抽象概念，从许多方面来理解知觉现象，在于从这些抽象概念外，整理出一体系，使我们得以归纳所有这些现象于我们的认识能力内，而解释过去、确定未来。不过，根据特殊的、多种的分类，科学在各自分摊现象范围内进行划分。把这种概念独具的本质抽取出来，使它与内涵分割，从而就这样的普遍之思想形式，观察那一个同样成为一切直观认识的基本特质，成为一般现象世界的基本特质——那真是既大胆、又有趣的构想。由于这些思想形式的必然性，我们发现世界之为先验的，这些思想形式，就具备了一种主观性质的起源，恰好达到康德所要的目标。那么在进一步探讨前，就先得研究思想与知觉认识的关系（要这样，当然先得判然划分两者，而康德却疏忽了这点）——到底，思想怎么再现、表达出知觉的认识？这思想又是如何的？是纯粹的，还是变了质，部分融汇为它本身的形式？抽象的思想之认

识所以变得更加确定,是通过知觉认识的形式呢,还是通过恒属于本身(即思想之认识)的性质?这样,即便是直观认识中极端不同的,一旦进入思想认识的领域,就不能再被分辨出来;反过来,我们在思想的认识方法上观察到的许多特征,也是从认识本身涌现,丝毫没有牵连到直观认识中有关系的异同的。在作了如此这般的研究后,我们或许会作如是观:知觉的认识,在融化为思想这段历程中,会遭遇多端变化,正如食物之转换为动物的有机体——食品的形式与组合取决于该有机体,因此当混调后,食物的本质便再也无法分辨出来。或许(因为上述稍微有点夸张)甚至可以作如是观:思想从来不会关系着知觉认识,一如水中的映象之于实物,甚至不具有物体与影子那般的关系——这类的影子固然只再现了一些外表的轮廓,但至少跟真实的形式有关,并表示出特点。因此,从思想出发,我们就不可能完全而确定地构想出事物的形状或外观。

整个思想的认识,或者说理性,只有一个主要形式,那就是抽象概念。它是我们的理性能力本身独具的特质,和直接的、知觉的世界没有必然联系。因此,动物感受到的知觉世界可以全然不须思想的认识,而就算知觉世界是个全然不同的世界,那种思维的形式还是可以跟它配合得很好的。可是结合概念作为判断之用时,就有一定限制的、规则的形式,以归纳得之,组成判断的表列。这些形式大部分可以从思想认识本身所具的性质导出,就是说,是直接来自理性能力——特别当理性能力出自思想之四法则(我称之形而上学逻辑的真理)和 *dictum de omni etnullo* [全能或否定定理] 时。不过,该形式的其他部分,乃是以知觉认识的本质,也就是以知性为基础;可它们又决非成为如此这般的某种特殊知性,而是完全的、整体的从知性具备的功能中导出,换句话说,是由因、果的直接认识推出的。另外,有些形式又是从思想与直观的认识方法的综合产

生，说确实点，是采摄后者而归出前者。现在，我打算个别研究判断的要素，而就前述的观点证明其起源。诸位也可以从这些证明了解到，从中推出的范畴是完全失败的，而以此为出发点的假设，是完全无根据。

（1）所谓量性（数量）的判断，就是从此类概念的本质中导出。所以量性判断的基础，就在于我们的理性能力，因此绝对和知性、知觉的认识没有直接关系。像本书第一部中解释的，实际上，这样的概念本质上就必需有一个范畴，如此则广义较不确定的概念就涵括狭义的较确定的概念。如此后者就可以独立出来，关于这一点可以有两种方式：将狭义概念当作广义的一般概念不确定的一部分；或许，加上一个特别名词，这样给它定义，完整地分割出来。属于前者的此类判断的运作，称为特殊判断，后者称为普遍判断。例如，"树"这一涵括的概念里头，某部分透过特殊判断隔离出来："某些树长着树瘤。"透过普遍判断："所有的橡树都长着树瘤。"这两种运作的差异是很小的，事实上，要看一种语言内涵丰富的程度才能决定这种差异。可康德却说，这种差异显示出了纯粹知性两种基本的不同的作为、功能、范畴，而先验的体验之决定，就透过它们。

最后，我们同样可以靠概念的运用，借着它来达成确定、特殊的知觉表象，从这一个知觉表象，同时也从许多别种的表象中把概念本身抽取出来；这只是透过个别判断。这样的判断只显示抽象认识和知觉认识两者间的界限，而直接跳到知觉上去，像"这儿的树长着树瘤"。康德连这个也设下一特别的范畴。

经过这样的讨论后，我想现在不须再费口舌谈它了。

（2）同样，质性（质）的判断也全在我们理性能力范围以内，而不是什么勾划出导致知觉的知性法则的东西；换句话说，它不是从知性起作用。抽象概念——它是客观地来看我们理性能力的内在

本性——的本质就是，具备了概念领域离析与融合的可能性，如本书第一部解释的，而思想的普遍原则——同一律和矛盾律，其基础就建立在这个可能性上，这个可能性是它们的居先假定。由于质性纯粹从我们的理性能力来，我们人类无法再作进一步的解释：所以我把它们看成形上逻辑的真理。它们决定了，任何结合为一的必须仍然为整体，分开的必须仍然分开，故此，任何确定的成立的就不能在同时消除掉。它们以概念领域融合与离析的可能性为前提，换言之，以判断为前提。但就形式来讲，这是在我们理性能力范围内，这形式就像判断的内容一样，并不是从知性的知觉认识而来，因此它的对应者或同一者也不能从可知觉的知性认识去求。当透过知性产生知觉时它就存在，没有一点差错；没有任何肯定或否决。它表白了本身，跟我们理性能力的抽象认识一样，并不依赖外物的关系获致价值与内涵，并不依赖认知的立场。所以它是纯粹的"真实"，任何否定与它的本性违背；否定只能透过思维在思想上加诸它，但正为这个理由，它就总是属于抽象思考的领域。

对于肯定和否决，康德另外加上许多判断，这用的是经院哲学的新瓶旧酒，一个精心计划没有明解的搪塞之物，掩闭的窗子，像其他许多为了他知识体系的匀称设计的东西一样。

（3）在极广义的关系概念下，康德推导出了判断的三个彼此完全不同的特性，为明了其起源，我们必须分别研讨。

（a）一般的假言式判断，就是充足理由原理（人类一切认识的最普遍的形式）的抽象表达。关于此一原理，我在1822年已说明过它具有四种全然不同的意义，从任何一种意义里，充足理由原理主要就从一种不同的认识能力发芽出来，这个情形正如它同样关系着一类不同的表象一般。因此我们显然可看到，一般的假言式判断，思想的普遍形式，其起源不能像康德说成的那样，仅仅是知性，

同样它的范畴也不能说是因果之范畴；毋宁说是，因果律（照我的说法，它是纯领悟的认识唯一形式）不过只是充足理由原理的形式之一，而充足理由原理则涵盖一切纯粹或先验认识。这个原理，另一方面说，在任何一种意义上，均表达出了假言判断的形式。在这儿，我清楚地看到，当我们理性能力作抽象的思考运行之际，这些不断涌现，起源与意义不一的认识，如何以那种"概念、判断结合唯一的形式"呈现出来。在这形式下，它们没法再分别出彼此，而为了分别出它们，我们得回到知觉的认识，完全放弃抽象认识。所以康德所采取的那条路子，即从抽象认出发捕捉直观认识的要素及内在机能，就完全离谱了。至于我那本《论充足理由原理》，在某种程度上只能说是关于假言式判断的形式意义之探讨；所以我这里将不再引用它。

（b）定言式判断，严格地讲，不过是一般判断的形式，要是认真说，判断只意味着"就各种角度来思考的概念的综合（或其不协调）"。因此，无论假言或选言的综合，都不是真正判断的特别形式，因它们只被运用到已经完备的，也就是概念的结合维持不变的那些判断——定言式判断里面。不过，它们又反过来纠正了那些判断，因为，假言的形式表达判断彼此的依赖性，选言的则表示出互斥性。可是纯粹的概念彼此只有一类关系，那就是表示在定言判断之的关系。对于这种关系作更完备的区划或分析，就到了概念的领域的交叉点，绝对的隔绝，到了肯定与否决的地步。从这里，康德找到一种特殊的范畴，是谓质性。交叉与隔绝又有其"次类"，是按各领域之完全或部分地彼此重叠而定，这区别就构成量的判断。康德从这里又归结出一特别的范畴，这样，他把本来关系亲密甚或相同的东西拆开；换言之，把单纯是概念彼此可能的关系中很容易观察到的变动拆开；相反，却把原来差别巨大的东西，拿关系范畴

结合起来。

定言判断以同一律和矛盾律作为它们形而上学逻辑的根据。但是与各种角度的概念产生关联（如是判断成立），其根据的性质是多方面的，结果，判断之为真，就可能是逻辑的、经验的、超验的或形而上的，这在《论充足理由原理》第30—33节已讨论过了，这里不再赘述。接着，我们可以看出直接认识的种类够繁复，所有都透过主词概念和述词概念的多面而综合为抽象，但我们绝不能建立一单纯的知性功能去对应它、产生它。例如，这些判断："水沸""正弦测角""意志决定""劳务分心""辨识匪易"——通过同样的逻辑形式表达各种不同的关系。从这儿，不管开头怎样偏差，我们又可以把自己放置在抽象认识的立足点上，来分析直接、直观的认识。其余的，定言判断从真正的知性认识中流出，依我看，只有在那儿，因果才透过它表达；这是指所有判断以物态的质性表示的情况而言。要是我说："这是有重量、坚实、流质的、青的、酸的、碱性的、有机的怎样怎样的东西"，那么表达的都是它的行为或结果，因此就是一个只能透过纯知性的认识。现在这认识，一如许多跟它不同的（即附属一较高抽象概念下的）认识那样，透过主词连词而为抽象的表达，这些概念的关系就转回知觉的认识，知觉认识假定一判断的主述词必须在知觉上对应一特殊的相关者：即实体性（实质）与偶有性。后头我将证明实体性概念不过是"物质"的概念而已。偶有性则绝似各种结果；所以两者说来说去还是属因果的纯粹知识。不过物质的表象实际上怎样起来，部分得看本书第一部第4节，详细的讨论要看《论充足理由原理》第21节末尾；在下面研究物质不灭原理时，我们还要进一步研究。

（c）选言判断乃从排中律而来：排中律，是一形上逻辑的真理；所以选言判断完全属于纯粹理性的，而不是来自知性。但是，从选

言判断中，康德演绎的交互结果（共通性）之范畴，却是明目张胆地对真理的侵犯，说穿了，动机还是在维护他对体系匀称的喜爱。这个演绎的不当性已经经过多方面义正词严的指责和证明，特别是在舒茨的《理论哲学批判》和贝格的《批判性哲学研究》这两本书说得尤其详细。事实上到底那个很成问题的"互斥的连词形式的概念之决定"和交互结果的观念两者有什么类似呢？这两个其实是反对的。因为在选言判断中，实际已把它们描写成必然同时彼此抵销了。另一方面，若是想象两个有交互结果关系的东西，则其中一个的叙述必然也成为另一个的叙述，反之亦然。那么交互结果实际在逻辑上就毫无疑问地是 *circulus ritiosus*[循环论证] 了，因在循环论证中，就和交互结果表面上情形完全一样——任何成立的，已经就变作根据了，反之亦然。而正如逻辑排斥循环论证，故此交互结果须从形而上学中摒弃。我现在是正正经经地打算证明，一般说交互结果根本不存在，这个概念完全由于观念的不确定才变得气焰嚣张、喧宾夺主，在经过进一步研究后，就会发觉它根本是空、是假、是无效的。首先，让我们想想一般说因果律是什么？为了有助于理解，不妨参考《论充足理由原理》第 20 节，和《论意志之自由》第三章 22 页以后（第二版 26 页以后），还有本书第二部第四章。因果律是这样的，根据它所出现的物质的状态或条件便决定了它们在空间的位置。所以讲到因果律，就涉及情况、条件，实际是关于改变的问题了，而不是恒定不变的问题。如此永恒的物质，并非因果律所统御，因为它根本无所谓存在或消逝；所以这整个的东西，我们说，并不以因果律的形态出现，而只有那物质的状态或条件才是。另外，因果律跟永恒无关，因为没有改变的就不产生结果，也就是没有因果律，只是一继续的弛懈状态。如果这样的弛懈状态改变，那么跟随它的新状态要不是仍然为永恒的，那就产生第三状态、

第三条件。这种情形的必然发生就是因果律，而它是充足理由原理的形式，故此我们无法再深入了，因充足理由原理正是一切解释、一切必然发生情形的基本原理。因此很显然，因果的存在与时间的延续有亲密而必然的关系。只有状态 A 在时间上先于状态 B，也就是说，它们一个接一个是必然而非偶然地，不再是延续而是结果——只有这样，A 才是原因，B 才是结果。但交互结果的概念却是这样：彼此都是原因，彼此都属结果；这等于说二者同时是在前的，又同时是在后的，一句话——荒谬。说两个状态为同时，且必然同时，这点我们不能接受，要是它们必然在一起，又是同时，那么它们就只构成一种状态。其限制条件的持续现况对于这种执着而言，确实是必需的，但那么说，就不再涉及改变和因果关系了，而是牵涉持续和静止啦。总之，要是整个状态的其中一个限制条件改变了，则跟随它的新状态就不能持续，而成了其他所有限制条件改变的原因，成了第一状态其他限制条件的原因，从这其中涌现第三状态。这些只不过是单纯受因果律统御，并非标新立异的交互结果律。

我同时肯定地说，交互结果概念没法拿一个单纯的例子说明。凡我们以为是交互结果的，要么是一静止状态——从"改变"获得意义的因果律与它不相干——要么就是，互相限制的状态彼此的延继，要解释它，因果律就够了。前一个例子，譬如一对天平因等重趋于平均。因为没有改变，故无任何结果，是静止状态；像任何重心支持的物体，重力支持，均匀分布，但无法透过任何结果显示其力感。要是拿掉一个法码，造成第二状态，则此行为立即成为第三者的原因，就是根据因果律来讲的，天平一端下坠之原因。这可不需要专门的什么知性范畴，甚至不须一特别名称。另一个例子譬如火之延烧；氧气跟可燃体的混合是热的成因，热又是前者化学混合产生的成因。但这归结起来只是因果之链结在同样称呼下的另一连

环。A之燃烧产生自动热B；后者又产生新的燃烧C（即一新的结果具备与原因A同样的名称，但各别上又非相同之物）；C再产生新热D（它和B效果不同，然而概念上则属同一，即有同一的名称），如此这般可无限区分。在日常生活中可以发现一个很好的例子，就是洪堡关于沙漠的理论（《自然大观》，第二卷79页）。干燥的沙漠中并不下雨，但周遭环抱的群山则普降甘霖。其原因并非高山吸引住云，而是沙漠平原升起燥热的气流，使水分子不至分解，把云驱向高处。高山地区垂直升起的气流比较薄弱，云乃下降，继而较冷的空气就导致落雨。所以沙漠中雨的需求与植物之缺乏乃立于相互结果的关系。时雨不至，乃由于沙地燥热表面扩散更多的热；沙漠所以并不变成草原，又因为它不下雨。这儿显然像在上一例子中，又得到同样名称的因果之延续，基本上和因果律并无差别。这和钟摆之悬摇，事实上，甚至有机体自身持存，每一种情况同样产生一新情况等等，完全一样。这情况跟它自己滋生的情况是相同的，只不过个别而言前者是新的。在这儿事情变得较复杂，因链锁不再是两种的扣结，而是多种的，所以某一个连环只有在其他几个介入之际乃得以产生。不管怎么说，我们看到的却只是简单、单纯的因果律应用，因果律，适用来规律情况或条件的连续，我们可不是看到一个需要新的特别的知性功能来体会的东西。

或许，是不是为了要证明相互结果概念，我们就说作用跟反作用相等？这在《论充足理由原理》中已长篇大论地仔细讲过，简言之，因果并非两个分开的物体，而是两个连续的物体状态。故此每一状态即隐含所有相关的物体，也就是隐含结果、新出现的状态，譬如说撞击，同比例地影响物体双方，因此受撞击的物体正像撞击的物体一样碰上同样大小的改变（按照双方的质量与如速度而定）。要是我们把这叫作相互结果，那么每一个结果就绝对是个相对结果，

这并不包含新的意义，我们只掌握一个多余的因果律之同义字。可是康德想都不想的，就在《自然科学之形上的基本原理》中，对动力学第四命题证明的开头这么讲："世界上的一切外在结果是相互的。"那么所谓简单的因果律之知性和相互结果的知性，这两者先天的不同功能何在？事物真实地延续只依靠因果律如何可能并可以认知，事物的共存只依靠相互结果如何可能并可以认知？当然啰，要是一切结果是相互结果，延续性和同时性就是一样了。那么世间万物均成为同时发生的了。要是有真正的相互结果，永动就是可能的了，甚至是先验地确然了。相反，先验地断定没有真正的相互结果和没有这类知性形式，正是确定永动不可能的基础。

亚里士多德会严格地否定相互结果，他说两件事可能互为对方的原因，但这只是在我们赋不同的意义予二者时才这样，像一事成为另一事的动机，而后者则为前者运动的原因。在他的《物理学》第二部C3和《形而上学》第五C2里头我们找到这样的话："有的事是彼此为因的；比方体育为健康之因，而反之亦然；但这并非同一方式，它们一个是运动的目的，一个是它的起因。"再说，要是他设想一真正的相互结果，他会在这儿提出来，因为在这儿他把所有可能的原因种类举出来了。在《后分析篇》第二部11章，他提起因果轮回，但并非说相为因果。

（4）模态范畴占的好处胜过所有别的范畴，因为透过模态范畴表达出的一切一切，均能符合它所由来的判断形式。其他范畴则不然，它们常是从判断形式中独断地演绎出来。所以，说可能、实际及必然等等概念，产生了怀疑的、确定的、断然的判断形式，这是千真万确；但要说那些概念是知性专门的、原始的认知形式，不能再进一步地推求，这就不对啦。正相反，它们是从一切认识唯一的形式涌出的，那形式是原始的，是我们先验地认知到的，它就是

充足理由原理；事实上必然性的认识就直接从这里涌出。另一方面，只有运用思索、反省，偶然性、可能性、不可能性及实际性等等概念才涌现。因此所有这些，再怎么都不是从一种心灵能力——知性中崛起的，而是通过抽象认识和直观认识的冲突而引起。马上我要来说明这点。

我肯定地说：所谓必然的，跟从一既定根据或理由得到的结果，这两者是绝对可以互换的概念，并且完全相同。一个事物，除非我们认为是从既定的根据或理由的结果，我们就绝不能把它认知甚或想象为必然的。必然性的概念绝对脱不了这种依赖，这是通过另一件事物建立起来的，而且不可避免地追随着它。所以它仅仅完全是运用充足理由原理引起的、存在的。那么，根据这个原理的不同形式，我们可知有物理的必然性（由原因来的结果）、逻辑的必然性（由于认知的根据，在分析判断、三段论法中等等）、数学的必然性（按照空间和时间中的存在根据）及实践的必然性。说到实践的必然性，我不想透过一个所谓的"绝对律令"来讲什么决定的界限、条件，不，我要讲的是根据表现给性格的动机由于被交付的性格而必然出现的行为。不过凡必要的物事都只是相对必要，也就是先假定了一个理由或根据，从这当中，它出现；所以绝对的必然性是一个矛盾。其余请阅读《论充足理由原理》49节。

与此相反者，换言之，必然性的否决，就是所谓的偶然。这个概念的内涵因此是消极的，也就是说缺乏充足理由原理表达的关系。因此甚至偶然也只是相对的；所以涉及到某些并非它的根据或理由的东西，就叫偶然的。不管什么样的东西，比方说，实际世界上每一桩事情，总是同时必然且偶然；必然是牵涉到作为原因的东西；偶然则涉及任何其他的。在时空中它跟任何其他东西接触只是无必然关系的巧合，所谓机遇、偶然、σνμπτεμσ、*contingens*，就是这意思。

这么说，绝对的偶然就好像绝对的必然，都是不可想象的，因为这样的偶然就正是一个不和任何东西发生因果关系的东西。所以，假如我们要构想绝对偶然，就先得推翻充足理由原理。但那一来势必丧失全部意义，因为偶然概念只有牵涉那个原理，只有代表了两个对象以原因和结果的关系彼此成立，才有意义。

在自然界，只要属于知觉的表象，任何发生的事物就是必然的，因它是从其原因而来。但若考虑这个别事物和其他并非其原因者的关系，我们就发觉它是偶然的；然而这已经就是抽象思考了。好了，假使进一步就自然界的客体举例来说，我们从它对其他事物的因果关系全盘地作抽象思考，也就是就其必要性、偶然性，从实际之概念体会此种认识。拿这种概念讲我们只考虑到结果，并不追寻原因，牵涉原因的，我们得叫它必然的，不牵涉它则叫偶然的。这完全基于下面这个事实：判断的模式显示的事物客观的质性，不如它呈现给我们认识对该质性的关系那样显著。但就像是自然界任何事都从原因而来，任何实际的东西就也是必然的；但这只是指它在这个时候这个地点而言，因这样决定条件才透过因果律延伸。不过要是我们脱离了知觉的本质，转向抽象思考，我们将可以在思考中对自己表示出那被我们部分先验地认知部分后验地认知的一切因果律。这抽象表象包括了本质上属于任何时空而就一定时间和空间抽象的所有事物；通过这样的思考，我们就这么踏入了可能性的广袤领域。在这里还沾不到点儿边的东西，就是属不可能了。显然，可能性与不可能性只由于思考而存在，只为了理性能力抽象的认识而存在，并不由于知觉认识而存在——尽管说，知觉认识的纯粹形式向我们提供了可能和不可能的限制条件。当思考到可能与不可能时，按照该事的自然律是被先验或后验地认知，就分辨出形而上的可能与不可能，或物理的可能与不可能。

从我们这个不需要证明的解说（因为，它是直接基于充足理由原理的认识，以"必然""实际"与"可能"的概念的发展为依据）来看，显而易见，康德那三个知性的特殊功能配三个概念的假说，是根本没有根据的！我们再一次在这里发现了，康德决不容许任何东西破坏他结构匀称的建构。

但此外还有一个很大的错误：他混淆了必然与偶然的概念，当然，这是受以前的哲学的影响。早期的哲学，是这样地错用了抽象概念：很显然，已经确立根据的东西，不可避免一定这样，换言之，是不许他图的，所以必然如此。但人们只掌握住最后的限定，而认为凡不许他图或相反情形不可能出现的东西，就是必然的。他们忽略了这种必然的根据和根源，忽略了凡是像那样形成的必然性的相对性质，于是，弄出一个完全不可思议的空中楼阁，所谓绝对必然，换言之，一个像是从根据或理由而来的结果一样不可避免的存在，却又不是根据的结果，结果是什么也不依靠的东西。这个错误，正是一个荒谬的丐词，因它违背充足理由原理。现在基于这个空中楼阁，他们完全违背了真理，说任何通过根据或理性建立起来的，是偶然的；为什么呢？因为他们把必然性相对的特性，拿来跟那完全虚构的绝对必然比较去了，而后者，在概念上自相矛盾[1]。现在，康德同样保留了这个在根本上是乖谬的偶然的定义，还进行阐释，见《纯粹理性批判》V289—291页；243（V301）页及419、458、460（V447、586、488）等页。这儿，他的确落入了最明显的自

---

[1] 见沃尔夫《以理性推敲神、宇宙与灵魂》§577—579。奇怪的是，他认为按照充足理由原理中的"成为"而为必要的东西才是偶然的。另一方面，他认为任何必然按照充足理由原理其他形式成立的则为必要的，像是跟随 essentia [定义] 者、分析性判断逮有欺学的真理等等。其理由，沃尔夫的解释是：只有因果律产生无穷系列，而其他立场则只产生有穷系列。无论如何，当充足理由原理纯属时空的形式之时可不能违废说，应该讲述只是在认识的逻辑立场上才说得过去。不过沃尔夫以为如此的数学必要性乃逻辑之张本。参考《论充足理由原理》§50。

相矛盾中，因为他在 301 页说："任何偶然之事都有原因。"又加上一句："这就是偶然的，对偶然而言不存在是可能的。"然而凡是有原因的，就不可以说它或许不存在；所以有原因的就是必然的。至于其他方面——有关此一对必然及偶然全盘的错误解释，其起源见亚里士多德的《论生灭》第二篇第九及十一章，说是必然性是一种"不存在是不可能的"东西；跟它相对的，就是那"存在是不可能的"东西。二者之间是那"也许存在也许不存在的"东西——所以是那倏忽浮沉的玩意儿，这就是偶然的。照刚刚我们讲的来看，显然亚里士多德的这些解释，是由于执着抽象概念，忽略了转到具体及知觉上而产生的；至于具体和知觉，却是任何抽象概念的本源，是它们的控制者。"某些对它来讲不存在是不可能的东西"你确实可以抽象思考，但要是求诸具体、真实、知觉，我们找不到什么可以印证的，连一些可能的东西，像是上面所谓已知原因的结果（它的必然性是相对的和受限制的）那样的东西——都找不到。

借这个机会我要顺便再谈一谈模态概念。由于一切必然性是基于充足理由原理，就因为这样所以是相对的，那么一切确然的判断根本上就终极意义来说它们是假言性的。唯有透过断言性小前提的引进，才成为定言的，因此它是三段论的演化。要是这个小前提仍然未定，并且表达了出来，就产生疑问的判断。

任何一般来讲（作为通则）是确然的（自然律）东西，就特殊情形而言总是未定的，这是因为，将这情形归入通则的条件首先必须实际出现。相反，那些特殊来讲是必然的（断言的）（任何特殊的改变必然通过其原因），又成了一般的，并且被普遍怀疑地表达出来，因出现的原因只涉及特殊例子，断言的、假言的判断不可避免地记述的只是普遍法则，而非直接记述特殊情形。所以这样，它的根据在于这个事实："可能"只存在于思考的领域，因理性能力

而存在,"现实"则存在于知觉的领域,因知性而存在,而"必然"则作为二者而存在。的确,必然、现实和可能之间的差别,真正只存在抽象中,拿概念来分它;在现实的世界,这三个是合一的。任何发生的事情乃必然地发生(因它从原因发生),可是原因之上又有原因,所以说来,整个宇宙间事物的运转,不论大小,都得说是一严格的必然发生的衔接。那么,任何现实的就同时是必然的,事实上"现实性"和"必然性"就没什么差别了。同样地,"现实性"和"可能性"亦无二致,因任何未发生的,即未成现实的,也就不是可能的,因为不可或缺的原因本身并未发生,在原因的衔接中它们也不许发生;故而它是一"不可能"。于是乎,任何事件要不是必然就是不可能的。这些只有在经验的实际世界才说得通,换言之,只适合个体事物的复杂性,所以只适合特殊的、个别的。另一方面,若靠理性来思考一般事物,抽象地理解它们,则必然性、实际性、可能性就再度被分封闭来了。我们于是按照智性先验的法则晓得一般可能的东西,晓得和自然经验的法则有关的东西是世上可能的东西——就算它从没有变成实际过;我们于是清楚地将可能与现实分开。现实本身总是必然的,但只有认知其原因的人才能体会此点;脱离了原因,它就被叫作偶然了。弄清楚这个,就会理解西塞罗在《运命论》中提到的,麦加拉学派的狄奥多拉跟斯多噶学者克律西波斯之间的争论。狄奥多拉说:"只有成为现实的才是可能,而一凡实际的亦是必然的。"克律西波斯讲:"许多可能的绝不成为现实,因只有必然的才是现实的。"我们可以这么解释:现实性是以可能性为前提的三段论之结论。但这不但需要大前提,还需要小前提;只有两者才合成完整的可能性。故此大前提只提供理论的、一般的抽象可能;它本身不能造成任何情形的可能,换言之不能使之变为现实。所以小前提还是要的,小前提给予特殊情形一种可能,因它

把情形运用诸通则。正由于这样，情形马上成为现实。比如：

  大前提：所有房子（也包括我的房子）均可能毁于火。
  小前提：我的房子着火了。
  结　论：我的房子毁于火。

任何一般命题及大前提，只在一前提下，设立其现实性事物，所以是假说性的；例如，毁于火的发生可能性先假定了着火。这居先假定从小前提带出。大前提像炮弹上膛，但只有当小前提供导火线，射击（结论）才发动。这适用任何的可能性之于现实性的关系。现在由于那肯定了现实性的结论必然发生，很显然，任何现实的就也是必然的了；我们从这个事实可看出：必然性其实意味的，只是作为一已知根据或理由的结果。现实中，这个根据是结果；那么任何现实的就是必然的。所以我们因此观察到可能、现实、必然等概念的协调，不但后者要先假定前者，反过来也一样。是我们智性以时间形式的限定把它们分开；因时间是可能性与现实性的居间者。个别事件的必然性可以从对它全部原因的认识彻底看出来，可是这些彼此独立的不同原因的协调，在我们看来像是偶然的；事实上，它们彼此间的独立正是偶然的概念。无论如何，由于它们都是它的原因之必然结果，而原因之链是没有起头的，那么显然，偶然性只是一主观现象，从我们知性的地平线这个限制往上爬，和肉眼观察到天地交接的地平线一样主观。

  由于必然性跟已知根据或理由的结果两者是相同的，在充足理由原理每一形式下，它就也得成为一个个特殊的必然性，它的反面是可能性与不可能性，而那是只有运用我们理性对客体抽象的思考才引起的。跟上面讲的四种必然性相对的是四种不可能性，即物理

的、逻辑的、数学的和现实的不可能。另外附带说明，要是我们完全保持在抽象概念的领域内，可能性就总是属于更普遍的概念，而必然性则属于受更大限制的概念。例如："一动物或许是只鸟、是条鱼、是两栖的动物……""夜莺必定是只鸟，鸟必定是动物，动物必定是有机体，有机体必定有躯干。"这一点实在是因为逻辑的必然性（它的表达乃是三段论）是从一般的推演到特殊的，但反之却不然。相反，在知觉的本质（第一类表象）里，任何事物的确是必然通过因果律。只有附带的思维可同时将它视为偶然，拿来跟不是它原因的东西比较，又得视为简单唯一的现实，而除却任何因果关系。只有借这类表象，现实的概念才真正发生，这从因果律概念导出此一用语的情况上已可看出。要是完全注意第三类表象，纯数学的知觉——我们将发觉，只有必然性断然独存。可能性同样只通过思维的概念的关系才产生；比如，三角形可能是直角的、钝角的、等角的，但三角之和必然等于两直角。所以我们在这里只从知觉过渡到抽象而产生可能。

经过这番讨论（这是要让读者们记起《论充足理由原理》和本书第一部中所说的），我希望关于表列举出的这些判断形式真正的、异色混杂的起源，不再让读者迷惑不解，也认识到知性十二特殊功能的此种假说，是不容接受与全无依据持侥幸的。关于后一点，可以轻易从许多特殊的事实观察出来。所以，只有出于匀称的喜好和信任匀称导出的准则，才会假设说肯定、定言和断言的判断为三个根本不同的东西，来偏袒知性为它们三个各别设下的特殊功能。康德本人事实上也透露，他明白自己范畴理论脆弱的地方：《纯粹理性批判》论"原理之分析"第三节，在第二版中省略了原来第一版中几个大段（即 241，242，244—246，248—253 等页），那都是明明白白供出了这个理论的薄弱点。好比，在 241 页他说他对范

畴没有个别下定义，因为他有力难施，这些东西压根儿无法定义。他忘了在同版 82 页，自己还说："我特地省掉范畴的定义——当然啦，我是本来可以把握住它们的。"这真是一种 *sit venia verbo* [童言无忌] 的口气。但是他却容忍后头保留那类的句子；而所有那些后来仔细删削过的句子，都暴露了通过范畴而思考的东西根本不明确，这整个理论是建立在一薄弱的基础上。

康德假定，范畴表是任何形而上学的，事实上是科学思考的导引准绳（《未来形而上学绪论》§31）。它不但是整个康德哲学的基础，是到处套用的匀称的模子，并且，它也变成康德以暴力强行加诸任何可能思考的普罗克拉斯提之床。我愿言其详。不过，借这么一个机会，那些 *imitatores, servum pecus* [模仿者，奴性的一群] 非做不可的是什么？事实上我们已经看到了。暴力是这样的：那些指出名称、判断的形式、范畴等等的措辞的意义，完全被丢到一边、忘掉了，只有措辞本身被保留。这是部分从亚里士多德的《前分析篇》第一部（"关于三段论名次的数量和性质"）中学来的榜样；但做得相当独断；例如，除了量性一词外，其实大可以拿别的字表示该观念的限度，不过，这已经比范畴中其他名称用得适当了。甚至质性这个字显然也不过是基于习惯上为了对应数量而选用的；这个字要拿来说明肯定和否决，的确是够独断的。康德提出的任何问题，时空中的数量，物理的、道德的、事物的、可能质性，都由范畴的各个标题包括净尽——虽然实际上那些东西跟判断以及思想的各种形式的名称之间，并无一丝相同，有的不过是偶然独断的命名上的相关。当然，我们也应顾及康德其他方面崇高的声望，我们不能把反驳说得太粗线条。自然科学普遍原则的纯生理学方面的表列是个很好的例子。究竟，判断的量性和所谓任何知觉有一外延的范围有什么关系？判断的质性又和任何情感程度上的区分有什么关系？正

相反，前者是基于空间为我们外在知觉的形式这事实，后者则不过是一经验上相当主观地，基于对于我们感官本性的思考而来的知觉或观察。另外，在《理性心理学》的基础表列（《纯粹理性批判》344页，V402页）中，他说灵魂单纯的特性是坐落于质性中；它实际上却是一关系量性的东西，跟判断的肯定或否定毫无关联。但量性必须由灵魂的整体性来填补，当然，事实上整体性已包括在它那单一的特性中。把"程序"挥进来是很可笑的；那么，灵魂就和可能的客体牵连了；牵连是关系的一种，后者是实体的东西拥有的。接着康德把四个宇宙的理念，二律背反的主题，追溯到范畴的标题上。以后到检讨二律背反时我们会再详细讨论它。在《实践理性批判》中自由的范畴表里有几个更显眼的例子；另外，《判断力批判》第一部也一样，这是按照四个范畴的标题讨论嗜好判断的。最后，那本《自然科学的形而上学基础》完全是依照范畴表裁剪出来的。像这些到处跟书中真理之光闪烁的地方混淆起来的错误，也许主要正是这样造成的。我们现在看一看，第三章末尾的地方，直线的方向的单一性、杂多性和整体性是如何被设定成和范畴呼应，也就是如何对应着判断的量性。

* * *

从实体与持存范畴中，康德导出来物质不灭定理。但我们却只从定言的判断，换言之，从两种概念（主词与述词）的联系中认知此点。所以说，这个伟大的形上学定理，竟这样被弄成极端依赖单纯的纯逻辑！这是形式上要这么做，为了"匀称"的缘故。康德对这定理的证明完全脱离了本来应该集中到的知性跟范畴的出发点。弄得变成从纯粹对时间的直观（知觉）而来。而这种证明是相当不

正确。光是说时间之内，就存在了同时性与持续性，那是不对的，像同时性与持续性的表象，如我在《论充足理由原理》第18节中说的，首先，是从空间与时间的结合而来——在继续讨论之前，我先请读者们明了这点。如果说时间，不论事物怎么改变，本身总是屹立不摇，那是错的，事实上，时间本身就是飞逝的；说一个永恒的时间，那简直是矛盾，开玩笑。可惜康德的证明，尽管拿多少似是而非的解释来遮掩，事实上总是靠不住的；的确，在这儿他落到了顶显眼的矛盾里。怎么个矛盾呢？你看，矛：在177（V219）页，错误地把共存假设为时间的模式，在此之后；盾：他又挺正确地说（183页，V226页）："共存并非时间的模式，因时间内绝对没有什么部分是同时有的，所有的只是延续。"实际上，空间牵连到共存，和时间并无二致。要是两个物体乃是同时存在而非同一的，那么通过空间它们就分开了；要是一个物体的两个情形或者状况乃是同时存在的（例如铁的炽燃与灼热），那么它们就是在一件事物中共存的效果；所以它们是以物质为先，物质又以空间为先。严格来说，同时性是一消极的限定条件，指两件事物或情况就时间来说无所不同；所以它们的差异要在别的地方去找。可是我们对于实质（即物质）的持续性的认识，必须基于一种先验的洞察，这种洞察是不容置疑的，不能从经验获得。我怎么发现这点的呢？是这样的：一切变动的定理，即因果论，我们先验意识到的，本质上只牵涉改变，就是说只牵涉内容连续的状况。换句话说，它就是被形式限制，没有接触物质本身，物质存在于我们意识中有如一切事物的基础。这个基础不附属任何的变动；故此它总是已经"有"着、总是继续地"有"着。关于实质不减进一步的证明，从我们对于一般经验世界知觉的表象的分析而来，请参考本书第一部第4章，其中证明了物质的本质乃在于空间和时间彻底的结合，这是一个只有

运用因果的表象，就是说运用到知性，因果主观的关系者才有可能的结合。那么内容除非它是运行的，是原因的，是不断地成为因果的，它就根本不得认知。成为"有"，和去"实际作用"，对它来讲意义是一样的，所以我们用现实性（Wirklichkeit）这个词。所以，时空亲密地结合，因果律、物质、实际性是一体的，这一体主观的相关者乃是知性。物质必须在自身中包含了这两个要素（即时空）彼此冲突的特性，而它自己就是从这要素之中产生的，因果的表象限制了两者当中矛盾的成份，使得它们的共存可以被知性构想。物质只透过而从属于知性，整个领悟的能力在于因与果的认识。所以对知性来说物质兼具了时间不稳定、无常的飞逝驰走，表现为偶然的变动，与空间刚执的不可或移性，表现而为实质之不减。因为要是实质像偶然之物那样消逝，现象将完全从空间隔离撕裂，将变得只从属时间；经验的世界将因内容的毁亡、将因灭绝而瓦解。所以从空间在内容中、在所有实际现象（它是时间的相对者，本身不和时间联合，绝不认知改变）中占有的部分，可以导出并解释每个人先验确定的实质不灭定理；但无论如何，它并不是单纯从时间中导出的，康德正为了这个目的，错误地说时间是永恒的。

在《论充足理由原理》第23节，关于从事件系年的排列来引申因果律先验的本质与其必然性，此种证明的不正确我已经详细地证实过了；所以这里我只提醒读者参考它。[1] 它就跟交互结果的证明完全一样，交互结果的概念前面我已经证实过是无效的。程序的必要也已经提过了，现在，我讲述其原理之推出。

要是读者不觉烦的话，我原可以继续写出超越的分析还有的许

---

[1] 读者不妨把我对康德证明的驳斥拿来跟较早期对它的批判比较一下——费德尔《论时空因果》第28节；G. E. 舒茨《理论哲学批判》二卷422—442页。

许多多不正确之处；无论如何我想还是请大家自己去想的好。在《纯粹理性批判》中我们一再碰到那个我已不惮烦批评过的康德主要、基本之错，也就是对抽象、推论的认识与直观的认识根本缺乏明晰划分。就是这个，造成漫布整个康德认识永恒的暧昧。这叫读者永远搞不清康德到底讲的什么，他只是在那儿猜测而不是领悟，因为他每一次都要费力地去了解那在思考与知觉之间跳来跳去的东西，所以总是悬疑着。在《论将客体区分为现象与本体》一章中由于对知觉表象与抽象表象的本质根本未会深思熟虑，康德贸然断言，若不经过思想、抽象概念，则客体之认识即不可能，又由于知觉并非思想，它就根本不是认识，只是一般情感激发的，是情绪！还有呢，缺乏概念的知觉，他说绝对是空的，但缺乏知觉的概念，又是个什么什么的东西（252页，V309页）。这可是大大违背了事实，因概念只有关系知觉表象，从其中抽象、摘要，将不重要的剔除，才可以说具备了一切意义、一切内涵。所以要是知觉的基础除去，它们就变成空洞。另外一方面，知觉本身（它本身事实上是具体化了的意志、事物本身）具有直接的、极重大的意义；它们显示了自己，表达了自己，不像概念那样假借外物充实内涵。充足理由原理借因果律统御知觉，故而只决定它们在空时中的地位。充足理由无论如何并不限制知觉的内涵与要义，但充足理由限制那适用于认知立场的概念。至于其他部分，看来好像康德算是还有那么点意思要把知觉表象和抽象表象分开。他接近莱布尼茨跟洛克，前者是把任何事物归诸抽象表象，而后者则把任何事物归诸知觉表象。可是康德没有把两人区分，虽然说莱布尼茨跟洛克实际上都犯了错，但康德却把两个错加起来而背上第三个错，也就是把知觉跟抽象混调起来，结果产生一个不伦不类的杂种，其荒谬处简直无法想象，只能把学者们弄得头昏脑涨、糊里糊涂。

的确，在《论将客体区分为现象与本体》这章中，思想与知觉分得要比别的地方仔细；但这儿，分辨的本质却是从根本上就错了。所以在253（V309）页，他说："要是我从经验认识中抹除所有思想（通过范畴），则客体的认识荡然无存；仅仅通过知觉无法作任何思考，对我来说，这种感性的感受并不构成为任何表象与任何客体的关系。"某种程度上说，这段话包含了康德全部的错误，这里显然表示出康德把感觉、知觉和思想的关系看错了。因此他把感官的主观感觉，跟形式为三维空间的知觉看作是一样的东西，他又承认，客体的认识只透过思想，思想则和知觉不一。相反，我认为客体首先是知觉的客体，而非思想的，而所有客体的认识根本上本身是知觉。但是，知觉决不是仅仅的感觉，知性就靠知觉证明了自己是主动的。思想只有人类才具备，动物却没有，思想只是从知觉里头抽象，基本上并不提供新的认识，并不创建出原来不存在的东西。它只透过知觉改变已经拥有的认识形式，把它造成寓于概念的抽象认识，它的可知觉性因此丧失，然而它的结合成为可能，这就无限扩张了它的运用范围。另一方面，我们思想的材料不过是知觉本身，并没有逸出知觉包含的范围，而它只有通过思想累积。所以，我们思想活动里任何材料，必须一定能给知觉证明，不然就是一空洞的想法。虽然这材料经思想多方地推敲、变形，然而它必须是可以复原的，可以追溯的，正像一块金子除去了一切溶解液、氧化物、升汞以及化合物，最后再度纯粹地摆在我们眼前，一点没有减色。要是说，思想本身能把什么主要的东西加到对象上头去，那么上面讲的，将变得不可能。

接下来《论模棱两可之辞》一章，只是对布莱尼茨哲学的批判，一般说大致正确，当然整个安排的形式不免迁就匀称，把它当作准绳，奉亚里士多德《工具论》为圭臬，于是提出一超验的论题。这

是基于一个假设,即我们必须从四个观点去考虑每一个概念,这样才好弄清,究竟到头来,概念应被纳入哪一种认识能力。但所谓四个观点的假设实在相当独断,或许,你假设十个人家也不能说你错?不过所谓四个就正好配合他范畴的四个头衔。于是莱布尼茨的重要理论就这么地被加以分划。经过康德的这个批判,莱布尼茨抽象方法上的错误在某一个范围也成为理性本质上的谬误。话说回来,也的确是,在他同时代有不少伟大的哲学家可以学习,如斯宾诺莎、洛克,可莱布尼茨情愿敝帚自珍。在《论思想之模棱两可》一章,终于说了出来,说是可能有一种完全与我们知觉不一样的知觉,它不是我们范畴运用够得着的。于是这种假设的知觉的对象就叫作本体,它是只能让我们思索的玩意儿;这讲法,由于我们缺乏赋予此类思想以意义的知觉,事实上它根本是可疑的,思想的对象也只是一相当不确定的可能性而已。前面我引用康德自己的话,指出他大大地自相矛盾地设立了范畴,这范畴一会儿成为知觉表象的条件,一会儿又只是抽象思想的功能。在这里它们是作为后者,康德只打算说它们是推论的思想。但要是说这的确是他的意思,那么在超验逻辑的开头,长篇大论地把思想不同的功能予以叙述之前,康德必然该清楚一般思想的特质,则顺理成章的就应该将它跟知觉分辨明白才是。他得证明,单纯的知觉带来的认识是什么,思想所添加的新认识又是什么?那么他就会清楚自己讲的是什么,或许就会面目一新地把知觉先解释明白,再讲思想。可是不,他现在指向两者之间那个不可能的东西上去了。也许小心点儿,那个超验感性论和超验逻辑间的巨大缺口就不会产生吧?在那儿,他草草地讨论过知觉的形式后,把经验的内容说成"是被给予的"。他也不问那是怎么来的,究竟从不从知性来——他跃到了抽象思考,又不是从一般思想开始,而马上说到思想的形式。思想是什么,概念是什么,抽象、

推论之于具体直观的关系是什么，人和动物的认识有什么不同，理性又是什么，他一句话不讲。

不过，这个完全被康德疏忽过去的，抽象认识跟知觉认识之间的差别，倒刚好就是古代哲学家用 ψαινομενα 和 νοουμενα 两个词所指示出来的东西[1]。两者的对比、不相称，有那么多的哲学家在他们的哲学理论中讨论过，例如在现象学派（巴门尼德创立）的哲学理论，柏拉图理念的理论，麦加拉的辩证法，和之后在经院哲学对唯名主义与唯实主义的辩论中，都可以找到，它的种子，虽然发芽比较迟，却分别在柏拉图、亚里士多德两人的精神里发现了。然而我们的大师康德，不正当地完全忽略了前面那两个希腊词已指明的东西，现在把它当作新词一样，拿来指称他的物自体和现象。

* * *

如同康德放弃亚里士多德的范畴论一样，我在放弃了康德的范畴论后，也打算拿第三种方法解释问题所指向的中心。康德和亚里士多德在范畴的名义下所要寻求的，是任何的事物，不论怎样繁众不同，都必须包摄在内在的一统的概念，透过它们，任何存在的东西最后都会被思考到。所以，康德认为它们是一切思想的形式。

文法之于逻辑就如衣裳之于躯体。我们理性——最高等概念——的基础，又是所有更个别的思想的基础，若没有运用到它们，思想就不可能。所以说概念由于其超越性，乃以一组的文字表达，而非一个单字表达，它们的单字需要联系上每一个其他单字来思考，

---

[1] 见塞克斯都《具象的怀疑论》，I, 13 章："阿纳克萨戈拉提出把被思想的与被知觉的对立起来。"

因此它的意思就不是从字典里去查，而是要在文法中寻求了。那么，难道不该在最后把它们当作特殊的概念，作为名词、形容词、动词、副词、代名词，换言之，即 *partes orationis* [品词] 来区分？它们无疑是思想依托的形式，思想流动的根据。就因为这样，它们是语言的基本形式，任何一种语言的基础结构部分，我们无法想象说，有哪一种语言文字，不是由起码的名词、形容词、动词构成的。依附着这些基础形式的一些思想形式，就透过词类的变化给表达出来；至于我们用冠词来形容，抑或用代名词形容，纯属次要。不过我们要进一步研究研究，旧话重提：什么是思想的形式？

（1）思维完全由判断集合而成；判断是它整个组织的条理、命脉；不使用动词，思想就无进步，只要使用动词，我们便进行判断。

（2）任何判断在于区划一主词、述词的关系，二者被判断用各种限制分开、合并。要是二者实际上是同一的，它们就合并，这种同一只发生于可转换的概念；于是可看出来，在一般肯定命题中，一个要随同另一个来思考（虽然反之未必然）；在特殊肯定命题中，二者是有时连起来思考的。否定命题则相反。于是在每一判断中必定可能发现主词、述词和系词，以及最后的肯定与否决，当然并非其中每一个都有它们专门的字（虽然通常倒是这样）。例如一字常代表述词兼及系词，"凯亚'老'矣"，有时一个字笼统地代表主述系三者，如"临"（*concurritur*），意思是"大军逼近"。显然我们不是确切直接的就文字追寻思想形式，甚至不是由品词追求；因为，同样的判断能用不同的语言表达出来，甚至以同一语言不同的用字表达，乃至于就不同的品词表达。但思想是不变的，于是它的形式也不变；因思想不可能和不同形式的思想自己吻合。然而以同样观念、同样的观念形式，那文字形式却得以不同，因它只是思想外在的表达，另一方面，思想跟它的形式又不可分。所以说，文

法只解释了思想形式的外友；品词可以从原始的思想形式本身导出，后者独立于一切语言；文法的功能在以其变形修饰表示这些思想的形式。它们是思想形式的工具、衣裳，思想形式必须精确配合它们的结构，这样才可以从其中体认那个结构。

（3）这实际的、不可更改的、原始的思想形式，实际上就是康德判断的逻辑表列；不过在这表列中，你可以发现为了匀称与范畴表列的缘故而设的死巷，所以，它是必须废除的；这是一谬误的安排。我们可以说：

（a）质性：肯定或否定，概念的结合或分解：两个形式。属系词。

（b）数量：主词概念是从全体或从部分来看的：整全性或多元性。个别主词也属于全体：例如苏格拉底就是意味"所有的苏格拉底"。所以形式也只有两个。属于主词。

（c）模态：实际上有三个形式。把质性分为必然、现实或偶然。因此它也属于系词。

这三个思想形式是从矛盾律及认同律的思想法则涌出的。然而从充足理由原理和排中律中，我们得到了：

（d）关系：关系只有在我们决定妥当的、完成的判断时才出现。它或许只在于记述一判断；依赖另一判断（两者都是复数亦可），将之以假言命题结合；或许记述判断之互斥，将之以选言命题离析。属于系词。系词在此地将完整的判断离析或综合。

品词与文法形式是判断三个要素的表达模式，即主词、谓词和系词；同时也是它们可能关系的模式，是前面所列举的思想形式和从其中来的决定条件与修饰等等的模式。所以名词、形容词、动词是一般语言基本的成份；世上任何的语言都要具备它们。但就像在许多语言中可以看到的一样，形容词跟动词可以混同。暂时，我们不妨说名词、分词和代名词是来表示主词；形容词、副词、前置词

表示述词;动词表示系词。当然有例外,像 *esse*(存在),则动词包容了述词。哲学的文法必须能确实地告诉我们思想形式表达的功能,正如逻辑告诉我们思考的形式一样。

注意:警告大家小心一个陷阱,这里我提出,斯特尔恩 1835 年的《语言哲学之基础》,这是企图透过文法形式建立范畴的一部彻底失败的著作。他完全把思想跟知觉混淆,要从文法形式导出假想的知觉范畴(却不是思想范畴);所以呢,他把文法形式跟知觉直接连了起来。他陷入这个绝大的谬误:以为语言直接地关系知觉。事实上语言只直接关系思想、抽象概念,并且主要是通过这些才关系知觉。不过语言关系到知觉时在形式上已有彻底的改变。那在知觉中存在的、还有从空时中跳出的关系,的确是变成了一个思想的对象。当然,它也须要语言形式来表达——可是,是以抽象、以概念的形式。概念常是思想的初步材料,逻辑形式只关系这样的概念,决不直接关系知觉。知觉总只决定材料,而非形式、或命题的真实性,正如形式的真实性是只按照逻辑规则决定的一般。

*　　*　　*

现在回到康德哲学,讨论他的超验辩证论。康德从对理性的解说开始,它是超验辩证论全篇的要角;这之前讨论的只是感性与知性。前面批评他对理性不同的解释时我已经指出,他说它是"形成原理的能力"。现在这里说:所有到目前为止考虑过的先验认识,建立了纯数学与自然科学的认识,只提供我们以通则,而非原理,因为它是从知觉跟认识的形式来的,不是从概念来的,要讲原理,那就必须讲概念。所以这样的原理就是从仅仅的概念来的认识,不过它又是综合的。各位,我说这完全不可能。光从概念只能得到分

析命题。如果要概念为综合性的结合而又是先验的,那么这种结合就必然透过第三者,就是对经验形式的可能之一种纯直观(或知觉)——而导致,就像后验的综合判断是透过经验的知觉而来;因此,先验的综合命题决不可能仅仅从概念导出。一般来说,我们先验意识到的只不过是充足理由原理不同的形式,所以除非先验的综合判断为该原理内涵的结果,其他情况迨不可能。

但康德最后还是找到了一条"理性原理"来引用,可用的也就是这么一条,从中引申出了其他的结论和它的"系"。这条原理是沃尔夫在《宇宙论》(第一节第二段§93)与《本体论》(§178)里揭橥并阐发的。结果就和前面所搅混的,把莱布尼茨哲学定理弄成是理性必然的偏错一样,弄错了沃尔夫哲学。康德以不清楚、不确定和断章取义的笔法(307页,V364页;322页,V379页),把这条原理弄得模糊不清。其实它本来是这样的:"要是受条件限制的作为被给予的,那么它的全部条件也就给予,于是不受条件限制的亦交付,不受条件限制和受限制的合起来,才构成全部的完整性。"如果我们把条件与受其限制的设想为一下垂的链子,然其上限为目不可及,至于无穷,此一命题之为真即跃然可见。由于链子垂悬不落,则其上必有一处固定某处的第一链。简而言之,我们的理性必在某处与无穷的因果链相接;这样比方是很方便的。不过,我们现在希望不经过象征而就其命题本身思考。没错,它是综合性的,因为若是分析性地来说,受条件限制的,跟条件的概念一样,得不到任何结论。但它不具有一先验之真实,甚至不能说是后验的,而只是一透过技巧,狡猾地把自己变得足以乱真。请听我解释。我们是立即且先验地,获得对充足理由原理四形式显现的不同认识。从这种直接的认识,那个原理一切抽象的意义已经就导出来了,因而是间接的;然而,它的结论和必然结果更是这样。我解释过,抽

象认识如何常与许多不同的直观认识结合,成为一个形式、一个概念,既然如此,二者就不再能区分。所以抽象认识对于直观认识的关系,便如影像之于实物,那多彩多姿的形态,是被一个概括的轮廓重新显现出来。诸位,这个"理性原理"就借助于此一影像。为了从充足根据或理由原理导出未受条件限制的(不巧,它正和充足理由原理抵斥),理性原理狡诈地放弃四种形式的充足理由原理内涵直接的、可知觉的认识,以偏概全地只利用抽象概念,断章取义,企图以此使其未受条件限制者过渡到这些概念更广泛的领域里。透过辩证法这种暗渡陈仓的手段可以看得很清楚:"要是受条件限制的存在,条件也就成立,于是就完满,所以说,条件的整体即成立;要是说它们构成一个完全的系列,那么系列的起源——跟着是未受条件限制的,就成立。"这里它说条件与受条件限制的构成系列,其实就已经错了。正相反,条件的整体对于任何受条件限制的来说,必定包含在它直接运行的最邻近的理由中,只有这样才是一充足的理由。所以比方说,作为原因的条件、那不同决定因素,在结果呈现以前必须全部呈现。但是系列,就拿因果链的比方来讲,它的产生是因为刚刚那个条件又被我们看作是受条件限制的;这一来,整个操作体系又从头开始,充足理由原理就呈现为一新的充足理由原理了。但对于一个受条件限制的东西来说,不可能有像这样一个实在连续的条件系列。相反,应该说它只是受条件限制者与条件的替代系列;每一个锁链是分开的、打破的,完全不需充足理由原理。在条件变成受条件限制者的时候,才需要充足理由原理。所以充足理由或根据原理只要求最近条件或次一条件的完整,而非系列的完整。不过条件完整的概念,关于完整是否应同时的或连续的,定义并不确定;现在既然选择后者,那就必须是一个连贯完整的条件系列。仅仅通过一个独断的抽象思考,一个因果序列就被视为不过是

一个依赖最后结果的原因序列,接着被当作是它的充足理由。另一方面,就进一步更深入的考虑来看,从抽象作用不肯定的一般性,观察到确定的实在性,我们发觉了对充足理由的需求只局限在最近原因之决定因素的完整情形上,而非序列的完整。充足理由原理只限制在各别成立的充足理由上。它马上又变成更新的充足理由,因此一理由或根据马上又被当作一个结果了;它从来不会马上就要一个理由或根据的系列。另一方面,我们要是不探讨物自体,就停留在抽象概念里,这些差异就没有了。那么一个因果交替的链锁,或逻辑的理由与结果的链锁,就形成了像"最后结果的原由"似的一个链锁,而条件的完整(透过完整的条件一理由才成为充足),变成像是一假定完整的理由系列那样,只由于最后结果而存在。那么就出现了大胆假设的理性原理,以及它对未受条件限制者的要求。但为了了解这种要求的不合适,我们其实不需要采用背反律与求解的理性批判方式,倒是采用我们官能所体会的理性批判就可以了。这样一个批判,就是对抽象认识与直观认识之间关系的一个检查,从前者不确定的一般性追究到后者执着的肯定。所以,理性的本质,并不在于需要掌握一个未受条件限制者;因为理性随心所欲驰骋之际,它自己必然发现,一未受条件限制的东西,简直就是个无稽地荒谬。我们的理性,就其为认识能力而言,只能关系到客体;但任何"从属主体的客体",必然不可更易地服从于充足理由原理,*a parte ante* [以前部分]这样,*a parte ante* [以后部分]也这样。充足理由原理的有效性乃是如此地包容在意识形式中,只要没有牵涉"为什么"在内,我们就无法客观地思考任何事物;所以好比不能构思一垛虚无的墙那样,我们无法想象一个绝对的"绝对"。爱怎么就怎么行动的自以为的自由,像这样断然假设的绝对、随心所欲,都无法对抗那不可抗拒的先验的肯定。事实上,从康德以来这几乎

是任何哲学的主题，所有关于绝对的说法，都不过是 incognito[不可知] 的宇宙的证明。现在由于康德的挑战，这个证明失效；它不敢以真面目出现。因此有各种伪装，一会儿在智性的直观（纯思想）的外衣下，显贵一般呈现，一会儿像贼头贼脑的流浪者，在谦虚一点的哲学理论上吞吞吐吐。如果这些先生绝对盼望见识一个绝对，我叔本华愿在此地举一个满足所有需求条件比他们高明多多的出来：那就是"物质"。——没有开始，没有毁灭，所以是独立且是 *quod per se est et perse concipitur*[自己存在，且通过自身被知觉]。它的子宫孕育一切，一切又回归它的子宫；我们对这样的绝对还能有什么要求？不过对一些没有接受理性批判熏陶的人，我们似乎该这么讲：

> 难道你不比女人一般
> 到头来还是那句话
> 就算别人千辛万苦譬喻多少道理？

我们的理性天生就无意要回溯一个没条件限制的原因、第一起源，这点实际上从下列事实可以得证：人类一些原始宗教，像婆罗门教、佛教，到今天还拥有众多信徒，它们既不晓得也不承认这么一种假说，却信奉彼此限制直到无穷的现象系列。关于这一点，我建议大家参考下面批评第一个二律背反的那个注解，也可以看乌芬写的《佛教的理论》（9页），以及一般而言亚洲宗教里的中心的教义。我们不能把犹太教跟理性混淆。

康德无意强调此一理性原理之客观有效，他只想强调其主观之必然，但康德演绎的主观必然毋宁是肤浅的曲解（307页，V364页）。他说，由于我们企图将每一个已知的"真"摄入更普遍的"真"，

只要方法不变,他说,这总之就是对我们已经假定先在的那个未受条件限制者的一种追求。事实上,我们这样做不过是运用理性,打算以可以解明的方式简化我们的认识。我们的理性就是做抽象的普遍认识的能力,它使有意识、有头脑能讲话的我们区别于受现时奴役的动物。说确定点,它的运作在于:从普遍中认知特殊的,从通则认知实例,而从更一般化的通则中认知通则,所以,理性运作的关键就在于我们对最普遍观点的追求。这样,我们的认识成长着,导致人与动物、受教育的与文盲的区别。现在,认识的根据只存在于抽象领域中,即在我们理性之中,它最后总是落到不可证明里头,也就是按照充足理由原理这个形式来讲,不再受更高的限制的表象里,所以是推理之链最高命题可以直接先验或后验地知觉的根据中。在《论充足理由原理》第 50 节我已说过,认识根据的系列在这里的确是过渡到了(作为)根据的系列。但是只有当我们还没分清楚充足理由原理的形式,而是纠缠到抽象的表示里,把它们全部混淆时,我们为了遵循因果律(就算只是一个需要而已)来证明一个未受条件限制的东西,才可以推出这个情况的。但是,康德却打算仅靠玩弄 *Universalitas* [普遍性] 和 *Universitas* [总体性] 这两个字眼来制造迷惑(322 页,V379 页)。所以,如果说我们对最高的认识根据、对更普遍真理的追求,是从一个存在不受条件限制(或类似这样)的客体发源而来,这就根本上错了。再说,我们的理性怎么可能先假设一个只要想到即被视为荒谬的东西,把它当作前提呢?这怎能算是它的本质?相反的,未受条件限制的概念,实在是那些企图规避本身或他人任何问题而无正当理由的家伙搞出来的。

  康德否定理性原理之客观有效,但看作主观必然,这样,在我们的知识中带进了一个不可弥补的裂缝,而他又把这裂缝变得更明显。康德进一步套用他的匀称阐释了理性原理(322 页,V379 页)。

由三个关系范畴，发展出三种三段论，每一种，指出一个特殊的未受条件限制者，所以就有三个这样的关系，即灵魂、宇宙（成为客体本身并且是内部统一的整体）、神。现在我们可以立刻看到一个威胁到匀称的巨大矛盾，这矛盾康德无论如何自己是忽略了。说真的，这三个无限者，有两个是受那第三个的限制——灵魂和宇宙是受神的限制，神是它们的第一因。那么前面两个就不像最后一个那样如同文法中谓词似的不受条件限制啦，问题就在这儿，这两个只好当成按照超越经验可能范围的经验原则那样推求出来的谓词。

把这先搁在一边，我们说，这三个未受条件限制者——照康德来讲，依据基本原则每个人的理性能力都应该达到它们的范围——形成三个重要的主题，而整个哲学界，在基督教的影响下，从经院哲学到沃尔夫，均指向它们，如星拱北辰。那些哲学家接受它们，而现在纯粹理性的哲学家们也采纳它们，但我们不能说，不必经过实体直观，每个人随着理性的发展就可导向它们——好像它们是理性本身特殊的产物。要判断这个，我们必须作历史的透视，看看是否古代与非欧国家，特别是印度斯坦地区及希腊等地的哲学家们，实际也发展出此类概念？我们是不是把印度人的"梵"，中国人的"天"错误地翻译成"神"，就认为他们也有这种概念？——这种比附就像希腊人到处封神一样，滥用过甚；是不是一神的信仰只有在犹太民族及其衍生的两个宗教中才有？——就因为这样，一神教才把那些其他宗教的信随者唤作异教徒。附带说，异教徒这字眼颇含愚蠢肤浅的味道，应该废弃，起码学者的作品里不该使用，这个字一视同仁地把所有婆罗门、佛教徒、埃及人、希腊人、罗马人、德国人、法国人、印地安人、巴塔哥尼亚人、加勒比人、大溪地人、澳大利人等许多民族都混淆在一块儿了。这样的字眼儿只好让牧师用去，知识界必须摒弃它；它可以滚到英国去，在牛津找到栖身之

地。一个的的确确的事实是：特别是佛教——世界上信徒最多的宗教——它完全没有神的观念；甚至否弃了神。至于柏拉图的一神论，我想是受当时犹太人的影响。所以奴明尼（见亚历山大的克雷蒙特，《杂钞》，I，C.22；欧塞毕的《福音初步》，八节，12；《苏达奴明尼篇》）把他叫作 *Moses graecizans*[希腊摩西]："柏拉图是什么人？还不是个说着希腊语的摩西。"奴明尼指责他从摩西的著作中盗取（αποσυλησας）了神与天地创造论。克雷蒙特常说柏拉图精通并且利用摩西（例如，《杂钞》，I，25；V，§90等处；《教育》，II，10和III，11）；另外在《告国民言》C.6中，他这样地讽刺、挪揄说所有其他的希腊哲学家可惜不会受犹太教的熏陶——之后，他断然地、满心欢愉地赞扬柏拉图，说他从埃及人学得几何，从巴比伦人学得天文，从色雷斯人学得魔术，又从亚述人处受益良多，所以呢，他是从犹太教处受一神论的洗礼："虽然你想隐瞒，但我知道你的导师是谁；你直接从希伯莱人处获益于上帝之信仰。"这是精彩的剖析。但我从下列的例子中又得到关于此事的一不凡证据。按照普鲁塔克（《希腊罗马名人传：马瑞斯》）——或者更正确一点说，按照拉坦提斯（I，3，19）说的：柏拉图感谢上苍，因他生为人类而非动物，生为男子而非女性，生为希腊人而非野蛮人。诸位请注意，同样在伊沙克·奥依雪依照希伯莱文第二版的《希伯莱祈祷书》，1799年版，第7页里有这么一段，在犹太人的晨祷中这么说："感谢赞美主，使我生为犹太人，不生为异教徒，生为自由人而非奴隶，生为男人而非女子。"所以在我们这么做历史的翻案后（而历史推翻了康德的话），我想这可以把康德从那不幸的泥淖中拉出来了。康德认为那三个概念（灵魂、宇宙和神）必然地从我们理性的本质中涌出，可他又指出它们靠不住，不能靠理性给建立起来，而把理性本身弄得像是个矛盾，康德说（339页，V397页）：

"这是纯粹理性本身的矛盾与困惑,而非人之困惑,即使顶聪明的人也没法子解脱,当然,也许他费尽心机能够避免错误,但他决不能摆脱错觉,错觉不断地嘲弄、折磨他。"所以,康德的这个"理性的理念",就好像凹透镜反射的光线辐辏在镜面前数寸的焦点一般;结果由于一不能避免的知性过程,对象自己呈现给我们,却像是无一真实性可言的东西。

不幸,理念这个词被康德拿来当作那三个纯粹理论的理性想当然的产物。"理念"是从柏拉图那儿硬套过来的,柏拉图的用意是形容某种永恒的形式,而经过时空的扩大后,可以在数不清的、个别的、飞逝的事物上找到它丁点儿影子。所以柏拉图的"理念"是可知觉的,这从他选的词"Idea"上就可确切地看出,理念只有透过可知觉或可见的东西才能够适当地掌握到。康德则把此字比附为超越所有知觉的可能性,甚至抽象思考要捕捉它也相当勉强。"理念"这个词经柏拉图首先使用以来,过了两千两百个年头,还保留它开始时候的原意;因为不但所有古代哲学家,乃至所有经院主义者,甚或中世纪的基督教学者、神学家,都是以柏拉图的意义运用这个词。在拉丁文中,它成了"模范"(*exempla*),见苏亚雷斯的《辨论集》第一节之二十五。之后,英国人和法国人由于他们语言的贫乏把这字误用了,这很糟糕,不过还不要紧。叫人遗憾的是,康德搞错了理念一词的意义,并以别的意义取代它。什么意思呢?他是从"不成为经验的对象"这个薄弱的线索上找出来的,该词和柏拉图理念确有相通之处,但也包括了太多不稳定的意思在内。当然,若干年的误用到底比不上多少世纪来权威的看法,因此我在这里始终是坚持它的原意——即柏拉图的。

＊　　＊　　＊

《纯粹理性批判》第一版中对理性心理学的驳斥，远比在第二版来得详尽；所以，这儿我们得当然引用第一版。整个来说，这种驳斥极具贡献，而且许多不是无的放矢。不过我始终抱着这看法，就是说，由于康德对于匀称美的喜好，使得他自然而然地，把对未受条件限制者的需求运用到实质概念（关系范畴的第一个）上，这样从反理中必然求得了灵魂的概念。于是乎康德说这样产生的灵魂概念是发自每个思考的理性。拿文法作比方，要是灵魂概念实际上起源于一个事物一切谓词之最终主词的假设，那么我们就不免将假设不但人有灵魂，甚至一切无生命的事物都具有灵魂了，因为它们一样是所有述词必需的一最终主词。但是一般说康德讲到只以主词状态存在的而决非以谓词状态存在的东西时（如《纯粹理性批判》323页，V412页，《未来形而上学绪论》第4及47节），他的表达方法却完全让人不能接受；当然，这不止他一个人，比方说在此之前还有亚里士多德（《形而上学》第五卷第八章）。没有一个东西是作为主词或连词而存在的，因为主词、谓词表示的只属于逻辑，指示的是抽象概念彼此的关系。在知觉世界里，它们的对应者或代表者必须是实体和偶在之物。我们不须费神到别处去找那作为实质却非偶然的东西，我们要找的就是物质。对于一切作为偶然事件的东西各种特性来讲，物质是它们的实质。要是把刚才驳斥的康德的说法保留下来，那么物质就是：每个经验的事物一切连词的最后主词，在去掉各种的属性后剩下的东西。无论人类、动物、植物、石头，这都说得通，这清楚极了，除非是为了不想看到才看不到的道理。我就要证明这物质就是实体概念的"原型"。应该说，主词、谓词与物体、偶然事物的关系，类同于逻辑上充足理由原理与自然因果

律的关系，前者之不许混淆或视为相同，亦正如后者之不容假借。但请注意，在《未来形而上学绪论》第46节，康德把这混淆和等同扩张到了极限，因为他打算证明灵魂的概念是从一切谓词之最后主词的概念而来，即从定言的三段论形式而来。我们只要想一想，主词和连词纯粹是逻辑的决定条件，只关系抽象概念，这点又的确是依照它们在判断中的关系；这样一来，我们很容易就发现康德这段话的强词诡辩之处。另一方面，实体和偶然事件属于知觉的世界，属于知性范围；但它们只有在与内容及形式（质性）同一时，才得以发掘出来。我们现在来讲它。

康德的反题，产生了两个根本不同实体的假设——身体与灵魂，实际上就是客观和主观的对立。要是我们就外在的知觉客观地体会自己，那么我们就发觉自己是在空间上外延，并且一般说完全是有形体的。另一方面，如果光就自我意识去体会自己，即纯主观地，我们发觉了纯意志的、知觉的"存有"，超脱了一切知觉的形式，不具任何属肉体的特性。那么我们便是把充足理由原理（一切客体的形式）运用到并非客体的东西——在这儿，是认知和意志主体——上头，而构成了灵魂的概念，正如所有其他康德叫作理念的超越概念一般。这样，我们认为认知、思想和意志的活动是结果，我们究寻这些结果的原因；我们无法假设肉体为原因，所以假设了一个完全跟肉体不一样的东西。——就那样，第一个和最后一个独断论者，柏拉图（在对话录《斐德若》中）与沃尔夫，都证明了灵魂的存在！简言之，就是从作为结果的思想活动和意志活动推出原因。只有把原因跟结果的关系这样本体化，这样推出非物质的、单一的、不毁灭的"有"或本质以后，独断论才顺理成章地就实体概念进行推演并证明。但独断论自己却已经先行公开地为这个目的，用下面的遁辞创造了这个概念！

有了第一类表象,即真实的知觉世界,同样就有了物质的表象——因为统御这类表象的因果律决定了条件或状态的改变,而这些条件状态本身假定了某些永恒之物,跟这永恒比起来,它们是改变。在前面讨论物质不灭定律时,我说过,由于在知性(而物质的表象只有因知性才存在)的范围里因果律(知性唯一的认识形式)结合了空时,那么空间在这混合中就成为永恒的物质,时间则成为物质状态的改变;这样才有物质的表象。纯粹就其本身而言,物质只能被抽象思考,无法知觉;知觉的全是物质的形式与质性。现在从物质的概念进一步看——实体又是一种抽象作用,结果是更高一等的属概念。这是从这个事实来的:物质的概念只容纳"永恒"一种谓词,至于其他的特性,像是延展、不可穿透性、可分性等等,均不在考虑范围。于是,就跟其他较高等的属概念一样,实体的概念不但比物质的概念在本身之内包容为少,而它又不因此像其他属概念一样,在本身以下包含更多,因为除物质以外它不再包含其他较低的属概念。相反,物质是实体概念唯一实在的"亚种"(次一类),唯一可以证实的东西,而实体的内涵因此得以了解、求证。所以,我们理性常常为了同时在这概念里思考几个受第二度限制的不同的"亚种"而产生一个更高层抽象概念的那个企图,在这里就根本派不上用场。结果那种抽象思考不是变得没有目的,就是徒劳无功,或许,是具有一神秘的次要目的。这神秘的目的现在渐渐明朗了——我们看得出来,在实体概念下,有一个第二"种",跟物质真正的"亚种"并行着,这就是那非物质的、单纯的、不可毁灭的实体——灵魂。这个概念多少有点偷偷地引进来,它是在形成更高的实体概念时,采用未经权威的证明、非逻辑的方法产生的。但在正统逻辑的运作下,我们的理性常并排若干特殊概念加以比较,理性推论似的进行着,然后去掉差异部分而保留协调的,这样来形成一更高的属

概念，包括了它们所有的，却又含摄得较少。所以就知道，一般说特殊概念常优先于属概念；但在目前实体概念这个例子上，情形正相反——物质的概念先于实体概念（这是没有理由的），后者多余地从物质产生的概念，独断地省略所有的决定条件（只留下一个）；接着第二个不真实的"亚种"才放置在物质概念的旁边滥竽充数。要做到这点，所须要的不过是明白否定前者在较高的属概念中已暗中省略掉的东西，即延展、不可穿透性和可分性。这样，实体概念就是只为了偷偷引入非物质的实体才形成的。所以我们很难把它视为知性的范畴或必然功能；相反，它是个多余的概念，因为它唯一真实的内涵已包容在物质概念中，此就是一团虚空。要填补这虚空，除非借助第二类的非物质实体；事实上，后者也正是为承担第二类的任务而有。所以严格说来，实体的概念必须完全否弃，而由物质全盘替代。

对于任何可能的东西而言，范畴都是可怕的普罗克拉斯提之床，但是那三种三段论只限制住那三个所谓的理念。灵魂的理念起源于定言的三段论形式。这是倾向于独断论的说法了——把宇宙视为两个极限以内的"客体本身"，这两个极限就是最小的（原子）和最大的（时空限制下的宇宙）。而这些必须由假言三段论的形式发展出来。这是自然而然的。假言的判断形式来自充足理由原理；于是，像这样没有意义、不当地运用这原理后，又断然将之抛弃，这就得到所谓的"理念"，而不是单纯的宇宙。按照充足理由原理，要求的是穷尽想象以求得客体间的互相依赖。但在这儿，康德事实上却忽视了此一目的，实际上，全部客体的系列和充足理由原理本身，落入一更亲密、更广泛的关系中去了，那就是和认知主体的关系，事实上，表象在时空中的地位是被认知主体决定，充足理由原理只对它（认知主体的对象）有效。本来充足理由原理——导出宇宙的

理念的认识形式,确是一切细微之物的本源而不容或疑;但在康德根据范畴的四标题把这些理念归类时,疑惑反而变得更大:

(1)宇宙的理念,牵涉到时空,牵涉到时间和空间中世界的极限,康德大胆地说它是通过量的范畴决定的,但量实在与它们没有任何类同之处,除了偶尔逻辑上在判断中称主概念的外延为数量——这是个象征的说法,甚至用别的词形容也可以。但不管怎样,那大胆说法的确满足康德对匀称美的喜好,利用这命名上有利的偶然结果,将它跟超验理论联系了起来。

(2)康德更加大胆地把关于物质的超验理念跟质性联系起来,换言之,就是关系一判断内的肯定与否定。这甚至连前面所讲偶然碰上的字面类似都没有!事实上,理念之机械(并非化学)的可分性与物质的数量有关,而非与质性有关。更有甚者,整个可分的理念并非附属于充足理由原理的推论,而所有宇宙理念都该从充足理由原理涌流出来——正像它从假言形式的内涵涌出一样。康德这儿所根据的说法,即部分对于全体的关系就是条件对于受条件限制者的关系,故而就是一比照充足理由原理的关系——这说法,确是一巧妙的却毫无根据的谬论。那个关系正相反,却基于矛盾律;因全体并不由部分而来,部分也不由全体而来,二者必然在一起,因它们是统一的,强把它们分划是独断的做法。根据矛盾律,如果设想去掉部分,全部也就消失,反之亦然。可不能说部分像根据那样限制了像结果那样的全体,于是按照充足理由原理,为了从根据的部分来了解全体,我们非得找一个最终部分不可。这个难题在这里却被匀称的爱好克服了。

(3)世界之第一因的理念,应恰当地放在关系一词下。但康德必须把这个理念归到第四个标题名下,否则模态根本就没别的好说了。因此,他勉强说,偶然(换言之,是任何从其根据来的结果,

依康德的解释，这刚好跟真理成对角抵触）通过第一因就变成必然。为了配合匀称，自由的概念这儿就变成第三理念。这个概念一如第三个二律背反正题的附注明白指出的，其实就是指世界起因的理念，这是唯一合适的。因此第三、第四个二律背反就根本重复了。

我敢说，整个二律背反都是造假地讨论着这些。只有反题的说法，实际上才是在我们理性的形式内，换言之，客观地说是在必然的、先验确定的、最普遍的自然法则内。只有它们的证明是从客观的根据上得到的。反面的观点说，正题的确定和证明只有从主观的根据去求——它所依靠的不过是推理的个体的弱点。这个灵巧的理性人，其想象力以无限同溯的方式转弱，于是它以掩饰性的断然假设来藏拙；这种情形下，它的判断力还要另受过去深入的偏见的麻痹。所以这四个二律背反中，对正题的证明全属谬解；至于反题的证明，则是从表象世界的定律（先验地被我们知道）来的我们理性能力必然的推论。另外，康德可以说是吃尽苦头、费尽心机地保存了正题，而顽抗那些先天占有利地位的反题。这是他第一个和常用的诡计，即尽量避免勾划那个 *nervus argumentationis*[引起争议的那个突出点]——要是一个人明白本身命题的正确，他就会以清楚、无任何修饰、赤裸的形式表示出来。相反，康德把引起异议的地方说得模棱两可，拿多余而冗长的话掩藏和混淆起来。

这儿，这两个互斥的正题与反题，叫人想起阿里斯托芬的《云》中描写的，苏格拉底提出来辩论的正义的逻格斯和不义的逻格斯。但这个类比毋宁只是形式的而非实质的——有些人认为理论哲学的无数问题中，最需思考的即道德的影响，所以认真地把正题当作合理原因，而把反题视为不合理原因，这简直都是些不值得理睬的管见；我们直视真理，我说康德对那些正题的一个个证明都是谬解，而他对那些反题的证明则纯属公平、正确，是从客观根据求得的。

当然，我假设读者们对康德的二律背反内容已经弄得很清楚，不须我费神再说。

要是我们承认对第一个二律背反的正题的证明——它适用于时间本身，如同适用于时间中的改变，既然那样，就得证明时间本身得有个起头，而这是荒谬的；那么这个二律背反是未免证明得过多了。再说，困扰的地方在，条件和状态系列的无穷性（无限）突然被替代了，问题的重心不再是它的无起源性了。但现在证明过的是——大家都并不怀疑的，完整性与此无穷性逻辑上的对立，而任何现在又是过去的穷尽之处。一个无起源的系列，它的穷尽却可以想象出来，而又不损其无起源性，正如一无穷的起源是可想象的一样。但违反了那个实在正确的反题，也就是说世界的改变绝对并必然地是以一回溯的改变的无限系列为居先假定——违反了这个你什么也得不到。我们可以想象有一天，因果系列终止于一绝对的停顿上；但我们绝无法想象一绝对起源的可能情况。[1]

说到空间世界的极限，康德的证明是这样的：如果称它为已知的整体，它就必有极限。这话逻辑的结论是正确的，但那第一环需要证明，康德却没有。整体性先假定了极限，同样，极限也假定了整体性；但这儿，两者都是被独断地预设的。就第二点说，反题的

---

[1] 假设一时间世界的极限，这绝非我们理性必然有的观念，这点可以从历史求证；比方说，印度教一般教旨就压根儿没提到这种事，更别说《吠陀》了。相反，它们希望以神话的方式，透过一古怪的纪年来表达现象世界，这不稳定的、非实有的摩耶之幕的无穷性，因为，他们同时非常聪明地用下面的神话说明了一切时间相对性（见波丽叶，《印度神话》二卷，585 页）。四纪——我们人类活在其中最后一纪里——合起来，它有四百三十二万年。众生之父"梵"，他的每一天有一千个这样的四纪，他过的每一夜晚也同样有这么长，他的一年有三百六十五天，也有三百六十五个晚上。他活了一百个这样的年，不断创造；当他涅槃后，一个新的梵立刻诞生，如此延续，从永恒开始至于无穷，波丽叶（前揭书，二卷，594 页）从《往世书》中引用的一段神话，也表达出了时间的相对性。一个印度国王，在天庭造访毗湿奴几分钟的光景，回到人间发现已过几百万年，因为毗湿奴的一天等于一百个四纪的轮回。

证明不如它提供给第一点的那样令人满意,因为因果律只按照时间——而非空间——给予我们必需的决定条件,并且先验地使我们确定说,没有一个被占有的时间可以被前一个空无的时间限定,没有什么第一的改变,可是,并没有说被占有的空间旁边不容许一个虚无的空间。在这个范围,没有一个先验的决定对后一点来说是可能的;将世界臆想为受空间限制,困难的地方在于空间本身就必然为无限,那么一个受限制的、有限的空间中的世界,不管多大,就成了一相对无限小的容积。在这个不协调中,想象受到一不可克服的障碍的阻挠;因为这一来,我们就无可奈何面临两种抉择:认为世界为无穷大或无限小。古代哲学家已经看到了这一点:"伊壁鸠鲁学派的领袖麦丘多拉,他说要是一片广大的原野只长出一穗麦来,无限的空间里只有一个世界,那真是荒谬。"(见斯托巴伊乌斯,《文选》,I,C.23)所以他们的教义跟着就是:"无穷的空间之中有无穷数量的世界。"这也是康德反题的论证的意思——当然,他以一种经院式卖弄的说法把它夸张了。要是我们在因果论的指导下还没有找到更好的说法,那么这同样的论证,也可以用来限制时间的世界。还有,既然假定一个受限于空间的世界,那么这里就有一个没法同答的问题;空间充实的部分,比起空间虚无的无限大的部分,有什么好处没有?布鲁诺,在他的《无限、宇宙和世界》第五篇对话中,把世界的有限性正反两面的论辩作过详细、值得一读的描述,读者可以看看。其余的,康德本人严肃而且客观地在《自然史和天体学说》第二部七章断定了空间世界的无限。亚里士多德在《物理学》第三篇第四章也这么说——为了研究二律背反,这一章和以下几章都值得一读。

到第二个背反律,正题马上犯了丐词的错误,甚至不上像前面那样错得漂亮,它是这么开头的:"每一复合的实体均由简单的部

分构成。"此处断然假设了混合，之后当然轻易就证明了简单部分。然而前提"所有的物质为复合"：刚好就是问题，它还没有得到证实，因为，它是个没有根据的假定。简单的反面可不是复合，而是延展，是具有部分，可分的东西。康德真是一声不响地假定部分存在于全体之先，集合起来，然后形成全体；这就是"复合"的意思。然而反过来说还不是一样？换言之，它跟反过来的说法一样，根据都薄弱。可分性的意思只是说，将全体分割成部分的可能；并不就是说全体由部分复合而成、而存在。可分性只确定 *a parte post*[居后部分]，复合确定 *a parte ante*[居先部分]。基本上，部分和全体无时间上的关系；它们毋宁说是彼此相互限制的，就这方面说，它们总是同时存在；因只有两者这样地存在，空间中延展的事物才存在。所以康德在正题的批注中这样说过的："空间实在不能叫作 *compositum*[复合物]，应该叫作 *totum*[整体]。"应该可以同样适用物质，因物质不过是可知觉的空间。另一方面，反题断定物质的无限可分性，是先验而不能抗拒地跟随着它所充填的空间的无限可分性。这命题并无自相矛盾处，所以在 522（V541）页，他严肃地讲到了，把它设定为客观真理，它说的是书面含义，不再是那个"不合理原因"的附庸。同样在《自然科学形而上学的基本原理》（一版 108 页），这个命题是："物质析之无穷。"确是肯定而有凭有据的真理。这是在证明机械论第一命题开头的地方，证明物力论第四命题后面。但是，康德却拿相当混乱的体裁和无用的冗言，打算投机取巧，使反题的凭据不至于把正题弄得过分黯然无光，因此就把反题的证明败坏了。原子并不是我们理性所必然有的观念，它只是为解释物体各别的重力的差异所设的假说。但康德自己却在《自然科学形而上学》的基本原理论动力学的部分指出，我们可以用别的方法解释，而且比原子说来得好和简单；但在康德以前，已

经有了普里斯莱的《论物质与精神》第一篇。事实上,甚至在亚里士多德《物理学》第四卷第九节中,也可以找到基本的观念。

对第三个正题的讨论确是灵巧的诡辩,是货真价实、一成不变的康德的纯粹理性原理,这个正题打算证明原因系列之有限性,怎样求证呢?说一充足的原因必须包括完整的、全部的条件,从中产生后继的情况——结果。为了顾及这种同时在状态或条件中的决定条件的完整,这个讨论现在把原因系列的完整,用状态自己首先在因果中达成的东西替代了;由于完整性假定闭锁式的情况,后者又先假设一有限性,所以康德从一个封闭系列推论出不受条件限制的第一因。但这是很显然的障眼法。为了想象某一 A 情况为 B 情况的充足理由,我先假设 A 情况包括了这种情形所须要的规定条件的完整,而 B 情况就免不了追随着它而产生。这样我们要它作为一个充足原因的要求就完全被满足了,跟 A 本身怎样实际存在没有直接关系。事实上,相反的问题属于一个根本是两码子的事,应该是这样:这个 A 不再作为原因,它本身就是结果,这样,另一情况就必定像 A 之关系于 B 那样关系着 A。因果系列的有限性和跟着的第一起源的前提,照前面讲的看,不比"设一现存的现在有时间上的起源"这假定好到哪里去,它们都不必要;这种假设只有言之咄咄的人由于惰性才会承认。先把原因当作充足理由,再叠上这种假设,就这么不正当地求了出来——这是谬误的,这点我在前面讲到伴随这个正题的康德理性原理时已详细证明过。为了解说这个错误的正题,康德厚颜地在附注中举了一个自己从椅子上起来的情况,作为一未受条件限制的起源的例子——说得好像他能全无动机地从椅子上站起来,像皮球可以无因自行滚动一样。至于他由于心虚,求助于古代哲学家,从奥哲罗、鲁凯奴,到怀疑学派、印度哲学,这种求助之无根据,我就不须冗言赘述。但这个命题的反题,像前面的一样,

是正确的，没什么好批评。

第四个二律背反，我说过，像第三个一样是重复的。其正题的证明基本上和第三个是相同的，他的论断，说任何有条件限制的前提预设了一完整的条件系列，所以是一个止于未受条件限制者的系列，这是一个必须完全否弃的丐词。任何受条件限制的所居先假设的不过是它的条件，至于它的条件实际又变成另一个受条件限制的，这点构成了新的考虑，不在前面情形直接的范围里。

当然我们不能否认，二律背反有其动人之处；让人注意的是，康德哲学的其他部分，从来不会像这个真伪驳杂的理论一般，碰过如此少的驳斥，受到如此多的认可和赞许。几乎所有哲学流派、教科书都承认它、引用它、推敲它，至于他的其他理论则被驳得体无完肤。甚至那么优秀的"超验感性论"也不愁找不到人挑剔。我想，二律背反之所以获得一个满堂彩，大概是有些人一碰到某种游移不定的东西，使知性受挫停顿，便老老实实心满意足地停在那儿的缘故吧。这些人于是就像真的看到了李希登堡广告里形容的费城诡计第六条。

现在要研究一下康德对宇宙论的批判之解决，我们发觉那不像他写的那样——即第一二背反的两端是从错误的假设起头，所以是错误，而三四的两端则正确——这样，把争论解决。相反，事实上它证实了反题。

在这解决中，康德先是但显然错误地断定说，二端是以一假说为其第一原理，就是说有受条件限制的，跟着就有它完满的（故而为闭锁的）条件系列。但只有正题才设下这个命题（也就是纯粹理性原理），这命题成了它论断的基础，但反题再怎样都是显然否定它，跟它相反。然后康德又以"自身存在"世界的假设加诸二端，所谓自身存在就是说，脱离了认知者的认知，超出了认识形式，和它隔绝。

再一次，这假设又只是正题设下的：它绝非形成反题论断的基础，甚至还与之不协调。因为说它是彻底被给予的，这绝对跟一个无限系列的概念冲突。所以本质上，它应该总是联系那贯穿它的过程，而不是脱离过程。另一方面，在有限的极限的假设当中，同样包括了一个整体的假说——这个整体的存在是绝对的，而且脱离那测量它的过程。所以只有正题造成一个"自身存在"的宇宙的错误假设，换言之，一个先于一切认识的宇宙，认识对它成了附带的。而反题一开头就和这假设不一样；因系列的无限性、那只按照充足理由原理论断的东西，只能存在于回溯运行之际，而不是脱离它。正像一般客体以主体为居先假定，所以当它被视为无穷的条件链锁时，同样就必须在主体中预先假设一有关的认识，即一不断的环连之驰走追逐。但这就是康德对争论的解决，他一再说："世界的无限广袤只透过回溯而有，并不在它以前。"那么他给二律背反下的解答，事实上就只是有利于反题的判决了。真理常偏向于反题的断定，正如它之与正题的断定完全不协调。假如反题断定说，原因与结果的无限系列构成宇宙，但宇宙又脱离表象与其回溯系列而存在，成了自身存在，所以构成一被给予的整体，那样的话，它就不但与正题相矛盾，还与自身矛盾。一无限不可能被完全地交付，一无穷系列也不可能存在——除非它是一无穷的驰骛；一无所限制的东西决不构成整体。所以那康德视为将二端引入歧途的假说，其实只属正题。

亚里士多德有个理论说，无限绝不成其为 *actu* [实在]，即不成其实际与被给予的，它毋宁是作为 *potentia* [潜能]。《形而上学》卷十："无限不可能成为实际而存在……无限而存在于实际中——不可能。"《论生灭》（I，3）："按照实际来说，不可能有无限（即无限小），只有无限区分的潜能。"在《物理学》卷三的五、六两节，他对此作过长篇大论的研究，一定程度上讲，他已经替正题与反题

的二律背反找到一个完全正确的解答了。以其简约的方式，亚里士多德描述了二律背反，接着说："一个中介（διαιτητης）是需要的"；那么据此，他的解决就是：空间、时间和细微的宇宙的无限，而非先于回溯或递进，毋宁是寓于其中。所以，这个真理的基础在于对无限概念的正确体会。要是我们不管什么样的无限，把它想象为客观存在而完满的，摆脱了回溯，那么我们是在困惑自己。

的确，要是把讨论程序逆转，我们拿康德对二律背反的解决当作出发点，反题的论断已经就成为当然的结果。那么，如果世界并非一不受规定的整体，非自身存在，只是存在表象中；而要是它那因果序列不在世界表象的回溯之先，而只透过这个回溯，那么世界就不可能涵盖确定与有限的系列，因系列的规定和有限性，势必将脱离表象而独立，表象成了附加的；反过来说，所有宇宙的系列必须是无穷的，换句话说，不被任何表象耗竭。

在506（V534）页，康德打算从正反两端的错误证明现象超越的观念性，他这么说："要是宇宙是一个完全的本身生，它若不是有限就是无限。"但这就错了；完全的本身生不可能是无限。正相反，从宇宙系列的无限性却可以推出那种观念性：如果宇宙中原因与结果的系列是绝对无穷的，则宇宙不可能是完全脱离表象的一个整体，如果说，得脱离表象，那就要先假定规定的范围，其理由正如无限系列须先假设无限回溯。因此，这个先定的系列的无限性，就必须由因果形式决定，后者又要经过主体认识的形式。所以这个世界，如我们已知的，必须存在于主体心智的图象或表象中。

我无法肯定康德本人是否觉察到，他那论辩批判性的决定，事实上偏向于反题。这要看谢林所谓（说得好）康德的"调和性体系"要调和到什么限度，或许得看康德的心灵在这拘束于时代和环境的影响能通融到何种地步才能确定。

　　　　　　＊　　＊　　＊

　　第三个二律背反——其主题为自由的理念，对这个二律背反的解决值得我们特别慎重思考，显然由于康德在这里涉及自由的理念，而不能不详细地把物自体说清楚，在这之前，它好像老躲在幕后。要是把物自体视为意志，那么一切便昭然若揭。大概说，这是康德哲学与我交通的地方，我的哲学从此踊跃而出，它是我的父系。要是仔细读一下《纯粹理性批判》536、537（V564 和 565）页，再把它进一步拿来和《判断力批判》的导论（第三版序 18—19 页，或罗生克朗版 13 页）比较，我们就会明白这点，导论上这么说："自由的概念可以从它的对象（正是意志）中把一个物自体表达给我们的心，而不是从知觉中；自然的概念则相反地从知觉中表达它的对象给我们的心，却不是物自体。"不过，让我们特别看看涉及二律背反的解决《未来形而上学绪论》第 53 节，凭良心说，你们看，这讲得像不像一个谜（而我的学说则为正解）？康德并没有达到一个结论，我只是贯彻了他的作品。康德只讲人类现象，我把它扩展到所有一般现象，因为后者只跟人类现象有程度上的差别，换句话说，它们的"本质自身"是绝对自由的东西，是意志。联系到康德对时空、因果的观念性的理论，我的努力所带来的深入意义，是多么有收获。

　　康德并没有把物自体当作特别论题来讨论，也没有把它明白地演绎出来，每当用到它时，他马上说，现象、可见的世界，须有一根据或理性，一个知性的原因，它不是现象，故超越任何可能的经验，从而这样把它导出来。这是紧接着他一再强调的说法来的，范畴（因果范畴）的运用在任何方面均受限于可能的经验；它们只是知性的形式，致力于拼凑出感觉世界的现象，逾越了它便无任何意义。于

是，他严格禁止范畴运用于经验以外的事物，从而正确地烘托出前此所有独断论，都是违反该法则的产物。但康德这儿犯下的令人难以置信的不协和，马上就被挑剔到了，而且让他头号敌人拿来攻击，这攻击的确使他毫无招架之力。要晓得，我们确实把超越所有经验的先验因果律，运用到我们感官所觉察到的变化上。因此，因果律才像这些感觉本身一样为主观的；那么它就不能导出物自体。事实上，在表象的途径上我们无法逾越表象；它是一闭锁的整体，它自己的来源里没有一点线索可以导向物自体的本质，物自体在类别上完全跟它不同。如果我们纯粹是表象的生物，则对物自体的认识将完全隔绝于我们。只有我们内在本性的另一面，赐予我们事物存在的另一面的材料。我走着这条路。但康德自己所阻绝的对物自体的推演，是用下面这样的方式文饰的。违背了事实地，他把客体直截了当断然判定为受主体限制，并且反之亦然，然而，事实上只有客体出现的方式才受主体认识形式（它也先验地进入意识）限制。这么对照下，对他来讲，任何后验认知的就已经是物自体的直接后果，物自体只有通过被先验地给予的形式才得变为现象。从这个观点看，我们多少可以明白为什么他未能注意到，一般而言"作为客体的'存有'"属于现象的形式，正像客体的呈示模式受主体认识形式限制一样，受一般"作为主体的'存有'"限制；所以他忽略了，若假定一物自体，那就根本不能是一客体，可惜他却假定它是；但这样一物自体却必然处于跟表象（跟"认知"与"被认知的"）完全不同类的范围内，根据客体相互联系的法则，可没法推求出物自体。

对物自体的证明，和因果律先验之本质的证明，两个情况完全一样，两个理论都正确，但对它们的证明却是错的。所以它是错误前提的正确结论。我保留下它们，但以完全不同的方式牢靠地把它们建立起来。

我并不偷偷摸摸地引入物自体，我不依据排斥它的法则将它推论出来（之所以排斥是因为这些法则已属于它的现象）；还有，一般说我不用迂回的法子达到它。正相反，我要直接证明它，指出它的根据何在；换言之，它的根据就在那直接显示给每一个人、是它自己现象的"本身"的意志。

　　正是由于对自己意志的直接认识，自由的概念才在我们意识中升腾；的确，作为宇宙的创衍，物自体的意志超越了充足理由原理及一切必然性，它完全独立、自由并且全能。然而实际上，这只适用于意志本身，而非其现象、个体；个体经过意志本身，作为时间中的现象不可更改地被条件所规定。但不幸地，没受过哲学洗礼的人常把意志和它的现象混淆了，把原该只归于意志的归给了现象。这样，常常有人对个人不受拘束的自由怀着错觉。因此，斯宾诺莎说得倒挺对，甚至一个被掷的石头，如果它有意志，也会相信其飞行乃本着自己的自由意志。因为就本身说，甚至石头也确是有唯一的自由意志；但就其一切现象，这儿出现的还是那石头的模样，是已经完全被决定了。我想对这重要的论题，我说得也差不多了。

　　康德没能认识以致忽略了人类意识中自由概念的直接起源，现在（533页；V561页）他说，这个起源是"思辨性"的。透过这种思辨，我们理性所一直倾向的未受条件限制者，是导致了自由概念假说的建立，而实际上自由概念乃是被假定做首先基于此超越的自由理念的。在《实践理性批判》第四版§6，185页（罗生克朗版235页），他却以不同的方式导出这自由理念，即基于"绝对律令"。因此，为了这个假定的缘故，他说思辨的理念是自由概念的主要来源，只有在实践理性里才获得自由的真正意义和适当用法。但我说，这二者都不是的；个别行为中被曲解的个体的绝对自由，在未受文化洗礼、不动脑筋的人的迷信上表现得最明显。所以它不

基于思辨——虽然它常常被假设为来自那无中生有的思辨。另一方面，只有哲学家，而且是那最有深度的，以及教会中最有思想见地的学者，才能摆脱此种谬误。

根据上头说的，我们晓得了自由概念真正的起源，既不是本质上一不受条件限制的原因的思辨理念，又不是从绝对律令假定自由为先一这事实，而是直接从意识中跃现。在意识里，任何人立即认识到自己是意志；换言之，像物自体一样不以充足理由原理为形式的东西，它本身不依赖任何东西，倒是任何事物都依赖它。不过，并非每个人都能马上以一种批判性和思维性的哲学洞见，认出自己是与该意志本身不一样的意志活动。所以，一个人并没认识到他的整个存在是自由的作用，毋宁是从个人的行动中找寻自由。这一点可参考我的《论意志之自由》。

现在要是康德，像他一贯那样不实在地只推出物自体，而推论的方法又是极其矛盾地被他本人所绝对禁止，那么要是说，在第一次接近物自体和解释它时，又应该马上把它体认为意志，这个意志说它自己只是透过无常的现象出现在世界上——那未免就太叫人意外了！所以我实际上假定——当然这假定没法证明——只要康德讲到物自体，他总是不确定地、模模糊糊地想到意志。证据请看《纯粹理性批判》第二版序言的26及28页，罗生克朗版增补的677页。

此外，正是借着这个处理第三个二律背反的机会，康德优美地表达了他整个哲学中最深刻的思想：这就是《纯粹理性二律背反》的第六节（超验观念论之为宇宙辩证法的解决根基），尤其是在534—550（V526—578）页，关于经验性格与智慧性格的对比的讨论，我认为这是人类所讲出的最值得景仰的言论之一（《实践理性批判》四版169—179页或罗生克朗版224—231页所论可视为其补充说明。）。但真可惜，它的位置有些不正——一方面，它不

是照释义所说的那样建立起来的,于是可以从别的方式推演出来,另一方面,它不能满足于解决二律背反。不协调地超越一切经验去使用因果范畴,从现象推出了它智性的根据或理由,即物自体,这已经被好多人指责了。这一来,人的意志(康德称其为理性,Vernunft,这是不许可的,而且不可原谅地造成语言使用上的裂口),省事地假借绝对命令的"应当"、绝对律令,而被当作物自体而建立了起来。

事实上完全不是那么回事,真正坦白、光明正大的推理程序,应直接从意志开始,不通过任何中介,证明它是我们自己现象的本身,然后拿经验性格及智慧性格的描述,来解说所有行为,虽然是动机促成必然的,不管怎样却必须被它们的主人和被独立的判断必然且确实地约束到主人身上,变成唯一依赖着它,而所有罪恶与美德,都还原于主人。这才是唯一导向那不属现象、不属现象法则,而是透过现象揭示本身,成为可认知的、具体化了本身,即生之意志——导向这种认识的正途。那么因此可以模拟地把整个世界叫作一切现象的本身。不过,要是这么讲的话,当然就不能说(像546页或V574页讲的那样的)在无机界或动物界里,除了官能限制的能力以外便什么都没有。照康德的语气,是说按因果律的解释同样可以穷尽这些现象的最内本质,那样的话,物自体就被前后矛盾地废弃了。透过错误的根据和配合它的拐弯抹角的演绎,整个物自体的构想是被曲解了。因意志、物自体,建立在这样一个对绝对原因的分析的基础上,在这里便显得就像原因之于结果那样而关联着现象。但这关系只能发生在现象之间,而先假定了现象。这关系可不能把现象自己与在现象之外跟它完全不同类的东西联系起来。

另外,康德以肯定不同意义的二端为正确而解决第三个二律背反的企图,却落空了。因为不论正题反题,怎么说都不牵涉到物自

体，只完全关系到现象、客观的世界、表象的世界。没别的，正题打算证明出包含绝对原因的，正是这个表象世界。所以，尽管整个超越的意志自由解释得如何优秀，他的解说在这里偏向于袒护正题，从意志作为物自体这观点来看，却实在是到别"种"的一个转移（μεταβασς εις κλλο γενος）。因为，超验的意志自由决非绝对原因（像正题断定的那样），因为原因，基本上得是现象，而不是类别上全不一样的现象以外的东西。

假如这是一个因果问题，那么意志之于其现象的（或说智慧性格与经验性格的）关系就决不该牵涉进来，但康德在此却这么做了，而本来它是完全和因果关系不同的啊。然而，在这背反律的解决中却也同样正确地说，人类经验的性格，像其他的自然原因一样，是不可更易地被条件决定，故而行为必然按外在影响从经验产生结果。所以根本不管那超越的自由（即意志本身之独立于现象关系的法则）怎样，没人可以自行开始一系列行为——这是正题认为可以的。所以自由无因果律可言，因只有意志是自由的，而意志又在自然或现象以外！现象只是意志的具体化，和它没有因果关系。因果关系只在现象内，预先假定了现象；它无法说，包含那现象又把它和现象以外的关联。宇宙本身只有从意志解释（因为只要这个意志出现，它就是意志自身），并不透过因果律。然而在这宇宙中，因果律又是唯一基本的解释原理，任何事只按自然律发生。总之，反题这里完全正确；它指向问题中心，使用从问题开始就有效的基本解释原理；它不需要什么文饰。相应的正题，它被看成是从内容抽取出来的，首先，它迷失了问题中心，然后又运用了一条不适用的解释原理。它无疑是错的。

第四个二律背反，就像我讲过的，本质上跟第三个一样。它的解决，康德在正题上发展得甚至更不可把握。另一方面，正如他无

法反对反题，他也无法使它具备更充分的根据。他以祈使句的形式导出正题的假设，又把它叫作（562页或V590页）独断的先定，其对象本身为不可能的或然率极大，这里可看出，他强烈地试图为它保留下一个舒适的小小所在，逃避反题毕露的锋芒，纯粹为了让他偏好的所谓人类理性必然的二律背反之空洞无当，不至于被揭发出来。

* * *

下来是超验的理念，这马上把我们带回中世纪严格的经院主义。我们会以为是在听安瑟伦本人在说教呢。*ens realissimum*[实有的存在]，一切实在之物可以理解的总体，任何肯定命题的内涵——看来都成了我们理性必然的观念！至于我，很抱歉，依我的理性，这样一种观念是不可能的，从字面上看，我无法掌握任何东西。

还有，我敢说，康德定是相当勉强地写下这奇怪的一章，如此不值得，又是只为了顺从他结构的匀称。经院哲学（前面说过，从广义讲它扩展到康德为止）那三个主要论题，即灵魂、宇宙和神，尽管很显然，本可以简单地从充足理由原理绝对的运用求出来，却被假设为从三段论的三个可能的大前提推出。在把灵魂强迫纳入定言判断，而假言则施之宇宙后，留给第三个理念的刚好只有选言的大前提了。幸好，它还找得到同样的榜样，就是经院派的实有存在，加上神之存在的本体论的证明——始于安瑟伦，笛卡尔则集其大成。康德高高兴兴地把这都派上用场，他有时候还回忆起他年轻时候上过的拉丁文呢。但康德在这儿为了匀称所作的牺牲是相当大，完全置真理于不顾，一切实在物可理解的总体，这样一个的古怪概念一下子变成了理性必要的、本质的观念。为了导出它，康德基于一错

误论断，说我们对个别事物的认识是来自对普遍概念的递进缩减，从而就来自对一个包含所有实在的最普遍概念的递进缩减。在这里，他就和真理、和他自己的学说冲突了；因情形正好相反。我们的认识，从特殊开始外延到普遍，任何普遍概念的由来，是从知觉认知的个别事物中抽象，这可以推展到一切概念之最普遍者，将包含举世万物在内，但另一方面，就本身来讲，其包含的却又几乎为零。这样我们看到，康德在这里把我们认识能力的程序全搞反了。要说到今天哲学界如此流行的欺诈之风，康德不能辞其为始作俑者。概念，不把它老老实实地体认为从事物抽象而来的观念，倒把它当作第一的事物，看到的只是具体的概念，接着是一类颠倒黑白的世界，这哲学上的闹剧倒迎合了不少人的口味。

就算假定每个人的理性能力必需，或许无论如何能够掌握神之概念，甚至不经实体直观，这再怎样还是要借助因果律；这是明显得不须要证明的。因此，沃尔夫（《宇宙学》序言，1页）："在自然神学中，我们由宇宙学的原理断然无疑地证明至高主宰的存在，宇宙和自然体系的附带性，以及一（纯粹）偶然性的不可能，是我们从凡世步入神之体认的阶梯。"在他以前，莱布尼茨同样这么讲过因果律："若没有这条伟大的原理，即不可能证明神之存在。"（《神正论》§44）同样，在和克拉克的辩论中说（§126）："我敢说，要没有这条伟大的原理，我们不可能得证神之存在。"另一方面，康德在这章里的那个观念，远谈不上对理性而言为本质和必然的，它毋宁是由于古怪的环境，掉入特别的偏差和荒谬中的那时代而产下的怪物。那就是经院主义的时代，这是世界史上独一无二，空前绝后的时代。当经院主义到了巅峰时候，它确是从实有存在的概念中提取神之存在的主要证明，而除非增补其论见，才运用其他的证明。但这只是指导的方法，从哪一点看都没证明人类心灵里面的神

学的起源。康德以经院主义的办法作为我们理性的办法，且不厌其烦地一再使用。要是根据我们理性的基本法则，神之理念在万有中最真的理念形式下，从选言三段论中出现，如果说这是真的，那么理念就该照样出现在古代哲学家的口中才是。然而在这实有存在里，找不到任何古代哲学家的影子，当然，他们有人提过宇宙的创造者，但指的是将形式赋予质料的人，一个德穆革（δημιουργος），然而他们是纯粹从因果律中推演出它的。当然塞克斯都·恩披里克（《驳数学家》ix，88）引用的克里西恩的辩论中，有部分看来像本体证明，但事实上不是，那只是类比推理——从经验而知世上有的人高人一等，而那最优秀的则闭合了人这一系列，但人还是有许多缺点；所以必须有一更高的，最后便推出一切中最崇高者（πρατιστον αριστον），这就是神了。

*　　*　　*

接下来对思辨神学的详细驳斥，我得简短说一说，它，还有对那三个所谓一般理性之理念整个的批判，以及纯理性辩证法，一定程度上是整部作品针对的目标跟对象。但这一论辩事实上不像前面的理论部分，即感性的与分析的部分，那是全然出于普遍的、永恒的、纯哲学的兴趣，这里只是阿俗的东西，因为它的根据是特别考虑到此前欧洲风行的哲学之主要观点。不过，将那个哲学全盘推翻，却是康德不朽的贡献。康德将有神论排除出哲学；因为哲学，就其为科学而非信仰的理论而言，它只能容纳经验上来说是既成事实，或通过可证实与确然的证明而成立的东西。当然，这是指真正、严肃体会的哲学，眼里只有真理，这不是指大学里那些小丑般的哲学，它们依然故我地让思辨神学填补了，同样一成不变的，灵魂大摇大

摆地出现在那里，自以为是个名人。就是那种哲学，坐享其成，厚着脸皮接受津贴、薪水、名誉和头衔。从它高高在上的地方睥睨着，四十年来，全没注意到还有我叔本华这么一个小人物；我看他是满心打算摆脱康德，转而向莱布尼茨举杯致敬。另外要注意的是，可能正像大家公认的，康德从休谟那儿借来关于因果论的怀疑主义，而导出因果概念的先验本质，同样，他那思辨神学的批判或许也源于休谟对通俗神学的批评。休谟的批判见《自然宗教史》，一本相当值得阅读的书，又见《自然宗教对话录》。事实上，也许康德打算就某些范围内补充它。因休谟的头一本书，是对通俗神学的批评，要讲的是那些哲学贫乏的情形，但另一方面却把思辨或理性的神学看成正解的神学，看成是值得尊敬的。然而康德却直斥后者之无根据；相反，通俗神学他碰都不碰，甚至还推崇它为建立在道德感上的模范信仰。这后来又给那些冒牌哲学家扭曲成理性的识觉、神之意识、超感的智性直观、神道等等。另一方面，康德把那原有颠倒是非的错误摧毁了，但他晓得这是危险的勾当，所以他在这儿那儿，通过道德神学这脆弱的支柱，先把它捧一下，这样就有时间先来个脚底抹油，它崩溃下来时便不致倒在他头上。

这个工作该怎么进行呢？反正，这根本不须动用理性批判来辩驳本体论证明的神之存在，因为，甚至不必预设感性或分析的批判，我们很明白地看出，本体论证明压根儿是一奇技淫巧的概念玩弄，全无说服力。在亚里士多德《工具论》里有一章，好像有意写的，完全适用于辩驳这一本体论证明，即《后分析篇》第二部七章。它明白地说：τοδε ειναι ουπ ουσια ουδενι，也就是说，"在任何事物中，这种本质绝不存在"。

对宇宙论证明的辩驳，实际是他那批判理论牵涉到这点上的运用说明，可谓言之成理。自然神学的证明只是宇宙论证明的扩大，

所以乃以后者为前提；详细的辩论见《判断力批判》。读者也可参考我的《论自然之意志》中讲"比较解剖学"的部分。

像我说的，在对这些证明的批判中，康德关心的只是思辨神学，而限制在学院范围内。反过来，若是他留心到通俗神学，我保证他会在三个以外另考虑"第四个证明"，因牵涉这么多群众，它可真是最实际的一个，如比照康德的用语说来，的确可以叫它敬畏意识的证明。这一证明，建立在人类面对大自然君临的、无穷的、异彩纷呈的威力时所产生的需求、痛苦之折磨、无能、依恃诸般感觉。另加上人类企图将一切事物人化的本能倾向；还有以恳求、阿谀乃至礼物来打动什么东西的祈望。人类从事的事情中，有些是超出我们能力范围的，在计划以外；而意图掌握它，就变成神之起源。毕楚罗尼斯（Petronius）有句格言说得好："恐惧乃神之信仰的最初起源。"休谟主要是批评这个证明；从那一方面看，休谟就上述两书来说都是康德的前驱。让康德对思辨哲学的批评永远地窘困了的人，是那些教授哲学的先生。他们都是向基督教政府伸手讨生活的家伙，他们可不敢否弃信仰的主题。[1] 怎么做才好呢？他们老老实实地说，神之存在是必然的。一点不假！古代学界昧着良心，奇迹般地证明了它，而现代学界，昧着知性，在这个园地栽上了本体论、宇宙论和自然神学的证明之花——对这些先生们来说，这是必然的呐。从这自明的神，他们演绎了宇宙；这是他们的哲学。

直到康德，唯物论和有神论之间仍存在着如此众所周知的进退

---

[1] 康德说："想借助理性的烛照，却又先行指定它必然倾向哪一方——这真是荒谬极了。"（《纯粹理性批判》，747页，V775页）相反，我们的哲学教授这么天真烂漫地说："要是一种哲学，否认基督教基本观点的真实性，那么它要嘛就是错的，要嘛，可能对的话，也是无用的……"那是说，对这些教授大人无用（当然喽）。这是1840年7月126号的耶拿大学期刊上登的，巴哈曼教授讲的话。的确这就是学院哲学的特性——要是真理不肯屈服、协调，它马上会给一脚踢出门去，顺便奉送这番话："滚你的！我们用不着你。我们不欠你的，你又不管我们饭？去你的吧——"

维谷情形，换句话说，就是世界之成因，到底说它是瞎碰出来的好呢，还是说它是一睿智体有目的、有概念、无中生有地安排出来的好；而"没有第三种可能"（neque dabatur tertium）。所以，无神论和唯物论说来成了一样的东西；于是就怀疑到了是否可能有一真正的无神论者？换句话说，造化的安排，特别是有机自然方面，这么样广大、取之不竭而且适当，这些是否得归于一瞎碰的结果。要找一个例子，请看培根的《论文集》第十六篇《说无神论》。在大众和英国人（在这方面二者可谓为混同的）当中，他们的看法还是这样，甚至里头最有学识的也不例外。你只要看看罗伯·欧盈 1855年写的《比较骨骼学》序言的 11—12 页——在德谟克利特、伊壁鸠鲁和智者派，"对一个'存在'的认识乃先于人"——之间，他是多么拿不定主意。任何目的性必然始于一睿智体，这是他做梦都不敢怀疑的。然而在这经过修改的序言，1853 年 9 月 5 日发表于皇家科学学院的这篇文章中，他又孩子气地说："对一个'存在者'（如人）的体认乃先于人的出现。"La teleologie, ou la theologie scientifique [目的论或系统的神学] 这两者对他成了不分彼此的东西！自然中若是有目的、适当的，就是意图、权衡、睿智体的成果。那么请问，《纯粹理性批判》，甚至我的《论自然之意志》，对这位先生，对皇家科学学院成了什么东西？这些先生们如豆的目光大概还够不着那上头的意思。这些他所谓 illustres confreres [卓越的同事们] 对形而上学和 philosophie allemande [德国哲学] 恶言相向；他们抓住那僧侣的哲学。话说回来，那选言的大前提：唯物论与有神论彼此难容——这之所以成立，必须基于这个假设：我们眼前的世界，就是物自体的世界，所以除了事物经验的次序外，再没有别的。但经过康德把宇宙和宇宙的次序转成了区区的现象，其法则只依据我们智性的形式，以后，事物和宇宙的存在及其内在本性，就

不再需要利用我们在世界中的知觉或感受到的改变来解释了；而被我们视为手段跟目的的东西，也不会由于这种认识而产生了。所以，康德通过这现象与物自体的区别而抽掉了有神论的基础，反而打开了一条全新的通向更深奥的存在之阐释的道路。

在《论理性自然辩证之终极目的》这一章，康德断定说，三个超验理念的价值，在于它们是自然知识演进的校正原理。但他的断定不够严谨。相反，那些理念的假说其实成了自然之研寻的阻碍与致命伤，任何一个自然哲学家无疑都可以看出来。要明白这点，姑且举一个例子：请大家想想，所谓灵魂是非物体的、单一的、思维着的实体，这个假说，到底跟凯比尼解释的，或佛劳伦斯、马雪尔·霍尔、查理·贝尔他们发现的真理相互印证，还是根本妨碍了它们。事实上，康德本人就说（《未来形而上学绪论》第44节）："理性的理念，是背反乃至阻碍自然理性认识的金科玉律。"

《纯粹理性批判》得以发表和出版，这要归功于弗里德里希大帝。在其他任何政府管辖下，没一个授薪教授敢这么做。面对大帝以后的继承者，康德被迫答应不再写任何东西。

* * *

我原可以把这儿对康德哲学伦理部分的批评删去，因为我后来在1840年写的《伦理学的两个基本问题》里有更详细和透彻的批判。但为了保持本书的完整，我依然留下它，当作后头那部更详尽的作品的导论，读者们如愿闻其详，可参考该书。

出于体系匀称的爱好，这一理论性的理性自然得有个伴儿。于是我们找到了经院主义所谓的 *intellectus phacticus* [实际的智性]，往上推，是从亚里士多德的 νους πρατιπος [实践理性] 来的——见《论

灵魂》III，十章，与《政治学》VII，十四章：ο μεν γαρ πραπτιπος εστι λογος ο δε Qεωρητιλος [理性一方面是实践的，一方面又是理论的]。但康德这儿用的意思却大不一样，不像亚里士多德那样指导向技术科学的理性能力。康德的实践理性，成了人类行为不可否认的伦理学意义的本源，一切美德、高贵心灵和不同程度的神圣性之根基。所有这些均纯粹从理性来，需要的也只是理性。合理的举动，和美德的、尊贵的、神格化的行为是同一的；自私、邪恶、刻毒的行为不过是不合理的举动。但相反，任何朝代、国家，任何语言文字却总是把它们分得清楚，看作不同的两码事；所有人，甚至那些没上过学的乡巴佬也在内。除了少数几个德国学者，全世界都一样。总之除了极少数人，一般公认美德的行为跟一合乎理性的生活是根本的两回事。把那基督教的创建者，至慈的耶稣，他的生活呈现在我们眼前，是一切美德之模范，若把它形容为所有人中之最合理性的，怕非给人家说是渎神的胡言不可；同样，要说他的箴言包括了一完全理性化生活的最佳规劝，也是闹笑话的。进一步说，有的人对这些箴言拳拳服膺，把自己跟往后的需要放在其次，毫不迟疑地解决别人的燃眉之急，他的财产分给穷人，自己一无所有，然后四处周游，宣讲他所奉行的福音；的确，任何人都尊敬这种行为，但谁敢赞美它极端合理？末了，亚诺·冯·温克尔黎特为了拯救国人，为了获得战争的胜利，在敌人的矛刺之下，毅然以肉身当之，谁说这是极端合理的行为？相反我们看到，一个人从年轻时开始，绞尽脑汁，无非为了挣几个钱，过好日子，供老婆养孩子，求高名显位。这样做，他决不容旁骛分心，或被目前的欢乐消磨了志气，或反抗权威的言论，他也不能因为受到不值的卑视或侮辱便思有以报之，或给不实用的美学、哲学什么的吸引住而遨游思土；反正，他不能为了其他的而抛弃个人的目标。谁敢否认这样一个普通人过得相当

合乎理性？即便有时候他耍一点小手腕、不光明的诡计，但只要不伤害旁人，你还能说他什么？拿大的方面讲，一个坏蛋，凭他计划周详的设计，蓄意谋取财富、名誉甚至王者之位；尽其机变之巧，他把邻居的国家，网罗无遗，一个个给摆平了，最后变成世界的征服者。他决不为公义或人道的顾忌软了心肠，而须以铁之坚忍粉碎任何拂挠其计划者；他使民不聊生，他把百万人无情地投入流血及死亡。但他也厚酬侍从爪牙，总之他爱惜羽毛，以达其目的。谁还看不出他做得是绝对合乎理性？谁还看不出，正如酝酿一个计谋必需健全的知性，同样在把这个计谋付诸实行时，需具备对理性能力绝对的统御能力，换言之，须能指挥实践理性，难道聪明坚毅，审慎而又有远见的马基雅维利，陈述给君王的训义竟是不合理的[1]？

正如邪恶与理性能力之为水乳交融，事实上也唯有在这种联合中它才益显得可怕，相反，人心的高尚有时伴随着理性的缺乏。比方说，从柯利欧兰纳（Coriolanus）的行为很可以明白这点。多少年的处心积虑，准备向罗马人报复他所受的屈辱，最后竟被元老们的祈怜和妻子母亲的眼泪打动了。他放弃了这卧薪尝胆的计划，而实际勾起了伏尔夏人的愤怒，柯利欧兰纳到头来竟为那些自己切齿痛恨不共戴天的不义罗马人而死。末了，我还须补充说，理性又很可能伴随着理智的缺乏。这是当一愚昧的格言被采用并付诸实行时必有的情形。例如菲力二世的女儿伊萨伯拉公主，她发誓，除非奥斯坦被征服，她绝不换上新的汗衫，伊萨伯拉守她的誓言达三年之

---

1 附带说，马基雅维利的问题是，他致力于解决君王如何无条件地、无视内外的敌人，而永垂其无疆之休，那么，他的问题不是考虑君王是否"应该做"的伦理学问题，而纯粹是假如打算做该"怎样去"进行的政治问题了。他解决的是这个，正像是一个人写作棋艺指南，那么要是后悔没有回答这在道德上是否贤于无所用心，就未免失之愚昧了。要斥责马基雅维利的作品之不道德，其引喻失当正有如指责一剑术教师不先作一番反对谋杀、屠戮的道德讲话。

久。一般所有的誓言都属这一类的,其起源总由于因果律之内省的缺乏,换言之,缺乏理智。不过,假如一个人的理智居然有限到会发这种誓,那么贯彻誓言对他来说倒是合理的。

印证上头说的话,我们发现康德之前的作家们,把良知作为道德冲动之本,而非理性。所以卢梭在《爱弥儿》第四部里说:"理性欺蒙我们,但良知决不隐瞒;——要透过对我们本性的推断来解释独立于理性本身的直接良知原理,这是不可能。——我本心的感觉偏向于一般的兴趣,但我的理性把所有东西蹄给我自己……要把德性光建立在理性上,我们只是徒然,啊,我们能给它建立什么实在的基础呢?"而在《遐思录》中他说:"在一切道德难题中,我总是发觉依照良知之指示要比依照理性来得好。"事实上,亚里士多德已经清楚地说过(《大伦理学》,I,5),美德的本源在 αλογω μοριω της ψυχης [心之非理性部分],而不是 λογω εχοντι [理性部分]。同样,斯托巴伊乌斯谈到(《文选》,II,C.7)逍遥学派时说:"本于伦理的德性,他们觉得关系到灵魂之非理性部分,这是因为牵涉目前考虑的情形,他们是假定灵魂由理性與非理性两部分构成,属理性的有豁达、审慎、机敏、智能、温顺、记忆等;属非理性的,相反则为节制、公正、坚忍及其他等等所谓道德者。"还有西塞罗(《论神性》,III,C26—31)长篇大论地解释了,理性是一切罪恶必要的手段与工具。

我说过理性是概念的能力。就是这类相当特殊的一般表象、非知觉的表象,只能由文字固定、表征化的东西,区分了人与动物,使人成了地球的支配者。要是说动物是现在的奴隶,除了直观感受到的以外不能认知其他动机,当这个动机呈现之际,便必然受它的驱使,如铁之就磁;那么另一方面,靠着理性,人便产生了蓄意的行为和思维反省。这使得他可以轻易地从两个方面来整体观察自己

的生命和世界的历程；理性使人脱离现在独立，不论是善是恶，它使人类可以蓄意地、系统地、有先见之明地活动。那么他已经就是完全自意识地作用；他确知他的意志怎样决定，他选择的什么，和按照目前考虑的情况其他选择之可能如何；从这种自意识，他熟稔了自己，在行为中，他像从一面镜子里头看到了自己。从这一切与人的行为关系来看，理性确可称为实践的；只有在牵连的对象与思想者行为无关时，才可以称为理论的，但纯理论的关系，很少人能具备。这里实践理性的意思很像拉丁文的 *prudentia*，照西塞罗（《神性论》，II，22）的讲法，这是从 *prudentia*[未雨绸缪]简化来的。另一方面，*ratio*，意为心之能力，虽然古人没有明确注意到那区别，它主要却是适当地表示了那理论的理性。几乎在所有人类那里，理性均断然倾向实践。要是连这个也被抛弃，思想就对行为失去了控制，有那么一句话说："我明白晓得且赞许那好的，但我却跟随坏的。"或："早晨我计划，晚上我推翻。"所以，若是有人，他的行为不受思想指引，而受目前的印象指引，像动物那样的，他就会被叫作非理性的（并不是因此指责他"道德沦丧"）——虽然不是真正缺乏理性，只是不能把它运用到自己的行为上；某种程度上也许可以说他的理性是纯理论的，非实践的。他可能是善的，像一些对他人的不幸无法坐视的人一般——即使要自己的牺牲，而对方又不见得会报答。如此非理性的性格，相当不可能犯下什么大罪，因为在那种情形所必要地组织计划、伪装、自制等等特性，他都不具备。但他也不可能达到美德的高阶，因为了无论本性上怎样向善，个人的贪欲、邪念，无论怎样总是免不掉的，至于理性能力，对它们并不成为实践的，却成了格言或固定意向。

末了，理性在一些"真正理性"的个性中特别地成为实践的，那种个性的人因此在日常生活中常常被叫作实践哲学家。他们的特

征是，不论处于怎样欢乐或忧苦的环境下均能保持不寻常的冷静，处于平衡状态，一旦下定决心便毫无改变余地。的确，这是他们心中那分量极重的理性能力，换句话说，抽象而非直观的认识，以概念体验了一般、整个及广泛的生活，这使他们顿悟了记忆性印象的欺蒙、一切事情的不稳定、生之短暂、欢乐成空、命运的反复无常、机缘的巧诈多端。所以没什么事情会让他们觉得是发生得意想不到的，而当他们抽象思考的东西在实际生活及特殊例子中遭遇到时，他们并不惊讶或觉得不协调。至于发生在一些并不十分理性的人身上的是什么呢？——在他们那里，眼下的、可知觉的、实际的东西，发挥出如此强大的力量，以至于那冷静、无偏见的概念完全退藏于意识后，遗忘了坚忍的毅力和箴言等等，这种的个性，臣服于各种情绪与欲念。我在第一部的末尾已经解释过，依我的观点，斯多噶学派的伦理学刚开始也不过是一种朝向如此真正理性生活的指南。这种生活也不断被贺拉西在许多地方称扬。贺拉斯说 *nil admirari*，阿波罗神庙的神喻说的 Μηδεν αγαν，都可以拿来比较。若要把 *nil admirari* 翻译成"寡欲"可就离谱了。贺拉斯说的意思，既不是实践的也不是理论的，其意思是这样："不要无条件珍视任何事物；不要对任何东西迷恋；别以为拥有什么东西就会带给你欢乐。任何对事物难言的渴求，不过是一嘲讪的幻想，在弄清楚掌握它即是一种劳累后，同样可以轻轻松松地摆脱掉。"西塞罗指的 *admirari* 也同样是这个意思(《论预言》,II, 2)。故贺拉斯指的是 αθαμβια[无惧], απαιαπληζιζ[惊羡感之缺乏] 和 αθανμασια[冷静]，德谟克利特已经奉这些为最上之善（见亚历山大的克雷蒙特，《杂钞》，II, 21, 以及参阅斯特雷波，i, 98 页、105 页）。在这种行为中的理性，已无所谓善恶，理性的这种实践构成人真正优于动物的地方；只有从这方面讲到的人的尊严，才有意义，才能接受。

从所有这些例子，一切我们想象得出的情况来看，理性和非理性行为的区分，掉到了究竟动机为抽象概念或知觉表象这个问题上。所以我对理性的解释正符合各时代、各地方的语言用法，这情势决不可视为偶然或独断。可以看出来，它正是从那种不同心智能力的区分产生的，这个区分，任何人都可以意识到；人类跟着这意识来言语，但当然没有将它提升到清楚的抽象定义层面。我们的祖先把每一个字的意义都弄得确定，所以这要留着让多少世纪之后的哲学家来决定它牵连的思想；而它们便给它以确定的概念。那么文字就变成专属而非公用的，可以读出一个完全跟过去不同的意思而把它错用，乃至于变成一个人随意滥用的执照，这样就不可避免地发生无穷困扰。洛克已详细指出，哲学上的意见分歧多半出于错用了字的意思。为了明白起见，请大家不妨看看实体、意识、真实……这些词给现代缺乏观念的冒牌哲学家没头没脑滥用的情形。另外，除了近代，任何时代的哲学家关于理性的陈叙和解释，正和我讲的一样，这个概念在各个地方都被智者所公认，看柏拉图在《理想国》第四卷（440C）和在其他许多地方，讲到 λογιπον 或 λογιστιον της ψνχης，不正像西塞罗（《神性论》，III，26—31页）、莱布尼茨、洛克讲的一样吗？要看看康德以前的哲学家，大家说到理性，都是我讲的那意思，例子真是举不胜举——当然，他们还不知道把它的本质绝对确定和判然地指向一点。康德之前对理性的看法，大概见苏泽《哲学杂记》第一卷里面两篇文章——《理性概念之分析》及《论理性、语言彼此之影响》。相反，看看近代在排山倒海似的康德错误的影响下，大家把理性弄成怎么一个说法——要那样说的话，所有古代智者，以及前康德的哲学家，就完全没道理地错了；因康德发掘的理性之立即知觉、直观、体会、表达，像我们的第六感一样，实在是大家陌生不解的。至于我自己，我得承认，我这狭窄的

心，无法容纳那直接知觉、体会或具智性直观的超验之物、绝对，还有那啰啰唆嗦的一大堆，这样的理性能力——我可掌握不住，总之，除非把它当作空幻的第六感，我无法想象它。再怎么说，我们应该相信，只有这种直接知觉咱们选择的任何东西的理性，它的创意、发现，才是有力的 expedient[权宜计策]，能以最轻松的方式，将我们自己和固定的观念，从事物中脱离，而无视于康德学派与其理性批判。那种创意，和它的被接受，对时代是有很大的贡献的。

所以，尽管说没有肯定地集中或归于一个重点，但各个时代的哲学家们，大家体会的理性（το λογιπον, η ρονησις, raison, Vernunft），一般说来在基本特性上是对的，不过另一方面，对所谓的知性（νουζ διανοια, *intellectus*, esprit intellect, Verstand），却没有那么明白。他们常把它跟理性混淆了，就为这缘故，才对理性的本质没能达到一彻底完整、纯粹而简扼的演述。对基督教哲学家而言，理性概念比起"神之启示"，意义上来得没那么主要、基本。从这点出发，多少人假定（相当正确地），义务之于德行的认识，即使光从理性，不必神之启示，也是可能的。这层考虑的确影响了康德的解释与文字之运用。但说实在，理性和启示的对照是偏重于具体的、历史的意义，对哲学而言可谓陌生。所以哲学必须摆脱它。

或许我们盼望，在理论及实践的理性批判中，康德先来个一般的理性本质的叙述，这样把属概念定了以后，接下来再解释两个种概念，说明这同一的理性能力怎样在如此不同的两方面出现，但又保持其主要特性而可以证明为属同一的。但这些都落了空。我在前面已经说过，《纯粹理性批判》里，这儿那儿，对他批判的那种能力之诸多解释的不当，摇曳不定和不协调。实践理性本身就是私下建筑在纯粹理性批判上头，那么在批判上它就显然以之为圭臬。所以它不再深入地发掘了。事实上它不和历来的用法一致，它把后

者委诸尘土。总的来说，我们从一些章句中可以窥见康德的原意：先验原理的认识，是理性的基本特性；既然行为伦理学的意义，其起源并非经验的，它就也是个先验原理，而理所当然地是从理性跃现，从这方面说理性便成为实践的。这个观点的不正确我前面已经说得够多了。但抛开这个不提，这儿，他光使用独立于经验这一特质，打算来把类别上差异顶大的东西联络起来，忽略了它们其他方面基础的、本质上不可胜数的不同之处——这，是多么浅薄，并且多余。即使算是假定（而非承认）行为之伦理意义的认识是从我们内在的道德拘束（绝对律令）、一不受条件限制的应然涌出来的，但要知道，这道德拘束，和那普遍的认识形式，在本质上是多么不同！然而在《纯粹理性批判》中，康德说我们先验地意识到这点，而由此种意识我们即能预先地表示出，一个绝对的必须，适用于任何可能之经验。但这个必须，这个已经在主体中决定一切客体的必要形式，和那道德的应该——其间的差距乃如此巨大而显然，以致我们可以利用其同一，批判非经验的认识形式不过为一偷巧的比拟，但在哲学上却不能说两者的起源是同一的。

另外，实践理性这个孩子——绝对的应然，或绝对律令，它的出生地不在《实践理性批判》里，倒是在《纯粹理性批判》中（802页，V830页）。它的出生很不自然，是靠一个"所以"的产钳，胆大妄为地甚至可以说无耻地，在两个彼此完全陌生、根本连不起来的命题间，搞成一个原因和结果的情况，把它弄出来。所以康德从这个命题——我们不但被可知觉的决定，也被抽象和动机决定——开始，说："不仅是刺激，即直接影响官能的——它决定了人之自由选择——还有一种能力统御了这基于我们官能欲望的能力所造成的印象，它间接地表达给我们什么为有益，什么为有害。这种牵涉到我们整个身心状况对于值得追求的东西所作的衡量考虑，也就是，

对有益和有利的东西所作的权衡，乃基于理性。"（完全对，要总是这么合理地讲理性该多好！）"所以（！）理性总是提供了绝对律令，即客观的自由律，它决定什么应该发生——纵然事实上可能它并未发生"！那么，不经过进一步的证明，绝对律令就跳进现实世界，以不受条件限制的应然统辖着——这真是一个空中楼阁的王杖。应该这个概念里，绝对而且本质上就包含了威胁性的处罚或许诺的报偿等各种顾虑以为其必要条件，要把这分割出去，真是废弃了概念本身，剥夺了它所有的定义。一不受条件限制的应然，就是一 *contradictio in adjecto* [接壤之矛盾]。这个错误我们必须指责，正如它在其他方面同样是康德提供给伦理学的绝大贡献一般，这个贡献把伦理学从经验世界的各种原则中解脱出来，特别摆脱了一切直接与间接的幸福主义，适当地指出，美德的领域并不在于此。我们看古代的哲学家，除了柏拉图一人例外，像那些逍遥学派、斯多噶学派、伊壁鸠鲁学派，花样多端地，不是把美德和快乐按照充足理由原理，搞得各自为政，就是靠矛盾律把它们弄成唇齿相依。那么康德的这桩功劳，看起来就益发地大了。前面那些错误，降至康德以前，哲学家们都是同样犯着的。所以在这方面，康德的功劳匪浅；但要修正的是，我们这儿要记得，第一，他的释义和论证经常接不上他那伦理学的归向和精神，这一点下面即将说到；第二，他的贡献虽大，然而他不是第一个将美德剔除出一切快乐原则的人。柏拉图，特别在《理想国》里（因它的重要趋向就是这个）教导说，美德的选择是自发的——虽然它必定伴随着耻辱和郁郁寡欢。但基督教还是要求一个更严格、大公无私的美德，它的实践并不是为了求偿于死后的生活，而是不计报酬地出自对神的爱；"工作"并不足以证明它，只有美德伴随着的信仰才是它唯一的表征，信仰是不求偿的，而且是自发的。见路德的《基督教之解放》。我不用提印

度人了,他们的圣书中到处都把努力的求偿这种祈盼视为黑暗之途,永不能达到至高的幸福之境。但康德的德性论并不如此纯粹;不如说,它表达的意思远缺乏此种精神,事实上是彼此落入了矛盾中。在他后来讨论的至善中,发现了美德与快乐的结合。而那原来如此不受条件限制的"应该",为了逃避内部矛盾,以后却为自己产生了一个条件,而背上难以承受的重负。各位,至善中的极乐,可不是真正美德的动机;可是你看,它给摆在那儿了,像契约中神秘的一项,把整个契约弄成了假的。它其实不是美德的报偿,它应该是自愿性的赠礼,当美德完成了工作后,悄悄地把手张开来讨的东西。我们由《实践理性批判》(四版223—266页或罗生克朗版264—295页)可以确定这点。康德的整个道德神学,也有这相同的倾向,因此道德就透过道德神学把自己摧毁了。我重复一句,任何为了讨酬劳而实践的美德,都是建立在一个审慎的、安排好的、深谋远虑的利己主义上。

这绝对应该的意义,即实践理性根本的法则,就是那句有名的话:"要这样去做——使你意志的规范同时得为普遍立法的基本原则。"这项原理,可真叫那些须为自己的意志寻求一个规则的人,现在为了替所有意志寻求规则,得有一阵子好忙了。那么紧跟着的问题是,这么一种规则怎样发现。显然,要发现我行为的通则,我不该只考虑自己,而必须想到所有个体加起来的全部。那么就不光是我自己的平安啦,而是一视同仁的全体平安,成了我的对象与目标。但这目标,总归还是平安。那么我就发现,要每个人把别人的利己主义,衡量为他自己的极限,则什么都说得过去了。跟着的结论当然是,我不该伤害任何人,而同样,既然此原理假定为普遍,我也不许受别人的伤害。所以说,这才是我因此在盼望找一条基本原理,可视为普遍法则的,这是唯一的根据。但显然,这样的话,

对平安的祈求，换言之，利己主义就成了伦理原则的本源。就政治学的基础来讲，它是优异的；就伦理学的基础来讲，它是不值得的。一个人，打算建一个全体意志的规则——那是假设存在于道德原则中的，他本人就必然需要一个规则，不然，任什么事对它都成了没有差别了。但这种规则，只能是它自己的利己主义，别人的行为只影响这个。所以只有靠这样，并且只牵涉它，一个人才具有一相关别人行为的意志，这样的行为对他来说才不至于不相干。康德自己相当天真地暗示了这点，在《实践理性批判》（123页；罗生克朗版192页），他这样地进行对这个意志的格言的研究："若每个人均漠然无视他人的需要，这个需要是你也包含在内的——你会同意吗？" *Quam termere in nosmet legem ancimus iniquam* ["我们树立了一个对抗自己的不公平的法律，啊，多么伤脑筋！"]，我们同意的是这个呐。同样，在《道德形而上学奠基》第三版56页，罗生克朗版50页："一个决定不对任何困苦中的人给予援手的意志，将会自身矛盾，因可能发生它自己需要别的意志来怜恤爱惜的情况"；等等。那么仔细研究之后，这个伦理学原理，不过是那个古老原则间接的、装饰过的说法：*Quod tibi fieri non vis, alteri ne feceris*[己所不欲，勿施于人]，它主要直接地是和被动的、受折磨的有关，并且只依靠这个来关系行为。所以像是我们说过的，它很可以作为国家的基础，防止恶之折磨，而意欲为每一个乃至全体产生最大总和的福利。在伦理学中，研究的对象是行为之所以为行为，以及其对行为者立即的意义——而非它的结果，什么折磨，或对其他的关系，该种考虑是完全不被接受的，因它终究是步向快乐的原则，步向利己主义。

所以，我们不能同意康德那样地把他的伦理学原理，心满意足地、不具内容地，换言之，一个设了对象动机的原理，而仅仅是

形式地，匀称地牵涉到一个形式的法则，那法则我们已从纯粹理性批判而知。当然实际上，它只是发掘此法则的公式，而非法则。第一，在"己所不欲，勿施于人"中，我们已简明地具备了此公式；第二，把这公式加以分析，发现只有我们自身的快乐才赋予此公式以内涵。因此它只适宜于理性的利己主义，理性的利己主义也是任何合法组织状态的起源。

另一个错误，因为它和每个人的情感冲突，所以常常受到攻讦。席勒在一篇短歌上讽刺说，那就是一项迂腐的通则，若要善与德兼备，一项行为即需要基于既知的法则、责任之概念、按理性抽象而知的规范等等而执行。它们不许基于任何倾向、对他人之善意、任何慈心的怜悯、体恤，内心的情绪等等而执行。照《实践理性批判》第213页（罗生克朗版257页），这些说法，对于思想正确的人而言甚至是厌烦的，因它们骚扰了他们盘算的金科玉律。事实上正相反，这种行为的执行必须是非意志的，自己强迫的。我们要记住，报酬的企盼无论如何是没有任何影响的，若需要它就是绝大的荒谬。更重要地，这直接违背了真正美德的精神；不是行为，而是去做的意愿，从它产生的爱好，没有了这些它就是死的东西，这些构成它美德的要素。所以基督教讲得好，一切外在的努力，要不是从真正的好（在于真实的诚心愿意，纯粹的感情之激发）中产生，就是没有价值的。基督教也说，受祝福和被赦免的，并非已完成的工作（opera operata），而是诚意的、真正的倾向，唯有从圣灵赋与的，并非局限于法律的自由、蓄意之意志。像康德所要求的，任何美德须冷酷无情（的确也是完全不近人情）地基于纯粹、蓄意的考虑，奉行着法律抽象的规范而完成，这好比将任何艺术的杰作成从美学通则周详考虑的结果。两个都同样荒谬。柏拉图和塞涅卡解决这问题的观点，却认为美德没法传授。末了，看看基督教教义中的"神

之选择"是怎么来的；换言之，牵涉到主要事物与其本质，美德像天才一样，某种程度上是天生的，正如把所有美学教授加起来，也不能使一个人变得有能力产生天才的作品，如艺术的绝世之作之类的；同样，所有伦理学教授，美德的福音家，也很少能够把一个并不高尚的性格转变为美德的、高贵的。其不可能之显而易见，乃有甚于炼铅为金。要找寻一伦理的体系及第一原理，以便实际上变化并改进人之种族，其徒然正如搜寻一点金石。在本书第四部末尾，我已详细的说过，全心改变或人之转变的可能性（再生、新生）——不是靠抽象认识（伦理学），而要靠直观的认识（神恩的效果）。第四部言之甚详，此地我就不必再费唇舌了。

  无论怎样，康德可没看透伦理内涵真正的意义，这最后可以从他那至善的理论上看出来，他把它当作美德与快乐必要的结合，美德，应值得快乐的报偿。这儿就恰好碰上一个逻辑诘难了，即这里当作衡量标准的功罪问题，已先假定了一个伦理体系作为它的标准，那么，你就不能从它开始追究。本书第四部的结论是，当所有真正的美德到最高点时候，最后是导向一完全的否决，所有的意志活动消失。但不一样的是，快乐却是一满足了的意志活动，所以这两者本质上不协调。各位如果被我的论证启发过，那么此地康德关于至善的观点之全然谬误，我想就不需要再加什么说明了；除了我这积极的说法外，消极方面我没什么好说明的。

  康德对体系匀称的喜好，也在《实践理性批判》中出现，在《纯粹理性批判》中他完全照着它来切削修饰。他显然以独断的方式把同样的标题、形式引入到这儿来，特别明显的是关于自由的范畴表。

* * *

  康德最后论法律的作品，它的基础是这么薄弱，所以我把它全盘否定了，甚至为这个来辩论什么都属多余，它不像伟大心灵的作品，只是凡人的产物，由于本身的衰弱终归要老化死亡。有关法律，我本人拒绝予以消极的否定的说法，毋宁视作积极的概念。此地关于法律一书有几点大概的说明：当研究《纯粹理性批判》时我所非难康德的那些错误，现在在法律书中，竟然扩大到一种地步，使人以为是在看一康德式的诙谐文章，听一个康德信徒讲笑话，而不是正经研究法律的一本书。两个主要错误是这样的。他尝试（自此则源源不绝地）将法律严格地从伦理学分出来，但又没有使前者依据积极的立法程序，即专断的义务，而让公义的概念纯粹并且先验地自己存在。这是不可能，行为若脱离了它的伦理学意义，摆脱对其他行为，即外在义务的关系——它就决不容许有第三种见解，即使你说仅仅可能都不行。那么当他说："合法的义务乃是得以强制的"，这得以不把它看成物理的，于是一切法律与公义便积极和独断的，而同样，一切可强制的独断也变成法律；就是把它看成伦理的，那么我们又回到伦理的范围了。那么在康德，第一，法或公义的概念，就在云泥之间上下不定，找不到个立足点；依我看，它是该属伦理的。第二，他给法或公义的概念下的定义完全是消极的，因此，很不恰当："所谓公义，就是和根据普遍法则彼此并存的个人之自由互相协合共存的东西。"自由（这里指的是物理自由，即自然的，而非道德的意志自由），意思是说不受阻碍，所以只具消极的意义；另外，协和共存意义也完全是这样的。给我们的只是消极的而非积极的概念；事实上，我们从当中根本拿不稳说的是什么——除非事先就拿定一个跟它不同的正确的看法。以后的讨论，暴露出了它顶

荒谬的看法，比如说自然状态，即无政府组织，是绝对没有财产权的，从这里可以看出，所有公义或法律是实证的，而自然法乃基于实证法，而非反过来。另外，通过持有或占有而建立的合法拥有权、树立公民权利的伦理义务、处罚权的根据，等等，这些我都说过，不值得去辩驳的。但无论如何，康德的这些错误，却造成一个极有害的影响；它们混淆了传统的真理，引出一些奇特的理论、作品和争辩。当然那是不能持久的，我们已经看到健全的理性和真理的领先了。要明白这情形，不妨看看 J. C. 麦斯特的《自然法》这本书，我虽不能承认它是完美的样本，但比起那么多奇怪疯狂的理论是行多了。

* * *

在谈了这么多后，末了我想简短讲一讲《判断力批判》。我们不能不惊奇，对康德来讲艺术是绝对的陌生，他对美的感受力几乎等于零，事实上他甚至不可能有机会看到一件重要的艺术作品，也许还对歌德——同时代唯一能出其右者——毫无所知；我觉得这真叫人感到惊奇，不管上面怎么说，康德竟能为美和艺术的哲学思考提供如此伟大而永恒的奉献。他的功劳在于：尽管多少人那样深思艺术和美，他们实际上几乎都是光从经验的观点着眼；靠事实来支持，他们追究到底是什么样的质性使得任何称为美的东西跟其他的同类事物有所不同。在这条路上，他们首先归出一类相当特殊的原则，然后归出更具普遍性的。他们企图分离真正的艺术之美以及虚伪的美，找出真的那个的特性，好再把它当作法则：什么使我们愉悦而以为美，什么不是，因之什么得效法、追求，什么须避免，什么（消极地）以通则支配着这些，都得有个确定，简而言之，什么

是刺激美感的愉悦的媒介呢？也就是说，对于美感之欢愉来讲，什么是寓于对象中（这玩意儿几乎是所有艺术思考的唯一主题）的先决条件呢？亚里士多德走的是这条路子，跟着，甚至到最近，还有凯姆斯·休谟、柏克、温克尔曼、莱辛、赫尔德等许多人。固然，思想家发掘出来的美学原理，它的普遍性，终究是归原到主体上，一般也认为，要是主体确切地认知了结果，那么主体寄寓于客体的原因也能够先验地决定了，而只有这样，这种思考方法才掌握住了一门科学所能达到的正确性——这没有错。那么我们看着吧。这说法不时引起心理学的讨论；我们举特殊的例子来看，在那么多的美学原理中，亚历山大·鲍姆加登建立起以这个论点为基础的一般美学，在其中，他以完备的官能认识的概念，也就是拿知觉的认识这种概念作为出发点。不过在鲍氏的学说里，主观部分在概念建立起来以后就差不多没有了，接着拓展到客观部分、实践部分去，从那儿继续下去。说来说去，功劳还是得留给康德，康德严格地、深刻地研究刺激作用本身，由于这个刺激，我们把那产生出它来的对象叫作美的，这样去发掘刺激在我们本性中的构成要素与先决条件。所以康德的研究全盘采用主观的方式，显然这是正确的，因为，为了解释在一项效果中表现出来的现象，我们必须首先确切知悉效果本身，那样才好透彻地去规定原因的本质。从这方面说起，康德的贡献完全在于发掘了正确之途，他简略、暂时性地，给我们提供一个应该追随的例子，当然认真地说，康德给我们的算不上是绝对真理和真正的获。他提供了研寻之法，铺了路，可迷失了目标。

现在看看美感的判断批判，首先，我们显而易见地观察到，他依然运用了那个可以说是整个康德哲学特质的那种方法，前面已经仔细地说过了。是什么？就是他那以抽象的认识为出发点，观察知觉认识的方法，拿这个，康德运用抽象认识，好像在暗室中，综合

而透视着知觉认识，有点类似盲人摸象。如同在《纯粹理性批判》中，判断的形式给予康德有关我们对这整个知觉世界的认识的各种材料，同样，在美感判断的批判中，康德不是从美的本身，从美的、直接的知觉对象出发，却是由牵涉美的判断出发，那说起来有点不好听，也就是所谓嗜好的判断——这成了康德要费脑筋去想的。特别是，这样的判断显然是对于某些产生在主体里头的东西的表述，可又像牵涉一个客体的质性那样普遍有效，这引起了康德的注意。是这个刺激他，不是美的本身。他总是打从别人的叙述开头，从牵涉美的判断开头，而非美感本身。所以看起来好像是他完全捕风捉影地认知它，并非直接地认知。几乎一个绝顶聪明的盲人也能这样从听来的有关的正确叙述，拼出一个色彩理论。实际上，我们也可以将康德的美感哲学论作如是观。我们发觉他的理论非常机敏，是天才的产物，这儿那儿都贴切，说得很真。可是呢，从他对问题的解答看去，那是不适当的，够不着主题——我们没法把它看作客观真理。我愿对这个问题作正解，我相信我是不会错的，但我将在我的正式作品中写出。

讲到康德这部书的体裁，我们注意到，它是从一个构想芽发出来的，就是要在合目的性的概念中，找到解决美感问题的钥匙。这种观点是演绎的，一般说并不难，这点从康德的后继者身上可以观察出来。好啦，那么一来，一个联系美感的认识与自然之合目的性的认识，怪异的结合，作为所谓判断力的认识能力的东西就出现了，同时，不同的主题就挤到一块儿，产生在这部书里。随着这三种认识力，也就是理性、判断力和知性，许多不同的体系匀称的逗人玩意儿就一个一个成立了，对这种匀称的喜好在本书中处处可见；比方说，《纯粹理性批判》的式样被强套在全部组织上，特别是美感判断的二律背反，被强分为许多分部引进来。要想指控它不协调，

只要指出下面这个事实就得了：经过《纯粹理性批判》中再三讲述，说知性是判断的能力，而知性判断的形式乃是一切哲学的基石，之后，在这里又出现了一种相当特殊的判断能力，跟前面的全不一样！无论如何，我所谓的判断力，即将知觉的认识转换成抽象认识，并将后者运用到前者上头的这种能力，已在本书正文中讨论过了。

到现在为止，美感判断的批判最精彩的部分，乃是关于庄严的理论。它比论美感讲更压倒性的有力，不但指出了一普遍的研究方法，还多少呈示了正确途径，到目前为止，它虽然没有真正解决问题，至少已经点到主题了。

在目的论判断的批判中，由于主题的简要，我们或许尤其能看出康德将一个观念翻来覆去以不同方式表达，最后写出一本书的特殊才能。这整部书要表达的只是一点：纵然在我们看来，好像有机体必然都得按照一个前导的目的概念建构起来，然而，这并不足以使我们理由充足地假设客观的情况必是如此。因为就我们的智性而言，事物是外来的而非直接的，因此知性难以认知事物原始的本性，而只认知它的外观，知性也不足以理解自然有机的创造物某种特殊的质性，除非，以模拟之法，将该质性与人有意造就的成品比较，而后者的质性是取决于一目的，取决于目的的概念。这种模拟足以使我们理解所有部分与整体的协和，于是可作为我们深研的指导。但这不能说就构成了解释如此的躯体之起源与存在的实际根据。因为像这样构想它们的必然性，只是一主观的出发点。我将大略摘出康德这方面的要义。大体上，他在《纯粹理性批判》692页，720—730页已经解释过了。但从对这个真理的认识来讲，我说，大卫·休谟，是值得赞美的康德之前驱；在《自然宗教对话录》第二部分中，他也详细地辩论过这个假说了。休谟和康德的论证的异辞之处在于，休谟说它是一基于经验的假说，康德则相反，说它是

先验的。两个人都对，它们的叙述可谓互补。事实上我们发现，康德这方面基本的要义已经在辛普力丘的《亚里士多德物理学评注》中说过了："（德谟克利特与伊壁鸠鲁）落入了这个错——认为任何为目的或企图而产生的，只能基于计谋盘算；但他们又说造化的产物不是这么起源的。"（《亚里士多德〈物理学释义〉》，柏林版，354页）康德在内容上完全对，并且在下面的证明上也不可或缺，就是：经过证明因果概念是怎样不能根据自然的存在来把它运用到整个自然上，在此之后，同样去证明，照自然的状态或质性来看，它不能被想成一个受动机（目的的概念）指导的结果。当我们思考那个甚至伏尔泰都认为不可抗辩的自然神学的巧辩时，顶重要的是，我们都认识到，我们理解中的主观部分，即康德所谓的空、时、因果，它同样延展到我们对自然物体的判断上。因此，我们不由自主地想象它们是出于合目的的概念的预谋，所以是走着一条表象先于存在的路，而这种不由自主，似乎和很客观的空间之知觉一样，起源都是主观的；所以，我们不能接纳它为客观真理。撇开它烦人的赘言、陈述，康德对内容的解释倒相当可喜。他正确地断定，我们无法仅仅从机械原因，也就是他认为的一切普遍自然力那种无意识、非预谋性、非规则的结果，来完全解释有机体的结构。不过，我这里却发现他的另一个错误。他否认，这样的解释可能只不过是接触到有机体的目的性和显然的蓄意行为或预谋而已。而我们发觉，即使这些并不发生，解释的根据也不能说从一个领域转移到另一个，一旦我们踏入新的领域，我们便和旧的断绝；取而代之的是新的基本法则的出现，对它的解释，你根本不能盼望从旧的领域中去寻找。所以在真正机械的领域里，重力、引力、刚性、液态、弹性等各种法则是有效的。它们本身（不考虑我把一切自然力解释作意志具体化低层次的情况）作为力的跃现存在着，而不容许进一步的解释；

它们自己构成一切进一步解释的原理，而解释只不过是还原到它们。要是我们离开这个领域，走向化学、电学、磁气、结晶等等现象，这些原则就根本不再能用；事实上，前面的法则已不再有效。这些力被其他的力替代了，现象的出现，按新的基本法则，和它们尖锐地冲突，这些新法则是原始的、不可解说的；换言之，不能再缩减为更普遍的法则。所以比方说，我们绝不可能就一般机械学的法则来解释单纯的盐之溶解，别提更复杂的化学现象啦。所有这些在本书的第二部都有详细讨论。依我的看法，这种讨论将大大有益于目的论判断的批判。我的讨论确实特别支持康德一项卓越的建议：对内部的"物自体"（其现象即自然的万物）更深刻的认识，将可以发现一个沟通机械（依照它的法则）与明显是自然意志产物的统一原理，而可作为解释二者的共同立场。我希望把真实的物自体视为意志，就已经树立了这么一个原理。一般说，对于整个自然显著的谐和、适当、一致等内部特性的洞察，在本书的第二部和它的补编中，讲得更详细更深入，但说得最精彩的还是《论自然之意志》，所以这里也就说到此了。

关于康德哲学批评的补充，有兴趣的读者可以参考我的《杂论与拾遗》第一卷第二篇文章《再讨论康德哲学》。请注意，我的作品尽管少，却不是一个时候赶出来的，而是一生中长时间连续完成的。于是你当然不能要求说，我讨论的一定得挤在一块儿出现了。

作为意志和表象的世界

作者_[德]叔本华   译者_林建国

产品经理_段冶   装帧设计_董歆昱   产品总监_应凡
技术编辑_顾逸飞   责任印制_刘淼   出品人_吴畏

营销团队_毛婷 阮班欢 孙烨

果麦
www.guomai.cn

以 微 小 的 力 量 推 动 文 明

图书在版编目（CIP）数据

作为意志和表象的世界 /（德）叔本华著；林建国译. -- 上海：上海文化出版社，2021.12（2024.3重印）
ISBN 978-7-5535-2448-1

Ⅰ.①作… Ⅱ.①叔… ②林… Ⅲ.①叔本华（Schopenhauer, Arthur 1788-1860）- 哲学思想 Ⅳ.①B516.41

中国版本图书馆CIP数据核字（2021）第245974号

出 版 人：姜逸青
责任编辑：王建敏
特约编辑：段　冶
装帧设计：董歆昱

根据美国 The Falcon's Wing 出版社 1958 年 E. F. J. Payne 译本译出
本书译文由台湾远流出版公司授权使用

书　　名：作为意志和表象的世界
作　　者：[德] 叔本华
译　　者：林建国
出　　版：上海世纪出版集团　上海文化出版社
地　　址：上海市闵行区号景路 159 弄 A 座 2 楼　201101
发　　行：果麦文化传媒股份有限公司
印　　刷：北京盛通印刷股份有限公司
开　　本：880mm×1230mm　1/32
印　　张：19.25
字　　数：464 千字
印　　次：2021 年 12 月第 1 版　2024 年 3 月第 4 次印刷
印　　数：16,001-21,000
书　　号：ISBN 978-7-5535-2448-1 / B · 019
定　　价：68.00 元

如发现印装质量问题，影响阅读，请联系 021—64386496 调换。

部分,那么这部分关系一定要具体为关系的,就是说它是一种很现实正在加以解决我们所理家的情况;因为一种关系——没有一部分是真的,紧接在了准备动作以及每一部分的准备动作也就紧接了下来。就算是这样体在张了嘴,也算不上说话的动作的范围说,尽管不论怎样都一样是干巴巴的一部分,那么他们与办法在这里得到动静了,却不像有个有机体了。因此,他与另外在这里面都觉到了。

在这种情况下,为了所围绕的那种对象发生的,没有别的,只有这个少许;除此并无别致。这是且明的道理,这么做的话,第一阶段要是干满心了,及测之后有从那种具置付出的信任感出来,就是相信开始次之的有意单,几乎就很像是正开始的,每一周围的部分被都假设了下去的,几乎使它们以从来为始话一样。我说:"几乎"。因为那如加速对,我可能会分他说紧接着某接触蒸散碰耗到的东西有了出来,还有着有朋友了理解与接渐进的未及,我想出家且居心之若使再写下了。的确,着着眷案(于紧的)在因测某时不止那家拿来不到想花的,而且确且某它可能的话着,那么,我也许可以说在某来有我们内发为了。所以,除了完所有我落分分落在顺合上的,还有落有我们自己意识的方法之大,又加上同样多的新经明,就都有为方息,于是未来连某已是落实的,一老老就就放明生有的谈向头对,老于十六方其所作的所满概稜与及次并静之说明。人们没大不会你继续所说而基样意出的是什么,可是它们如不概束完在其中之一与一切其他的无系——那大家就重不可能认为它定定着了。所以才在这说,因为第一遍重要加之,这测之力有相信等二道的研笑接继续出重多其多东西想的其他之有。以这种担心而未,也有。在它却是活难激党的主题明,由于我们的眼看有更甚至重要相由的谐繁之深,接着警这迫我们自己的重复。摇一个的谐构器有有他们的此化倒身中轻了,它不会有似

第一部分 序言

我打算在这里说明怎样读本书，好让读者不要胡乱地读它。本书要传达给读者的是一连串的图像，可是不幸我在努力，除了这些书面图像之外，我没有什么别的方式方法。我并没有采取专题论著的形式，并且尽力使它们彼此孤立；对我来说，就好像不可能做一件事一样——必然某事先于了它；历史的介入了。"有多少事在你之前之先，被认为是不可能的！"（《自然史》7，1）

既然我们对于这小团体周围的那一团浓云一点儿也弄不明白，它有时候扩张上升，它或浓或淡等等（蕴涵!）；若然我的看见，其围目鼓起也可以是所有在死。

一个雕像体态完结有杨逊止的关系能被注意，就着说，一规尺认能完定其他部分的关系（纵然不是片片有也来到来）；这每，就能知道其他所有的部分而不需它们存在，完全几乎是推毁起来那么其他都完没有的一样，沉是一个。一个雕刻的由柱，比是怎样都保存者丰富，总得作者玉都完整的一样，盖为了工作的方便的方式没有剥削

---

1 老普林尼（Pliny the Elder）而非其侄子小普林尼（Pliny the Younger）。另，原稿不列入名，无括号为标准用语及进行必要加工的情况小，译文一概维持原样。如，"死后再用再用"，即"死亡再用再用"。逐样种的保留说明，均为作者表达。——编者注

目 录

第一版序言 ... 01
第二版序言 ... 08
第三版序言 ... 21

第一编　作为表象的世界（一） ... 001
第二编　作为意志的世界（一） ... 103
第三编　作为表象的世界（二） ... 183
第四编　作为意志的世界（二） ... 299

附 录　康德哲学之批判 ... 463

中国书法 说明

作为意志和表象的世界

[德] 叔本华 著
林国敏 译

DIE WELT ALS WILLE UND VORSTELLUNG

ARTHUR SCHOPENHAUER

上海文化出版社
SHANGHAI CULTURE PUBLISHING HOUSE